Josef Guter
Lexikon der christlichen Klöster

Josef Guter

LEXIKON DER CHRISTLICHEN KLÖSTER

Formen und Geschichte der weltweit bedeutendsten Klöster

marixverlag

Ein Projekt der AVA International GmbH Autoren – und Verlagsagentur, Herrsching
www.ava-international.de
Lektorat: Prof. Dr. Jürgen Werlitz, Augsburg
Covergestaltung: Thomas Jarzina, Köln
Satz und Bearbeitung: Buch-Werkstatt GmbH, Bad Aibling
Bildnachweis: akg-images, Berlin
Gesamtherstellung: GGP Media GmbH, Pößneck
Printed in Germany

ISBN: 3-86539-041-2
www.marixverlag.de

Inhalt

Vorbemerkungen

Das Lexikon der christlichen Klöster ist das Ergebnis eines Jahrzehnte langen Sammlungs- und Rechercheprozesses und schließt eine empfindliche Lücke in der Literatur über das Mönchtum, versucht es doch erstmals eine übergreifende, ja nahezu allumfassende Auswahl von Klöstern in einem Buch zu vereinigen. Übergreifend ist es sowohl im Blick darauf, dass Klöster nicht nur auf ein Land, eine Sprachfamilie, Region oder einen Orden bezogen, sondern weltweit aufgenommen sind, als auch im Blick auf die ökumenische Ausrichtung: Klöster aller christlichen Kirchen, Konfessionen und Richtungen finden sich in diesem Buch.

Eine Auswahl aus allen Klöstern in aller Welt seit Beginn des christlichen Mönchtums zu treffen, ist ein schwieriges Unterfangen. Jeden Leser kann man mit einer Auswahl wohl nie zufrieden stellen. Dem einen mögen einige in der Geschichte bedeutsame, dem anderen einige aktuelle Klöster fehlen. Dass Klöster der Ostkirchen überrepräsentiert sind, wird einem Dritten auffallen, aber das ist gut so, denn durchaus im Sinne des Autors. In unseren Breiten ist viel zu wenig von der kulturellen Bedeutung der Klöster im Osten allgemein bekannt und es lohnt sich, die orthodoxen, die armenischen, russischen und serbischen Klöster, um nur einige der »Exoten« zu nennen, kennen zu lernen. Wenn aber doch ein wirklich wichtiges Kloster unberücksichtigt blieb, ist der Verlag für eine Rückmeldung durchaus dankbar.

Für die Präsentation von fast 1200 Klöstern in einem Buch von immer noch bescheidenem Umfang bedarf es notwendigerweise entschiedener Zurückhaltung. Das vorliegende Lexikon setzt den Schwerpunkt auf die Geschichte der Klöster sowie auf bau- und kunstgeschichtliche Aspekte. Aktuelle Angebote im Sinne eines »Urlaubs im Kloster« sind zwar teilweise genannt, aber spielen nur eine untergeordnete, periphere und gelegentliche Rolle.

Bei der Anordnung der Stichwörter steht der Autor naturgemäß vor einem Dilemma. Nach welchen Kriterien soll die Abfolge der Klöster festgelegt werden? – Die Entscheidung ist zugunsten einer flexiblen Kompromissform gefallen. Die Klöster werden alphabetisch nach ihrem eingeführten Namen präsentiert, im Falle von Stadtklöstern jedoch nach dem Namen der Stadt. Ein Kloster wie St. Stephan in Augsburg findet sich unter »Augsburg, St. Stephan« eingeordnet, die Abtei Gerleve dagegen unter »Gerleve« und nicht unter Billerbeck, der eigentlichen Postadresse. Den Klosterstichworten sind die jeweiligen vereinfacht bezeichneten Staaten, in denen sie liegen, beigefügt, bei den deutschen Klöstern darüber hinaus die Bundesländer (Beispiele: Das berühmte Kloster Cluny findet sich als Stichwort »Cluny/

Frankreich«, das »Deutsche Cluny«, Kloster Hirsau im Schwarzwald, als »Hirsau/ Baden-Württemberg/Deutschland«). Staaten, von denen maximal zwanzig Klöster im Lexikon präsentiert werden, werden im Register des Anhangs gefolgt von den Stichworten der jeweiligen Klöster aufgeführt. Eine Sonderbehandlung erfahren schließlich die Athos- und Meteora-Klöster in Griechenland sowie die Konvente auf Kreta. Sie sind sämtlich unter dem übergreifenden Stichwort zu finden.

Eine Einführung soll den Zugang zum Mönchtum und damit zu den einzelnen Stichworten des Lexikons der christlichen Klöster erleichtern. Es handelt sich um einen Streifzug durch die Geschichte, der seinen roten Faden in einer Auswahl von Gründern der Orden und religiösen Gemeinschaften und von sogenannten Mönchs- und Nonnenregeln gefunden hat.

Im Anhang vereinfacht ein Glossar das Verständnis von im Lexikon verwendeten Begriffen aus den Bereichen des Mönchtums, der Architektur und Kunstgeschichte. Neben einer Auswahlbibliographie, die zum Weiterlesen einlädt, findet sich dort auch ein Ortsregister. Darin sind neben den besagten gering repräsentierten Ländern auch Klöster, bei denen unterschiedliche Möglichkeiten der Anordnung im Lexikon bestehen (Ort oder Name), angeführt.

Die Faszination der Klöster – heute

Klöster üben heute eine erstaunliche Faszination aus. Nach Epochen des Klostersturms auch in unseren Breiten scheint es, als ob nun eine weite Schichten umfassende Gegenbewegung einsetzt und die Sympathie für Klöster und das Interesse an ihnen immer mehr zunimmt. Die Gründe für dieses Interesse sind unterschiedlich und sie dürfen auch verschieden sein. Für manchen mag es eine Wallfahrt mit anschließender Bierbrotzeit sein, die ihn ins Kloster zieht, für einen anderen ist es die Atmosphäre, die Spiritualität der Klöster, die ihn ein solches aufsuchen lässt. Ein Dritter kommt vielleicht aus rein religiösen Motiven zu Exerzitien in ein Kloster oder nimmt dort ein Angebot Kloster auf Zeit wahr. Schließlich mag der stressgeplagte Manager einen spirituellen Kurs im Kloster buchen oder ein Historiker professionell die geschichtsträchtigen Orte auf seiner Spurensuche besichtigen. Klöster haben offenbar für jeden etwas zu bieten.

Als die Säkularisation über die deutschen Klöster hinwegrollte, Säkularisierungswellen in Europa den Höhepunkt erreichten, da ist offenbar von vielen etwas übersehen worden: die enorme kulturelle Bedeutung der Klöster. Als unschätzbar wertvolle Handschriften aus den Klöstern Papierhändlern zum Pfennigpreis angeboten wurden, Klostergebäude als Steinbruch verwendet wurden, da ist vieles unwiederbringlich verloren gegangen und die Orden, aber auch einige wieder erstandene Klöster spüren noch heute den Verlust. Wenig ist übrig geblieben, was der menschlichen Zerstörungswut in den Jahrhunderten entgangen ist, aber dieses Wenige gibt ein eindrucksvolles Zeugnis von den Schätzen hinter Klostermauern. Und diese Schätze bestehen nicht nur in materiellen, sondern eben auch und besonders in kulturellen und kulturgeschichtlichen Gütern. Das ist längst erkannt und zeigt sich auch daran, dass immer mehr Klöster, untergegangene, aufgehobene wie noch bestehende Konvente, in der UNESCO-Liste des Weltkulturerbes aufgenommen werden. Maulbronn in Baden-Württemberg findet man darin ebenso wie Lorsch oder das Kloster auf der Insel Reichenau in Deutschland, die Klöster St. Johann in Müstair und St. Gallen in der Schweiz, die Stifte Melk und Göttweig als Teil der Natur- und Kulturregion Wachau in Österreich.

Doch die frühere Bedeutung der Klöster scheint heute ein für alle Mal passé zu sein. Die Zeiten, da Klöster wichtige Wirtschaftsfaktoren waren, auch aktiv Politik gestalteten, ein Monopol auf Wissenschaft und Bildung inne hatten, wie dies im Mittelalter zeitweise der Fall war, kommen wohl nicht wieder. Dafür nimmt in der dezimierten Klosterlandschaft eine andere Funktion der Mönchs- und Nonnengemeinschaften zu, nämlich die der Wertevermittlung. Mönche und Nonnen sind gefragt, weil sie eine von grundlegenden Werten bestimmte Lebensform gewählt haben, und sie geben Antwort auf die Frage nach Werten und Sinn, öffnen bereitwillig die Türen und gehen auf die Bedürfnisse von Suchenden ein, woher sie auch immer kommen mögen.

Von Orden, ihren Gründern und Mönchs- und Nonnenregeln

Die Geschichte des Christentums ist ohne das Mönchtum und die Orden nicht denkbar. Mönche und Nonnen haben diese Geschichte geprägt, spirituelle Bewegungen ausgelöst und bedeutende Positionen in Politik und Geschichte eingenommen. In dieser Geschichte spielen Menschen eine wesentliche Rolle, die getragen von der Sorge um das Heil im Blick auf ihre je eigene Gegenwart die Zeichen der Zeit wahrnahmen und durch die Gründung einer Gemeinschaft der christlichen Lebenswirklichkeit entscheidende Wegweisung geben wollten. Diese Ordensgründer und -reformatoren haben ihre Wegweisung vielfach als Regel hinterlassen.

Die Wüstenväter

Das Mönchtum ist eine besondere Form des christlichen Lebens, die sich nach vorbereitenden Entwicklungen seit der frühchristlichen Zeit ab dem 3. Jahrhundert ausprägte. Sie wird historisch erstmals bei den sogenannten Wüstenvätern greifbar. Gegen Ende des 3. Jahrhunderts zog es viele Menschen in die Wüste, um dort ein von Askese bestimmtes Eremitenleben zu führen. Weltflucht hieß die Parole, Entsagung versprach den Weg zum Heil. So folgte etwa der Wüstenvater Antonius dem Ruf des Evangeliums, als er sich kurz nach 270 in die Wüste zurückzog. »Geh, verkauf deinen Besitz und gib das Geld den Armen; so wirst du einen bleibenden Schatz im Himmel haben; dann komm und folge mir nach.« Antonius machte ernst mit der Aufforderung Jesu an den berühmten reichen jungen Mann. Mit ihm taten das viele und lebten in der Wüste im Süden Ägyptens als Anachoreten, als Einsiedler. Natürlich scharten sich um Männer wie Antonius Anhänger, die es ihm gleichtun wollten. Sie bildeten dadurch gleichsam Lebensgemeinschaften. Widersprach dies im gewissen Maße dem Ideal des asketischen Eremitentums, so trug Antonius dieser Situation dennoch Rechnung und belehrte seine Jünger sicherlich auch, was ihr Zusammenleben betraf. Schriftlich hat er jedoch offenbar nichts fixiert. Dies tat erst einer seiner Zeitgenossen, Pachomius, ein ehemaliger Soldat, der sich um 308 für das Anachoretentum entschieden hatte. Zwischen 320 und 330 begann er mit dem Bau eines Konvents in Tabennêsi. Damit war das christliche Mönchtum im eigentlichen Sinne geboren. Pachomius schuf das erste Kloster, einen Ort, wo Eremiten in Gemeinschaft leben konnten, und begründete damit das Koinobitentum (Koinobiten = gemeinsam Lebende). Für diese Gemeinschaft von Eremiten, die man Mönche nannte (nach griechisch mónos, »Einzelne«), schrieb der Wüstenvater auch die erste Mönchsregel. Mit dieser sollte das Leben des Einzelnen, aber auch das Zusammenleben in der Gemeinschaft organisiert werden. Entsprechend sind die Vorschriften auf die Lebensweise des Einzelnen bezogen (monastische Tugenden wie Armut und Fasten), andererseits aber auch auf Funktionen des Gemeinschaftslebens (gemeinsames Gebet, Zusammenarbeit oder Gehorsam).

Basilius der Große

Die zuerst geprägte Form des geordneten Zusammenlebens von asketisch lebenden Eremiten löste eine großartige Bewegung aus. In den folgenden Jahrhunderten schossen solche Kommunitäten an allen Orten des römischen Reiches gleichsam wie Pilze aus dem Boden und entsprechend wurden immer häufiger Mönchsregeln abgefasst. Ob Johannes Cassianus (360–435) oder Basilius der Große (329–379), ob Augustinus von Hippo (354–430) oder Rabbula von Edessa (gestorben 436), da war kaum ein Großer der Kirche, der nicht Regeln für das Zusammenleben von Mönchen oder Nonnen abgefasst oder aber wie z. B. Hieronymus sich damit beschäftigt hätte.

Von Basilius aus Cäsarea stammen zwei Regeln, die das byzantinische Mönchtum und damit das östliche Mönchtum überhaupt neben der späteren, Basilius ergänzenden Regel des Theodoros Studites (759–826) entscheidend mitgeprägt haben. Bis in das russische Mönchtum hinein spielen seine Regeln diese Rolle. Basilius gilt deshalb als Vater des orientalischen Mönchtums. Dabei sind seine beiden als Regeln bezeichneten Werke eigentlich gar keine Mönchsregeln im eigentlichen Sinne. Vielmehr wird in einem Frage-Antwort-Schema das Leben nach dem Evangelium beschrieben.

Benedikt von Nursia

Natürlich gibt es auch einen Vater des westlichen Mönchtums. Sein Name ist bekannt und er gilt nicht nur als Mönchsvater, sondern sogar als Vater des christlichen Abendlands, als Vater Europas: Benedikt von Nursia.

Um 480 im heutigen Norcia geboren, kam Benedikt in jugendlichem Alter zum Studium nach Rom. Offenbar hat ihm der Lebenswandel in der Weltstadt jedoch stark missfallen. Glaubt man seinem Biographen Gregor, dann veranlassten ihn die verkommenen Sitten in Rom dazu, der ewigen Stadt den Rücken zu kehren, Askese als sein Lebensideal zu wählen und Anschluss an eine Asketengruppe in Affile zu suchen. Offenbar setzte er auf radikale Strenge, denn drei Jahre lebte er einsam in einer Höhle bei Subiaco, wurde dann als Leiter einer benachbarten Mönchsgemeinschaft engagiert, konnte dort aber nur knapp einem Vergiftungsversuch durch die von ihm zu strenger Zucht angehaltenen Mönche entgehen. In der Folge gründete Benedikt kleine Klöster für seine Anhänger, 529 schließlich Monte Cassino, jenes Kloster, für das er seine berühmte Regel schrieb.

Die Regel Benedikts organisiert in 73 Kapiteln das Leben im Kloster nahezu umfassend. Ob die gemeinsamen Gottesdienste und Gebete, das Verhalten der Mönche, das Noviziat oder die Aufnahme von Gästen, ob die Verwaltung des Klosterguts, die Abtswahl oder die Strafen, fast alles, was für das monastische Leben zu regeln ist, findet sich in Benedikts Regel beschrieben. Die Benediktregel ist nicht im luftleeren Raum, allein im Kopf eines Organisationsgenies entstanden. Benedikt konnte auf zahlreiche Regeln bei der Abfassung seiner Vorschriften zurückgreifen und tat dies nachweislich auch, und doch ragt die Benediktregel über seine Vorgänger weit hinaus. Einerseits ist es ein charakteristischer Zug der Regel, der hervorzuheben ist. Wo andere Regeln empfindliche Strafen für Vergehen der Mönche und Nonnen vorsehen, da rät Benedikt immer wieder zu weiser Mäßigung. Von dieser soll sich vor allem der Abt als Leiter des Klosters leiten lassen. Daneben ist es die Art und Weise, Vorschriften zu formulieren, die für die spätere Verbreitung der Benediktregel große Bedeutung hat. Wo nämlich andere Regeln bis ins Detail konkret werden und speziellen Bedingungen eines bestimmten Konvents Rechnung tragen, da bleibt Benedikt wesentlich allgemeiner. Wo andere Regeln aber zu allgemein bleiben, da wird Benedikt konkret. Die Folge ist, dass die Benediktregel viel leichter auf andere Klöster in anderen Regionen anwendbar ist, als dies bei seinen direkten Vorgängern der Fall war. Das prädestinierte die Regel, im christlichen Mittelalter zur Mönchsregel schlechthin zu werden.

Die Situation des Mönchtums vor den Karolingern

Der Siegeszug der Benediktregel im Westen ist vor allem durch die Karolinger bedingt. In der Zeit vor Karl dem Großen gab es viele verschiedene Regeln, die teilweise lediglich für einzelne Klöster galten. Etliche davon sind namentlich bekannt: die Augustinus-Regel, die schon genannten Basilius-Regeln, die Columban-Regel, die Regula Magistri (anonyme Magister-Regel), um nur einige zu nennen. Angesichts der schon zu seiner Zeit bestehenden Vielfalt hatte Johannes Cassianus versucht, eine Zusammenstellung aller Mönchsregeln zu verfassen. Doch damit längst nicht genug. Es gab auch erhebliche regionale Unterschiede. Columban z. B. hatte seine Regel nach 591 zwar für seine Gründung Luxeuil geschrieben, aber dieser ganz deutlich den Stempel seiner Heimat aufgedrückt. In Irland war die Mönchsdisziplin wesentlich stärker von der Askese geprägt, die Regel fiel dementsprechend aus: Bis zu 100 Stockschlägen konnte ein Mönch bei einem Verstoß gegen die Klosterdisziplin erhalten.

Exoten gab es auch unter den Klostergründern. Einer von ihnen war Cassiodor Senator (gestorben 583). Als er sich als Minister des Gotischen Reiches in Italien mit rund 50 Jahren zur Ruhe setzte, fand er diese in Vivarium, einem von ihm gegründeten Kloster. Vivarium war ein Kloster der besonderen Art, denn die Mönche waren vor allem einer Aufgabe verpflichtet: Schreiben und dadurch das antike Wissen erhalten! Zwar war Cassiodor selbst Benediktiner, aber seine Gründung ging doch eigene Wege. Das Gemeinschaftsleben seiner Mönche war doch recht reduziert. Sie führten ein von Cassiodor gesponsertes Eremitenleben und hatten dafür täglich im Skriptorium zu arbeiten. Dem ersten Wissenskloster war kein langer Bestand geschenkt. Es wurde im Zuge der Langobarden-Einfälle in Italien aufgehoben.

Und die Frauen? – Noch vor Benedikt hatte Caesarius von Arles die erste, speziell für Frauen gedachte Regel, also einen Nonnenregel geschrieben. Seine Schwester war im Kloster San Salvator in Arles und für diesen Konvent hat er seine Regula Sanctarum Virginum verfasst. Sie ist in vielem sehr streng, da vom asketischen Mönchtum beeinflusst. So schreibt Caesarius den Nonnen eine absolute Klausur vor – nur als Tote kommt eine Nonne wieder aus dem Kloster heraus. Dass das nichts mit männlicher Machtdemonstration zu tun hat, ist zu betonen. Caesarius erweist sich nämlich keineswegs als Unterdrücker der Frauen. In derselben Regel, die eine harte Disziplin einfordert, findet sich auch die durchaus beachtliche Forderung, dass jede Nonne lesen und schreiben lernen soll.

Die Benediktregel wird zur Regel schlechthin

Unter den Karolingern änderte sich an der Vielgestaltigkeit mönchischen Lebens im Westen der Kirche Entscheidendes. Karl der Große (gestorben 814) hatte ein ausgesprochenes Interesse an den Klöstern, hatte er doch das Potenzial, das in ihnen steckte, erkannt. Sowohl für Bildungs- als auch für Verwaltungsaufgaben rekrutierte er die Mönche aus den Klöstern. In einer Umgebung, in der der Analphabetismus verbreitet war, brauchte er sie vor allem wegen ihrer Schreibkenntnisse. Eine weitgehende Uniformität der Klöster konnte ihm nur recht sein.

Die Vorherrschaft der Benediktregel wurde im Karolinger Reich vor allem durch zwei Kirchenmänner begründet: Bonifatius und Benedikt von Aniane. Winfrid Bonifatius (gestorben 754), der Apostel der Deutschen, setzte sich auf mehreren Synoden und Konzilien für die ausschließliche Zulassung der Benediktregel ein. Benedikt von Aniane (gestorben 821) schuf die dafür nötigen Voraussetzungen. Als Gründer von Aniane hatte er seine Erfahrungen mit zu strenger Askese gemacht und die Benediktregel schätzen gelernt. Ihre Vorteile konnte er auf Synoden um so besser herausstellen, als er alle gebräuchlichen Mönchs- und Kanonikerregeln kannte. Er hat sie in einem Verzeichnis (Codex Regularum) zusammengestellt, darüber hinaus in seiner Concordia Regularum (Harmonie der Mönchsregeln) vergleichende Quellenstudien vorgelegt. Auf Benedikts Betreiben hin wurde die Benediktregel im Karolingerreich verpflichtend eingeführt. Ab dieser Zeit bedeuteten Mönchsein und Benediktinersein ein und dasselbe.

Reformbewegungen innerhalb des Mönchtums

Die besondere Stärke des Mönchtums ist seine Reformfreudigkeit. Immer wieder war es den Ordensleuten möglich, nach Zeiten der Verflachung zum Wesentlichen zurückzukehren. Ohne diesen Reformwillen hätte das Mönchtum ein anderes Gesicht bekommen.

Die erste große Reform des Mönchtums reagierte auf die Verweltlichung, aber auch auf die Verwässerung der Benediktregel und Laxheiten in der Klosterdisziplin, die sich im Zuge der Einflussnahme der Karolinger auf das Mönchtum ergeben hatte. Sie ist mit dem Namen Cluny verbunden und wird daher die cluniazensische Reform genannt. Das Kloster Cluny in Burgund, 910 von Wilhelm von Aquitanien gestiftet, kehrte unter großen Äbten zu einer strengen Beachtung der Benediktregel zurück und wurde durch ihr Vorbild zum Motor einer großen Reform, die über die Klöster hinaus großen Einfluss hatte, letztlich sogar Züge einer Kirchenreform trägt. Zwar gab es in dieser Zeit auch andere, von Cluny unabhängige monastische Reformbewegungen wie in Brogne, Fleury und Gorze, dennoch ist Cluny die Vorreiterrolle bei der Klosterreform keineswegs streitig zu machen. Das Programm war einfach: Rückkehr zur Benediktregel, was bedeutete: konsequentes Festhalten am benediktinischen Ora et Labora, das im Bestandteil des Gebets weithin vernachlässigt war, und Aufgabe all dessen, was die Frömmigkeit des einzelnen Mönches mindert.

Der Erfolg Clunys war überwältigend. Die Reform zog ihre Kreise, von Burgund ausgehend, auf Frankreich, Italien und Spanien übergreifend, bis nach Deutschland. Bis zum Beginn des 11. Jahrhunderts hatten sich schon Hunderte von Klöstern der Reform von Cluny angeschlossen.

Kamaldulenser und Kartäuser

Zu den monastischen Reformbewegungen im weiten Sinne sind auch neue Ordensgründungen zu zählen. Sie spiegeln zwar nicht das für die cluniazensische Bewegung paradigmatische »Zurück zur Benediktregel« wider, waren aber ebenfalls getragen von vergangenen Idealen. So verhielt es sich auch, als Romuald aus dem Hause derer zu Ravenna am Ende des 10. Jahrhunderts das Kloster Camaldoli gründete. Das Ziel seiner Gründung war die Rückkehr zum altkirchlichen Mönchtum. Der durch ihn begründete Orden der Kamaldulenser basiert zwar auf der Benediktregel, versucht diese jedoch mit dem Ideal des Eremitenlebens zu verbinden.

Ähnlich verhält es sich auch bei den Kartäusern. Knapp 100 Jahre nach Romuald war es der adelige Bruno von Köln, der mit der Gründung der ersten »Kartause«, nämlich des Klosters Chartreuse (1084), einen neuen Orden gründete. Auch die Kartäuser benutzen bis heute die Benediktregel, darüber hinaus sind sie aber der strengen Askese verpflichtet.

Bernhard von Clairvaux und die Zisterzienser

Den wichtigsten benediktinischen Reformorden bilden die Zisterzienser. Als die cluniazensische Reform an Kraft eingebüßt hatte, waren es die Zisterzienser, die den weiterhin ungebrochenen Reformbedarf des Mönchtums in neue Bahnen leiteten. Es begann mit der Gründung von Citeaux durch Robert von Molesme im Jahre 1098, zu Bedeutung kam die Bewegung aber erst, als sie unerwarteten und potenten Zuwachs erhielt. Im Jahre 1112 klopfte der große Bernhard von Clairvaux (1090–1153) an der Pforte von Citeaux an und bat um Aufnahme. Er kam nicht allein, sondern hatte 35 Mann zur Verstärkung mitgebracht. Wie der Anfang, so die weitere Entwicklung. Bernhard initiierte eine explosionsartige Entwicklung des neuen Ordens. Bestand bei seinem Eintritt nur ein Kloster, nämlich Citeaux, so stieg die Zahl der Zisterzienserklöster noch zu seinen Lebzeiten auf sagenhafte 339.

Die Zisterzienser beachten die Benediktregel, haben diese aber um weitere Bestimmungen ergänzt. Sie sind in der Charta Caritatis, der Urkunde der Liebe, von Abt Stephan Harding zusammengefasst. Auch den Zisterziensern liegt an der strikten Einhaltung der Benediktregel in ihrer ursprünglichen Form. Darüber hinaus setzen sie aber – im Gegensatz zum Prunk von Cluny – auf Einfachheit. Die Gottesdienste und Gebetszeiten werden in einfacher Form abgehalten und beim Kirchenbau sind Bescheidenheit und Einfachheit die Ideale. Die Brüder und Schwestern, die zur Handarbeit angehalten sind, haben alle gleiche Rechte. Eine wichtige Besonderheit der Zisterzienser gegenüber den Benediktinern besteht darin, dass der Orden von Citeaux aus geleitet wird. Die Zisterzienser- und Zisterzienserinnenklöster sind also nicht selbstständig, wie das bei den Benediktinerklöstern der Fall ist, sofern sie nicht einer bestimmten Kongregation angehören. Der übergreifende Zusammenhang der Klöster kommt auch im jährlich stattfindenden Generalkapitel zum Ausdruck.

Norbert von Xanten und die Prämonstratenser

Auf einer anderen Linie liegt das Lebenswerk von Norbert von Xanten (1080–1134). Norbert war ein Kanoniker, zuerst in St. Viktor tätig, dann Kaplan am Hof Heinrichs V., als er – wie vier Jahrhunderte später Martin Luther – sein Bekehrungserlebnis anlässlich eines Blitzschlages hatte. 1115 ließ sich Norbert zum Priester weihen, betätigte sich danach als Buß- und Wanderprediger im Format eines Johannes des Täufers und lebte ein Leben selbstgewählter Armut. 1120 gründete er mit 13 Gefährten das Kloster Prémontré, das dem von ihm begründeten Orden den Namen gab. Die Prämonstratenser sind ein Orden regulierter Kanoniker, vereinfacht gesprochen: ein Orden von Priestern, die ein gemeinsames, von einer Regel bestimmtes Leben nach den Kanones, den Kirchengeboten, führen. Die von den Prämonstratensern befolgte Regel ist die des Augustinus. Diese knappe Regel, die das Gemeinschaftsleben von Asketen nach dem Ideal der ersten christlichen Gemeinden organisiert, wird durch weitere Bestimmungen (Konstitutionen) ergänzt. Die zu jedem guten Werk bereiten Prämonstratenser verbinden das gemeinschaftliche Klosterleben mit dem Wirken in der Welt.

Die Gründung Norberts hat die bis dahin existierenden Kanoniker- oder Chorherrenorden wie den heute noch bestehenden Orden der Augustiner-Chorherren an Bedeutung weit übertroffen.

Die Dominikaner

Mit den Prämonstratensern haben die Dominikaner die Augustinus-Regel gemein, ansonsten unterscheiden sie sich als Bettelorden sehr stark von diesen. Der besondere Schwerpunkt der Dominikaner kommt schon in der Ordensabkürzung zum Ausdruck: OFP steht für Ordo Fratrum Praedicatorum, Orden der Predigtbrüder. Ihren gebräuchlichen Namen haben sie von Dominikus Guzmán erhalten, der 1170 in Caleruega geboren wurde. 1215 gründete dieser in Toulouse eine Predigergemeinschaft. In einer Zeit der Ketzerverfolgung sah es Dominikus als wesentliche Aufgabe an, das religiöse Unwissen der Menschen zu beheben und damit ihre Anfälligkeit, einer Ketzerbewegung auf den Leim zu gehen, zu reduzieren. Die Ausrichtung auf die Predigt führt zu einem spezifischen Anforderungsprofil für einen Dominikaner: Er sollte gründlich studiert haben, überzeugend predigen können und überall, wo Not am Mann ist, zur Stelle sein. Entsprechend ist der Orden der Dominikaner von der »instabilitas loci« geprägt. Während man als Benediktiner die »stabilitas loci« verspricht, ein Leben lang in einer bestimmten Klostergemeinschaft zu bleiben, leistet der Dominikaner kein solches Versprechen, sondern zeichnet sich durch Ortsungebundenheit aus. Diese Freiheit korrespondiert mit der Freiheit von finanziellen Sorgen. Die Dominikaner sollen arm sein wie die Apostel.

Franziskus und die Franziskaner

Den Aspekt der Armut hat ein anderer Orden noch stärker fokussiert und damit die grundsätzliche Frage nach dem Verhältnis von Kirche und Klerus zum Reichtum aufgeworfen, eine Frage, die Jahrhunderte lange Auseinandersetzungen zur Folge hatte. Giovanni Bernadone, besser bekannt als Franz von Assisi (1181/82–1226) ist Gründer dieses klassischen Bettelordens, der nach ihm benannten Franziskaner (Orden der minderen Brüder, OFM). Franziskus stammte aus reichem Hause, sein Vater war Kaufmann. Als er sich seiner göttlichen Berufung bewusst geworden war, verzichtete er auf den Reichtum und wählte ein Leben in radikaler Armut. Diese Armut nach dem Vorbild eines radikal arm vorgestellten Jesus steht im Zentrum der Regel der Franziskaner, die Franz für die von ihm gegründete Gemeinschaft verfasst hat. Franz starb 1226 und wurde schon zwei Jahre später heiliggesprochen.

Die Armut war in der Folgezeit nicht nur ein Sprengstoff innerhalb der Kirche, der luxuriös lebenden Klerikern zusetzte und andererseits die Franziskaner an die Grenze zum Ketzertum brachte, sondern auch der zentrale Streitgegenstand unter den Ordensmitgliedern. Zersplitterungen und Abspaltungen innerhalb des Ordens in der Folge sind als Folge des Ringens um eine recht gemeinte Armut im Sinne der Evangelien zu verstehen. Im 13. und 14. Jahrhundert standen sich die Spiritualen als »Armutsfanatiker« und die Konventualen (Reformgruppen) gegenüber, im 16. Jahrhundert formierten sich aus demselben Grund die Kapuziner und Alcantarier als Untergruppen innerhalb des Franziskanerordens.

Klara von Assisi

Franz von Assisi hatte lange Jahre eine wichtige Begleiterin in Klara von Assisi (1193–1253). Wie er folgte sie dem Ideal der Armut und wurde Nonne. In San Damiano bei Assisi begründete sie den weiblichen Zweig der Franziskaner (sogenannter zweiter Orden), die nach ihr benannten Klarissen, durch eine von ihr verfasste Regel. Die Klara-Regel ist vom Armutsideal geprägt und fordert von den Nonnen ein zurückgezogenes und beschauliches Leben. Wie die Franziskaner haben auch die Klarissen eine große Verbreitung erfahren. Der kontemplative Orden konnte auch nach der Säkularisation wiederbelebt werden und ist heute fast flächendeckend in ganz Europa vertreten.

Die Reformation und ihre Folgen

Einen wesentlichen Einschnitt in der Geschichte des westlichen Mönchtums bildete die Reformation. In ihrem Verlauf, rechnet man den Bauernkrieg und den Dreißigjährigen Krieg mit, gingen den Orden fast ebenso viele Klöster durch Zerstörung und Aufhebung verloren wie bei der großen europäischen Säkularisationswelle in den Jahren um 1800. Ausschlaggebend dafür war vor allem Martin Luthers Haltung zum Mönchtum. Selbst Augustiner-Eremit zu Erfurt, trat er 1525 aus dem Orden aus. Die reformatorische Erkenntnis führte ihn zu einer deutlichen Absage gegenüber dem Mönchtum als einem Versuch der Selbsterlösung. Dementsprechend war auch der Umgang mit den Klöstern in von der Reformation beherrschten Gebieten. Sie wurden aufgehoben, verstaatlicht, in andere Einrichtungen wie Schulen umgewandelt. Nur in Einzelfällen blieben sie in veränderter Form als evangelische Stifte erhalten. Mittlerweile hat sich die starke Abwehrhaltung gegenüber den Klöstern in den evangelischen Kirchen gelegt und ist einer prinzipiellen Aufgeschlossenheit gewichen. Seit dem Zweiten Weltkrieg kann man von einer monastischen Rückbesinnung sprechen. Vielerorts werden evangelische Klostergemeinschaften gebildet, teilweise sogar unter Anerkennung der alten Mönchsregeln.

Ignatius von Loyola

Ignatius von Loyola (1491–1556) ist der Offizier unter den Ordensgründern und dementsprechend hat auch sein Orden militärische Züge. Ignatius war Offizier, als er mit 30 Jahren in einer Schlacht bei Pamplona verwundet wurde. Die Verwundung bewirkte den Umbruch, zwölf Jahre später, am 15.8.1534 gründete der inzwischen theologisch gebildete Ignatius mit sechs Gefährten in Paris die Societas Jesu. Die Jesuiten waren als eine Genossenschaft gedacht und die Mitglieder hatten ein Gelübde der Mission im Heiligen Land abzugeben. Die Zeitumstände machten einen Plan B erforderlich: die direkte Übergabe an den Papst. Im Zentrum der Ziele der Jesuiten steht ein Leben in Armut und Keuschheit, um Gott und der Kirche zu dienen. Die Ordensstatuten stammen von Ignatius selbst, der sie als erster Ordensgeneral ab 1541 geschaffen hat (von der ersten Generalkongregation 1558 gebilligt). Sie stellen die Ziele der Jesuiten im Einzelnen dar: Predigt, Lehre, Seelsorge, Exerzitien, karitative Arbeit für Glauben und Kirche sowie persönliche Heiligung. Auch die Struktur der Societas Jesu ist dort festgehalten. Sie besteht in unterschiedlichen Stufen und ähnelt hierin – siehe nur die Bezeichnung Ordensgeneral – militärischen Strukturen. Auch die Lebensführung hat vom Militär einiges übernommen. So ist im Blick auf die Unterwerfung unter die Ordensoberen und den Papst von den Jesuiten Kadaver-Gehorsam gefordert.

Die Jesuiten, ein Regularkleriker-Orden ohne Chorgebet und Mönchsgewand, waren durch ihre Übergabe an den Papst von diesem flexibel einsetzbar. Die Päpste haben davon regen Gebrauch gemacht. Die Jesuiten waren eine willkommene und nützliche Waffe im Zuge der sogenannten Gegenreformation. Um 1700 waren über 700 Studienkollegien in jesuitischer Hand und um die Mitte des 18. Jahrhunderts gab es weltweit mehr als 20 000 Jesuiten. Die Position der Jesuiten und ihre Möglichkeiten haben vor allem im 18. und 19. Jahrhundert zu starken Anfeindungen geführt. Die Jesuiten wurden mehrfach aus verschiedenen Ländern ausgewiesen, 1773 sogar vom Papst aufgehoben und hatten auch nach der Wiederherstellung des Ordens im Jahre 1814 sich vielfachem Widerstand zu fügen oder zu erwehren.

Die Vielgestaltigkeit des Ordenslebens seit der Säkularisation

Mit der Säkularisation erstarb das westliche Mönchtum zwar nicht, aber ging daraus verändert hervor. Zwar konnten die alten Orden weithin wieder Fuß fassen, neben sie sind neue Gemeinschaften getreten, die sogenannten apostolischen Gesellschaften. Diese stehen nur zum Teil in der Tradition der klassischen Orden mit Gelübden und geregeltem Gemeinschaftsleben und widmen sich zumeist sozialen Aufgaben oder betätigen sich in der Mission. Zu diesen Gesellschaften können gezählt werden: die 1857 von Don Bosco in Turin gegründeten Salesianer, die der Mission verpflichteten Salvatorianer, die Pallotiner, aber auch die zahlreichen Gesellschaften, die sich der Bildung verschrieben haben, wie die Maristen-Schulbrüder, die armen Schulschwestern, die Brüder vom christlichen Unterricht und die Ursulinen, um nur einige zu nennen.

Jürgen Werlitz

A

Aachen, Kornelimünster/Nordrhein-Westfalen/Deutschland

Die Benediktinerabtei Kornelimünster (Monasterium ad Indam, Monasterium S. Corneli Indensis, Inden) liegt an der Inde in der Nähe von Aachen und wurde 815 von Ludwig dem Frommen gegründet. Unter dem berühmten Abt Benedikt von Aniane, dem Berater des Kaisers, entwickelte sich Kornelimünster zum Vorbild für alle Klöster im Frankenreich und galt als die Mönchsschule schlechthin. Zweimal (881 und 892) wurde es von den Normannen zerstört. Kaiser Otto I. verlieh dann 948 dem wieder aufgebauten Kloster die Reichsunmittelbarkeit. In einem Streit zwischen Stadt und Kloster zerstörten die Bürger von Aachen den Konvent und wurden von Kaiser und Papst zum Wiederaufbau verurteilt. Im Jahre 1519 schloss sich Kornelimünster der Bursfelder Reform-Kongregation an. 1802 wurde das Kloster säkularisiert. Die umfangreichen barocken Klosterbauten wurden nach der Säkularisation weltlichen Zwecken nutzbar gemacht und beherbergen heute das Bundesarchiv. An anderer Stelle erbauten jedoch 1906 Mönche aus den Niederlanden ein neues Kloster mit dem Namen Kornelimünster (im Aachener Raum), besiedelten es mit Mönchen aus Merkelbeck und konnten das seit 1912 unter einem Prior stehende Kloster weiter ausbauen, so dass es 1953 zur Abtei erhoben wurde. Die Abtei versteht sich als Begegnungsstätte und pflegt durch spezielle Einkehr- und Exerzitientage vor allem benediktinische Gastfreundschaft.

Abingdon Abbey/Großbritannien

Die ehemalige Benediktinerabtei Abingdon war einst eine der großen Abteien Englands im Mittelalter. In Oxfordshire in der gleichnamigen Stadt gelegen, war sie bereits im Jahr 675, also in angelsächsischer Zeit gegründet worden. 871 zerstörten die Dänen das Kloster, das dann 954 wiedererrichtet wurde. Beim Klostersturm unter Heinrich VIII. wurde Abingdon 1538 aufgehoben und ihre ausgedehnten Besitztümer zog die Krone ein. Die große Klosteranlage wurde dem Verfall preisgegeben. Innerhalb des heutigen Ruinenfeldes hat sich das Chequer-Haus noch am besten erhalten.

Abu Fano/Ägypten

Die größte Klosteranlage der frühchristlichen Welt stand einst nicht in Europa sondern in Mittelägypten etwa 30 Kilometer südlich der Provinzhauptstadt Minya.

Diese Klosterstadt trug den Namen Abu Fano und beherbergte – mitten in der Libyschen Wüste – auf einem Gebiet von mehreren Hektar rund 1000 Mönche. Gegründet im 3. Jahrhundert, erlebte sie eine Blütezeit im späten 12. Jahrhundert und musste im 15. Jahrhundert wegen Erdbeben, Raub und Brandschatzung durch islamische Fanatiker aufgegeben werden. Die Klosterkirche aus dem 5. Jahrhundert baute man dreischiffig und sie erreichte die Größe der Katharinenkirche vom Sinai. Wie durch ein Wunder hat sich diese Kirche bis heute erhalten, über den Ruinen des Klosters aber weht der Wüstensand.

Acey/Frankreich

Graf Rainald III. von Burgund gründete 1136 in der Diözese St. Claude eine Zisterzienserabtei als Tochterkloster von Cherlieu und nannte sie Acey. Nach einer wechselvollen Geschichte brannte dieses Kloster 1684 nieder, wurde 1759 neu besiedelt und in der Französischen Revolution eine Generation später aufgelöst. Die Benediktiner von Solesmes errichteten im 19. Jahrhundert ein Priorat in Acey, das 1872 von den Trappisten aus Dombes übernommen wurde.

Adelhausen/Baden-Württemberg/Deutschland

Das ehemalige Dominikanerkloster im Dorf Adelhausen bei Freiburg i. Br. wurde 1234 gegründet und 1677 mit den Klöstern St. Agnes und St. Katharina vereinigt und in die Stadt selbst verlegt. 1786 errichtete das Kloster eine Lehranstalt, die nach der Auflösung des Konvents 1806 bis 1867 noch weiterbestand.

Admont/Österreich

Die Benediktinerabtei Admont im Ennstal in der Steiermark wurde 1074 von Erzbischof Gebhard von Salzburg gegründet und entwickelte sich auf Grund reicher Dotierungen und Schenkungen zu einem der mächtigsten Klöster in Österreich. Der 1121 erbauten Kirche gliederte man auch ein Frauenkloster an. Von 1615–26 wurde der vollständige Klosterkomplex barockisiert. Bei einem verheerenden Brand im Jahre 1865 wurde das Kloster mitsamt der Kirche völlig vernichtet – aber das Wunder geschah: der überaus kostbare Bibliothekssaal blieb völlig unversehrt. Dieser herrliche »Bücherhimmel« ist 72 Meter lang und geht durch zwei Geschosse. Ein elliptischer Zentralkuppelraum wird von weiteren Kuppelräumen flankiert, deren Deckenfresken von Altomonte und deren 18 großen Skulpturen von Stammel geschaffen wurden. Admont ist eine der größten Barockbibliotheken der Welt, dazu mit einer unvergleichlichen Raumwirkung. Der gegenwärtige Bestand von 145 000 Werken wird ergänzt durch ein natur- und ein kunsthistorisches Museum. Anstelle der abgebrannten Kirche erbaute man 1869 ein neugotisches Gotteshaus. Teile des Stifts entstanden ebenfalls neu. Die Abtei führt heute das 1614 gegründete Stifts-

Paris, St. Denis, Frankreich

gymnasium, betreut 27 Pfarreien, ein Seniorenpflegeheim und eine Wallfahrtskirche. Das Kloster ist aufgrund seiner weitverzweigten Wirtschaftsbetriebe ein wichtiger Arbeitgeber für etwa 1000 Beschäftigte in dieser strukturschwachen Region der Steiermark.

Affligem/Belgien

Die belgische Benediktinerabtei Affligem war einst die mächtigste Abtei von Brabant, die bald nach ihrer 1083 erfolgten Gründung sechs Tochterklöster gründete oder reformierte. Von der Mitte des 16. bis zum Ende des 18. Jahrhunderts war der Abt von Affligem zugleich der Bischof der Diözese Mecheln. 1580 wurde Affligem während der Freiheitskämpfe zerstört und zu Beginn des 17. Jahrhunderts wieder aufgebaut. Von 1796–1870 war die Abtei nach ihrer Aufhebung in der Revolutionszeit verwaist und zerfiel. Dann aber zogen wieder Benediktiner ein und errichteten im Laufe von rund 100 Jahren (bis 1972) ein völlig neues Kloster. Die Mönche unterhalten ein Exerzitienhaus und ein Kulturzentrum und haben die Seesorge für Nonnen des in Affligem 1921 gegründeten Benediktinerinnenklosters Maria Mediatrix übernommen.

Agapia/Rumänien

Das rumänische Nonnenkloster Agapia liegt in einer landschaftlich malerischen Umgebung des Moldaugebiets auf 450 Metern Meereshöhe südwestlich der Stadt Tirgu Neamt. Das 1642–44 erbaute Kloster wurde 1858–62 restauriert und anschließend von dem berühmten Maler Nicolae Grigorescu ausgemalt. Im Klostermuseum zeigen die Nonnen kirchliche Kunst und Volkskunst aus örtlichen Werkstätten. Agapia wurde im letzten Jahrhundert vor allem auch dadurch bekannt, weil Schriftsteller und Künstler an diesem schönen Ort vielfach Erholung und schöpferische Ruhe fanden.

Aguilar de Campóo/Spanien

Im Jahre 822 gründeten Benediktinermönche südlich des Kantabrischen Gebirges in der heutigen spanischen Provinz Palencia ein Kloster, das später von den Prämonstratensern übernommen und in eine mächtige romanische Abtei verwandelt wurde. Der Abt übte die bischöfliche Jurisdiktion über 40 Kirchen aus. Nach der Säkularisation 1835 lag das Kloster lange in Trümmern. Im Zwanzigsten Jahrhundert erkannte man, dass die Abtei in ihrer baulichen Grundsubstanz erhalten geblieben war, so dass man das gesamte Areal mit der dreischiffigen Kirche und dem ebenfalls romanischen Kreuzgang zum Nationalmonument erklärte und mit der Restaurierung begann. Der Prämonstratenserorden versucht seither auch eine Wiederbelebung des Klosters.

Ahausen an der Wörnitz/Bayern/Deutschland

Die ehemalige Benediktinerabtei Ahausen an der Wörnitz wurde 958 durch die Grafen von Lobdeburg gegründet und anfangs des 12. Jahrhunderts in ein päpstliches Eigenkloster verwandelt, aber 1235 dann dem Bistum Eichstätt unterstellt. Die Klosterkirche war im Mittelalter eine Marienwallfahrtsstätte. Im Bauernkrieg wurde Ahausen 1525 völlig ausgeplündert und bald darauf von Markgraf Georg von Ansbach aufgehoben. 1608 diente der gut erhaltene Konventssaal den protestantischen Fürsten als Gründungsort für die Protestantische Union.

Aiguebelle/Frankreich

Die Zisterzienserabtei Aiguebelle (Aquabella) im Departement Drôme, in der französischen Diözese Velence, wurde 1040 als Benediktinerkloster gegründet, aber 1134 von Zisterziensern aus Morimond bezogen. Aufgehoben 1790, errichteten die Trappisten die Abtei neu im Jahre 1815 und gründeten inzwischen sechs Tochterklöster, darunter auch Staouëli in Algerien.

Aigues-Vives/Frankreich

Die Augustinerabtei Aigues-Vives (Aquaviva) in der französischen Diözese Tours wurde 1147 gegründet und gehörte auf Grund bedeutender Schenkungen zu den vermögenden Klöstern des Königreiches. Zwei Äbte dieses Klosters gelangten zu bischöflichen Würden in Valence und in Tours.

Alcantara/Spanien

Das Kloster Alcantara am Tajo in der spanischen Provinz Cáceres ist der Sitz des gleichnamigen Ritterordens von Alcantara, der 1157 von den Brüdern Barientos zum Kampf gegen die Mauren gegründet wurde. Der Orden übernahm die Zisterzienserregel und passte sie den militärischen Erfordernissen an. 1494 vereinigte König Ferdinand V. die Großmeisterwürde mit der Krone Spaniens. Bis zur französischen Besetzung Spaniens unterhielten die Ritter von Alcantara 37 Komtureien und 53 Städte und Dörfer. Nach der Vertreibung der Franzosen erhielten die Ritter nur einen geringen Teil ihrer einstigen Besitzungen zurück.

Alcobaca/Portugal

Die imposante portugiesische Zisterzienserabtei gilt als eines der bedeutendsten Baudenkmäler der iberischen Halbinsel und als eine der größten Leistungen frühgotischer Architektur in Europa. Den Namen verdankt das Kloster seiner Lage am Zusammenfluss des Rio Alcoa mit dem Rio Baca in Mittelwestportugal. In dieser Landschaft besiegte Alfonso Henriques I. die Mauren und konnte sich mit Hilfe des Zisterziensers Bernhard von Clairvaux von Kastilien unabhängig machen und vom

Papst als König von Portugal bestätigen lassen. Die enge Verbindung zwischen dem Herrscherhaus und dem Zisterzienserorden führte in der Folgezeit zu bedeutenden Schenkungen des Hofes an den Orden und zur Gründung des Klosters im Jahre 1152. Im späten 12. Jahrhundert kultivierten Zisterziensermönche dann den gesamten Landstrich südlich von Leiria und verwandelten ihn in eines der fruchtbarsten Wein- und Obstanbaugebiete des Königreiches. Das Kloster wurde reich und konnte in dem Zeitraum von 1178–1222 mit Hilfe von Mönchen aus Burgund nicht nur die größte und erhabenste Kirche Portugals, sondern auch das größte Kloster des Landes errichten. Die Zisterzienserabtei »Real Alcobaca de Santa Maria« umfasste fünf Kreuzgänge, sieben Dormitorien, eine reichhaltige Bibliothek, eine erstklassige Schule, ausgedehnte Wirtschaftsräume und die erste Apotheke Portugals. Der Abt war »Rat seiner Majestät« und erhielt für sein Kloster die Einkünfte von 13 Städten und drei Seehäfen. Die Könige von Portugal wählten schließlich die Abtei zu ihrem Begräbnisort aus. Die Blütezeit des Klosters dauerte unvermindert bis zum großen Erdbeben von 1755. In der napoleonischen Zeit vernichteten französische Soldaten die wertvollsten Kunstschätze des Klosters. Nach der Säkularisierung 1834 wurde der Rest der Inneneinrichtung geplündert. Seit 1950 steht Alcobaca unter Denkmalschutz und wird restauriert. Erhalten blieb der Baukomplex als solcher, der einst für knapp 1000 Mönche Platz bot, und die Klosterkirche mit ihrem 20 Meter hohen Innenraum von vornehmer Schlichtheit und Strenge. Die Eingangsfront der 106 Meter langen Kirche ziert seit 1725 eine 42 Meter hohe Barockfassade.

Alcoman/Mexiko

Nach der Eroberung Mexikos durch die Spanier kamen 1533 die Augustiner-Chorherren in die Neue Welt und übernahmen auf dem Boden des alten Aztekenreiches im Jahre 1580 die bereits 1524 gegründete franziskanische Niederlassung Alcoman. An dieser Anlage arbeiteten die Augustiner mit ihren indianischen Hilfskräften viele Jahre und erbauten die noch heute erhaltene Abtei, deren zweigeschossiger kleiner Kreuzgang im Innern des festungsähnlichen Bauwerks gleichfalls die Stürme der Revolutionsjahre überdauert hat.

Aldersbach/Bayern/Deutschland

In Niederbayern südlich von Vilshofen liegt die ehemalige Zisterzienserabtei Aldersbach, die einst ein Hort der Wissenschaften, der Kultur und der Kunst gewesen ist. Schon 748 ist dieser Ort Aldersbach (Alrispach) als Besitzung des Klosters Mondsee beurkundet. Um 1050 gestaltete Bischof Otto von Bamberg diese Klosterfiliale zu einem Chorherrenstift um, bald darauf übergab dann aber Kaiser Konrad III. den Konvent an die Zisterzienser, die aus Ebrach gekommen waren. Das Kloster nahm nunmehr einen so großen Aufschwung, dass es im 13. Jahrhundert dann schon selbst drei bedeutende Tochterklöster gründen konnte: Fürstenzell, Fürstenfeld und Gotteszell. Die sehr prächtig ausgestattete Wandpfeilerkirche (1720) haben in unvergleichlicher Meisterschaft vor allem die Brüder Asam mit Stuckaturen und Malereien bereichert. Die nach der Auflösung zur Pfarrkirche erklärte Abteikirche ist ebenso gut erhalten geblieben wie die Klostergebäude mit dem Kreuzgang, der Bibliothek und dem Fürstensaal. Alle Gebäude der Abtei – außer der Kirche – gingen in den Privatbesitz des Freiherrn von Aretin über.

Allerheiligen/Baden-Württemberg/Deutschland

Die ehemalige Prämonstratenserabtei im Schwarzwald mit dem Namen Allerheiligen wurde 1190 im ehemaligen Fürstbistum Straßburg gegründet und 1657 zur Abtei erhoben. Die Klöster Hagenau, Lorsch und Straßburg sowie zwölf inkorporierte Pfarreien sind ebenso wie ein berühmtes Gymnasium entweder Gründungen von Allerheiligen oder gehörten zu ihrem unmittelbaren Wirkungskreis. 1803 wurde die Abtei aufgehoben und bald darauf durch einen Blitzschlag eingeäschert. Die Ruinen der 1260–70 errichteten Klosterkirche sind heute noch Zeugen der einstigen Pracht.

Almagro/Spanien

In der spanischen Provinz Ciudad Real in Altkastilien liegt in der gleichnamigen Stadt das Dominikanerkloster Almagro, das zwar erst aus den Jahren 1524–44 stammt, aber dennoch als das bedeutendste Kunstdenkmal der Provinz gilt. Das Kloster verfügt über zwei sehenswerte Kreuzgänge im ionischen und dorischen Stil, deren Säulen aus einem Stück Carrara-Marmor gehauen sind. Die Kirche ist gotisch wie auch die Grabstätten der Priore. Im Konvent selbst finden sich verschiedene Säle mit fein gearbeitetem Tafel- und Schnitzwerk. Die Dominikaner, die als Predigermönche die Städte für ihre Ordensniederlassungen bevorzugten, haben in Almagro einen klaren Beweis ihrer Kunstliebe hinterlassen.

Alnwick/Großbritannien

Die ehemalige Prämonstratenserabtei Alnwick in Northumberland in der Diözese Durham wurde 1147 als zweites Prämonstratenserkloster in England gegründet, übernahm die Seelsorge von acht Pfarreien, unterhielt ein Hospital und gründete die Tochterklöster Dryburgh und Langley. Der Klostersturm Heinrichs VIII. ließ von der einst so stolzen Abtei nur das turmartge heutige Pfarrhaus übrig. In Abschrift existiert aus dem 14. Jahrhundert das Chronicon de Alnewycke.

Alpirsbach/Baden-Württemberg/Deutschland

Die zwischen den dunkelbewaldeten Schwarzwaldhöhen im oberen Kinzigtal südlich von Freudenstadt in Baden-Württemberg liegende ehemalige Benediktinerabtei Alpirsbach wurde 1095 von Albrecht von Zollern und zwei Edelleuten gegründet. Die um 1100 gebaute dreischiffige flachgedeckte Säulenbasilika mit Querschiff gehört zu den wenigen Bauten der Hirsauer Schule, die vollkommen unversehrt erhalten sind. Nachdem Hirsau selbst zerstört worden war, konnte man in Alpirsbach noch am klarsten den Geist von Hirsau und damit den von Cluny in dem ernsten würdigen Kirchenbau und in dem ebenfalls erhaltenen Kreuzgang erahnen. 1554 wurde die Abtei von Christoph von Württemberg zwar aufgehoben, aber bald darauf in ein protestantisches Stift umgewandelt. Auf diese Weise konnte auch die Schultradition des Klosters in leicht veränderter Form gewissermaßen weitergeführt werden.

Altdorf/Frankreich

In der Diözese Straßburg gründete Graf Hugo III. die Benediktinerabtei Altdorf (Altum coenobium) im Jahr 974 und der Kaiser stattete das Kloster großzügig mit Markt-, Münz- und Zollrecht aus. Von dem 1791 in der Revolutionszeit aufgehobenen Kloster blieb nur die Kirche erhalten, deren Langhaus, Querschiff und Chor (aus dem 12. Jh.) von Peter Thumb 1725 barockisiert worden war.

Altenberg/Nordrhein-Westfalen/Deutschland

Eine der größten Kostbarkeiten gotischer Baukunst auf deutschem Boden stellt der Bergische Dom dar, die ehemalige Klosterkirche der Zisterzienserabtei Altenberg im Waldtal der Dhünn östlich von Leverkusen in Nordrhein-Westfalen. Die Grafen von Berg schenkten 1133 ihre alte Burg den Zisterziensern von Morimond in Burgund, die dann in geringer Entfernung ein Kloster erbauten und das alte Gemäuer des Grafensitzes als Steinbruch benutzten. Nachdem das erste Kloster mit Kirche durch ein Erdbeben schwer beschädigt worden war, entstand in der langen Bauzeit von 1255–1379 eine dreischiffige Basilika mit einem dreischiffigen Querhaus und einem fünfschiffigen Chor, der von sieben Kapellen umgeben ist. Vollends zum Wunderwerk macht dieses Gotteshaus das riesige Maßwerkfenster des Mittelschiffs, das 18 Meter hoch und acht Meter breit ist, geschaffen von Raynoldus, einem Ordensbruder, der auf seiner Grabinschrift zurecht »König aller Steinmetzen« genannt wird. Die Grisaillefenster im Chor gehören ebenfalls zu den wertvollsten Teilen der Ausstattung dieses vornehmen Klosterbaus. Mit der Säkularisation 1803 griff die Barbarei um sich. Das Kloster wurde als Privatbesitz in eine Fabrik umgewandelt, durch Brand teilweise zerstört und dann mit der herrlichen Kirche als Steinbruch benutzt. Dieser Vandalismus rief 1835–46 den späteren preußischen König Friedrich Wilhelm IV. auf den Plan, dessen Vorfahren in der Stifterfamilie der Grafen und späteren Herzöge von Berg zu finden sind. Der Dom wurde vollständig restauriert und 1857 dem Gottesdienst beider Konfessionen feierlich übergeben. Von den Bauten der Abtei blieb kaum etwas erhalten. In dem Neubau »Haus Altenberg« wurde die Hauptstelle des Bundes der Deutschen Katholischen Jugend eingerichtet.

Altenburg/Österreich

Die Benediktinerabtei Altenburg am Kamp in Niederösterreich wurde 1144 von Gräfin Hildburg, der Witwe des Grafen von Poigen-Rebgau gegründet. Nach einem friedvollen Aufbau in fast drei Jahrhunderten trafen die Abtei schwere Schicksalsschläge. Von den Hussiten wurde sie 1427–30 zerstört und nach der Wiedererrichtung in den Bauernkriegen und im Konfessionsstreit mehrfach geplündert. Am Ende des Dreißigjährigen Krieges erfolgte die Totalvernichtung durch die schwedischen Horden Torstensons. Der neue Abt Benedikt veranlasste 1680 den Neuaufbau. Es entstand ein glanzvolles Barockkloster mit Stiftskirche, Prälatenhof, Kaisertrakt und Festsaal, vor allem mit einem vollendeten Bibliothekssaal höchster Eleganz. Im Zweiten Weltkrieg und durch die nachfolgende Russenbesetzung entstanden schwere Schäden, die jedoch in den Jahren 1960–70 wieder sehr geglückt behoben werden konnten. Heute betreut das Kloster sechs Pfarreien, den beliebten Wallfahrtsort Maria Dreieichen und ein Exerzitienhaus. Die »Altenburger Sängerknaben« und die jährlichen Konzerte führen die bedeutende musikalische Tradition des Klosters fort.

Altenburg/Hessen/Deutschland

Das ehemalige Prämonstratenser-Chorherrenstift Altenburg bei Wetzlar in Hessen wurde 1178 von Abt Engelbert von Romersdorf gegründet und bestand bis zur Säkularisation 1803. Die Mitglieder waren meist adelig.

Altenburg/Sachsen/Deutschland

Von dem ehemaligen Augustiner-Chorherrenstift Altenburg in der gleichnamigen sächsischen Stadt zwischen Saale und Mulde sind heute nur noch Teile der romanischen Marienkirche erhalten, denn Stift und Kirche brannten nach der Reformation 1588 ab. Zu den Gönnern des Stifts gehörte einst auch Kaiser Barbarossa. Die beiden Türme der 1172 geweihten Kirche sind erhalten und lassen noch etwas von der feierlichen kaiserlichen Architektur jener Zeit erahnen, sie sind zum Wahrzeichen der Stadt geworden. Einer der beiden »Roten Spitzen« setzte man 1570 einen gotischen Spitzhelm, der an anderen 1618 eine barocke Haube auf.

Altomünster/Bayern/Deutschland

Das Birgitinnenkloster Altomünster in Bayern zwischen Augsburg und Freising gelegen, wurde bereits 750 von dem iroschottischen Missionar Alto als benediktinisches Doppelkloster gegründet und von König Pippin reich mit Landbesitz ausgestattet. In den Ungarnstürmen ging das Kloster unter, so dass die Mönche nach Weingarten auswanderten und die Nonnen von 1047–1480 den neuaufgebauten Konvent weiterführten. 1485 berief Herzog Georg von Niederbayern den Birgitten-Orden nach Altomünster und errichtete wieder ein Doppelkloster. Von der Säkularisation 1803 wurde nur das Männerkloster betroffen, so dass die Nonnen ihre Arbeit weiterführen konnten. Die Jahrhunderte lange Arbeit der Mönche, die sich um die Bodenkultur der Umgebung hochverdient gemacht haben, fand ihr Gegenstück in den kunstvollen Stickereien und Webarbeiten der Nonnen, die sich auch durch Miniaturmalerei einen guten Ruf erworben hatten. Die Kirche von Altomünster wurde als letzter großer Kirchenbau von J. M. Fischer im Stil des Rokoko festlich ausgestattet.

Alt-Schuamata/Georgien

In Ostgeorgien erhebt sich am Rand des Gombori-Höhenzuges in dichtem Waldgebiet auf einer sanft abfallenden Lichtung das im 6. Jahrhundert gegründete Kloster Alt-Schuamata. Dieses Kloster war stets ein beliebter Wallfahrtsort, bekannt durch drei nebeneinander stehende Sakralbauten, eine Basilika und zwei Tetrakonchen-Kirchen. Im 16. Jahrhundert wurde aus Platzgründen das drei Kilometer entfernte Neu-Schuamata gegründet, wo eine große Kreuzkuppelkirche errichtet wurde. In diesem Kloster brachten die kachetischen Könige ausländische Gäste in einem mehrgeschossigen Wohnturm sicherheitshalber unter. Alt-Schuamata dagegen verlor allmählich seine Bedeutung und verfiel. 1939 sicherten jedoch Restaurierungsmaßnahmen die erhaltenen Reste der Anlage.

Altzelle/Sachsen/Deutschland

Die ehemalige Zisterzienserabtei Altzelle (Vetus Cella, Altenzell, Marienzelle) wurde in der sächsischen Diözese Meißen 1162 von Markgraf Otto dem Reichen von Meißen zuerst in Bohringen gegründet und alsbald nach Zelle verlegt. Als nun 1268 das Tochterkloster Neuzelle gegründet worden war, nannte man fortan das Mutterkloster Altzelle. In seiner Blütezeit hatte Altzelle 80 Mönche, betrieb Silberbergbau, pflegte Kunst und Wissenschaft und unterhielt in Leipzig das berühmte Zisterzienserkolleg. Die kostbare Bibliothek kam bei der Auflösung 1545 an die Leipziger Universität. 1599 vernichtete ein Blitzschlag das gesamte Kloster, von dem nur noch Ruinen übrig blieben. 1786 wurde in diesem Ruinenfeld jedoch eine Fürstenkapelle eingerichtet.

Alvastra/Schweden

Alvastra, diese erste und berühmteste Zisterzienserabtei in Schweden, in der ehemaligen Diözese Linköping wurde 1143 als Tochterkloster von Clairvaux durch König Sverker gegründet und als Grablege des Königshauses eingerichtet. Alvastra wurde Mutterkloster von Varnhem, Saba und Gudeberga. Von dem 1524 säkularisierten Kloster sind heute nur noch Reste der Kirche aus dem 12. Jahrhundert erhalten.

Amelungsborn/Nordrhein-Westfalen/Deutschland

Im Welfenland wurde 1129 durch den Northeimer Grafen Siegfried IV. von Homburg das erste Zisterzienserkloster in Amelungsborn (Amelungesbrunne) in der Diözese Hildesheim gegründet. Besetzt wurde das Kloster mit Mönchen aus der Abtei Camp. Das bald berühmte Kloster zählte sogar Richard Löwenherz zu seinen Wohltätern. Die von Amelungsborn gegründeten Tochterklöster Marienthal, Riddagshausen und Doberan gründeten selbst wiederum vier »Enkelklöster«. Nach vielerlei Wirren wurde 1631 Amelungsborn endgültig lutherisch. Die romanische Kirche aus dem 12. Jahrhundert mit ihrem gotischen Chor aus dem 14. Jahrhundert wurde wieder aufgebaut.

Amiens/Frankreich

Die ehemalige Prämonstratenserabtei Saint-Jean (St. Johannes der Täufer) zu Amiens in Nordwestfrankreich wurde zuerst als Augustiner-Chorherren-Priorat 1124 gegründet, aber bald danach den Prämonstratensern übergeben. Die Abtei gründete in der Folgezeit als Tochterklöster Tal-y-Llychau in Wales und Ressons. Obwohl selbst stets ein Kloster mit sehr bescheidenen Einkünften, hatte die Abtei dennoch eine reichhaltige Bibliothek. Der königliche Vogt von Amiens übte bis zur Aufhebung 1790 die Vogtrechte über das Kloster aus.

Ammensleben/Sachsen-Anhalt/Deutschland

Die ehemalige Benediktinerabtei Ammensleben im Bezirk Magdeburg, 1124 gegründet und 1804 aufgehoben, nennt als Gründer den Grafen Dietrich von Grieben. Bereits 1135 konnte eine dreischiffige Basilika als Klosterkirche eingeweiht werden. 1515–25 kam ein gotischer Chorbau dazu, auch das Kloster wurde im 16. Jahrhundert neugebaut. Die Klostergebäude sind seit der Aufhebung verschwunden, die Kirche blieb erhalten.

Amorbach/Bayern/Deutschland

Südlich von Miltenberg im Odenwald in Unterfranken/Bayern liegt die ehemalige Benediktinerabtei Amorbach, die 714 durch den heiligen Pirmin und dessen Schüler Amor gegründet wurde. Das Kloster war der Ausgangspunkt für die Christianisierung des Odenwaldes. Noch vor der ersten Zerstörung des Klosters durch die Ungarn im 10. Jahrhundert entstand in Amorbacum eine dreischiffige romanische Basilika mit zwei mächtigen Westtürmen. Die zweite und dritte Zerstörung traf Amorbach im 16. Jh. (Bauernkrieg) und im 17. Jh. (Schweden), aber stets erholte sich der Konvent wieder. In der Zeit zwischen 1742–47 ging man an einen prunkvollen barocken Neubau sowohl von Kirche als auch von Konvent. Nach dem Entwurf des Mainzer Generals Maximilian von Welsh entstand eine Pfeilerbasilika mit Querhaus. Man hatte die alte Basilika abgebrochen, aber die beiden romanischen Westtürme erhalten und ihnen eine Barockfassade mit einer repräsentativen Freitreppe vorgesetzt. Die Innenausstattung durch Matthäus Günther, Feuchtmayr d. J. und J. G. Übelherr machen Amorbach zu einer der schönsten Rokokokirchen Deutschlands. Die Orgel, der Hochaltar und die Kanzel sind jeweils Meisterwerke des Spätbarock. Bei der Säkularisierung 1803 fiel die Gesamtanlage an den Fürsten von Leiningen, der die Abteikirche in eine evangelische Pfarrkirche verwandelte. Die ebenfalls erhaltenen Klostergebäude mit der vielfältig ausgestatteten Bibliothek verblieben im Besitz der Fürsten von Leiningen.

Ampleforth/Großbritannien

Ampleforth Abbey in der englischen Grafschaft York ist heute die größte Benediktinerabtei in Großbritannien. 90 Mönche sind dort tätig und in ihren Gästehäusern werden rund 12 000 Übernachtungen im Jahr verzeichnet. Von Ampleforth aus wurden die Abtei St. Louis in den USA und das Kloster Monte Cassino in Simbabwe gegründet. Ampleforth führt seinen Ursprung auf Mönche in Dieulouard (Frankreich) zurück, wohin einige englische Mönche nach dem Klostersturm in ihrer Heimat einst geflohen waren. Aus diesem Kloster kamen dann zu Beginn des 19. Jahrhunderts Mönche nach Ampleforth, bauten eine Kirche und eine Schule, die heute noch besteht und über 600 Schüler zählt. Die gegenwärtige Kirche ist ein Neubau aus dem Jahre 1961. Im Umkreis von 150 Kilometern werden die dort lebenden Katholiken auch von den Priestermönchen aus Ampleforth betreut.

Anchin/Frankreich

Die ehemalige französische Benediktinerabtei Anchin auf einer Insel im Flusse Scarpe im Jahre 1079 von den Edelleuten Sicker und Walter in jenem Teil des Hennegau gegründet, der zu Frankreich gehört, wurde für die regionale Geschichtsschreibung durch ein Annalenwerk wichtig, das in diesem Kloster verfasst wurde.

Andechs/Bayern/Deutschland

»Bayerns Kleinod« nennt ein Gedicht des 19. Jahrhunderts das in einer Höhe von 700 Metern über dem Ostufer des Ammersees gelegene Benediktinerkloster, das mit der anmutigen Zwiebelkuppel seiner Wallfahrtskirche weithin sichtbar ist. Andechs wird auch »Heiliger Berg« genannt, denn schon seit dem 12. Jahrhundert ist Andechs Wallfahrtsstätte, die jedes Jahr von Gläubigen aus 400 Gemeinden regelmäßig besucht wurde. Ursprünglich stand auf dem Berg die Burg des mächtigen Grafengeschlechts derer von Andechs-Meranien, die aber bereits im Jahre 1248 ausstarben. Ein reichhaltiger Reliquienschatz bildete die Grundlage für die Wallfahrt zum »Mons sanctus«. 1455–1803 wurden die Pilger von den Mönchen der Benediktinerabtei Andechs betreut, die auf dem herrlich gelegenen Bergrücken entstanden war. In der Barockzeit ging man daran, die Klosterkirche Mariä Verkündigung kostbar auszugestalten. Prachtvolle Dekorationen, vor allem die Stukkaturen des größten Meisters in dieser Kunst, J. B. Zimmermann aus Wessobrunn, machen diesen Kirchenraum zu einem Erlebnis besonderer Art. Nach der Säkularisation blieb das Kloster bis 1850 ohne Mönche. Dann kamen sie wieder und ermöglichten einen erneuten Aufschwung. Seit dieser Zeit wird Andechs als Priorat der Benediktiner von St. Bonifaz in München geführt. König Ludwig I. hatte den gesamten Komplex 1846 persönlich zurückerworben und dem Orden geschenkt. Das von den Brüdern gezapfte Bier – aus der klostereigenen Brauerei – hat den Ruf von Andechs weit über die Grenzen Bayerns hinaus inzwischen befestigt.

Andlau/Frankreich

Im unteren Elsass südwestlich von Straßburg liegt in der gleichnamigen Gemeinde das einst reich begüterte ehemalige Benediktinerinnenstift Andlau, das von der heiligen Richardis, der Gemahlin von Kaiser Karl dem Dicken, 880 gegründet worden ist. Im Bauernkrieg und im Dreißigjährigen Krieg wurde das Kloster arg mitgenommen. Aufgrund der Zinseinkünfte aus Besitzungen im Elsass und in Baden konnte sich die Abtei bald danach erholen und einen barocken Neubau wagen. Die große zweiteilige Krypta aus dem 12. Jahrhundert blieb beim Bau der Kirche erhalten. Das Ende der Abtei kam 1791 im Zuge der Französischen Revolution. Die großartige Stiftskirche ist heute Ziel vieler Kunstfreunde.

Aniane/Frankreich

Die ehemalige Benediktinerabtei Aniane in der Diözese Montpellier wurde 779 von Benedikt von Aniane gegründet und entwickelte sich zu einer der bedeutendsten Abteien des Ordens mit über 300 Mönchen, so dass sie zum kulturellen Zentrum Aquitaniens werden konnte. 1562 zündeten die Calvinisten die Abtei an, aber die Maurinermönche bauten sie 1679–88 völlig neu auf. Seit der Aufhebung 1790 ist die Kirche nun Pfarrkirche und die Klostergebäude wurden zu einem Gefängnis umgestaltet.

Anrode/Thüringen/Deutschland

Die ehemalige Zisterzienserinnenabtei Anrode (Annerode) im Eichsfeld (Diözese Fulda) wurde 1269 gegründet und damals dem Erzbistum Mainz unterstellt. Anrode konnte großen Besitz erwerben und das Kloster Worbis neubesiedeln. 1525 zerstört im Bauernkrieg, 1540 wiedererrichtet, 1632 niedergebrannt, wurde das Kloster dann 1660 wiederum neu aufgebaut, so dass es im 18. Jahrhundert zu neuer Blüte gelangen konnte. 1810 wurde Anrode aufgehoben.

Antonij-Sijski-Kloster/Russland

Im Norden Russlands gründete der heilige Antonij Sijski (gest. 1557) 100 Kilometer von der Stadt Cholmogory entfernt im Jahre 1520 das nach ihm benannte Kloster, das zur Zeit des Säkularisationsgesetzes von 1764 zu den reichsten Klöstern Russlands gehörte. Landschenkungen, eigene Rodungsarbeit und Zuwendungen von Bojaren und wohlhabenden Pilgern ermöglichten diesen Aufstieg. Kurz vor der Beschlagnahmung besaß das Antonij-Sijski-Kloster nach den Aufzeichnungen über 3300 Bauernhöfe. Die Säkularisation von Zarin Katharina der Großen vernichtete nicht die Klöster wie eine Generation später in Westeuropa, sie nahm ihnen aber die großen Besitzungen und reduzierte ihren Anteil an Land und Leibeigenen nur auf das Notwendigste.

Antonioskloster/Ägypten

Das größte und angesehenste aller koptischen Klöster in Ägypten ist das Antonioskloster (Deir Mar Antonios oder Deir Abba Antonios) in der östlichen Arabischen Wüste am Fuße des 1200 Meter hohen Kalksteingebirges Galala el Qibliya. Das Kloster soll von Schülern des Mönchsvaters Antonius' des Großen im 4. Jahrhundert gegründet worden sein. Das heute noch bestehende Kloster umfasst eine Kirche, eine Bibliothek, Wohnanlagen, Olivenhaine und Palmengärten. Eine 1120 Meter lange Festungsmauer mit einem Verteidigungsturm schützte früher das Kloster, aus dem zahlreiche Metropoliten der koptischen Kirche hervorgingen. In der nicht öffentlich zugänglichen Bibliothek finden sich 1700 wertvolle Handschriften. Amerikanische Byzantinisten unter Leitung von Th. Whittemore haben 1930/31 die Fresken des Klosters kopiert.

Aparecida do Norte/Brasilien

Das Redemptoristenkloster von Aparecida do Norte im Erzbistum São Paulo in der Diözese Taubaté unterhält ein Ordensseminar, ein Knabenseminar und einen kirchlichen Radiosender, ist jedoch vornehmlich zuständig für die Betreuung der 1,5 Millionen Wallfahrer, die alljährlich zur »Nossa Senhôra de Aparecida do Norte« kommen, um zu beten. Das 39 Zentimeter hohe Gnadenbild dieses Pilgerzentrums ist eine Nachbildung des Marienbildes von Guadelupe, es steht in der 1946 grundgelegten neuen Basilika und ist seit 1930 Patronin Brasiliens.

Apostelkloster/Türkei

Das armenische Apostelkloster (Surb Arakeloc) in der heutigen türkischen Provinz Turuberan liegt in etwa 1750 Metern Höhe vier Kilometer südlich der heutigen Provinzhauptstadt Muš. Das Apostelkloster spielte all die Jahrhunderte in diesem einstigen armenischen Siedlungsgebiet eine äußerst wichtige Rolle, seit den Erdbeben 1895 und 1915 und den großen Massakern in dieser Zeit wurde es endgültig verlassen, schwer beschädigt durch die Erdstöße. Die Legende verlegt die Gründung des Klosters in die Zeit des frühen Christentums, doch seine eigentliche Geschichte beginnt erst Ende des 12. Jahrhunderts. Seit dieser Zeit sind die Bauphasen der beiden Kirchen, der Kapellen, des Glockenturms, der großen Halle (Schamatun) auch genau belegt. Das Skriptorium des Klosters war berühmt und ein wichtiges Zentrum der armenischen Schriftkultur des 15. und 16. Jahrhunderts. Das einst kunstvoll ausgestattete Kloster galt als Kulturzentrum der ehemaligen armenischen Provinz Taron.

Arbore/Rumänien

Das Kloster Arbore liegt im Nordosten Rumäniens in der malerischen Bukowina, westlich der Stadt Suceava, und stellt eines jener Moldauklöster dar, die in der Klosterkirche sowohl innen als auch außen farbenprächtige Fresken aufweisen. Gegründet wurde das Kloster noch vor 1541 von dem mächtigen Bojaren Luca Arbore, denn in diesem Jahr malte bereits der Maler Dragos an der Westfassade der Arbore-Kirche unter dem großen überkragenden Dach vierundsechzig Bilder aus der Bibel, alles Fresken von großer Eindringlichkeit. Die Fresken von Arbore spiegeln die große Blütezeit der Kunst des Moldaugebiets in der Zeit Stefans des Großen wider und zeigen, dass bei aller Einbindung in die allgemeinen ikonographischen Regeln der orthodoxen Bilderwelt die Künstler dieses Gebiets durchaus zu einem eigenen und unverwechselbaren Ausdruck gefunden haben.

Arbroath Abbey/Großbritannien

Die ehemalige Benediktinerabtei Arbroath in der Grafschaft Tayside an der Ostküste Schottlands liegt nordöstlich von Dundee und zwar so nahe an der Nordsee, dass die Mönche das große Rosettenfenster in der Südwand ihres gewaltigen Querschiffes in der Nacht beleuchteten, um den Schiffen den Weg zu weisen. Gegründet wurde die Abtei von William dem Löwen 1178 und mit Mönchen aus Kelso besiedelt.

Im Jahr 1320 unterzeichneten die schottischen Adeligen die Declaration of Arbroath, in der sie ihre Unabhängigkeit von England bekräftigten. In der Zeit der Reformation wurde die Abtei aufgehoben, verkauft und das riesige Kloster mitsamt der Kirche als Steinbruch benutzt. In dem restaurierten Abtshaus befindet sich heute ein Museum, in dem die Geschichte der Abtei erläutert wird. Das Ruinengelände der Abtei lässt jeden Besucher die einstige Größe klar erkennen.

Arendsee/Sachsen-Anhalt/Deutschland

Das in der Altmark östlich von Salzwedel in Sachsen-Anhalt gelegene ehemalige Benediktinerinnen-Kloster Arendsee bestand vom 12. Jahrhundert bis 1812, zuerst für die Nonnen des Ordens, dann als Damenstift. Erhalten ist die dreischiffige romanische Pfeilerbasilika als einer der wichtigsten Kirchenbauten der Altmark, die 1210 vollendet wurde. Aus dem Jahr 1380 stammt der Altar mit einer Marienkrönung und aus dem 13. Jahrhundert ein spätromanischer Taufstein.

Argenteuil/Frankreich

Die ehemalige Benediktinerabtei Argenteuil (Sancta Maria de Argentolino) im Arrondissement Versailles wurde 655 von Ermenaricus und seiner Gemahlin Nummana gegründet und von dem Frankenkönig Chlotar III. bestätigt. Zuerst war es ein Nonnenkloster. Nach der Zerstörung durch die Normannen zu Beginn des 11. Jahrhunderts baute man es als Männerkloster wieder auf und dotierte es reichlich. Im 14. Jahrhundert schloss sich Argenteuil der Reform der Mauriner an. Von dem Kloster, das in der Französischen Revolution aufgehoben wurde, blieb nichts erhalten.

Arianza/Spanien

Die ehemalige Benediktinerabtei San Pedro de Arianza bei Burgos bestand wohl schon als kleines Kloster zu westgotischer Zeit und wurde nach Vertreibung der Araber 912 von Graf Fernan de Gonzáles von Kastilien wiedererrichtet. Im 11. Jahrhundert gliederte König Ferdinand I. von Kastilien dann eine Reihe kleinerer Konvente an, so dass im 13. Jahrhundert eine bedeutende Kunstschule und eine literarische Pflegestätte in Arianza entstehen konnten. Die Blütezeit des Klosters lag im 15. Jahrhundert. Johannes von Köln baute zu dieser Zeit auch die ursprünglich romanische Kirche in gotischem Stil um. Das 1835 säkularisierte Kloster wurde 1895 durch einen schweren Brand heimgesucht, so dass von den Konventsbauten nur noch Ruinen sichtbar sind.

Arles, St. Trophime/Frankreich

Das ehemalige Augustiner-Chorherrenstift St. Trophime in Arles ist nach dem heiliggesprochenen Bischof Trophimus benannt, der bereits um 250 in Arles gewirkt haben soll. Die heute noch bestehende dreischiffige Kathedrale mit einem hohen und engen Mittelschiff und einem Querschiff stammen aus romanischer, der Chor und der Umgang aus spätgotischer Zeit. Anziehungspunkt für Millionen von Gläubigen und Touristen ist jedoch das Prachtportal mit seinem »Evangelium aus Stein«, einem Meisterwerk provencalischer Plastik aus der Zeit der Hochromanik. Das Leben Jesu und das Jüngste Gericht haben hier eine hochexpressive Darstellung gefunden. Von der klösterlichen Anlage blieb der Kreuzgang erhalten, dessen Bauzeit sich von 1130 bis zum 14. Jahrhundert hinzog und den Wandel der Stilrichtungen sichtbar werden lässt.

Arnsberg/Nordhein-Westfalen/Deutschland

Die in Westfalen gelegene Prämonstratenserabtei Arnsberg (auch Wedinghausen) wurde 1170 von Graf Heinrich von Arnsberg gegründet. Nach dem Tod seiner Gemahlin Irmengard trat der Graf selbst in den Orden ein. Abt Norbert Bicker (1688–1715) gründete in seinem Kloster eine philosophische Akademie. Die Säkularisation brachte 1803 die Aufhebung von Abtei und Akademie.

Arnstein/Rheinland-Pfalz/Deutschland

Im jetzigen Bistum Limburg gründete 1139 Graf Ludwig von Arnstein eine Prämonstratenserabtei, für das er sein Stammschloss zur Verfügung stellte und in das er selbst als Mönch eintrat. Von diesem neuen Kloster Arnstein aus wurden dann die Frauenklöster Bethlenrode, Beselich, Brunnenburg, Gommersheim, Keppel und Affolterbach gegründet. 1802 wurde die Abtei von Nassau aufgehoben. Seit 1919 ist Arnstein jedoch wieder ein Ordenshaus und beherbergt die Ordensgemeinschaft von den Heiligsten Herzen Jesu und Mariä und der ewigen Anbetung (Picpus-Gesellschaft). Die aus dem 12./13. Jahrhundert stammende Pfeilerbasilika dient seit 1814 als Pfarrkirche.

Arras, Saint-Vaast/Frankreich

Die in der Französischen Revolution aufgehobene und nach vielen Zerstörungen des 18. Jahrhunderts neu errichtete Benediktinerabtei Saint-Vaast in Arras im Departement Pas-de-Calais/Frankreich wurde bereits im Jahr 658 von Bischof Autpertus gegründet. Der Name der Abtei ist abgeleitet von Vedastus, jenem Heiligen, über dessen Grab die erste Klosterkirche im 7. Jahrhundert erbaut wurde. Im 9. Jahrhundert entstanden wichtige Annalen in diesem Kloster, das in seiner näheren und weiteren Umgebung als wichtiges Zentrum der Kultur wirkte. Das Kloster wurde mehrmals verwüstet und zählt nach seinem Wiederaufbau mit seinen riesigen Dimensionen zu den vollkommensten Schöpfungen des klassischen Klosterbaus. Der Kreuzgang des Konvents gehört mit seinen Seitenlängen von 50 Metern zu den großen in Frankreich. Die Abteikirche wurde schon im 18. Jahrhundert zur Kathedrale von Arras erhoben, das Kloster selbst ist heute das Palais Arras, in dem das Museum der Stadt untergebracht ist.

Asbach/Bayern/Deutschland

Die in der Diözese Passau gelegene Benediktinerabtei Asbach wurde 1127 von Bischof Otto von Bamberg gegründet und mit zahlreichen Ländereien und Privilegien ausgestattet. 1212 und 1266 wurde die Abtei durch Kriegshandlungen zerstört, aber wieder aufgebaut. Neue Leiden brachte der Landshuter Erbfolgekrieg 1504 und die Pest 1570. Nach der Säkularisation kamen die Klostergebäude in Privatbesitz und die Klosterkirche wurde Pfarrkirche.

Asirvanam/Indien

20 Kilometer von der Stadt Bangelore entfernt, befindet sich in Indien das von der Abtei Saint-Andries in Brügge (Belgien) abhängige Benediktinerpriorat Asirvanam, das der Congregatio Annuntiationis angehört. Gegründet wurde diese klösterliche Gemeinschaft zwar schon 1947, aber an den endgültigen Standort konnten die Mönche aus ihrer bisherigen ländlichen Abgeschiedenheit erst 1957 umziehen. Seelsorge und medizinische Hilfe sind die Hauptaufgaben der Mönche, die sich den Lebensunterhalt durch Milchwirtschaft und Seidenraupenzucht sichern.

Assisi/Italien

Hingebreitet wie eine Festung erhebt sich in der Stadt Assisi in Umbrien auf einem Hang des Berges Subasio das Mutterkloster des Franziskanerordens. Dieser »Convento sacro« umfasst neben den Klosteranlagen vor allem die Basilika San Francesco, die selbst eine Doppelkirche darstellt. Zwei Jahre nach dem Tod des heiligen Franziskus (1226) begann schon der Bau dieser monumentalen Konventsbauten mit der unteren Gruftkirche und der darüber gebauten Oberkirche. Die Bauzeit erstreckte sich auf die Jahre 1228–53. In der dunklen Unterkirche herrscht noch der romanische Stil vor, in der lichten und geräumigen Oberkirche triumphiert schon die Gotik. Der größte Schatz der Gesamtanlage sind die vielen Fresken in beiden Kirchen, an denen neben Cimabue und Giotto auch unbekannte Meister der toskanischen und römischen Schule beteiligt waren. Erfreulicherweise konnten viele dieser einmaligen Kunstwerke mit modernsten Methoden gerettet oder wieder instand gesetzt werden, nachdem sie bei einem großen Brand beschädigt worden waren. Die Restaurierung der Kirche konnte im Jahr 2003 erfolgreich abgeschlossen werden. Das Kloster in Assisi ist der Ausgangspunkt vieler Franziskanerklöster in der Welt, von denen wiederum unzählige Impulse religiöser, künstlerischer und wissenschaftlicher Art ausgingen. Vor allem aber betätigen sich die Ordensschwestern und Ordensbrüder in der Erziehung und Krankenpflege in allen fünf Kontinenten.

Assumption Abbey/USA

Die Benediktinerabtei Assumption Abbey in Richardton/North Dakota ist mit etwa 60 Mönchen gut besetzt und hat sich vielerlei Tätigkeitsfelder erschlossen, war aber in der Vergangenheit keineswegs auf Rosen gebettet. Von der Schweizer Abtei Einsiedeln aus 1893 gegründet und damals »Kloster St. Mary's« genannt, waren die Mönche vor allem in der Seelsorge für die aus Russland und Ungarn kommenden deutschsprachigen Einwanderer tätig. 1903 wurde St. Mary's Abtei und ihr erster Abt wurde gleichzeitig Bischof der neuen Diözese Bismarck in North Dakota. Wegen finanzieller Probleme wurde St. Mary's Abbey 1924 geschlossen, aber 1928 unter dem neuen Namen Assumption Abbey wiedereröffnet. Seither sind die Mönche als Seelsorger in Krankenhäusern und Pfarreien und als Professoren an der Marien-Universität in Bismarck tätig. Verschiedene Betriebe in der Abtei werden ebenfalls von Mönchen geleitet.

Asteriu/Griechenland

Das griechisch-orthodoxe Kloster Asteriu (Sternkloster) liegt neun Kilometer östlich von Athen auf 550 Meter Höhe am Nordwesthang des Ymittos-Gebirges, ist gut restauriert und mit den Wandmalereien in seiner Kreuzkuppelkirche durchaus sehenswert. Der Yimittos (altgriechisch: Hymettos) war im Mittelalter als Klosterberg, als »kleiner Athos« bekannt, denn außer der aus dem 11. Jahrhundert stammenden Kirche von Asteriu gab es auf dem Berg noch eine Reihe weiterer Klöster. Da ist vor allem Käsariani zu nennen, dann das ehemalige Kloster Agios Joánnis Theologos, dessen Kirche erhalten ist, ferner die Klöster Joánnis Kynigós und Karyés.

Atchinson/USA

Die Benediktinerabtei Atchinson im Erzbistum Kansas City/USA wurde 1857 von der Erzabtei St. Vincent in Pensylvania gegründet und war zuerst Priorat und seit 1876 Abtei. Das Kloster gehört zur amerikanisch-cassianensischen Kongregation und ist eine der großen Abteien Nordamerikas. Eine Schule, ein Kolleg, ein kleines und ein großes Seminar sind der Abtei angeschlossen, die selbst auch noch 21 Pfarreien betreut. In Atchinson befindet sich auch das Benediktinerinnenpriorat St. Scholastika, das 1863 gegründet wurde. Seit 1922 ist dieses Priorat das Generalat der Kongregation der heiligen Scholastika, die mit 15 Klöstern und 32 Häusern in vielen Teilen der USA Schulen und Krankenhäuser unterhält.

Athosklöster/Griechenland

Die Mönchsrepublik Athos ist ein einmaliges und einzigartiges Gebilde, das in der ganzen Christenheit seinesgleichen sucht. Auf der östlichsten der griechischen Chalkidike-Halbinseln zieht sich ein etwa 50 Kilometer langes und zehn Kilometer breites Gebirge nach Süden, an dessen Spitze sich der 2033 Meter hohe Athosberg erhebt. Dieser Berg hat der ganzen Halbinsel den Namen gegeben. Schon in frühchristlicher Zeit lebten Einsiedler in dem schluchtenreichen Berggebiet, seit dem 9. Jh. gibt es dort historisch belegte Mönchssiedlungen. Seit dieser Zeit heißt der Athos auch »Heiliger Berg« (Hagion Oros). Die erste nachweisliche Gründung eines Klosters auf dem Athos geht auf Athanasios zurück, der im Jahre 963 eine Reihe von Einsiedlern in dem Großkloster Lawra zusammenfasste. Seither sind weitere Gründungen erfolgt, so dass es heute 20 befestigte Klöster gibt. In 17 von ihnen leben griechische Mönche, eines ist bulgarisch, eines serbisch und das letzte davon ist russisch. Die Klöster sind bedeutende Schatzkammern, in denen neben Fresken, Ikonen und Paramenten insgesamt rund 9000 wertvolle Handschriften zu finden sind. Die Mönchsrepublik ist zwar ein autonomes Staatsgebilde, gehört jedoch seit 1913 im völkerrechtlichen Sinne zu Griechenland. Mehrere Klöster sind nur mit dem Boot zu erreichen, da sie an engen Buchten an steilen Hängen liegen. Der Athos insgesamt darf nur von Männern betreten werden. Diese »Heilige Internationale« umfasste vor allem Georgier, Russen, Serben, Bulgaren, Rumänen, Albaner und bis zum Schisma 1054 sogar Lateiner. Der Zar von Russland fühlte sich als Schutzherr des Athos. Um 1900 gab es auf dem Athos mehr russische Mönche als griechische – und Athosmönche sammelten mit Erlaubnis des Zarenhofes Spenden in Russland für den »Heiligen Berg«. Die personelle Auszehrung der Athos-Klöster war bis zum Zerfall des Sowjet-Imperiums ein Ergebnis der totalen Abschnürung der osteuropäischen Staaten vom Athos. Seit 1991 trat eine fühlbare Besserung der bereits bedrohlichen Lage ein.

Athos-Kloster Ajiou Pawlou/Griechenland

Das in großartiger Gebirgslandschaft mehrstöckig auf einen Felsen gebaute Athos-Kloster liegt südlich von Dionysiou an der Südwestküste und ist das südlichste Kloster am Singitischen Golf. Der 2033 Meter hohe Athosgipfel liegt nicht allzu weit davon im Osten. Gegründet wurde es im 10. Jh. als Mönchszelle, erstmals urkundlich erwähnt wird es in einer kaiserlichen Goldbulle von 1259, in der auch die Besitzungen des Klosters bestätigt werden. Das Kloster ist nach seinem Gründer, dem Mönch Pawlos, benannt, von dem auch eine Ikone existiert. Neben einem kostbaren Zweiflügel-Tragaltar sind besonders die 494 Handschriften der Bibliothek erwähnenswert. Früher lebten viele serbische Mönche in Ajiou Pawlou, heute ist es ausschließlich mit griechischen Mönchen besetzt.

Athos-Kloster Dionysiou/Griechenland

1366 gründete der Eremit Dionysios mit den Spenden des Kaisers Alexios III. dieses malerisch auf einer Felsspitze der Südwestküste gelegene Athos-Kloster. Der mehrstöckige hochragende Bau liegt zwischen den Klöstern Grigoriou und Ajiou Pawlou und bietet hoch oben auf einem 80 Meter hohen Steilfelsen einen prachtvollen Anblick. Später wurde noch ein Kranz von Balkonen angefügt. Das Kloster wurde nach mehreren Bränden 1537–47 wiedererrichtet und mit Fresken der Kretischen Schule ausgestattet. In der Hauptkirche thront eindrucksvoll Christos Pantokrator in der Kuppel. Der kretische Maler Zorzi schuf auch die Wandmalereien des Speisesaals (Trapeza). In der Vorhalle begegnet man großartigen Fresken mit Darstellungen aus der Apokalypse. Dionysiou besitzt acht Kapellen, z. T. mit Fresken aus dem 16. Jahrhundert. Mehrere kostbare Ikonen ziehen nach wie vor viele Gläubige aus der gesamten Ostkirche an, so die aus dem 7. Jahrhundert stammende Wachsikone der wundertätigen Panagia Myrrovlotissa (Duftende Madonna) mit einer prächtigen Goldeinfassung von 1786. Der Handschriftenschatz von Dionysiou ist beträchtlich. Unter den 804 Exemplaren befindet sich ein Evangeliar aus dem Jahre 1200 mit herrlichen Miniaturen und einem Reliefeinband. Der Zyklus der zwölf Feste des Kirchenjahres ist in einem Kodex des 13. Jahrhunderts mit eindrucksvollen Miniaturen festgehalten. Die große Besonderheit von Dionysiou ist jedoch die Stiftungsurkunde des Klosters, die Goldene Bulle (Chrysobullon) des Kaisers Alexios III. Komnenos aus dem Jahre 1374. Weitere Goldsiegelbullen, Paramente, Kirchengeräte und ein Elfenbeinrelief aus dem 10. Jh. befinden sich in der Schatzkammer.

Athos-Kloster Dochiarios/Griechenland

Das griechisch-orthodoxe Athoskloster liegt wie eine Burg malerisch auf einem Felsplateau an der Westküste der langgestreckten Halbinsel. Gegründet 976, war das Kloster Jahrhunderte lang eine Stätte der Meditation und des Studiums, wovon heute noch die Bibliothek mit ihren schönen illuminierten Handschriften Zeugnis ablegt. Seit dem Zweiten Weltkrieg bedroht Nachwuchsmangel das Kloster. Die Kirche (Katholikon) wurde 1568 neu errichtet und mit farbenprächtigen Fresken der Kretischen Schule geschmückt. In den beiden Vorhallen finden sich Eremitendarstellungen und Zyklen aus dem Alten Testament, der Hauptraum mit der Mittelkuppel enthält Fresken zum Leben Jesu.

Athos-Kloster Esphigmenou/Griechenland

Das im Norden der Nordostküste an einer Meeresbucht gelegene Athos-Großkloster Esphigmenou wurde am Anfang des 11. Jh. durch Pulcheria, die Schwester des Kaisers Romanos III. gegründet und blieb seit seiner Errichtung stets von griechischen Mönchen besetzt. Die heutige Anlage ist jedoch relativ jung. Die Achtkuppelkirche wurde aus Tinosmarmor erst 1806–10 gebaut und die Ausmalung der gesamten Kirche erfolgte ebenfalls in der ersten Hälfte des 19. Jahrhunderts. In Esphigmenou findet sich die am reichsten geschnitzte Bilderwand des Athos mit Szenen aus dem Alten und Neuen Testament, geschaffen zwischen den Jahren 1813 und 1840. Unter den 372 Handschriften des Klosters befindet sich ein Menologion mit 80 Miniaturen.

Athos-Kloster Grigoriou/Griechenland

Das in der ersten Hälfte des 14. Jahrhunderts von dem heiligen Gregorios d. J. gegründete Athos-Kloster ist direkt am Meer gelegen. Man findet das auf Klippen errichtete Kloster im südlichen Teil der Südwestküste zwischen Simonos Petras und Dionysiou. Nach einem Brand wurde es um 1780 neu errichtet und mit Fresken ausgemalt. Innerhalb und außerhalb der Mauern befinden sich insgesamt noch zehn Kapellen. Unter den in Grigoriou verehrten Ikonen befindet sich auch das wundertätige Bild der Panagia Galaktotrophousa (der stillenden Gottesmutter). Die 297 Handschriften und die Paramente bilden mit den kostbaren Reliquienschreinen den Schatz des Klosters.

Athos-Kloster Hilandar (Chilandariou)/Griechenland

Das von serbischen Mönchen bewohnte Kloster Hilandar liegt als nördlichstes Athoskloster der Nordostküste in einer Talmulde unweit des Meeres, ist jedoch von dort aus nicht zu sehen. 1197 trat der serbische Herrscher Stefan Nemanja zusammen mit seinem Sohn Rastko in das von ihm gegründete Kloster ein. Rastko, der den Namen Sawa annahm und unter diesem später heiliggesprochen wurde, machte das Kloster zum Mittelpunkt des religiösen und kulturellen Serbentums außerhalb des serbischen Reiches und sicherte dadurch dem Kloster die ständige Protektion Serbiens auch für die späteren Jahrhunderte bis zur Neuzeit. Die Hauptkirche des berühmten Serbenklosters wurde am Anfang des 14. Jahrhunderts erbaut und mit äußerst wertvollen Ikonen der Makedonischen Schule ausgestattet (1319–20). Von den elf Kapellen weisen zehn Fresken aus dem 14. bis 18. Jahrhundert auf. Im Jahre 1623 malte der serbische Mönch Georg Mitrofanowic den Speisesaal mit Szenen aus dem Leben des heiligen Sawa, mit Darstellung der Himmelsleiter und der ökumenischen Konzilien aus. Die Ikonensammlung des Klosters ist beachtlich, ebenso sehenswert sind die Stickereien und die Paramente. Für die Gläubigen wichtig ist eine Christusreliquie, die angeblich in einem Teil der Dornenkrone besteht. Im Wehrturm ist die Bibliothek untergebracht, die 181 griechische und 809 slawische Handschriften und Urkunden enthält. Ein Tetraevangelion aus dem 13. Jahrhundert muss besonders hervorgehoben werden, ebenso die vielen Siegelerlasse und Dekrete byzantinischer und serbischer Herrscher. Im Jahr 2004 vernichtete ein Großbrand große Teile des Klosters und zerstörte zahlreiche Altäre, Fresken und Bildwerke. Glücklicherweise blieben die meisten Ikonen und die Bibliothek erhalten.

Athos-Kloster Iwiron/Griechenland

Dieses Großkloster auf dem Athos unweit der Küste im Mittelostteil der Halbinsel, wurde um 980 von Georgien aus gegründet. Da man bis ins späte Mittelalter die Georgier als Iberer bezeichnete, erklärt sich der Beiname »Iberer-Kloster«. Georgische Mönche pflegten damals das Ideal der Heimatlosigkeit und ließen sich daher oft in anderen Ländern nieder, ohne jedoch ihre georgische Sprache und Schrift aufzugeben. Von den byzantinischen Kaisern großzügig unterstützt, war das Kloster bis 1350 ausschließlich von georgischen Mönchen bewohnt. Seit dieser Zeit ist Iwiron von griechischen Mönchen besetzt. Die Hauptkirche (Katholikon) weist schöne nikäische Fliesen auf, auch die Portale und Fresken sind sehenswert. Ein Großbrand im Jahr 1865 vernichtete fast die gesamte Klosteranlage, die aber wieder aufgebaut wurde. Die Bibliothek mit etwa 2000 wertvollen Handschriften konnte gerettet werden. Ein Prunk-Evangeliar von Zar Peter dem Großen aus dem Jahr 1720 ist eines der mit Stolz gezeigten Kleinodien. Das Kloster war sehr reich und besaß viele ausländische Immobilien, es gehörten ihm ganze Stadtviertel in Kiew, die dem Kloster zinspflichtig waren. Berühmt wurde Iwiron aber in der gesamten griechisch-orthodoxen Welt durch die wundertätige Ikone »Panagia Portaitissa« (Madonna an der Pforte) aus dem 9. Jahrhundert. Gläubige aus allen gesellschaftlichen Schichten bis hin zu Fürsten und Kaisern pilgerten zu dieser Ikone. Aus diesem Grund kam auch ein goldbestickter Ornat des Kaisers Johannes I. (968–76) aus Konstantinopel in die Schatzkammer des Klosters.

Athos-Kloster Karakállou/Griechenland

Das den Aposteln Petrus und Paulus geweihte Athos-Kloster ist klein und liegt an einem Hang über dem Ägäischen Meer südlich von Philotheu. Gegründet bereits im 11. Jahrhundert, kam es erst in der Neuzeit zu größerer Entfaltung. 1548–63 wurde die Hauptkirche gebaut. Die Ausmalung des Hauptschiffs und der sieben Kapellen erfolgte zum Großteil erst im 18. Jahrhundert. Von dem Malermönch Dionysios von Phourna, dem Verfasser des berühmten Malerhandbuches, existiert eine Zwölf-Apostel-Ikone aus dem Jahre 1722. An Handschriften verwahrt Karakállou 279 Exemplare.

Athos-Kloster Kastamonitou/Griechenland

Das von griechischen Mönchen bewohnte Athos-Kloster Kastamonitou liegt im nördlichen Teil der Mönchsrepublik unweit von Dochiariu im Landesinneren. Kurz vor 1086 von einem Mönch aus dem kleinasiatischen Kastamoni gegründet, erhielt es später aus Prestigegründen seinen zweiten Namen Konstamonitou im Hinblick auf den Kaiser Konstans. Die Wandmalereien im Katholikon stammen aus dem 15. Jahrhundert. Man verehrt im Kloster hauptsächlich den heiligen Stefanos, von dem eine Gnadenikone sehenswert ist. Wie die ebenfalls im Kloster befindliche Ikone der Panagia Portatissa (die Gottesmutter als Pförtnerin) stammt auch sie aus dem 13. Jahrhundert. Unter den wenigen Handschriften des Klosters ragt ein Lektionar in Gold- und Silberfassung besonders hervor.

Athos-Kloster Kutlumusi/Griechenland

Das im Inneren der Halbinsel südlich von Karyés gelegene Athos-Kloster Kutlumusi soll um das Jahr 1000 gegründet worden sein und ist der »Verklärung Christi« geweiht. Das kleine Kloster liegt auf dem 650 Meter hohen Bergrückgrat, der die langgestreckte Halbinsel durchzieht. Die Hauptkirche ist erst 1540 gebaut worden und weist Fresken der kretischen Schule auf. In der Schatzkammer finden sich Ikonen, Paramente und eucharistische Geräte. In der Bibliothek sind 662 wertvolle Handschriften-Exemplare erhalten. In der zum Kloster gehörenden Zelle Johannes des Täufers lebte einst der Verfasser des berühmten Malerbuches vom Berge Athos, in dem alle Anweisungen über die Malerei von Ikonen und Fresken enthalten sind.

Athos-Kloster Mejisti Lawra/Griechenland

Dieses berühmteste und älteste der 20 Athos-Klöster liegt an der Südostspitze der Halbinsel, nicht weit vom Meer, unmittelbar östlich des Athosgipfels. Um 963 versammelte hier der heilige Mönch Athanasios die verstreut in dieser Gegend lebenden Einsiedler, fasste sie zu einer Mönchsgemeinde zusammen und gab ihnen eine feste Regel. Das griechisch-orthodoxe Großkloster genoss die besondere Förderung des byzantinischen Hofes, noch heute wird in der Schatzkammer die Krone des Kaisers Nikephoros Phokas (11. Jh.) aufbewahrt. Der Klosterkomplex besteht neben den Mönchswohnungen vor allem aus der großartigen Hauptkirche (Katholikon), 17 Kapellen, dem Refektorium, der Schatzkammer und der Bibliothek mit ihren 2046 Handschriften. Die Hauptkirche, ein Dreikonchen-Kuppelbau, weist die vielbestaunten Fresken von 1535 im Stil der Kretischen Schule auf. Im gleichen Stil sind die Freskenzyklen der Trapeza und mehrerer Kapellen gehalten. Neben Ikonen, Reliquiaren, Urkunden und Paramenten sind in der Schatzkammer auch viele Schmuckstücke mit Edelsteinen zu bewundern. Interessant ist die unmittelbare Umgebung am Athosberg mit ihren vielen Einsiedeleien, Höhlenwohnungen und Asketendörfern.

Athos-Kloster Panteleimonos (Russikon)/Griechenland

Das dem heiligen Panteleimon geweihte Kloster auf dem Athos hat seinen Beinamen Russikon von den russischen Mönchen erhalten, die es seit dem hohen Mittelalter bis in die Gegenwart durchgehend bewohnten und seit dem Zerfall der Sowjetunion nunmehr wieder offiziell Kontakte mit russischen Klöstern pflegen können. Das bereits 1169 gegründete Vorgängerkloster Xylourgou wurde am Ende des 18. Jahrhunderts durch das heutige Panteleimon abgelöst und ist durch die Zwiebelturmkuppeln sofort als russische Anlage erkennbar. Die Dreikonchenkirche mit acht solcher Kuppeln wurde 1812–21 errichtet. Sie enthält wie der 800 Personen fassenden Speiseraum Wandmalereien des 19. Jahrhunderts. Viele Pilger kamen in den vergangenen Jahrhunderten nach Panteleimon, das eine wundertätige Ikone besitzt. Der Handschriftenschatz ist beträchtlich. Neben 1320 griechischen, werden 600 slawische Exemplare gezeigt. Berühmt ist der Kodex, der 16 Homilien Gregors des Theologen mit zahlreichen Miniaturen enthält. Panteleimon gehört zu den mönchischen Großsiedlungen des Athos und liegt etwa in der Mitte des langgestreckten Fingers der Halbinsel an der Westküste zwischen Dochiariou und Xiropotamu.

Athos-Kloster Philotheu/Griechenland

Das Athoskloster Philotheu liegt an der Ostküste der Halbinsel, südöstlich von Karyés. Gegründet wurde es vor 992 von drei Mönchen namens Arsenios, Dionysios und Philotheos und nach letzterem auch benannt. Bewohnt ist das der »Verkündigung Mariae« geweihte Kloster von griechischen Mönchen. Ein verheerender Brand zerstörte das alte Kloster im Jahre 1871, die Klosterkirche allein konnte der Katastrophe entgehen, sie weist Fresken aus dem 16. Jh. auf. Neben einer wundertätigen Ikone besitzt das Kloster in der Schatzkammer eine Kreuzreliquie, schöne Paramente und Geräte. Die Bibliothek des kleinen Klosters umfasst 250 wertvolle Handschriften, darunter ein Tetraevangelium mit einer Darstellung des Evangelisten Markus.

Athos-Kloster Protaton/Griechenland

In der Mönchsstadt Karyés auf dem Athos steht neben den Verwaltungsgebäuden des kleinen Mönchsstaates das alte Kloster Protaton aus dem 9./10. Jahrhundert, dessen Klosterkirche eine dreischiffige Basilika mit drei Ostapsiden darstellt. Der Innenraum ist quadratisch mit vier Eckkapellen und sehenswerten Fresken der Makedonischen Schule (um 1300) ausgestattet.

Athos-Kloster Simonos Petras/Griechenland

Das griechisch-orthodoxe Athoskloster liegt im Südteil der Südwestküste der Halbinsel und schmiegt sich siebenstöckig hoch oben an den Berghang. Gegründet 1363 durch Simon den Einsiedler und vom serbischen König Johannes Uglitsch gefördert, war das stets von griechischen Mönchen besetzte Kloster jahrhundertelang ein Ort der Versenkung ins Gebet und in das geistliche Studium. 1891 vernichtete ein Brand das Kloster schwer, die Handschriften verbrannten. Danach wieder aufgebaut, konnte es seine einstige Bedeutung nicht wiedererlangen.

Athos-Kloster Stawronikita/Griechenland

Das dem heiligen Nikolaus geweihte Athos-Kloster Stawronikita liegt im Mittelabschnitt der Nordostküste zwischen Pantokratoros und Iwiron burgartig über dem Meer. Es ist das kleinste der 20 Athosklöster. Man findet es mit seinem Wehrturm östlich von Karyés auf einem Felsvorsprung. Gegründet wurde es noch vor dem Jahre 1012 als Kleinkloster. Als es um 1542 vom Patriarchen Jeremias von Konstantinopel neu gegründet wurde, erhob man es trotz seiner bescheidenen Ausdehnung gleichzeitig zum Großkloster. Die Mitte des 16. Jahrhunderts erbaute Hauptkirche enthält Fresken des Kreters Theophanes und ist wie die Kapellen hervorragend restauriert worden. Eine Mosaik-Ikone des heiligen Nikolaus aus dem 14. Jahrhundert wurde einst aus dem Meere geborgen und erhielt daher den Beinamen Stridi (Auster). Unter den 171 Handschriften des Klosters ist besonders ein Psalter aus dem 12. Jahrhundert mit reichen Miniaturen zu nennen.

Athos-Kloster Watopédi/Griechenland

Das griechisch-orthodoxe Athos-Großkloster liegt meeresnah an einer Bucht in der Mitte der Nordostküste der Halbinsel, nördlich von Karyés. Das Ende des 10. Jahrhunderts gegründete Kloster ist heute das modernste auf dem Athos, ist mit elektrischem Strom versorgt und richtet sich nach dem Gregorianischen Kalender, während die anderen Klöster der Mönchsrepublik noch den um 13 Tage verspäteten Julianischen Kalender anwenden. Die Hauptkirche weist Goldmosaiken aus dem 12. Jahrhundert auf und Fresken aus dem 14. bis 19. Jh. Freskengeschmückt sind auch die 21 Kapellen des Klosters, das Refektorium und einige Anbauten. In alter Zeit hatte man das Kloster mit einem Mauerwall umgeben und einen Wehrturm gebaut, der heute als Bibliothek dient. Der Bestand weist über 8000 Bände auf, darunter wertvolle Handschriften, einen Oktateuch (die ersten acht Bücher der Bibel) aus dem 11. Jh. mit 162 Miniaturen. In der Schatzkammer werden Ikonen, Pokale, kostbare byzantinische Kunstschmiedearbeiten und das in Silber gefasste Haupt des heiligen Gregor von Nazianz bewahrt.

Athos-Kloster Xenophontos/Griechenland

Das mit griechischen Mönchen besetzte Athos-Kloster Xenophontos liegt auf einer niedrigen Anhöhe über dem Meer an der Westküste, etwa auf der Höhe von Karyés.

Es wurde von dem Mönch Xenophontos 1010 gegründet und hatte in seiner Geschichte viele Plünderungen und Zerstörungen zu ertragen. Immer wieder aufgebaut, weist es heute zwei Hauptkirchen auf: das alte Katholikon mit bedeutsamen Fresken aus dem Jahre 1544 und das neue Katholikon, das zwar keine Fresken, aber wertvolle Ikonen aufweist. Diese Kirche ist erst 1809–19 gebaut worden und gilt als das größte griechische Katholikon auf dem Athos. Von den 14 Kapellen sind vier ebenfalls ausgemalt. Der gewaltige Speiseraum (Trapeza) enthält Malereien von 1575. In Xenophontos wird auch die einst in Byzanz hochverehrte wundertätige Ikone Panagia Odigitria (Muttergottes als Führerin) verwahrt. An Handschriften finden sich im Kloster 279 Exemplare.

Athos-Kloster Xiropotamu/Griechenland

Das mit griechischen Mönchen besetzte Athos-Kloster Xiropotamu liegt in der Mitte der Halbinsel unweit der Südwestküste oberhalb des Hafens Daphni an der Straße nach Karyés und ist den Vierzig Märtyrern von Sewastia geweiht. Ende des 10. Jahrhunderts gegründet, blieb der Konvent stets ein Kloster mittlerer Größe. Die Hauptkirche entstand erst 1760–63 und wurde 1783 ausgemalt. Die sieben Kapellen weisen ebenso wie der große Speiseraum (Trapeza) interessante Fresken auf. In der Schatzkammer zeigt man ein großes Stück des heiligen Kreuzes, Bischofsstäbe, Paramente und liturgische Geräte. Der Handschriftenbestand beläuft sich auf 409 Exemplare.

Athos-Kloster Zografos-Kloster/Griechenland

Das lange Jahrhunderte ausschließlich von bulgarischen Mönchen bewohnte, griechisch-orthodoxe Athos-Kloster liegt im Norden der Halbinsel an der Westseite der langgestreckten Bergachse. Das 1270 gegründete Kloster ist dem heiligen Georg geweiht und besitzt von diesem Heiligen eine wundertätige Ikone. In altslawischer Malweise soll ein anonymer Maler (Zografos) dieses Bild gemalt haben; man nennt daher den Konvent auch vielfach »Maler-Kloster«. Bekannt sind die Fresken in der Georgs-Kapelle des Klosters, da sie der Kretischen Schule des 16. Jahrhunderts zuzuschreiben sind. Die reichhaltige Bibliothek beherbergt kostbare altbulgarische Kodizes, darunter den Radomir-Psalter aus dem 13. Jahrhundert mit seinen ausdrucksstarken Illuminationen. Daneben werden griechische und altserbische Handschriften aufbewahrt.

Attel/Bayern/Deutschland

Majestätisch thront über einem See, der vom Inn gebildet wird, die ehemalige Benediktinerabtei Attel bei Griesstätt in Oberbayern. Gegründet von den Grafen von Andechs im 11. Jahrhundert, wurde das Kloster zeitweilig Admont unterstellt. Auf der Anhöhe, auf der das Kloster steht, bestand schon 807 ein Heiligtum des Erzengels Michael und so wurde die Abteikirche ebenfalls St. Michael geweiht. Von den einstigen romanischen Bauten blieben bei dem barocken Neubau von Kirche und Konvent 1712–31 nur kleine Teile erhalten. Die Ausstattung der Klosterkirche ist teilweise erlesen und wird vor allem durch den prunkvollen Hochaltar bestimmt. Das Kloster wurde 1803 aufgehoben, ist jedoch seit 1874 ein Priorat der Barmherzigen Brüder.

Au am Inn/Bayern/Deutschland

Das ehemalige Augustiner-Chorherrenstift Au am Inn, Landkreis Mühldorf, wurde bereits im 8. Jahrhundert von Benediktinern aus Salzburg als kleiner Konvent gegründet und gelangte 1120 in den Besitz der Augustiner, die es zu einem großen Kloster ausbauten. 1269 wurde die Klosterkirche St. Maria geweiht und die beiden Westtürme errichtet, die heute barock bekrönt sind. In den Jahren 1364 und 1686 suchten verheerende Brände das Kloster heim, so dass die Neuerrichtung 1687/88 durch D. Ch. Zuccalli die heutige Anlage, um drei Höfe gruppiert, im Wesentlichen bestimmt. Beachtenswert sind die Stuckarbeiten in der Kirche und die Fresken in der Bibliothek. Nach der Auflösung des Klosters 1803 gelangte das Stift 1853 in den Besitz der Dillinger Franziskanerinnen.

Audeterre/Frankreich

Die Benediktinerabtei Audeterre (Alba terra) in der Diözese Péregueux wurde 785 gegründet und stand unter besonderem königlichen Schutz. Der Abt wurde jeweils vom König selbst nominiert. Aus diesem Kloster gingen verschiedene hervorragende Äbte hervor, darunter auch der im Jahr 1500 ernannte Robert de Pompadour.

Augsburg, Sankt Stephan/Bayern/Deutschland

Die Benediktinerabtei Sankt Stephan in Augsburg entstand 1834/35 in den Gebäuden des Kanonissenstifts St. Stephan, das wie die berühmte Abtei St. Ulrich und Afra 1803 säkularisiert worden war. Man kann es als einen Versuch der Wiedergutmachung bezeichnen, als König Ludwig I. die Wege zu dieser Gründung ebnete, denn seine Vorfahren auf dem bayerischen Thron hatten die durch Napoleon ausgelöste Katastrophe mitzuverantworten, die über die Klöster Bayerns eine Generation vorher hereingebrochen war. Der Gründungsabt konnte Mönche aus mehreren österreichischen und schweizerischen Klöstern bewegen, an den Konvent in Augsburg überzusiedeln. Die neugegründete Abtei übernahm sogleich die Leitung der Philosophischen Hochschule, des dazugehörenden Gymnasiums und zweier Internate. In der Zeit des »Dritten Reiches« mussten die Mönche das Kloster verlassen, das dann mitsamt der prächtigen Rokokokirche und den Schulen durch einen

Bombenangriff im Februar 1944 fast völlig vernichtet wurde. Nach den mühevollen Aufbaujahren der Nachkriegszeit konnte die Abtei allmählich wieder Fuß fassen. Heute geben die Mönche geben Unterricht am Gymnasium und am Studienseminar und sie sind als Seelsorger in Krankenhäusern, Altenheimen und Schwesternkonventen tätig.

Augsburg, St. Ulrich und Afra/Bayern/Deutschland

Die ehemalige Benediktinerabtei St. Ulrich und Afra in Augsburg, zugleich einstiges freies Reichsstift, war zwischen 965 und 1012 ein Chorherrenstift und erhob sich über der vermuteten Grabstätte der frühchristlichen Märtyrerin St. Afra. 1012 zogen Benediktiner in das Kloster ein und es erhielt dann bald den neuen Namen St. Ulrich und Afra, denn der streitbare Bischof Ulrich, der Mitstreiter Kaiser Ottos I. gegen die Ungarn (955), wurde heiliggesprochen und ebenfalls in der Kirche dieses Klosters begraben. 1323 wurde das gut dotierte Kloster reichsunmittelbar. 1467–1526 entstand die spätgotische dreischiffige Basilika. Sie wurde später im Barockstil detailreich ausgestattet. Der hohe schlanke Turm der Kirche mit der barocken Haube ist nach wie vor ein Wahrzeichen der Stadt. Das Stift blieb bis zur Aufhebung 1802 katholisch – und das im überwiegend protestantischen Augsburg. Im Zweiten Weltkrieg fielen 1944 die Klosteranlagen und der Kreuzgang den Bomben zum Opfer. Die beschädigte Kirche wurde kenntnisreich restauriert.

Aulne/Belgien

Im Hennegau bei Landelies an der Sambre entstand schon im 7. Jahrhundert ein kleines Kloster, das 1147 in den Besitz der Zisterzienser aus Clairvaux gelangte. Diese Abtei in der Gemarkung der heutigen wallonischen Stadt Thuin wurde mehrfach zerstört und immer wieder neu aufgebaut. Die größte Pracht entfaltete Aulne in der Barockzeit, ihre Bibliothek von 40 000 Bänden und 5000 Handschriften galt als vorbildlich. 1794 zerstörten französische Revolutionstruppen die Abtei und brannten sie mit dem gesamten Bücherschatz nieder. Beeindruckend sind auch noch heute die Ruinen der einst mächtigen Abtei.

Aurillac/Frankreich

Die um 800 gegründete ehemalige Benediktinerabtei Aurillac (Aurilacum), in der Diözese Saint-Flour, wurde unmittelbar dem Heiligen Stuhl unterstellt. 962 weihte man die romanische Basilika. Die Abtei war reich und gründete das Kloster St. Pons-do-Thomières schon im 10. Jahrhundert und ein Studienkolleg in Toulouse im 15. Jahrhundert. Papst Pius IV. verwandelte dann 1561 das Kloster in ein Kollegiatsstift, das bereits acht Jahre später in den Hugenottenkriegen total zerstört wurde.

Ettal, Deutschland

Averbode/Belgien

Die heute wieder blühende Prämonstratenserabtei Averbode in der Diözese Mecheln wurde 1134 von Graf Arnold von Looz gegründet. Averbode besaß bald 30 Pfarreien im heutigen Belgien und den Niederlanden. 1664–1700 wurde die stattliche Abteikirche aus der Gründerzeit neu erbaut. Das Kloster wurde 1797 aufgehoben und 1854 bereits wiederhergestellt. Im 20. Jahrhundert nahm das Kloster erneut einen großen Aufschwung. Die Chorherren betreuen Pfarreien, leiten ein Kolleg in Brasschaat bei Antwerpen und sind seelsorgerisch auch in Dänemark und Brasilien tätig. Averbode ist zugleich Wallfahrtsstätte, Bildungszentrum, Sitz einer Druckerei und Mutterkloster der 1924 gegründeten Abtei Bois-Seigneur-Isaac sowie eines Priorats in Tancrémont. Ein Brand vernichtete 1942 die Klostergebäude, die neu errichtet wurden. Die Klosterkirche blieb damals unversehrt.

Avignon, St. Rufus et St. Andreas/Frankreich

Das regulierte Chorherrenstift St. Rufus et St. Andreas in Avignon wurde 1084 gegründet und gelangte im hohen Mittelalter zu großer Blüte. Eine Reihe von Tochtergründungen in Frankreich, Spanien, Portugal und Deutschland (Marbach, Rottenbuch und Straßburg) zeugen von der Aktivität dieses Klosters. Nach der Zerstörung durch die Albigenser wurde es 1158 bei Valence neu begründet und 1773 aufgehoben.

Avila, Santo Tomás/Spanien

Zu Ehren des heiligen Thomas von Aquin, des großen Kirchenlehrers, erbauten die Katholischen Könige (Ferdinand und Isabella) in der altkastilischen Stadt Avila zwischen 1482 und 1492 ein königliches Kloster. Nach der Eroberung von Granada (1492) statteten die Majestäten zum Dank für den Sieg gerade dieses Kloster verschwenderisch aus. Drei berühmte und prächtige Grabmäler und der »Kreuzgang der Könige« sind bedeutende Anziehungspunkte für Historiker und Kunstfreunde. Das Kloster beherbergt heute ein Museum orientalischer Kunst.

B

Bač/Serbien

In der einst ungarischen, nunmehr serbischen Woiwodina liegt unweit von Vukovar, jedoch östlich der Donau, die Franziskanerabtei Bač, deren Bibliothek weithin bekannt ist und neben lateinischen, ungarischen, serbischen und kroatischen Büchern auch deutsche Drucke bewahrt. Die Templer haben dieses Kloster 1169 gegründet und die Franziskaner haben es 1301 übernommen. Obwohl in der Türkenzeit die Gebäude teilweise zerstört wurden, blieb der Gesamtkomplex mit der Kirche erhalten. Somit ist dieses Gotteshaus mit seiner romanischen Apsis bis heute ein steinernes Zeugnis für die einstige Anwesenheit vom Templer-Rittermönchen in diesem Gebiet.

Badia Polesine, Abbazia della Vangadizza/Italien

Die zwischen Legnago und Rovigo in Badia Polesine in Venetien liegende Abbazia della Vangadizza ist eine aus dem 10. Jahrhundert stammende ehemalige Benediktinerabtei, die ab 1213 von Kamaldulensermönchen bewohnt war. Nach der Aufhebung durch Napoleon 1810 wurden Teile des Konvents in den Palazzo d'Espagnac einbezogen. Die Kirche wurde 1835 zerstört. Erhalten blieben der Kreuzgang und der Glockenturm aus dem 13. Jahrhundert und ein venezianischer Marmorbrunnen aus gotischer Zeit.

Baindt/Baden-Württemberg/Deutschland

In Oberschwaben, nördlich von Ravensburg in Baden-Württemberg liegt die ehemalige reichsunmittelbare Zisterzienserinnenabtei Baindt (Abbatia Bintensis, Bunde, Hortusfloridus), die 1240 von Konrad, Schenk von Winterstetten, gestiftet wurde. Die Klosterkirche ist eine spätromanische Pfeilerbasilika mit spätgotischem Netzgewölbe. Das Kloster wurde 1803 aufgehoben und kam in den Besitz des Grafen von Aspremont-Linden, dann an den Fürsten von Salm-Reifferscheid-Dyk. Beide Adelshäuser hatten linksrheinische Besitzungen an Frankreich verloren und wurden nun mit Klostergut entschädigt, das weit entfernt von ihren angestammten Familiengütern lag. Viel später konnten in den wenigen noch erhaltenen Konventsgebäuden Franziskanerinnen Einrichtungen der Kinderpflege unterbringen.

Ballenstedt/Sachsen-Anhalt/Deutschland

Die ehemalige Benediktinerabtei Ballenstedt wurde 943 als Kanonikerstift im Anhaltinischen gegründet und 1110 den Benediktinern übergeben. 1485 trat Ballenstedt der Bursfelder Kongregation bei. Nachdem die Abtei im Bauernkrieg 1525 zerstört worden war, übergab der Abt das Kloster selbstherrlich an Herzog Wolfgang von Anhalt. In der Folgezeit bauten die Fürsten von Anhalt-Dessau den Konvent zu ihrem Schloss um.

Ballintubber Abbey/Großbritannien

Die einzige Abtei in Irland, die seit ihrer Gründung 1216 alle Vernichtungsstürme der Engländer gegen die Klöster auf wundersame Weise überstand, ist die Augustinerabtei, die in der Grafschaft Mayo im Nordwesten der Republik Irland liegt und sich heute nach einer Restaurierung von 1963–66 in erneuertem Zustand präsentiert. Ballintubber Abbey war stets Ausgangspunkt und Zwischenstation der Pilger auf dem Weg zu dem noch weiter im Westen gelegenen Wallfahrtsort Croagh Patrik, dem heiligen Berg Irlands.

Balmerino Abbey/Großbritannien

Die ehemalige Zisterzienserabtei Balmerino Abbey (Balmerinock) in Schottland liegt zwölf Kilometer nordwestlich von St. Andrews in der Grafschaft Fife und wurde 1229 gegründet. Stifterin war Ermengard, die Witwe König Wilhelms des Löwen, der unter dem Altar dieser Kirche begraben ist. Die einst reichlich mit Gütern versehene Abtei machte sich vor allem um den Landbau in der Region verdient.

Bamberg, St. Michael/Bayern/Deutschland

Auf einem terrassierten Berg über der Stadt Bamberg liegt die ehemalige Benediktinerabtei St. Michael, die von Kaiser Heinrich gegründet wurde und deren erste Kirche man 1021 einweihte. Unter dem Bamberger Missionsbischof Otto I. konnte das Kloster schon sehr früh eine beachtliche Fernwirkung entfalten, so dass Wissenschaft und Kunst von Bamberg aus weithin ausstrahlen konnten. Bischof Otto I., der als Pommernapostel in die Kirchengeschichte einging, weihte 1121 ein zweites Gotteshaus, das anstelle des durch ein Erdbeben vernichteten Vorgängerbaus trat. Diese neue dreischiffige Pfeilerbasilika wurde später zur Grabeskirche der Bamberger Bischöfe. Spätere Um- und Erweiterungsbauten änderten an der Grundstruktur der Kirche nichts Wesentliches. Die Ausstattung allerdings ist üppiger, vor allem an Altar, Kanzel und Chorgestühl. Seit der nicht abzuwehrenden Aufhebung zu Beginn des 19. Jahrhunderts dienen die weitläufigen Klostergebäude als Heil- und Pflegeanstalt.

Banz/Bayern/Deutschland

Monumental erhebt sich über den Oberlauf des Main auf dem mächtigen Höhenrücken des Banzer Tafelberges die ehemalige Benediktinerabtei Banz. Weithin grüßen die beiden kuppelgekrönten Türme der Klosterkirche, aber auch der aus gelbem Eisensandstein erbaute, weitausladende Konvent ist durch seine Leuchtkraft aus der Ferne gut sichtbar. Gegenüber liegt der Staffelberg und die Wallfahrtskirche Vierzehnheiligen. Ursprünglich stand auf diesem Höhenrücken eine stolze Burg der Markgrafen von Schweinfurt, die von der Markgräfin Alberade in ein Kloster umgewandelt wurde, in das sie 1096 Benediktiner berief. Im 12. Jahrhundert kamen Mönche aus Hirsau nach Banz und es begann eine durchgreifende Erneuerung, es wurde gebaut und umgebaut. 1114 schon wurde die renovierte Abteikirche geweiht. Generationen ruhiger und stiller Arbeit wechselten wie in vielen Klöstern auch in Banz ab mit Heimsuchungen und Katastrophen. 1505 zerstörte ein Brand viele Gebäude, 1525 wüteten Plünderer während des Bauernkrieges und im Dreißigjährigen Krieg schleppten Marodeure fast alles davon, was nicht niet- und nagelfest war, selbst die Kirchenglocken und die Orgel. Erst im 18. Jahrhundert gelang ein echter Neuanfang, der dann bald zu einer ungeahnten Blüte des Klosters führte. Ein mächtiger, weitläufiger Gebäudekomplex entstand, eine neue Kirche wurde erbaut und die besten Baumeister und Künstler schufen geradezu eine »Stadt auf dem Berg«. Hauptakteure waren das Brüderpaar Johann und Leonhard Dientzenhofer, Mitglieder der wohl berühmtesten Baumeisterfamilie im Bamberger Gebiet zur Barockzeit. Der ovale Kirchenraum mit rhythmisch schwingenden Gewölben und Gesimsen, reich ausgestattet mit Fresken von Melchior Steidl, reißt seit seiner Entstehung jeden Besucher zur Bewunderung hin. Die Säkularisation 1803 traf die Abtei wie einen Blitzschlag. Das Kloster wurde bayerischer Besitz, aus dem Herzog Wilhelm von Bayern 1814 seine Sommerresidenz machte. Nach dem Ersten Weltkrieg versuchten elsässische Trappisten in Banz Fuß zu fassen, danach eine Priestergemeinschaft für auslandsdeutsche Seelsorge. Nach einer gründlichen Neuordnung nach dem Zweiten Weltkrieg zog die Hans-Seidel-Stiftung in Banz ein, die seither in den ehrwürdigen Bauten Bildungsseminare veranstaltet.

Barcelona, Pedralbes/Spanien

Das spanische Klarissenkloster Pedralbes befindet sich im oberen gleichnamigen Teil der Stadt Barcelona in Katalonien und zieht durch seinen großen dreistöckigen Kreuzgang die Aufmerksamkeit der Kunstfreunde auf sich. Gegründet wurde das Kloster 1326 von König Jaime II. und seiner vierten Frau, der Königin Elisenda de Montcada. Von der langen einschiffigen Kirche ist nach wie vor nur ein Teil dem Publikum zugänglich, da der hintere Teil ausschließlich den Klarissen vorbehalten ist, die seit eh und je den Konvent bewohnen.

Bassac/Frankreich

Die seit 1002 in ununterbrochener Folge bestehende Benedektinerabtei Bassac (Bassacum, Baziacum) südöstlich von Cognac in der Charente, wurde bereits im 12. Jahrhundert zu einem großen Kloster ausgebaut und erhielt eine gut ausgestattete Kirche noch in romanischer Zeit mit einem imposanten 38 Meter hohen Turm und einem hervorragenden Chorgestühl im Mönchschor. Wie durch ein Wunder hat die Abtei Bassac alle Stürme des Hundertjährigen Krieges, alle Plünderungen in den religiösen Wirren der Hugenottenkriege und der Französischen Revolution überstanden. Die mächtige Kirche dient für die gleichnamige Gemeinde seit längerem auch als Pfarrkirche.

Bassano Romano/Italien

Das im Raum Viterbo gelegene Benediktinerpriorat San Vincenzo Martire in Bassano Romano (Mittelitalien) ist ein Priorat, das auf eine große Grundstücksschenkung der Prinzen Odescalchi aus dem Jahre 1941 zurückgeht. Die in Bassano Romano tätige Mönchsgemeinschaft gehört der Congregatio Silvestrina an und sieht ihre Hauptaufgabe in der Erziehungsarbeit und Gästebetreuung, denn alljährlich kommen viele Besucher in die grüne und stille Oase dieses Klosters mit seinen zwei Dutzend Mönchen.

Basse-Fontaine/Frankreich

Die ehemalige Prämonstratenserabtei Basse-Fontaine an der Aube in der Diözese Troyes wurde als Tochter von Beaulieu 1143 von Gaulthier, dem Grafen von Brienne, gegründet und von den Päpsten Eugen III. und Klemens VIII. durch Privilegien gefördert. Die gut situierte Abtei wurde in der Französischen Revolution aufgehoben und verkauft.

Batalha/Portugal

Kein Kloster der Welt ist so unmittelbar an den Ausgang einer siegreichen Schlacht gebunden wie das ehemalige Dominikanerkloster Batalha, das wichtigste Nationalheiligtum Portugals. Vor der Schlacht von Aljubarota gegen die Truppen Kastiliens, schwor König João I. von Portugal, im Falle seines Sieges ein großes Kloster zu stiften. Der Sieg am 14. August 1385 entschied über Portugals Unabhängigkeit, das Land war gerettet, das Kloster wurde gebaut und den Dominikanern übergeben. Batalha heißt »Schlacht«, auch der eigentliche Name des Klosters weist auf diesen Sieg eindeutig hin und schreibt ihn der Gottesmutter zu: Mosteiro de Santa Maria de Vitoria. Die Gesamtbauzeit zog sich letztlich über 150 Jahre hin (1388–1533), aber es entstand eines der schönsten und bedeutendsten Bauwerke der Christenheit, ein Meisterwerk der Gotik. Die Klosterkirche ist 80 Meter lang, über 32 Meter hoch und besitzt im Chor wundervolle Glasfenster in intensiven Farben. Der Königliche Kreuzgang (Claustro Real) misst 50 x 55 Meter im Geviert; es gab jedoch noch zwei weitere Kreuzgänge, von denen die Franzosen 1810 einen völlig zerstörten. Das Wunder von Batalha aber sind die vielen Türmchen, die Fialen, das Maßwerk, die zierlichen Balustraden, die Pfeiler und die zahlreichen figürlichen Darstellungen. Man hat Batalha ein gotisches Spitzentuch aus Stein genannt, auf Schritt und Tritt steht man vor Maßwerkarbeiten und Spitzbogenarkaden – und dies alles in zierlichster Feinheit der Details. Die Gebeine der ersten Könige aus dem Hause Aviz ruhen in Batalha: João I., Alfonso V., João II. und auch Heinrich der Seefahrer.

Bath/Großbritannien

Die ehemalige Benediktinerabtei Bath in der Grafschaft Somerset in England hatte in ihrer Geschichte mehrere Phasen zu durchlaufen. Ursprünglich wurde 676 von König Osric an der Stelle ein erstes Frauenkloster gegründet, das später die Dänen zerstörten. 775 erbaute König Offa den Konvent neu und übergab ihn weltlichen Chorherren (Kanonikern). Der in diesem Kloster gekrönte König Edgar berief dann Benediktiner nach Bath. 1499 begann Bischof Oliver King mit einem Neubau der Klosterkirche, dessen Fertigstellung aber durch die Aufhebung des Klosters unter Heinrich VIII. verhindert wurde, so dass die letzten Bauarbeiten erst im 19. Jahrhundert zum Abschluss kamen. Die Kirche gilt jedoch als der letzte große vorreformatorische Sakralbau Englands.

Batschkovo/Bulgarien

Im mittleren Süden Bulgariens liegt südlich der Stadt Asenograd das Kloster Batschkovo, das im 11. Jahrhundert von den georgischen Brüdern Abassij und Grigorij Bakurian gegründet wurde. In der alten kleinen Kirche in der Mitte des Klosterhofs sind interessante Wandmalereien erhalten. Das von dem bulgarischen Zaren Ivan Alexander renovierte Beinhaus, eine Grabkirche aus der Zeit der Gründer, enthält die ältesten Wandmalereien Bulgariens, die in ihrer Monumentalität in ganz Osteuropa einmalig sind. Im 19. Jahrhundert kam dann noch die Kirche Sveti Nikola dazu, die der bekannte Kirchenmaler Sachari Sograf ausgemalt hat.

Baumburg/Bayern/Deutschland

Das ehemalige Augustiner-Chorherrenstift Baumburg in Oberbayern wurde im 12. Jahrhundert gegründet und besaß später viele Ländereien im Chiemgau und im Zeidlergau. Die Chorherren unterhielten eine Schule und pflegten Kunst und Wissenschaft. Die Bibliothek war weithin bekannt. Die Klosterbauten haben die Säkularisation 1803 nur zum Teil überlebt. Die Kirche jedoch blieb erhalten und gilt als ein Juwel des Chiemgaus. Die 1754–57 errichtete Wandpfeilerkirche mit ihren beiden wuchtigen Türmen erfreut den Besucher mit farbenfrohen Fresken von Felix Anton Scheffler und mit einem feingliedrigen Rocaillenschmuck des Wessobrunners Bernhard Rauch.

Baume-les-Messieurs/Frankreich

Die im Departement Jura in reizvoller Landschaft liegende französische Benediktinerabtei Baume-les-Messieurs wurde im 6. Jahrhundert gegründet und bestand bis zu ihrer Auflösung 1793. Um 910 ging von diesem Kloster die Gründung von Cluny aus. Die romanische Abteikirche wurde im 13. und im 15. Jahrhundert umgestaltet, hat aber ihr langgestrecktes Schiff mit mächtigen Arkaden und einen flämischen Flügelaltar im Chor bis in die Gegenwart bewahren können. Von den Klosterbauten sind nur Reste erhalten, in denen ein Museum des jurassischen Kunstgewerbes untergebracht ist.

Baumgartenberg/Österreich

Im Mühlviertel, 13 Kilometer westlich von Grein in Oberösterreich liegt die ehemalige Zisterzienserabtei Baumgartenberg (Barderbergen, Mons Pomarius), die 1141 durch Otto von Marchland und seiner Gemahlin Jutta von Peilstein gegründet wurde. Die ersten Mönche kamen aus Morimond in Burgund, einem der vier Stammklöster dieses Ordens. Nach erfolgreichen Aufbauzeiten verwüsteten 1429–34 die Hussiten das Kloster erheblich. Erfreulicherweise blieb die romanisch-gotische Basilika mit Querhaus und Paradies erhalten, so dass mit dem prachtvollen gotischen Hallenchor die Kirche in der Barockzeit ohne eigentlichen Stilbruch verschönert werden konnte. Das einzigartige Chorgestühl stammt ebenfalls aus dem 17. Jahrhundert. Nach der Aufhebung 1784 wurde die Abteikirche Pfarrkirche und 1867 kamen die noch erhaltenen Stiftsgebäude in den Besitz der Frauen vom guten Hirten.

Beaugency/Frankreich

Die Augustinerabtei Beaugency de Notre Dame im Departement Loivet soll der Legende nach bereits eine Gründung der Herren von Beaugency aus dem Jahr 696 sein und wechselte in ihrer Geschichte mehrfach die Ordenszugehörigkeit. 1104 kam das Kanonikerstift in den Besitz der Augustiner. Der Konvent wurde 1562 von den Calvinisten zerstört, wurde wieder aufgebaut und ging 1642 an die regulierten Chorherren über. In die Kirchengeschichte ging Beaugency durch die beiden Synoden der Jahre 1104 und 1152 ein. Die ehemalige Abteikirche blieb erhalten. Im Zweiten Weltkrieg wurde 1940 die Kirche zwar teilweise zerstört, ist jedoch völlig wiederhergestellt worden.

Beaulieu/Frankreich

In der heutigen Gemeinde Beaulieu-sur-Dordogne im Departement Corrèze/ Frankreich wurde im Jahr 855 die Benediktinerabtei Beaulieu gegründet, von der die Klosterkirche Saint-Pierre mit kostbaren Schätzen aus dem 12. und 13. Jahrhundert nach wie vor erhalten ist. Von den Klosterbaulichkeiten ist noch der Kapitelsaal mit schönen Kapitellen vorhanden. Der ursprüngliche Name der Abtei lautete »bellus locus« (= schöner Ort). Unter dem Namen Beaulieu gab es im Mittelalter jedoch noch acht weitere Abteien. Bei Ardres in der Diözese Arras und in Dinan im Departement Côtes du Nord bestand je eine Abtei der Augustiner-Chorherren sowie eine 1151 gegründete in einer Vorstadt von Le Mans. Zwei weitere Benediktinerabteien dieses Namens gab es bei Loches (mit monumentaler Kirche) und eine 642 gegründete in der Diözese Verdun. Die Prämonstratenser gründeten eine Abtei dieses Namens 1112 in Bar-sur-Aube und die Zisterzienser gaben drei Abteien diesen Namen in Aveyron, in Haute-Marne und in Southampton, Diözese Winchester/England.

Beaulieu Abbey/Großbritannien

Die in der englischen Grafschaft Hampshire liegende ehemalige Zisterzienserabtei Beaulieu Abbey ist eine Gründung von König John aus dem Jahr 1204, von deren einst so großen Klosterkirche seit der Aufhebung nur noch Ruinen erhalten sind. Aus den weitläufigen Klostergebäuden wurden einzelne Teile gerettet. Das frühenglische Refektorium wurde zur Pfarrkirche des gleichnamigen Dörfchens umgestaltet und das Torhaus der Abtei wandelte der Besitzer des Klostergeländes, Lord Montagu, in sein Palace House um. Auf den umliegenden Ländereien des Klosters steht heute »Lord Montagu's National Motor Museum«.

Beaulieu-sur-Dordogne/Frankreich

Die ehemalige Benediktinerabtei Beaulieu-sur-Dordogne (bellus locus) geht auf eine Gründung von Raoul de Turenne, des Erzbischofs von Bourges, zurück. Gründungsjahr war 855. Von den Baulichkeiten der alten Abtei blieb noch der Kapitelsaal aus dem 12. Jahrhundert mit seinen schönen Kapitellen erhalten. Die Basilika Saint Pierre hat die Stürme der Zeit überdauert und bewahrt Kunstschätze aus dem Hochmittelalter, vor allem aber sind die romanischen Skulpturen am Südportal berühmt.

Bebenhausen/Baden-Württemberg/Deutschland

Eines der schönsten Baudenkmäler von Baden-Württemberg ist die ehemalige Zisterzienserabtei Bebenhausen in einer Talsenke bei Tübingen am Südrand des Schönbuchs. Gegründet wurde das Kloster von Pfalzgraf Rudolf von Tübingen im

Jahr 1180. Bereits acht Jahre später begann man mit dem Bau der dreischiffigen flachgedeckten Pfeilerbasilika mit Querschiff, die in der Spätgotik einen ansprechenden Dachreiter erhielt. Der Kapitelsaal war noch in frühgotisch-burgundischen Formen gestaltet worden. Die gesamte Klosteranlage hat einen herrlichen Innenhof als Mittelpunkt und einen spätgotischen Kreuzgang mit Brunnenkapelle aufzuweisen. 1560 beschlagnahmte der Herzog von Württemberg das Kloster und richtete in den ausgedehnten Räumen eine protestantische Schule ein. 1807 wurde der gesamte, fast vollständig erhaltene Komplex in ein königliches Jagdschloss verwandelt. Nach dem Zweiten Weltkrieg konnte das Württembergische Landesmuseum eine Filialgalerie im Bebenhauser Kloster eröffnen.

Bec/Frankreich

Die einst berühmte Benediktinerabtei Bec bei Rouen in der Normandie, seit einiger Zeit wiedererstanden unter dem Namen Bec-Hellouin, wurde 1034 von Ritter Hellouin gegründet und wuchs im Mittelalter zu einem bedeutenden religiösen und kulturellen Zentrum der Normandie heran. Gelehrte Mönche der Abtei bestiegen mehrfach sogar den erzbischöflichen Stuhl von Canterbury, da die Normandie mit England in Personalunion verbunden war. Berühmt war seine Klosterschule, die weithin in Nordfrankreich ausstrahlte. 1264 brannte die Abtei ab, die neue Kirche wurde 1342 geweiht. Im Hundertjährigen Krieg wurde das Kloster mehrfach geplündert und seit 1469 an Kommendataräbte als Pfründe vergeben. In der Französischen Revolution wurde Bec aufgehoben und teilweise zerstört. Im 20. Jahrhundert setzten umfangreiche Restaurierungsarbeiten ein, die Kirche wurde wiederhergestellt und sogar der Kreuzgang wiedererrichtet. Benediktinermönche von der Kongregation von Monte Oliveto nahmen 1948 das klösterliche Leben in Le Bec-Hellouin wieder auf und eröffneten mit der Abbaye Notre-Dame ein neues Kapitel in der Geschichte des Klosters. Die Mönche sichern ihren Lebensunterhalt durch eine Porzellanmanufaktur und sind das ganze Jahr über mit der Betreuung der vielen Gäste beschäftigt, die als Touristen für kurze Zeit oder als Besucher für einige Tage ins Kloster kommen. An der Feier der Liturgie nehmen auch die Nonnen des Klosters Sainte-Françoise-Romaine teil.

Bective Abbey/Irland

Die Zisterzienserabtei Bective in der Grafschaft Meath in Irlands Osten wurde 1150 von Murchadh O'Melaghlin, dem König von Meath, gegründet, der Jungfrau Maria geweiht und den Zisterziensern geschenkt. Damit war Bective Abbey eines der frühesten Klöster dieses Ordens in Irland. Das Kloster wurde wohlhabend und der Abt gewann politischen Einfluss. Im 15. Jahrhundert wurde das Kloster umgebaut und erweitert, spätgotische Stilelemente belegen dies bis heute. 1536 kam das Ende,

Heinrich VIII. von England verfügte die Auflösung. Das Kloster und all seine Besitzungen kamen in staatliche und später in private Hände. Die Klosterbauten und die Kirche zerfielen. Die weitläufigen Ruinen zeugen noch heute vom mönchischen Fleiß einerseits und der Willkür eines Gewaltherrschers andererseits.

Beirut, St. Antonius/Libanon

Das Kloster der maronitischen Antoniter St. Antonius in Beirut ist der Sitz der Antoniter, einer Glaubensgemeinschaft, die insgesamt 37 größere und kleinere im Libanon unterhält und vom Heiligen Stuhl seit dem 18. Jahrhundert approbiert ist. Der Ritus der Maroniten ist seit dieser Zeit von der katholischen Kirche vollinhaltlich akzeptiert.

Bélapátfalva/Ungarn

In Nordungarn blieb in der einsamen Landschaft am Blkö-Berg, 20 Kilometer nördlich der Stadt Eger, die Kirche der ehemaligen Zisterzienserabtei Bélapátfalva erhalten, die 1232 grundgelegt und nach dem Vorbild von Clairvaux in Frankreich erbaut wurde. Vollendet werden konnte das ganz nach den Regeln des Ordens errichtete Gotteshaus jedoch erst nach dem Mongolensturm 1241. Im 16. Jahrhundert verfiel das Kloster in den Türkenkriegen, die Kirche wurde jedoch von dem Priesterseminar in Eger wieder aufgebaut, während von dem Kloster selbst nur noch die freigelegten Grundmauern zu sehen sind.

Belbog/Polen

Die ehemalige Prämonstratenserabtei Belbog an der Rega bei Treptow in Pommern wurde 1178 vom damals dänischen Lund aus gegründet und wurde 1208 von Mönchen aus dem Kloster Mariengarten in Friesland neu besetzt. Die Entwicklung der Stadt Treptow und die Kultivierung des umliegenden Landes ist dem Fleiß und den Kenntnissen der Prämonstratenser von Belbog vornehmlich zu verdanken. 1517 wurde im Kloster eine Akademie eingerichtet, zu deren Leiter der spätere Freund Luthers, Johann Bugenhagen, bestellt wurde. 1522 zog Herzog Bugislav in das inzwischen zur Reformation übergetretene Kloster ein.

Bellefontaine/Frankreich

Die um 1100 im heutigen Departement Maine-et-Loire gegründete ehemalige Benediktinerabtei Bellefontaine (Bellus fons) genoss bis zur Aufhebung 1790 eine kontinuierliche Entwicklung, wurde aber dann im Zuge der revolutionären und antikirchlichen Entwicklung fünf Jahre später zerstört, wobei auch das kostbare Archiv verbrannte. Das Ruinengelände kauften die Trappisten 1815 auf und errichteten in Bellefontaine eine eigene Niederlassung.

Bellelay/Schweiz

Die ehemalige Prämonstratenserabtei Bellelay im Schweizer Kanton Bern wurde 1134 von Propst Siginand von Moutier-Grandval gegründet und brachte in ihrer Geschichte eine Reihe bedeutender Äbte hervor. 1709–14 wurde die barocke Klosterkirche nach dem Vorarlberger Schema von Franz Beer errichtet. Nach der Aufhebung 1797 wurden die Klostergebäude in eine Nervenheilanstalt umgewandelt.

Belloc/Frankreich

Im französischen Baskenland liegt am Fuße der Pyrenäen, nicht weit vom Golf von Biscaya sowie von der spanischen Grenze, die Abbaye Notre Dame de Belloc in der Gemeinde Urt Hasparren. Gegründet wurde dieses Benediktinerkloster erst 1875 von Pater Augustin Bastres (1832–1904), der dieses Kloster zu einem Ausgangspunkt von Missionaren machte. P. Bastres wurde 1890 erster Abt von Belloc und es gelang auch die Gründung von Klöstern in den USA und in Argentinien. Zwischen 1903 und 1918 waren die Mönche auf Grund kirchenfeindlicher Gesetze vertrieben, kehrten jedoch zurück, nahmen ihre missionarische Tätigkeit wieder auf und betrieben in Belloc selbst kunsthandwerkliche Werkstätten.

Belmont Abbey/Großbritannien

Die zur Congregatio Angliae gehörende Belmont Abbey im englischen Hereford wurde 1859 gegründet und ist seit 1920 Abtei. Das Hauptaufgabengebiet der relativ zahlreichen Mönche der Benediktinerabtei liegt im Erziehungswesen und in der Organisation von Exerzitien und Einkehrtagen. Kirche und Konvent zeigen architektonisch einen eindeutig normannischen Stil.

Belmont Abbey/USA

Die Benediktinerabtei Belmont Abbey in North Carolina (USA) wurde 1876 als Priorat in der Stadt Belmont errichtet und 1885 zur Abtei erhoben. Obwohl der eigentliche Name ursprünglich Maryhelp Abbey lautete, hat sich nach dem Namen der Stadt inzwischen allgemein die Bezeichnung Belmont Abbey eingebürgert. Die von einem Mönch dieser Abtei entworfenen Abteigebäude wurden schon als Nationaldenkmal eingestuft und Dom Michael (OSB) gilt inzwischen als berühmter Kirchenarchitekt. Mit großem Erfolg haben die Mönche bereits 1876 ein College gegründet, das seit 1913 unter dem Namen Belmont Abbey College bekannt ist und heute rund 900 Studenten die Möglichkeit gibt, akademische Grade zu erwerben.

Belogostitzki-Kloster/Russland

Das einst reichste Kloster in den Rostower Landen war das zehn Kilometer nördlich der Stadt Rostow Weliki (Groß Rostow) gelegene Belogostitzki-Kloster, von dem nur noch die Erzengel-Michael-Kirche (1657/58), das Refektorium (17. Jh.) und das Gebäude der Mönchszellen sowie ein Tor erhalten sind. Im 13. Jh. gründete Fürst Konstantin am Ufer des Flusses Kotorosl eine Georgs-Kirche, um die herum dann im 15. Jahrhundert das Kloster entstand. Im 17. Jahrhundert zählte das Kloster zwei Gotteshäuser und um 1870 sogar vier. Dieser Aufstieg ist letztlich Michael Tomkin, dem Fürsten von Rostow, zu verdanken, der seinen ganzen Besitz für den Bau des Klosters opferte. Der Zahn der Zeit und ideologische Verblendung ließen von diesem Kloster nur die wenigen Reste übrig, die von der einstigen Größe Zeugnis ablegen.

Benediktbeuern/Bayern/Deutschland

Am Fuß der Benediktenwand am Nordrand der Alpen liegt das wohl älteste Kloster Bayerns, die ehemalige Benediktinerabtei Benediktbeuern, allen Musikfreunden der Welt mindestens indirekt bekannt durch Carl Orffs »Carmina Burana«, denn die von ihm vertonte Liedersammlung wurde 1803 in diesem Kloster entdeckt. Benediktbeuerns lateinischer Name war Benedicto-buranum. Gegründet wurde das Kloster durch das Adelsgeschlecht der Huosi 740 und vom heiligen Bonifatius geweiht. Bereits im 8. Jahrhundert war es im sogenannten Pfaffenwinkel ein bedeutender kultureller Mittelpunkt mit einer karolingischen Schreibstube, in der kostbare Handschriften entstanden. Während der Einfälle der Ungarn wurde das Kloster zerstört, aber von Bischof Ulrich von Augsburg 955 wiedererrichtet. Im 12. und 13. Jahrhundert stand das Kloster wieder voll in Blüte, 1490 brannte es völlig nieder. Die wiedererrichtete Abtei wurde 1632 von den Schweden ausgeplündert. Die heutigen Bauten gehen auf die Jahre 1681–86 zurück, es entstand damals die Kirche mit den beiden charakteristischen Zwiebeltürmen, die erste hochbarocke Kirche in Oberbayern überhaupt. Bei der Aufhebung des Klosters 1803 gingen wertvolle Kulturschätze verloren. Das Kloster wurde Kaserne und Krankenhaus, erst 1930 konnten die Salesianer die alte Abtei erwerben und in ihr die Philosophisch-Theologische Hochschule ihres Ordens errichten. 1973 ernannte der Heilige Stuhl die Abteikirche von Benediktbeuern zur päpstlichen Basilika. Von den Klosterbauten aus der Zeit vor der Barockisierung sind noch der Kreuzgang und das Refektorium erhalten.

Benet Lake, St. Benedict's Abbey/USA

Die Abtei St. Benedict's in Benet Lake/Wisconsin, liegt etwa 20 Kilometer vom Lake Michigan entfernt auf halbem Weg zwischen Milwaukee und Chicago. Das zur Congregatio Helveto-Americana zählende Kloster wurde 1945 gegründet und 1952 zur Abtei erhoben. Die Schwerpunkte, die sich die Mönche in ihrer Arbeit gesetzt haben, liegen in der monastischen Gastfreundschaft bei den vielen Einkehrtagen, die sie anbieten, und in der Missionierung. So hat die Abtei mittlerweile in Mexiko und Mittelamerika Neugründungen vorgenommen, aber auch in den USA selbst wurde von ihr die Abtei Our Lady of Glastonbury in Hingham/Massachusetts errichtet.

Berchtesgaden/Bayern/Deutschland

Das ehemalige Augustiner-Chorherrenstift Berchtesgaden war Kern und Ausgangspunkt der späteren Marktgemeinde gleichen Namens, es liegt 25 Kilometer südlich von Salzburg in einem der schönsten Alpentäler in der äußersten Südostecke Deutschlands. Um 1111 gründeten Augustiner am Priesterstein ein Kloster und konnten bereits 1122 ihre Stiftskirche weihen. 1158 wurde der selbstständig gewordenen Propstei das Salzregal verliehen. Abbau und Vermarktung des in eigenen Bergwerken gewonnenen Salzes waren die Grundlage für den Aufstieg des Klosters zu fast uneingeschränkter Selbstständigkeit, die in der Reichsfreiheit gipfelte. Bis zum Jahre 1803 regierten die Fürstpröpste des Klosterstifts das kleine Ländchen, dann wurde es salzburgisch und 1810 bayerisch. Die Stiftsgebäude wurden zu einem Schloss umgebaut und dienten den Wittelsbachern als königliche Sommerresidenz. Heute ist das Schloss ein Museum, in dem die vorzügliche Kunstsammlung des ehemaligen Kronprinzen Rupprecht gezeigt wird. Der innerhalb des Museums erhaltene Kreuzgang hat sein spätromanisches Erscheinungsbild bewahrt. Die Stiftskirche St. Peter und Johannes weist durch verschiedentliche Umbauten in der Vergangenheit Stilelemente von der Romanik bis zum Rokoko auf. Kostbare Gemälde, ein erlesenes Chorgestühl und prächtige Grabdenkmäler aus der Renaissancezeit machen den Besuch der Stiftskirche zu einem Erlebnis. Die beiden Türme, aus rötlich-braunen Quadern im Stil der italienischen Romanik, stammen aus dem 13. Jahrhundert und erhielten im 19. Jahrhundert spitze Helme, die völlig unpassend sind und fremdartig wirken.

Bergen/Mecklenburg-Vorpommern/Deutschland

Das 1193 auf der Insel Rügen gegründete ehemalige Zisterzienserinnenkloster lag zur Zeit seiner Gründung unter dänischer Herrschaft, so dass auch im Baustil der dazugehörigen Basilika der dänische Einfluss unverkennbar ist. Berühmt ist die Klosterkirche bis heute durch ihren reichhaltigen Wandmalereien-Zyklus mit Szenen des Alten und Neuen Testaments. Bei der Restaurierung der Kirche 1896–1902 wurden auch die Fresken durch Ernst von Haselberg erneuert, jedoch nicht verändert, so dass dieser Bibelzyklus eine der großen Sehenswürdigkeiten der Insel bildet.

Bernay/Frankreich

Die im Departement Eure gelegene ehemalige französische Benediktinerabtei Bernay (Bernacum) wurde um 1025 von Judith, der Gemahlin Richards IV. von der Bretagne, gegründet. Die ebenfalls aus dem 11. Jahrhundert stammende Abteikirche ist ein kühner kreuzförmiger Bau, der nach der Auflösung dem Verfall preisgegeben war, aber inzwischen wiederhergestellt wurde. Unter den Hugenotten hatte das Kloster viel zu leiden und 1590 brannte es ab. Nach der Wiedererrichtung schloss es sich 1628 der Mauriner Kongregation an und war bis zur Aufhebung am Ende des 18. Jahrhunderts ein regionaler Kulturmittelpunkt.

Berne/Niederlande

Die 1852 wiedererstandene Prämonstratenserabtei Berne in den Niederlanden, Diözese Herzogenbusch, wurde ursprünglich 1134 von Fulkold von Berne gegründet und blieb eines der kleineren Klöster in Nordbrabant bis zur Aufhebung. Nach der Restitution gründete Berne mehrere Missionsstationen in Nordamerika.

Bernried/Bayern/Deutschland

Das am Starnberger See in Oberbayern gelegene ehemalige Augustiner-Chorherrenstift Bernried wurde 1121 von Graf Otto I. von Valley und seiner Gemahlin Adelhaid gegründet und gehörte bis zur Aufhebung zu den bescheideneren Klöstern Oberbayerns. Die Kirche mit ihrem kräftigen Westturm besitzt einen bemerkenswerten Flügelaltar aus der Zeit um 1510. In den ehemaligen Klostergebäuden unterhalten heute die Tutzinger Missionsbenediktinerinnen eine Haushaltsschule.

Bethlehem, Bir-el-Qutt/Israel

Das ehemalige georgische Kloster, das im 6. Jahrhundert von georgischen Mönchen gegründet wurde, liegt 2,5 Kilometer nördlich von Bethlehem. Man entdeckte das große Kloster 1952/53 unter Schutthalden und legte einen großen, relativ gut erhaltenen Komplex frei, dessen Konvent 35 x 30 Meter und dessen Kirche 19 x 7,5 Meter an Grundfläche einnahm. Bir-el-Qutt ist ein gutes Beispiel für die frühe Präsenz der georgischen Kirche im Heiligen Land.

Bethlehem, Deir Dosi/Israel

Das große griechisch-orthodoxe Kloster Deir Dosi, sieben Kilometer nördlich von Bethlehem, auch bekannt unter dem Namen Kloster des heiligen Theodosius, wurde im 5. Jahrhundert gegründet und zählte bereits einige Generationen später an die 400 Mönche. Von den Persern 614 zerstört, von den Kreuzfahrern wieder aufgebaut, wenig später von den Arabern völlig verwüstet, wurde es zwischen 1914 und 1952 wieder errichtet. Die sachkundig rekonstruierte Klosteranlage stellt heute ein

Rechteck dar, das von einer hohen Mauer mit Ecktürmen eingefriedet ist und das in seinem großen Innenhof eine dreischiffige Kirche und die Gräber des heiligen Theodosius, seiner Mutter und Schwester sowie der von den Persern einst ermordeten Mönche enthält.

Bethlehem, Deir Mar Ilyas/Israel

Das bereits im 6. Jahrhundert zu byzantinischer Zeit gegründete Kloster des Propheten Elias wurde durch ein Erdbeben zerstört und von den Kreuzrittern wieder aufgebaut. Die Legende besagt, dass Elias auf der Flucht vor Isebel hier gerastet haben soll. Da aber der um 518 gestorbene Patriarch von Jerusalem mit Namen Elias das Kloster gegründet hat, wird hier wohl eher eine Namensübertragung vorliegen. Im 12. Jahrhundert wurde das Kloster von den Franken dem alttestamentlichen Propheten geweiht, im 18. Jahrhundert restauriert und vor der Eroberung durch die Israelis von 1948–67 als militärischer Beobachtungsposten von den Jordaniern ausgebaut. Seit 1967 ist Deir Mar Ilyas wieder ein griechisch-orthodoxes Kloster.

Beuerberg/Bayern/Deutschland

Das im Loisachtal östlich des Starnberger Sees liegende ehemalige Augustiner-Chorherrenstift Beuerberg wurde 1120 von den drei Brüdern Otto, Eberhard und Konrad von Eurasburg gegründet und war in der Geschichte mannigfachen Schicksalsschlägen ausgesetzt. 1272 und 1330 brannte das Kloster ab, die eigenen Vögte suchten nur ihren Vorteil, obwohl sie die Beschützer des Klosters sein sollten, und im Dreißigjährigen Krieg war der Fortbestand sogar ernsthaft gefährdet. Die Chorherren aber wagten immer wieder den Neubeginn, bis die Säkularisation dann alles zunichte machte. Durchgehend war Beuerberg eine Heimstätte der Wissenschaften und der literarischen Bildung. Nach 1803 diente die Klosterkirche zunächst als Pfarrkirche, dann kamen 1846 die Salesianerinnen und erwarben die bei der Aufhebung versteigerten Klostergebäude. Die von den Nonnen seither betriebenen Mädchenschulen erfreuten sich bald eines sehr guten Rufes.

Beuron/Baden-Württemberg/Deutschland

Die Benediktiner-Erzabtei im oberen Donautal wurde 1077 als Augustiner-Chorherrenstift gegründet. Zerstört im Dreißigjährigen Krieg, baute man 1694–1705 zuerst die Klostergebäude, dann 1732–38 auch die Kirche in barockem Stil völlig neu auf. 1802 fiel das Kloster der Säkularisation zum Opfer und kam in den Besitz der Fürsten von Hohenzollern – Sigmaringen. Erst 1862 gelang es den Brüdern Maurus und Placidus Wolter aus Bonn, die in Rom Benediktinermönche geworden waren, Beuron als Kloster wiederzueröffnen. 1863 als Priorat anerkannt und 1868 zur Abtei erhoben, ereilte den Konvent das Schicksal erneuter Vertreibung, da die preußischen Kulturkampfgesetze für das Land Hohenzollern Gültigkeit erlangten. Nach der erneuten Rückkehr wurde die zur Erzabtei erhobene Ordensniederlassung zum Mutterkloster einer Reihe von Gründungen im In- und Ausland. Die Töchterklöster bilden die Beuroner Benediktinerkongregation. Mit der 1894 errichteten Beuroner Kunstschule erlangte die Erzabtei durch die Entwicklung eines eigenen Stils in der kirchlichen Kunst große Bedeutung. Gegenwärtig betreuen die Mönche die Wallfahrtsstätte (Beuroner Pietà), betreiben einen angesehenen Verlag, bilden Lehrlinge in verschiedenen Werkstätten aus und sind im Vetus-Latina-Institut mit der Herausgabe der altlateinischen Bibel befasst. Der offizielle Name des in Baden-Württemberg liegenden Klosters lautet Erzabtei Sankt Martin.

Beyharting/Bayern/Deutschland

Das nördlich von Rosenheim in Oberbayern liegende ehemalige Augustiner-Chorherrenstift verstand sich seit seiner Gründung vornehmlich als Rodungskloster, dessen Devise lautete: »Was wir als Wüste erhalten, geben wir als Garten zurück«. Das Stift war lange Zeit Hauskloster der Edlen von Beyharting und Maxlrein. Noch im letzten Jahr des Dreißigjährigen Krieges wurde es von den Schweden geplündert, die Äbte bauten danach aber nicht nur die Kirche, sondern auch das Kloster 1668–70 im barocken Stil um und machten es schöner denn je. Der berühmte Johann Baptist Zimmermann versah das Kircheninnere mit Rokokoschmuck. 1770 brannten die Klostergebäude größtenteils ab, der Konvent wurde 1803 säkularisiert und das gesamte Besitztum kam in private Hände. Die Stiftskirche blieb erfreulicherweise erhalten, ebenso der schöne Kreuzgang aus dem 15. Jahrhundert.

Biburg/Bayern/Deutschland

Weit hinab in die Donauebene grüßen die beiden Türme der ehemaligen Benediktinerabtei bei Kelheim in Bayern, die 1125 als Doppelkloster gegründet worden war. Der Bau der dreischiffigen Basilika in romanischer Zeit wurde gefördert durch Bischof Otto I. von Bamberg. Seit ihrer Errichtung nach 1150 blieb im Äußeren die Abteikirche bis zur Gegenwart unverändert. Als in der Reformationszeit das Klosterleben erlosch, wurden 1598 die Jesuiten berufen, die den verwaisten Konventsbau übernahmen. Nach der Auflösung des Jesuitenordens 1783 kamen die Malteser, die nur kurze Zeit bis zur Säkularisation den Konvent bewohnen konnten. Die romanische Stiftskirche wurde Pfarrkirche.

Bildhausen/Bayern/Deutschland

Rheingraf Heinrich von Stahleck übergab im Jahr 1156 sein Stammgut Bildhausen den Zisterziensern, die auf diesem Grund und Boden die Zisterzienserabtei Bildhausen (Diözese Würzburg) gründeten. Bis zum Bauernkrieg konnte sich die Abtei ungestört entwickeln, aber 1525 plünderte der »Bildhauser Haufe« das Kloster und zündete es an. Unter Abt Michael Christ (1581–1618) blühte jedoch der Konvent wieder auf, aber die Schweden plünderten es erneut 1631 im Dreißigjährigen Krieg. Nach dem Friedensschluss erlebte das Kloster eine letzte Blüte in der Barockzeit bis zur Plünderung durch die Franzosen 1796. Sieben Jahre später wurde Bildhausen aufgehoben, die Kirche abgebrochen und die Gebäude zum Verkauf angeboten. Erst 1897 wurden die Klosterbauten dann von den St.-Josephs-Schwestern aus Ursberg erworben und bezogen.

Blankenburg/Thüringen/Deutschland

1147 wurde bei Wernigerode die Zisterzienserabtei Blankenburg gegründet, die sich große Verdienste bei der Rodung von Gebieten im Ostharz erworben hat. Von den spätromanischen und gotischen Bauten sind bis heute große Teile erhalten geblieben, so dass in diesem Komplex das Georg-Philipp-Telemann-Archiv untergebracht werden konnte. Diese Reste der Abtei, die in Folge von Reformation und Bauernkrieg zum Erliegen kam, sind heute im Ortsteil Michaelstein der Stadt Blankenburg zu finden.

Blaubeuren/Baden-Württemberg/Deutschland

In seltener Reinheit und Schönheit haben sich die Kirche und die Konventsgebäude der ehemaligen Benediktinerabtei Blaubeuren in Baden-Württemberg erhalten, die unmittelbar am Blautopf zwischen den waldigen Steilhängen und Felsen der Schwäbischen Alb liegen. Das Kloster wurde im 11. Jahrhundert von den Pfalzgrafen von Tübingen gegründet und von Mönchen aus Hirsau besiedelt. Bei der Gründung der Universität Tübingen im 15. Jahrhundert, zog Herzog Eberhard den gelehrten Abt Heinrich Schmid aus dem Kloster Blaubeuren als Berater hinzu. Die Herzöge von Württemberg hoben dann jedoch 1556 das Kloster auf und setzten – ein seltener Vorgang – einen lutherischen Abt wieder ein. Schließlich eröffnete man im Kloster eine evangelisch-lutherische Klosterschule und dann ein bis heute bestehendes evangelisches Stift. Die Hauptattraktion von Blaubeuren ist der Hochaltar im Chor der ehemaligen Klosterkirche. In diesem spätgotischen Neubau (1491–99) von Peter von Koblenz wurde ebenfalls noch am Ende des 15. Jahrhunderts dieses großartige Denkmal schwäbischer Altarbaukunst eingefügt. Die geschnitzten Figuren der Madonna, der beiden Johannes und der Ordensheiligen Benedikt und Scholastika stammen von Gregor Erhart und die Tafelbilder von dem Ulmer Maler Bartholomäus Zeitblom und Bernhard Strigel aus Memmingen. Öffnet man den Flügelaltar in voller Breite, so prangt in sechzehn gemalten Tafeln die dramatische Legende von Johannes dem Täufer. Bei geschlossenem Zustand (früher an Werktagen) sieht man dagegen die vier Tafeln von Christi Passion. Das ebenfalls sehr kostbare Chorgestühl fertigte der Ulmer Schreinermeister Syrlin der Jüngere.

Blue Cloud Abbey/USA

Die seit 1954 in Marvin/South Dakota bestehende Benediktinerabtei Blue Cloud (Blaue Wolke) war vier Jahre zuvor als Missionsstation für die vier Reservate der Dakota-Staaten gegründet worden und widmet sich bis heute vor allem der Seelsorge für die Eingeborenen. Da die Mönche selbst ihren Lebensunterhalt durch extensive Landwirtschaft erarbeiten, haben sie jedoch auch guten Zugang zu der Landbevölkerung allgemein, der sie geistliche Hilfe angedeihen lassen.

Bobbio/Italien

Die am Fluss Trebbia in Oberitalien gelegene ehemalige Benediktinerabtei Bobbio gehört zu den ältesten Abteien im einstigen Langobardenreich. Bis zur Übernahme der Benediktusregel (schrittweise ab 643) gehörte die vom heiligen Columban im Jahr 612 gegründete Abtei zu den sogenannten »Schottenklöstern«. Columban war zwar Ire, aber die Iren wurden auf dem Festland Schotten genannt. Berühmt war die an Handschriften sehr reiche Bibliothek des Klosters, die nach der Aufhebung des Konvents (1803), soweit noch vorhanden, heute in der Vaticana sowie in der Ambrosiana in Mailand zu finden sind. Bobbio war das erste Kloster Europas, das für exemt erklärt wurde (628).

Bodjani/Serbien

Das östlich der Donau zwischen Vukovar und Bač in der Vojvodina gelegene serbisch-orthodoxe Kloster wurde 1478 mit Genehmigung des ungarischen Königs Matthias Corvinus von dem Fürsten Dimitrije Jaksić und dem dalmatinischen Kaufmann Bogdan gegründet und in barockem Stil errichtet. In den Klostergebäuden befindet sich heute ein Museum. Die Kirche Mariä Reinigung wurde in den Türkenkriegen dreimal zerstört und 1722 in Form einer Dreikonchenanlage mit Kuppel und Glockenturm wieder aufgebaut. Die von einem mazedonischen Maler geschaffenen Fresken verbinden sich mit byzantinischer Tradition und westeuropäischem Barockstil.

Böddeken/Nordrhein-Westfalen/Deutschland

Das in einem Almeseitental in Westfalen gelegene Augustiner-Chorherrenstift war ursprünglich 836 als Kanonissenstift gegründet worden und war auch bis 1409 von Chorfrauen bewohnt. In einer Adelsfehde wurde das Kloster zerstört und anschließend den Augustiner-Chorherren des Klosters Zwolle übertragen. Unter den Augustinern blühte das wiedererrichtete Kloster in ungewöhnlicher Weise auf, so dass von Böddeken aus 31 Männer- und Frauenklöster gegründet werden konnten. In eigener Schreibarbeit brachten es die Chorherren von Bödecken zu einer berühmten Handschriftensammlung noch vor der Erfindung der Buchdruckerkunst. Um 1500 hatte das Kloster über 170 Konventualen. Aufgehoben wurde es wie alle Klöster in Westfalen 1803, es wurde verstaatlicht und kam schließlich in den Besitz der Familie von Mallinckrodt.

Bologna, Santo Stefano/Italien

Die Benediktinerabtei Santo Stefano in Bologna hat als klösterlicher Komplex keine Entsprechung in irgend einer anderen Stadt, denn dieses Kloster wuchs im 11. und 12. Jahrhundert zu einer Einheit aus insgesamt neun Kirchen und Kapellen zusammen, die vor allem um die oktogonale Kirche Santo Sepolcro gruppiert sind, einer Nachbildung der Grabeskirche von Jerusalem. Man nannte schließlich den gesamten Komplex selbst »Jerusalem«, ein »Hof des Pilatus« ist dort ebenso zu finden wie eine »Kapelle des heiligen Kreuzes«. Das gesamte Ensemble ist erhalten und dient heute sowohl kirchlichen als auch musealen Zwecken.

Bonne Espérance/Belgien

Die ehemalige Prämonstratenserabtei Bonne Espérance liegt sechs Kilometer südlich von Binche im belgischen Hennegau (Hainaut) in Wallonien. Der Legende nach soll das Kloster 1126 von Odo, einem direkten Nachkommen des Ordensstifters, des heiligen Norbert von Xanten, gegründet worden sein. Das Kloster ist seit langem ein Priesterseminar. Der schlossähnliche Bau von dem größten klassizistischen Architekten Belgiens, L. B. Dewez, stammt aus den Jahren 1770–76. Dewez widmete den größten Teil seines Lebens dem Klosterbau und machte den Klassizismus in dem damals noch habsburgischen Land heimisch. Der klassizistische Stil jedoch ist seinem Wesen nach auf Repräsentation bedacht, und so legte Dewez vor das Klostergeviert auch konsequent einen großen Ehrenhof an.

Bonnevaux/Frankreich

Die ehemalige Zisterzienserabtei Bonnevaux im Departement Isère, in der französischen Diözese Grenoble, wurde 1119 als Tochterkloster von Citeaux gegründet und durch zwei Heilige berühmt. Der fünfte Abt des Klosters war der heilige Hugo, und der heilige Petrus II., der nachmalige Erzbischof von Tarentaise, war einst Mönch von Bonnevaux. Die wichtigen Klosterakten der Abtei wurden 1889 in Grenoble veröffentlicht.

Borissoglebski/Russland

Zwanzig Kilometer nordöstlich von Rostow Weliki und 220 Kilometer nördlich von Moskau liegt das ehemals sehr bedeutende Boris-und-Gleb-Kloster. Seine Kirchen und sonstigen Bauten sind erhalten blieben und stellen heute ein großes Museum dar. Gegründet wurde das Kloster von den Mönchen Theodoros und Paul aus dem Dreifaltigkeitskloster von Sagorsk und geweiht wurde es Boris und Gleb, den ersten russischen Heiligen, die 1050 auf Befehl von Swjatopolk I. während der Fürstenfehden ermordet worden waren. Die Gründer hatten ihr Kloster von Beginn an als Wehrkloster konzipiert und entsprechend wurde die Anlage später von einer trutzigen Backsteinmauer umgeben, die im 17. Jahrhundert eine Länge von 1,5 Kilometern und eine Höhe von zwölf Metern aufwies. 15 imposante Türme dienten der zusätzlichen Sicherung. In dem ausgedehnten Innenbezirk wurden zehn Bauten errichtet, darunter fünf Kirchen, von denen die Boris-und-Gleb-Kathedrale das älteste noch erhaltene Bauwerk im Kloster darstellt. Diese Kirche wurde 1522–24 auf einem Hügel an der Ostmauer von Grigor Borrisow errichtet. Das künstlerisch harmonische Klosterensemble hat auch Gebäudeteile bewahren können, die anderweitig kaum mehr anzutreffen sind wie die Weihbrotbäckerei und die Erzbischofsküche.

Bosau/Sachsen-Anhalt/Deutschland

Die ehemalige Benediktinerabtei Bosau (Bosowa, Posaw), in der einstigen Diözese Naumburg, wurde 1146 gegründet und bald nach Beendigung des Klosterbaus durch die wissenschaftliche Tätigkeit seiner Mönche bekannt, vor allem durch die Annales Bosovienses. In den letzten Generationen vor der Aufhebung 1573 erreichte es nochmals eine Blütezeit. Nachdem Kurfürst August von Sachsen das Kloster an sich gezogen hatte, begann alsbald der Verfall, so dass die einst herrliche Kirche und der Konvent heute völlig zerstört sind.

Bourbourg/Belgien

Die ehemalige Benediktinerabtei Bourbourg im französischen Teil Flanderns wurde 1090 gegründet und entwickelte sich zu einer bedeutenden Marienwallfahrt, war aber auch wegen seines vorzüglichen Archivs und seiner bedeutenden Bibliothek sowie wegen seines Pilgerhospitals bis zur Aufhebung (1790) weithin bekannt.

Boyle Abbey/Irland

Die ehemalige Zisterzienserabtei am Fluss Boyle in der Grafschaft Roscommon in Nordwestirland wurde 1161 von der einflussreichen Familie Mac Dermots gegründet und mit Mönchen aus Mellifont Abbey besiedelt. Boyle Abbey baute bald nach der Gründung eine der größten Kirchen Irlands, die aber 60 Jahre Bauzeit beanspruchte. Dieses Gotteshaus ist im Übergangsstil gebaut: eine Seite des Kirchenschiffs hat Rundbögenarkaden, die andere zeigt bereits den gotischen Spitzbogen. Die Klosterbauten wurden lange Zeit als Kaserne benutzt und zerfielen dann, die Kirche stellt eine der größten Ruinen Westirlands dar.

Brandenburg/Brandenburg/Deutschland

Auf dem Gebiet des befestigten slawischen Herrschersitzes am Havelübergang, das von König Heinrich I. erobert wurde, gründete man ein Bistum und 1165 auf der Dominsel auch ein Prämonstratenserstift, das dann aus praktischen Erwägungen zum Domkapitel von Brandenburg ernannt wurde. Auf dieser Insel entstand im 12. Jahrhundert ein imposanter romanischer Dom als Pfeilerbasilika mit großer Krypta. Der Dombau zog sich – mit Unterbrechungen – bis in die spätgotische Zeit hin. Der Dom, den Aposteln Peter und Paul geweiht, konnte mit seiner reichen Innenausstattung 1961–65 durchgreifend restauriert werden. In den ehemaligen Stiftsbauten ist heute das Dom-Museum untergebracht und präsentiert den Domschatz mit wertvollen Handschriften, kirchlichem Gerät, Bildwerken und Glasmalereien.

Braunau/Tschechien

Die Benediktinerabtei Braunau, 29 Kilometer nordöstlich von Nachod in der heutigen Stadt Broumov in Tschechien gelegen, war einst als das (deutsche) Kloster an der ehemaligen preußisch-schlesischen Grenze bekannt. Gegründet wurde es als Propstei 1322 von Abt Bawor aus dem bei Prag gelegenen Kloster Břevnov. Als nun dieses Mutterkloster 1420 von den Hussiten völlig zerstört wurde, zog der Abt von Břevnov mit dem gesamten Konvent nach Braunau, übernahm dort das Regiment und errichtete somit das Doppelkloster Braunau/Břevnov. Nach dem Wiederaufbau von Břevnov 1674 residierte der Abt abwechselnd in beiden Häusern. Die Doppelabtei Braunau/ Břevnov selbst ließ in der Barockzeit die Stiftskirche von Martino Allio 1684–94 und die Konventsgebäude von Kilian Ignaz Dientzenhofer 1728–38 prachtvoll umgestalten. In Nordostböhmen gilt die gut erhaltene Stiftskirche als ein Juwel des Barock. Das Kloster, das bis 1950 noch von tschechischen Mönchen bewohnt war, wurde in einer nächtlichen Aktion besetzt und wie alle böhmischen und mährischen Klöster von den kommunistischen Behörden unterdrückt.

Brauweiler/Nordrhein-Westfalen/Deutschland

Die ehemalige Benediktinerabtei Brauweiler in der Kölner Bucht am Niederrhein ist eine Stiftung des Pfalzgrafen Ezzo und seiner Gemahlin Mathilde, die eine Schwester von Kaiser Otto III. war. In romanischer Zeit entstand nun mit der Förderung hochadeliger Gönner neben dem Kloster selbst eine bedeutende Kirche, dreischiffig und mit einer Turmgruppe, die an dem Vorbild der Kölner Kirche St. Maria im Kapitol orientiert ist. Wie bei so vielen Kirchen in Deutschland hat auch Brauweiler von der noch erhaltenen siebenschiffigen romanischen Krypta angefangen bis zum ausgehenden Barock der Abteigebäude von allen Stilepochen ihr Gesamtgepräge erhalten. In der reichen Gliederung des Baukörpers und im Hinblick auf den Skulpturenschmuck wird Brauweilers Abteikirche jedoch als ein Musterbeispiel romanischer Baukunst angesehen. Der Konvent wurde bereits 1802 von Napoleon aufgehoben.

Bremen, Paulskloster/Bremen/Deutschland

Vor dem Ostertor in Bremen lag seit 1050 eine gestiftete Propstei, die von Erzbischof Adalbert 1130 den Benediktinern übergeben wurde. 1350 wurde das Kloster geplündert, teilweise zerstört, aber bald wieder aufgebaut. Als im Laufe der Reformation 1523 der Rat der Stadt in militärische Auseinandersetzungen mit dem Bischof von Bremen geriet, ließen die Stadtväter das stolze und auch kunstgeschichtlich interessante Klostergebäude an einem einzigen Tage von Handwerkern zerstören, um dem Gegner keinen Stützpunkt vor den Mauern der Stadt zu bieten. 1628 trug man dann auch noch den Hügel ab, auf dem das Paulskloster einst gestanden hatte. Als einziges gerettetes »Erbstück« aus dem Inneren des Klosters ist ein prächtiger Hängeleuchter (heute im Landesmuseum Bremen) erhalten geblieben. Die Besitzungen des Klosters fielen vornehmlich an den Dom zu Bremen.

Breslau, Jesuitenkloster/Polen

Im Kloster der Jesuiten zu Breslau (heute Klasztor Jezuitow Wroclaw) ist zwar schon seit 1811 die Universität untergebracht, aber der mächtige Komplex verrät nach wie vor die klösterliche Herkunft. Die Hauptbauten sind der Konvent, in dem heute die Polnische Akademie der Wissenschaften ihren Sitz hat, dann das Jesuitenkolleg, die ehemalige Ordenshochschule, die nun dem Universitätsleben ihre würdige Bleibe gibt, schließlich die Universitätskirche, die frühere Jesuitenkirche. Die vielen Schönheiten dieser von italienischen Baumeistern errichteten Kirche, errichtet 1728–40, werden noch übertroffen von der verschwenderisch ausgestatteten Aula Leopoldina, jenes großen Auditoriums, das nach dem Stifter, Kaiser Leopold I., seinen Namen erhalten hat.

Breslau, Matthiasstift/Polen

Dieses Kloster des Ritterordens der Kreuzherren mit dem Roten Stern, das dem heiligen Matthias geweiht ist, heißt heute Wroclaw Klasztor sw. Macieja (= Breslau Kloster hl. Mattias) und geht auf die Stiftskirche St. Matthias aus der zweiten Hälfte des 13. Jahrhunderts zurück. Im 15. Jahrhundert wurde diese Kirche umgebaut und

Ende des 17. Jahrhunderts barockisiert. Das dreiflügelige Klostergebäude wurde 1676–1715 nach den Plänen von Jean Baptist Mathey aus Dijon errichtet und beeindruckt durch seine zentrale Kuppel. In diesem Konventsbau wurde nach dem Zweiten Weltkrieg die berühmte Ossolineum-Bibliothek untergebracht, jene 600 000 Bände umfassende Sammlung kostbarer Werke, die 1817 von der Familie Ossoliński gegründet worden war. Die Bibliothek befand sich in Lemberg/Lwow in der heutigen Ukraine und konnte durch besondere Umstände nach Breslau verbracht werden.

Břevnov/Tschechien

Das 993 durch den heiligen Adalbert und den Fürsten Boleslaus II. gegründete Benediktinerkloster Břevnov bei Prag wurde 1993 von Papst Johannes Paul II. besucht und zur Erzabtei erhoben. In der nunmehr über 1000-jährigen Geschichte hat das Kloster viele Wandlungen erfahren. Břevnov galt bald nach der Gründung als kulturelles und wirtschaftliches Zentrum in Böhmen, von dem zahlreiche Priorate abhingen. In den Hussitenkriegen brannte 1420 das Kloster nieder, so dass der gesamte Konvent in das abhängige Priorat Braunau an der schlesisch-preußischen Grenze verlegt wurde. So entstand das Doppelkloster Břevnov-Braunau unter einem Abt. Erst nach dem Dreißigjährigen Krieg konnte Břevnov wiedererrichtet werden. Der große und schöne Barockbau entstand unter Leitung von Christian und K. Ignaz Dientzenhofer. Erst 1939 wurde jedoch die Doppelabtei als solche aufgehoben, das Kloster Braunau wurde zur selbstständigen Abtei erhoben, denn bisher war es abhängiges Priorat gewesen. Nach dem Zweiten Weltkrieg wurden die deutschen Mönche aus Břevnov vertrieben, nur die slawischen Benediktiner durften noch bleiben. In einer nächtlichen Aktion des Jahres 1950 besetzte die kommunistische Staatspolizei das Kloster, in das nun der Geheimdienst einzog. In kürzester Zeit wurden alle Klöster Böhmens und Mährens unterdrückt. Erst nach der Wende wurde das schwer verwüstete Kloster der slawischen Benediktinerkongregation zurückgegeben, so dass nach einer umfassenden Renovierung wieder die ersten Mönche 1994 in die neuerrichtete Erzabtei aus ihren provisorischen Unterkünften einziehen konnten.

Brinkburn Priory/Großbritannien

Das Augustiner-Priorat in Northumberland wurde 1135 in einer Schleife des Flusses Choquet gegründet und stellt ein eindrückliches Beispiel kirchlicher Baukunst des 12. Jahrhunderts dar. Die Klosterkirche wurde zwischen 1190 und 1220 errichtet und 1858 vollständig restauriert. Das Kloster selbst kam mit seinem Gotteshaus nach der Auflösung 1536 in private Hände und blieb auf diese Weise weitgehend erhalten, so dass auch heute noch der Besucher bestimmte Einzelheiten der mittelalterlichen Einrichtung erkennen kann. Brinkburn Priory liegt acht Kilometer südöstlich von Rothbury. Zwischen dem ehemaligen Kloster und der Gemeinde Rothbury liegen die Rothbury Forests.

Broda/Mecklenburg-Vorpommern/Deutschland

Die Fürsten Kasimir und Boguslav von Pommern gründeten 1170 am Tollensee in Mecklenburg-Strelitz eine Prämonstratenserabtei und luden zwecks Kolonisierung des damals noch unbesiedelten Landes Chorherren aus dem Domstift Havelberg ein. Das Kloster machte sich fortan um den Landbau der Gegend sehr verdient und zog viele deutsche Siedler in das slawische Gebiet, die bei der Urbarmachung der ausgedehnten Waldgebiete im Auftrag des Klosters mitwirkten. Broda ging dann in der Reformationszeit völlig unter.

Bronnbach/Baden-Württemberg/Deutschland

Das ehemalige Zisterzienserkloster Bronnbach wurde 1151 gegründet und Maulbronn unterstellt. Das im Main-Tauber-Kreis in Baden-Württemberg liegende Monasterium gehört zu den typischen und bedeutenden Zisterzienserbauten des frühen 13. Jahrhunderts, denn der im Jahre 1160 begonnene Bau von Kirche und Kloster zog sich über das Jahr 1200 hin. Ein spätgotischer Umbau erfolgte 1488–98. Im Dreißigjährigen Krieg wurde Bronnbach schwer verwüstet. Ab 1675 erfolgte eine kontinuierliche Neuausstattung im barocken Stil, die erst ein Jahrhundert später mit dem Chorgestühl von Daniel Aschauer und dem Johann-Nepomuk-Altar abgeschlossen war. Bei der Säkularisation 1803 kamen die Konventsgebäude an die Fürsten zu Löwenstein-Wertheim-Rosenberg, die darin eine Brauerei einrichteten. Die Klosterkirche, eine Zierde der gesamten Taubergegend, dient bis heute als Pfarrkirche.

Brontóchion-Kloster/Griechenland

Das Brontóchion-Kloster nimmt – wenn auch als Ruine – innerhalb der in Lakonien liegenden, heute längst verfallenen byzantinischen Stadt Mystras eine besondere Stellung ein, denn in ihm befinden sich die Gräber adliger Geschlechter aus byzantinischen Epochen, auch das Grab des Despoten Theodor II., der 1444 starb. Die Fresken in der Hauptkuppel zeigen Christus und die zwölf Apostel. An den Wänden der Süd-Kapelle haben die klugen Mönche die kaiserlichen Siegelurkunden verewigt, die alle ihre Besitztümer für die Jahre zwischen 1310–20 aufzeigen und bekräftigen. Neben diesem Kloster sind die Ruinen zweier weiterer Konvente zu besichtigen, denn Mystras war zwar der Sitz wichtiger politischer Entscheidungsträger, aber vor allem war es eine Stadt der Kirchen und Klöster.

Brünn/Österreich

Das Augustinerkloster in Brünn wurde weltberühmt wegen Gregor Johann Mendel (1822–84), der als Mönch in diesem Konvent lebte und durch seine Kreuzungsversuche den Grundstein der modernen Vererbungslehre legte. Gegründet wurde das Kloster 1223 von Königin Eliška, der Witwe Wenzels II. Damals waren es Zisterzienserinnen, die das Kloster bewohnten, das später aber an die Augustiner überging, die es in einen Männerkonvent umwandelten. Die mit der Abtei verbundene Marienkirche wurde erst 1333 geweiht, sie gilt als frühester Backsteinsakralbau in Mähren. Diese Basilika mit Querschiff trägt ein gotisches Rippengewölbe und besitzt eine byzantinische Ikone als Altarbild, bekannt als Schwarze Madonna. Von den ursprünglichen Klostergebäuden ist nur der Kapitelsaal erhalten geblieben.

Buch/Sachsen/Deutschland

Burggraf Heinrich III. von Leidnig gründete 1177 an der Freiberger Mulde im Bistum Meißen ein Zisterzienser-Nonnenkloster, das jedoch bald darauf in eine Zisterzienser-Männerabtei umgewandelt und von Mönchen aus Sittichenbach bezogen wurde. Das Kloster hatte damals den Namen Ilgental und nannte sich auch »Vallis S. Aegidii«, die Bezeichnung Buch kam erst im 15. Jahrhundert auf. Die Abtei wurde eine der reichsten in Sachsen und machte sich um den Landbau und um die Hebung des Unterrichts gleichermaßen verdient. Ihre vielseitigen Aktivitäten konnte sie auf Grund ihres weitgestreuten Grundbesitzes aufrechterhalten. 1526 wurde Buch aufgehoben und die Baulichkeiten gingen in privaten Besitz über.

Buckfast Abbey/Großbritannien

Die Benediktinerabtei Buckfast Abbey in Devonshire, drei Kilometer südlich von Ashburton, wird mit Recht das »Wunder der englischen Klöster« genannt. Im Jahre 1136 als Benediktinerkloster gegründet, 1147 den Zisterziensern übergeben, aufgehoben durch Heinrich VIII. 1538, verfiel die Abtei völlig, so dass nur noch die Grundmauern übrig blieben. Im Jahr 1882 kauften französische Benediktiner das verwilderte Gelände und schickten einen ihrer Mönche nach Frankreich, damit er sich zum Baumeister ausbilden lassen konnte. Zurückgekehrt, gingen die Patres und Fratres 1907 unter Leitung von »Bruder Peter« an die Arbeit und erbauten die Abtei Buckfast auf den Fundamenten von 1136 völlig neu nach den alten benediktinischen Bauregeln und Plänen auf. Die Abteikirche St. Mary konnte mitsamt dem Kloster 1932 geweiht werden. Nach fast vierhundert Jahren seit der Zerstörung war eine Abtei des Benediktinerordens auf englischem Boden in alter Pracht wiedererstanden. Die großartig gestaltete Kirche reißt jeden Besucher zur Bewunderung hin. Hunderttausende Besucher werden alljährlich in Buckfast Abbey von den Mönchen betreut, die sich ihren Lebensunterhalt durch die Herstellung von Farbglasfenstern und durch eine große Farm sichern.

Budapest, Paulinerkloster/Ungarn

Der Orden der Pauliner ist der einzige ungarische Mönchsorden, der auch in Budapest sein Zentrum hatte und vom 13. Jahrhundert bis zu seiner Auflösung 1786 bestand. Die Pauliner waren ursprünglich Eremiten, die sich den heiligen Paulus aus der Wüste Thebais in Ägypten zum Vorbild nahmen und zuerst auch seinem Einsiedlerleben nacheiferten. Schließlich aber schlossen sie sich im ungarischen Buda 1309 doch zu einer Gemeinschaft zusammen, gründeten dortselbst ein Kloster und durften erleben, wie ihr Orden mächtig aufblühte. Als 1529 die Türken kamen, plünderten diese das inzwischen prachtvoll ausgestaltete Kloster und ruinierten es. Nach der Wiedereroberung Ungarns kehrten auch die Pauliner 1688 zurück, errichteten aber ihr Kloster nunmehr in der Zwillingsstadt Pest. Zwischen 1725–42 entstanden eine großartige barocke Klosteranlage und eine prachtvolle Kirche, die 1748 geweiht werden konnte. Die Kirche ist heute eine Zierde Budapests, die Klostergebäude dagegen dienten nach der Aufhebung des Ordens als Priesterseminar und danach als Sitz der Theologischen Fakultät der Universität Budapest.

Buildwas Abbey/Großbritannien

Die zwischen Shrewsbury und Birmingham gelegene ehemalige Zisterzienserabtei Buildwas Abbey in der Grafschaft Salop wurde von Roger de Clinton, Bischof von Coventry, im Jahr 1147 gegründet. Nach einer kontinuierlichen Blütezeit wurde das Kloster 1536 aufgehoben und wurde ein Opfer des Klostersturms Heinrichs VIII. Die mächtigen Ruinen lassen heute noch den klaren und schlichten Grundriss eines frühen Zisterzienserklosters erkennen. Bei dieser, südlich des Severn gelegenen Abteiruine kann vor allem gut die Trennung der Wohnbereiche für die Priestermönche von den Behausungen der Laienbrüder studiert werden.

Burg Dinklage/Nordrhein-Westfalen/Deutschland

Die Benediktinerinnenabtei Burg Dinklage ist eine Gründung aus der Zeit nach dem Zweiten Weltkrieg, als Bernhard Graf von Galen eine kleine Schwesterngemeinschaft in seinen Wohnsitz in Haus Assen (Westfalen) aufnahm und ihr dann Burg Dinklage im Kreis Vechta, den Stammsitz der Familie, übereignete. Im Jahre 1977 wurde Burg Dinklage Abtei. Die Nonnen sichern sich ihre Existenzgrundlage durch eine Handweberei, eine Paramentenwerkstatt und eine Hostienbäckerei.

Bursfelde/Niedersachsen/Deutschland

In der Nähe von Hannoversch-Münden, unweit von Göttingen, liegt eingebettet zwischen dem hessischen Reinhardswald und dem niedersächsischen Bramberg die ehemalige Benediktinerabtei Bursfelde. 1095 von Heinrich von Northeim gegründet, erlangte sie im Jahre 1450 mit der von ihr ausgehenden Reformbewegung überregionale Bedeutung. Alle in der »Bursfelder Kongregation« zusammengeschlossenen Abteien beobachteten die gleiche Gottesdienstordnung und eine allen gemeinsame Lebensordnung, die das alte »Ora et labora« (Bete und arbeite) wieder in den Vordergrund stellte. Die Abtei Bursfelde selbst wurde bereits in der Reformationszeit aufgehoben und später der Klosterkammer Hannover zur Verwaltung übereignet. Die Klosterkirche mit ihren beiden Türmen aus romanischer Zeit blieb erhalten, auf einem dieser Türme hängt die ehemals im Königsberger Dom beheimatete Stundenglocke. Die Bursfelder Kongregation jedoch bestand bis zum großen Klostersturm anfangs des 19. Jh. und umfasste 1780 noch 111 Abteien in ganz Europa.

Bury St. Edmunds/Großbritannien

Die in der Grafschaft Suffolk/England gelegene ehemalige Benediktinerabtei Bury St. Edmunds zählte einst zu den reichsten und angesehensten Abteien von ganz England. Bereits im Jahre 636 wurde ein erstes kleines Kloster an diesem Ort gegründet. Als dann 870 von den eindringenden, damals noch nicht zum Christentum übergetretenen Dänen der König der Ostangeln, Edmund, nicht weit davon ermordet wurde, brachte man die Gebeine des inzwischen als heilig verehrten Königs in dieses Kloster. Eine Wallfahrtsstätte entstand und in der zweiten Hälfte des 11. Jahrhunderts baute man ein großes befestigtes Kloster und eine riesige Abteikirche. Bereits 1121 wurde unter Abt Anselm eine der berühmtesten Schreibstuben jener Zeit eingerichtet, in der kostbar illustrierte Handschriften entstanden, die heute den größten Bibliotheken der Welt zur Zierde gereichen. 1214 schworen die Fürsten am Hochaltar dieser Kirche, dass sie König John zwingen wollten, die Magna Charta zu unterzeichnen. Die wohlhabende Abtei kam jedoch mehrmals in großen Streit mit der Stadt gleichen Namens, die um das Kloster gewachsen war, dass sogar gegenseitige Zerstörungen nicht ausblieben. Von den Klostergebäuden haben größere Teile selbst nach der Aufhebung der Abtei unter Heinrich VIII. bis heute überdauert, von der einst mächtigen Klosterkirche nur die Westfront und der imposante Torturm. Der Grundriss der gesamten Klosteranlage ist jedoch nach wie vor gut erkennbar.

Butler, Holy Trinity Monastery/USA

Das in Butler/Pennsylvania gelegene Kloster der heiligen Dreifaltigkeit gehört der Amerikanisch-Casinensischen Kongregation an, steht aber im Dienst der griechischen Katholiken Amerikas und zelebriert alle Gottesdienste nach griechischem Ritus. Gegründet wurde das Kloster 1948 an einem anderen Ort, aber 1972 wurde ein neuer Klosterbau in Butler errichtet, in dem sich die Mönche entfalten und für die vielen Besucher Exerzitien anbieten können. Inzwischen kommen aus vielen Teilen des Landes griechische Katholiken nach Butler, um die Feiertage vor allem mit den Mönchen feiern zu können. Pfarreien in drei Eparchien werden ebenfalls von den Mönchen von Holy Trinity Monastery versorgt.

Buxheim/Bayern/Deutschland

Die ehemalige Reichskartause Buxheim im bayerischen Allgäu bei Memmingen ist nicht nur eine der merkwürdigsten Klosteranlagen auf deutschem Gebiet, sondern ist durch seine wechselvolle Geschichte geradezu europaweit verflochten. Die Kartäusermönche gehen auf eine Gründung des heiligen Bruno von Köln zurück, der in der Kartause bei Grenoble in Frankreich das Ideal des Mönchtums in strenger Disziplin und in der Verbindung von Eremitentum und klösterlicher Gemeinschaft sah. Folglich hatte in einer Kartause jeder Mönch nicht nur eine Zelle, sondern er lebte in einem eigenen Häuschen mit Studierraum, Werkraum, Schlafraum und Gärtchen. Nur in der Kirche, im Kreuzgang und im Bibliothekssaal kamen die Mönche zusammen. Eine solche Kartause wurde in Buxheim 1402 errichtet, indem ein seit dem 12. Jahrhundert bestehendes Chorherrenstift aufgelöst und den Kartäusern übergeben worden war. Die eigentümlichen Wohnverhältnisse machten es notwendig, 22 Kartäuserzellen an den geräumigen Kreuzgang anzubauen und rings um die Kirche einen großen Ökonomiekomplex anzufügen mit Bibliothek, Küche, Verwaltungsgebäude, Sakristei und Priorat. Bereits im Bauernkrieg verwüsteten die Aufständischen die Kartause, dann besetzten die protestantischen Memminger das Kloster, 1548 übernahm schließlich der Kaiser die Schirmherrschaft und Buxheim wurde Reichskartause und bis zur Säkularisation 1803 als Musterkloster des Ordens angesehen. Die Kirche wurde barockisiert und mit reichstem Zierrat ausgestattet. Nach der Aufhebung durch den Staat Bayern wurde die prächtige Einrichtung verschleudert, die Kartäuser mussten das Kloster verlassen, es fiel 1810 an die Grafen Waldbott von Bassenheim. Nach 1883 wurde das prächtige Chorgestühl aus deren Nachlass nach England verkauft, wo es bis heute die Kapelle des St. Saviour's Hospitals ziert. 1916 kaufte der Bayerische Staat manches aus der Erbmasse von privaten Besitzern zurück und übergab die Kartause 1926 dem Orden der Salesianer, der auf den heiligen Franz von Sales, d. h. auf einen Savoyarden, zurückgeht. So spannt sich im schwäbischen Buxheim der europäische Rahmen von Grenoble bis London in schicksalhafter Verkettung.

C

Cadouin/Frankreich

Die alte französische Zisterzienserabtei von Cadouin liegt in der Dordogne südlich von Tremolat. Die großartige Abtei mit ihrer wohlproportionierten Kirche und ihrem Kreuzgang im romanischen Stil ist ein Meisterwerk zisterziensischer Baukunst. Gegründet wurde das Kloster im 12. Jahrhundert, 1154 wurde die Kirche geweiht. Bekannt wurde Cadouin europaweit im Mittelalter durch ein dort verehrtes Tuch, von dem man glaubte, es sei das Schweißtuch Christi. Zahlreiche Pilger, darunter auch Fürsten und Könige, kamen zu seiner Verehrung nach Cadouin. Im Jahre 1932 erkannte man durch eine wissenschaftliche Untersuchung, dass es sich um einen arabischen Schleier aus dem 11. Jahrhundert handelt. Die Kirche jedoch mit ihren drei strahlenförmig angeordneten Apsis-Räumen zieht nach wie vor die Kunstfreunde an, zumal auch der Kreuzgang mit ausdrucksstarken Figuren aus dem 15. Jahrhundert geschmückt ist.

Caen, Saint-Etienne/Frankreich

Die ehemalige Benediktinerabtei Saint-Etienne in der heutigen Großstadt Caen geht auf Wilhelm den Eroberer zurück, der den Benediktinern die nötige Hilfe beim Bau des Konvents zukommen ließ. So entstand in der Folgezeit ein großes Kloster mit der berühmten Kirche Saint-Etienne im normannischen Stil, der auf glückliche Art das Romanische mit dem Gotischen verbindet. In den Religionskriegen wurde der Konvent schwer beschädigt, aber im 17. Jahrhundert mit großem Sachverstand zuerst die Kirche und ab 1704 dann auch das Kloster wieder aufgebaut. In dem sehr geräumigen Kloster ist heute das Bürgermeisteramt der Stadt untergebracht.

Calackar/Armenien

Das Kloster Calackar liegt in der armenischen Provinz Siunik zehn Kilometer nordöstlich des Dorfes Elegis an den Südhängen der Vardenis-Berge. Das Kloster wurde in der Zeit des Bagratidenkönigs Abas (929–53) gegründet und bestand bis ins 15. Jahrhundert. Die Ruinen zeugen noch heute von der einstigen Größe, denn der gesamte Komplex bestand aus zwei Baugruppen, die etwa 200 Meter voneinander entfernt liegen. Die Westliche Baugruppe ist durch die Johanneskirche und durch eine Muttergotteskirche bekannt geworden, während die Östliche Baugruppe aus zwei Monumenten besteht, einer Johannes dem Täufer geweihten Kirche und einer Kapelle, die dem »Heiligen Zeichen« gewidmet ist.

Camaldoli/Italien

In den Jahren 1023–27 gründete der Eremit Romuald im Wald von Camaldoli bei Arezzo in der Toskana eine Klause auf 1111 Metern Höhe, aus der allmählich der Sacro Eremo die Camaldoli als erstes Kloster der danach benannten Kamaldulenser erwuchs. Romuald versuchte mit seiner Gründung Einsiedlertum und mönchisches Gemeinschaftsleben zu verbinden. Wie in einem Dörfchen stehen zwanzig Häuschen in wohlgeordneten Reihen, in denen jeweils ein Mönch wie ein Einsiedler wohnt, aber gemeinsam kommt man in der Kirche zusammen und zwölfmal im Jahr speisen die Mönche gemeinsam im Refektorium. Die Bibliothek steht ebenfalls allen zur Verfügung. Die 1027 geweihte Kirche wurde 1658 festlich in barockem Stil umgestaltet. Die Beherbergung der Gäste findet allerdings im sogenannten Cenobio statt, dem auf 818 Meter hoch gelegenen Gästehaus, in dem auch die »Wochen zur religiösen Bildung« veranstaltet werden. Die Mönche geben Bücher heraus, arbeiten in Werkstätten und stellen Heilmittel in der Klosterapotheke her.

Cambron/Belgien

Anselm von Trazegnies gründete 1148 im heute belgischen Hennegau (Hainaut) eine Zisterzienserabtei. Der heilige Bernhard persönlich brachte Mönche aus Clairvaux nach Cambron und setzte ihnen Fastred als Abt vor. Die gut dotierte Abtei überlebte alle Stürme der Zeit bis zur Auflösung 1789 durch die Dekrete Josephs II. und bald darauf durch die Beschlüsse der Französischen Revolution. Die Abtei wurde als Nationalgut verkauft, so dass letztendlich nur noch Trümmer übrig blieben. Der große Klostergarten blieb allein erhalten und ist heute ein vielbesuchter Park.

Cambuskenneth Abbey/Großbritannien

Die malerischen Ruinen der ehemaligen Augustinerabtei Cambuskenneth liegen im schottischen Zentralland, Grafschaft Stirlingshire, und bestechen durch einen hohen Belfried, der für Schottland ganz untypisch ist und keine Parallele im Lande hat. Neben einigen kläglichen Überresten der einst bedeutenden Abtei ist dieser riesige Turm mit seinen Lanzettfenstern der einzige komplett erhaltene Teil aus der gotischen Bauperiode. Das von König David I. im Jahre 1140 gestiftete Kloster birgt die sterblichen Überreste von König James III., der mit seiner Gemahlin 1485 in Cambuskenneth beigesetzt wurde.

Mafra, Portugal

Cañon City, Holy Cross Abbey/USA

Die in Cañon City/Colorado gelegene Holy Cross Abbey geht auf die Missionstätigkeit von Mönchen aus der Erzabtei Saint Vincent in Pennsylvania zurück, die bereits 1886 eine Gründung in den Rocky Mountains erreichten, aber wegen des rauen Klimas nach Cañon City umzogen. 1925 wurde ihrem Kloster der Rang einer Abtei zugestanden. Lange Zeit hatten die Mönche jedoch unter der Feindschaft des Ku-Klux-Klan zu leiden. Die hauptsächliche apostolische Tätigkeit der Mönche umfasst seit langem schon neben der Seelsorge in Pfarreien die Betreuung der Katholiken in Krankenhäusern und im Staatsgefängnis in Colorado.

Cava/Italien

Etwa vier Kilometer südwestlich von Cava dei Tirreni bei Salerno in Unteritalien liegt eine Schatztruhe des Benediktinerordens, es ist die Badia della Sanctissima Trinita di Cava, d. h. die vom heiligen Alferius 1025 gegründete Benediktinerabtei der Allerheiligsten Dreifaltigkeit, die seit ihrer Gründung besteht und eine glanzvolle

Bibliothek und ein unschätzbares Archiv ihr Eigen nennt. Die ersten vier Äbte von Cava wurden heilig-, acht weitere seliggesprochen. In den 850 Jahren ihrer Geschichte erlebte die Abtei Glanz und Elend, Blütezeiten und Verwüstung, aber sie erstand immer wieder neu. Die großartige Kirche, ein feierlicher Renaissancebau, wurde zwar im 18. Jahrhundert umgestaltet, blieb aber in den Grundzügen erhalten. 1866 wurde Cava aufgehoben, aber zum nationalen Denkmal erklärt. Da den Mönchen die Aufsicht übertragen wurde, blieb die Klostergemeinschaft de facto erhalten. Inzwischen ist Cava längst wieder Abtei. Sie betreut vier Pfarreien, leitet eine Klosterschule, unterhält ein Gästehaus und betreibt eine Werkstatt für Buchrestaurierung. Die Abtei ist das Mutterkloster der Kongregation von Cava.

Celanova/Spanien

Der mächtige Gebäudekomplex der Benediktinerabtei Celanova (Cellanova) in der Provinz Galicien/Spanien liegt südlich von Orense an der schönen Plaza Major der gleichnamigen Stadt, er gehört zu den bedeutendsten Konventen Galiciens. Gegründet im 10. Jahrhundert durch den heiligen Rosendo und die Mönche des Klosters von Ribas de Sil, konnte das Ordenshaus im 16. und 17. Jahrhundert zwei Kreuzgänge anlegen und 1681 eine dreischiffige Basilika mit Kuppel von Melchior de Velasco erbauen lassen. Celanova wurde für Nordwestspanien und Portugal im Hochmittelalter zum Mittelpunkt der Erneuerung der Klosterzucht und des geistigen Lebens.

Celanova, San Salvador in Villar/Spanien

Das an der schönen Plaza Mayor in Celanova (Galicien) gelegene spanische Kloster wurde 930 von dem heiligen Bischof Rosendo gegründet, der als einfacher Mönch dort eintrat und das damals auch unter dem Namen Cella nova bekannte Monasterium zu einem Ausgangspunkt der mönchischen Erneuerung in Nordwestspanien und Portugal machte. San Salvador blieb ein Zentrum des geistigen Lebens in dieser ganzen Region bis in die Neuzeit. Der große Gebäudekomplex gehört zu den bedeutendsten Klöstern Galiciens, hat zwei Kreuzgänge, eine dreischiffige Kirche und eine Renaissance-Sakristei.

Centula/Frankreich

Die in St. Riquier bei Abbeville in der Picardie gelegene ehemalige Benediktinerabtei Centula wurde 625 durch den heiligen Richarius gegründet und in karolingischer Zeit reich dotiert. Das Kloster trat bald durch die Gelehrsamkeit seiner Mönche hervor und schuf sich eine reichhaltige Bibliothek. Die Chronisten Nithard und Hariulf waren Mönche in Centula. Im 15. und 16. Jahrhundert entstand eine gotische Abteikirche, deren überreich mit Skulpturen und Statuen geschmückte Fassade heute noch an den einstigen Glanz der Abtei erinnert, die selbst seit der Aufhebung längst verschwunden ist.

Cesena/Italien

Die in der Emilia Romagna gelegene Benediktinerabtei Santa Maria del Monte krönt einen 135 Meter hohen Hügel in Cesena, der früh schon ein Marienheiligtum war, das den Namen führte »Unsere Liebe Frau vom Berg«. Das bereits im 11. Jahrhundert daneben bestehende Kloster wurde im Spätmittelalter von der Familie Malatesta geschützt und gefördert, so dass sich trotz einer zeitweisen Verwandlung des Klosters in ein Fort viele Kunstwerke im Kloster, vor allem aber in der Kirche ansammeln konnten. 1797 wurde die Abtei von Napoleon aufgehoben, von Baron Semprini gekauft und 1814 dem Papst bei dessen Rückkehr aus dem französischen Exil geschenkt. 1821 konnte daher die Abtei wiedereröffnet werden, um dann allerdings vom italienischen Staat 1866 erneut aufgehoben zu werden. Seit 1888 ist jedoch Santa Maria del Monte wieder Abtei, betreut die Wallfahrtsstätte und ist bekannt wegen seiner Werkstatt zur Restaurierung von Handschriften und kostbaren Büchern.

Châalis/Frankreich

Die ehemalige Zisterzienserabtei Châalis im Departement Oise gehörte einst in Frankreich zu den wohlhabenden Abteien, deren imposante Ruinen noch heute von der einstigen Größe zeugen. Das Kloster wurde im 12. Jahrhundert gegründet und nach einer über 600 Jahre dauernden Existenz in der Französischen Revolution aufgehoben, geplündert und verkauft. In der erhaltenen Abtswohnung ist heute ein Museum untergebracht.

Chaise-Dieu/Frankreich

Die im Departement Haute-Loire gelegene ehemalige Benediktinerabtei Chaise-Dieu (Casa Dei) wurde im 11. Jahrhundert in 1000 Metern Höhe vom heiligen Robert von Aurillac gegründet und zählte bei dessen Tod bereits 300 Mönche. Das Kloster wurde der Mittelpunkt eines großen Klosterverbandes, dem auch Abteien in Italien und Spanien angehörten. Papst Klemens VI. war einst Mönch in Chaise-Dieu gewesen. Die Abteikirche aus dem 14. Jahrhundert ist der berühmteste Kirchenbau der Auvergne, eine dreischiffige Hallenkirche mit einem riesigen Langhaus. Größter Schatz dieser Kirche, genannt Notre Dame du Puy, ist der 26 Meter lange Totentanz, eine Serie von flandrischen Tapisserien, er befindet sich im nördlichen Seitenflügel.

Champmol/Frankreich

Am Rande der Stadt Dijon in Burgund erhob sich bis zur Französischen Revolution die große Kartause von Champmol mit Kirche, Kapitelsaal, Refektorium, Bibliothek, Wirtschaftsgebäuden und den vielen Zellenhäuschen um einen weiten quadratischen Innenhof. Dies alles wurde von den Revolutionären total verwüstet, vor allem deshalb, weil Champmol die Grablege der Herzöge von Burgund war. Gebaut wurde die gesamte Anlage im 14. und 15. Jahrhundert, und es arbeitete in Champmol einer der bedeutendsten Künstler Europas, Claus Sluter aus den Niederlanden. Erhalten ist von ihm – wie durch ein Wunder – der sogenannte Mosesbrunnen, der an sich zu einer Kreuzigungsgruppe gehörte, die sich in einem Hof des Klosters befunden hatte. Die mächtigen Statuen von Moses, David, Daniel, Jeremias und Zacharias stammen von ihm. Weitere Kostbarkeiten aus der Kartause, die die Verwüstungen anlässlich der Revolution überstanden haben, sind heute im Museum der Schönen Künste in Dijon zu bewundern, vor allem die erlesenen Plastiken von Sluter vom Grabmal Philipps des Kühnen, die aus schwarzem Marmor und weißem Alabaster gearbeitet sind. Auf dem Gelände der ehemaligen Kartause, die von Philipp dem Kühnen selbst 1377 gegründet worden war, steht heute eine Psychiatrische Klinik.

Chateau-Porcien/Frankreich

Die ehemalige französische Prämonstratenserabtei Chateau-Porcien (Calvimontium) in der Diözese Reims wurde 1087 für Chorherren gegründet und 1146 den Prämonstratensern übergeben. Chateau-Porcien gehört in Frankreich zu jenen Abteien, die ohne große Schicksalsschläge erleiden zu müssen, bis zur Aufhebung in der Französischen Revolution ein zurückgezogenes, dem Studium und der Seelsorge gewidmetes Dasein führten.

Chelles/Frankreich

Die in der Nähe von Paris gelegene Benediktinerinnenabtei Chelles (Cala) wurde bereits 657 von der heiligen Königin Bathildis gegründet und von der heiligen Bertilia als erster Äbtissin geleitet. Zu Beginn des 9. Jahrhunderts war Gisela, die Base Karls des Großen, Äbtissin von Chelles. Die Abtei bestand bis zur Aufhebung 1790.

Chevetogne/Belgien

Das im belgischen Wallonien südöstlich von Namur gelegene Benediktinerkloster Chevetogne wurde erst 1926 von Lambert Beauduin gegründet und stellt somit eine der jüngsten benediktinischen Klostergründungen dar. Das Ziel der Klostergemeinschaft ist die Förderung der Ökumene. Aus diesem Grund zelebrieren die Mönche Gottesdienste sowohl im lateinischen als auch im byzantinisch-slawischen Ritus.

Die Mönche bauten daher auch zwei Kirchen, eine nach abendländischen Bauplänen und die andere im morgenländischen Stil nach dem Vorbild einer Kirche von Novgorod – einen viereckigen Backsteinbau mit Vorhalle, kleiner Kuppel, Krypta und Ikonostasis. 1990 wurde Chevetogne zur Abtei erhoben.

Chiaravalle della Colomba/Italien

Die vom heiligen Bernhard von Claivaux 1135 gegründete und mit großen Ländereien ausgestattete Zisterzienserabtei Chiaravalle della Colomba liegt vier Kilometer von der kleinen Agrarstadt Alsano entfernt in der Emilia Romagna/Italien. Das Kloster ist zwar schon seit den Zeiten Napoleons ohne Mönche, aber es ist mit all seinen baulichen Schönheiten vollkommen erhalten. Im Streit der lombardischen Städte mit Kaiser Friedrich II. wurde es zwar im 13. Jahrhundert mehrfach geplündert, blieb aber in seiner romanischen Bauform mit seinem Kampanile und seinem gotischen Kreuzgang seit dem Spätmittelalter vollkommen unversehrt. Die Backsteinfassade der Kirche weist drei Fensterrosetten auf. Napoleon vergab 1810 das von ihm aufgehobene Kloster als Bürgerhospital an die Stadt Piacenza, die es stets pfleglich bewahrte.

Chorin/Brandenburg/Deutschland

Ein »Denkmal altnationaler Geschichte« nannte man in der Mitte des 19. Jahrhunderts die wiedererstandene ehemalige Zisterzienserabtei Chorin (Chorinum), die 1272 am Chorinsee erbaut wurde und in der 80 Priestermönche und 400 Laienbrüder in den Jahrhunderten bis zur Aufhebung 1542 die Hauptlast der Arbeit bei der Rodung der Urwälder und bei der Trockenlegung der Sümpfe in der Uckermark getragen hatten. In den Jahren 1273–1334 entstand ein bedeutendes Gotteshaus mit einer monumentalen Westfassade, durch die man in eine dreischiffige, kreuzförmige Pfeilerbasilika tritt, die mit Recht als die schönste Schöpfung märkischer Baukunst angesprochen wird. Nach der Säkularisation lagen die Bauten brach, wurden als Steinbruch benutzt und verfielen. Völlig abgetragen wurden damals das südliche Seitenschiff, die Nebenchöre und die Fürstenempore. Erst als im Zeitalter der Romantik wieder die Beschäftigung mit den Denkmälern der Vergangenheit einsetzte, besann man sich auch des kulturellen Erbes aus gotischer Zeit und eine große Bewegung zur Rettung Chorins ließ die herrliche Kirche und eine Reihe der ehemaligen Mönchstrakte wiedererstehen. Und so konnten auch der Kreuzgang, das Abtshaus, die Klausur, das Haus der Laienbrüder, das Brauhaus und das Pfortenhaus allen Besuchern wieder ebenso zugänglich gemacht werden wie der Fürstensaal und die ehemalige Küche. Chorin ist ein eindrucksvolles Beispiel einer Rettungsaktion architektonischen Erbes, das schon als verloren galt.

Christ in the Desert/USA

Die Abtei »Christ in the Desert« liegt in völlig unberührter Wildnis in einem reizvollen Cañon im Nordwesten Neumexikos bei dem Ort Abiquiu. Benediktinermönche des Klosters Mount Saviour (Staat New York) gründeten 1964 dieses ungewöhnliche Kloster und konnten 1996 die Erhebung zur Abtei feiern. Konvent und Kirche wurden von dem japanisch-amerikanischen Architekten George Nakashima gebaut. Die Strom- und Wasserversorgung wird durch Solarenergie sichergestellt, denn die Sonne scheint in dieser Gegend das ganze Jahr. Die Mönche unterhalten ein großes Exerzitienhaus, verzichten jedoch ansonsten weitgehend auf äußere Aktivitäten, da für sie Liturgie und Studium Vorrang haben, denen sie sich in dieser Einsamkeit wie nirgends sonst widmen können.

Christo Rey/Argentinien

Die Benediktinerabtei Christo Rey in Argentinien wurde im Jahre 1956 von Mönchen der Abtei Niño Dios gegründet, die in Victoria bei Entre Rios liegt. Umgeben von Bergen in der Provinz Tucumán in einem Tal, gehört die »Abadi de Christo Rey« zu den recht abgelegenen Abteien des Landes, die mit der Seelsorge der zerstreut lebenden Bergbewohner eine ziemlich schwierige Aufgabe übernommen haben. Den Unterhalt sichern sich die Mönche durch Waldwirtschaft und Imkerei.

Churwalden/Schweiz

Die im Kanton Graubünden in der Schweiz gelegene ehemalige Prämonstratenserabtei Churwalden (Churbaldia) wurde 1167 von Ritter Rudolf von Rothenbrunnen ursprünglich für Augustiner-Chorherren gegründet, kam aber dann an die Prämonstratenser von Roggenburg in Schwaben. Neben diesem Herrenstift bestand bis ins 16. Jahrhundert auch ein Chorfrauenkloster (Nieder-Churwalden) mit einem Spital. Die Klosterkirche von Churwalden, St. Maria und Michael, blieb nach der Aufhebung 1804 erhalten und präsentiert sich als dreischiffige, gestufte Halle mit Netzgewölbe und Lettnerabschluss, quadratischem Mönchschor und polygonalem Altarhaus, in dem ein spätgotischer Flügelaltar aus dem Jahr 1477 erhalten ist.

Chutynskij-Kloster/Russland

Im Zweiten Weltkrieg wurde zehn Kilometer nördlich von Nowgorod 1941–43 das altehrwürdige Chutynskij-Kloster in Trümmer gelegt und seither nicht wieder aufgebaut. Da die Erlöser-Kirche dieses Klosters schon 1192 errichtet wurde, dürfte die Gründung etwas früher gelegen haben. 1515 erfolgte dann die Erbauung der Preobrashenskij-Kathedrale. Nördlich davon hat zwar die 1552 erbaute Refektoriumskirche Warlaama während des Krieges ebenfalls stark gelitten, aber sie blieb als Gotteshaus erhalten.

Citeaux/Frankreich

Citeaux, das berühmte Stammkloster des Zisterzienserordens, liegt im Departement Côte-d'Or in Burgund südlich von Dijon. Gegründet wurde die Abtei im Jahr 1098 von Robert von Molesme und nahm einen bedeutenden Aufstieg durch den Eintritt des hl. Bernhard und seiner Gefährten 1112. Die neuen Ordenskonstitutionen von Stephan Harding, bekannt als »Charta Caritatis« war die Grundlage für eine strenge Disziplin der Mönche, die den Gedanken der Weltflucht mit Gebet und harter Arbeit verband. Die Zisterzienser errichteten ihre Klöster fortan in unerschlossenen Waldtälern und trugen zur Rodung und Kultivierung riesiger Gebiete in vielen Ländern Europas bei. Der strengen Regel der Zisterzienser schlossen sich zuerst die vier Primarklöster La Ferté, Pontigny, Morimond und Clairvaux an. In wenigen Jahrzehnten schufen die Mönche von Citeaux ein Reform-Imperium, dem am Ende des Mittelalters 742 Männer- und 761 Frauenklöster angehörten, die auf fast alle Teile Europas verteilt waren. Im deutsch-slawischen Kulturraum entstanden als Neugründungen fast 300 Zisterzienserabteien. Das Mutterkloster Citeaux schmückte eine schlichte, aber in ihrer klaren Gestaltung beeindruckende Kirche von 100 Metern Länge, die 1193 geweiht wurde. Jahrhunderte stiller Arbeit folgten. Immer wieder wurde die Abtei geplündert und 1791 von den Revolutionären enteignet und auf Abbruch verkauft. In den wenigen, noch erhalten gebliebenen Gebäuden wurde im 19. Jahrhundert eine Erziehungsanstalt eingerichtet, erst 1898 konnte das Gelände von Citeaux von den reformierten Zisterziensern (Trappisten) zurückgekauft werden.

Clairefontaine/Belgien

Die im belgischen Luxemburg liegende Zisterzienserinnenabtei Clairefontaine (Clarus fons) liegt vier Kilometer südöstlich von Arlon in der Diözese Namur. Stifterin ist Ermesinde, die Gräfin von Luxemburg. Sie berief um 1216 Schwestern nach Clairefontaine, allerdings nur solche aus adeligem Hause. Erst mit Anfang des 18. Jahrhunderts erhielten auch bürgerliche Frauen und Mädchen Zugang zu diesem Kloster. 1794 wurde die Abtei von den Franzosen zerstört und 1874 von den Jesuiten als Erholungsheim wieder aufgebaut. Eine kleinere, weniger bekannte Zisterzienserabtei gleichen Namens lag bis zur Aufhebung bei Polaincourt in der Diözese Besançon, sie war 1131 gegründet worden.

Clairefontaine/Frankreich

Die in der Diözese Soissons-Laon 1126 gegründete ehemalige Prämonstratenserabtei Clairefontaine (Clarus fons) geht auf Gerardus, einen 1160 gestorbenen Schüler des heiligen Norbert zurück und war eine der drei Abteien, die diesen Namen tragen. Die beiden anderen gehören jedoch dem Zisterzienserorden an.

Clairmarais/Frankreich

Die wegen ihrer einst reichhaltigen Bibliothek bekannte ehemalige französische Zisterzienserabtei Clairmarais (Clarus mariscus) lag bei St. Omer in der Diözese Térouanne (jetzt Arras) und wurde 1140 vom flandrischen Grafen Theodorich und seiner Gemahlin Sibylla gegründet und gut dotiert. Nach der Aufhebung in der Französischen Revolution wurde das Kloster vollkommen zerstört, die letzten Reste der kostbaren Bücherbestände befinden sich in der Bibliothek zu St. Omer.

Clerande/Belgien

Das Benediktinerkloster Clerande (Monastère Saint André de Clerande) in Ottignies-Louvain-la-Neuve in Belgien ist ein junges Kloster, das erst 1970 zwar in der Nähe der Universitätsstadt von Louvain-la-Neuve gegründet wurde, aber gleichwohl abgeschieden in den Pinienwäldern von Lauzelle liegt. Das Kloster legt großen Wert auf die Pflege der Liturgie und auf gemeinschaftliche Elemente in einer ruhigen Umgebung. Auf diese Weise schöpfen die Mönche Kraft für ihren Dienst als Hausgeistliche in Krankenhäusern und für die Entwicklung neuer Methoden in der Katechese. 1978 gründete das Konventualpriorat Clerande bereits ein Kloster bei Kinshasa im Kongo, das 1989 selbst schon zu einem Priorat erhoben wurde.

Clervaux, St. Maurice/Luxemburg

Die noch junge Benediktinerabtei St. Maurice liegt in der Gemeinde Clervaux (Clerf) im Großherzogtum Luxemburg und wurde erst 1901 von Mönchen der alten Abtei Glanfeuil gegründet, die wegen der religionsfeindlichen Gesetze in ihrer Heimat ins Exil gehen mussten. Erbaut wurde das Kloster von dem niederländischen Architekten Klomp nach dem Vorbild burgundischer Klöster im neoromanischen Stil. Im Zweiten Weltkrieg wurden die Mönche von der Gestapo vertrieben und das Kloster beschlagnahmt. Nach dem Kriegsende zog sich die Restaurierung der Konventsgebäude zwar längere Zeit hin, aber die Mönche haben das Kloster inzwischen zu einem liturgischen Zentrum ausgestaltet und geben liturgische und wissenschaftliche Werke heraus. Die Abtei ist für ihre feierlichen täglichen Messen und ihr Chorgebet in stilreiner Gregorianik bekannt.

Cleveland, Saint Andrew Abbey/USA

Die in Cleveland/Ohio seit 1934 bestehende Benediktinerabtei wurde für die Katholiken dieser Gegend mit slowakischer Abkunft erbaut. Das Kloster selbst wurde schon 1922 gegründet und war bis zur Wahl des ersten Abts ein von der Abtei St. Procopius in Illinois abhängiges Priorat. Von den Mönchen wird der Lehrkörper der Benedictine High School gestellt, die vom Kloster 1940 errichtet wurde, und

1952 wurde der Grundstein für neue Konventsgebäude gelegt. Fünf Pfarreien der Umgebung werden ebenfalls von der Abtei versorgt.

Clonmacnoise/Irland

Die in der irischen Grafschaft Offaly südlich des Lough Ree am Shannon gelegene ehemalige Klosterstadt Clonmacnoise gehört zu den sehenswertesten heiligen Stätten Irlands und war im Mittelalter als Glaubens- und Kulturzentrum in ganz Europa bekannt. Der Mönch Alkuin, der am Hofe Karls des Großen wirkte, kam von diesem schon 548 durch den heiligen Ciaran gegründeten Kloster. Clonmacnoise ist die einzige mönchische Ansiedlung der Welt, die nachweislich 50 Mal geplündert wurde. Wikinger, Normannen und Engländer lösten sich bei diesen Raubzügen ab. Die endgültige Zerstörung erfolgte dann durch englische Truppen im Jahre 1552. Völlig verwaist ist Clonmacnoise seit 1647. Heute ist die Ruinenstadt ein Touristenziel erster Ordnung in der Republik Irland, in der die Überreste von neun Kirchen, zwei Rundtürmen, fünf Hochkreuzen und einem Friedhof mit 200 alten Grabsteinen gezeigt werden.

Cluny/Frankreich

Die ehemalige Benediktinerabtei Cluny liegt im Departement Saôme-et-Loire etwa auf halbem Weg zwischen Dijon und Lyon. Dieses Kloster wurde 910 von Wilhelm von Aquitanien gestiftet, der Graf der Auvergne und zugleich von Velay und Macon war. Das Waldgebiet, das der Graf den Benediktinermönchen schenkte, wurde von ihnen gerodet und zum Ausgangspunkt einer geistigen Bewegung gemacht, die tief in die Politik ganz Europas eingriff. Die Äbte von Cluny, von denen mehrere selig- und heiliggesprochen wurden, bauten nicht nur eine Kirche, die größer war als der alte Petersdom in Rom, sie errichteten auch ein gewaltiges Kloster, dessen Baustrukturen vorbildlich für zahlreiche Klöster in Europa wurden. Vor allem aber entfalteten sie eine ökonomische Tätigkeit von staunenswerter Effektivität und eine klösterliche Disziplin, die ihnen Bewunderung und Nachfolge eintrug. Die Reformbewegung von Cluny ergriff viele Hunderte von Benediktinerklöstern in ganz Europa. Die Grundprinzipien der Cluniazenser waren absolute Papsttreue, Ordenszucht, Arbeitsamkeit, wissenschaftliches Streben und Ablehnung weltlicher Einflussnahme auf das Klosterleben. Cluny gründete selbst viele weitere Klöster und reformierte zahlreiche der schon bestehenden Abteien. Drei Äbte der cluniazensischen Bewegung wurden selbst Päpste. Die Kirche, die sie in Cluny bauten, war 187 Meter lang, aus dreihundert Fenstern drang Licht in den gewaltigen Raum; im Chorgestühl des Querschiffs fanden 250 Mönche Platz. Das Gotteshaus war eine fünfschiffige Basilika mit doppeltem Querschiff, einer dreischiffigen Vorhalle und sieben Türmen. Dazu kam der Westchor mit Umgang und Kapellenkranz. Vollendet war das Wunderwerk zu Beginn des 13. Jahrhunderts. Die Klosteranlage bestand aus so vielen Teilen, dass von einer ganzen Klosterstadt gesprochen werden kann. Die gesamte Anlage fiel dem Vandalismus der Französischen Revolution zum Opfer. Die kirchenfeindlichen Aufständischen verkauften das Kloster mitsamt der herrlichen Kirche an einen Abbruchunternehmer, der bis zum Jahre 1823 den gesamten Komplex als Steinbruch benutzte. Was von den Ruinen heute noch zu sehen ist oder auch wieder aufgebaut wurde, ist zwar immer noch beeindruckend, macht aber nur etwa ein Zehntel der einstigen Gesamtanlage aus. Von der Kirche blieb nur der 62 Meter hohe Weihwasser-Turm und der 33 Meter hohe südliche Kreuzarm des Querschiffes sowie der kleine Uhrenturm erhalten.

Coimbra, Santa Cruz/Portugal

Das 1131 von Alfonso Henriques in Coimbra gegründete Augustinerkloster wurde schon wenig später Bildungsstätte und auch Grablege der ersten beiden portugiesischen Könige, was zur Privilegierung des Konvents in der Folgezeit wesentlich beitrug. Ende des 15. und zu Beginn des 16. Jahrhunderts wurden von den drei berühmten Baumeistern Boytaca und Nicolas de Chanteréne sowie Diego de Castilho Kirche und Kloster neu errichtet. Die einschiffige Kirche ist an den Wänden mit Azulejos verkleidet und reichhaltig ausgestattet. Die Grabmäler der beiden Könige Alfonso I. Henriques (1139–85) und Sancho I. (1185–1211) sind eine außergewöhnliche Seltenheit, denn sie sind zwölf Meter hoch und mit Statuen und gemeißelten Friesen verziert. Ebenso großartig ist das Chorgestühl aus dem 16. Jahrhundert. Die Sakristei, der Kapitelsaal und der zweistöckige Kreuzgang mit seinen Basreliefs erheben das Kloster zu einer Schatzkammer, das zwar als Konvent nicht mehr besteht, aber unter kirchlicher Obhut allen Besuchern offen steht.

Collegeville, Saint John's Abbey/USA

Das erfolgreichste Benediktinerkloster der Vereinigten Staaten von Amerika ist Saint John's Abbey in Collegeville in Minnesota. Die Abtei zählt etwa 200 Mönche und betreibt die Saint John's Universität, sechs Studentenwohnheime, eine große Bibliothek, ein Forschungsinstitut für Handschriften, versorgt 19 Pfarreien und hat inzwischen mehrere Tochterklöster gegründet. Bereits 1856 kamen fünf Benediktinermönche aus Pennsylvania nach Minnesota, um die ersten deutschen Siedler seelsorglich zu betreuen und ihre Kinder schulisch zu unterrichten. Die erste Niederlassung wurde in St. Cloud errichtet, bald jedoch verlegte man die Anlage in die schöne Waldlandschaft zwischen dem Lake Sagatagan und dem Watab Creek. Hier wuchs die Abtei Saint John's aus kleinen Anfängen heran. Der erste Abt wurde 1866 gewählt. Seit der Gründung haben neun Äbte die Geschichte dieses wohl größten nordamerikanischen Klosters geleitet, das in der Diözese Minnesota eine bedeutende Rolle spielt. In der hochmodernen, gleichwohl jedoch sehr feierlichen Abteikirche erklingt gregorianischer Gesang und benediktinischer Geist wird inzwischen weltweit durch die von der Abtei herausgegebene »Liturgical Press« verbreitet.

Combelongue/Frankreich

Die ehemalige französische Prämonstratenserabtei Combelongue (Comba longa), in der einstigen Diözese Conserans im südlichen Frankreich, wurde 1138 von Arnold von Austria gegründet. Der vierte Abt dieses Klosters, Navarrus d'Acqs, wurde 1208 Bischof von Conserans und trat als Gegner der Albigenser auf. Das Ende der Abtei kam mit den Gesetzen der Französischen Revolution.

Conception Abbey/USA

Die mächtigen Doppeltürme der weithin sichtbaren Basilika von Conception Abbey in Missouri weisen den Weg zu einem Benediktinerkloster, das bereits 1873 von Schweizer Mönchen von der Abtei Engelberg bei Luzern gegründet wurde und das vor allem irischen und deutschen Einwanderern geistigen Beistand leisten sollte. Seit 1881 Abtei, hat das Kloster eine Reihe von Aufgaben übernommen, die neben der Seelsorge in Pfarreien, Krankenhäusern und bei der Armee auch eine rege Verlagstätigkeit umfasst. Über 70 Mönche im Kloster sind es, die ein Netz von Tätigkeitsfeldern aufgebaut haben, in dem ein Priesterseminar für viele Diözesen das Kernstück und gleichsam die Krone der Conception Abbey darstellt.

Cong-Abbey/Irland

Die heute in Ruinen liegende irische Abtei bildet immer noch den Höhepunkt einer Kunstreise durch die Grafschaft Mayo in der Provinz Connacht im Westen des Inselreiches. Da die Grundmauern erhalten sind, lässt sich die irische Romanik nirgends so gut studieren wie in Cong mit den Torbogen, Skulpturen, Kapitellen und dem inzwischen geschmackvoll renovierten und ergänzten Kreuzgang. Der gälische Name Cong bedeutet »Landenge«, denn das Kloster liegt zwischen den beiden Seen Lough Corrib und Lough Mask. An dieser Stelle soll bereits im 6. Jahrhundert ein Kloster gestanden haben. Die Könige von Connacht erbauten an diesem Platz dann im 12. Jahrhundert ein Augustinerkloster. Der letzte irische »Hochkönig« starb 1198 in dieser Abtei. Die wie die meisten irischen Klöster in den Auseinandersetzungen mit England zerstörte Abtei ist auch durch das Cong-Cross bekannt geworden, eine Goldschmiedearbeit von 1123, die heute im Nationalmuseum Dublin aufbewahrt wird.

Conques/Frankreich

Die in der Diözese Rodez gelegene französische ehemalige Benediktinerabtei Conques wurde schon in den Tagen Karls des Großen von dem Eremiten Dado gegründet und erhielt die Reliquien des heiligen Fides, weshalb die Abtei auch »St. Foy« genannt wurde. Im Jahre 1537 wurde die Abtei säkularisiert, ihr »Cartularium« aber 1879 in Paris veröffentlicht, aus dem die Geschichte des Klosters rekonstruiert werden kann.

Convento de Santa Clara/Portugal

Nördlich von Porto und nahe an der Atlantikküste liegt das ehemalige Karmeliterinnenkloster Convento de Santa Clara. Seine riesige Ausmaße machen es erklärlich, dass zur Wasserversorgung dieses Klosters im 18. Jahrhundert ein sieben Kilometer langer, mit 999 Bogen versehener Aquädukt gebaut wurde. Gegründet wurde der Konvent 1318 von Alfonso Sanchez, einem unehelichen Sohn von König Dinis I. Die Klosterkirche ist fast stilrein erhalten, sie ist einschiffig mit einem Querhaus und drei Apsiden und birgt eine 1526 erbaute Grabkapelle mit überaus kunstvollen Sarkophagen des Klostergründers Alfonso Sanchez und seiner Gemahlin Teresa Martins de Meneses. Zwei weitere Sarkophage, die auf Löwen gesetzt sind, wurden für zwei Kinder des Stifterpaares errichtet. Das Kloster selbst ist heute Erziehungsheim.

Corbie/Frankreich

Die französische ehemalige Benediktinerabtei Corbie an der Somme in der Picardie, im Unterschied zu ihrem deutschen Filialkloster Corvey auch Corbeja antiqua genannt, war einst ein geistlicher und kultureller Mittelpunkt in Frankreich für mehrere Jahrhunderte, berühmt wegen ihrer reichen Bücherschätze und der aus ihr hervorgegangenen Gelehrten. Gegründet wurde Corbie von der heiligen Bathildis 662 und von Luxeuil aus besiedelt. Gefördert von den Karolingern, erfolgte von Corbie aus die Missionierung Skandinaviens und 822 die Gründung von Neu-Corbie (Corvey) in Sachsen. Im 16. Jahrhundert wurde das Kloster mehrfach im Sinne einer Pfründe als sogenannte Kommende an Günstlinge des Hofes vergeben, bis 1618 dann die strenge Maurinerobservanz eingeführt wurde. Bis zur Aufhebung in der Französischen Revolution blühte die Abtei in jeglicher Hinsicht. Nachdem die Mönche vertrieben und die Schätze verstreut worden waren, verfiel die Abtei vollkommen.

Corpus Christi Abbey/USA

Die von Benediktinermönchen geführte Corpus Christi Abbey liegt in Texas in der Gemeinde Sandia und geht auf ein Kloster aus dem Jahre 1928 zurück, als Mönche aus der Abtei New Subiaco in Arkansas in Texas eine weitreichende Missionsarbeit aufnahmen. Seit 1961 ist Corpus Christi eine Abtei und entfaltet seither eine Reihe wichtiger Aktivitäten als liturgisches Zentrum mit Exerzitienhaus und als eine pastorale Institution, von der Pfarreien in Texas Wochenendaushilfen anfordern können. In ihrer Geschichte hat die Abtei große Schwierigkeiten zu überwinden gehabt. Finanzschwierigkeiten und die verheerenden Folgen des Hurrikan Celia von 1970 waren zu überwinden, aber 1975 konnte das neue Kloster eingeweiht werden.

Corvey/Nordrhein-Westfalen/Deutschland

Die 822 von Mönchen aus Corbie gegründete Benediktinerabtei erhielt ihren Namen in Anlehnung an das Gründungskloster. Vom 9. bis zum 12. Jahrhundert war Corvey ein bedeutendes Kulturzentrum, das sogar bis nach Dänemark und Schweden ausstrahlte. Von der bereits unter Ludwig dem Frommen (814–840) gebauten dreischiffigen Basilika ist nur noch das imposante Westwerk erhalten, das Kirchengebäude selbst wurde im Dreißigjährigen Krieg zerstört. In den Jahren 1667–71 entstand an der gleichen Stelle dann ein gotisierender Saalbau, dessen Innenausstattung vom sogenannten Paderborner Barock bestimmt wird. In der reichhaltigen Klosterbibliothek fanden sich einst die ältesten Abschriften der Tacitus-Annalen und einige Schriften Ciceros. In Corvey schrieb in den Jahren 967–973 Widukind seine Sachsengeschichte. Bei der Säkularisation gelangte das Kloster in den Besitz der Fürsten von Corvey, deren Hofbibliothekar von 1860–74 der Dichter Hoffmann von Fallersleben war.

Couture/Frankreich

Die vom heiligen Bertrand, dem Bischof von Le Mans, im Jahr 589 in seiner Diözese gegründete französische ehemalige Benediktinerabtei »St. Pierre de la Couture« war reich begütert und konnte sich zwischen dem 11. und dem 13. Jahrhundert in unterschiedlichen Bauphasen als Klosterkirche einen sehr schönen romanisch-gotischen Sakralbau erstellen lassen. Nach der Aufhebung in der Französischen Revolution zog die Präfektur in die Klostergebäude ein.

Cozia/Rumänien

Am Oberlauf des Olt in der Walachei, unmittelbar am Fuß des Cozia-Berges, erhebt sich in dreihundert Metern Höhe das Kloster Cozia, eine der wichtigsten Glaubensburgen, die Mircea der Alte, Fürst der Walachei, 1387–88 errichten ließ. Die Fresken in der Klosterkirche und in der Kapelle des ehemals klösterlichen Krankenhauses stammen teilweise noch aus der Gründerzeit, zum großen Teil jedoch aus dem 18. Jahrhundert. Das Kloster zeigt in einem kleinen Museum Kultgegenstände sowie alte Handschriften und Drucke. Das Bildprogramm im Kloster Cozia bringt hauptsächlich die Passion Christi, das Leben von Johannes dem Täufer und die wichtigsten Heiligen der griechisch-orthodoxen Kirche zur Darstellung.

Crawley, Worth Abbey/Großbritannien

Worth Abbey in Crawley (West Sussex) wurde 1933 von Benediktinermönchen aus Downside gegründet und entwickelte sich nach räumlichen Schwierigkeiten im Zweiten Weltkrieg zu einem beachtlichen Priorat, das 1965 zur Abtei erhoben wurde. 1975 wurde eine riesige Rundkuppelkirche modernsten Stils erbaut, die 1000 Menschen fassen kann. Die Hauptaufgabe sehen die Mönche vom Beginn an in der Erziehungsarbeit, sie unterhalten ein Gymnasium und ein Internat. Die große Abteikirche dient gleichfalls als Pfarrkirche für die Gläubigen der Umgebung.

Crnojević-Kloster/Montenegro

Das in der montenegrinischen Stadt Cetinje gelegene orthodoxe Crnojević-Kloster erhielt seinen Namen durch Ivan Crnojević, der diesen Konvent 1484 gründete. Das alte Kloster, das mit einem Wassergraben und einer starken Mauer umgeben war, zerstörten die Türken vollständig. Im Jahre 1701 wurde daher zu Füßen des Tabija-Berges an der Stelle einer verschwundenen Burg des Ivan Crnojević ein neues Kloster gebaut, das zwar erneut die Türken zwischen 1712 und 1786 viermal zerstörten, das aber jedes Mal wieder aufgebaut wurde. In der Klosterkirche befinden sich mehrere Gräber bedeutender Persönlichkeiten der montenegrinischen Geschichte, so des Fürsten Danilo, des Heerführers Mirko und des heiligen Vladika Petar I. Petrović. Im Kloster selbst wurde 1834 die erste montenegrinische Volksschule gegründet und 1883 eine Druckerei eingerichtet. Die einstige Schatzkammer ist heute Klostermuseum.

Croixrault/Frankreich

Im Jahre 1966 gründete P. Henri Marie Guilluy, ein französischer Mönch aus einem Kloster der Insel Martinique, in Croixrault ein Benediktinerpriorat, das einen völlig neuen Gedanken und Lebensstil in den Orden einführte. Im Priorat Unserer Lieben Frau zur Hoffnung (Prieuré Notre-Dame d'Esperance) können Behinderte, Kranke und Personen mit schwacher Konstitution Mönch werden und in diesem Kloster in schlichter Form gegenseitiger Hilfe zusammenleben. Croixrault ist heute das Zentrum einer Kongregation mit etwa 200 Mönchen, die in 19 vom Mutterhaus abhängigen Häusern leben und sich in die Gemeinschaft nach ihren Fähigkeiten und ihrem körperlichen Vermögen einbringen. Die meisten Mönche dieser Kongregation sind Laienbrüder, etwa ein Dutzend jedoch Priester. Crouxrault liegt südlich der Somme, etwa 28 Kilometer von Amiens entfernt.

Cuissy/Frankreich

Die 1122 in der Diözese Soissons-Laon gegründete ehemalige französische Prämonstratenserabtei gehörte einst zu jenen drei Abteien, deren Äbte den Generalabt zu visitieren hatten und daher den Titel »Väter des Ordens« führten, d. h. sie hatten die Amtsführung des höchsten Ordensoberen in festgelegten Abständen zu kontrollieren und dadurch Amtsmissbrauch zu verhindern. Die Abtei wurde in der Französischen Revolution aufgehoben.

Czorna/Ungarn

Die ehemalige ungarische Prämonstratenserabtei Czorna (Sorna) in der Diözese Raab wurde 1160 von den Grafen Stefan und Lorenz Oschl gegründet und von Heiligenberg aus besiedelt. 1786 wurde die Abtei aufgehoben, 1790 brannte sie mit 270 Häusern ihrer ehemals Schutzbefohlenen nieder. 1802 wurde das Gelände dem Orden zurückgegeben und die Abtei wieder aufgebaut, die in der Folgezeit mit den Propsteien Türje, Horpács und Jánoshida vereinigt wurde. Czorna unterhielt dann mit seinen eigenen Lehrern die Gymnasien in Steinamanger und in Keszthely.

D

Dadiú/Griechenland

Vor der großartigen Kulisse des Parnass-Massivs liegt in Mittelgriechenland in der Nähe des Städtchens Amfiklia auf 800 Metern Höhe das griechisch-orthodoxe Kloster Dadiú, auch Panagia Gavriotissa genannt. Die Kreuzkuppelkirche mit Wandmalereien stammt aus der Mitte des 18. Jahrhunderts. 1821 war Dadiú ein Zentrum des Widerstandes gegen die Türken, wurde dabei beschädigt und 1836–48 wieder erneuert.

Dadivank/Aserbeidschan

Das einstige große armenische Kloster Dadivank (Sankt Dadé) liegt im Westen des Dorfes Çarektar im aserbeidschanischen Distrikt Kelbaçar in der Provinz Arcax am Südabhang des Kamis, am linken Ufer des Terter. Das erste Kloster an dieser Stelle wurde 1145 von den Seldschuken zerstört, aber wenig später wieder aufgebaut. In dieser Zeit war Dadivank das geistliche und weltliche Zentrum der Fürsten Vaxtangean und bestand aus vier Kirchen, einem Palast, einer Bibliothek, einem Versammlungsraum, einem großen Refektorium mit Küche sowie aus Wohn- und Wirtschaftsgebäuden. Im 15. und 16. Jahrhundert erlebte es eine zweite Blütezeit. Im Hinblick auf die erhaltene Bausubstanz ist Dadivank noch heute eines der am besten bewahrten Klöster des alten Armenien.

Daniel-Kloster/Russland

Gegenüber dem berühmten Bergkloster in der an Klöstern und Kirchen so reichen Stadt Pereslawl Salesski liegt das einst sehr wohlhabende Daniel-Kloster, 1508 gegründet von dem Mönch Daniel, dem Beichtvater des Moskauer Großfürsten Wassili III. Die Förderung des Zarenhofes verschaffte dem Kloster so viele Einkünfte, dass im 17. Jahrhundert die bereits 1532 errichtete Dreifaltigkeitskathedrale mit Monumentalfresken geschmückt werden konnte, die zu den bedeutendsten Kunstwerken der russischen sakralen Malerei zu rechnen sind. Die Wände, die Bogen und die Kuppel wurden von einer Gruppe von Meistern aus Kostroma unter der Leitung von Nikitin und Savin ausgemalt. Die Einkünfte aus den klostereigenen Ländereien mit 3000 Leibeigenen erlaubte die Errichtung zweier weiterer Kirchen zum Ende des 17. Jahrhunderts. 1687 wurde die Spitalkirche Allerheiligen gebaut und schon 1695 die Kirche zur Lobpreisung der Gottesmutter mit dem Refektorium. Interessante Bauwerke sind auch das Gebäude der Klosterbruderschaft mit den Mönchszellen und das Ehrentor aus dem Jahr 1700, das an einen Triumphbogen erinnert.

Daphni/Griechenland

Das in den westlichen Vorortbereichen Athens gelegene Kloster Daphni ist eng mit mehreren Epochen der Geschichte des Landes verbunden und stellt zugleich eine der wichtigsten Zentren mittelbyzantinischer Mosaikkunst dar. Ursprünglich bestand an dem Ort im 6. Jahrhundert eine Kirche, dann ein griechisch-orthodoxes Kloster, das im Zuge der Eroberung von Konstantinopel durch die Lateiner 1204 an die fränkische Dynastie De la Roche fiel. Der zum Fürsten von Athen aufgestiegene Otto de la Roche zog das Vermögen des Konvents ein und vermachte die Anlage selbst den Zisterziensern. Die Fürsten De la Roche ließen sich fortan in der Gruftkapelle dieser nun entstandenen Zisterzienserabtei bestatten. Als die Byzantiner das Gebiet wieder zurückeroberten, war Daphni das einzige Zisterzienserkloster, das in Griechenland verbleiben durfte. Erst als die Türken dann 1458 in Athen einzogen, verließen auch die Zisterzienser das Land. Im 16. Jahrhundert besiedelten dann wieder orthodoxe Mönche die Abtei. Nach einigen Jahrhunderten ruhiger Entwicklung trat Daphni 1821 wieder in das Licht der Geschichte, als es sich dem Freiheitskampf der Griechen gegen das türkische Joch anschloss und von den Türken erstürmt wurde. In den Jahren 1838–39 diente Daphni als Quartier bayerischer Freiwilliger, die am Freiheitskampf teilnahmen. Später noch war es Stützpunkt für englisch-französische Truppen. 1886 und 1889 beschädigte ein großes Erdbeben das Kloster, so dass bis heute das Refektorium nur als Ruine erhalten blieb. Unbeschädigt blieb das Katholikon, der Kreuzkuppelbau der Kirche aus dem 11. Jahrhundert, in dem die herrlichen Mosaiken enthalten sind. Teile dieser Mosaiken sind durch das Erdbeben beschädigt worden, jüngste Restaurierungen 1955–57 dienten der Sicherung des Bestandes. In barbarischer Weise hatten die Türken 1821 versucht, durch ein riesiges Feuer in der Kirche das Gold aus den Mosaikwänden herauszuschmelzen, so dass es fast erstaunlich ist, wie viel von dem gesamten Bilderzyklus diesem chaotischen Vernichtungswerk doch entgangen ist. Heute stellen die Mosaiken von Daphni geradezu ein Lehrprogramm byzantinischer Mosaikkunst dar.

Darašamb/Iran

Seit der großen Plünderung 1917 musste das bedeutende, in Persien gelegene armenische Kloster Darašamb völlig aufgegeben werden. Das Dorf Darašamb (drei Kilometer entfernt), nach dem es meist benannt wurde, ist heute ebenfalls verlassen. Das Kloster trug jedoch stets auch den offiziellen Namen Surb Stepannos Naxavkay (Kloster des Erzmärtyrers Stephanos) und war in allen Jahrhunderten durch eine mächtige viereckige Umfassungsmauer mit Rundtürmen geschützt. Im äußersten

Nordwesten der persischen Provinz Waspurakan auf einem Absatz eines kargen Berghanges gebaut, bot es stets einen imposanten Anblick mit seiner Trikonchenkirche und dem mächtigen Rundturm. Bezeugt ist das Kloster schon seit dem 10. Jahrhundert, aber die Hauptmasse seiner Bauten stammt aus dem 16. –19. Jahrhundert. In der Zeit von 1854–79 wurden noch alle Dächer und der Glockenturm vorzüglich restauriert. Die Üppigkeit des bauplastischen Schmucks darf als beispiellos gelten. Religiöser Fanatismus ließ das Kloster leer und verwaist zurück.

Dargun/Mecklenburg-Vorpommern/Deutschland

Als »Kleinod der Mecklenburger Schweiz« wird selbst heute noch die Ruine des Zisterzienserklosters Dargun bezeichnet, die am Flüsschen Röcknitz zwischen Güstrow und Malchin liegt. 1172 errichteten dänische Mönche dort eine Abtei, die dann 1209 von Zisterziensern übernommen wurde. 1225–75 entstand ein herrlicher Kirchenbau in Backsteingotik. 380 Jahre lang gingen von diesem Kloster alle Entwicklungsimpulse für das nähere und weitere Umland aus. Dargun selbst gründete seinerseits das Kloster Eldena bei Greifswald. Anlässlich seiner Säkularisierung im Jahre 1552 ging die Klosteranlage an das Haus Mecklenburg-Güstrow. Die Herzöge dieser Linie gestalteten den gesamten Komplex zu einem Schloss um und erwählten sie zu ihrer Residenz. 1873 entstand in dieser riesigen Vierflügelanlage auch die erste Ackerbauschule des Landes Mecklenburg. Bei der russischen Besetzung 1945 brannten Schloss und Kirche nieder. Da die Außenwände und Innenpfeiler des großartigen Gotteshauses stehen blieben, wurden nach der deutschen Wiedervereinigung Sicherungsmaßnahmen an der Großruine durchgeführt.

Debre Berhan Selassie/Äthiopien

Das schönste äthiopische Kloster ist Debre Berhan Selassie, 2239 Meter hoch auf einem Hügel gelegen, nur einen Kilometer von Gondar entfernt. Berühmt vor allem durch seine »Kirche der Dreieinigkeit auf dem Berge des Lichts«, ziehen die gut erhaltenen, nie restaurierten Wandmalereien im Innern der Kirche sofort die Aufmerksamkeit des Besuchers auf sich, denn sie sind im typischen äthiopischen Stil gemalt und stellen eine vollständige äthiopische Ikonographie dar. Das Kloster wurde mit der Kirche von Yasu dem Großen (1682–1706) gegründet und von einer hohen Mauer umschlossen. Der Sturm islamischer Derwische im Jahre 1881 schlug daher fehl. Die Fanatiker wollten die Mönche töten und die Kirche verbrennen. Die Kirche wurde nie zerstört, ihr Stil als rechteckige Basilika ist altaksumisch. Bedeutend ist der Klosterschatz, der viele Kirchengeräte, Kreuze, Kronen, silberne Zeremonialstäbe, Teppiche und Ornate aus Purpur und Gold sowie Brokate enthält. Von den vierunddreißig Kirchen, die in der Stadt Gondar insgesamt zu finden sind, ist die Dreieinigkeitskirche von Debre Berhan Selassie zweifellos die bedeutendste.

Debre Damos/Äthiopien

In der Provinz Tigre liegt östlich von Aksum die Amba, der riesige Tafelberg von 2216 Metern Höhe, auf dessen Plateau sich Debre Damos, das älteste Kloster Äthiopiens befindet. Debre Damos ist in Wirklichkeit ein Klosterdorf mit zwei Kirchen, bevölkert von etwa 150 Mönchen, gegründet im 6. Jahrhundert vom heiligen Aba Aragawi aus dem byzantinisch-kleinasiatischen Raum. Debre Damos ist nach wie vor nicht über Wege oder Treppen erreichbar, die letzten 20 Meter muss man an einem Seil hochklettern, das von der oberen Felskante herunterhängt. Wie auf dem Athos ist auch auf dem Plateau von Debre Damos kein weibliches Wesen zu sehen, nur Männern ist der Zutritt erlaubt. Die tafelförmige Fläche hat einen Durchmesser von etwa einem Kilometer, und auf dieser Fläche bauen die Mönche Gemüse an, halten Schafe und Ziegen und fangen Wasser in Zisternen auf, die aus dem Fels geschlagen sind. Die größere der beiden Kirchen, die Enda Abuna Aragawi, ist eine dreischiffige Basilika mit zwei Vorhallen, jedoch nicht gewölbt, sondern mit einem Flachdach. Die Entstehungszeit dieses ältesten Kirchenbaus in Äthiopien ist nicht bekannt, sie wird zwischen dem 7. und 11. Jahrhundert vermutet. Die Könige Lebna Dengel und Galawdeos haben im 16. Jahrhundert nachweislich auf der Bergfeste in dem Klosterdorf Zuflucht gesucht, als ein türkischer Pascha, vom Jemen kommend, bestimmte Landstriche Äthiopiens eroberte. In den Klippen des Tafelberges gibt es jedoch noch zahlreiche Höhlen, in denen nach wie vor Einsiedler leben, die von den Mönchen des Klosterdorfes täglich mit Wasser und Fladenbrot versorgt werden.

Dečani/Serbien

Das serbisch-orthodoxe Kloster Dečani liegt im Kosovo, im Tal der Dečanska Bistrica. Der Beiname dieses Klosters ist Visoki Dečani, weil die zu dem Kloster gehörende Pantokratorkirche auffällig hoch ist (visoki = hoch). Die fünfschiffige Basilika mit ihrem weiten Altarraum und ihrer hohen dreischiffigen Vorhalle stellt auf Grund ihrer Größe das mächtigste Bauwerk serbischer Kirchenarchitektur dar. Die kuppelgekrönte Basilika hat eine Länge von 36,5 Metern und weist eine Höhe von 30,5 Metern auf. Gegründet wurde das Kloster von König Stephan Uroš III. (1322–31), der von seinem Sohn, Zar Stephan Dušan, eingekerkert und dann erdrosselt wurde. Aus Gewissensbissen über diesen Vatermord bestellte Zar Dušan für die Klosterkirche von Dečani über 1000 Fresken, die zu ihrer Fertigstellung 15 Jahre beanspruchten. Dieses riesige Bilderbuch an den Wänden ist das größte Freskenensemble Serbiens. Der gesamte Jahresablauf wird in ihnen geschildert, die Gestalten und Ereignisse des Alten und Neuen Testamentes sind ebenso zu sehen wie die Heiligen der Ostkirche. Der Auftraggeber, Zar Dušan, ist mit seiner Gemahlin Helena und ihrem Sohn Uroš gleichfalls zu sehen.

Deggingen/Bayern/Deutschland

Die 1138 im Riesgau in Bayerisch-Schwaben (Bistum Augsburg) gegründete ehemalige Benediktinerabtei Deggingen (Mönchsdeggingen) wurde von der Abtei Michelsberg besiedelt und seine Schirmvogtei dem Domstift Bamberg übertragen. Die in romanischer Zeit errichtete dreischiffige Basilika wurde 1721 im Barockstil erneuert. Bei der Säkularisierung 1802 kamen die Klostergebäude in den Besitz der Fürsten von Öttingen-Wallerstein und die Abteikirche wurde Pfarrkirche.

Deir es-Surian/Ägypten

Das im Wadi Natrun südlich von Alexandria liegende Kloster der Syrer (Deir es-Surian) ist der Jungfrau Maria als der Gottesgebärerin geweiht und in seiner Kirche el-Adra mit hervorragenden Fresken aus dem Jahr 980 geschmückt. Dieses koptische Kloster hat seinen Namen von den syrischen Mönchen erhalten, die vielfach noch im 11. und 12. Jahrhundert als Künstler im Wadi Natrun an vielen Kirchen und Klöstern arbeiteten. Obwohl der Islam damals schon längst von Ägypten Besitz ergriffen hatte, konnten noch viele christliche Gemeinden ziemlich unangefochten existieren. Die Kirche von Deir es-Surian ist ein regelmäßiges Viereck von 28 mal 12 Meter mit einer Kuppellandschaft, die den Einfluss der islamischen Architektur der Fatamidenzeit deutlich werden lässt.

Dendermonde/Belgien

Die Benediktinerabtei in Dendermonde (Belgien) trägt zwar den offiziellen Namen »Sint-Pieters-en-Paulus-Abdij« ist aber landläufig stets nach dem Ort benannt worden. Ursprünglich ein altes Kapuzinerkloster, in dem die Benediktinermönche von Affligem nach der Aufhebung ihres Klosters in der Revolutionszeit Unterschlupf fanden, wurde dieser Konvent zum Ausgangspunkt der Neuerrichtung der Abteien Affligem und Steenbrugge in der zweiten Hälfte des 19. Jahrhunderts. In Dendermonde selbst hatte man 1901 anstelle der alten Kapuzinerkirche die jetzige Abteikirche errichtet, und als 1914 die Konventsgebäude abbrannten, baute man auch ein neues Kloster auf. Der Brand hatte Kirche und Bibliothek verschont. Obwohl 1870 Affligem zurückgekauft und wiederbesiedelt werden konnte, blieben doch so viele Mönche in Dendermonde, dass die Abtei nicht nur bestehen bleiben, sondern 1945 sogar ein humanistisches Gymnasium gründen konnte. Eine intensive Landwirtschaft, eine Druckerei und eine Tischlerei sichern den Lebensunterhalt.

Deyruzfaran/Türkei

Das 793 gegründete syrisch-orthodoxe Kloster Deyruzfaran liegt in der Ost-Türkei bei der Stadt Mardin, etwa 150 Kilometer südöstlich von Diyarbakir und rund 50 Kilometer von der nordostsyrischen Grenze entfernt. Seit 1923 sind in diesem Zentrum der syrischen Christen 21 Patriarchen und über 100 Bischöfe ausgebildet worden. Ein solides theologisches Studium und eine breit angelegte liturgische Unterweisung bilden die beiden Hauptsäulen des Seminars von Deyruzfaran.

Diesdorf/Sachsen-Anhalt/Deutschland

Das 28 Kilometer südwestlich von Salzwedel gelegene ehemalige Augustiner-Chorherren- und Nonnenkloster Diesdorf ist im 13. Jahrhundert gegründet worden und hat in der westlichen Altmark wesentlich zur Kulturentwicklung dieser Gegend im Spätmittelalter beigetragen. Der romanische Backsteinbau der Kirche gehört zu den besterhaltenen Bauten aus dieser Zeit und besticht durch sein Kreuzgratgewölbe und sein Querschiff mit quadratischem Chor, Apsis und mit Querschiffsapsiden. Ein lebhafter Wechsel von Pfeilern und Zwischenpfeilern bestimmt das Kircheninnere. Der Turmaufbau stammt aus der im Jahre 1872 vorgenommenen Restaurierung.

Diessen/Bayern/Deutschland

Am Südwestufer des Ammersees erhebt sich über dem Marktflecken Diessen das ehemalige Augustiner-Chorherrenstift St. Maria, das 1132 von Rottenbuch aus besiedelt wurde, bis zur Aufhebung 1803 durch den Bayerischen Staat bestand und auch alle Fährnisse der Jahrhunderte überdauert hatte. Das Stift selbst war dann von 1867 an ein Kloster der Dominikanerinnen und seit 1923 Mutterhaus der Barmherzigen Schwestern von Augsburg. Die Kirche des Stifts, das Marienmünster, gehört zu den bedeutendsten Barockbauten Bayerns. An diesem Bau wirkten die gefragtesten Künstler ihrer Zeit mit (Johann Michael Fischer, Franz Xaver und Joh. Michael Feuchtmayer, Joh. Georg Ueblherr, Joachim Dietrich, Johann Baptist Straub, Egid Verhelst der Ältere und Joh. Georg Bergmüller). Der festliche Neubau wurde 1739 geweiht. Der Kirchenraum stellt einen Saal im Wandpfeilertyp dar, der in dem hufeisenförmigen Altarraum gipfelt. Das frühe Rokoko findet in Diessen bereits seine Vollendung.

Diessenhofen, St. Katharinenthal/Schweiz

Das in der Gemeinde Diessenhofen im schweizerischen Kanton Thurgau liegende ehemalige Dominikanerinnenkloster St. Katharinenthal wurde bereits im 13. Jahrhundert gegründet und war wegen seiner Musikpflege einst weithin bekannt. 1715–18 errichtete Franz Beer für den Konvent einen Neubau und Johann Michael Beer eine neue Klosterkirche im vorarlbergischen Barock. Mit ihrem fast quadratischen hallenartigen Schiff mit zwei Jochen und Hängekuppeln ist diese Kirche in der Bauform eine Seltenheit. Die Malereien stammen von Jakob Carl Stauder und die Stuckarbeiten von Niklaus Schütz.

Dietramszell/Bayern/Deutschland

Das ehemalige Augustiner-Chorherrenstift Dietramszell im Kreis Bad Tölz-Wolfratshausen in Oberbayern ging aus einem um 1100 gegründeten Filialkloster von Tegernsee hervor. 1332 wurde dem Kloster von Ludwig dem Bayern die niedere Gerichtsbarkeit verliehen. Als das Kloster im Dreißigjährigen Krieg völlig niederbrannte, begann eine Notzeit für die Mönche, die erst mit dem Bau des barocken Klosters 1729–41 vollständig überwunden wurde. Die Stiftskirche mit ihrem mächtigen Hochaltar stellt ein Werk des genialen Johann Baptist Zimmermann dar. Bis zur Aufhebung 1803 stand das Kloster dann in voller Blüte. 1831 konnten in die verlassenen Konventsgebäude die Salesianerinnen von Indersdorf einziehen.

Dijon, Saint-Benigne/Frankreich

Seit dem frühen Mittelalter wird Saint Benigne als legendärer Missionar und Evangelisator von Burgund verehrt und zu seinem Grab in Dijon kamen immer mehr Pilger, so dass ein Kloster bei seinem Schrein entstand. Zu Beginn des 11. Jahrhunderts errichtete dann der einflussreiche Abt Wilhelm von Volpiano eine mächtige Klosterkirche im romanischen Stil, die heutige Kathedrale Saint-Benigne stammt allerdings aus der Zeit zwischen 1280–1300 und ist ein gotischer Bau. In den teilweise erhaltenen Gebäuden der einstigen Abtei befindet sich heute ein historisches Museum, das sich seitlich an die Kathedrale anschließt.

Dilighem/Belgien

Die in der belgischen Diözese Mecheln gelegene ehemalige Prämonstratenserabtei Dilighem wurde 1095 von Onulf von Wowerten gegründet und 1146 mit Prämonstratensern aus Dronghen besetzt. Die in der heutigen Gemeinde Jette-Saint-Pierre liegende, 1787 aufgehobe Abtei ist nur noch in Resten erhalten.

Disentis/Schweiz

Die Benediktinerabtei St. Martin über dem Tal in Disentis im schweizerischen Kanton Graubünden wurde bereits in der Mitte des 8. Jahrhunderts von Bischof Ursizin von Chur gegründet. Dieses im Vorderrheintal gelegene Kloster wurde von den Kaisern zum »Hüter« des Lukmanierpasses bestellt, da es wichtig war, die Alpenübergänge für das Reich zu sichern. Die Schenkungen der Herrscher, die das Kloster erhielt, bestanden aus großem Grundbesitz längs des Passes und hinunter bis ins Urserental, so dass die Äbte von Disentis ein beträchtliches reichsunmittelbares Hoheitsgebiet regieren konnten. In der Barockzeit entstand 1712 nach den Plänen von Caspar Moosbrugger eine Pfeilerhalle mit einem sehr schönen Hochaltar, eingebaut in den Nordflügel des Konventsgebäudes mit mächtiger Doppelturmfassade. 1799 zündeten französische Truppen die Abtei an und verursachten schwere Schäden.

Die gegen Ende des 19. Jahrhunderts erfolgten Restaurierungen und Neubauten folgten jedoch dem barocken Schema. Das Kloster führt heute ein Gymnasium mit Internat.

Disibodenberg/Rheinlandpfalz/Deutschland

Die vom dem heiligen Disibod, einem schottischen Mönch, im 7. Jahrhundert gegründete klösterliche Niederlassung wurde 743 in der Rheinpfalz in eine Benediktinerabtei umgewandelt und 1259 den Zisterziensern übergeben. Die auch unter dem Namen Disenberg bekannte Abtei ist in der Geschichtsschreibung wohlbekannt, da um 1147 in diesem Kloster die Annales Dissibodi entstanden. Von der herrlichen dreischiffigen Basilika sind dagegen nur noch Ruinen erhalten, denn nach der Aufhebung 1559 verfiel die Abtei mitsamt dem Gotteshaus.

Dobbertin/Mecklenburg-Vorpommern/Deutschland

Fürst Borwin der Ältere stiftete um 1222 am Nordufer des Dobbertin-Sees ein Benediktinerkloster, das dann schon 16 Jahre später in eine Benediktiner-Nonnenabtei verwandelt wurde. In der Reformation wurde dann Dobbertin in ein adeliges Damenstift umgewandelt. Die Klosterkirche von Dobbertin hat eine Reihe von Umbauten erfahren, galt jedoch als ein so bemerkenswerter Bau in Mecklenburg-Vorpommern, dass der berühmte Karl Friedrich Schinkel sich ihrer im 19. Jahrhundert annahm und aus diesem Gotteshaus mit seinem vierflügeligen Kreuzgang eine sehenswerte Kirche machte. Die letzte Restaurierung fand 1966 statt. Sehenswert sind vor allem der Taufstein von 1586 und das Chorgestühl aus dem 18. Jahrhundert.

Doberan/Mecklenburg-Vorpommern/Deutschland

Das 1186 gegründete Zisterzienserinnenkloster Doberan in Mecklenburg nordwestlich von Rostock unweit der Ostseeküste war ursprünglich ein Tochterkloster der westfälischen Abtei Amelunxborn. Eine romanische Basilika entstand und wich dann im 13. Jahrhundert einem ehrgeizigen Bauwerk, einer dreischiffigen Backsteinbasilika mit zweischiffigem Querhaus, Chor mit Umgang und Kapellenkranz. Das Vorbild waren die französischen Kathedralen – und so ist das »Doberaner Münster« eine der eindrucksvollsten Zeugnisse monastischen Bauwillens, der Nordfrankreichs Gotik mit Norddeutschlands Backstein zu verbinden wusste. Von den ehemaligen Klostergebäuden sind nur noch Reste erhalten geblieben – dafür aber umso vollständiger und fast stilrein die Klosterkirche. Dieses großartige Bauwerk wurde nach einem Brand des Klosters 1291 begonnen und erst 1368 endgültig fertiggestellt. Als Gruftkirche des herzoglichen Hauses verwandte man größte Sorgfalt auf die Innenausstattung. Bei den Restaurierungen 1881–94 und 1964–70 wurde darauf geachtet, den ursprünglichen Zustand zu erhalten. Der Hochaltar mit seinem fensterartig gegliederten Mittelteil zieht ebenso den Blick aller Besucher auf sich wie der Lettner mit dem Schreinaltar, über den sich ein 15 Meter hohes Monumentalkreuz erhebt. Das um 1370 entstandene Sakramentshaus präsentiert sich als fast zwölf Meter hoher geschnitzter Fialenturm mit vielen Figuren. Gleichfalls schön geschnitzt ist das in der ersten Hälfte des 14. Jh. entstandene Chorgestühl. Beachtenswert sind auch die vielen reich ausgestatteten Grabdenkmäler, vor allem die Renaissancegrabmale für die Herzöge Adolf Friedrich und Johann Albrecht.

Dobrilugk (Doberlug-Kirchhain)/Brandenburg/Deutschland

Die westlich von Finsterwalde in der Niederlausitz im Bistum Meißen von Markgraf Dietrich III. von Meißen und seinen Brüdern um 1165 gestiftete Zisterzienserabtei wurde von Mönchen aus Volkenroda besetzt und als Rodungskloster mit viel Landbesitz ausgestattet. Nach dem Slawenaufstand wurde das Kloster 1184 neu gebaut. Die heute noch erhaltene Klosterkirche gilt als der bedeutendste spätromanische Kirchenbau der Niederlausitz, wurde jedoch in der Barockzeit im Jahre 1673 zu einer Schlosskapelle umgestaltet, denn das Kloster selbst war bereits in der Reformationszeit 1540 von Kurfürst Johann Friedrich aufgehoben worden. Die Restaurierung der Jahre 1905–09 war darauf gerichtet, die Basilika mit ihrer schön dekorierten Chorapsis in ihrem ursprünglichen Zustand zu erhalten.

Donauwörth, Heilig Kreuzkloster/Bayern/Deutschland

Das 1034 durch Mangold I. von Werd und Kyburg auf seiner Burg Mangoldstein gegründete Benediktinerinnenkloster wurde 1110 nach Donauwörth (in Bayern) verlegt, in ein Benediktinermönchskloster verwandelt und von St. Blasien aus besiedelt. 1803 wurde das Kloster aufgehoben und kam in den Besitz von Fürstin Wilhelmine Oettingen-Wallerstein. Seit 1870 besteht jedoch in den ausgedehnten Räumen die kirchliche Stiftung »Cassianeum«. Die ehemalige Klosterkirche wurde auf den Fundamenten eines Baus aus dem 12. Jahrhundert von Joseph Schmuzer aus Wessobrunn 1717–20 als barocke Wandpfeileranlage errichtet.

Douai Abbey/Großbritannien

Die englische Benediktinerabtei in Upper Woolhampton in Berkshire ist nach der nordfranzösischen Stadt Douai benannt, denn dort bestand jener Konvent im Jahre 1819, der von englischen Mönchen im Pariser Exil einst in Paris gegründet und dann nach Douai umgesiedelt war. Dieses Kloster bildete im 19. Jahrhundert viele katholische Priester für die englische Diaspora aus und wurde 1899 zur Abtei erhoben. Als nun 1903 alle Mönche aus Frankreich vertrieben wurden, wagte der gesamte Konvent den Umzug nach England. In Upper Woolhampton baute man Kloster und Kirche in einem neuen, neogotische Elemente aufweisenden Stil auf. Die gleichzeitig gegründete Schule wurde zu einer der führenden katholischen Privatschulen in England. Die bis 1932 teilweise errichtete Abteikirche wurde 1993 zu einem erhabenen Gotteshaus ausgebaut. Der Schwerpunkt der selbstgestellten Aufgaben liegt heute in der Exerzitienarbeit.

Downside Abbey/Großbritannien

Die englische Benediktinerabtei in Downside ist Gregor dem Großen geweiht und befindet sich im Raum von Bath, denn dort konnten Mönche aus dem Orden des heiligen Benedikt im Jahre 1818 ein Grundstück für ein Kloster und eine Kirche erwerben. Heute ist aus dieser Gründung ein ganzes Klosterdorf geworden, denn Downside Abbey besitzt eine international bekannte Forschungsbibliothek, so dass in der Abtei ständig Wissenschaftler arbeiten und unterzubringen sind. Immer wieder finden in Downside Abbey auch Konferenzen statt. Die Abtei gründete seit ihrem Bestehen die heutige Abtei Ealing in London und die Abtei Worth in Sussex. Äußerst beeindruckend ist die hohe Abteikirche, die mit ihrem Innenraum wie eine edle Kathedrale aus normannischer Zeit wirkt.

Doxan/Tschechien

Im Jahr 1144 gründete Gertrud, die Gemahlin des Herzogs Wladislaw II. von Böhmen, eine Prämonstratenserinnenabtei in der Diözese Prag, die von Strahow aus besiedelt wurde. Das Frauenstift wurde durch viele Privilegien der Landesfürsten begünstigt und blühte rasch auf. In den vielen Kriegen in den böhmischen Landen wurde es jedoch bald schon von schweren Schicksalsschlägen getroffen. 1278 geplündert, 1421 von den Hussiten niedergebrannt, im Dreißigjährigen Krieg hart heimgesucht, konnte es erst in der Barockzeit eine neue Glanzzeit erleben und am Ende des 17. Jahrhunderts dann einen prachtvollen Barockbau erstellen. Von dem 1782 aufgehobenen Konvent sind die Kirche und die Klostergebäude erhalten geblieben.

Dragomirna/Rumänien

Die Kirche des im rumänischen Moldaugebiet gelegenen Klosters Dragomirna kann sich rühmen, die schmalste Klosterkirche der Welt zu sein, denn ihre Breite beträgt lediglich neun Meter. Dabei ist sie recht hoch und wirkt mit ihrer helmartigen Turmbekrönung äußerst elegant. Das Kloster liegt 14 Kilometer von der Stadt Suceava entfernt in einem von bewaldeten Hügeln umgebenen Tal und wurde 1607 von dem kunstliebenden Metropoliten der Moldau, Anastasie Crimca, gegründet. Im Klostermuseum von Dragomirna kann man noch die von seiner Hand kolorierten Miniaturen sehen, die in der ebenfalls von ihm gestifteten Miniaturistenschule entstanden sind. Zwanzig Jahre nach der Gründung befestigte der Herrscher der Moldau, Miron Barnovschi, das Kloster und umgab es mit einem trutzigen Viereck aus Mauern, Türmen und Bollwerken. Im Gegensatz zu anderen Moldauklöstern weist Dragomirna außen an den Wänden keine Fresken auf. Der Hauptkunstschatz dieses Klosters ist die prachtvolle Ikonostasis seiner Kirche.

Drübeck/Sachsen-Anhalt/Deutschland

Die von der sächsischen Gräfin Adelbrin 877 im Bistum Halberstadt gegründete ehemalige Benediktinerinnenabtei Drübeck (Thrubicki), wurde reich dotiert, zumal die Gräfin selbst in dieses Kloster eintrat und als erste Äbtissin wirkte. In romanischer Zeit wurde eine bemerkenswerte Abteikirche errichtet, die Stützenwechsel und Blendbögen in den Arkaden aufweist. Die gesamte Anlage blieb erhalten, weil in der Reformationszeit das Kloster in ein weltliches Fräuleinstift umgewandelt worden war.

Dryburgh Abbey/Großbritannien

Die ehemalige schottische Prämonstratenserabtei Dryburgh Abbey in Berwickshire liegt nur fünf Kilometer südöstlich von der Kleinstadt Melrose mit ihrer einst berühmten Benediktiner-Abtei. Dryburgh Abbey wurde 1150 von Hugh de Morville auf einem Platz gegründet, an dem schon seit dem 6. Jahrhundert ein bescheidenes Kloster gestanden hatte. Die Lage im Grenzgebiet war stets gefährlich. Bei den Kriegen zwischen England und Schottland wurde das Kloster 1322 und 1385 schwer demoliert und 1544 im Klostersturm Heinrichs VIII. vollkommen zerstört. Bei den meisten Klosterruinen Großbritanniens überwiegen stets die Mauerreste der Kirchen, bei Dryburgh jedoch kann man am besten die einzelnen Teile der Klosteranlagen erkennen, die in abgestuften Ebenen am Fluss Tweed oft sehr kompakt erhalten geblieben sind. Schottlands großer Romantiker, Sir Walter Scott, hat sich im nördlichen Querschiff der ehemaligen Kirche von Dryburgh Abbey begraben lassen.

Dubrovnik, Dominikanerkloster/Kroatien

Von den Kirchen und Klöstern der einstigen Republik Ragusa, heute Dubrovnik, ragt vor allem das Dominikanerkloster aus dem 13. Jahrhundert hervor, dessen bewundernswerter Kreuzgang aus der Zeit des Übergangs von der Gotik zur Renaissance mit seinen reichverzierten Arkaden einen guten Eindruck davon vermittelt, mit welchen Kunstwerken sich die einst so reiche »Perle der Adria« schmücken konnte. Unter den zahlreichen wertvollen Gemälden der Klosterkirche ragt besonders ein Werk Tizians hervor. Der Klosterschatz und die kostbare Bibliothek sind ebenfalls äußerst sehenswert.

Dürnstein/Österreich

Das ehemalige Augustiner-Chorherrenstift Dürnstein wurde 1410 auf einem die Donau überragenden Felsen erbaut und gilt in Österreich als »Kleinod der Weinberge«. Dieses barocke Juwel in den Weinbergen der Wachau ist ein Werk von Joseph Mungenast, dem Schüler des berühmten Jakob Prandtauer. Gleichzeitig wirkten jedoch noch andere einheimische Künstler und der Italiener Santino Bussi an dem herrlichen Bau mit. Das Kloster und die Kirche sind nicht sehr groß, aber das Gotteshaus ist licht und festlich und so leicht und fröhlich wie nicht jede Barockkirche. Das kostbare Chorgestühl lieferte der Bildhauer Johann Schmidt.

Dundrennan Abbey/Großbritannien

Zu den bedeutendsten Klöstern Schottlands gehörte einst Dundrennan Abbey, gegründet von David I. im Jahr 1142 in der Region Dunfries and Galloway, 25 Kilometer südlich des Städtchens Castle Douglas. Diese Zisterzienserabtei liegt in einem kleinen abgeschlossenen Tal, ganz nach Ordensvorschrift, wurde aber nach der Aufhebung im 16. Jahrhundert bis zum Jahre 1842 als Steinbruch regelrecht geplündert, dann erst nahmen sich staatliche Stellen der spätromanisch-frühgotischen Reste an und machten das Ruinenfeld für Besucher zugänglich, denn es gibt keine ehemalige Abtei in Großbritannien, die von ihrer Lage her so beredt das Ideal der Zisterzienser widerspiegelt, abgeschieden in waldiger Taleinsamkeit Gott mit Gebet und Arbeit zu dienen. In dieser Abtei verbrachte Mary, die Königin von Schottland, ihre letzte Nacht in ihrem Geburtsland.

Dzogbégan/Togo

Die Benediktinerabtei Dzogbégan in Togo liegt in der Diözese Kpalimé auf einem 800 Meter hohen Plateau rund 170 Kilometer von der Küste entfernt im Inland. Gegründet wurde das Kloster von Benediktinern aus En-Calcat in Frankreich, die eine Krankenstation und einen großen landwirtschaftlichen Betrieb gründeten. Das 1991 zur Abtei erhobene Dzogbégan ist in Togo unter dem Namen Abbaye de l'Ascension bekannt und wird seit 1993 von einem einheimischen Abt geleitet. Das landwirtschaftliche Ausbildungszentrum der Abtei strahlt mit seinem Entwicklungsprogramm inzwischen in etwa 30 Dörfer aus.

E

Eberbach/Rheinland-Pfalz/Deutschland

Die ehemalige Zisterzienserabtei Eberbach im Rheingau bei Eltville wurde in einem stillen Waldtal des Taunus 1116 von Erzbischof Albert I. von Mainz gegründet und zuerst mit Augustiner-Chorherren besetzt. 1131 jedoch wurden aus Clairvaux Zisterzienser berufen, die eine sehr intensive und erfolgreiche Rodungsarbeit begannen und sich auch dem Weinbau zuwandten. 1145–1186 entstand eine große romanische dreischiffige Basilika und eine ausgedehnte Klosteranlage mit einem 73 Meter langen Mönchsdormitorium, ausschließlich für die Priester-Mönche, und ein 85 Meter langes Laiendormitorium, vorgesehen für die arbeitenden Fratres. In der Blütezeit zählte Eberbach 300 Mönche. Um den gesamten Konventsbereich wurde eine 1100 Meter lange und fünf Meter hohe Mauer errichtet. Die Zeit der Drangsal begann in den Bauernkriegen, als die Abtei geplündert wurde. Im Dreißigjährigen Krieg führten die Schweden die gesamte kostbare Bibliothek mit sich fort. Nach dem Friedensschluss 1648 begann wieder eine ruhigere Entwicklung, die Kirche wurde 1720–38 barockisiert. 1803 ereilte auch Eberbach der Aufhebungsbeschluss. Die Kirche wurde Pfarrkirche. Die Klostergebäude dienten lange als Strafanstalt, dann als Lazarett und sind seit 1918 Sitz der staatlichen Weinbaudomäne Eberbach.

Ebersberg/Bayern/Deutschland

Die ehemalige Benediktinerabtei Ebersberg bei Freising in Bayern wurde 934 von den Grafen von Ebersberg als Chorherrenstift gegründet und 1033 den Benediktinern übergeben. 970 konnte man bereits als ersten großen Bau eine dreischiffige Basilika mit Querschiff weihen, die später zahlreiche Veränderungen erleben sollte. In dieser Kirche fand eine bedeutende Reliquie des hl. Sebastian aus Rom Aufnahme, die Eberberg bald zu einem vielbesuchten Wallfahrtsort machte und zur Gründung der St.-Sebastians-Brüderschaft führte, in die sich im 15. Jahrhundert sogar viele deutsche Fürsten aufnehmen ließen. 1596 zogen die Jesuiten in das Kloster ein, ihnen folgten 1781 die Malteser, die ein Großpriorat ihres Ordens in Ebersberg eröffneten. 1803 wurde das Kloster aufgehoben. Die nach zahlreichen Umbauten in eine dreischiffige Hallenkirche verwandelte Basilika zeigt von allen Stilen am deutlichsten die gotische Architekturprägung. Von den beiden Türmen ist nur der südliche zur vollen Höhe ausgebaut und trägt eine mächtige Barockhaube.

Ebersheimmünster (Ebersmunster)/Frankreich

In einer Urkunde Theuderichs III. vom Jahre 683 ist festgehalten, dass der elsässische Herzog Attich im Unterelsass die Benediktinerabtei Ebersheimmünster gegründet habe, die 870 als Reichsabtei Aprimonasterium (auch Novientum) bekannt wurde. Im Bauernkrieg wurde sie schwer mitgenommen, in der Französischen Revolution aufgehoben und 1889 dann zu einem Waisenhaus der Josephschwestern umgewandelt. In der Geschichtsschreibung ist das Kloster durch das im 12. Jahrhundert entstandene Chronicon Ebersheimense bekannt geworden.

Ebrach/Bayern/Deutschland

In einem sumpfigen Waldgebiet an der Mittelebrach im Steigerwald südwestlich von Bamberg in Oberfranken schenkte der fränkische Edelfreie Berno den Zisterziensern ein ausgedehntes Urwaldgebiet, das die Mönche in der Folgezeit rodeten und wo sie an günstiger Stelle eine Abtei gründeten. Besiedelt wurde das Kloster mit Ordensleuten aus Morimond im Jahre 1127, es stellte den ersten Stützpunkt der Zisterzienser in Franken dar. Nach mühevoller Aufbauarbeit wurde Ebrach selbst zum Mutterkloster für sieben Mönchsklöster und drei Nonnenklöster in Böhmen, Holland, Franken, Niederösterreich, Niederbayern und Steiermark. Die heutige Abteikirche, um 1200 begonnen und 1280 vollendet, stellt eine der größten Kirchen der Zisterzienser in Deutschland dar, ihre Länge beträgt 84,5 Meter, ihre Breite 23,4 Meter und ihre Höhe 21,9 Meter. Diese frühgotische Pfeilerbasilika mit Kreuzrippengewölben, Querhaus, Chor mit Umgang, zwölf Kapellen und einem Dachreiter anstelle eines Turms, findet ihre Krönung in einer großen Maßwerkrose über dem Hauptportal, die dem Rosenfenster von Notre Dame in Paris nachgebildet ist. Das Kircheninnere wurde von 1773–91 von dem Würzburger Hofstuckator Materno Bossi mit frühklassizistischen Stuckaturen überzogen, die durch ihre feine Farbenzusammenstellung (Weiß, Gold und Gelb) dem Gotteshaus eine geradezu festliche Stimmung verleihen, die man in anderen Zisterzienserkirchen vergeblich suchen wird. Die Klosteranlage selbst wurde bereits in den Jahren 1687–1730 geschaffen und stellt mit ihren fünf Höfen einen beachtlichen Komplex dar, dessen geradezu fürstliches Treppenhaus die planende Hand des genialen Joh. Leonhard Dientzenhofer verrät. Nach der Säkularisation durch den Bayerischen Staat wurde die Klosterkirche dem Markt Ebrach als Pfarrkirche zugewiesen, in den Abteigebäuden wurde eine Strafanstalt eingerichtet.

Ebstorf/Niedersachen/Deutschland

In einer waldreichen Niederung am Flüsschen Schwienau am Rande der Lüneburger Heide erhebt sich seit 1150 das Kloster Ebstorf, das zuerst ein Augustiner-Chorherrenstift war, dann aber nach einem Brand von Benediktinerinnen besetzt wurde.

Gegründet wurde das Kloster von einem Lehensmann Heinrichs des Löwen, Volrad von Bodwede, dem ersten Grafen von Dannenberg. Die Abtei der Benediktinerinnen gelangte im Mittelalter zu ungewöhnlichem Reichtum, denn Ebstorf war damals ein begehrtes Ziel vieler Pilger, die hier eine wunderwirkende Marienfigur und drei Märtyrergräber aufsuchten. Die Lüneburger Saline gehörte dem Kloster und warf bedeutende Erträge ab. Auch mehrere Häuser in der Stadt Uelzen gehörten dem Kloster. Berühmt wurde die Abtei allerdings durch die »Ebstorfer Weltkarte«, die 1943 zwar im Niedersächsischen Staatsarchiv verbrannte, von der aber eine Nachbildung im Kloster besteht. Diese größte Landkarte des Mittelalters hat die Gestalt einer Scheibe, hat einen Durchmesser von 3,6 Metern, besteht aus 30 Pergamentbögen und gibt die Weltvorstellung des 13. Jahrhunderts wieder. Das Kloster selbst wurde 1554 in ein – noch heute bestehendes – adliges Damenstift umgewandelt. Die Vorsteherinnen dieses Klosters – obwohl evangelisch – werden nach wie vor Äbtissinnen genannt. Mit Isernhagen, Lüne, Medingen, Walsrode und Wienhausen gehört es zu den sechs evangelischen Damenklöstern im Gebiet der Lüneburger Heide. Die Klosterkirche zählt zu den spätgotischen Großkirchen und besticht durch seine wertvollen Glasfenster, seine prunkvollen Epitaphen und eine reiche Innenausstattung.

Echternach/Luxemburg

In der luxemburgischen Stadt Echternach, nahe der deutschen Grenze, liegt die altberühmte Benediktinerabtei gleichen Namens mit der viertürmigen Basilika St. Willibrord. Der Friesenapostel Willibrord aus Nordthumberland gründete dieses Kloster 698, im 8. Jahrhundert wurde es von den Benediktinern übernommen. Die Mönche entfalteten eine umfangreiche künstlerische und wissenschaftliche Tätigkeit, die zuerst von den Karolingern, danach aber ebenso von den folgenden Herrschergeschlechtern gefördert wurde. Die Basilika St. Willibrord aus dem Jahr 1031 zeugt von dem selbstbewussten Bauwillen der Benediktiner jener Zeit. Die Malschule Echternach dieses Klosters brachte in der spätottonischen Epoche, im 11. Jh., großartige Werke der Buchmalerei hervor, allen voran den berühmten Codex aureus Epternacensis, der im Germanischen Museum zu Nürnberg aufbewahrt wird. In der Barockzeit entstand in den Jahren 1727–36 eine neue Klosteranlage, die im Zweiten Weltkrieg mitsamt der Kirche zerstört, danach jedoch wieder aufgebaut wurde. An die mächtige romanische Basilika schließen sich nun wie in alter Zeit die barocken Abteigebäude an, denn die vier Flügel des Konvents mit dem Innenhof wurden nach alten Plänen werkgetreu wiedererrichtet.

Egmond/Niederlande

Die heutige Benediktinerabtei Egmond (Sint-Aldelbertabdij in Egmond-Binnen) wurde zuerst vom Grafen von Holland in der ersten Hälfte des 10. Jahrhunderts als Kloster für Nonnen gegründet und über dem Grab des heiligen Adalbert erbaut. Um 950 ersetzten ihre Ordensbrüder die Benediktinerinnen von Egmond. Im Achtzigjährigen Krieg kam es zum Kampf zwischen den katholischen Spaniern und den calvinistischen Holländern, so dass nach vielen Wirren die Mönche 1572 das Kloster verlassen mussten. Zu Beginn des 20. Jahrhunderts kam es jedoch zu einer Rückbesinnung auf die »alte Nationalabtei«, die seit über 300 Jahren dem Verfall preisgegeben war. Mönche aus der Abtei Oosterhout besiedelten schließlich 1934 den Konvent in Egmond, bauten ihn vollständig wieder auf und führen seither die alte Tradition weiter. Unter Verzicht auf Aktivitäten außerhalb des Klosters richtet sich das Hauptaugenmerk der Mönche auf die gemeinsame Feier der Liturgie, zu der auch Besucher des Klosters herzlich willkommen sind..

Eibingen/Rheinland-Pfalz/Deutschland

Die im 12. Jahrhundert gegründete und vom Kloster Rupertsberg unter Mithilfe der heiligen Hildegard besiedelte Benediktinerinnenabtei Eibingen trat 1632 ins Licht der Geschichte, als von den Schweden die Abtei Rupertsberg zerstört wurde und alle Nonnen in Eibingen eine neue Heimstatt fanden. Nach der Aufhebung 1803 wurde die Klosterkirche Pfarrkirche und die Konventsgebäude wurden zum Rat- und Schulhaus umgewandelt. Eibingen liegt bei Rüdesheim im Rheingau.

Einsiedeln/Schweiz

Die Benediktinerabtei Einsiedeln im Kanton Schwyz südlich des Zürichsees gilt als eine der schönsten Barockanlagen Europas. 934 gründete der heilige Eberhard als erster Abt des Klosters über dem Grab des 861 ermordeten heiligen Einsiedlers Meinrad den ersten kleinen Mönchskonvent. Kaiser Otto I. erhob dann 947 Einsiedeln bereits zum Reichskloster und leitete damit eine sehr segensreiche Entwicklung ein. Gleichzeitig entwickelte sich das Kloster zu einem Wallfahrtsort größten Ausmaßes, denn das Bildnis der Schwarzen Madonna in der Gnadenkapelle zog Pilger in großen Scharen auch aus sehr weit entfernten Gegenden an. Mehrere Brände bedrohten im Spätmittelalter den Bestand des Konvents, aber auf Grund des bedeutenden Grundbesitzes konnte immer wieder neu aufgebaut werden. Die im 18. Jahrhundert barock erbaute Klosteranlage ist bis heute völlig unversehrt erhalten. Kirche und Kloster wurden nach den Plänen des Laienbruders Kaspar Moosbrugger errichtet, es entstand ein Viereck von gewaltigen Abmessungen (258 mal 255 Meter). Die Einweihung der prächtigen Basilika fand 1735 statt. An der kostbaren Innenausstattung wirkten die beiden Brüder Asam aus Bayern mit. Die Bibliothek der

Abtei umfasst heute 230 000 Bände und einen beachtlichen Bestand an Urkunden und Handschriften.

Elchingen/Bayern/Deutschland

Die auf einem 558 Meter hohen Berg bei Ulm links der Donau gelegene ehemalige Benediktinerabtei Elchingen in Bayerisch-Schwaben wurde von Luitgard von Hohenstaufen, der Schwester Kaiser Konrads III., 1128 gegründet, vom Papst privilegiert und 1485 reichsunmittelbar mit einem Gebiet von 110 Quadratkilometern und 4000 Untertanen. Die an sich günstige Lage an der bedeutenden Heerstraße Nürnberg – Ulm – Augsburg hatte in Kriegszeiten jedoch den Nachteil, dass viele Truppen das Kloster passierten und plünderten. Im Oktober 1805 tobte die erbitterte Schlacht am Fuße des Elchinger Berges, bei der die Franzosen siegreich waren und Marschall Ney von Napoleon für die Erstürmung des Klosters mit dem Titel »Herzog von Elchingen« ausgezeichnet wurde. Man hatte die Abtei bereits 1802 aufgehoben, aber erst 1840 wurden die in Mitleidenschaft gezogenen Klostergebäude abgebrochen. Die aus den Jahren 1773–83 stammende, sehr ansprechende barocke ehemalige Klosterkirche ist erhalten geblieben. Die frühklassizistische Ausstattung sprach wohl auch Napoleon an, denn als er nach dem Sieg in der Schlacht von Elchingen das Gotteshaus betrat, soll er gesagt haben: »Le salon du bon Dieu!«

Eldena/Mecklenburg-Vorpommern/Deutschland

Die ehemalige Zisterzienserabtei Eldena (Hilda) wurde 1199 gegründet und lag zur Zeit der Gründung im damaligen Bistum Cammin. Die Entstehung verdankte das Kloster dem pommerschen Herzog Joromar, der die Lage des Konvents, heute vier Kilometer östlich von Greifswald, mitbestimmte. Letztlich hat die Stadt Greifswald ihre Entstehung dem Zisterzienserkloster zu verdanken, denn die städtischen Ansiedlungen der späteren Universitätsstadt gehen unmittelbar auf die Arbeiten des damaligen Rodungsklosters zurück. Als es in der Reformationszeit (1533) aufgehoben wurde, kam Eldena in den Besitz der Universität Greifswald, auch die Klosterbibliothek. 1638 brannten die Schweden die Konventsgebäude mitsamt der Kirche nieder. Die reizvolle Ruine wurde wiederholt von Caspar David Friedrich gemalt und war das Idealmotiv der deutschen romantischen Maler des 19. Jahrhunderts.

Ellwangen/Baden-Württemberg/Deutschland

Die ehemalige Benediktiner-Reichsabtei Ellwangen (Elchenwangia) in Württemberg im Jagsttal wurde um 750 gegründet und stieg bald zu einer der wichtigsten Abteien in der Diözese Augsburg auf. Die Äbte von Ellwangen waren Reichsfürsten, die Blütezeit des Klosters lag zwischen dem 9. und 13. Jahrhundert. Bereits 1124 baute man im Auftrag des Ellwanger Abtes eine der bedeutendsten romanischen

Klosterkirchen im heutigen Württemberg. 1443 brannten die Klostergebäude ab und der Konvent wurde bald darauf in ein exemtes Kollegiatsstift umgewandelt, dessen Vorsteher jedoch ein gefürsteter Propst war. 1737–41 wurde die heute noch erhaltene ehemalige Stiftskirche und heutige Pfarrkirche St. Veit unter Fürstpropst Georg von Schönborn errichtet. Das Stift wurde 1802 von Württemberg aufgehoben. Die Stadt Ellwangen verdankt ihr Entstehen und ihre Entwicklung der Existenz und dem Wirken des einstigen Klosters.

El Paular/Spanien

Die Benediktinerabtei in El Paular nördlich von Madrid ist eine junge Klostergründung, denn erst im Jahr 1954 übernahmen fünf Mönche aus der Abtei Valvanera ein früheres Kartäuserkloster, das im 14. Jahrhundert gegründet worden war. Das Monasterio de El Paular liegt in einer selten schönen Landschaft mit bewaldeten Höhenzügen in der Nähe und in der Ferne sich aufbauenden Gebirgszügen. Das ehemalige Kartäuserkloster mit einem großen architektonischen Reichtum wird vorsichtig und liebevoll seit der Wiederbesiedelung von den Mönchen restauriert, die ansonsten wissenschaftliche Forschung auf kirchengeschichtlichem Gebiet betreiben. Eine große Landwirtschaft dient der Lebenssicherung.

Emaus/Tschechien

Das von Kaiser Karl IV. in Prag persönlich gegründete, sogenannte »königliche Stift« Emaus (Emmaus) wurde 1348 als Benediktinerabtei mit einem besonderen Auftrag ausgestattet. In diesem »Slawenkloster« sollten Mönche aus osteuropäischen Ländern, aus dem Balkan und auch aus dem eigenen Lande nach slawischem Ritus die Messe feiern und die Chorgebete und den Chorgesang halten dürfen. Dafür gab Papst Klemens VI. eigens seine Einwilligung. Das von allerhöchster Stelle privilegierte Kloster wuchs in Prag zu einem Zentrum der Kunst, der Buchmalerei und der Übersetzungstätigkeit heran. Die bereits 1372 in Gegenwart von Kaiser Karl IV. eingeweihte Kirche wurde jedoch wie das Kloster im Laufe der Jahrhunderte immer wieder umgestaltet. Der Konvent wechselte in der Geschichte auch mehrfach den Besitzer, hieß aber landläufig stets »Kloster bei den Slawen«. Von 1419–1589 hielten die Hussiten das Kloster besetzt. Von 1635 bis weit ins 18. Jahrhundert hinein wurden von den Habsburgern spanische Mönche aus Montserrat nach Emaus berufen. Im Jahre 1880 kam es zu einer spürbaren Wende: 80 Mönche der deutschen Abtei Beuron fanden anlässlich der kirchenfeindlichen Situation in Deutschland Zuflucht in Emaus und trugen viel zur neuen Blüte des Klosters in Prag bei. Im Juli 1941 wurde das Kloster jedoch von der Gestapo besetzt und die Mönche vertrieben. Darüber hinaus wurde das Kloster 1945 bei einem amerikanischen Bombenangriff schwer beschädigt. Dabei wurden die Barocktürme zerstört, die erst 1967 durch Spitztürme ersetzt wurden. 1950 wurde das Kloster sogar aufgehoben und diente in der Folge mehreren Institutionen als Sitz, unter anderen der Akademie der Wissenschaften. 1990 wurde es jedoch schließlich den Benediktinern zurückgegeben und ist heute wieder eine Abtei. Aus älterer Zeit ist noch der Kreuzgang mit Wandmalereien aus dem Jahre 1360 in Emaus zu besichtigen.

En-Calcat/Frankreich

Die Benediktinerabtei Saint-Benoît d'En Calcat in Dourgne liegt am Fuß des »Montagne Noire« im Departement Tarn. Das Kloster ist eine Gründung des Jahres 1890, das bereits 1903 durch die antichristlichen Gesetze wieder aufgehoben und erst nach dem Ersten Weltkrieg wieder besiedelt wurde. Seit dem Jahre 1935 gingen von En-Calcat mehrere Missionsgründungen aus, so in Marokko, in der Elfenbeinküste, in Burkina Faso und in Togo. Im Mutterkloster En-Calcat betreiben die Mönche einen Verlag, eine Buchhandlung und sind führend in der Herstellung von Zithern. Im Kloster werden Exerzitien abgehalten und zahlreiche Besucher nehmen im Jahresverlauf an der feierlichen Liturgie teil, die in der festlich wirkenden Kirche an vielen Tagen gefeiert wird.

Engelberg/Schweiz

Die 1120 im schweizerischen Unterwalden gegründete Benediktinerabtei bildete schon kurz nach ihrer Gründung einen kleinen geistlichen Staat. Die Äbte von Engelberg konnten von 1124 bis 1798, also 674 Jahre lang, die Hoheitsrechte über das dem Kloster gehörende Territorium ausüben. Doch selbst nach dem Verlust der Souveränität blieb das Kloster bestehen und die von den Mönchen eingerichtete Schule sorgte für eine wachsende Beliebtheit Engelbergs. Im Mittelalter war der Konvent ein Zentrum erlesener Buchmalerei, die Bibliothek verwahrt mehrere kostbare Handschriften aus dem eigenen Skriptorium. Nach einem Brand der Vorgängerbauten wurden die Klosterkirche und der Konvent von Johannes Rueff zwischen 1730 und 1739 völlig neu im barocken Stil erbaut. Engelberg unterhält ein Gymnasium und seine Mönche sind in der Seelsorge sowie in der Missionsarbeit in Afrika tätig.

Engelszell/Österreich

Das einzige Trappistenkloster Österreichs, das nach 1945 wiedererstanden ist, liegt 25 Kilometer flussabwärts von Passau am rechten Donauufer. Gegründet 1293 als Zisterzienserkloster und mit Mönchen aus Wilhering besiedelt, hatte es es nicht leicht, sich in kriegerischen Zeiten zu behaupten. In der Reformationszeit war es völlig verwaist, in der Barockzeit nahm es einen starken Aufschwung, wurde jedoch 1786 durch Kaiser Joseph II. aufgehoben. Die längst in Privatbesitz übergegangenen

Konventsgebäude kaufte der Trappistenorden 1925 zurück, begann mit dem Neuaufbau einer Abtei, die jedoch von 1939–45 wieder von den Nationalsozialisten aufgehoben wurde. Seit ihrer Rückkehr sind die Mönche sehr stark in der Sozialarbeit und Altenpflege tätig. Die einstige Stiftskirche mit ihrer ausgezeichneten Rokokoausstattung und ihren Fresken von B. Altomonte sowie den eleganten Stuckfiguren von Johann Georg Übelherr, ist von hohem künstlerischen Wert.

Enkenbach/Rheinland-Pfalz/Deutschland

Die bei Kaiserslautern um 1150 von Hunfried von Falkenstein und Ludwig von Arnstein gegründete ehemalige Prämonstratenserinnenabtei Enkenbach errichtete im 13. Jahrhundert eine Klosterkirche, die trotz der Aufhebung des Konvents 1564 durch den Pfälzischen Kurfürsten Friedrich III. seit 1708 wieder als katholische Pfarrkirche dient.

Ensdorf/Bayern/Deutschland

Die ehemalige Benediktinerabtei Ensdorf in der Oberpfalz bei Amberg wurde von Pfalzgraf Otto IV. von Wittelsbach zu Ehren des Apostels Jakobus 1121 gegründet und mit Mönchen aus St. Blasien besiedelt. In der Reformationszeit war das Kloster in der Zeit von 1556–1669 aufgehoben, wurde dann durch den Kurfürsten Ferdinand Maria von Bayern wiedererrichtet. In der Barockzeit stieg Ensdorf zu einem Zentrum der Gelehrsamkeit, vor allem der Geschichtsschreibung auf, wurde jedoch 1803 ebenfalls von Bayern wiederum aufgehoben und im gleichen Jahrhundert dann in ein Frauenkloster umgewandelt. Die ehemalige Klosterkirche ist seit der Säkularisation Pfarrkirche.

Epernay/Frankreich

Das Augustiner-Chorherrenstift St. Martin bestand in der Stadt Epernay, dem alten Sparnacum, im Departement Marne an der gleichnamigen Kirche seit 1128 bis zur Aufhebung in der Französischen Revolution. Die Abtei wurde in der Mitte des 16. Jahrhunderts neu gebaut, in den Religionskriegen jedoch wieder zerstört. Nach der Wiedererrichtung zogen 1664 Chorherren der französischen Kongregation in das Stift ein, die bis zur Aufhebung im Gebiet Châlons-sur-Marne segensreich wirkten.

Eremitage New Camaldoli/USA

Auf der Seeseite der Berge von Santa Lucia südlich von Monterey liegt in der Küstenwildnis von Big Sur in Kalifornien die Eremitage New Camaldoli, ein Kloster, das die Einsamkeit mit Elementen des gemeinsamen Lebens verbindet. Der Name der Abtei weist auf das toskanische Mutterhaus der Kamaldulenser hin, die die Benediktusregel befolgen, aber bei denen Eremitentum und koinobitisches Dasein in

Einklang gebracht werden. Die Eremitagen (Einzelhäuschen) sind um die Kirche und die Gemeinschaftsräume gruppiert. Man kommt zum Gebet, zum Chorgesang und zu gemeinschaftlicher Arbeit zusammen und pflegt gleichzeitig das private Studium und die Meditation. Die vielen Gäste, die zu diesem Kloster kommen, erfahren große Gastfreundschaft, es werden aber auch Gruppenexerzitien abgehalten, bei denen die Mönche die Vorträge halten. Gegründet wurde die Eremitage 1958.

Erfurt, Dominikanerkloster/Thüringen/Deutschland

Das ehemalige Dominikanerkloster in Erfurt, das von 1228 bis zur Reformation in der Stadt bestand, wurde in zweifacher Hinsicht in Deutschland bekannt:. zum einen als Wirkungsstätte des großen deutschen Mystikers Meister Eckehart, der 1290 Prior des Konvents wurde, zum anderen durch die von den Dominikanern erbaute Predigerkirche, die von 1278–1380 errichtet wurde. Diese dreischiffige gotische Pfeilerbasilika von 75 Metern Länge mit einem 1410 geschaffenen Lettner und einem geschnitzten doppelflügeligen Hochaltar behielt auch nach der Aufhebung des Klosters ihre Bedeutung als Ratskirche, in der nunmehr die vornehmen protestantischen Ratsherrn beigesetzt wurden. Seit 1559 ist die Predigerkirche Hauptkirche der Stadt, in der während des Dreißigjährigen Krieges König Gustav Adolf von Schweden an Gottesdiensten teilnahm. Von den Klostergebäuden selbst ist nur das ehemalige Kapitelhaus erhalten geblieben.

Erfurt, Petersberg/Thüringen/Deutschland

Die ehemalige Benediktinerabtei Petersberg in Erfurt wurde 1103 auf dem gleichnamigen Berg gegründet und war eine der wichtigen Klostergründungen im Raume Thüringens. Die romanische kreuzförmige dreischiffige Basilika wurde mit einem breiten Querhaus ausgestattet. Auf Grund der strategisch günstigen Lage wurde 1664–1707 der Petersberg zur Festung ausgebaut, so dass nun Kirche und Kloster innerhalb der Zitadelle lagen. 1803 wurde die Abtei durch Preußen aufgehoben, zehn Jahre später erlitt die Kirche durch Beschuss starken Schaden. 1819–20 richtete man in der Peterskirche sogar ein Militärmagazin ein. Die Denkmalpflege konnte ihre Wirksamkeit erst entfalten, als 1963 die Nutzung durch Polizei und Armee endgültig endete. Die 79 Meter lange Peterskirche gehört heute wieder zu den größten Kirchen der Hauptstadt von Thüringen.

Erfurt, Schottenkloster/Thüringen/Deutschland

Die Missionstätigkeit irischer und schottischer Mönche im Raum Thüringen brachte es mit sich, dass 1136 vom Schottenkloster St. Jakob in Regensburg ein Tochterkloster in Erfurt gegründet wurde, das Schottenkloster. Die um 1200 erbaute kreuzförmige Basilika brannte 1472 ab; ein Neubau auf den alten Fundamenten

Melk, Österreich

erfolgte Ende des 15. Jahrhunderts. Anschließend kamen der gotische Chor, neue Arkaden und der Südwestturm dazu. In der Barockzeit erfolgte wiederum eine Erneuerung, ebenso im 19. Jahrhundert und nach den Kriegsschäden im Zweiten Weltkrieg. Man senkte nach 1945 den Fußboden ab und gewann dadurch den historischen Kirchenraum zurück, der nunmehr einen beeindruckenden Sakralraum darstellt.

Escorial/Spanien

Am Fuße der Sierra Guadarrama, 50 Kilometer nordwestlich von Madrid, liegt das vielfach als »Achtes Weltwunder« bezeichnete Kloster der Hieronymiten, genannt »Real Monasterio de San Lorenzo de El Escorial«. Dieses seit 1895 von Augustiner-Chorherren geführte Kloster ist jedoch zugleich Palast, Mausoleum, Kaserne, Kanzlei und Museum, war ursprünglich die Sommer- und Herbstresidenz der spanischen Könige – und 26 von ihnen von Karl V. bis Alfons XII. fanden hier ihre letzte Ruhestätte. Begründet wurde dieser einmalige Riesenkomplex von König Philipp II., der von 1563–84 als Baumeister Juan Baptista de Toldedo und Juan de Herrara beschäftigte und sie mit fast grenzenlosen Mitteln für den Bau ausstattete. Die rechteckige Gesamtanlage ist 240 Meter lang und 190 Meter breit, hat 16 Innenhöfe, zwölf Kreuzgänge, 86 Treppen, 88 Brunnen, 13 Kapellen, über 2000 Fenster, sieben Tore, 15 Türme und sieben Kuppeln. Die Hauptkuppel der St. Peter in Rom nachempfundenen Kirche ist 95 Meter hoch. Außer dem prächtigen Hochaltar gibt es 47 Nebenaltäre und acht Orgeln. Die Gemäldesammlung des Escorial kann Weltgeltung beanspruchen und die erlesene Bibliothek verwahrt fast 5000 Handschriften und 7000 Stiche. Im nordwestlichen Teil befindet sich das von den Augustinern geleitete Königliche Kolleg für höhere Studien. Von außen wirkt der gesamte Bau streng, im Innern stets festlich-kühl. Im Escorial spiegelt sich eindeutig die widersprüchliche Natur des asketischen Königs, der ein Weltreich regierte: Glaubensinbrunst, ja Fanatismus und Unnachgiebigkeit auf der einen Seite und höchster Kunstsinn und Prunksucht auf der anderen Seite. Der 1598 gestorbene Herrscher ruht in einem der 26 Marmorsarkophage, die im Pantheon der Könige in diesem Klosterpalast zu bestaunen sind.

Esquipulas/Guatemala

Im Talkessel von Esquipulas, in der bewaldeten Berggegend von Chorti in Guatemala, erheben sich die vier mächtigen Türme der Basilika des »Schwarzen Christus«, eines berühmten, schon seit dem 16. Jahrhundert bestehenden Wallfahrtsheiligtums, das auch Papst Johannes Paul II. anlässlich seines Guatemala-Aufenthalts im Jahre 1996 besuchte. An diese Kirche im barocken Kolonialstil ist auch das seit 1959 bestehende Benediktinerkloster angebaut, das von der Abtei St. Joseph in St. Benedict, Lousiana, USA, gegründet und besiedelt wurde. 1982 wurde das Kloster zur Abtei erhoben. Die Mönche der »Abadia de Jesucristo Crucificado« betreiben neben der Betreuung der Wallfahrer eine Radiostation, eine Klinik, ein Exerzitienhaus und zur Sicherung der Lebenshaltung eine intensive Landwirtschaft.

Esrom/Dänemark

Erzbischof Eskil von Lund gründete 1151 das im dänischen Bistum Roskilde gelegene ehemalige Zisterzienserkloster Esrom am Nordende des Esromsees auf Seeland. Die ersten Mönche der Abtei kamen aus Clairvaux und machten Esrom bald zu einem blühenden Kloster. Im Laufe der nächsten Jahrzehnte nach der Gründung entstanden sechs Tochterklöster, die wie Esrom selbst 1536 nach Einführung der Reformation säkularisiert wurden.

Essen/Nordrhein-Westfalen/Deutschland

Das 852 durch Bischof Altfried von Hildesheim gegründete gefürstete Damenstift Essen war Kern und Ausgangspunkt für die Entwicklung der Stadt Essen selbst und war mit einem Stiftsgebiet von 2,5 Quadratmeilen ausgestattet, in dem die Fürstäbtissinnen bis zur Aufhebung 1802 die Landesoberhoheit besaßen. Nur Damen aus dem höchsten Adel wurden in das Stift Essen aufgenommen, für Damen aus dem niederen Adel waren die Filialstifte Rellinghausen (gegründet 983) und Stoppenberg (gegründet 983) vorgesehen. In der Stiftskirche St. Maria, Cosmas und Damian befindet sich die Schatzkammer, die viele Kunstwerke aus den verschiedenen Stilepochen, vor allem aber aus ottonischer Zeit, enthält. In der Krypta befindet sich der reichverzierte Sarkophag von Bischof Altfried. Die dreischiffige gotische Hallenkirche aus den Jahren 1276–1327 besitzt auch einen 2,25 Meter hohen Siebenarmigen Leuchter aus dem 10. Jahrhundert. Obwohl das Stift selbst als Kollegiatsstift keinem Orden angehörte, lebten die hochherrschaftlichen Damen dennoch in einer klösterlichen Gemeinschaft zusammen und gaben der gleichzeitig wachsenden Stadt Essen als dem Zentrum des Ruhrgebiets viele kulturelle Impulse. 1802 fiel das Stift an das Land Preußen und wurde aufgehoben.

Essen-Werden/Nordrhein-Westfalen/Deutschland

Die im heutigen Essener Stadtteil Werden in Nordrhein-Westfalen gelegene ehemalige Reichsabtei Werden war ein von den deutschen Königen privilegiertes Benediktinerkloster, das der heilige Ludger 796 gegründet hatte. Dieser bedeutende »Apostel der Friesen« und erste Bischof von Münster stattete seine Gründung mit zahlreichen Reliquien aus und wurde nach seinem Tode auch in Werden begraben. Die Abteikirche aus den Jahren 1256–75 ist der letzte romanische Kirchenbau im Rheinland, er wurde auf den Fundamenten von Vorgängerbauten errichtet und von Albertus dem Großen eingeweiht. Alle späteren An- und Umbauten haben erfreulicherweise diese Grundform nicht verändern können, wenn auch Gotik und Barock manche Spuren hinterlassen haben. Die dreischiffige Basilika mit Querhaus und dreischiffiger Außenkrypta überrascht vor allem mit seiner herrlichen achteckigen Vierungskuppel und großen Fensterrosetten. Heute steht das Gotteshaus als Propsteikirche St. Ludgerus in festlichem Gewande allen Besuchern offen. Das Kloster selbst blieb von harten Schicksalsschlägen nicht verschont. Mehrere Jahrhunderte hatten nur adelige junge Männer Aufnahme als Mönche in Werden gefunden. In den ersten Zeiten nach der Gründung war dies aus materiellen Gründen für den Konvent ein Vorteil, später erwies sich dieser Umstand als schwerer Nachteil, da die adeligen Herren in ihrer recht weltlichen Lebensführung die Klosterdisziplin missachteten. Erst mit der Einführung der strengen Bursfelder Reform kam die Wende und Werden stieg zu einem Hort der Klosterzucht und Gelehrsamkeit auf. Im 16. Jahrhundert allerdings wurde das Kloster von Bränden und Plünderungen heimgesucht. Spanische, holländische und kaiserliche Truppen besetzten das Kloster und saugten es aus, dann kamen hessische und schwedische Soldaten ins

Kloster, so dass an einen Neubau des arg mitgenommenen Konvents erst in den Jahren 1745–85 gedacht werden konnte. Jäh kam dann die Aufhebung 1802, das Kloster wurde in ein Zuchthaus umgewandelt. Die Abteikirche blieb als Pfarrkirche der Gemeinde Werden mit einem Teil ihrer alten Schätze erhalten.

Etschmiadzin/Armenien

Das Kloster Etschmiadzin in der heutigen Republik Armenien rühmt sich der ältesten Kathedrale der Welt und ist Sitz des Katholikos, des obersten Hirten der großen armenischen Glaubensgemeinde. Seine Heiligkeit ist das Oberhaupt aller gläubigen Armenier in aller Welt, von denen sehr viele in Amerika leben und in Diasporagemeinden von Westeuropa bis Indien zu finden sind. Täglich strömen zahlreiche Pilger zu diesem Kloster zu Taufen und Hochzeiten – und an Sonntagen zu den feierlichen Hochämtern zum Weihnachts- und Osterfest kommen Armenier aus vielen Ländern der Welt, um an den Gottesdiensten und Prozessionen teilzunehmen. Berühmt sind die Kreuzsteine im Garten des Klosters, prachtvolle Meisterwerke der Bildhauerkunst, die man aus ganz Armenien nach Etschmiadzin gebracht hat.

Ettal/Bayern/Deutschland

Die an der alten Passstraße zwischen Augsburg und Mittenwald gelegene Benediktinerabtei im Ammergebirge bei Garmisch-Partenkirchen wurde im Jahr 1330 von Kaiser Ludwig dem Bayern nicht nur als Kloster, sondern gleichzeitig auch – ein Kuriosum – als »Stift mit kaiserlichen Statuten für verehelichte Ritter« und mit reichem Landbesitz bedacht. Im Stift wohnten zwölf Ritter mit ihren Familien und im Klausurtrakt über 20 Mönche. Aus dem Ritterstift entstand im Laufe der Zeit eine regelrechte Ritter-Akademie, an der seit 1710 dann Verwaltungsfachleute für den höheren Staatsdienst ausgebildet wurden. Aus dem Kloster jedoch wurde eine Abtei, die durch ihre seelsorgerische und wissenschaftliche Arbeit weithin ausstrahlte, zumal sich Ettal auch zu einem Wallfahrtszentrum entwickelt hatte. Im Jahre 1400 hatte die Abtei schon Hochgerichtsbarkeit erlangt. Die gotische Klosterkirche war etwas Einmaliges in Deutschland, denn der zwölfeckige Zentralbau war der Struktur der Grabeskirche von Jerusalem nachempfunden. Als im Jahr 1744 ein Großbrand Kirche und Kloster fast ganz vernichtete, reifte der Plan für einen großen und würdigen barocken Neubau, sowohl für die Kirche als auch für den Konvent. In den Jahren 1745–87 entstand unter Mitwirkung der besten Architekten und Künstler der damaligen Zeit der »Bayerische Gralstempel«, denn der Zwölfeckbau wurde im Grundriss beibehalten und völlig im Barockstil neuerrichtet. Die Wirkung war grandios und ist es heute wie damals, denn die prunkvolle Ausstattung des Kuppelraumes im Innern findet ihr Gegenstück in dem Eindruck der Kuppel, den der Betrachter von außen von allen Seiten gleichmäßig empfängt. Nach der Säkularisation 1803 wurde der reiche Landbesitz versteigert, die Klostergebäude verkauft und die Bibliothek nach München gebracht. Die Abtei konnte von Benediktinern aus Scheyern um 1900 wiedererrichtet werden. Die Mönche unterhalten in dem umsichtig restaurierten Kloster ein Gymnasium mit Internat, sind in der Seelsorge des Ortes und der Umgebung tätig, leiten einen Verlag, betreiben ein Hotel, eine Brauerei und eine Destillerie und bewirtschaften größere landwirtschaftliche Flächen. 1993 begründeten sie in Sachsen (in der Diözese Dresden-Meißen) das Kloster Wechselburg, indem sie das ehemalige Augustiner-Chorherrenstift mit seiner romanischen Basilika zu neuem Leben in benediktinischem Geist erweckten.

Ettenheimmünster/Baden-Württemberg/Deutschland

Die ehemalige Benediktinerabtei Ettenheimmünster im badischen Ortenaukreis hat die Stürme der Zeit nicht überlebt, vom Kloster selbst steht nur noch eine Mühle, ein Hof und ein Gasthaus, wohl aber die herrliche Barockkirche. Das Kloster soll um 734 an der Stelle gegründet worden sein, an der im Jahre 640 der heilige Landelin, ein schottischer Mönch, ermordet wurde. Die heute noch gezeigte silberne Landelins-Büste stammt aus dem Jahre 1506. Die Klosterkirche war in den Jahren 1718–34 von vornherein als Wallfahrtskirche konzipiert worden, als solche dient sie heute noch. Das Kloster wurde nach seiner Aufhebung 1803 als Fabrik und als Lazarett genutzt und 1860 ganz abgebrochen.

Eußerthal/Rheinland-Pfalz/Deutschland

Die ehemalige Zisterzienserabtei Eußerthal im Bistum Speyer wurde 1148 von Ritter Stephan von Merlheim und seiner Gemahlin gestiftet und mit Mönchen aus Weiler-Betnach besiedelt. Eußerthal (Uterina Vallis) wurde zwar 1560 säkularisiert, gelangte dann aber wieder in den Besitz des Ordens und stand bis zu seiner Aufhebung zu Beginn des 19. Jahrhunderts Kommendataräbten als Versorgungsstelle zur Verfügung.

Evesham Abbey/Großbritannien

Die Ruinen der ehemaligen Benediktinerabtei Evesham südwestlich von Stratford upon Avon/England liegen in dem gleichnamigen Städtchen und künden von einer einst reichen und großen Abtei. Die Gründung des Klosters datiert ins 8. Jahrhundert, aber der eigentliche Konventsbau mit der großen Kirche erfolgte erst in normannischer Zeit. Kurz vor dem großen Klostersturm wurde noch 1533 der bis heute erhaltene, frei stehende spätgotische Glockenturm errichtet.

F

Fabriano/Italien

Südlich von Ancona liegt das Benediktinerpriorat Monastero San Silvestro Abbate Montefano in einer dicht bewaldeten Ebene 800 Meter über dem Meeresspiegel, sieben Kilometer von der Stadt Fabriano entfernt und daher landläufig nach dieser Stadt benannt. Gegründet wurde es bereits im 13. Jahrhundert vom heiligen Silvester Guzzolini (1177–1267) und stieg schnell zu einem wichtigen Mittelpunkt der Silvestriner-Kongregation auf. Zwei Mal aufgehoben (1810 und 1866) erstand das Kloster immer wieder neu, wurde jedoch 1997 durch ein Erdbeben wiederum beschädigt. Das Priorat betreibt eine große Landwirtschaft und eine Werkstätte für Buchrestaurierung. Hauptsächlich arbeiten die Mönche jedoch wissenschaftlich und geben vier Zeitschriften und einen jährlichen Almanach heraus.

Fahr/Schweiz

Die 1130 durch Ludolph von Regensburg gegründete Benediktinerinnenabtei Fahr an der Limmat im schweizerischen Kanton Aargau liegt sieben Kilometer von der Gemeinde Würenlos entfernt. Die Klosterkirche und die Konventsgebäude stammen aus der Barockzeit. Die reichen Innenmalereien sind das Werk der Tessiner Künstler Giuseppe und Gian Antonio Torcelli. Das 1841 aufgehobene, aber zwei Jahre später schon wiedererrichtete Kloster ist seit 1843 eine Propstei von Einsiedeln.

Farfa/Italien

Die Benediktinerabtei Farfa bei Rom im Sabinergebiet wurde im 6. Jahrhundert durch Bischof Laurentius von Spoleto gegründet und reich mit Schenkungen bedacht. Karl der Große erhob aus politischen Gründen Farfa zur Reichsabtei und förderte ihren Ausbau zu einem Herrschaftsgebiet, das einer großen Grafschaft glich. Farfa waren im Spätmittelalter zwei Städte, 132 Kastelle und viele Dörfer in Latium unterstellt. In der Renaissancezeit setzten die Päpste Kommendataräbte ein, die das Kloster jedoch nur als Pfründe betrachteten. Die Mönche von Farfa waren wegen ihrer schriftstellerischen Tätigkeit bekannt, bereits im 11. Jahrhundert bestand in Farfa eine berühmte Schreibschule. Sarazeneneinfälle unterbrachen zwar mehrfach das klösterliche Leben, aber Farfa erholte sich stets rasch. Die Klosterkirche ist eine dreischiffige Säulenbasilika aus der Renaissance, der romanische Kreuzgang im Langobardenstil rivalisiert sogar mit einem zweiten Kreuzgang aus der Barockzeit. Seit 1861 ist Farfa mit St. Paul in Rom verbunden und seit 1919 wieder mit Mönchen besetzt. Seit 1928 ist das Kloster auch italienisches Nationalmonument.

Farnborough Abbey/Großbritannien

Saint Michael's Abbey in Farnborough, Hampshire, ist landläufig als Farnborough Abbey bekannt. Die Benediktinerabtei am Rand von London wurde 1896 von französischen Mönchen aus Solesmes gegründet und birgt in seiner wunderschönen Kirche noch immer die Gebeine von Napoleon III. und seiner Familie. Einen internationalen Ruf erwarb sich Farnborough Abbey durch seine kirchengeschichtlichen und musikwissenschaftlichen Studien. Die Feier der Liturgie und die Betreuung der Gäste stehen im Vordergrund bei allen Tätigkeiten der Mönche.

Fécamp/Frankreich

Die ehemalige Benediktinerabtei Fécamp (Fisci campus, Fécan, Fescan) liegt in der gleichnamigen Stadt im Departement Seine-Maritime bei Calais und wurde zuerst im Jahre 658 vom heiligen Waning, dem Grafen von Calais, als Frauenkloster für Benediktinerinnen gegründet und beherbergte bis zu seiner Zerstörung durch die Normannen 841 etwa 300 Nonnen. Bald wieder aufgebaut, schmückte Richard I. von der Normandie – nach der Bekehrung der »Nordmänner« – die Abtei mit einer herrlichen Kirche und wandelte Fécamp in ein Männerkloster um. Der berühmteste Abt des Klosters war Wilhelm von Volpiano, der 1031 in Fécamp starb und auch in der Klosterkirche Trinité begraben wurde. Das Grabmal dieses großen Kirchenorganisators stammt allerdings aus dem 17. Jahrhundert. Als im 12. Jahrhundert das Gotteshaus durch einen Blitz in Brand geriet und abbrannte, wurde 1175–1230 eine dreischiffige Basilika mit einem riesigen Mittelturm errichtet, die heute noch erhalten ist und die im Laufe der Jahrhunderte nur in ihrem Innern eine Ausstattung erhielt, die zu dem normannisch-frühgotischen Bau auch Kunstwerke späterer Stilrichtungen hinzufügte. Die Abtei wurde reich und einflussreich, es unterstanden ihr 36 Pfarreien und sie hatte das Visitationsrecht von drei weiteren Abteien. Die Mönche unterhielten auch eine vielbesuchte Schule in ihrem Kloster. Erfreulicherweise blieb die Kirche auch nach der Aufhebung der Abtei in der Französischen Revolution erhalten, die Klostergebäude aber sind bis auf wenige spärliche Reste verschwunden.

Ferapont/Russland

Am Beloje-See, 30 Kilometer von der Stadt Kirilow entfernt, liegt in Russlands Norden das Kloster Ferapont. Unter dem Schutz der Fürsten von Beloozero war das Kloster etwa um 1450 gegründet worden und entwickelte sich zu einem bedeutenden Kulturzentrum, in dem noch heute die Fresken des genialen russischen Fresken- und Ikonenmalers Dionissi zu sehen sind. Das Kloster Ferapont gehört zum sogenannten »Silbernen Ring«, einer Kloster- und Städteroute, die bedeutende Kunstdenkmale von Russlands Nordregion umfasst.

Feuchtwangen/Bayern/Deutschland

Die ehemalige Benediktinerabtei in der Stadt Feuchtwangen im bayerischen Mittelfranken nördlich von Dinkelsbühl soll – der Überlieferung nach – von Karl dem Großen zu Ehren des heiligen Martin gegründet worden sein. Im Jahr 817 wurde Feuchtwangen bereits als Reichskloster erwähnt, im 10. Jahrhundert wurde es Augsburger Eigenkloster und um 1000 ein Filialkloster von Tegernsee. Finanzielle Gründe mögen dazu geführt haben, dass die Abtei in der Mitte des 12. Jahrhunderts in ein Chorherrenstift umgewandelt wurde. Die ältesten Teile der ehemaligen Stiftskirche gehen auf das 8. Jahrhundert zurück, aber die Veränderungen in den folgenden Stilepochen sind bis zum Ende des Spätmittelalters an der Innenausstattung sehr gut abzulesen. In der Reformation zogen die protestantisch gewordenen Burggrafen von Nürnberg das Vermögen der Abtei ein, lösten sie auf und bestimmten die in der Hauptsache spätgotische Stiftskirche zur protestantischen Pfarrkirche.

Fiecht und St. Georgenberg/Österreich

Die Benediktinerabtei Fiecht bei Schwaz im Unterinntal in Tirol (Österreich) ist eine Gründung des beginnenden 18. Jahrhunderts. Nur wenig nördlich von Fiecht liegt auf hohem Felsen die Wallfahrtskirche St. Georgenberg, bei der bis zu einem verheerenden Brand im Jahr 1705 die dazugehörige Abtei abbrannte. Man verlegte daher die Abtei nach Fiecht und baute dort von 1706 bis 1744 neben den Konventsgebäuden mit Schule und Internat vor allem die sehenswerte Stiftskirche St. Josef, die in den Nordflügel der um einen Hof angelegten Vierflügelanlage eingebaut wurde. Überraschend sind in der Fiechter Klosterkirche die kostbaren und zarten Stuckarbeiten von Franz Xaver Feichtmayr aus Wessobrunn und die Fresken von Matthäus Günther aus Augsburg.

Finalpia/Italien

Die Abbazia Santa Maria in Finalpia (Ligurien) ist ein Benediktinerpriorat, das 1476 gegründet und von Mönchen von Monte Oliveto besiedelt wurde. Diese Olivetaner wurden 1799 von den Truppen Napoleons vertrieben und der Konvent vom Staat eingezogen. Die barocke Pfarrkirche aus dem Jahre 1724 blieb unangetastet. 1845 sorgte König Karl Albert von Savoyen dafür, dass die verlassenen Klosterbauten wieder mit benediktinischem Leben erfüllt wurden und übergab die Gebäude der Kongregation von Subiaco. Nun ging es mit dem Kloster wieder aufwärts, so dass die Mönche bereits 1914 mit der Herausgabe der Zeitschrift »Rivista Liturgica« beginnen konnten. Diese Zeitschrift spielte in der liturgischen Bewegung Italiens eine äußerst wichtige Rolle. Die Mönche betreiben in ihrem Kloster heute eine Druckerei und Buchbinderei und laden Sommergäste zu theologischen Vorlesungen ein.

Fischbeck/Niedersachsen/Deutschland

Das ehemalige Augustiner-Kanonissenstift Fischbeck nordwestlich von Hameln in Niedersachsen ist bereits seit 1559 protestantisches adeliges Damenstift und mit der gesamten weiträumigen Anlage einschließlich der Stiftskirche vollständig erhalten geblieben. Gegründet wurde Fischbeck 954 durch Helmburg, die Witwe des Edlen Richbert. Das Kanonissenstift fiel 1147 an die Abtei Corvey, die sogleich die Benediktinerregel einführte. 1485 übernahmen die Nonnen wieder die Regel des heiligen Augustinus. Die Reformation brachte dann die Umwandlung in ein evangelisches Stift für Damen aus niedersächsischen Adelsfamilien, das bis heute vom Klosterfonds in Hannover verwaltet wird und auch mit Stiftsdamen besetzt ist. Die sehr beachtliche Stiftskirche wirkt von außen durch sein Westwerk mit fünf Geschossen wie eine Burg, die das Langhaus überragt. Die kreuzförmige Basilika aus dem 12. Jahrhundert mit ihrer dreischiffigen Krypta vermittelt noch ganz die Atmosphäre ihrer romanischen Erbauungszeit.

Fischingen/Schweiz

In der Nordschweiz zwischen St. Gallen und Zürich, etwa 20 Kilometer südöstlich von Winterthur liegt die ehemalige Benediktinerabtei Fischingen, eine Gründung von Bischof Ulrich II. von Konstanz aus den Jahren 1133–38. Auf einem Hügelabhang liegt behäbig die in der Barockzeit sehr solide und zugleich freundlich-festlich ausgebaute Klosteranlage, die 1848 aufgehoben wurde und von 1879 bis 1977 ein Kinderheim beherbergte. Die Kirche weist ein fünfjochiges, tonnengewölbtes Schiff mit breitem Chor im Osten und einer Empore im Westen auf. Meister Johann Jakob Zeitler hat die Kirche ausgemalt und Chrysostomus Fröhli hat das Chorgestühl gestaltet. In einer Rundbau-Kapelle findet sich das Grabmal der Heiligen Idda, einer Toggenburgischen Regionalheiligen des 13. Jahrhunderts. Fischingen ist seit 1977 wieder ein Benediktinerpriorat.

Fitero/Spanien

Die in der spanischen Diözese Tarazona in der Provinz Navarra 1140 gegründete spanische Zisterzienserabtei Fitero wurde in der Kirchengeschichte dadurch bekannt, dass der zweite Abt dieses Klosters, der selige Raimund, nach Calatrava zog und dort den berühmten Ritterorden von Calatrava gründete.

Flabemont/Frankreich

Wido von Aigremont gründete im Jahre 1138 in der Diözese Toul die ehemalige französische Prämonstratenserabtei Flabemont, die unangefochten bis zur Aufhebung in der Französischen Revolution bestand. Flabemont war Tochterkloster der Abtei Belval.

Flaran/Gascogne/Frankreich

Am westlichen Ufer des Flusses Baise liegen im Land der Armagnaken die Reste der ehemaligen Zisterzienserabtei Flaran aus dem 12. Jahrhundert. Die dreischiffige Basilika ist mit fünf Apsiden ausgestattet, die Sakristei weist einen Mittelpfeiler mit vier rosa Marmorsäulen auf, auch der Kapitelsaal mit seinen drei Schiffen ist sehenswert. Der aus dem 12. Jahrhundert stammende Kreuzgang ist ebenfalls erhalten.

Flavigny/Frankreich

Die heute wieder mit etwa 40 Mönchen gut besetzte Benediktinerabtei Flavigny-sur-Ozerain ist eine Neugründung aus dem Jahre 1972, steht jedoch auf dem Boden der einst berühmten Abtei gleichen Namens, die um 600 zu Ehren des heiligen Josef gegründet wurde und in der die Reichsannalen des Frankenreiches geschrieben wurden, die von 382 bis 985 reichen. Die Krypten und einige Gebäude stammen noch aus der Karolingerzeit. In der aus dem 13. Jahrhundert stammenden und bis zur Gegenwart erhaltenen Kirche sind wertvolle Glasmalereien und ein schönes Chorgestühl zu bewundern. Das wie alle Konvente Frankreichs aufgehobene Kloster wurde verkauft und in eine Süßwarenfabrik umgewandelt. Seit der Neuerrichtung wurde das Kloster würdig und umfassend restauriert. Die Mönche pflegen vor allem den gregorianischen Gesang und sind als Künstler und Kunsthandwerker tätig. Viele Gäste nehmen an den Exerzitien des Klosters teil.

Fleury (Saint-Benoît-sur-Loire)/Frankreich

Die heutige Benediktinerabtei Saint-Benoît-sur-Loire gehörte unter dem Namen Fleury (Floriacum) zu den mächtigsten Abteien des Mittelalters. Sie wurde von König Chlodwig II. 672 gegründet. Als nun durch die Langobarden das Kloster Monte Cassino in Süditalien zerstört wurde, brachte man die Gebeine des Ordensstifters St. Benedikt nach Fleury, gleichzeitig auch die seiner Schwester, der heiligen Scholastika. Man nannte die Abtei bald danach Saint-Benoît-sur-Loire, obwohl die Kirche mit dem Konvent abseits der Loire südöstlich von Orleans im Departement Loiret liegt. Die Abtei durchlief eine Reihe von schicksalhaften Entwicklungen, sie wurde von den Karolingern reich beschenkt, von den Normannen dreimal heimgesucht und teilweise zerstört, jedes Mal aber wieder aufgebaut. In seiner größten

Blütezeit, im 10. und 11. Jahrhundert, war die Abtei ein wissenschaftliches und künstlerisches Zentrum, in dem viele kostbare Handschriften entstanden. In dem auch »Floriacum« genannten Kloster bestand eine vielbesuchte Schule und eine reichhaltige Bibliothek, die jedoch in den Hugenottenkriegen zerstört wurde. In der Französischen Revolution ereilte die Abtei das Schicksal vieler Klöster, sie wurde nicht nur verkauft, sondern auch bis auf den Kirchenbau völlig zerstört. Im Jahre 1944 aber besiedelten wieder Benediktiner den geschichtsträchtigen Platz und erbauten 1959 wieder eine Abtei. Erfreulicherweise blieb die Basilika Saint-Benoît mit ihren großartigen Dimensionen erhalten. Diese 112 Meter lange Abteikirche mit ihrem dreischiffigen Langhaus, ihrem Chor und Querschiff wurde nach einer langen Bauzeit von über 200 Jahren 1218 eingeweiht. Der quadratische Westturm, fast ein autonomer Baukörper vor dem Langhaus, ist weithin in der fruchtbaren Gegend um das Kloster sichtbar.

Floreffe/Belgien

Unweit von Namur gründete der heilige Norbert an der Sambre in Wallonien 1121 eine Prämonstratenserabtei, die von allen Abteien dieses Ordens im heutigen Belgien die älteste ist. Von der ursprünglich romanischen Kirche sind noch das Querschiff und die Sakristei erhalten, ansonsten wurde die Kirche mit einem gotischen Chor, einer barocken Fassade und einem klassizistischen Innenraum ausgestattet. Von den Klosterbauten stammen noch der Kapitelsaal, der Krankensaal und die Brauerei aus dem Hochmittelalter. Die Abtei wurde in der Französischen Revolution aufgehoben, kam aber in den Besitz des Bistums Namur, das in den Konventsgebäuden 1819 ein Seminar eröffnete.

Florenz, San Marco/Italien

Das Dominikanerkloster San Marco in Florenz genießt Weltruhm, denn es war lange Zeit ein Zentrum des Florentiner Geistes, ist heute eine große Schatzkammer der Kunst und beherbergt ein Museum mit Bildern des berühmtesten aller einstigen Klostermitglieder, denn Fra Angelico war Mönch in diesem Konvent. Ursprünglich war San Marco ein Kloster der Vallombrosaner, das 1436 von den Dominikanern übernommen wurde. Die Klosteranlage wurde 1437–52 von Michelozzo restauriert und erweitert und in der Folgezeit mit vielen Kunstwerken geschmückt. Ein düsteres Kapitel in der Geschichte von Florenz verbindet sich ebenfalls mit San Marco, denn der Bußprediger und als Ketzer hingerichtete Girolamo Savonarola war Prior des Klosters. Der 1526 heiliggesprochene Erzbischof Antonin war gleichfalls Mitglied der Klostergemeinschaft, ihm schuf Giovanni di Bologna eine würdige Grabkapelle in der überreich ausgestatteten Kirche.

Florenz, San Miniato al Monte/Italien

Die altehrwürdige Benediktinerabtei auf dem die Stadt Florenz überragenden Hügel »Monte« wurde um das Jahr 1000 gegründet. Auf dem Hügel befand sich schon damals ein dem Märtyrer geweihtes Heiligtum und so erhielt das Kloster den Namen Abbazia San Miniato al Monte. Ab 1563 war das Kloster ausschließlich von Soldaten bewohnt, die Gebäude waren zu einer Kaserne umfunktioniert. Mönche konnten erst 1784 wieder zurückkehren, 1808 jedoch kamen die Franzosen und vertrieben die Mönche erneut. Das Kloster wurde schließlich von Florenz übernommen und auf dem Hügel wurde ein Friedhof angelegt. Die Konventsgebäude standen bis 1924 leer, bis die Benediktiner zurückkehrten und eine große Restaurierung begannen. Die Abteikirche, eine dreischiffige Säulenbasilika mit einem Pantokratormosaik in der Apsis, konnte wiederhergestellt werden und bietet mit ihrem prächtigen offenen Dachstuhl einen eindrucksvollen Innenraum. Die Mönche haben vielfältige ökumenische Tätigkeiten entfaltet und richten zahlreiche interreligiöse Treffen aus.

Florenz, Santa Croce/Italien

Die mächtigste Kirche der Franziskaner und das wichtigste Kloster dieses Ordens nach Assisi stellt Santa Croce in Florenz dar. In einer Bauzeit von 147 Jahren, von 1295 bis 1442 entstand eine weitausladende dreischiffige Hallenbasilika, die sich im Laufe der Jahrhunderte zu einem Pantheon der italienischen Kultur entwickelte. Neben den 276 Gräbern vornehmer Familien aus Florenz liegen in Santa Croce viele berühmte Maler, Bildhauer, Komponisten, Dichter, Staatsmänner, Erfinder und Wissenschaftler aus ganz Italien begraben. Unter den Denkmälern in dieser einmaligen Kirche, die von bedeutenden Künstlern geschaffen wurden, findet man die Grabmale von Michelangelo, Galileo Gallilei ebenso wie von Dante und Rossini. Die Fresken in den Kapellen dieser Kirche reichten allein aus, um mit ihnen die gesamte Bibel mühelos zu illustrieren. Der Holzkruzifixus von Donatello, die oktagonale Marmorkanzel mit ihren Reliefszenen und die vielen anderen Einzelkunstwerke machen Santa Croce zu einem besonderen Schatzhaus in der Stadt am Arno. Das Kloster weist zwei Kreuzgänge auf, enthält ein Museum und ist mit der Capella dei Pazzi verbunden, die von Filippo Brunelleschi erbaut wurde. Kurios mutet die Entscheidung einer Bürgerversammlung von 1857 an, als die Florentiner beschlossen, die schlichte Fassade von Santa Croce durch eine weit prachtvollere aus weißem Carrara-Marmor zu ersetzen. Diese Entscheidung lief zwar dem Schlichtheitsgebot der Franziskaner zuwider, kam jedoch dem Kunstsinn dieser so kunstliebenden Stadt in höchstem Maße entgegen.

Floridus Hortus/Niederlande

Die 1209 von Emo von Romerswerf bei Witterwierum im niederländischen Friesland gegründete ehemalige Prämonstratenserabtei Floridus Hortus (auch Bloemhoef) war ein Tochterkloster von Prémontré. Der erste Abt des Klosters war der selige Emo selbst, der dritte Abt Menko vollendete bereits die Klosterkirche. 1259 errichteten die Mönche ein Gymnasium, das über lange Zeit hinweg bestand. In der Reformationszeit wurde das Kloster aufgehoben, aber Papst Pius IV. konnte die Güter der Abtei dem Domkapitel in Groningen zukommen lassen.

Follina/Italien

Die 14 Kilometer nordöstlich von Valdobiadene in Venetien gelegene Zisterzienserabtei Follina wurde 1146 von Humilatenmönchen gegründet und kam dann an die Zisterzienser, die um 1200 die Basilika mit dem dreischiffigen Langhaus und den noch romanischen, fast quadratischen Chorkapellen errichteten. Der Kreuzgang und der massive Kampanile atmen bis heute unverfälscht den Geist des hohen Mittelalters. Die Abtei lag im Ersten Weltkrieg im Kriegsgebiet zwischen den italienischen und österreichischen Truppen und wurde beschädigt, konnte aber bald danach sachkundig wiederhergestellt werden.

Fonte Avellana/Italien

Nordwestlich von Ancona erhebt sich das italienische Eremitenkloster Sacro Eremo di Fonte Avellana in waldigem Hügelland in romanischem Stil. Das heutige Benediktinerpriorat blickt auf eine interessante und bedeutende Geschichte zurück, denn es war einst in ganz Italien wegen der Gelehrsamkeit seiner Mönche und wegen dreier Heiliger bekannt, die aus diesem Kloster kamen. Gegründet von Lodolfo, dem Bischof von Gubbio im Jahre 980, bestand es in unterschiedlicher Personalstärke bis zur Aufhebung durch Napoleon. Eine neue Besiedelung wurde durch das Aufhebungsdekret der italienischen Regierung 1866 erneut unterbrochen. Erst im Jahre 1935 konnten wieder Mönche einziehen. Die Gemeinschaft gehört der Congregatio Camaldolensis an und pflegt einen Lebensstil, der die Einsamkeit und das gedeihliche Miteinander zu verbinden trachtet. Die Lage des Klosters, seine ernste Schlichtheit und die zur Meditation einladende Gastfreundschaft der Mönche ziehen ständig Besucher aus dem In- und Ausland an.

Fontefroide/Frankreich

Die ehemalige, in der Diözese Carcassonne liegende Zisterzienserabtei Fontefroide (Fons frigidus) wurde um 1093 nur zwölf Kilometer von Narbonne entfernt gegründet und entwickelte sich zu einer bedeutenden Abtei mit einer kostbaren Bibliothek. Papst Benedikt XII. und der gelehrte Petrus von Castelnau waren einst

Mönche in diesem Kloster. Die Abtei wurde 1790 aufgehoben, aber 1858 von Senanque aus wiedererrichtet, bis die Mönche 1901 erneut vertrieben wurden und nach Spanien zogen.

Fontenay/Frankreich

Fontenay, das einst große Zisterzienserkloster im heutigen Departement Côte d'Or, ist das am besten erhaltene Kloster in Burgund, aber nur, weil ein Mäzen aus Lyon 1906 kaufte und sie durch eine aufwändige und sachgerechte Restaurierung die gesamte Anlage als ein historisches Denkmal wieder auferstehen ließ. Gegründet wurde das sehr weitläufige Kloster in einem damals recht abgelegenen Waldgebiet im Jahr 1118 durch den heiligen Bernhard, der Fontenay zu einem Tochterkloster von Citeaux und Clairvaux machte. Auf Grund des Fleißes der Mönche blühte die Abtei viele Jahrhunderte. Noch heute kann man sich in die Lebensumstände der Mönche gut hineinversetzen, wenn man bei einem Rundgang den Kapitelsaal, den riesigen Schlafsaal, die Zellen, den Gästetrakt, das Skriptorium, den Kreuzweg, die Bäckerei, die Schmiede und auch das Gefängnis betrachtet. Die Kirche ist nach Zisterzienserart völlig schmucklos und stellt eine kreuzförmige Basilika ohne Obergaden dar.

Fontevrault/Frankreich

Das ehemalige Benediktiner-Doppelkloster Fontevrault (Fontevraud) im Departement Marne-et-Loire wurde zuerst als Frauenkloster vom seligen Robert von Arbrissel 1101 gegründet. Später wurde ihm ein Männerkloster angegliedert, jedoch mit einer Äbtissin als Gesamtleiterin. Diese Äbtissin war gleichzeitig das Oberhaupt des Ordens von Fontevrault, dem eine Reihe von Klöstern in Frankreich, England und Spanien angehörten. Mit dem Kloster wuchs ein Dörfchen gleichen Namens heran. Die Abtei selbst entwickelte sich zu einem mächtigen Gebäudekomplex, gefördert vor allem durch die Dynastie der Plantagenets, die in England regierte und Teile des heutigen Frankreich kontrollierte. Die Klosterkirche Notre-Dame-de-Fontevraud wurde bereits 1128 fertiggestellt und besitzt ein Langschiff mit fünf Kuppeln. Das Kloster hat einen schönen Kapitelsaal und einen sehr ansprechenden Kreuzgang. Nach der Aufhebung wurde das Kloster mitsamt der Kirche vor der Zerstörung deshalb bewahrt, weil die Gesamtanlage bereits 1804 in ein Gefängnis verwandelt wurde. Die Kirche ist die Grabstätte vieler Angehöriger der Plantagenets.

Fontgombault/Frankreich

Die Benediktinerabtei Fontgombault nördlich von Limoges hat ihren Namen von einem Eremiten namens Gombault, der in der Nähe einer Quelle (Font) am Ufer des Flusses Creuse um 1000 lebte. Weitere Einsiedler kamen hinzu und so entstand in der Folgezeit an diesem Ort ein Kloster, dessen Mönche die Benediktinerregel übernahmen. 1091 wurde der Konvent unter dem Namen Fontgombault zur Abtei erhoben. Im Hundertjährigen Krieg wurde das Kloster in Brand gesteckt, 1569 plünderten es die Calvinisten und in der Französischen Revolution wurde es aufgehoben, als Steinbruch benutzt und begann zu verfallen. 1849 jedoch besiedelten Trappisten das Kloster neu und richteten es bis zu ihrer Vertreibung 1903 leidlich wieder her. Von 1919 bis 1948 diente es als Seminar der Diözese. Danach rief der Erzbischof von Bourges Benediktiner nach Fontgombault, die das altehrwürdige Kloster wiederbelebten und es zu einem großen liturgischen und wissenschaftlichen Zentrum ausbauten.

Forde Abbey/Großbritannien

1138 gründeten Zisterzienser in der Grafschaft Somerset zwischen Chard und Axminster eine Abtei, die als Forde Abbey noch vor der Auflösung geradezu zu einer fürstlichen Residenz des letzten Abtes Thomas Chard ausgebaut wurde. Heinrich VIII. vertrieb die Mönche und zog das Kloster ein. 1649 kaufte Cromwells Generalstaatsanwalt Sir Edmund Prideaux den Konvent und erweiterte ihn. Erfreulicherweise wurden bei diesen Umbauten der Kapitelsaal aus dem 12. Jahrhundert, das Dormitorium und die Krypta miteinbezogen, so dass die Atmosphäre klösterlichen Lebens erhalten blieb. Später kam die Abtei in den Besitz der Familie Roper, die das Kloster in ein Schloss umwandelte, ohne die Bausubstanz der Zisterzienser zu zerstören. Die einstige Abtei verfügt über einen ausgedehnten Landschaftspark und über die Sammlung der berühmten Mortlak-Gobelins, die Charles I. in Brüssel nach Vorlagen von Raffael hatte weben lassen.

Fort Augustus/Großbritannien

Die Benediktinerabtei zu Fort Augustus im Bistum Aberdeen in Schottland wurde erst 1842 gegründet und zählt zu den wenigen neugegründeten Klöstern in Großbritannien, die nach dem Klostersturm Heinrichs VIII. (im 16. Jh.) wieder entstehen konnten.

Fossanova/Italien

Die ehemalige Zisterzienserabtei Fossanova in Latium, zwei Kilometer von Sannino entfernt, stellt ein anschauliches Beispiel eines gotischen Baues der »weißen Mönche« in Italien dar. Bereits im 9. Jahrhundert war von den Benediktinern an dieser Stelle ein kleines Kloster gegründet worden, das 1133 Mönche aus Clairvaux in Burgund übernehmen konnten. Mit Fleiß und Können errichteten die Zisterzienser nun bis 1187 eine dreischiffige Basilika mit hoch aufragendem Mittelschiff, strenger Westfassade mit großer Rosette, einen ansprechenden Kreuzgang mit burgundischen Kapitellen, massive, zweckdienlich-schlichte Klosterbauten und ein Pilgerhaus. 1274 verstarb hier der berühmte Kirchenlehrer Thomas von Aquin auf einer Reise von Rom nach Lyon. In der Revolutionszeit wurde das Kloster entweiht, die Kirche als Stallgebäude benutzt, aber später dem Franziskanerorden übertragen.

Fountains Abbey/Großbritannien

Man nennt sie eine der schönsten Ruinen Europas, denn noch heute künden die Reste der größten Abtei Nordenglands von der edlen Größe und dem Glanz dieses Ordenshauses, das wie alle Abteien Englands dem Klostersturm Heinrichs VIII. zum Opfer fiel. Die Zisterzienserabtei Fountains (Fontes) wurde 1132 bei Ripon in North Yorkshire gegründet und ist nach mehreren Quellen benannt, die dort entspringen. Die gewaltigen Ruinen liegen im heutigen Studley Park, der auch unter dem Namen Royal Gardens bekannt ist. Die Hauptbauperiode der riesigen Kirche lag zwischen 1135 und 1147, das 123 Meter lange dreischiffige Gotteshaus stammt aus der sogenannten Transitional-Epoche, während der 55 Meter hohe Turm schon dem Perpendicular-Stil des 15. Jahrhunderts angehört. Das gesamte Kloster ist durch die meist gut erhaltenen Mauern in seiner Grundstruktur klar erkennbar – es war einst eines der monumentalsten und auch reichsten Klöster Englands.

Fraubrunnen/Schweiz

Bis zu seiner Aufhebung in der Reformationszeit war das 1246 von den Grafen von Kyburg gegründete Zisterzienserinnenkloster die bedeutendste Nonnenabtei dieses Ordens in der Schweiz. Das Kloster war durchweg mit adligen Damen aus der Umgebung besetzt. 1525 aufgehoben, wurde es in eine Landvogtei Berns umgewandelt.

Frauenbreitungen/Thüringen/Bayern/Deutschland

Die in Meiningen, Diözese Würzburg, gelegene ehemalige Prämonstratenserinnenstift wurde 1137 als Hospital gegründet und war zeitweilig auch Doppelkloster. 1525 wurde es im Bauernkrieg zerstört und 1554 von den Grafen von Henneberg eingezogen.

Frauenwörth/Bayern/Deutschland

Im größten bayerischen Landsee, dem Chiemsee, gründete Herzog Tassilo 782 ein Frauenkloster auf der Insel Frauenchiemsee, die Benediktinerinnenabtei Frauenwörth (Nonnenwörd), die von den Karolingern zur Reichsabtei erhoben wurde. Die selige Irmengard war die erste Äbtissin dieses »königlichen« Klosters, sie war eine Enkelin Karls des Großen, wurde später heiliggesprochen und die Patronin des Chiemgaus. Im 10. Jahrhundert wurde das Kloster von den Ungarn zerstört, aber bald wieder aufgebaut. Die Ausstattung der Kirche aus romanischer Zeit ist einheitlich barock. Wahrzeichen von Frauenwörth und des Chiemgaus ist der Zwiebelturm des Münsters. Man hob zwar das Kloster 1803 auf, stellte es aber 1837 bereits wieder her. 1901 wurde es wieder zur Abtei erhoben.

Frauenroth/Bayern/Deutschland
Otto und Beatrix von Bodenlauben gründeten 1231 bei Burkardroth im Bistum Würzburg die Zisterzienserinnenabtei Frauenroth, die bis 1574 bestand und deren Güter dann von der fürstbischöflichen Kammer eingezogen wurden.

Frauenthal/Baden-Württemberg/Deutschland
Die bei Bad Mergentheim im Bistum Würzburg gelegene Zisterzienserinnenabtei Frauenthal (Vallis Dominarum) wurde 1231 von Gottfried und Konrad von Hohenlohe gegründet und 1548 vom Markgrafen G. F. von Brandenburg-Ansbach eingezogen.

Frauenthal/Niedersachsen/Deutschland
Die in Niedersachsen 1247 bei Hamburg in Harvestehude gegründete Zisterzienserinnenabtei Frauenthal wurde 1295 nach Odersfelde an der Alster verlegt und dann in der Reformation aufgehoben.

Frauenthal/Schweiz
1231 wurde im Kanton Zug, im ehemaligen Bistum Konstanz der Grund für die Zisterzienserinnenabtei Frauenthal gelegt, in die allerdings nur Damen des Adels Zugang hatten. Erst im 15. Jahrhundert wurde diese Bestimmung gelockert. In der Reformationszeit war das Kloster zeitweise verwaist, blühte aber 1552 wieder mächtig auf und konnte um 1900 sogar 40 Chorfrauen als Nonnen registrieren, die sich vornehmlich mit Landbau und dem Anfertigen von Paramenten beschäftigten. Bekannt wurde das Kloster auch unter der Bezeichnung Vallis Dominarum (= Tal der Herrinnen).

Frauenthal/Tschechien
Das beim ehemaligen Deutschbrod in Böhmen, Bistum Königgrätz, gelegene Zisterzienserinnenkloster wurde 1265 im Königreich Böhmen gegründet und 1782 im Zuge der Josephinischen Reformen aufgehoben. Die Abtei war auch unter dem Namen Vallis Virginum (= Tal der Jungfrauen) bekannt.

Frauenzell/Bayern/Deutschland
Die 1317 von Reimar von Brennberg in der Oberpfalz gegründete Benediktinerabtei Frauenzell war bis 1429 ein Priorat und wurde dann selbstständige Abtei, die in

den Jahren 1747–50 eine interessante ovale Rokokokirche nach den Plänen der Gebrüder Asam erbauen ließ. 1803 wurde das Kloster aufgehoben.

Freckenhorst/Nordrhein-Westfalen/Deutschland

Das ehemalige Kanonissenstift für Frauen adeliger Herkunft liegt südlich von Warendorf in Nordrhein-Westfalen und ist durch seine dreischiffige, kreuzförmige Pfeilerbasilika weithin deshalb bekannt geworden, weil diese Stiftskirche fünf Türme aufweist und ein so mächtiges Westwerk besitzt, dass man eher an eine Festung denkt als an ein Damenstift. Freckenhorst wurde 860 von dem sächsischen Edelherrn Everwood und seiner Gemahlin Geva gegründet, deren Grabfigur noch in der dreischiffigen Krypta erhalten ist. Die Kirche weist erlesene romanische Skulpturen auf und einen seltenen Taufstein aus rötlichem Marmor, sie hat die Stürme der Zeit unversehrt überstanden, von den ehemaligen Klostergebäuden allerdings nur ein Teil des Kreuzgangs aus dem 13. Jahrhundert.

Freising, Neustift/Bayern/Deutschland

Bischof Otto von Freising stiftete 1142 in Freising eine Prämonstratenserabtei, die große Besitzungen in Niederösterreich und Südtirol erwerben konnte. Aus dem 18. Jahrhundert stammt der wundervolle Neubau der Klosterkirche, ganz im Stil des Rokoko, die ein Gemeinschaftswerk berühmter Künstler der damaligen Zeit darstellt. Der Bau stammt von Giovanni Antonio Viscardi, der Hochaltar und das Chorgestühl von Ignaz Günther und die Dekorationen von Johann Baptist Zimmermann und Franz Xaver Feuchtmayer. Die Abtei wurde 1802 säkularisiert, die Klosterbauten kamen in staatliche und private Hände.

Frenswegen/Niedersachsen/Deutschland

Das bei Nordhorn in Niedersachsen 1394 von Everhard van der Eze gegründete Fraterherrenkloster schloss sich 1402 der Windesheimer Kongregation (Augustiner) an und blühte im 15. Jahrhundert so stark auf, dass es andere Klöster reformieren konnte. Von dem 1809 aufgehobenen Kloster befindet sich die wertvolle Bibliothek heute in der Universität Straßburg.

Fribourg/Schweiz

Das ehemalige Augustiner-Chorherrenstift in Fribourg in der Schweiz ist eine Gründung des 13. Jahrhunderts, wurde 1842 aufgehoben zuerst als Gefängnis genutzt und dann zum Staatsarchiv umgestaltet. Die dem heiligen Mauritius geweihte Kirche wurde zwischen 1255 und 1311 errichtet und später des öfteren umgebaut. Der dreischiffige Bau mit einem monumentalen Hochaltar konnte in seinem Inneren ein sehr reiches Mobiliar bis in die Gegenwart bewahren.

Frutturia/Italien

Zu den einst berühmten Benediktinerabteien in Piemont gehörte die am Po nordöstlich von Turin gelegene Abbazia di Frutturia (Fructuaria) in der heutigen Gemeinde San Benigno Canavese. Gegründet wurde die Abtei vom heiligen Wilhelm von Volpiano in Anwesenheit des deutschen Kaisers Heinrichs II. Frutturia schloss sich der Cluniazensischen Reform an und pflegte wissenschaftlichen Austausch mit Cluny, Siegburg und St. Blasien. In der Zeit des Rokoko wurden Kirche und Kloster prächtig umgebaut. Die Französische Revolution brachte jedoch bald danach die Aufhebung des Klosters. Die Kirche wurde zur Pfarrkirche erklärt, von den alten Abteigebäuden blieb nur der romanische Kampanile erhalten.

Fürstenfeld/Bayern/Deutschland

Die ehemalige Zisterzienserabtei Fürstenfeld in der heutigen Stadt Fürstenfeldbruck nordwestlich von München wurde 1263 gegründet und erfreute sich steter Förderung durch das bayerische Herzogshaus. Im Dreißigjährigen Krieg wurde die Abtei mehrmals geplündert, konnte jedoch im Jahre 1692 eine große repräsentative Klosteranlage mit zwei rechteckigen Innenhöfen nach den Plänen des Hofbaumeisters Viscardi erbauen lassen, zu der auch dann eine kostbar ausgestattete Abteikirche trat, die allerdings erst 1741 eingeweiht wurde. Die repräsentationsfreudige Fassade im italienischen Stil und die prächtige Innenausstattung machen Fürstenfeld zu einem der bedeutendsten Kirchenbauvorhaben in Oberbayern. Die Klostergebäude wurden nach der Säkularisation in eine Kaserne, ein Lazarett und in ein Remontendepot verwandelt, erst nach dem Ersten Weltkrieg konnten Benediktinermönche das ehemalige Zisterzienserkloster übernehmen.

Fürstenzell/Bayern/Deutschland

Die ehemalige Zisterzienserabtei Fürstenzell (Cella Principis) im Rottal südwestlich von Passau in Niederbayern wurde 1274 von dem Domherrn Hartwich von Passau gegründet und vom Kloster Aldersbach aus besiedelt. Die Niederlassung entwickelte sich allmählich von einem Rodungskloster zu einer Pflegestätte von Kunst und Wissenschaft, die in der Barockzeit ihre höchste Blüte erreichte. Die Klosterkirche und die einzigartige Bibliothek legen davon beredtes Zeugnis ab. Für den Bau der Abteikirche wurde der berühmte bayerische Architekt Johann Michael Fischer verpflichtet, der mit Johann Baptist Straub zwischen 1739 und 1740 diesen herrlichen zweitürmigen Bau errichtete und ausstattete. Glanzvoll sind auch der Fürstensaal und die Bibliothek, beides in meisterhaftem Rokoko geschaffen. Der »Bücherhimmel« von Fürstenzell ist eine der fantasiereichsten Schöpfungen dieser Zeit im Passauer Raum. Nach der Aufhebung 1802 wurde die Kirche zur Pfarrkirche erklärt und nach einiger Zeit die Konventsgebäude den Maristen zur Verfügung gestellt.

Sagorsk, Dreifaltigkeitskloster

Füssen, St. Mang/Bayern/Deutschland

Die ehemalige Benediktinerabtei St. Mang in Füssen am Lech im bayerischen Allgäu bestand seit seiner Gründung im 12. Jh. bis zu ihrer Aufhebung in der Säkularisation (1803). Heute beherbergt das Kloster ein Heimatmuseum. Die romanischen Vorgängerbauten über dem Grab des heiligen Magnus, des Apostels des Allgäus, bestimmten auch die Pläne für den Aufbau und die Anordnung der dreischiffigen Hallenkirche, die in der Barockzeit mit einer hohen Vierungskuppel und kleineren Flachkuppeln errichtet wurde. Die in Medaillons gefassten Fresken und das dichte Stuckaturenwerk verraten venezianischen Einfluss. Die einst sehr berühmte Bibliothek des Klosters ist erhalten und kam in den Besitz der Fürsten von Öttingen-Wallerstein zu Maihingen in Bayerisch-Schwaben.

Füssenich/Rheinland-Pfalz/Deutschland

Das 1146 bei Zülpich im Rheinland gegründete ehemalige Prämonstratenserinnenkloster war bis zur Aufhebung nur Damen aus adeligen Geschlechtern zugänglich. Im schwedisch-französisch-holländischen Krieg wurde die Abtei mehrfach von Truppen besetzt und geplündert. Das Kloster war Tochterkloster von Hamborn.

Fulda/Hessen/Deutschland

Die ehrwürdige Reichsfürstabtei der Benediktiner zu Fulda galt bis zu ihrer Aufhebung 1803 als das wichtigste Kloster dieses Ordens in Deutschland, denn der Abt war der Primas aller Benediktineräbte in »Germanien und Gallien« und zugleich einer der bedeutendsten Reichsfürsten, in Personalunion auch seit 1365 Erzkanzler der Kaiserin. Gegründet wurde die Benediktinerabtei St. Salvator auf ausdrücklichen Wunsch des heiligen Bonifatius vom heiligen Sturmius im Jahre 744 an den Ufern der Fulda und stieg bald zum bedeutenden Reichskloster auf, dem der Papst bischöfliche Würden und der Kaiser rechtliche Unabhängigkeit verlieh. Bereits 748 wurde eine Klosterschule gegründet, die sich bald zur führenden Institution dieser Art im Reiche entwickelte. Die Mönche wandten sich sowohl der Bodenkultur als auch den Wissenschaften zu, so dass einerseits Fulda zum Mittelpunkt der Mission in ganz Mitteldeutschland werden konnte und andererseits in der Lage war, bedeutende Gelehrte wie Hrabanus Maurus als Äbte zu gewinnen. Das Kloster wurde reich dotiert und erhielt von verschiedenen Adelsgeschlechtern bald bedeutenden Grundbesitz, der sich auf zahlreiche Gaue Deutschlands verteilte. Viele Mönche des Klosters wurden ausgesandt, um in der weiteren Umgebung Filialen, sogenannte Zellen, zu gründen, aus denen später dann eine Reihe hessischer Dörfer hervorging. 1220 wurde Fulda zur Reichsfürstenabtei erhoben und bildete damit ein eigenes Territorium, das nur noch den Kaiser als oberste Autorität über sich hatte. Nach seinem gewaltsamen Tod war Bonifatius 755 in der Fuldaer Klostergruft beigesetzt worden. 918 begrub man auch Kaiser Konrad I. in der Grabkammer der Abtei. Die Klosterschule und das Skriptorium zu Fulda widmeten sich umsichtig auch der Handschriftenproduktion und dem Fertigen illuminierter Codices. Ein Nachteil war in spätgotischer Zeit, dass vornehmlich nur Bewerber aus dem Adel als Mönche zugelassen wurden und eine weitgehende Entfremdung zwischen den adeligen Priestermönchen und den bürgerlichen Laienbrüdern eintrat. In der Reformationszeit brachen daher schwere Zeiten für das Kloster an, das sich mit Mühe als Hort des Katholizismus halten konnte. In der Barockzeit begann eine neue Blüte, die zwischen 1704 und 1712 zum Bau des heutigen Domes führte. 1732 wurde Fulda Bischofssitz und die Klosterkirche wurde zum Dom erhoben. Dieser vielgestaltige Barockbau mit seiner Doppelturmfassade, seinen gewaltigen Ausmaßen und seiner herrlichen Ausstattung, ist eine dreischiffige, flachgedeckte Basilika mit einer mächtigen Vierungskuppel. Eine Reihe der besten Künstler ihrer Zeit wirkten bei diesem Bau mit, allen voran Hofbaumeister Johann Dientzenhofer. Bis 1803 konnte der Fürstabt zu Fulda seine Selbstständigkeit wahren, dann fiel das gesamte Territorium an den protestantischen Erbprinzen von Oranien-Nassau. Die Klostergebäude wurden Priesterseminar, der Dom diente weiter als Bischofskirche und versammelt alljährlich die deutsche Bischofskonferenz in seinen festlichen Räumen.

Fultenbach/Bayern/Deutschland

Die im Bistum Augsburg bei Dillingen um 740 gegründete ehemalige Benediktinerabtei Fultenbach wurde nach zeitweiligem Niedergang gegen 1130 von St. Blasien aus neu besiedelt, aber 1648 noch vor Ende des Dreißigjährigen Krieges von den Franzosen niedergebrannt. Die Abtei erlebte bis zur Aufhebung nach ihrem Wiedererstehen eine neue Blüte. Fultenbach ist eines jener Klöster in Süddeutschland, die seit der Säkularisation 1803 samt Kirche spurlos verschwunden sind.

Furness Abbey/Großbritannien

Die ehemalige Zisterzienserabtei Furness war einst die zweitgrößte Abtei in England, ihre Ruinen sind heute noch beeindruckend. Gegründet 1127 von Stephen, dem Grafen von Boulogne und Mortain, dem späteren normannischen König von England, wurde das Kloster von Mönchen aus Savigny in der Normandie besiedelt. Die Abtei liegt im englischen Nordwesten auf einer zu Cumbria gehörenden Halbinsel zwischen der Irischen See und der Morecambe Bay. Diese Lage begünstigte die Ausbreitung ihres Einflussbereichs auf das gesamte Gebiet nördlich der Abtei bis nach Windermere. Selbst auf der Isle of Man hatte Furness Besitzungen. Die Mönche betrieben Lachsfischfang, unterhielten eine eigene Eisengießerei und exportierten Waren auf eigenen Schiffen, so dass Furness als eine der reichsten Abteien Englands gelten konnte. Die Abteigebäude umfassten einen sehr großen Komplex, die Schlafräume der Mönche und das Refektorium erreichten Längen von über 60 Metern. Die Gesamtaußenlänge der Kirche betrug 95 Meter. Am Ostende des Chores befand sich ein 17 Meter hohes Fenster im spätgotischen Perpendicular-Stil, das die Höhe dieses Gotteshauses mit seinen Querschiffen ahnen lässt. Die Aufhebung und Zerstörung der Abtei 1537 unter Heinrich VIII. überstanden nur wenige Teile der Gesamtanlage, so der Westturm, die Grundmauern des Chors und der Vierung.

G

Gaming/Österreich

Die von Herzog Albrecht II. in Niederösterreich 1332 gegründete Kartause Gaming (Gemnicum) wurde bald darauf in eine Zisterzienserabtei umgewandelt, die in der Literaturgeschichte dadurch bekannt wurde, dass in ihr der 1360 verstorbene Dichter Konrad von Haimburg als Prior wirkte und in diesem Kloster auch Prior Georg ein Tagebuch seiner Reise ins Heilige Land 1507 verfasste. Erhalten blieb auch das Necrologium Gemnicense, das alle Namen der zwischen 1357 und 1477 verstorbenen Mönche enthält.

Ganagobie/Frankreich

Die Benediktinerabtei Ganagobie liegt auf einer Anhöhe über dem Fluss Durance und ist vermutlich eine karolingische Gründung, die bereits im 10. Jahrhundert in den Verband von Cluny eingegliedert wurde. Eine Blütezeit erlebte das Kloster nach vielen Leiden in den Religionskriegen dann im 17. Jahrhundert und wurde nach der Aufhebung 1794 geplündert und teilweise zerstört. 1891 konnten die Benediktiner die ruinierte Abtei übernehmen, mussten aber von 1902 bis 1922 wegen der antiklerikalen Gesetze das Kloster wieder verlassen. Dann aber begann der Neuanfang, der die Abtei zu neuer Blüte führte. Die Mönche halten Exerzitien ab und bieten moderne Ethikseminare vor allem für Manager und Geschäftsleute an.

Ganjak, Surb Tovma/Türkei

Die Ruine des Klosters Surb Tovma (Sankt Thomas) gilt den Armeniern nach wie vor als heilige Stätte, obwohl es nach der Plünderung von 1895 und den schweren Verfolgungen in den Jahrzehnten danach aufgegeben werden musste. Der Legende nach wurde es einst gegründet, um die Reliquien des heiligen Thomas aufzunehmen. In der Region Wan liegt es auf einer kargen Terrasse am südlichen Ufer des Wan-Sees über dem Golf von Varis. Die Blütezeit des Klosters lag zwischen dem 16. und 19. Jahrhundert, es wurde 1801 zum letzten Mal restauriert. Bei der Klosterkirche handelt es sich um eine ummantelte Kreuzkuppelkirche mit abgetrenntem Chorteil und offenen Winkelräumen. Das Innere ist mit hellen Tuffsteinblöcken verkleidet, das Äußere besteht aus grobem Schiefergestein. Das Kloster liegt nur einige Kilometer von dem Dorf Ganjak entfernt und wird daher oft auch nach diesem Dorf benannt.

Ganjasar/Aserbeidschan

Das alte armenische Kloster Ganjasar liegt in der aserbeidschanischen Autonomen Republik Berg Karabach, die jedoch seit 1994 von Armenien besetzt ist. Das Kloster befindet sich zwei Kilometer südwestlich von dem Dorf Vank im Distrikt Mardakert auf einem bewaldeten Hügel in 1300 Metern Höhe am linken Ufer des Flusses Xaćen. Im 10. Jahrhundert zum ersten Mal erwähnt, wurde es später Bischofssitz und Grablege der Fürsten von Xaćen. Vom 13. bis zum 18. Jahrhundert war es die Residenz des jeweiligen »Katholikos des kaukasischen Albania« und damit ein kulturelles Zentrum ersten Ranges. Die Anlage besteht im Wesentlichen aus der großen Klosterkirche und dem Schamatun, jenem gewaltigen Vorbau, der dem byzantinischen Narthex entspricht und der hinsichtlich der Fläche sogar den Kirchenraum selbst übertreffen kann.

Gars am Inn/Bayern/Deutschland

Das um 768 in der damaligen Erzdiözese Salzburg gegründete Kloster der Agilolfinger wurde 1050 in ein Augustiner-Chorherrenstift umgewandelt und kam später an das Bistum München-Freising. Nach der 1803 erfolgten Aufhebung konnten 1858 die Redemptoristen in Gars einziehen und die von den Brüdern Zuccali in der zweiten Hälfte des 17. Jahrhunderts erbauten Konventsgebäude und auch die Kirche wieder nutzen.

Garsten/Österreich

Die ehemalige Benediktinerabtei Garsten an der Enns in Oberösterreich wurde 1108 durch den Markgrafen Otachar gegründet. Das bei der Stadt Steyr gelegene Kloster entfaltete im Mittelalter eine rege künstlerische und wissenschaftliche Tätigkeit. In der Reformationszeit war Garsten für eine gewisse Zeit das Kloster mit den zwei Konventen. In einem Teil der Abtei wohnten die katholisch gebliebenen Mönche, in einem anderen die inzwischen verheirateten protestantischen Ordensmänner. Die Gegenreformation stellte dann den alten Zustand wieder her. Das Kloster wurde durch Kaiser Joseph II. bereits 1787 aufgehoben und in eine Strafanstalt umgewandelt, die ehemalige Abteikirche dient bis heute als Pfarrkirche.

Geghard/Armenien

Das berühmte armenische Kloster Geghard, auch Surb Geghard (Heilige Lanze) genannt, erhielt seinen Namen nach einem Splitter der Heiligen Lanze, den der Apostel Thaddäus nach Armenien mitgebracht haben soll. Dieser Splitter soll früh schon nach Geghard gekommen sein. Der zweite Name des Klosters lautet Ayrivank, denn unter dieser Bezeichnung bestand einst an diesem Platz ein nicht mehr vorhandenes Höhlenkloster. Nach wie vor aber sind wichtige Teile auch von Geghard in den

Fels gehauen, denn das Kloster befindet sich an den Felswänden des Azathochtales in 1600 Metern Höhe im Distrikt Abovyan, Provinz Ayrarat. Der gesamte Komplex wird durch eine Umfassungsmauer geschützt. Die heute noch ganz oder teilweise erhaltenen Bauten stammen aus dem 13. Jahrhundert. Bereits einige Generationen später wurde Geghard von den Horden Timurs aus Zentralasien verwüstet und geplündert. Nach dem Wiederaufbau harrten die Mönche noch bis 1770 aus, dann verließen sie das Kloster wegen der zu schwierigen Versorgungslage. Da aber Geghard auch ein Denkmal armenischer Bildhauerkunst genannt werden kann, entwickelte sich das Kloster immer mehr zu einem nationalen Pilgerziel, so dass zwischen 1970 und 1982 umfangreiche Restaurierungen erfolgten. Seit der Selbstständigkeitserklärung Armeniens im Jahre 1991 hat sich diese Tendenz noch verstärkt.

Geisenfeld/Bayern/Deutschland

Im Jahr 1037 stiftete Graf Eberhard von Ebersberg die Benediktinerinnenabtei Geisenfeld an der Ilm in Bayern und Gebirgis, die Nichte des Stifters, wurde die erste Äbtissin dieses auch von König Heinrich III. 1040 bestätigten Klosters. In romanischer Zeit wurde eine dreischiffige Pfeilerbasilika errichtet, die man 1728 barockisierte. Nach der Aufhebung 1802 wurde die Abteikirche zur Pfarrkirche erklärt.

Gelati/Georgien

Am Westhang eines bewaldeten Höhenzuges, zehn Kilometer nordöstlich von Kutaisi, liegt das ehemalige königliche Hofkloster Georgiens, das 1106 von David dem Erneuerer gegründet wurde. Da Tiflis damals in der Hand arabischer Emire war, diente das nahe Kutaisi als Hauptstadt. Die Wahl des Ortes dürfte durch die Nähe der Residenz bestimmt worden sein. König David berief namhafte Gelehrte nach Gelati und errichtete in dem weitläufigen Kloster eine wissenschaftliche Akademie, an die er auch Lehrer aus Konstantinopel holte. Eine klostereigene Werkstatt für Gold- und Silberschmiede wurde geschaffen und die Handschriftenproduktion und Miniaturmalerei blühte ebenfalls in Gelati. 1510 und 1759 überfielen und plünderten die Türken jedoch das Kloster, beschädigten die Bauten und zerstörten die Kunstwerke. Diese Ereignisse leiteten den Niedergang Gelatis ein, so dass im Jahre 1822 das Kloster ganz aufgelöst wurde. Im Zwanzigsten Jahrhundert wurde dann durch umfassende Restaurierungen dem Verfall Einhalt geboten. Verschwunden sind der Palast des Patriarchen, die Mönchszellen und die Gästeherberge, erhalten blieben die drei Kirchen, darunter die 1106–25 erbaute Hauptkirche, die der Gottesmutter geweiht ist. Die Wandmalereien dieser Kirche können Weltgeltung beanspruchen, breiten sie doch fast das gesamte biblische Bildprogramm vor den Augen des Besuchers aus. Nach orthodoxer Tradition bilden die monumentalen Wandbilder mit der Architektur eine inhaltliche und künstlerische Einheit. Erhalten ist auch der Glockenturm bei der kleinen Nikolaus-Kirche und auch der Saal der Akademie mitsamt dem steinernen Podium des Magisters und den Bänken für die Akademiestudenten.

Gemblours/Belgien

Die bei Namur in Belgien gelegene ehemalige Benediktinerabtei Gemblours (Gemblacum, Gembloux) wurde 922 von Guibert von Darnau gegründet und konnte bereits unter seinem vierten Abt Albert die Immunität erreichen. Die Blütezeit der Abtei lag im Spätmittelalter, als die Chronisten Sigebert und Gottschalk wertvolle Geschichtswerke verfassten und eine berühmte Lehranstalt in Gemblours bestand. 1578 verwüsteten die Calvinisten das Kloster und 1712 brach ein großer Brand aus. Nach der 1783 erfolgten Aufhebung wurde die Abtei in eine landwirtschaftliche Anstalt umgewandelt.

Gengenbach/Baden-Württemberg/Deutschland

Im Kinzigtal, neun Kilometer südöstlich von Offenburg in Baden-Württemberg, liegt die ehemalige Benediktiner-Reichsabtei Gengenbach, in deren Gefolge und Bannkreis auch die einst freie Reichsstadt Gengenbach entstand. Das Kloster ist eine Gründung des Missionsbischofs Pirmin aus dem Jahr 727. Reich dotiert, erlangte die Abtei bald auch überregionale Bedeutung. Die ehemalige Abteikirche St. Marie (heute Pfarrkirche) wurde nach dem Hirsauer Bauschema als dreischiffige Basilika errichtet und mit fünf Ostapsiden ausgestattet. 1689 wurde die Kirche barock umgestaltet – und seither grüßt der hohe mächtige Barockturm weithin ins Tal. Die Abtei wurde 1806 vom Markgrafen Karl Friedrich von Baden aufgehoben. In die noch erhaltenen Teile der Klosterbauten zogen 1866 die Barmherzigen Schwestern ein und gründeten dort für ihre Kongregation ihr Mutterhaus, vor allem auch für die Ausbildung von Krankenschwestern.

Genua/Italien

Die Abbazia Santa Maria della Castagna liegt in Genua-Quarto entlang der alten römischen Straße ungefähr einen Kilometer vom Meer entfernt, 50 Meter über dem Meeresspiegel. Die 1878 gegründete Benediktinerabtei, obwohl im Stadtzentrum gelegen, besitzt einen der schönsten Parks von Genua und stellt ein Refugium der Ruhe dar. Großstadtseelsorge, Studium und Gastfreundschaft prägen das Leben der Mönche im Kloster, das der Congregatio Sublacensis angehört.

Georgenthal/Thüringen

Das 1142 zuerst auf einer Anhöhe gegründete Kloster Georgenthal wurde 1186–96 in ein Tal in Thüringen verlegt und anstelle von »Georgenberg« mit dem neuen

Namen ausgestattet. Die ersten Mönche kamen aus Morimund. Die zur Diözese Mainz gehörende Zisterzienserabtei wurde im Bauernkrieg verwüstet und daher 1525 vom Kurfürsten eingezogen.

Georgskloster/Israel

Am nördlichen Felshang des Wadi Quilt liegt fünf Kilometer südwestlich von Jericho das Georgskloster im palästinensischen Autonomiegebiet. Das griechisch-orthodoxe Wüstenkloster schmiegt sich mit drei Stockwerken an den rotbraunen Fels und blickt hinunter ins Tal und hinaus in die felsige und steinige Wüste. Um 430 hatten in diesem Gebiet syrische Anachoreten eine lockere Mönchssiedlung angelegt, um 480 gründete dann an diesem Platz Johannes von Theben ein festes Kloster. Im 6. Jahrhundert führte es Georgios von Choziba zu einer ersten Blüte. 614 wurde es jedoch von den Persern zerstört. Der byzantinische Kaiser Manuel I. Komnenos restaurierte den Konvent 1173. In dem Komplex finden sich zwei Kirchen, die durch einen Narthex miteinander verbunden sind: die Marienkirche mit ihren zahlreichen Ikonen und die Kirche der Heiligen Johannes und Georgios. Hier finden sich schöne Mosaiken aus dem 6. Jahrhundert, vor allem aber die Hauptreliquie: der in einem Holzkasten aufbewahrte Schädel des heiligen Georg. Man zeigt den Gläubigen auch eine oberhalb der Marienkirche liegende elf Meter lange Grotte, in der drei Jahre und sechs Monate der Prophet Elias gelebt haben soll. Östlich des Klosters ist in 70 Metern Höhe über dem Grund des Wadi die Höhle des hl. Johannes von Theben zu finden, die man im 12. Jahrhundert mit Fresken schmückte.

Geras/Österreich

Das Prämonstratenser-Chorherrenstift Geras im nördlichen Waldviertel in Niederösterreich gilt als architektonisches Kunstwerk hohen Ranges. Um 1150 von Graf Ulrich von Pernegg gegründet, hatte es vielfach durch Kriege, Plünderungen, die Pest und auch mutwilligen Zerstörungen zu leiden, so 1619–20 durch böhmische Truppen unter Führung des Grafen Schlick. In den Jahren 1736–40 baute in barockem Stil Joseph Mungenast die gesamte Stiftsanlage wieder auf und konnte den Konventsgebäuden die Stiftskirche Mariä Geburt mit drei Schiffen und einer Einturmfassade anfügen. Die rundbogigen Pfeilerarkaden der ursprünglichen Basilika blieben erhalten.

Gerleve/Nordrhein-Westfalen/Deutschland

Die Benediktinerabtei Gerleve im Kreis Coesfeld in Nordrhein-Westfalen (Bistum Münster) ist von Beuroner Mönchen 1899 errichtet worden, als die Geschwister Wermelt ihren großen Bauernhof mit beträchtlichen Flächen dem Benediktinerorden schenkten. 1901 begann man mit dem Bau einer großen Kirche und eines soliden Konvents, bereits 1904 wurde das Kloster zur Abtei erhoben. Die Nationalsozialisten vertrieben die Mönche, die aber 1946 zurückkehrten und 1950 die Abteikirche in neoromanischem Stil vollenden konnten. Die Mönche haben die Landwirtschaft verpachtet und widmen sich in einem Exerzitienhaus ihren Gästen, unterhalten eine Jugendbildungsstätte, auch ein Restaurant und betreiben eine Kunst- und Buchhandlung.

Gernrode/Sachsen-Anhalt/Deutschland

Markgraf Gero gründete 961 bei Quedlinburg in Sachsen-Anhalt im Harz die Benediktinerinnenabtei Gernrode, die 1521 in ein weltliches Damenstift verwandelt und 1610 aufgehoben wurde. Die romanische Stiftskirche St. Cyriakus aus ottonischer Zeit stellte schon im 10. Jahrhundert unter den Klostergründungen des Heiligen Römischen Reiches neben Essen, Gandersheim und Quedlinburg eine der mächtigsten Kirchenbauten dar und gilt heute als eine der bedeutendsten romanischen Schöpfungen der Frühzeit. Die Konventsbauten des Klosters sind bis auf einen Teil des Kreuzgangs verschwunden, aber die große Klosterkirche, eine dreischiffige Basilika, schlägt durch ihre feierliche Erhabenheit jeden Besucher in ihren Bann.

Gerode/Thüringen/Deutschland

Die ehemalige Benediktinerabtei Gerode (Gerade, Gervayde) im Eichsfeld wurde 1118 zu Ehren des Erzengels Michael von der Gräfin Richardis gegründet und schloss sich 1424 der Bursfelder Kongregation an. Im Bauernkrieg 1525 zerstört, wurde es 1540 wiederhergestellt und nach einer relativ ruhigen Entwicklungsphase 1803 säkularisiert.

Gethsemani/USA

Die Trappistenabtei Gethsemani bei Newhaven in Kentucky, Diözese Louisville, wurde 1849 von den Trappisten von Melleray in Frankreich gegründet und entwickelte sich zu einer sehr erfolgreichen und gut besetzten Abtei in den Vereinigten Staaten von Amerika.

Gladbach/Nordrhein-Westfalen/Deutschland

Die ehemalige Benediktinerabtei Gladbach wurde 793 vom Kölner Erzbischof Gero auf einem Hügel gegründet, auf dem einst eine germanische Opferstätte gestanden hatte. Um das Kloster entwickelte sich im Laufe der Jahrhunderte die heutige Stadt Mönchen-Gladbach. Die Ungarn, die 954 weit in den Westen vorgestoßen waren, zerstörten das Kloster, das dann 972 von St. Maximin in Trier restauriert wurde. Bis 1112 war Gladbach Doppelkloster, dann wurden die Nonnen auf den Abtshof Neuwerk umgesiedelt, wo sie das Marienkloster gründeten. Die dem heiligen Vitus geweihte Kirche im romanisch-gotischen Übergangsstil entstand im 12./13. Jahrhundert. Im Kloster selbst befleißigten sich die Mönche der Buchproduktion, so entstand in Gladbach beispielsweise eine zweibändige Ausgabe der Vulgata, auch wurde im Kloster eine frühe hebräische Bibel aufbewahrt, die ein Rabbiner geschrieben hatte. Der Dreißigjährige Krieg richtete großen Schaden an, aber das Kloster erholte sich wieder. Als 1802 Napoleon das Kloster aufhob, wurde die Klosterkirche zum Münster der Stadt erklärt und die Klostergebäude (aus dem Jahre 1663) dienen bis heute als Rathaus der Stadt.

Glanfeuil/Frankreich

Die ehemalige Benediktinerabtei Glanfeuil (Glanafolium) südlich von Angers in Frankreich wurde auf Grund einer Stiftung des Vizegrafen Florus durch den heiligen Maurus 543 gegründet und ist daher auch unter dem Namen St.-Maur-sur-Loire bekannt geworden. Die Reliquien des hl. Maurus wurden 868 zeitweilig vor den Normannen in die Abtei Fossés in Sicherheit gebracht, sie waren das Ziel vieler Wallfahrer von Glanfeuil. Im Hundertjährigen Krieg hatte das Kloster viel zu leiden und wurde von den Engländern 1369 sogar zur Festung ausgebaut. Von den Hugenotten wurde es im 16. Jahrhundert dann dreimal geplündert. 1790 vertrieb man die Mönche und verkaufte die Güter. 1885 konnten die Benediktiner das Kloster wieder erwerben und durch Mönche aus Solesmes besetzen. Der französische Klostersturm 1902 jedoch trieb die Mönche endgültig ins Exil nach Belgien, wo sie in Baronville bei Namur eine neue Heimat fanden.

Glastonbury/Großbritannien

Südwestlich von Wells in der Grafschaft Somerset erheben sich die Ruinen der ehemaligen Benediktinerabtei Glastonbury. Die Abtei gehört zu den ältesten Klöstern von ganz England, errichtet auf dem Boden einer alten keltischen Opferstätte. Zugleich war es die größte Klosteranlage Englands und zählt heute zu seinen berühmtesten Ruinen. Der Ort ist legendenumwoben, denn man glaubte, Joseph von Arimathia habe den Kelch des letzten Abendmahls, gefüllt mit dem Blut des Gekreuzigten, nach Glastonbury gebracht. Um diesen heiligen Gral, so die Legenden weiter, habe König Artus einst seine Tafelrunde versammelt. Bereits in frühester Zeit habe daher an dieser Stelle eine Kirche gestanden, in der 463 der heilige Patrick seine letzte Ruhestätte gefunden habe. Eine gesicherte und belegte Überlieferung beginnt für Glastonbury jedoch erst mit dem Jahr 940, als eine Benediktinerabtei errichtet wurde, deren erster Abt der heilige Dunstan war. Die Sachsenkönige Edmund the Magnificent (946), Edgar (975) und Edmund Ironside (1016) ließen sich in der Abteikirche begraben. Der Abt von Glastonbury war gleichzeitig Erzabt von

England. Als nun 1184 ein Feuer die gesamte Anlage vernichtete, wurde sofort die Wiedererrichtung beschlossen. Die Mönche gaben an, die Gräber von Joseph von Arimathia und von König Artus gefunden zu haben und sicherten sich durch die nun strömenden Pilgermassen die Finanzierung für die damals größte Klosteranlage des Königreiches, die erst 1303 fertiggestellt wurde. Die Abteikirche war 180 Meter lang und übertraf damit sogar die Länge der Kathedrale von York. Da 1539 der 84jährige Abt Whitting den Suprematseid nicht leisten wollte, ließ Heinrich VIII. den Greis aufhängen und das riesige Kloster zerstören. Die Ruinen von Glastonbury sind seither die stummen Zeugen ewiger Anklage gegen Despotenwillkür und Kulturbarbarei.

Glastonbury Abbey/USA

Glastonbury Abbey in Hingham ist die erste Benediktinergründung in Massachusetts. 1954 wurde das Kloster von Mönchen aus Wisconsin besiedelt. Der Heilige Stuhl erhob es 1973 zur Abtei, die sich seither hauptsächlich in zwei Gästehäusern Geistlichen und Ordensleuten sowie Laien widmet, die Einkehr halten und spirituelle Anregungen erfahren möchten.

Gleink/Österreich

Das ehemalige Benediktinerstift Gleink (Gluniacum) im Norden der Stadt Steyr in Oberösterreich wurde 1125 von Arnhalm und Poppo von Gleink gegründet. Die eher bescheidene Abtei baute noch in romanischer Zeit die Stiftskirche St. Andreas als querschifflose Basilika, die im 17. Jahrhundert barockisiert wurde. Die sehr bemerkenswerte Inneneinrichtung weist eine prächtige Orgel und eine Sakristei mit so reichgeschnitzten Schränken auf, wie man sie sonst nur noch in Spanien findet. Als das Stift 1784 aufgehoben wurde, kamen die Klostergebäude in den Besitz des Bistums Linz, das sie 1831 den Salesianerinnen übergab. Die Abteikirche wurde Pfarrkirche.

Glendalough/Irland

Die nach Clonmacnoise wichtigste Klostersiedlung Irlands und eines der größten irischen Wallfahrtszentren ist Glendalough in der Grafschaft Wicklow, gegründet von dem legendären Keltenheiligen St. Kevin um 600. Die Klostersiedlung liegt zwischen zwei Seen in einem schmalen Waldtal der Wicklow-Berge und besteht aus zwei getrennten Anlagen. Der am Lower Lake liegende Bezirk umfasst die inzwischen teilweise wieder instand gesetzte St. Kevin's Church, den Rundturm aus dem 11. Jahrhundert, die sogenannte Kathedrale und frühchristliche Grabsteine. Die Trinity-Church, die romanische St. Saviour's Church und St. Mary's Church sind ebenfalls am Lower Lake zu finden. Der Obere Bezirk am Upper Lake weist mehr oder weniger nur recht einfache Klostergebäude und Überreste auf. Restaurierungen im 19. und 20. Jahrhundert haben den gesamten, recht ausgedehnten Komplex inzwischen in der romantischen Landschaft für Besucher auf angenehme Weise zugänglich gemacht.

Glenstal Abbey/Irland

1927 gründeten belgische Mönche aus Maredsous in Murrol, Grafschaft Limerik, ein Benediktinerkloster, dem eine Kunstschule und bald darauf auch ein Gymnasium angeschlossen wurden. Dies geschah in bewusster Anknüpfung an die von den Engländern einst vernichteten großen Klostertraditionen Irlands. Seit 1964 findet in Glenstal Abbey eine ökumenische Konferenz statt. Die bereits 1957 zur Abtei erhobene Gründung sandte schon 1975 eine Missionsgruppe nach Nigeria und errichtete in der Nähe der Stadt Benin ein Priorat. Glenstal Abbey selbst betreibt zur Sicherung des Lebens eine große Landwirtschaft. Die Mönche der sehr personalstarken Abtei sind jedoch hauptsächlich als Lehrkräfte tätig.

Gloucester/Großbritannien

Angesichts der großartigen Kathedrale von Gloucester, die zu den schönsten Englands zählt und eine wahre Schatztruhe genannt werden kann, ist dem Betrachter kaum bewusst, dass dieses Gotteshaus seine Entstehung der gleichnamigen ehemaligen Benediktinerabtei verdankt, die bis zur Aufhebung 1539 durch Heinrich VIII. in voller Blüte stand. Bereits König Osric von Northumberland hatte an dieser Stelle schon 729 ein Kloster gegründet, das später von den Normannen geplündert und dann von den Benediktinern 1002 übernommen wurde. Im 11. Jahrhundert entstand der riesige Kirchenbau, der 128 Meter lang und 44 Meter breit ist und dessen Vierungsturm aus dem 15. Jahrhundert fast 70 Meter hoch ist. Die Kirche mit dem Kreuzgang und die Abtei mit ihrem Skriptorium und ihrer Bibliothek überlebten nur deshalb, weil Gloucester zum Bischofssitz (von des Königs Gnaden) erhoben worden war.

Göss/Österreich

Die ehemalige Benediktinerinnenabtei Göss bei Leoben in der Steiermark wurde 1004 durch die Gräfin Adula von Leoben als Kanonissenstift gegründet und ging im 12. Jahrhundert zur Benediktus-Regel über. Viele weibliche Angehörige des Hochadels hatten in Göss den Schleier genommen, zahlreiche Äbtissinnen entstammten berühmten Familien. Göss war aus diesem Grunde wohl auch die einzige Reichsabtei in den Erblanden der Habsburger. Als Kaiser Joseph II. die Abtei 1782 aufhob, konnte er mit dem Vermögen des Klosters das neugegründete Bistum Leoben dotieren.

Göttweig/Österreich

»Eine Symphonie aus Geschichte und Architektur« hat man die niederösterreichische Benediktinerabtei Göttweig genannt, die gegenüber von Krems auf einem, in die südliche Donauebene vorgeschobenen, 260 Meter hohen Berg von Bischof Altmann von Passau 1074 gegründet und zwanzig Jahre später von Mönchen aus St. Blasien besiedelt wurde. Die Babenberger und der Kaiser selbst förderten das Kloster, so dass dieses durch reiche Schenkungen bald zu einem ökonomischen, wissenschaftlichen und seelsorgerischen Zentrum der ganzen Gegend aufsteigen konnte. Bis zu den Türkeneinfällen 1529 und 1532, denen die Pest und einige Klosterbrände folgten, konnte sich Göttweig einer kontinuierlichen Entwicklung erfreuen. Nach einem erneuten Brand 1718 entschloss man sich zu einem Neubau: Ein großartiges Klosterschloss sollte nach den Plänen des berühmten Architekten Johann Lucas von Hildebrandt entstehen, den gotischen Vorgängerbau sollte eine gewaltige Barockanlage ersetzen und Kirche und Kloster gleichermaßen erfassen. Der ehrgeizige Plan kam zwar in seiner pompösen Gesamtkonzeption nicht zur Ausführung, aber die bis heute erhaltene Abtei und die dazugehörige Stiftskirche Mariä Himmelfahrt werden mit Recht zu den architektonischen Glanzleistungen Österreichs gezählt.

In der Abtei beeindrucken vor allem das durch drei Geschosse ansteigende Treppenhaus Hildebrandts, das gewaltige Deckenfresko Paul Trogers aus dem Jahr 1739, die wundervolle und reichbestückte Bibliothek, die reich gestalteten Stuckdekorationen und Steinbalustraden. In der ursprünglichen Pracht können die Gäste der Abtei vier Kaiserzimmer, den Cäciliensaal, die Gemäldegalerie und das Graphologische Kabinett besichtigen. Die völlig erhaltene Bibliothek ist allerdings nur für Wissenschaftler zugänglich. Die Stiftskirche präsentiert sich mit einer mächtigen Fassade nach Hildebrandts Entwurf, hat jedoch noch manches ihrer Ausstattung aus der Zeit der Gotik und Renaissance bewahrt. 1939 wurde das Kloster aufgehoben und enteignet. Zuerst war es ein Flüchtlingslager, dann eine nationalpolitische Erziehungsanstalt und nach dem Krieg eine russische Garnison. Seit der Rückerstattung des Klosters an den Orden betreut die Abtei über 30 Pfarreien und veranstaltet Stiftskonzerte und Ausstellungen. Ein stiftseigenes Exerzitienhaus bietet »Urlaub im Kloster« an.

Goldenkron/Tschechien

Die Zisterzienserabtei Goldenkron, acht Kilometer nordöstlich von Krumau in Südböhmen, wurde 1263 von Ottokar II. an einer Moldauschleife aus Dankbarkeit für seinen Sieg über die Ungarn gegründet. Mit dieser Gründung verfolgte der böhmische König zwei Ziele. Einerseits dokumentierte er damit die Ausdehnung seines Machtbereiches im Süden des Landes und andererseits beauftragte er die Mönche mit der Rodung der Wälder und der Trockenlegung der Sümpfe an der oberen Moldau. Bis zur Aufhebung 1785 war Goldenkron daher stets ein Zentrum der Landwirtschaftsentwicklung wie auch der Wissenschaften. Von den erhalten gebliebenen Klosterbauten ist heute nur noch eine frühgotische Kapelle erwähnenswert, die Kirche jedoch wurde in der Mitte des Zwanzigsten Jahrhunderts restauriert und dient als Pfarrkirche. Das einst berühmte Tafelbild, die um 1400 geschaffene »Madonna von Goldenkron« befindet sich in der Prager Nationalgalerie, während in der dreischiffigen Basilika nur eine Kopie zu sehen ist.

Gorze/Frankreich

Die ehemalige Benediktinerabtei Gorze in Lothringen (Gorzia oder monasterium Gurgitanum) liegt 20 Kilometer südwestlich von Metz und führt seine Gründung durch Chrodegang von Metz auf das Jahr 749 zurück. Im 9. Jahrhundert erlebte es eine Blütezeit und wurde 919 von den Ungarn eingenommen, was die Mönche zur Flucht nach Metz veranlasste. Einen neuen Aufstieg erlebte es dann unter dem tatkräftigen Bischof Albero von Metz, der seit 933 Gorze mit neuem mönchischem Leben erfüllen konnte. Ähnlich wie die Reformen von Cluny hatten auch die Reformbestrebungen von Gorze einen großen Einfluss auf die Wiederbelebung der benediktinischen Mönchsdisziplin. Unter den 160 Klöstern, die die Gorzer Reform übernahmen, waren auch die Konvente von Fulda und der Reichenau. Bereits 1572 aber konnte sich Kardinal Karl von Lothringen in den Besitz des Klosters setzen und sogar mit Hilfe des Papstes selbst die Säkularisierung betreiben. Der Lothringer hatte sich zum Kommendatarabt des Klosters wählen lassen und konnte von dieser Plattform aus die Verweltlichung vorantreiben. 1661 fielen die Klostergebäude und der gesamte Besitz an den französischen König, der nach seinem Belieben dann Titulaturäbte von Gorze ernannte, reine Ehrentitel mit damit verbundenen Zinseinkünften aus dem ehemaligen Klosterbesitz.

Goschavank/Armenien

Das Kloster Goschavank (Nor Getik) war einst eines der Hauptzentren der armenischen Kultur, es ist umgeben von den waldigen Hängen des Getik-Tales und liegt in dem Dorf Gosch in der Provinz Gogarene im Distrikt Ijevan. Das nach dem Gelehrten Mechithar Gosch (1133–1213) benannte Kloster erhielt seinen Namen nicht von ungefähr, denn Gosch gründete in diesem Kloster eine Akademie, die ein Mittelpunkt des armenischen Geisteslebens im 13. Jahrhundert war. Die Gesamtanlage besteht aus der Hauptkirche mit großem Vorbau, drei Kapellen, einem Glockenturm, einer Bibliothek und der Kirche Surb Grigori (Sankt Gregor) und einigen Nebengebäuden. Früher war der gesamte Komplex mit einem Mauergürtel umgeben. 1957–63 wurde Goschavank gründlich restauriert. Da ein Erdbeben gegen Ende des 12. Jahrhunderts im Getik-Tal auch den Vorgängerbau zerstört hatte, wurde das Kloster danach auch als Neu-Getik (Nor Getik) bezeichnet.

Gotha/Thüringen/Deutschland

Die Stadt Gotha in Thüringen, bis 1918 Residenzstadt der Herzöge von Sachsen-Gotha, war mit dem Klosterwesen auf mehrfache Weise eng verbunden. Kaiser Karl der Große schenkte den Ort einst dem Kloster Hersfeld, dann siedelten sich im 13. Jahrhundert Zisterzienserinnen an und errichteten ein Kloster, das aber 1258 dem Augustiner-Eremitenkloster zur Verfügung gestellt wurde. Die gotische Kirche, die in gotischer Zeit für diese Mönche gebaut wurde, ist unter dem Namen Augustinerkirche noch heute in Gotha erhalten, in ihr predigte 1515 noch Martin Luther als Distriksvikar. Nach der Reformation wurde die Kirche protestantisches Gotteshaus und 1676–80 barock umgebaut. Die Konventsgebäude wurden in den letzten Jahrhunderten stark verändert und anderen Zwecken zugeführt.

Gottesgnaden/Sachsen-Anhalt/Deutschland

Graf Otto von Reveningen gründete 1126 auf Anregung des heiligen Norbert bei Kalbe an der Saale die ehemalige Prämonstratenserabtei Gottesgnaden und besiedelte sie mit Mönchen aus dem Kloster St. Maria in Magdeburg. Bereits im ersten Jahrhundert ihres Bestehens erwarb sich die Abtei große Verdienste um die Kultivierung des Saaletales und der weiteren Umgebung. 1563 aufgehoben und 1629 dem Orden zurückgegeben, wurde das bedeutende Kloster jedoch bald darauf im Dreißigjährigen Krieg von den Schweden vollständig eingeäschert.

Grábóc/Ungarn

Im Jahre 1580 gründeten serbische Mönche aus dem dalmatinischen Kloster Dragovic ein orthodoxes Kloster in Westungarn, 14 Kilometer südwestlich der Stadt Szekezárd im Komitat Tolna. Diese Mönche waren vor den Türken geflohen und fanden in dem kleinen abgelegenen Dorf Grábóc eine neue Heimstatt. Die von ihnen um 1763 errichtete Kirche in spätbarockem Stil besitzt eine prächtige Ikonostasis und ein filigran gearbeitetes Gestühl. Die Konventsgebäude beherbergen heute ein Altersheim.

Graćanica/Serbien (Kosovo)

Das am besten erhaltene Bauwerk des serbischen Mittelalters ist die Kirche des orthodoxen Klosters Graćanica, deren fünf prächtige Kuppeln sich zehn Kilometer südöstlich von Pristina erheben. Das Kloster wurde 1320 von König Milutin gestiftet und mit allen seinen Gebäuden von einer Mauer umgeben. Von den Türken wurde Graćanica geplündert und angezündet, aber es blieben erfreulicherweise die herrlichen Fresken aus dem 14. Jahrhundert erhalten. Neben der Darstellung des Jüngsten Gerichts sieht man in kräftigen Farben auch den Stammbaum der Nemanjiden-Dynastie und das Stifterbild Milutins. In der Hauptkuppel der Kirche sieht man Christus Pantokrator und in den vier kleinen Kuppeln die Evangelisten.

Granada, Monasterio de la Cartuja/Spanien

In der Calle Real zu Granada wurde im 16. Jahrhundert eine Kartause gegründet, von der sich außer der großartigen Kirche nur der Kreuzgang, das Refektorium und die Sakristei erhalten hat. Die im 17. Jahrhundert fertiggestellte Kirche wird allerdings in Spanien als Paradebeispiel der churrigueresken Stils gefeiert. Dieser späte Barockstil erreicht in dieser Klosterkirche seine üppigste Entfaltung mit überreichen weißen Stuckaturen, die durch das Wechselspiel des Lichts wie belebt erscheinen.

Grande Chartreuse/Frankreich

Die in der unwirtlichen Bergwildnis bei Grenoble im Departement Isère/Frankreich gelegene Große Kartause ist das Stammkloster der Kartäuser und wurde vom heiligen Bruno 1084 gegründet. Mehrfach durch Brände und Bergrutsche zerstört, bauten die nach strengen Regeln lebenden Mönche ihr Kloster immer wieder auf. Vertrieben während der Revolution am Ende des 18. Jahrhunderts und nochmals 1903 durch die Klostergesetze, kehrten die Mönche 1941 wieder in ihre weltabgeschiedene Einsamkeit zurück. Der große Klosterkomplex ist restauriert, für Besucher steht ein Museum zur Verfügung, das die kontemplative Lebensweise der Mönche veranschaulicht.

Griffen/Österreich

Das 1236 von Bischof Eckbert von Bamberg am Fuße der Saualpe in Kärnten gegründete Prämonstratenserstift wurde von Mönchen aus Thüringen besiedelt und spielte vor allem in der regionalen Seelsorge eine bedeutende Rolle. Das 1786 aufgehobene Stift hinterließ eine großräumige dreischiffige Pfeilerbasilika aus spätromanischer Zeit, die jedoch eine prächtige Rokokoausstattung aufweist. In der ehemaligen Stiftsanlage sind der Kreuzgang aus dem 13. Jahrhundert und die Stuckaturen im Refektorium von Kilian Pittner sehenswert.

Grimbergen/Belgien

Die belgische Prämonstratenserabtei Grimbergen (Grimberghe) in der Diözese Mecheln wurde 1110 von Graf Walther von Berthout für Augustiner-Chorherren gegründet, aber 1228 mit Prämonstratensern aus Prémontré besetzt. Nach der Säkularisation in der Französischen Revolution wurde die Abtei 1834 restituiert, blühte schnell auf, übernahm 13 Pfarreien zur Betreuung und gründete in der kanadischen Diözese St. Albert eine Missionsstation.

Groß Ammenleben/Sachsen-Anhalt/Deutschland

Die nordwestlich von Magdeburg in Sachsen-Anhalt gelegene ehemalige Benediktinerabtei Groß Ammenleben wurde im 12. Jahrhundert gegründet, brannte 1230 ab, so dass die ursprünglich romanische Pfeilerbasilika einen gotischen Umbau erfuhr. Diese Kirche erhielt ihren Spitzhelm auf dem Turm bereits in protestantischer Zeit (1616) und konnte ihren kostbaren Figurenschmuck bewahren. Bei der Restauricrung 1965 konnte in der Kreuzkapelle südlich des Chores der mittelalterliche glasierte Tonfliesenfußboden freigelegt werden. Von den Klostergebäuden haben sich allerdings nur noch das Torhaus und der Pferdestall erhalten.

Groß-Comburg (Groß Komburg)/Baden-Württemberg/Deutschland

Auf einem steilen, freistehenden Hügel über dem Kochertal bei Hall in Baden-Württemberg wurde nach den Erschütterungen des Investiturstreits 1079 unter dem Einfluss von Hirsau eine Benediktinerabtei gegründet. Hauptstifter waren die fränkischen Grafen von Rothenburg. 1488 wurde der Konvent in ein adliges Ritterstift umgewandelt. Die gewaltige Anlage gehört zu den bedeutendsten ihrer Art in Deutschland und wirkt sowohl von außen wie auch im Innern wie eine Festung, sie stellt letztlich eine Mischung von Bauten aus acht Jahrhunderten dar. Nach der Aufhebung des Stifts 1802 war die Comburg zeitweilig Residenz des Prinzen Paul von Württemberg. Innerhalb der Konventsbauten liegt die dreischiffige, kreuzgewölbte Hallenkirche mit ihrem ungewöhnlich langen Querschiff. Aus romanischer Zeit findet sich in dieser Kirche ein großartiger Kronleuchter in Radform mit zwölf Türmen, die an das himmlische Jerusalem symbolisch erinnern sollen.

Grottaferrata/Italien

Etwa sechs Kilometer von Frascati entfernt, liegt in der Provinz Latium südöstlich von Rom das Basilianerkloster Grottaferrata, das 1004 vom heiligen Nilo gegründet wurde, der auch als Neilos von Rossano bekannt ist. Der Basilianer-Orden befolgt den griechischen Ritus, der in Grottaferrata 1881 vollständig eingeführt und von Papst Leo XIII. auch bestätigt wurde. Das päpstliche Seminar für Albaner, Griechen und Italiener wurde 1918 Grottaferrata angeschlossen. 1937 erhob Pius XI. das Kloster zur Abbatia nullius, d. h. zu einer Abtei, die keiner Diözese zugehört.

Grünhain/Sachsen/Deutschland

Die von Meinhard II. 1235 im Umkreis der heutigen Stadt Grünhain in Sachsen gestiftete ehemalige Zisterzienserabtei gleichen Namens hatte als Schenkung zur

Gründung nur ödes, unfruchtbares Land erhalten. Die für ihren Fleiß bekannten Zisterzienser aber machten aus den wüsten Ländereien bald fruchtbares Ackerland und leisteten Großes bei der Kultivierung ihrer Umgebung. Als Grünhain 1553 von Sachsen aufgehoben wurde, fielen den Kurfürsten wertvolle Güter in die Hände.

Grüssau/Polen

Die ehemalige Reichsabtei Grüssau bei Landeshut in Schlesien war nach ihrer Gründung 1242 zuerst von Benediktinern bewohnt, wurde aber schon 1289 durch Zisterzienser besetzt, die Herzog Bolko I. berufen hatte. Grüssau wurde zum Ausgangspunkt der Missionsarbeit im Riesengebirge und stand einige Generationen nach seiner Gründung in voller Blüte. 1426 zerstörten die Hussiten das Kloster und brachten dabei 70 Mönche um. Im Dreißigjährigen Krieg (1633) wurde die Abtei mit der unvergleichlichen Bibliothek ebenfalls niedergebrannt. Nachdem sich drei Generationen später das Kloster wieder erholt hatte, wurde ein gewaltiger Barockbau in Angriff genommen, es entstand die größte Barockkirche Schlesiens mit einer imponierenden zweitürmigen Westfassade und einer Innendekoration von quirlendem Reichtum. Der Bau wurde in den Jahren 1728–35 fertiggestellt. 1810 jedoch kam schon die Aufhebung. Erst nach dem Ersten Weltkrieg wurde die an sich intakte Anlage wieder mit Benediktinern besiedelt, die aus Beuron im oberen Donautal kamen. 1945 fiel das Kloster unzerstört in polnische Hände und wird seither von katholischen Schwestern betreut. Der polnische Name lautet nunmehr Krzesów.

Grüssau/Bad Wimpfen/Baden-Württemberg/Deutschland

Die Benediktinerabtei Grüssau in Bad Wimpfen ist unmittelbar nach dem Zweiten Weltkrieg entstanden, als die Mönche aus dem Kloster Grüssau in Schlesien ausgewiesen wurden. Von den 80 Benediktinern dieses Klosters fiel ungefähr ein Viertel im Zweiten Weltkrieg, die anderen kamen allmählich aus der Gefangenschaft zurück und suchten nach ihren vertriebenen Mitgliedern im Westen Deutschlands. Da ergab es sich, dass in Bad Wimpfen, zehn Kilometer nördlich von Heilbronn, das seit 1803 leerstehende ehemalige Ritterstift St. Peter sich als neue Bleibe anbot und die Grüssauer Mönche sich dort sammeln und ihre Abtei wiedererrichten konnten. Die Mönche unterhalten ein Gästehaus, veranstalten Exerzitien, betreiben einen Klosterladen und sind in der Seelsorge der Pfarrei Bad Wimpfen tätig.

Gtičavank/Aserbeidschan

Das 1868 durch ein Erdbeben zerstörte und heute in Ruinen liegende armenische Kloster Gtičavank liegt bei dem Dorf Tol im Tal des Išxanaget im Autonomen Gebiet Berg-Karabach, das zu Aserbeidschan gehört, aber seit 1994 von Armenien besetzt ist. Das am nördlichen Hang des Berges Tolasar auf 1450 Metern Höhe gelegene Kloster war seit dem 8. Jahrhundert auch Bischofssitz. Die Hauptkirche besteht aus einem ummantelten Kreuzkuppelbau mit abgetrenntem Chorteil, im Nordwesten grenzt eine zweite Kirche an, die aber nur ein einschiffiger Bau war und in Ruinen liegt.

Guadalupe/Spanien

Das Kloster der Hieronymiten in der Provinz Cáceres in der Estremadura hat dem Städtchen den Namen gegeben, das mit ihm an den südöstlichen Abhängen der Sierra von Guadalupe gewachsen ist. Die Hieronymiten sind ein in Spanien sehr angesehener Mönchsorden, der einst zu Ehren des heiligen Hieronymus gegründet wurde. Man hat das Kloster vielfach als das bedeutendste Marienheiligtum Spaniens neben Montserrat bezeichnet und als die größte klösterliche Schatzkammer nach dem Escorial. Gegründet wurde das Kloster von Alfonso XI. 1340 aufgrund eines Gelübdes vor der siegreichen Schlacht von El Salado gegen die Mauren. An der Stelle des Kloster soll ein angeblich vom heiligen Lukas geschnitztes Marienbild wieder aufgefunden worden sein, das vor der arabischen Invasion 711 vergraben worden war. Zu diesem Gnadenbild strömten im Laufe der Generationen unzählige Pilgerscharen, die das Kloster allmählich zum wohlhabendsten der ganzen Halbinsel machten. Unter den Pilgern befanden sich regelmäßig auch die Könige Kastiliens, die sogar ihre Kinder von den Mönchen dieses Klosters erziehen ließen. Hier entstand eine Medizinschule mit drei Hospitälern – und Klosterärzte führten in Guadalupe die erste Obduktion eines menschlichen Leichnams im christlichen Abendland aus. Eine Buchmalerschule, eine Druckerei, Werkstätten für Goldschmiedearbeiten und Seidenstickereien wurden gegründet, es gab kaum etwas Vergleichbares im Lande. Christoph Kolumbus und Hernán Cortés beteten vor dem Bild der Madonna vor ihrer Abfahrt in die Neue Welt. Das größte Wallfahrtsheiligtum Amerikas in Mexiko ist nach diesem Gnadenbild der Nuestra Señora da Guadalupe benannt. Alle Fürsten und Konquistadoren stifteten nach ihrer Rückkehr einen Teil ihrer Beute diesem Kloster, das daher auch seine dreischiffige Basilika mit den kostbarsten Werken der Kunst aller Stilrichtungen ausstatten konnte. 1835 wurden durch die klosterfeindlichen Gesetze im damaligen Spanien auch die Mönche von Guadalupe vertrieben, erst 1908 wurde das Kloster wieder renoviert und den Franziskanern übergeben.

Guatapé/Kolumbien

Die Benediktinerabtei »Monasterio Santa Maria de la Epifania« in der Stadt Guatapé liegt ungefähr 80 Kilometer von der Stadt Medelin entfernt auf einer Höhe von 2000 Metern im Bezirk von Antioquia. Die klösterliche Gemeinschaft, die zur Kongregation von Subiaco gehört, hatte 27 Jahre lang in Usme, im Süden von Bogota, ein Ordenshaus bewohnt und zog erst 1994 in das neue, sehr geräumige Kloster in Guatapé um. Die Mönche betreiben zur Sicherung ihres Lebensunterhalts vor allem eine Reihe von Werkstätten im kunstgewerblichen Bereich.

Güntersthal/Baden-Württemberg/Deutschland

Die ehemalige Zisterzienserinnenabtei Güntersthal, in einem südlichen Vorort von Freiburg im Breisgau gelegen, wurde 1224 gegründet und bestand bis zur Aufhebung 1806, ohne von den weltgeschichtlichen Ereignissen nachteilig berührt zu werden. Die Klostergebäude wurden danach zu einem Waisenhaus umgewandelt. Für die süddeutsche Namensgeschichte ist das Necrologium Gunterstalense von großer Bedeutung, denn in diesem Sterberegister sind alle Namen der in diesem Kloster verschiedenen Nonnen verzeichnet.

Guisborough Priory/Großbritannien

Das Augustiner-Priorat Guisborough in der Grafschaft Cleveland, zehn Kilometer südöstlich von Middlesborough in North Yorkshire, wurde 1119 von dem Normannen Robert de Brus gegründet, der mit Wilhelm dem Eroberer nach England gekommen war und zum Ahnherrn von Robert the Bruce, Robert I. von Schottland, wurde. Obwohl Priorate stets kleiner als Abteien zu sein pflegen, sind die Mauerreste des unter Heinrich VIII. aufgehobenen Klosters doch so imponierend, dass dieses Ordenshaus einer Abtei wohl in nichts nachgestanden haben dürfte. Erhalten sind nur der Ostteil der Kirche aus dem 13. Jahrhundert, das Pförtnerhaus und das Taubenhaus.

Gurk/Österreich

Das gegenwärtige Benediktinerinnen-Priorat Gurk im Gurktal zu Kärnten in Österreich blickt auf eine ehrenvolle und wechselhafte Geschichte zurück. Im Jahr 1043 gründete die heilige Hemma, Gräfin von Friesach-Zeltschach ein Kloster der Benediktinerinnen, deren Kirche zur Kathedrale erhoben wurde. Als nun 1072 das Bistum Gurk gegründet wurde, erhob man 1123 die Klosterkirche zum Dom und die Nonnen mussten Augustiner-Chorherren weichen, die ihrerseits nun das Domkapitel bildeten. Auf diese Weise entstand das Augustiner-Chorherrenstift Gurk. In der Zeit zwischen 1140 und den folgenden Jahrhunderten bis zum Jahre 1632 erfolgte in verschiedenen Bauphasen die Errichtung des heutigen Doms zu Gurk, der zu den schönsten und berühmtesten romanischen Kirchen Österreichs zählt, dessen vergoldeter Hochaltar jedoch nach spanischem Vorbild eine Höhe von 14,50 Metern erreicht und in imperialem Barock ausgeführt ist. 1787 wurde unverhofft der Bischofssitz nach Klagenfurt verlegt und das Domkapitel in Gurk ebenfalls aufgelöst. Das Domstift wurde nach längerer Interimszeit 1890 wieder Benediktinerinnen-Priorat und der Dom wieder Klosterkirche. Dieses Gotteshaus mit seinen beiden 60 Meter hohen Türmen und seiner reichhaltigen Innenausstattung gilt als ein »Mekka« der Kunstfreunde. Die erst 1938 heiliggesprochene Stifterin Hemma ist in der Krypta, der berühmten Grabkirche, beigesetzt, in der auf 400 Quadratmetern Grundfläche exakt 100 Säulen verteilt sind.

Gutenzell/Baden-Württemberg/Deutschland

Die ehemalige reichsunmittelbare Zisterzienserinnenabtei wurde im Raum Biberach (Baden-Württemberg) 1237 von den Grafen von Schlüsselberg gegründet, im Dreißigjährigen Krieg noch 1647 zerstört, jedoch wieder aufgebaut. Die Äbtissin von Gutenzell herrschte über ausgedehnte Güter im Raume von Oberschwaben. 1803 wurde die Abtei aufgehoben und Graf Törring-Jettenbach zugesprochen. 1806 kam Gutenzell an Württemberg, das im ehemaligen Konvent ein Rentamt einrichtete. Heute betreuen Franziskanerinnen die einstigen Klosteranlagen und die Kirche.

Gutvalla/Schweden

Die seit dem Hochmittelalter bestehende ehemalige Zisterzienserabtei Gutvalla auf der schwedischen Insel Gotland im Kirchspiel Roma war ein Tochterkloster von Nydala. Das zum Bistum Linköping gehörende Gutvalla (Guthualia, Roma) war eine reiche Abtei mit bedeutendem Grundbesitz im Baltikum und weitreichenden Handelsbeziehungen mit verschiedenen Ostseeländern. Nach der Übernahme der Reformation durch den schwedischen Staat wurde Gutvalla 1534 säkularisiert.

H

Hadmersleben/Sachsen-Anhalt/Deutschland

Bischof Bernhard von Halberstadt gründete im Jahr 991 zu Ehren der heiligen Petrus und Paulus eine Benediktinerinnenabtei, die von Otto II. in einer Urkunde eigens bestätigt wurde. Das an der alten Heerstraße von Halberstadt nach Magdeburg gelegene Kloster blühte rasch auf, so dass eine bis heute erhaltene Abteikirche in romanischer Zeit errichtet werden konnte, die dann in der Zeit der Gotik und des Barock entsprechend dem Stil der Zeit ausgestattet wurde. Die Klosterkirche von Hadmersleben gilt mit ihrem gut erhaltenen Kapitelsaal (mit Kreuzgratgewölben) als einer der bedeutendsten Sakralbauten in Sachsen-Anhalt. Aufgehoben wurde das Kloster Hadmersleben durch den Bruder Napoleons, den König von Westfalen, im Jahre 1810.

Hagharcin/Armenien

Das armenische Kloster Hagharcin liegt inmitten von Wäldern auf einer terrassenförmigen Anhöhe in der Umgebung von Dilijan im Distrikt Ijevan. Der gesamte Klosterkomplex besteht aus vier Kirchen, zwei großen Vorhallen (Schamatunen), einer zerstörten Kapelle und einem Refektorium. Bezeugt seit dem 12. Jahrhundert, wurde die Hauptkirche des Klosters allerdings erst nach dem Mongoleneinfall (1281) erbaut und 1681 restauriert. Die Kirche ist der Muttergottes geweiht (Surb Astuacacin) und stellt einen ummantelten Kreuzkuppelbau mit abgetrenntem Chorteil dar. Das Kloster ist relativ gut erhalten, auch die Dächer wurden seit 1974 erneuert. Bemerkenswert ist vor allem das Refektorium, denn dieser 21 Meter lange und neun Meter breite Saal wird nur von zwei Freipfeilern gestützt; er stellt eine der kühnsten Wölbungskonstruktionen des mittelalterlichen Armenien dar.

Haghbat/Armenien

Von einer weitläufigen Umfassungsmauer umgeben, liegt das armenische Großkloster Haghbat über dem Debed-Tal, 15 Kilometer von Alverdi entfernt im Distrikt Tumanyan in der Provinz Gogarene. Gegründet 967 durch die Königin Xosravanuys, die Gattin des Bagratiden Asot III., erlebte das Kloster seine größte Blütezeit im 13. Jahrhundert unter den Zakariden und den Artsruni. In dieser Zeit besaß das Kloster auch ein leistungsstarkes Skriptorium, aus dem schon 1211 das bekannte Evangeliar von Halbat hervorging. Die Äbte betätigten sich mehrfach als eifrige Bauherren, so dass im Laufe der Zeit das Kloster zwei Kirchen, eine Kapelle, eine Bibliothek, ein großes Refektorium, einen Glockenturm und zwei große Schamatune (Vorhallen) aufweisen konnte. Von 1650–70 litt das Kloster schwer unter den Raubzügen der Lesgier, wurde jedoch stets wiederhergestellt, vor allem im 18. Jahrhundert und insbesondere 1965–66.

Haifa, Karmel/Israel

Der Berg Karmel bei Haifa an der Küste des Mittelmeeres gilt bereits seit frühchristlichen Zeiten als Klosterberg, denn in seinen vielen Höhlen suchten damals schon zahlreiche Eremiten Zuflucht und Einsamkeit. Allmählich entwickelte sich auf dem Berg eine klösterliche Gemeinschaft, aus der im 12. Jahrhundert der Orden der Karmeliter hervorging, dessen Stammkloster 1291 von den Sarazenen zerstört wurde. Da der Berg auch als Dschebel mar Eljas bekannt ist, weil er einst die Wirkungsstätte des Propheten Elija war, ließen sich 1631 die sogenannten Unbeschuhten Karmeliter auf dem Berg nieder. Das Kloster dieses Ordens ließ 1821 der Pascha von Akka in die Luft sprengen. Bereits 1828 begann der Neubau durch italienische Mönche. Dieses Kloster trägt heute den Namen Stella Maris, es stellt einen stattlichen Komplex mit Kirche, Konvent und Museum dar.

Haina/Hessen/Deutschland

Mönche aus Altenberg siedelten sich 1221 bei Frankenberg in Hessen, Bistum Mainz, fest an und gründeten die Zisterzienserabtei Haina, die 1252 das Recht erhielt, auf seinen Gütern nach Eisenerz zu graben und Eisenhütten zu betreiben. In der Reformationszeit hob dann Landgraf Philipp 1527 das Kloster auf und verwandelte es in eine Heil- und Pflegeanstalt. Auf diese Weise blieben die Klostergebäude erhalten, ebenso die Abteikirche, die als gotischer Hallenbau bis zum heutigen Tag unverändert blieb.

Hamersleben/Sachsen-Anhalt/Deutschland

Bischof Reinhard von Halberstadt gründete in seiner Diözese um 1106 eine Augustinerabtei im heutigen Sachsen-Anhalt zu Ehren des heiligen Pankratius. Noch in der ersten Hälfte des 12. Jahrhunderts wuchs ein prächtiges Münster nach dem Muster der Hirsauer Bauschule heran, eine dreischiffige romanische Säulenbasilika, die 1178 endgültig vollendet wurde. Der sehr bemerkenswerte Sakralbau mit Querschiff hat zwei Osttürme. 1687 kam zur Innenausstattung ein gewaltiger Altar, die Orgel, die Kanzel, das Chorgestühl und einige überlebensgroße Apostelfiguren hinzu. Von den Klostergebäuden blieben nach der Aufhebung 1810 allerdings nur zwei Flügel des spätgotischen Kreuzgangs erhalten.

Hane/Rheinland-Pfalz/Deutschland

Werner von Bolanden gründete 1129 beim heutigen Kirchheimbolanden in der Pfalz das Prämonstratenserinnenkloster Hane (Cenobium Domestense, Claustrum de Indagine), das bis zur Aufhebung 1564 durch Kurpfalz bestand.

Hanga/Tansania

Die Benediktinerabtei Hanga in Songea in Tansania gehört der Kongregation der Missionsbenediktiner von St. Ottilien in Oberbayern an, wurde 1957 gegründet und 1993 zur Abtei erhoben. Von Hanga aus wurden bereits fünf weitere klösterliche Niederlassungen in Tansania gegründet, von denen seit 1995 in Mvimwa das Priorat zum Heiligen Geist einen bedeutenden Aufstieg zu verzeichnen hat. In Hanga selbst waren im Jahre 2000 insgesamt 133 Mönche beheimatet.

Hardehausen/Nordrhein-Westfalen/Deutschland

Bischof Bernhard von Paderborn gründete in seinem Bistum im Raum Warburg 1140 eine Zisterzienserabtei, die im Laufe der Jahrhunderte einen ansehnlichen Grundbesitz erwarb. Besiedelt wurde Hardehausen zur Gründerzeit von Kloster Camp und wurde dann selbst Mutterkloster von Bredelar, Marienfeld und Scharnebeck. Das Kloster bestand bis 1803, aber weder der Konvent noch die Kirche sind erhalten geblieben.

Hautecombe/Frankreich

An den Ufern des Sees von Bourget in Savoyen steht die einst berühmte ehemalige Benediktinerabtei Hautecombe, die im 12. Jahrhundert von Cluniazensermönchen gegründet wurde. Im Mittelalter gingen von der Abtei bedeutende Impulse aus, die das geistige Leben Savoyens befruchteten. Nach der Säkularisation wurde in der Abtei eine Fayencenmanufaktur eingerichtet. Die Abteikirche wurde durch die Hilfe wohlhabender Gönner und Förderer im 19. Jahrhundert renoviert und überreich mit Skulpturen im Stile der »Troubadourgotik« ausgeschmückt. Die Lage der einstigen Abtei am Ufer des Bourget-Sees hat Dichter und Maler wiederholt inspiriert.

Hauterive/Schweiz

Die am linken Saaneufer dicht bei Posieux oberhalb von Fribourg in der Schweiz gelegene Zisterzienserabtei Hauterive (Alta Ripa, Altenryf) wurde 1138 von Guillaume de Glâne gegründet. Die Äbte erhielten 1416 durch Papst Martin V. bischöfliche Würden. 1578 wurde das Kloster ein Raub der Flammen, aber bald danach wiedererrichtet. Die aus den Jahren 1150–60 stammende Klosterkirche ist eine dreischiffige Basilika mit Querschiff und gotischem Rechteckchor, der mit sehr schönen Glasmalereien ausgestattet ist. Das Chorgestühl stammt aus den Jahren 1477–86. Das Konventsgebäude bildet mit der Kirche ein homogenes Ganzes und weist einen der schönsten Kreuzgänge der Schweiz auf. Das Kloster wurde 1848 aufgehoben und die Bibliothek sowie das Archiv nach Fribourg verbracht. 1939 kehrten die Zisterzienser nach Hauterive zurück.

Havelberg/Sachsen-Anhalt/Deutschland

Das ehemalige Prämonstratenser-Domherrenstift Havelberg, gelegen in der heutigen Kreisstadt gleichen Namens in der Nähe der Einmündung der Havel in die Elbe, hing einstens eng mit dem damaligen Missionsbistum Havelberg zusammen. Dieses Bistum entstand 983 und der dafür vorgesehene Dom wurde 1138–49 errichtet. Gleichzeitig entstand ein Prämonstratenserkloster, dessen Chorherren von 1144–1548 das Domkapitel bildeten. Die Prämonstratenser von Havelberg spielten eine wichtige Rolle bei der Kultivierung des Landes und der Slavenmission. Der Dom, eine dreischiffige, flachgedeckte Basilika, mit halbkreisförmiger Apsis und wehrhaftem Westwerk, ist wegen seiner wertvollen Innenausstattung höchst sehenswert. Die Konventsgebäude kamen bei der Säkularisation in der Reformationszeit in private Hände. Soweit sie noch – wie der frühgotische Kreuzgang aus dem 13. Jh. – vorhanden sind, beherbergen sie heute das Prignitz-Museum.

Hedersleben/Sachsen-Anhalt/Deutschland

Die der heiligen Gertrud gewidmete ehemalige Zisterzienserinnenabtei Hedersleben im Bistum Halberstadt wurde 1253 bei Quedlinburg von den Brüdern Albert und Ludwig von Hackeborn gegründet, sie waren die leiblichen Brüder der heiligen Gertrud von Hackeborn. Die ersten Nonnen kamen aus Helfta. Der Säkularisationswelle von 1810 fiel auch Hedersleben zum Opfer.

Heggbach/Baden-Württemberg/Deutschland

Die ehemalige reichsunmittelbare Zisterzienserinnenabtei Heggbach (Heckenbach, Heppach) wurde 1195 gegründet und war im Bistum Konstanz einst eine bedeutende Ordensniederlassung. Nach der Aufhebung 1803 wurde in den Klostergebäuden nach langen Verhandlungen 1884 dann eine Heil- und Pflegeanstalt für geistig Behinderte von den Barmherzigen Schwestern eingerichtet. Diese segensreiche Einrichtung im ehemaligen Kloster Heggbach bei Biberach (Riss) in Württemberg nimmt vornehmlich Epileptiker auf.

Heidenheim/Baden-Württemberg/Deutschland

Das von den beiden aus England stammenden heiligen Brüdern Wunibald und Wilibald gegründete Benediktinerkloster Heidenheim entstand 751 im Bistum Eichstätt in Mittelfranken als Doppelabtei für Mönche und Nonnen und wurde zum Ausgangspunkt für die Christianisierung des Saalefeldes. Bischof Geroch von Eichstätt verwandelte das Kloster vor dem Jahr 800 dann in ein Chorherrenstift, das aber von Bischof Gebhard 1152 wieder mit Benediktinern vom Bamberger Michelsberg besiedelt wurde. 1537 zog der Ansbacher Markgraf das Kloster ein. Erhalten ist die dreischiffige Pfeilerbasilika mit Querschiff und gotischem Chor sowie mit dem romanischen Hochgrab der heiligen Walburga. Diese einstige Abteikirche ist heute Pfarrkirche.

Heiligengrabe/Brandenburg/Deutschland

Das im ehemaligen Bistum Havelberg im Land Brandenburg zwischen Pritzwalk und Wittstock gelegene Zisterzienserinnenkloster wurde 1287 gegründet und 1542 in ein adeliges protestantisches Damenstift umgewandelt. Heute ist es Pflegeheim und Diakonissenhaus. Die Stiftskirche, ein Feldsteinbau mit einem Blendengiebel aus Backsteinen, enthält einen Schnitzaltar aus der Zeit um 1420 und eine Barockorgel aus dem frühen 18. Jahrhundert. Der ebenfalls erhaltene Kreuzgang ist ein Werk des frühen 16. Jahrhunderts. Die Klausur wurde unter dem Architekten August Stühler 1842 erneuert. Den Namen erhielt das Kloster von einer ihm gehörenden Kapelle, in der das Heilige Grab nachgebildet ist.

Heiligenkreuz/Österreich

Das älteste Zisterzienserkloster Österreichs ist die Abtei Heiligenkreuz im Wienerwald bei Baden, im Tal des Sattelbaches gelegen. Gestiftet 1133 von Markgraf Leopold III. und zur Grablege der Babenberger erklärt, wurde das Kloster auf Grund einer von ihm verwahrten Kreuzesreliquie bald zu einem vielbesuchten Wallfahrtsort. Große Schenkungen der Markgrafen ermöglichten der Abtei, eine repräsentative Stiftskirche und einen ausgedehnten Konventbau zu errichten. Bald machten sich die Zisterzienser von Heiligenkreuz auch einen Namen durch ihr Skriptorium, aus dem erlesene Handschriften hervorgingen. Der Kreuzgang aus den Jahren 1220–40 wartet mit 300 Säulen aus rotem Marmor auf. Die kreuzförmige dreischiffige Stiftskirche und der ebenfalls dreischiffige Hallenchor überraschen den Betrachter durch ihren überwältigenden Raumeindruck. Nach einer frühbarocken Neugestaltung des Bibliothekstrakts verwüsteten die Türken teilweise das Kloster und zerstörten die schönsten der farbigen Glasfenster. Heiligenkreuz gehörte in Österreich stets zu den großen Konventen, in der Zeit der Gotik zählte es sogar über 300 Mönche und Konversen (= Laienbrüder). Eine Besonderheit bietet das Stift mit seiner Hochschule. 1802 wurde eine Philosophisch-Theologische Hochschule in Heiligenkreuz gegründet, sie besteht als weltweit einzige Zisterzienser-Hochschule.

Heiligkreuz/Kolmar/Frankreich

Die ehemalige Benediktinerabtei Heiligkreuz bei Kolmar im Elsass wurde von den Eltern des Papstes Leo IX. gestiftet. Der Papst war der Sohn von Graf Hugo und seiner Gemahlin Heilwig von Egisheim, die auch in der Klosterkirche von Heiligkreuz begraben wurden. Papst Leo IX. weihte persönlich diese Kirche und erhob Heiligkreuz zum päpstlichen Kloster. Der Schutzzins an den Papst war jene berühmte Goldene Rose, die jedes Jahr am Sonntag Lätare nach Rom zu liefern war. Papst Paul II. wandelte am Ende des 15. Jahrhunderts das Kloster in ein weltliches Kollegiatsstift um, das aber bald danach einging.

Heiligkreuztal/Baden-Württemberg/Deutschland

Die in der Gemarkung Altheim, Kreis Biberach/Riß, befindliche ehemalige Zisterzienserinnen-Abtei liegt in einem Seitental der Donau und entsprach zu allen Zeiten dem Ideal dieses Ordens: Schlichtheit und Abgeschiedenheit. Ursprünglich an anderer Stelle in diesem Landstrich gegründet, wurde das Kloster 1227 an den heutigen Platz verlegt. Die Abteigebäude mit dem Kreuzgang sowie die Pfeilerbasilika waren ursprünglich rein romanisch, im Spätmittelalter wurde umgebaut und es entstand eine gotische Kirche. Im Bauernkrieg und im Dreißigjährigen Krieg wurde das wohlhabende Kloster mehrfach geplündert. In der Zeit des Barock wurden Veränderungen im Stil der Zeit vorgenommen und eine vielbestaunte Apotheke eingerichtet. Nach der Säkularisation 1804 wurden die Abteigebäude zum großen Teil abgebrochen und der Rest erst 1974–79 restauriert. Die Kirche dient als Gotteshaus der Gemeinde.

Heilsberg/Polen

Die nach der Marienburg am besten erhaltene Trutz- und Klosterburg des Deutschen Ordens ist die im ehemals ostpreußischen Ermland gelegene Burg Heilsberg, die heute in der Gemarkung der polnischen Stadt Lidzbark Warmiúski liegt. Mit der im 14. Jahrhundert errichteten Burg entwickelte sich auch die gleichnamige Stadt Heilsberg, die zur Hauptstadt des Ermlandes und zum Sitz der ermländischen Bischöfe (1350–1795) erhoben wurde. Die gewaltige Burg ist eine gotische Anlage mit Wehrtürmen und mit einem Kreuzgang im Innern. Die Burg wurde bereits 1927 umfassend renoviert und beherbergt heute ein Museum mit einer bedeutenden Ikonensammlung.

Heilsbronn/Bayern/Deutschland

Das in Mittelfranken, Bistum Eichstätt, gelegene ehemalige Zisterzienserkloster Heilsbronn (Fons Salutis) wurde 1133 von Otto, Bischof von Bamberg, gegründet. Otto, der später heiliggesprochen wurde, hatte für eine entsprechende Grundlage zur Entwicklung der Abtei gesorgt, so dass sich bald in dem Kloster eine rege wissenschaftliche literarische Tätigkeit entfalten konnte. Die Abteikirche wurde zur Begräbnisstätte der Burggrafen von Nürnberg und der Kurfürsten von Brandenburg ausersehen, weshalb sehr viele und schöne Grabdenkmäler in der Kirche zu finden sind. 1530 wurde eine Klosterschule errichtet, aus der sich dann ein protestantisches Gymnasium in der Reformationszeit entwickelte, das später zur Fürstenschule ausgebaut wurde. Die bedeutende Bibliothek des Klosters kam nach der Aufhebung an die Universität Erlangen.

Heiningen/Niedersachsen/Deutschland

Um das Jahr 1000 stifteten zwei Edeldamen, Hildeswid und Alburgis, zwischen Wolfenbüttel und dem Harz ein »weltliches« Nonnenstift, d. h. ein Kloster, das keinem Orden angehörte und daher völlig selbstständig, aber auch gleichzeitig völlig auf sich selbst angewiesen war. Heinrich I. verlieh dem Kloster 1013 einen Schutzbrief und weitere Rechte. Durch Schenkungen und Ankäufe konnte das Kloster zu großem Besitz und Ansehen kommen, so dass sogar ein Wasserarm der Ocker bis nach Heiningen geführt wurde. In den Werkstätten des Klosters entstanden kostbare Bildteppiche, Gewänder und Antependien, vor allem aber wertvolle Stickereien. Aus der Schreibstube der Nonnen gingen erlesene Handschriften hervor, die sich heute in Dresden und Wolfenbüttel befinden. Am Ende des Mittelalters lebten über 100 Nonnen in dem Kloster. Nach der Einführung der Reformation wechselte der Konvent mehrfach die Konfession, da ein Wechsel der Landesherrn dies jedes Mal erzwang. Der Streit zwischen dem Stift Hildesheim und dem Hause Braunschweig-Wolfenbüttel endete schließlich mit dem Sieg des Bischofs von Hildesheim. Das im Dreißigjährigen Krieg ausgeraubte Kloster wurde wieder neu aufgebaut und geweiht. 1802 fiel dann das Kloster mit dem Stift Hildesheim an Preußen und wurde 1810 aufgelöst. Die Konventsgebäude und der Landbesitz wurden als großes Gut an private Besitzer verkauft, die Klosterkirche wurde ausgenommen und ist heute katholische Pfarrkirche. Diese guterhaltene romanische Basilika ist dreischiffig, kreuzförmig gewölbt und stammt mit ihrem massigen Westturm aus dem Ende des 12. Jahrhunderts.

Heinrichau/Polen

Die ehemalige fürstliche Zisterzienserabtei Heinrichau in Schlesien nördlich von Münsterberg an der Ohlau wurde 1227 von dem Kanonikus Nikolaus aus Breslau gestiftet und von Mönchen aus Leubus besiedelt. Bereits 1241 zerstörten die Mongolen das Kloster. Als es sich wieder erholte, rief es deutsche Siedler ins Land, die auf seinen ausgedehnten Besitzungen Landwirtschaft betrieben und später eine Tuchfabrikation einrichteten. Im Dreißigjährigen Krieg wurde Heinrichau geplündert und anschließend verwüstet. Nur langsam konnte es eine neue Blütezeit entfalten. 1810 hob der preußische König Friedrich Wilhelm III. das Kloster auf, das dann im Rahmen dynastischer Verbindungen in den Besitz des niederländischen Königshauses geriet. Bis heute haben Kirche und Kloster seit dieser Zeit – wenn auch in weltlichen Händen – keinen Schaden genommen.

Heinsberg/Rheinland-Pfalz/Deutschland

Das Prämonstratenserinnenstift Heinsberg (Hinsberg) gehörte einst zu jenen Klöstern, die nur Damen aus hochadeligen Geschlechtern offen standen. Die von Graf Goswin von Heinsberg unmittelbar vor der Stadt Heinsberg im Rheinland gegründete Propstei wurde 1543 zerstört und 1557 wieder aufgebaut. Die Pröpste von Heinsberg wurden in der Geschichtsschreibung dadurch bekannt, dass sie bereits 1444 die Urkunden des Klosters in zwei Bänden sammelten und schon 1657 eine ausführliche Geschichte des Stifts herausgaben. 1802 wurde das Stift aufgehoben.

Heisterbach/Nordrhein-Westfalen/Deutschland

Am Fuße des Petersberges im Siebengebirge in Nordrhein Westfalen wurde 1189 die Zisterzienserabtei Heisterbach gegründet, die auch unter dem Namen Vallis St. Petri bekannt wurde. Durch unermüdliche Rodungsarbeiten und beachtliche Schenkungen erlangte die Abtei großen Landbesitz, der in den Hungerjahren 1197 und 1231 für Tausende von Notleidenden die letzte Rettung bedeutete. In der ersten Hälfte des 13. Jahrhunderts lebte im Kloster auch der hochgebildete Mönch Cäsarius von Heisterbach, dessen acht Bücher, als »Libri miraculorum« (= Buch der Wunder) bekannt, für die Kulturgeschichte Deutschlands in dieser Zeit eine unschätzbare Quelle bedeuten. Das Kloster erlebte in den folgenden Jahrhunderten Höhen und Tiefen, Plünderungen, Besatzungszeiten, Zerstörungen, Verfall und erneute Festigung der Klosterzucht und endete mit der Säkularisation 1803 in einer totalen Katastrophe. Kirche und Kloster wurden auf Abbruch versteigert und als Steinbruch benutzt, die Schätze verschleudert. Von der einst herrlichen Kirche sind nur noch die Ruinen des Chorraums erhalten.

Herbitzheim/Frankreich

Die ehemalige Benediktinerinnenabtei Herbitzheim war einst die reichste im Elsass gelegene Frauenabtei des Karolingerreiches, so dass sie sogar im Teilungsvertrag von Mersen 870 erwähnt wurde. Das Kloster an der Saar war schon um die Mitte des 8. Jahrhunderts gegründet worden. Nachdem es 1525 im Bauernkrieg teilweise zerstört und 1557 auch noch durch einen Brand vernichtet worden war, wies der Schirmvogt Johann von Nassau-Saarbrücken die Klostergüter der Grafschaft Saarwerden zu.

Herford/Nordrhein-Westfalen/Deutschland

Die bereits im 8. Jahrhundert gegründete Benediktinerinnenabtei Herford in Westfalen, Diözese Paderborn, war nicht nur der Kern der heutigen Stadt Herford, sondern auch Erziehungsstätte vieler hochadeliger Damen wie etwa der späteren Kaiserin Mathilde. Der Abtei wurde früh schon das Münz-, Markt- und Zollrecht verliehen. Die ehemalige Stiftskirche, heute evangelische Münsterkirche, entstand in der Zeit von 1220–80 und ist das älteste Beispiel der großen westfälischen Hallenkirchen. Als das Stift protestantisch wurde und sich in ein adeliges Damenstift verwandelte, behielt die Äbtissin bis zur Säkularisation ihren Reichsfürstenrang bei.

Herrenalb/Baden-Württemberg/Deutschland

Die ehemalige Zisterzienserabtei Herrenalb, im heutigen Kreis Calw, Baden-Württemberg, gelegen, wurde 1149 von Graf Berthold III. und Uta von Eberstein gegründet und mit Mönchen aus Maulbronn besiedelt. In romanischer und gotischer Zeit hatte die Abtei überregionale Bedeutung, wurde im Bauernkrieg jedoch geplündert und gebrandschatzt. Nach Einführung der Reformation wurde im Kloster eine evangelische Schule eingerichtet. Von den Schweden 1643 zerstört, wurde das Kloster nicht wieder aufgebaut. Die Kirche allerdings wurde unter Verwendung des gotischen Chors 1739 wieder teilweise instand gesetzt. Von der alten Klosteranlage ist noch das »Paradies« erhalten, eine Vorhalle der einstigen romanischen Kirche.

Herrenaurach/Bayern/Deutschland

Die in Unterfranken gelegene ehemalige Benediktinerabtei Herrenaurach wurde 1113 von Ernst von Trimberg gestiftet und mit Mönchen aus St. Michael in Bamberg besetzt. Der um 1130 gestorbene berühmte Geschichtsschreiber Eckehard von Aura wirkte in diesem Kloster. Im Bauernkrieg wurde die Abtei zerstört und 1564 förmlich aufgehoben. Die dreischiffige romanische Pfeilerbasilika blieb als Pfarrkirche erhalten. Von den Klosterbauten ist nur noch der Kreuzgang als malerische Ruine zu sehen.

Herrevad/Schweden

Die im schwedischen Bistum Lund in Schonen gelegene ehemalige Zisterzienserabtei Herrevad war eine Gründung von Citeaux, die Erzbischof Eskil von Lund 1144 ermöglicht hatte. Nach der Aufhebung 1565 durch Christian IV. kamen die Bibliothek und das Archiv nach Kopenhagen, während die Kirche und das Kloster quasi spurlos verschwunden sind.

Herrieden/Bayern/Deutschland

Die ehemalige Benediktiner-Reichsabtei wurde in der Zeit Karls des Großen um 797 in Mittelfranken im Bistum Eichstätt gegründet und auch unter den Namen Hasenried oder auch Herrenried bekannt. Im späteren Mittelalter waren die Benediktiner durch Chorherren ersetzt worden, denen ein Propst vorsaß. Die Güter dieser Propstei wurden 1537 dem Bistum Eichstätt einverleibt.

Hersfeld/Hessen/Deutschland

Die größte romanische Kirche Deutschlands wurde im Jahr 1761 von den Franzosen niedergebrannt, in ihren Ruinen finden alljährlich im Sommer die Hersfelder Festspiele statt. Dabei handelt es sich um die Ruinen der ehemaligen Klosterkirche der Benediktinerabtei Hersfeld, gelegen in der heutigen Stadt Bad Hersfeld in Hessen. Gegründet wurde dieses Kloster vom heiligen Lullus 768, beschenkt wurde es vom deutschen König mit Gütern in Thüringen und vom Papst wurde ihm die Befreiung von jeglicher bischöflicher Gewalt gewährt. Bald stieg die Abtei Hersfeld zum Reichskloster auf und wurde ein Hort der Wissenschaftspflege, vor allem der Geschichtsschreibung; berühmt war die reichhaltige Bibliothek, die später lieblos zerstreut wurde. 1037–1144 wurde die monumentale Abteikirche erbaut, die als der weitläufigste Kirchenbau romanischen Stils im Heiligen Römischen Reiche galt. Die Abtei hatte sich seit dem 13. Jahrhundert zu einem selbstständigen Territorium entwickelt, fiel jedoch 1648 durch die Bestimmungen des Westfälischen Friedens an die Landgrafschaft Hessen-Kassel. Der Brand 1761 löschte die großartige Kirche völlig aus. In den verbliebenen Resten der Klostergebäude befindet sich heute das Städtische Museum.

Herzogenburg/Österreich

Das Augustiner-Chorherrenstift an der Traisen, zehn Kilometer nördlich von St. Pölten in Niederösterreich, wurde nach einem Gründungsversuch an anderer Stelle 1244 in Herzogenburg errichtet. Propst Engelschalk (1242–67) baute das Kloster und die gotische Kirche. Verschiedene Brände setzten dem Kloster im Mittelalter zu, die Pest wütete im Kloster und in der gesamten Umgebung, die Hussiten suchten es heim. In der Barockzeit allerdings gelangte das Stift zu neuer Blüte. Zwischen 1709 und 1721 wurde glanzvoll gebaut. Die Stiftsgebäude und die Kirche entstanden in barockem Stil. Illustre Namen tauchen als Bauherren und Maler in Herzogenburg in dieser Bauzeit auf: Prandtauer, Gran, Mungenast, Altomonte und Fischer von Erlach. Die Bibliothek, das Archiv und die Gemäldesammlung zeugen von den einstigen wissenschaftlichen und künstlerischen Aktivitäten der Chorherren, die dieses Erbe auch heute noch zu mehren versuchen.

Hexham Abbey/Großbritannien

Das Augustiner-Chorherrenstift Hexham Abbey in Northumberland in England bestand als angelsächsisches Kloster schon seit 678, gegründet durch den heiligen Wilfried. 876 durch die Wikinger zerstört, baute es der Erzbischof von York 1113 wieder auf. Der Baubeginn der großen Klosterkirche war allerdings erst 1180. Der Bau erfolgte in hervorragendem Early-English-Stil. Im Jahr 1296 zerstörten jedoch schottische Truppen die gesamte Anlage. Aus kunsthistorischer Begeisterung und patriotischen Motiven erfolgte 1908 der Wiederaufbau. Damit ist Hexham Abbey eines der wenigen Klöster in England, die wieder erstanden sind, wenn auch nur als architektonisches Denkmal. In der originalen Krypta der alten angelsächsischen Kirche, die in den Wiederaufbau einbezogen wurde, ist noch römisches Material verbaut worden.

Heylissem/Belgien

Die in der belgischen Diözese Lüttich 1130 von Rainer von Sètric gegründete ehemalige Prämonstratenserabtei Heylissem ist ein Tochterkloster von Floreffe, blühte im Mittelalter, stets beschützt von den Herzögen von Brabant, wurde in der Barockzeit geradezu fürstlich neu errichtet und in der Folgezeit in ein Schloss umgewandelt, dessen Ehrenhoffassade von dem Baumeister des Klassizismus in Belgien, Laurent-Benoit Dewez, stammt. Diese Fassade wird von einer gewaltigen Kuppel überragt, denn dahinter verbirgt sich nicht etwa ein Schlossvestibül, sondern die ehemalige Klosterkirche.

Hiddensee/Mecklenburg-Vorpommern/Deutschland

Die Insel Hiddensee in Pommern westlich von Rügen, einst zum Bistum Roskilde in Dänemark gehörend, war vollständiges Eigentum der Zisterziensermönche, die auf der Insel die Seelsorge der Gläubigen übernommen hatten und ein Krankenhaus unterhielten. Die Zisterzienserabtei Hiddensee (Campus S. Nicolai) war 1296 von Neuenkamp aus gegründet worden und wurde in der Reformationszeit 1538 aufgehoben. Das Kloster ist nur noch als Ruine erkennbar.

Hildesheim, St. Godehard/Niedersachsen/Deutschland

Im Jahr 1131 ließ Bischof Bernhard von Hildesheim in seiner Stadt die Benediktinerabtei St. Godehard errichten, die zweite Abtei dieses Ordens an seinem Bischofssitz. In diesem Jahr war der aus Bayern stammende Mönch Godehard heilig gesprochen worden, der vorher lange Jahre Bischof in Hildesheim gewesen war. Nach diesem großen Organisator und Reformator ist sowohl der Berg St. Gotthard in den Alpen als auch die ungarische Benediktinerabtei St. Gotthard an der Raab benannt worden. Die Abtei in Hildesheim war weit bescheidener als ihre berühmte

Schwesterabtei St. Michael, blieb jedoch im Gegensatz zu ihr in der Reformation katholisch, wurde zu Beginn des 19. Jahrhunderts aufgehoben und kam in private Hände. Die dazugehörige dreischiffige Basilika St. Godehard jedoch überstand alle Stürme der Zeit ohne Schaden und wird als reines Beispiel romanischer Baukunst gerühmt. Diese 1133–72 erbaute Abteikirche ist kreuzförmig, doppelchörig und flachgedeckt. Ein massiver achteckiger Vierungsturm und zwei Westtürme sind ihr äußeres Erkennungszeichen; die schlanken und eleganten Formen ihrer Innengestaltung verweisen auf den damals repräsentativen französischen Stil.

Hildesheim, St. Michael/Niedersachsen/Deutschland

Die Benediktinerabtei St. Michael in Hildesheim wirkte in seiner Geschichte fast ausschließlich als Nährmutter und Betreuerin der einzigartigen Michaelskirche, die seit alters her wie eine Gottesburg auf einer leichten Anhöhe in der Stadt thront. Zur Zeit der Gründung durch den berühmten Bischof Bernward im Jahre 996 lag das Kloster auf einem waldigen Hügel nördlich des Domes. Im Laufe der Jahrhunderte wuchs das Kloster heran, dessen Mönche in stiller Arbeit das benediktinische »Ora et labora« stets befolgten. In der Reformation blieben sie zwar noch ihrem alten Glauben treu, aber der Besitz des Klosters kam in andere Hände. Zu Beginn des 19. Jahrhunderts wurde das Michaelskloster aufgehoben und in eine Irrenanstalt umgewandelt. Die Pflege und den Gottesdienst in der großartigen Abteikirche versahen durch all die Jahrhunderte die Benediktiner von St. Michael mit großer Hingabe. Die Grundsteinlegung dieser dreischiffigen Basilika war 1001, die Einweihung 1022. Der Bau wurde ebenfalls – wie beim Kloster selbst – auf Geheiß von Bischof Bernward begonnen. Ein großartiges Gotteshaus entstand mit zwei Querschiffen, zwei Chören, zwei gedrungenen Vierungstürmen und zwei abschließenden Treppentürmen. An der flachen Holzdecke erzählen farbenprächtige Gemälde aus dem 12. Jahrhundert den Stammbaum Christi. 1553 wurde St. Michael protestantische Pfarrkirche. Im 19. Jahrhundert wurde ihrem schon begonnenen Verfall Einhalt geboten und nach dem Zweiten Weltkrieg wurde sie vorbildlich restauriert.

Himmelkron/Bayern/Deutschland

Graf Otto III. von Orlamünde und seine Gemahlin Agnes gründeten im Bistum Bamberg bei Pretzendorf 1280 die Zisterzienserinnenabtei Himmelkron, die bis zur Aufhebung durch Markgraf Alcibiades 1545 bestand. Die Klosterkirche wurde fortan als protestantische Pfarrkirche genutzt, die Klostergebäude wurden in eine Heil- und Pflegeanstalt umgewandelt.

Himmelspforte/Brandenburg/Deutschland

Die 1299 von Markgraf Albrecht III. gegründete ehemalige Zisterzienserabtei Himmelpforte wurde mit Mönchen aus dem Kloster Lehnin besiedelt und war in der Folgezeit ein erfolgreiches Rodungskloster im Brandenburgischen. Als das Kloster 1541 aufgehoben wurde, verfiel die Kirche aus dem 14. Jahrhundert, von der nur noch eine malerische Ruine geblieben ist.

Himmelspforte/Schweiz

Die bei Rheinfelden in der Schweiz von Bertha von Nollingen 1303 gegründete ehemalige Prämonstratenserabtei entwickelte sich zu einem vielbesuchten Marienwallfahrtsort, der an die Kirche gebunden war. Das Kloster jedoch wurde – als Priorat – 1526 mit der Abtei Bellelay im Kanton Bern vereinigt.

Himmelspforte/Tschechien

Das ehemalige Zisterzienserinnenkloster Himmelpforte (Porta Coeli) bei Tischnowitz (Tišnov) in Mähren, in der Diözese Brünn, 20 Kilometer nordwestlich von der Bischofsstadt gelegen, wurde 1233 gegründet, aber bald darauf von den Mongolen zerstört. Einige Generationen nach dem Wiederaufbau kamen die Hussiten und verheerten den Konvent abermals. 1782 wurde das Kloster aufgehoben, aber die Zisterzienserinnen von Marienthal in Sachsen kauften die Gebäude an und besetzten die verwaisten Klosteranlagen 1901 wieder mit Nonnen. Kunsthistorisch wichtig ist die dreischiffige Basilika mit ihrem prächtigen Hauptportal aus der Zeit um 1250 und ihrem Hauptaltarbild von Franz Anton Maulpertsch. Von den ehemaligen Klostergebäuden, die erhalten geblieben sind, ist der frühgotische Kreuzgang ebenso sehenswert wie der zweischiffige Kapitelsaal.

Himmerod/Rheinland-Pfalz/Deutschland

Die 1138 gegründete, 1802 aufgehobene und im Zwanzigsten Jahrhundert wieder errichtete Zisterzienserabtei Himmerod liegt bei Wittlich in der Eifel/Rheinland-Pfalz und wurde früher auch Heinod, Camerode, Claustrum Sanctae Mariae und Hemmerodum genannt. Gründer war Erzbischof Adalbero von Trier. Während des gesamten Mittelalters stand Himmerod in großer Blüte, verfügte über eine umfangreiche Bibliothek mit einem beachtlichen Skriptorium und wurde Mutterkloster der Abtei Heisterbach. Nach der Aufhebung 1802 lagen Kirche und Kloster lange in Trümmern. In den Zwanziger Jahren des 20. Jahrhunderts feierte die Zisterzienserabtei eine glanzvolle Wiedergeburt, das Kloster wie auch die Kirche wurden hauptsächlich nach den alten Plänen wieder aufgebaut. Die nach dem Vorbild des barocken Baus errichtete Abeitkirche wird landläufig »Eifeldom« genannt – ein Indiz für die aktuelle kulturelle Bedeutung von Himmerod.

Hirsau/Baden-Württemberg/Deutschland

Das »süddeutsche Cluny« nannte man einst das ehemalige Benediktinerkloster Hirsau im Tal der Nagold im Schwarzwald bei Calw in Südwürttemberg. Nur noch Ruinen, wenn auch sehr eindrucksvolle und stolze, sind von der einstigen Herrlichkeit verblieben, denn 1692 legte der französische General Mélac die große Anlage vollständig in Schutt und Asche. Für die deutsche Kulturgeschichte aber ist Hirsau deshalb bedeutend geworden, weil das Kloster die cluniazensischen Reformen übernahm und die von Abt Wilhelm noch vor 1100 verfassten »Consuetudines Hirsaugienses« auch für zahlreiche süddeutsche Klöster verbindlich wurden. Diese beinhalteten die strikte Einhaltung der Mönchsregeln des heiligen Benedikt und die Abwehr jeglicher Verweltlichung, gekoppelt mit absoluter Papsttreue. Gegründet wurde um 830 ein kleines Kloster, das im 11. Jahrhundert eine stattliche Basilika erhielt und dem heiligen Aurelius geweiht wurde. Die Stürme der Zeit haben von dieser Kirche nur das Langhaus verschont, das nach einer gründlichen Restaurierung wieder dem Gottesdienst dient. Das Kloster jedoch wuchs damals zu einer beachtlichen Größe heran, so dass der aus dem Kloster St. Emmeram in Regensburg nach Hirsau berufene Abt Wilhelm an anderer Stelle ein neues Kloster unweit des alten Konvents errichten ließ. Dieser Neubau vom Ende des 11. Jahrhunderts war in seiner Großräumigkeit einmalig für den Schwarzwaldraum. Die gleichzeitig errichtete Klosterkirche St. Peter und Paul, eine dreischiffige Säulenbasilika, fiel mit allen Klosterbauten und der Bibliothek der Zerstörungswut der französischen Truppen Ludwigs XIV. zum Opfer. Die Ruinen der Anlage mit dem erhalten gebliebenen Eulenturm und der spätgotischen Marienkapelle sind die stummen, erhabenen Zeugen der einstigen Klosterpracht, die vielen Konventen bis hin bis an die Ostsee und nach Südtirol als Vorbild diente.

Hohenfurt (Vyšši Brod)/Tschechien

Die Zisterzienserabtei Hohenfurt (Hohenfurth, Vyšši Brod, Altovadum) bei der gleichnamigen Stadt im südwestlichen Böhmen, am rechten Ufer der Moldau, wurde 1259 von Wok von Rosenberg gegründet und mit Mönchen aus Wilhering besiedelt. Das durch Schenkungen und eigenen Fleiß sehr wohlhabend gewordene Kloster versorgte noch vor 1900 insgesamt 18 Pfarreien und stellte die Professoren für das deutsche Gymnasium in Budweis. Die Abteikirche wurde im 14. Jahrhundert als gotischer Hallenbau errichtet. Aus gotischer Zeit sind auch der Kreuzgang und der Kapitelsaal. Mit seiner bekannten Barockbibliothek (70 000 Bände) kam das Kloster auch glimpflich durch die Zeit des Kommunismus in der einstigen ČSSR und ist heute ein vielbesuchtes Reiseziel in Tschechien.

Memleben, Detuschland

Hohenwart/Bayern/Deutschland

Das bei Schrobenhausen in Oberbayern gelegene ehemalige Benediktinerinnenkloster Hohenwart (Alta Specula) wurde 1074 durch den Grafen Ortulf und seine Schwester Wiltrudis gegründet und von Bischof Embrico aus Augsburg eingeweiht. Das für die Sozialgeschichte wichtige Hohenwarter Salbuch (1448–71) orientiert genauestens über die Besitzverhältnisse dieser einst blühenden Benediktinerinnenabtei. Im Schmalkaldischen Krieg, vor allem aber im Dreißigjährigen Krieg hatte das Kloster viel zu leiden. Aufgehoben 1803, wurde es jedoch 1877 wieder von Franziskanerinnen aus Dillingen besiedelt, die in Hohenwart seither Taubstumme betreuen.

Holy Cross/Irland

In der irischen Grafschaft Tipperary, sieben Kilometer südwestlich von Thurles liegt die 1180 vom König von Münster gegründete Holycross Abbey, die ihren Namen von einer Kreuz-Reliquie bekommen hat, die in diesem einst auch als Wallfahrtsort viel besuchten Zisterzienserkloster verwahrt wird. Die bereits 1538 von den englischen Klosterstürmern aufgelöste Abtei wurde 1975 auf Grund eines Gesetzes des irischen Parlaments soweit wiederhergestellt, dass wenigstens die kreuzförmige Kirche in alter Pracht zu bestaunen ist, denn sie gilt als das Werk des berühmtesten Kirchenarchitekten Irlands, Donald Mor O'Brian, der im 12. Jahrhundert wirkte. Der massive Vierungsturm stammt allerdings aus dem 15. Jahrhundert.

Holzen/Bayern/Deutschland

Die ehemalige Benediktinerinnenabtei Holzen (Klosterholzen, St. Johann im Wald, S. Joannes de Aqua nova) im Bistum Augsburg wurde 1152 gegründet und 1183 unter besonderen päpstlichen Schutz gestellt. 1802 fiel das nur adeligen Nonnen zugängliche, vornehme Kloster an die Fürsten von Hohenzollern und kam dann in den Besitz des Grafen Fischler-Treuberg. Die prächtige Barockkirche ist heute katholische Pfarrkirche.

Homblières/Frankreich

Die bei St.-Quentin liegende ehemalige Benediktinerabtei in Frankreich wurde noch vor 650 von Bischof Eligius von Noyon gegründet. Mit dieser Abtei, die bis 948 ein Frauenkloster war, ist die heilige Hunegundis (gestorben 690) eng verbunden. Von 948 bis zur Französischen Revolution war Homblières ein Männerkloster des Benediktinerordens. Die Abtei wurde nach der Aufhebung zerstört.

Honau/Frankreich

Um 720 gründete Abtbischof Benedikt im Auftrag der elsässischen Herzogsfamilie auf einer Rheininsel unterhalb von Straßburg mit irischen Mönchen das Schottenkloster Honau (Hohe Au), das sich große Verdienste um die Christianisierung und Kultivierung des Elsass erwarb. Die ersten Äbte waren Missionare, die in späterer Zeit im Kloster wie Heilige verehrt wurden. Honau gründete als Tochterklöster Lautenbach im Oberelsass, Beromünster in der Schweiz, St.-Jakob in Trier und Aschaffenburg. Seit Ende des 11. Jahrhunderts war Honau ein weltliches Chorstift und wurde wegen der Rheinflut 1292 nach Rheinau und 1398 nach Alt-St.-Peter in Straßburg verlegt. 1791 ereilte auch Honau das Schicksal der Aufhebung.

Hopovo Novo/Serbien

Südwestlich von Novi Sad erhebt sich in der von Serben und Ungarn bewohnten Vojvodina das serbisch-orthodoxe Kloster Hopovo Novo, das dem heiligen Nikolaus geweiht ist. Die Stiftung geht auf eine Initiative serbischer Bürger zurück, das Datum ist unbekannt. Nachweislich jedoch sind die schweren Beschädigungen durch die Türken 1688 und die dann erfolgten Restaurierungen in den Jahren 1728 und 1750. Im Zweiten Weltkrieg wurde das Kloster ebenfalls in Mitleidenschaft gezogen, aber der ganze Gebäudekomplex hervorragend wieder instand gesetzt. Die Kirche mit ihren drei Konchen und ihrer zwölfeckigen Kuppel, ihrem barocken

Glockenturm und ihren nach 1945 entdeckten Fresken im Schiff ist ein Gemeinschaftswerk von kretischen Malern, serbischen und österreichischen Meistern. In der ersten Hälfte des 18. Jahrhunderts entstand im Kloster eine eigene Malschule, die von serbischen Künstlern geleitet wurde.

Hornbach/Rheinland-Pfalz/Deutschland

Die einst in der Rheinpfalz im Bistum Speyer gelegene ehemalige Benediktinerabtei Hornbach (Gamundia) wurde um 740 vom heiligen Pirmin gegründet, der auch in der Abtei starb. Reich begütert, blühte sie vor allem zur Zeit der fränkischen und salischen Könige, wurde aber in der Reformationszeit (1540) aufgehoben und in ein protestantisches Gymnasium umgewandelt. 1628 stellte man die Abtei wieder her, die aber ein Jahr vor dem Ende des Dreißigjährigen Krieges von den Schweden niedergebrannt wurde. Die Mönche wurden bei diesem Überfall getötet und die kostbare Bibliothek vernichtet. Nur ein prachtvoller Sakramentar aus Hornbach ist in Solothurn erhalten geblieben.

Horomos/Türkei

Das seit seiner Auflösung am Anfang des 20. Jahrhunderts verfallende einstige armenische Großkloster Horomos war im alten Armenien auch stets unter dem Namen Xoşavank bekannt. Das Kloster liegt im türkischen Bezirk Kars in etwa 1400 Metern Höhe am Rande der Axurean-Schlucht nordöstlich von Ani. Der gesamte Komplex besteht aus zwei Baugruppen, einer Hauptgruppe im Südwesten und einer Nebengruppe im Norden. Gegründet wurden die Anlagen um 930, als die armenischen Mönche aus dem byzantinischen Herrschaftsbereich vertrieben wurden und die Vertriebenen eine neue Heimat in ihrem Mutterland suchten. Im 11. Jahrhundert diente das Kloster als königliches Mausoleum der Bagratiden, im 13. Jahrhundert ging es dann an die Fürsten Vacutean über. Bis zum Jahre 1871 wurde es des öfteren restauriert, aber als sich eine Generation später die Spannungen zwischen den Völkern entluden, war eine Weiterführung des Klosters der Armenier in der Türkei nicht mehr möglich.

Hosios Lukas/Griechenland

Das gewaltige griechische Kloster Hosios Lukas liegt in einem abgelegenen Seitental des Helikon in der Landschaft Phokis, nicht weit von einer nördlichen Ausbuchtung des Golfs von Korinth entfernt. Das Kloster ist dem heiligen Eremiten Lukas von Stiri (gestorben 949) gewidmet und wurde um das Jahr 1011 in mittelbyzantinischer Zeit erbaut. Das Kloster besteht aus zwei nebeneinander gebauten Kirchen, von denen die kleinere und ältere der Panaghia (Gottesmutter) geweiht ist, während die große Titelkirche die Reliquien des Heiligen enthält. Diese große Kreuzkuppelkirche gründet ihren Ruhm einerseits auf ihre architektonische Konstruktion mit ihrer riesigen Kuppel, andererseits auf die rund 150 Darstellungen von Heiligen und einigen biblischen Szenen ganz in Mosaikmedaillons, die in den folgenden Jahrzehnten nach der Gründung geschaffen wurden. Alle wichtigen Heiligen der Ostkirche – viele davon sind im Westen nicht bekannt – sind im Bildprogramm von Hosios Lukas zu finden.

Hradisch/Tschechien

Die ehemals berühmte Prämonstratenserabtei Hradisch (Gradicium) in der Erzdiözese Olmütz wurde ursprünglich im Jahre 1077 für Benediktiner gegründet, aber 1151 von Markgraf Otto III. den Prämonstratensern von Leitomischl übergeben. Das Stift blühte rasch auf und brachte eine Reihe gelehrter Äbte und Mönche hervor. Von den in Böhmen und Mähren vielfach tobenden Kriegen wurde auch Hradisch schwer heimgesucht. Die Annales Gradicenses gelten als eine wichtige Geschichtsquelle Mährens. Das Kloster wurde 1784 aufgehoben und in eine Kaserne umgewandelt. Die herrliche Abteikirche ist seither Garnisonskirche.

Hronský Benadik/Slowakei

Das in der Mittelslowakei 30 Kilometer südwestlich der Industriestadt Žiar nad Hronom gelegene Kloster St. Benedikt (Hronský Benadik) wurde in der ersten Hälfte des 11. Jahrhunderts gegründet. Als Pforte zum Hron-Tal und seinem Bergbaugebiet besaß die Benediktinerabtei im damaligen Ungarn eine bevorzugte Stellung (die Slowakei gehörte bis 1918 zu Ungarn). Mit Genehmigung der ungarischen Könige förderten die Mönche bereits im 11. und 12. Jahrhundert kostbare Erze in einem klostereigenen Bergwerk. Bereits 1075 wurde eine romanische Basilika geweiht, die dann später – ähnlich wie der Konvent – mehrfach umgebaut wurde. Im 16. Jahrhundert wurde das Kloster wegen der Türkengefahr stark befestigt. 1766 erhielt die Kirche eine barocke Ausstattung. Das Kloster wurde von der slowakischen Regierung zum nationalen Kulturdenkmal erklärt, in dem kostbare mittelalterliche Kunstgegenstände museal präsentiert werden.

Hude/Niedersachsen/Deutschland

Die ansehnlichen Ruinen der ehemaligen Zisterzienserabtei Hude (Portus S. Mariae, Rubus S. Mariae) im Oldenburgischen zeugen heute noch vom einstigen Glanz dieser 1232 gegründeten Ordensniederlassung. Die Mönche verstanden sich auf die Glasmalerei, die Weberei und betrieben eine Ziegelei. In der Reformationszeit wurde das Kloster zerstört, auch die Kirche ist nicht erhalten, wohl aber das Archiv, das nach Oldenburg kam. Die Reste der Klosterbauten wurden von 1983 bis 1994 restauriert und bilden eine imposante Ruine.

Hulton Abbey/Großbritannien

Die nordöstlich von Stoke-on-Trent im englischen Staffordshire gelegene ehemalige Zisterzienserabtei Hulton wurde 1219 von Henry de Audley gegründet und war in England durch ihre von den Mönchen betriebenen Kohleminen, Töpfereien, Brennöfen und Gerbereien bekannt. Im Jahre 1396 wurde der Abtei das Priorat von Cammeringham für ihre Verdienste übergeben. Die Abtei hatte sich durch entsprechende Naturallieferungen für die königliche Armee hervorgetan. Dem Klostersturm unter Heinrich VIII. versuchte die Abtei durch Geldzahlungen zu entkommen, wurde aber 1538 dennoch aufgelöst und verfiel. Zwischen 1961–76 kamen bei Ausgrabungen interessante Reste der Kirche und des Klosters wieder zutage.

Humor/Rumänien

Kloster Humor, eines der interessantesten Moldauklöster in der alten Kulturlandschaft Bukowina, liegt nordwestlich der Stadt Suceava im heutigen Nordost-Rumänien. Es besitzt die älteste der von außen bemalten Klosterkirchen, ausgemalt im Jahr 1535 vom Maler Toma aus Suceava. Die hauptsächlichen Bildprogramme Humors sind das »Jüngste Gericht«, das »Leben des heiligen Nikolaus«, die »Rangordnung im Himmel und auf Erden« und die »Belagerung von Konstantinopel«, äußerst dramatisch an der Südwand dargestellt. Das Dach der Klosterkirche ist vollkommen aus Tannenholzschindeln angefertigt. Wie sehr in dem ersten Jahrhundert vor der Gründung des Klosters die Kriegsgefahren stets gegenwärtig waren und das Moldaugebiet immer umkämpft war, zeigt sich an jenen vier Heiligen, die in Humor auf einem Pfeiler der Vorhalle als Kämpfer hoch zu Ross dargestellt sind: Georg, Demetrius, Merkurius und Nestor – sie wurden alle als Schutzpatrone angerufen. Die großen Bilderzyklen entfalten sich in sechs übereinander gemalten Streifen vor allem an der am besten geschützten Südwand und bringen dem Betrachter unzählige Gestalten des Alten und Neuen Testaments sowie der Kirchengeschichte in bewegenden Szenen nahe. Als Hauptstifter von Kloster Humor – in seiner heutigen Form aus dem Jahre 1530 unversehrt erhalten – gelten der Kanzler Teodor Bubuiog und seine Gemahlin Anastasia des Fürstentums Moldau.

Hurez/Rumänien

Südwestlich vom Kloster Cozia in der nördlichen Walachei liegt das vom Woiwoden Constantin Brîncoveanu 1691–98 erbaute Kloster Hurez (Horezu). Das Kloster hat als Grundriss ein Rechteck, ist von starken Mauern umgeben und birgt mitten in dem großen freien Hof die Klosterkirche. An der Innenseite der Mauern befinden sich an drei Seiten doppelte Säulengänge, in die sowohl die Mönchszellen, das Refektorium, die Küche und sogar die Wohnungen für den Woiwoden und seine Gefolgsleute neben Veranden und Loggien eingebaut waren. Die Fresken in der Kirche, die aus Lindenholz geschnitzte Ikonostasis und die kostbaren Ikonen sowie die schön geschnitzten Türen aus Birnbaumholz machen Hurez zu einem lohnenden Ziel für Kunstfreunde. Das gesamte Ensemble des Klosters wurde nach dem Zweiten Weltkrieg grundlegend restauriert.

Huysburg/Sachsen-Anhalt/Deutschland

Das Benediktinerpriorat Huysburg liegt neun Kilometer nördlich von Halberstadt in Sachsen-Anhalt und bestand schon von 1084–1804 als Benediktinerabtei. 1121 wurde eine einfache, aber dennoch beeindruckende romanische Abteikirche eingeweiht. Das Kloster überstand die Reformation und den Dreißigjährigen Krieg und wurde erst 1804 vom preußischen Staat aufgehoben. Die im 18. Jahrhundert im Inneren barockisierte Kirche wurde damals Pfarrkirche und die Klostergebäude durften teilweise zu anderen kirchlichen Zwecken genutzt werden. Nach dem Zweiten Weltkrieg entwickelte sich Huysburg zu einem Wallfahrtsort und war mehrere Jahrzehnte auch Priesterseminar. 1993 jedoch konnten Benediktiner von St. Matthias in Trier ein Priorat aufbauen und Huysburg wieder zu einem Kloster ihres Ordens machen, das sich bereits durch Arbeit in der Seelsorge und durch benediktinische Gastfreundschaft einen guten Namen erworben hat.

I

Ichtershausen/Thüringen/Deutschland

Das ehemalige Zisterzienserkloster Ichtershausen in Thüringen wurde von Fride-runa von Grumbach 1147 gegründet und von 18 Nonnen aus dem Konvent Wächterswinkel besiedelt. Das Kloster unterstand unmittelbar dem Mainzer Erzbischof und wurde von ihm sowie auch von zahlreichen deutschen Königen und Kaisern reich beschenkt und mit Privilegien ausgestattet. Einzigartig für Thüringen war der große Reliquienschatz des Klosters. Nach dem Bauernkrieg hob der Landesherr das Kloster auf und reihte es unter die Kammergüter ein. Später diente es einem Prinzen aus Gotha als Schloss; 1877 wurde es in ein Gefängnis verwandelt und die Kirche in eine Anstaltskirche.

Ikalto/Georgien

Das in Ostgeorgien am Hang des Gombori zwischen Alawerdi und Telawi gelegene Kloster Ikalto wurde zwar schon im 6. Jahrhundert gegründet, kam aber erst im 12. Jahrhundert zu nationalem Ansehen, als David der Erneuerer in diesem Kloster die nach Gelati bedeutendste Akademie Georgiens gründete. In dieser Zeit entstand auch die Verklärungskirche als Hauptkirche des Klosters, eine Kreuzkuppelkirche mit vorgelagertem Glockenturm. Das Akademiegebäude mit dem Refektorium wurden 1616 von den Truppen des persischen Schah Abbas I. zerstört. Die Ruinen dieser Bauten liegen südlich der Kirche.

Ilbenstadt/Hessen/Deutschland

Die ehemalige Prämonstratenserabtei Ilbenstadt in der Wetterau in Hessen wurde 1123 als eines der ersten Klöster dieses Ordens in Deutschland gegründet. Der Stifter, Gottfried von Kappenberg, wählte den Ort an einem wichtigen Niddaübergang. Die zwischen 1139 und 1159 entstandene Klosterkirche wurde bald als »Dom der Wetterau« bekannt, sie gehört zu den bedeutendsten romanischen Kirchen in Deutschland. Es handelt sich um eine dreischiffige Pfeilerbasilika mit einer imposanten westlichen Doppelturmfassade. Die Bauformen ähneln in vielem denen der Dome von Speyer und Mainz. Die aus den Jahren 1733–35 stammende prachtvolle Barockorgel befindet sich noch fast ganz im Originalzustand. In der Zeit zwischen dem 16. und dem 19. Jahrhundert hatte das Kloster vielfach in den verschiedenen Kriegen schwer zu leiden, erholte sich jedes Mal jedoch rasch. Die Blütezeit von

Ilbenstadt lag eindeutig in der Barockzeit, in der tatkräftige Äbte eine ansehnliche Bibliothek und ein Klosterkrankenhaus entstehen ließen. Die Aufhebung 1803 traf ein in voller Blüte stehendes Stift. Die Kirche blieb als Pfarrkirche erhalten. Die Konventsgebäude kamen zuerst an die Grafen von Altleiningen-Westerburg, dann an den hessischen Staat und schließlich konnten nach dem Zweiten Weltkrieg verschiedene soziale Einrichtungen in den Klostergebäuden vom Deutschen Caritasverband untergebracht werden.

Ilfeld/Niedersachsen/Deutschland

Die ehemalige Prämonstratenserabtei Ilfeld bei Hildesheim wurde 1190 von Graf Elger II. von Hohenstein gegründet und gelangte bald zu einer so außerordentlichen Blüte, dass es eine eigene Circaria gründe konnte, der zuletzt 21 Klöster gehörten. Seit 1190 bestand in der Nähe auch ein Prämonstratenserinnenkloster, das man Unter-Ilfeld oder Nieder-Ilfeld nannte. Das Männerkloster wurde dagegen als Ober-Ilfeld bezeichnet. Das Nonnenkloster wurde bereits 1525 gänzlich, das Männerkloster teilweise im Bauernkrieg zerstört. Nach dem Wiederaufbau der Männerabtei trat diese jedoch geschlossen zum Protestantismus über und richtete in den Konventsbauten ein protestantisches Pädagogium ein.

Ilmmünster/Bayern/Deutschland

Die ehemalige Benediktinerabtei Ilmmünster wurde 746 von den Brüdern Adalpert und Otkar aus dem Geschlecht der Huosier in der Oberbayerischen Diözese Freising gegründet und damals »cella Ilmina« genannt. Um 1060 verwandelte es Markgraf Ernst in ein Chorherrenstift, das eine dreischiffige romanische Basilika mit großer Krypta erbaute. Später verlegte Herzog Albrecht IV. das Stift nach München und vereinigte es mit dem neuen Kollegiatsstift Unserer Lieben Frau, wo es mit diesem 1803 säkularisiert wurde.

Ilsenburg/Sachsen-Anhalt/Deutschland

Kaiser Otto I. gründete während seiner Regierungszeit eine feste Burg im Bistum Halberstadt, die dann dem Bistum geschenkt und in eine Benediktinerabtei verwandelt wurde, die den Namen Ilsenburg erhielt. Die Abtei erwarb viel Ödland in der Grafschaft Wernigerode und kultivierte es. Bereits 1077 wurde eine dreischiffige Basilika mit drei Westtürmen erbaut, die erhalten ist. 1495 trat die Abtei der Bursfelder Union bei und wurde schließlich in der Reformationszeit aufgehoben.

Indersdorf/Bayern/Deutschland

Das nordwestlich von Dachau in Oberbayern liegende ehemalige Augustiner-Chorherrenstift wurde im Jahr 1120 von Pfalzgraf Otto V. von Scheyern gestiftet – als Ge-

genleistung für die Aufhebung des Kirchenbanns, den der Papst über ihn verhängt hatte. Der Pfalzgraf hatte Heinrich V. auf dessen Römerzug unterstützt, Papst Paschalis II. gefangen zu setzen. Diese Sühnegründung blühte auf und Propst Konrad wurde 1306 sogar Ratgeber Kaiser Ludwigs des Bayern. Die Pröpste von Indersdorf waren mehrfach Visitatoren bayerischer Augustinerklöster. 1783 jedoch wurde Indersdorf durch Papst Pius VI. wegen Überschuldung aufgehoben, die spätromanische Pfeilerbasilika, die noch 1754 im Rokokostil umgestaltet worden war, wurde Pfarrkirche. Die Stiftsgebäude bezogen zuerst die Salesianerinnen und nach 1831 die Barmherzigen Schwestern.

Inkamana/Südafrika

Die Benediktinerabtei Inkamana in der Diözese Eskowe in Südafrika liegt im Zulu-Land, besteht als Kloster seit 1921 und als Abtei seit 1982. Gegründet wurde diese Ordensniederlassung von den Missionsbenediktinern der Kongregation von St. Ottilien in Oberbayern, die Inkamana zuerst als Priorat aufbauten und dann zu einer bedeutenden Abtei mit Landwirtschaft, Werkstätten, Volksschule und Gymnasium mit Internat erweitern konnten.

Innichen/Italien

Das ehemalige Benediktinerstift Innichen im Pustertal in Südtirol/Italien wurde bereits 769 von Tassilo III., Herzog von Bayern, gegründet und kam später als Eigenkloster an das Bistum Freising. Bischof Otto wandelte es 1143 zu einem weltlichen Kollegiatsstift um. Obwohl in der Neuzeit das Stift zweimal aufgehoben war (1756–92 und 1806–15) besteht es rechtlich noch heute. Bereits seit 1691 allerdings sind schon Franziskaner in Innichen ansässig. Die den beiden Heiligen Candidus und Korbinian geweihte Stiftskirche hat zu dem im Italienischen für Innichen gebräuchlichen Namen San Candido geführt. Diese dreischiffige Basilika aus dem 13. Jahrhundert mit Querschiff und Kampanile sowie ihren Fresken und reliefgeschmückten Portalen gilt als der bedeutendste romanische Bau in Südtirol.

Iona/Großbrittanien

Die kleine Insel Iona vor der Südwestspitze der Insel Mull in der schottischen Region Strathclyde gab auch dem berühmten Kloster den Namen, das der Ausgangspunkt für die Christianisierung Schottlands wurde. 563 landete der heilige Columban mit zwölf Gefährten aus Irland auf Iona, baute ein kleines Kloster und begann von diesem Stützpunkt aus die Missionierung der Schotten. Nach seinem Tod ließen sich mehrere schottische Könige auf Iona begraben, die Insel mit dem Grab des Heiligen war gewissermaßen zu einem heiligen Ort geworden. Das Kloster blühte im 7. Jahrhundert auf, wurde jedoch 794 und 801 von Wikingern zerstört. Bei einem neuen Überfall 806 wurden 68 Mönche erschlagen. Nach jedem neuen Aufbau des Klosters kamen die Wikinger wieder, plünderten und mordeten in den Jahren 825 und 986. Nachdem 1093 die Insel sogar ganz von Norwegen vereinnahmt worden war, konnte im 12. Jahrhundert dann unter der inzwischen christlich gewordenen norwegischen Herrschaft eine romanisch-gotische Abteikirche errichtet werden. Bis 1561 konnte sich das Kloster auf Iona in Ruhe neu entwickeln, dann kam der Auflösungsbeschluss durch das schottische Parlament. Iona begann nun zu verfallen. Die Anlagen wurden das Eigentum des Duke of Argill. 1899 jedoch schenkte der achte Herzog von Argill der Church of Scotland die verfallenen Klosterbauten, so dass bis 1910 die Kirche wieder aufgebaut werden konnte. 1938 bildete sich auf ökumenischer Grundlage dann ein Orden im Geiste des heiligen Columban und begann mit dem Wiederaufbau des Klosters. Nach 400 Jahren kehrte damit klösterliches Leben wieder nach Iona zurück. Von Iona aus sandten einst die »iroschottischen« Äbte Missionare nach ganz Europa aus. Und auf dieser kleinen Insel entstand eines der berühmtesten Werke der Weltkunst, das »Book of Kells«, ein Evangeliar, das wegen seiner Illuminationen seinesgleichen sucht und heute im Trinity College in Dublin verwahrt wird. Als die Wikinger kamen, flohen die Mönche mit dem im 8. Jahrhundert entstandenen Kodex in die irische Abtei Kells, nach der es dann den Namen erhielt.

Ipatios-Kloster/Russland

340 Kilometer nordöstlich von Moskau liegt am rechten Ufer des Kostroma-Flusses an der Mündung in die Wolga das berühmte Ipatios-Kloster, eines der reichsten Klöster des alten Russland, das seit der Sowjetära Museum ist. Das Kloster besaß in der zweiten Hälfte des 16. Jahrhunderts 150 Quadratkilometer Ackerland mit 400 zinspflichtigen Dörfern. Es erhob selbst Zoll und bildete in dieser Nordostregion an einem der vielen Wolgabögen ein bedeutendes Kulturzentrum mit einer bekannten Malerwerkstatt, aus der eine Reihe gut ausgebildeter Künstler hervorging. Einer Legende nach wurde das Kloster bereits 1330 gegründet, aber zu seinem Aufstieg verhalfen ihm große Schenkungen und die Förderung von Boris Godunow und anschließend der Romanows. Die gesamte Altstadt, ja sogar die Neustadt der damaligen Stadt Kostroma (heute 280 000 Einwohner) wurde in das Klostergelände miteinbezogen und mit hohen Mauern umgeben. Das umfangreiche Klostergebäude blieb mit allen Bauten erhalten und stellt eine Schatzkammer besonderer Art dar. Die Dreifaltigkeitskathedrale aus den Jahren 1650–52 ist ein würfelförmiges Gotteshaus mit fünf Kuppeln und drei Apsiden, die eine großartige geschnitzte Ikonostasis enthält, deren 80 Heiligenbilder von ortsansässigen Meistern 1756–58 gemalt wurden. Die große Überraschung für jeden Besucher dieser Kathedrale aber sind ihre Fresken, die in fünf waagerechten Reihen die gesamte Mauerfläche bedecken,

nicht nur die Wände, sondern auch die Pfeiler, die Gewölbe, ja selbst die Fensterbacken. Die insgesamt 81 Kompositionen stellen ein gewaltiges biblisches Bilderbuch dar. Der 30 Meter hohe Glockenturm enthielt einst 18 Glocken. Weitere wichtige Bauten sind das Romanow-Palais, das Gebäude der Klosterbruderschaft, das Seniorenheim, die Kerzengießerei, der Durchfahrtsturm mit der Wachsschmelzerei und die Kapellen sowie die stellenweise bis zu elf Meter hohen Mauern mit ihren Türmen, denn das Ipatios-Kloster diente als Festung an der Wolga.

Irsee/Bayern/Deutschland

Die ehemalige Benediktiner-Reichsabtei Irsee bei Kaufbeuren in Bayerisch-Schwaben wurde 1182 von Heinrich Markgraf von Ronsberg gestiftet und stieg im Laufe der Jahrhunderte zu hohem Rang auf. Die wissenschaftliche Betätigung vieler Mönche der Abtei trugen ihr im schwäbischen Bereich einen guten Ruf ein. Der Name des Klosters leitet sich von der lateinischen Bezeichnung Mons Ursineuse oder auch Ursinum ab. Zwischen 1699 und 1702 wurde die barocke Klosterkirche Mariä Himmelfahrt erbaut, wobei der Vorarlberger Franz Beer die Bauleitung übernahm und die Brüder Schmuzer aus Wessobrunn die herrlichen Stuckaturen schufen. Seit der Säkularisation war bis nach dem Zweiten Weltkrieg das Kloster eine Heil- und Pflegeanstalt, dann wurde die Kirche und der gesamte Konvent vorzüglich restauriert und dient seither als Bildungsstätte.

Isenhagen/Niedersachsen/Deutschland

Das heutige adelige Damenstift Isenhagen im ehemaligen Fürstentum Lüneburg wurde 1243 als Zisterzienserkloster gegründet, brannte jedoch schon 1255 ab. Nach der Wiedererrichtung zogen Zisterzienserinnen in die Konventsgebäude ein. Wegen der Lage in einer sumpfigen Gegend und an der nahegelegenen großen Heerstraße, verlegte man das Kloster 1346 an einen günstigeren Standort östlich von Hankensbüttel. Die aus der Mitte des 14. Jahrhunderts stammende Kirche mit ihrem kleinen Dachreiter ist aus Backstein gebaut und weist eine reiche Innenausstattung auf, die vollkommen erhalten ist. Berühmt sind die Stickereien der Nonnen von einst, Altarbehänge aus dem Spätmittelalter und ein berühmter Teppich mit der Darstellung einer Einhornjagd.

Isenheim/Frankreich

Die 1298 in Isenheim bei Gebweiler im Oberelsass gegründete Antoniter-Komturei kam 1777 an die Johanniter, im 19. Jahrhundert an die Jesuiten und 1872 an die Schulschwestern von Rappoltsweil (Ribeauvillé), die in den Konventsbauten eine Taubstummen-Anstalt einrichteten. Berühmt wurde Isenheim vor allem wegen seiner Kunstschätze, deren erhaltene Reste heute im Museum zu Kolmar zu bewundern sind, besonders der sogenannte Isenheimer Altar, der zwischen 1505 und 1516 von Matthias Grünewald geschaffen wurde und als eines seiner Hauptwerke gilt.

Isny/Baden-Württemberg/Deutschland

Die ehemalige Benediktinerabtei Isny bei Wangen im württembergischen Allgäu wurde 1042 von Graf Wolfrad von Altshausen und seiner Gemahlin Hiltrud gegründet und genoss bis ins 18. Jahrhundert den Schutz des Truchsessen von Waldburg, der seine Schirmherrschaft erst 1781 aufgab, als Isny die Reichsunmittelbarkeit erlangte und die Äbte Reichsprälaten wurden. Um das Kloster hatten sich zuerst Hintersassen des Klosters zu einer Marktsiedlung zusammengefunden, woraus sich dann die Stadt Isny entwickelte, die bereits 1365 Reichsstadt wurde. Zwei riesige Brände (1284 und 1350), die Pest und der Dreißigjährige Krieg löschten jedes Mal das Kloster fast aus, aber es erhob sich nach jeder Katastrophe neu und konnte in der Barockzeit die heute noch erhaltene lichtdurchflutete, dreischiffige Hallenkirche bauen, die seit langem als Stadtpfarrkirche genutzt wird. Mit der Säkularisation fiel das Kloster an den Grafen von Quadt-Wyckradt, der ein Schloss daraus machte. Später wurde es Altersheim und Krankenhaus.

Ittingen/Schweiz

Eingebettet in eine von Hügelwäldern und Wiesen durchzogene Landschaft liegt in der Nordschweiz im Thurgau zwischen Konstanz und Winterthur die ehemalige Kartause Ittingen. 1152 als Propstei der Augustiner gegründet, wurde sie Mitte des 15. Jahrhunderts von den Kartäusern übernommen und zu einer großzügigen Anlage ausgebaut. Nach Art der Kartäuser gruppieren sich Mönchswohnungen als kleine Zellenhäuschen um die Kirche und die Wirtschaftsgebäude. Die aus der Renaissancezeit stammende Klosterkirche erhielt 1763 eine Rokokodekoration. Das Chorgestühl von Meister Chrysostomus Fröhli präsentiert sich in ländlichem Barock. Die ehemaligen Konventsgebäude dienen nach einer gründlichen Renovierung heute als Kulturheim. Ein kleiner und großer Kreuzgang sind erhalten.

J

Ják/Ungarn

Eines der berühmtesten Kunstdenkmäler Ungarns ist die spätromanische Klosterkirche der ehemaligen Benediktinerabtei Ják, zwölf Kilometer von der Stadt Steinamanger (Szombathely) entfernt. Die Gründung geht zurück auf Márton Ják, den Stammvater des Adelsgeschlechtes Ják, der dieses Kloster inmitten seiner ausgedehnten Ländereien gründete. Die mächtige Kirche mit ihren zwei massigen Türmen ist weithin sichtbar und wurde als dreischiffige Basilika in der Zeit zwischen 1214 und 1256 errichtet. Beim Vordringen der Türken in Ungarn wurden die Kirche und das Kloster 1532 so beschädigt, dass der Konvent aufgelöst werden musste. Die Wiederherstellung konnte in zwei zeitlich weit voneinander entfernt liegenden Phasen sorgfältig abgeschlossen werden (1660–66 und 1896–1904). Der spätromanische Stil wurde dabei bis in die Einzelheiten getreulich gewahrt.

Janduras/Frankreich

Die ehemalige französische Prämonstratenserabtei Janduras in der Diözese Toul war ein Tochterkloster von Val-Roi und wurde von dieser Abtei 1140 besiedelt. Als Gründer gilt Theoderich von Barri. Nach der Bestätigung des Güterbesitzes durch Papst Eugen III. wurde zur Sicherheit die Abtei auch zusätzlich noch unter den besonderen Schutz des Apostolischen Stuhles gestellt und damit von jeglichen Abgaben befreit. In der Französischen Revolution wurde Janduras aufgehoben.

Jaroslawl, Christi-Verklärungskloster/Russland

Das Christi-Verklärungskloster in der an der Wolga gelegenen Stadt Jaroslawl gehörte einst zu den berühmtesten und schönsten Klöstern Russlands und ist erfreulicherweise bis heute mit all seinen architektonischen und sonstigen Schätzen als Museum erhalten geblieben. Das Kloster selbst liegt nicht direkt an der Wolga, sondern am Ufer des Nebenflusses Kotorosl, der aber nicht weit davon in den großen Strom mündet. Bereits in der zweiten Hälfte des 12. Jahrhunderts gegründet, ersetzte es für mehrere Generationen in Jaroslawl den Kreml und stand stets unter dem Schutz der Moskauer Großfürsten. Das Hauptbauwerk des Klosters ist die Christi-Verklärungskathedrale, die 1506–16 von Moskauer Baumeistern errichtet wurde. Eine Generation später wurde das Kloster zu einer der sichersten Wehranlagen an der Wolga ausgebaut und spielte daher bei der Befreiung Russlands von der polnisch-litauischen Invasion zu Beginn des 17. Jahrhunderts eine bedeutende Rolle. Gegen Ende des gleichen Jahrhunderts hatte die Mauer um das Kloster eine Länge von 820 Metern, eine Höhe von 10,5 Metern und eine Dicke von drei Metern. Als Ehreneinfahrt diente das Heilige Tor, das ein Wachtturm war und bei Gefahr verschlossen wurde. Der Gottesmutterturm und der Uglitschturm sind jedoch ebenso trutzige Türme auf quadratischem Grundriss, die stets unter ihren Schießscharten noch Öffnungen hatten, durch die Pech und kochendes Wasser gegossen werden konnten. Sehenswert ist auch der Glockenturm aus dem 16. Jahrhundert, in dessen unterem Geschoss eine Marienkirche untergebracht ist. Die Hauptschätze des Klosters sind neben den erhaltenen Ikonen zweifelsohne die Monumentalmalereien der Kathedrale selbst, die von den Moskauer Meistern Leontjew, Tretjak und Nikitin 1563–64 ausgeführt wurden. Die Darstellung des Pantokrator in der Mittelkuppel ist von allen Fresken dieser Kirche wohl die großartigste und ausdrucksvollste.

Jarrow/Großbritannien

Das östlich von Newcastle-upon-Trent gelegene Benediktiner-Priorat in der Grafschaft Durham spielte in der englischen Geschichte eine bemerkenswerte Rolle. 681 gegründet und dem heiligen Paulus geweiht, lebte und starb in Jarrow der große Beda Venerabilis, der durch seine Wirksamkeit eine bedeutende Stellung in der Kulturgeschichte Englands und Europas einnimmt. Das Kloster strahlte kulturell und zivilisatorisch in Mittel- und Nordengland weithin aus. Von Dänen in den Jahren 794, 867 und 973 verheerend geplündert und von Wilhelm dem Eroberer 1069 gebrandschatzt, erholte sich das Kloster und wurde 1074 als unabhängiges Priorat neugegründet. Dem Klostersturm von 1536 fiel auch Jarrow zum Opfer. Teile der alten Klosterkirche sind heute in die Pfarrkirche von Jarrow integriert.

Jasov/Slowakei

Die berühmte Prämonstratenserabtei Jasov, 22 Kilometer westlich von Kaschau (Košice) in der Slowakei gelegen, war seit ihrer Gründung im 12. Jahrhundert eine der wichtigsten Abteien Ungarns unter dem Namen Jászó oder dem deutschen Namen Jassau. 1918 wurde das Gebiet der Republik Tschechoslowakei einverleibt und die Abtei erhielt den Namen Jasov. Das Kloster ist heute Altenheim. Bei der Gründung war das Kloster mit reichen Privilegien ausgestattet worden, brannte allerdings beim Einfall der Mongolen nieder. König Bela IV. von Ungarn förderte den Wiederaufbau, so dass bald wieder eine neue Blütezeit anbrach. In der Barockzeit wurden die alten Klosterbauten abgerissen und wurde von dem Architekten Anton Pilgram in den Jahren 1750–66 ein großartiger Neubau mit einer ebenso prächtigen Kirche errichtet. Die Bibliothek war zu dieser Zeit reich mit kostbaren Werken ausgestattet. Nachdem das Kloster zwischen 1787 und 1802 aufgehoben worden war, brach nach der Wiedererrichtung eine noch größere Blütezeit an, in der die Abtei eine theologische Lehranstalt, das Collegium Norbertinum, in Budapest aufbaute, Gymnasien in Kaschau, Großwardein und Rosenau unterhielt und kurz nach 1900 mit 104 Ordensmitgliedern eine der größten Abteien in Österreich-Ungarn darstellte. Die Wirksamkeit des Klosters endete erst in kommunistischer Zeit der ČSSR. Die Kirche selbst wurde im letzten Jahrzehnt des Zwanzigsten Jahrhunderts grundlegend renoviert.

Jedburgh Abbey/Großbritannien

1138 gründete David I., der spätere König von Schottland, in der Grenzregion zu England die Abtei der Augustiner-Chorherren am Jed Water und nannte sie Jedburgh. Diese Grenznähe hatte das Kloster teuer zu bezahlen, denn die Armee Edwards I. plünderte sie 1296, 1523 zündeten sie die Engländer erneut an und 21 Jahre später noch einmal. Die massiv aus rotem Sandstein erbaute Klosteranlage in der Grafschaft Roxburgshire pflegte bis zu ihrer Aufhebung im 16. Jahrhundert intensive kulturelle Beziehungen zu den drei nördlich von ihr gelegenen Abteien Melrose, Kelso und Dryburgh. Als in viktorianischer Zeit die alte Abteikirche immer noch notdürftig als Pfarrkirche für die mit dem Kloster gewachsene Gemeinde Jedburgh diente, baute man 1875 eine neue Kirche und setzte die Abtei denkmalspflegerisch insoweit instand, dass das Ruinenfeld als nationale Gedenkstätte zugänglich wurde.

Jericho, Sarandarion/Israel

Am östlichen Abhang des Dschebel Quarantal erhebt sich 170 Meter über dem Jordantal, drei Kilometer nordwestlich von Jericho, das orthodoxe Kloster Sarandarion, eines der drei bewohnten Bergklöster in der Wüste Juda. Der Legende nach soll an diesem Ort Christus vom Teufel versucht worden sein. Bereits im Jahre 340 errichtete der heilige Chariton auf dem Hochplateau eine Kapelle und eine Kirche, die aber beide im 7. Jahrhundert zerstört wurden. Das heutige Kloster steht auf den Ruinen eines Kreuzfahrerbaus. In der 1874 erbauten Versuchungskirche finden sich über 100 Ikonen aus dem 18. und 19. Jahrhundert.

Jerichow/Sachsen-Anhalt/Deutschland

Die ehemalige Prämonstratenserabtei Jerichow bei Tangermünde an der Elbe wurde von dem Magdeburger Dompropst Hartwich, dem späteren Erzbischof von Bremen 1144 gegründet und machte sich sehr um die Kultivierung der gesamten Umgebung verdient. Die Pröpste des Klosters erhielten zum Dank für die Leistungen, die von Jerichow erbracht wurden, das Archipresbyterat über den größten Teil des Landes zwischen Elbe und Havel. In der Reformationszeit wurden die Güter der Abtei eingezogen, 1628 zwar dem Orden zurückerstattet, konnten von den Prämonstratensern jedoch nicht gehalten werden, so dass Jerichow als Kloster aufgehoben wurde.

Jerpoint Abbey/Irland

Südlich von Thomestown liegen in der Grafschaft Kilkenny (Republik Irland) die mächtigen Ruinen der ehemaligen Zisterzienser-Abtei Jerpoint Abbey, die im Jahr 1180 von Donal MacGillapatrick, dem König von Ossory, gegründet wurde. Seit dem Klostersturm des 16. Jahrhunderts schon ist Jerpoint Abbey verlassen, aber die gewaltigen Überreste des Klosters, das einstige Kreuzschiff mit dem Chor, der Kreuzgang, der Kapitelsaal, der Schlafraum der Mönche – all dies kundet von der einstigen Größe dieser Abtei und ebenso von menschlicher Zerstörungswut.

Jerusalem, Armenisches Kloster/Israel

Im Armenischen Viertel zu Jerusalem zwischen dem Jaffator und dem Zionstor erhebt sich als wichtigstes Bauwerk das Armenische Kloster mit dem Sitz des armenischen Patriarchen und der großen Kathedrale des heiligen Jakobus. Es ist genau der Ort, an dem einst der Palast von Herodes dem Großen gestanden hat. Zu dem gesamten armenischen Komplex gehören jedoch auch noch ein theologisches Seminar, die Gulbenkian-Bibliothek und das Armenische Kunst- und Geschichtsmuseum. Mittelpunkt des ganzen Viertels ist indes die im 11. Jahrhundert errichtete Jakobuskathedrale, die mit ihrem 25 x 17,5 Meter großen Hauptschiff und ihrer Zentralvierung ein typisches Beispiel armenischer Architektur darstellt. Eine großartige Ikonostasis und mehrere reich geschmückte Kapellen stellen zusammen mit der erlesenen Schatzkammer einen beachtlichen Reiz gleichermaßen für Pilger wie für Kunstliebhaber dar.

Jerusalem, Hagia Maria Sion (Dormition Abbey)/Israel

Zu den ungewöhnlichen und historisch interessantesten Benediktinerklöstern der Welt gehört die Benediktinerabtei Dormition Abbey in Jerusalem, die nach der Tradition genau über jenem Ort steht, an dem Maria, die Mutter Jesu, gestorben sein soll. Es ist demnach der Ort von »Mariae Entschlafung« (Dormition). Seit langem wird die Dormition-Basilika von zahlreichen Pilgergruppen aus aller Welt besucht. Aus diesem Grund entschlossen sich im Jahre 1906 Mönche aus der Abtei Beuron in Deutschland, an diesem Ort in Jerusalem ein Kloster zu gründen, um die Pilger betreuen zu können. Damals war das Heilige Land noch unter türkischer Herrschaft. Die späteren Wirren, die Gründung des Staates Israel, die fünf Kriege in Palästina, alle diese Ereignisse betrafen das Kloster stets hautnah, da es 20 Jahre lang genau an der Grenze des »Niemandslandes« im südlichen Teil der Stadt lag. Staatlich gehört die Abtei inzwischen schon lange zu Israel, die Abteigebäude sind im Besitz der »Deutschen Gesellschaft des Heiligen Landes«, und da der Konvent keiner Kongregation angehört, hat die Mönchsgemeinschaft ganz für sich allein zu sorgen. Dies ist möglich durch die Einnahmen im Rahmen des sogenannten »Studienjahres«, das von der Abtei geleitet wird. Deutsche Theologiestudenten können nämlich zwei Semester in Jerusalem verbringen, die ihnen in allen deutschsprachigen Ländern voll angerechnet werden. Neuerdings wurde die Abtei umbenannt und trägt jetzt den Namen Hagia Maria Sion.

Jerusalem, St. Jakobs-Kloster/Israel

Bereits zu Zeiten der römischen Besetzung Palästinas hatten sich Armenier als Kaufleute in Jerusalem niedergelassen, dort hatten sie auch die christlichen Urgemeinden kennen gelernt. Im ersten Jahrhundert soll schon die armenische Königin Helena an jener Stelle eine Kapelle errichtet haben, an der das Haupt des heiligen Jakobus begraben lag. Der Apostel Jakobus hatte im Jahr 60 den Märtyrertod gefunden. Später wurde an dieser Stelle von den Armeniern das berühmte St.-Jakobs-Kloster gegründet. Dieses Kloster ist das Zentrum der in Jerusalem lebenden Armenier, wurde schon früh zum Sitz des Patriarchen erhoben und beherbergt in seiner Bibliothek 4000 alte Handschriften, auch reich illuminierte Evangeliare aus den armenischen Klöstern der Frühzeit.

Jervaulx Abbey/Großbritannien

Die in North Yorkshire/England gelegene ehemalige Zisterzienserabtei Jervaulx Abbey war als Zentrum der Pferdezucht im oberen Ure-Tal in ganz England bekannt und trug wesentlich zur Bereitstellung ausdauernder Reit- und Zugpferde auf der Insel bei. Als der Klostersturm unter Heinrich VIII. losbrach, nahm der letzte Abt des Klosters an der sogenannten »Pilgrimage of Grace« teil und wurde danach in Tyburn aufgehängt. Der Zorn des Königs richtete sich daraufhin auch gegen die Abtei, die er restlos zerstören ließ. Die Ruinen der einst 86 Meter langen Abteikirche wurden lange als Steinbruch benutzt. Die völlig überwucherten Überreste wurden 1805 freigelegt und beeindrucken heute noch jeden Besucher durch ihre Größe. 15 verschiedene Typen von Steinmetzzeichen sind auf dem Gelände noch gut erkennbar.

Johannisberg/Hessen/Deutschland

Die ehemalige Benediktinerabtei Johannisberg im Rheingau in Hessen wurde 1096 von den Grafen von Winkel auf dem Bischofsberg gegründet und bald darauf von Erzbischof Rudhart von Mainz zu einem Doppelkloster ausgebaut. Die Abtei konnte sich zahlreiche Weinberge zulegen und war dadurch im Rheinland gut bekannt. Das Nonnenkloster erlosch 1452. Das Männerkloster jedoch trat der Bursfelder

Union bei und straffte die Disziplin. 1552 verwüstete Markgraf Albrecht von Brandenburg das Kloster und 1631 zerstörten die Schweden es vollständig. 1716 erwarb der Fürstabt von Fulda die Ruinen und erbaute am gleichen Ort ein Schloss mit einer schönen Kirche für sich als Sommerresidenz. Im Jahre 1816 ging es in den Besitz von Kaiser Franz I. über, der es dem Fürsten Metternich schenkte.

Jouarre/Frankreich

Die einst berühmte französische Benediktinerinnenabtei Jouarre im Departement Seine-et-Marne wurde 634 von Schülern des heiligen Columban gegründet und bestand bis 1792. Die erste Äbtissin war die heilige Theodechildis, sie wurde wie alle Äbtissinnen in der sogenannten Sainte Chapelle de Jouarre bestattet. Bei der Aufhebung in der Französischen Revolution wurden die Abteigebäude teilweise zerstört. 1837 zogen zwar wieder Benediktinerinnen in die noch erhaltenen Bauten ein, wurden aber von den neuen Ordensgesetzen nach gut zwei Generationen wieder vertrieben.

Joyenval/Frankreich

Die ehemalige französische Prämonstratenserabtei Joyenval (Gaudium Vallis) in der Diözese Chartres wurde 1221 von König Philipp II. gegründet und mit Mönchen aus Prémontré besiedelt. Die Abtei wirkte in ihrer Region recht segensreich und wurde wie alle ihre Schwesterabteien in der Französischen Revolution aufgehoben.

Jumièges/Frankreich

Die altberühmte Benediktinerabtei Jumièges an der Seine im Departement Seine-Maritime, 27 Kilometer westlich von Rouen, war einst eine der größten Abteien der Normandie und ihre Ruinen künden noch heute von ihrer einstigen Pracht. 654 schenkte der Frankenkönig Chlodwig II. und seine Gemahlin Baldechilde dem heiligen Philibert ein Landstück im Gebiet Gemmeticum, auf dem der tatkräftige Benediktiner ein Kloster errichtete, das lange Zeit auch diesen Flurnamen trug, aber 851 von den Normannen zerstört wurde. Nach der Landnahme und Christianisierung der Nordmänner bauten diese im Jahre 930 die Abtei wieder auf, größer und herrlicher als je zuvor. Berühmte Schulen entstanden in dem bald »Jumièges« genannten Kloster, auch der englische König Edward der Bekenner (1042–66) wurde dort erzogen. Spätestens 1087 vollendete in Jumièges Wilhelm Calculus seine dreibändige Historia Normannorum. Die gewaltige Abtei hatte zwei Kirchen, die kreuzförmige grandiose Notre Dame und die kleinere Saint-Pierre. Die Klosteranlage war weit ausgedehnt, die Abtei reich und mit allen Gütern wohlversorgt. In der Französischen Revolution wurde Jumièges als »Nationales Besitztum« verkauft, als

Steinbruch genutzt und stückweise abgetragen. Die mächtige Ruine ragt noch heute als Zeichen dieser kulturellen Barbarei über den gleichnamigen Ort empor, der im Laufe der Jahrhunderte nahe der Abtei entstanden war.

Jurjew-Polskoj, Michajlo-Archangelskij-Kloster/Russland

Das in der alten Stadt Jurjew-Poljskoj (im Raum von Wladimir) gelegene Erzengel-Michael-Kloster aus dem 13. Jahrhundert ist ein weitläufiger und mächtiger, mauerumgürteter Klosterbau mit fünf Kirchen innerhalb des Mauerrings. Die Bauten stammen allerdings hauptsächlich aus dem 17. und 18. Jahrhundert, gehören jedoch zu den am besten erhaltenen kirchlichen Denkmälern nordöstlich von Moskau. Hauptkirche ist die 1729 errichtete Erzengel-Michael-Kathedrale, ein viereckiges hohes Bauwerk mit fünf Kuppeln, in dem eine Sammlung von sakralen Holzplastiken untergebracht ist, denn das Kloster wird mit all seinen Kirchen schon längst als Museum geführt. Die »Torkirche des Gottesgelehrten«, ebenfalls mit fünf Kuppeln, erhebt sich über dem Haupteingang des Klosters und ist heute eine Gemäldegalerie. Mit dem einstigen Refektorium ist die Kirche zu Mariä Erscheinen verbunden. Auf dem weitläufigen Klostergelände wurden außerdem zwei hierher versetzte Holzkirchen aufgestellt, es sind die aus dem 17. und 18. Jahrhundert stammenden Kirchen Mariä Schutz und Fürbitte und die Georgskirche. Ein interessantes Baudenkmal auf dem Klostergelände ist auch der Glockenturm, dessen Zeltdach über und über mit Nischen verziert ist. Nach einer gründlichen Renovierung erstrahlt das gesamte Kloster mitsamt seinen Mauern nunmehr in blendendem Weiß.

K

Kaisariani/Griechenland

Das griechisch-orthodoxe Kloster Kaisariani liegt an den Ausläufern des Ymittos-Gebirges auf 340 Metern Höhe sieben Kilometer vom Stadtzentrum Athens entfernt. Der Name geht auf eine Heilquelle zurück, Kaisariani Pigi (Kaiserquelle), denn von dieser Quelle aus ließ einst Kaiser Hadrian im 2. Jahrhundert n. Chr. Wasser über eine antike Wasserleitung nach Athen leiten. Das Kloster Kaisariani verfügt über ein kleines Ensemble von Konventsgebäuden, die um einen pittoresken Hof gruppiert sind und über eine Kreuzkuppelkirche mit sehenswerten Wandgemälden. Ein kleines Klostermuseum bietet einen guten Einblick in die verschiedenen Bereiche orthodoxer Kirchenkunst.

Kaisheim/Bayern/Deutschland

Die ehemalige reichsunmittelbare Zisterzienserabtei Kaisheim im Kaibachtal bei Donauwörth in Bayerisch-Schwaben war einst eine berühmte und angesehene Reichsprälatur in der Diözese Augsburg. Man kannte die Abtei im überregionalen Schriftverkehr unter dem wohlklingenden Namen Caesarea, landläufig jedoch unter der etwas bäuerlichen Bezeichnung Caypsen. Gegründet wurde Kaisheim 1133 von Graf Heinrich von Lechsgemünd und seiner Gemahlin Luikard. Die sehr gut dotierte Abtei baute als Klosterkirche in den Jahren 1352–1382 eine 84 Meter lange und 24 Meter breite Basilika, die in später Hochgotik den strengen Zisterzienserstil in der Baustruktur wahrt, deren Innenraum aber 1712–16 von Franz Beer barockisiert wurde. Nach der Aufhebung 1802 wurde die Klosterkirche zur Pfarrkirche erklärt, während die Klostergebäude seither als Strafanstalt dienen.

Kalenić/Serbien

Nordwestlich von Kraljevo in Serbien erhebt sich der imposante Kuppelbau der Kirche des orthodoxen Klosters Kalenić inmitten von bewaldeten Hügeln in einem Talgrund. Die Kirche gilt als eine der schönsten Serbiens und als Gipfel des Morava-Stils, und die um 1415 entstandenen Fresken gehören zu den hervorragendsten der byzantinischen Malerei des 15. Jahrhunderts. Gegründet wurde das Kloster von Bogdan, dem Oberkämmerer des serbischen Despoten Stephan Lazarević, um 1415. Man hat die einschiffige Kirche (Mariä Darstellung im Tempel) im Laufe der Jahrhunderte mehrfach restauriert und stellenweise erneuert, stets aber zu ihrem

Vorteil. Die Kirche hat einen Dreikonchengrundriss und eine auf einen steilen Tambour gesetzte Hauptkuppel. Die Rosenfenster, Blendbogen, Tore und Rundgiebelarchivolten sind mit reicher Basrelief-Ornamentik verziert. Vorherrschend ist die christliche Symbolik, aber es kommen bei den figürlichen Darstellungen auch Kampf- und Jagdszenen vor, daneben Adler und Greife.

Kamnik/Slowenien

Zwischen der österreichischen Grenze und Laibach (Ljubljana) liegt in einem herrlichen Waldtal die Franziskanerabtei (mit St. Jakobuskirche) Kamnik in dem gleichnamigen Städtchen. Vom 12. bis zum 17. Jahrhundert war der in den sogenannten Steiner Alpen gelegene Ort ein bedeutendes Handelszentrum und daher ein natürlicher Anziehungspunkt für Franziskaner. Das 1495 gegründete Kloster baute seine ursprünglich noch gotisch errichtete Kirche um 1700 im Stil des Barock völlig um und richtete eine umfangreiche Bibliothek ein.

Kamp/Nordrhein-Westfalen/Deutschland

Das ehemalige Zisterzienserkloster Kamp bei Rheinberg am Niederrhein ist unter verschiedenen Bezeichnungen in die Geschichte eingegangen: Camp, Altencamp, Campus Mariae, Vetus campus, Aldevelde, modern jedoch Kamp. Gegründet von Erzbischof Friedrich I. von Köln 1123, stieg es zum Mutterkloster unmittelbar oder mittelbar fast aller norddeutscher Zisterzienserklöster auf. Mehrfach zerstört, konnte es sich immer wieder erholen. In den Jahren 1683–1700 wurde ein großer neuer Konventskomplex errichtet, in dem dann eine reichhaltige Bibliothek, eine Gemäldesammlung und ein physikalisches Kabinett untergebracht wurden. 1802 wurde die Abtei säkularisiert, 1806 die Schätze zerstreut, die Klostergebäude zum größten Teil abgebrochen, nur die Abteikirche überlebte die Katastrophe als Pfarrkirche.

Kaposivank/Türkei

Die Ruinen des armenischen Klosters Kaposivank, am Osthang des Karadag in der Türkei, liegen in 2000 Metern Höhe 17 Kilometer westlich von Erzincan. Das einst sehr bedeutende Kloster wurde der Legende nach bereits im 4. Jahrhundert gegründet, aber bauliche Belege existieren erst seit 1224. Im Jahre 1425 wurde das Kloster von den Turkmenen zerstört, bald danach aber wieder aufgebaut und entwickelte sich zu einem kulturellen Mittelpunkt der Region, vor allem unterhielten die Mönche in Kaposivank ein sehr aktives Skriptorium. Das Kloster war auch bekannt unter dem Namen seines Patrons, des heiligen Jakobus von Nisibis (Surb Yakob). Die gesamte Anlage mit der ehemaligen Kreuzkuppelkirche ist heute ein trauriges Ruinenfeld.

Kappel am Albis/Schweiz

Zwischen dem Zürichsee und dem Zuger See liegt im Kanton Zürich die ehemalige Zisterzienserabtei Kappel am Albis, eine Gründung des 12. Jh. Im Alten Zürichkrieg wurde die im 13. und 14. Jh. erbaute Klosteranlage durch einen Großbrand fast zerstört und nach dem Wiederaufbau in den Religionskriegen 1529–31 ebenfalls schwer mitgenommen. Man hat nach der Reformation die Konventsgebäude als Pflegeheim genutzt und in der neuesten Zeit zu einem Bildungsheim umgestaltet. Die ehemalige Klosterkirche St. Maria gilt als eines der wichtigsten gotischen Baudenkmale der Schweiz. Auf kreuzförmigem Grundriss errichtet, entstand zwischen 1250 und 1310 ein sehr hoher und geschlossener Kirchenbau, der mit seinen frühgotischen Steinmetzarbeiten und Glasmalereien jeden Besucher in seinen Bann zieht.

Kappenberg/Nordrhein-Westfalen/Deutschland

Die ehemalige Prämonstratenserabtei Kappenberg im westfälischen Bistum Münster wurde 1122 von den Brüdern Gottfried und Odo von Kappenberg gegründet und nach ihnen benannt. Der heilige Norbert, der Ordensstifter, leitete die Abtei einige Zeit selbst. In der Folgezeit nahm das Kloster nur Adelige in seinen Konvent auf. 1512 wurde die Abtei eingeäschert, dann wieder aufgebaut aber in verschiedenen Kriegen immer wieder geplündert. 1803 wurde das Kloster aufgehoben und die Kirche als Pfarrkirche weiterverwendet. In den Sterbelisten von Kappenberg tauchen Namen von Äbten und Pröpsten aus dem 13. Jahrhundert auf, deren Nachfahren im 20. Jahrhundert wiederum bedeutende kirchliche Ämter innehatten, so Bernhard von Galen und Johann Alexander von Ketteler.

Karadag, Kloster Awagavank/Türkei

Das armenische Kloster Awagavank ist das Hauptkloster des Berges Sepuh in Hocharmenien, heute in der Türkei Karadag genannt. Das Kloster liegt in 2000 Metern Höhe am Südhang dieses Berges im türkischen Bezirk Erzincan. Der Legende nach erfolgte die Gründung schon in frühchristlicher Zeit, aber bezeugt ist Awagavank erst seit Beginn des 13. Jahrhunderts. Das Kloster besaß ein sehr aktives Skriptorium, in dem vor allem berühmte Homiliare entstanden. Von den einstigen Gebäuden sind heute nur noch zwei Kirchen und eine Kapelle erhalten, alle drei in einem bedauernswert ruinösem Zustand.

Kastl/Bayern/Deutschland

Die ehemalige Benediktinerabtei Kastl in der Oberpfalz in Bayern wurde am Anfang des 12. Jahrhunderts auf einer Bergzunge im Lautrachtal gegründet und bereits 1129 die dreischiffige Basilika mit einem fünfschiffigen Chor und drei halbrunden Apsiden geweiht. Gründer waren die Grafen Berengar I. von Sulzbach und Friedrich von Kastl-Habsburg. Der Kirchenbau verrät eindeutig burgundisch-cluniazensischen Einfluss. Um 1400 spannte man über das Hochschiff des Chores ein Tonnengewölbe, es gehört zu den ältesten von Bayern. In der Reformationszeit hob Kurfürst Friedrich von der Pfalz das Kloster vorübergehend auf und führte die calvinische Kirchenordnung ein. Im Zuge der Gegenreformation kamen 1636 die Jesuiten nach Kastl, 1782 dann die Malteser. 1808 wurde das Kloster säkularisiert, die Konventsgebäude beherbergen heute eine Akademie und ein Gymnasium der Exilungarn. Die Klosterkirche St. Peter wurde Pfarrkirche.

Katharinenkloster/Ägypten

Auf der Halbinsel Sinai griffen in spätantiker Zeit immer wieder Beduinen die in der Wüste lebenden Eremiten an. Kaiser Justinian ließ daher im Jahre 530 eine Festung zum Schutz der Wüstenmönche errichten, die bald in ein Kloster verwandelt wurde und später den Namen der heiligen Katharina für sich als Bezeichnung annahm, da die Gebeine der berühmten Heiligen nach ihrem Martyrium von den Mönchen auf dem Sinai in Obhut genommen wurden. Das Kloster steht auf heiligem Grund, denn hier soll Moses die Stimme des Herrn aus dem Dornbusch gehört haben. Hinter dem Kloster ragt der 2500 Meter hohe Berg des Moses (Jebel Musa) in den Himmel, es soll der Berg Horeb des Alten Testamentes sein. Auf ihm soll Moses die Zehn Gebote von Gott empfangen haben. Das Kloster hat seinen festungsartigen Charakter bis heute behalten, es wurde nie geplündert oder zerstört. Der Grund ist darin zu suchen, dass der Prophet Mohammed persönlich einmal das Kloster besuchte und die Mönche unter seinen Schutz stellte. Das Kloster ist griechisch, jedoch autokephal, d. h. es hat die Spaltung der Kirche von 1054 nicht mitgemacht. Der Abt des Klosters genießt hohes Ansehen und das Kloster hat bis heute große Besitzungen auf Kreta und Zypern. Im Archiv des Klosters finden sich Dokumente, Urkunden und Briefe von Justinian bis zu Saddat. In der sehr wertvollen Bibliothek des Klosters entdeckte Konstantin von Tischendorf Mitte des 19. Jahrhunderts den berühmten Codex Sinaiticus, der um das Jahr 400 in einer wunderbar klaren griechischen Schrift geschrieben wurde und eines der ältesten Bibelmanuskripte darstellt. Mit seinen vielen Kunstwerken aus über 1400 Jahren, vor allem der bedeutenden Handschriften- und Urkundensammlung sowie einem Bestand von rund 2000 wertvollen Ikonen, stellt das Katharinenkloster ein einzigartiges Kulturerbe der Christenheit dar.

Kaufungen/Hessen/Deutschland

Die ehemalige Benediktinerinnenabtei Kaufungen in Hessen wurde 1017 von Kaiser Heinrich II. und seiner Gemahlin Kunigunde gestiftet und in der Folgezeit mit reichen Ländereien ausgestattet. Das Kloster wurde 1532 der Hessischen Ritterschaft übergeben und gehört dieser bis heute. Die Abteikirche, eine romanische Basilika mit spätgotischem Chor, ist seit dieser Zeit evangelische Pfarrkirche

Kečaris/Armenien

Das armenische Kloster Kečaris (Kečaruc) liegt in 1850 Metern Höhe auf einem Absatz im Osten des Berges Telenis im Distrikt Hrazdan. Gegründet in der ersten Hälfte des 11. Jahrhunderts von dem berühmten Fürsten Grigor Magistratos (990–1058), wurde das Kloster von den Türken erstürmt und 1196 wieder befreit. Die siegreichen Zakariden leiteten dann eine zweite Bauphase ein, so dass neben der schon bestehenden Kirche Sankt Gregor auch noch die Kirche Katholiké entstehen konnte. 1236 erstürmten die Mongolen das Kloster und beschädigten es stark, das dann 1248 von dem Fürsten Hasan Jalal-Dawla wieder restauriert wurde. Aus dem sehr leistungsstarken Skriptorium gingen im 16. und 17. Jahrhundert beachtliche Werke hervor. 1828 erschütterte ein Erdbeben das Kloster und beschädigte es schwer. Zwischen 1937 und 1958 wurden dann bedeutende Restaurierungsarbeiten durchgeführt, denn die Bauten von Kečaris gehören zum wichtigen Kulturerbe der armenischen Kirche, zumal neben den beiden genannten Kirchen auch noch eine riesige Vorhalle und eine Grabkirche vorhanden ist.

Keizersberg/Belgien

Die Benediktinerabtei Keizersberg liegt auf dem historisch bedeutsamen Hügel Mont-César im nördlichen Teil von Löwen in Belgien und wurde 1899 gegründet. In der Zeit bis zum Zweiten Weltkrieg entwickelte sich in diesem Kloster eine bedeutende liturgische Bewegung, die durch ihre Publikationen auch im Ausland große Beachtung fand. Im Jahre 1944 durch den Krieg beträchtlich verwüstet, wurde Keizersberg wieder aufgebaut und ist ein wichtiges liturgisches Zentrum mit einer bedeutenden Bibliothek, einem Studien- und Gästehaus und einem kleinen Verlag. Das Kloster selbst ist ein großes neoromanisches Gebäude, das als großes Viereck einen geräumigen Hof umschließt.

Kelso/Großbritannien

Die im schottischen Grenzland von König David I. im Jahr 1128 gegründete Benediktinerabtei Kelso wurde mit Mönchen aus Tiron in Frankreich besetzt und erfreute sich in den ersten vier Jahrhunderten eines ungestörten Wachstums. 1460 wurde James II. in der Abteikirche zum König gekrönt. Diese Kirche war von gewaltigen Ausmaßen, hatte zwei Querschiffe und Türme und eine beeindruckende Westfassade. Der Stil war normannisch-gotisch. 1523 warfen bei den Grenzkriegen die Engländer Brandfackeln in die herrliche Abtei, die noch als Ruine den Schotten als Rückzugsfestung diente – ohne Erfolg. Von den Abteigebäuden ist nichts erhalten geblieben. Die imposanten Reste, die von der Kirche noch zu sehen sind, lassen den Schluss zu, dass Kelso eines der spektakulärsten romanischen Bauvorhaben in Schottland gewesen sein muss. Nicht ohne Grund hat man allein die einstige Abteikirche mit der Kathedrale von Ely in England verglichen.

Kempten/Bayern/Deutschland

Die ehemals gefürstete Benediktiner-Reichsabtei Kempten im Allgäu in Bayern wurde 752 gegründet und erhielt von Hildegard, der Gemahlin Karls des Großen, so reichen Landbesitz, dass sich die Abtei im Laufe der Jahrhunderte auf Grund der Reichsunabhängigkeit zu einem eigenen kleinen »Staatswesen« im Voralpenland entwickeln konnte. 1632 zerstörten die Schweden das Kloster, das jedoch bereits 1674 wieder aufgebaut war. Es entstand in barockem Stil der erste große Kirchenbau in Deutschland nach dem Dreißjährigen Krieg. Die Papiermühlen des Klosters und die eigene Druckerei waren bis zur Aufhebung der Abtei (1802) weit über Deutschland hinaus bekannt. Die Stiftskirche St. Lorenz und die ehemalige fürstäbtliche Residenz mit ihren prächtigen Innenräumen sind wichtige Anziehungspunkte der gleichnamigen Stadt an der Iller. Nach der Auflösung der Abtei wurde die beachtliche Bibliothek zerstreut. Reste sind in Augsburg und Kloster Metten zu finden.

Kergonan/Frankreich

Die Benediktinerabtei Sainte-Anne de Kergonan liegt in Plouhamel an der Atlantikküste in der Normandie und wurde 1897 von Mönchen aus Solesmes gegründet. Durch die französischen Antikirchengesetze zwischen 1901–20 vertrieben und nach der Wiederkehr 1942–46 nochmals ausgebürgert, konnte in der Nachkriegszeit das Kloster einen Neuaufstieg verzeichnen, der auch das wirtschaftliche Fundament des Konvents sichern kann. Neben einer ausgedehnten Landwirtschaft wurde eine Keramikwerkstatt eingerichtet und ein Gästehaus gebaut, so dass den Gästen Exerzitien und Besinnungstage angeboten werden können. Die Mönche feiern ihren Gottesdienst lateinisch. Die Pflege des Gregorianischen Gesangs steht in Kergonan im Vordergrund.

Keur-Moussa/Senegal

1961 begannen französische Benediktiner aus Solesmes mit der Errichtung des Klosters Keur-Moussa, 50 Kilometer östlich von Dakar in Senegal. Das 1984 zur Abtei erhobene Ordenshaus umfasst mittlerweile rund 40 Mitglieder, betreibt intensive Plantagenwirtschaft, unterhält eine Schule und verschiedene Sozialdienste und ist im Gesundheitswesen tätig.

Kiew, Petscherska Lawra/Ukraine

Dieses Höhlenkloster von Kiew, das in das Register des kulturellen Welterbes der UNESCO aufgenommen wurde, war über mehrere Jahrhunderte lang das geistliche Zentrum, von dem aus das Christentum über Russland verbreitet wurde. Der Name »Petscherska« weist auf das Höhlensystem hin, gewissermaßen auf die Vielzahl der unterirdischen Gewölbe mit Mönchszellen, Krypten und drei Kirchen. Mit dem Titel Lawra wurden nur Klöster bedacht, die vermögend und einflussreich, autonom und geistlich von höchstem Range waren. Als Gründungsjahr wird das Jahr 1051 genannt. Auf dem hohen Dnepr-Ufer entstand damals jenes Höhlenkloster in der Nähe der Stadt Kiew, das heutzutage längst in den Verband der ukrainischen Hauptstadt eingegliedert ist. Das laut Chroniken von Fürst Jaroslaw dem Weisen gegründete Kloster entwickelte sich zu einem bedeutenden geistlichen, kulturellen und wissenschaftlichen Zentrum des Großfürstentums am Dnepr. Hier entstanden Chroniken, kanonische Viten, Homilien und viele liturgische Werke, hier lebten bedeutende Männer der orthodoxen Kirche, Kunstwerkstätten wurden eingerichtet, ein Krankenhaus und verschiedene Schulen. Der unterirdische Komplex enthält auch eine Reihe von Gräbern, die bei Ausgrabungen 1977 eine Anzahl seltener Funde freigaben. Der überirdische Teil der Lawra besteht aus einem Ensemble von Kirchen und Gebäuden von auserlesener Schönheit, darunter vor allem die als Dreifaltigkeitskirche 1105–08 gebaute Torkirche. Die große Uspenski-Kathedrale wurde während des Zweiten Weltkrieges 1941 fast vollständig zerstört. Die Geschichte des Klosters ist gleichsam ein Spiegelbild der ukrainischen Geschichte selbst. 1204 wurde Kiew von den tatarischen Horden Batu Khans überrannt und zerstört. Für 200 Jahre lag fortan Schweigen über dem Kloster. 1482 kamen die Krim-Tataren unter Metli Girey und brachten Tod und Verderben. Das Höhlenkloster aber erstand neu. 1615 eröffnete der Abt der Lawra die erste Druckerei der Ukraine in diesem Kloster, das nunmehr unter der Leitung von Mönchen zum bedeutendsten Malerei- und Kunstzentrum des Landes ausgebaut wurde. Im 18. Jahrhundert wurde der 96 Meter hohe Glockenturm der Lawra errichtet, der höchste Kirchturm auf dem Gebiet der Ukraine. Mit dem Einzug der Kommunisten begann eine neue Notzeit, das Kloster wurde 1930 ganz geschlossen und teilweise zu einem Atheismus-Museum umfunktioniert. Seit 1989 ist es wieder Mönchskloster und Sitz des theologischen Seminars der ukrainisch-orthodoxen Kirche. Insgesamt ist es ein Denkmal von weltweiter Bedeutung.

Kinzwisi/Georgien

Das georgische Kloster Kinzwisi liegt in der Mitte des Landes 28 Kilometer westlich von Gori malerisch inmitten eines bewaldeten Berghanges. Von dem einst bedeutenden Kloster ist erfreulicherweise die dem heiligen Nikolaus geweihte Kreuzkuppelkirche mit ihren monumentalen Malereien erhalten geblieben. Kloster und Kirche wurden im frühen 13. Jahrhundert gebaut, die Stifterdarstellungen erlauben sogar eine genaue zeitliche Einordnung der Fresken, die in höfischem Auftrag zwischen 1207 und 1213 angebracht wurden. Diese Darstellungen markieren den Zenit des Goldenen Zeitalters Georgiens, sie entstanden in der Glanzepoche der Bagratidenherrschaft.

Kirillo-Beloserski/Russland

Das zweitgrößte Kloster in ganz Russland (nach dem Troiza-Sergei-Kloster in Sagorsk) war im Zarenreich das noch heute bestehende Kloster Kirillo-Beloserski im Gebiet Wologda. Im Jahre 1393 gründete der heilige Kirill (gestorben 1427) in den sumpfigen und undurchdringlichen Wäldern um den See Beloje ein Kloster, in dem er mit den ersten Mönchen ein strenges Gemeinschaftsleben führte. Durch viele Schenkungen und den Eintritt reicher Bojarensöhne ins Kloster als Mönche wurde das »Kloster des Kirill am Beloje-See« so wohlhabend, dass es im 16. Jahrhundert über 500 Dörfer sein eigen nennen konnte, darunter auch viele mit großen Wirtschaftsbetrieben. Das Kloster war so groß, dass es ein eigenes Waisenhaus für elternlose Kinder aus diesen Klosterdörfern unterhielt. Nach den Vermessungsbüchern von 1646 standen auf seinen Gütern und Ländereien insgesamt 3854 Bauernhöfe. Dieses Riesenkloster in Russlands alter Nordregion machte wie viele andere eine turbulente Entwicklung vom asketischen Mönchsleben zum ökonomisch bedeutsamen Zentrum einer ganzen Region durch, das sogar in Kriegsfällen die zaristische Armee mit Lebensmitteln zu versorgen hatte. Heute ist im Kloster Kirillo-Beloserski ein kulturhistorisches Museum untergebracht.

Kirschatsch, Mariä-Verkündigungs-Kloster/Russland

Das in der Kleinstadt Kirschatsch am gleichnamigen Fluss im Gebiet Wladimir gelegene Mariä-Verkündigungskloster wurde im 14. Jahrhundert von Sergios von Radonesh gegründet und mit reichen Schenkungen bedacht. Im 17. Jahrhundert hatte es sich zum Familienkloster und zur Ruhestätte der Bojarenfamilie Miloslawski entwickelt und war bis 1918 ein wichtiger regionaler Mittelpunkt dieses ländlichen Gebiets südöstlich von Sagorsk. Die gute Dotierung ermöglichte dem Kloster schon im 16. Jahrhundert den Bau einer außerordentlich schönen Mariä-Verkündigungs-Kathedrale, eines einkuppeligen würfelförmigen Baukörpers, der durch eine offene Galerie mit dem Glockenturm verbunden ist. Dieser originelle Turmbau ist zugleich aber eine eigene Kirche mit Glockenhaus und einem Mausoleum der Bojaren Miloslawski.

Kitzingen/Bayern/Deutschland

Die ehemalige Abtei der Benediktinerinnen in Kitzingen am Main in der Diözese Würzburg ist weit mehr durch ihre Geschichte als durch ihre Bauten berühmt. Gegründet wurde das Kloster bereits 745 in vorkarolingischer Zeit als Kanonissenstift und wurde zu Beginn des 11. Jahrhunderts den Benediktinerinnen übergeben. Gestiftet wurde Kitzingen von der heiligen Hadeloga, sie eröffnet die Reihe der illustren Bewohnerinnen, die sich mit der heiligen Thekla fortsetzt und über die Seherin Hildegard, Hedwig von Polen, Elisabeth von Thüringen bis zum heiligen Sturmius reicht, der als Mönch ebenfalls zeitweilig Aufnahme in diesem Konvent fand. Sophia, die Tochter der heiligen Elisabeth, wurde 1254 Äbtissin in Kitzingen. Der kostbare und reiche Reliquienschatz wurde 1525 von aufständischen Bauern geplündert. 1554 wurde das Kloster von den Markgrafen von Brandenburg säkularisiert, aber 1629 von den Würzburger Bischöfen den Kapuzinern und 1666 den Ursulinen übergeben. 1803 wurde die Abtei gänzlich aufgehoben. Die von dem italienischen Baumeister Antonio Petrini 1686–99 errichtete Klosterkirche wurde nun protestantische Pfarrkirche.

Kladrau/Tschechien

Für slawische Mönche baute 1108 Herzog Swatopluk in Böhmen die Benediktinerabtei Kladrau (Cladrubium, Kladrub), die dann aber sieben Jahre später durch Herzog Wladislaw mit deutschen Mönchen aus Zwiefalten besiedelt wurde. 1421 wurde die Abtei von den Hussiten zerstört, aber wieder aufgebaut. Die romanische Basilika wurde 1716–26 gotisch restauriert. 1785 wurde die Abtei durch die kaiserlichen Erlasse aufgehoben.

Kleinmariazell/Österreich

Die ehemalige Benediktinerabtei Kleinmariazell im Wienerwald/Niederösterreich wurde 1136 durch die Herren von Schwarzenberg gegründet und war ein wichtiges Kloster der Babenberger. Die im Kern aus dem 12. Jahrhundert stammende Stiftskirche Mariä Himmelfahrt wurde im Spätbarock umgebaut und besticht mit herrlichen Fresken, Draperien, Doppelsäulen und einem theatralischen Hochaltar. Diese prachtvolle Kirche ist seit der Aufhebung der Abtei 1782 durch Kaiser Joseph II. voll erhalten, während die Konventsgebäude verfallen sind.

Klingenmünsters/Rheinland-Pfalz/Deutschland

Die ehemalige Benediktinerabtei Klingenmünster in der Rheinpfalz wurde bereits 635 vom Merowingerkönig Dagobert gegründet und bestand bis 1565. Der Mainzer Erzbischof Hrabanus Maurus sorgte sich persönlich um die Wiederherstellung der Abtei um das Jahr 840, als diese durch einen schrecklichen Brand zerstört worden war. Papst Innozenz VIII. verwandelte 1490 dann Klingenmünster in ein weltliches Kollegiatsstift und der pfälzische Kurfürst Friedrich II. hob die Abtei schließlich 1565 auf. Die Gebäude kamen in private Hände.

Klosterbruck/Tschechien

Die berühmte ehemalige Prämonstratenserabtei Klosterbruck, auch bekannt unter dem Namen Luca, liegt heute in der Gemarkung der südmährischen Stadt Znaim (Znojmo) im Gebiet der Thaya nicht weit von der österreichischen Grenze entfernt. Gegründet wurde Klosterbruck als Tochterkloster von Strahov um 1190 von Markgraf Otto von Mähren und entwickelte sich zu einem bedeutenden Schul- und Wissenschaftszentrum, aus dem viele Gelehrte und auch politisch einflussreiche Persönlichkeiten hervorgingen, so etwa Abtbischof Sebastian, der Erzieher des Kaisers Rudolf II. In den Hussitenkriegen wurde Klosterbruck schwer heimgesucht und 1422 niedergebrannt, erhob sich jedoch wieder zu neuer Blüte. Der spätromanische Kirchenbau wurde in gotischer Zeit erweitert und in der Barockzeit mit dem Kloster umgebaut. Die Klostergebäude sind seit der Aufhebung 1784 Kaserne, die prächtige Kirche dient seither als Pfarrkirche. Die kostbare Bibliothek der Abtei wurde bei der Aufhebung nach Strahov bei Prag gebracht und damit vollständig gerettet.

Klosterneuburg/Österreich

Das elf Kilometer nördlich von Wien liegende Augustiner-Chorherrenstift war einst ausersehen, der »Österreichische Escorial« zu werden, aber diese Pläne kamen nicht zur Ausführung. Gleichwohl ist das Stift eine der bedeutenden Schatzkammern Österreichs. Gegründet um 1100 als Kollegiatsstift, von Markgraf Leopold III. im Jahr 1133 dann den Augustiner-Chorherren übergeben, wuchs daneben gleichzeitig eine Pfalz heran, von der aus Leopold vielfach seine Verwaltungsgeschäfte führte. Bereits seit dem 12. Jahrhundert entwickelte sich das unmittelbar daneben liegende Kloster zu einer Pflegestätte der Wissenschaften und Künste, davon zeugt auch der 1189 durch Nikolaus von Verdun geschaffene »Verduner Altar«, das reifste Meisterwerk dieses begnadeten Künstlers, der seinen berühmten Dreikönigsschrein im Kölner Dom sogar noch übertrifft. Später versuchte Kaiser Karl VI. (1685–1740), Klosterneuburg zum kaiserlichen Residenzschloss in großem Stil ausbauen zu lassen. Dieses Vorhaben unter dem Baumeister Donato Felice d'Allio kam jedoch nur zur teilweisen Ausführung, da beim Tod des Kaisers erst zwei Flügel fertiggestellt waren und sein Nachfolger dem Baumeister 1755 kündigte. Die Abtei blieb davon unberührt, sie hatte die Raubzüge der Hussiten, die Türkeneinfälle, Brände und anderes Ungemach überstanden und profitierte von den Gunstbezeugungen des Kaiserhauses beträchtlich, so dass sie eine reiche Waffen- und Kunstsammlung sowie eine kostbare Bibliothek von 160 000 Bänden aufbauen konnte. Die Stiftskirche Unsere

Liebe Frau, die 1136 als dreischiffige Basilika begonnen worden war, wurde in der Barockzeit entsprechend ausgestattet und im letzten Drittel des 19. Jahrhunderts fatalerweise einer verheerenden Restaurierung unterzogen. Der Erbauer des Wiener Rathauses, Jos. von Schmidt, baute die beiden Türme neugotisch um und purifizierte die Kirchenfassade ebenfalls völlig unpassend. Entschädigt wird der Besucher allerdings durch die barocke Pracht der Kirche im Innern, an der die Künstler G. B. Carlone und Johann Michael Rottmayr wesentlich beteiligt waren. Das barocke Stift umfasst neben der Bibliothek und dem Stiftsmuseum auch einen sehenswerten Festsaal und ein Kaiserzimmer.

Klosterreichenbach/Baden-Württemberg/Deutschland

Im nördlichen Schwarzwald an der Mündung des Reichenbachs in die Murg liegt das ehemalige Benediktinerkloster, das 1082 als Priorat von Hirsau gegründet wurde. In romanischer Zeit erfolgte der Bau der Kirche mit dem 1180 erweiterten Chor. Der Einbau der frühgotischen Vorhalle und des Kreuzrippengewölbes im Chor erfolgte 1230–40. In der Zeit des Dreißigjährigen Krieges wurde das Kloster aufgelöst und die beiden Osttürme 1751 abgetragen. Vierzig Jahre später brannte der Ort mitsamt dem Kloster ab, wurde aber im 19. Jahrhundert wiederhergestellt, sogar der Chor und die Türme wurden unter Verwendung alten Materials wieder aufgebaut. Die Kirche dient heute als evangelische Kirche und die Abteigebäude als Gemeindehaus.

Knechtsteden/Nordrhein-Westfalen/Deutschland

Die ehemalige Prämonstratenserabtei Knechtsteden nordwestlich von Leverkusen in Nordrhein-Westfalen wurde 1128 von Hugo Graf von Sponheim gegründet und mit Mönchen aus dem Mutterkloster Prémontré in Frankreich besiedelt. Die zwischen 1138 und 1162 entstandene doppelchörige romanische Gewölbebasilika wurde vor allem durch das Monumentalgemälde in der Apsisrundung bekannt, das Christus in der Mandorla zeigt. 1803 wurde das Kloster aufgehoben. Die Abteikirche wurde Pfarrkirche, die Konventsgebäude kamen in verschiedene private Hände und dienen seit 1896 den Spiritanern als Missionszentrale in Deutschland.

Kobair/Armenien

Das armenische Kloster Kobair teilt das Schicksal vieler Klöster dieses schwer heimgesuchten Landes, es ist schwerstens beschädigt, vor allem seine Hauptkirche ist eine Ruine. Gelegen in der Provinz Gogarene im Distrikt Tumanyan, lehnt es sich an die bewaldete Felswand der tiefen Schlucht des Debedflusses. Gegründet zu Beginn des 12. Jahrhunderts, wurde es das geistliche Zentrum der Zakariden, die es nach Kräften förderten. Alle wichtigen Bauten von Kobair stammen daher aus dem 12.–14. Jahrhundert: die große einschiffige Hauptkirche, die Kapelle Katholiké, das Glockenturm-Mausoleum, das Refektorium, die Grabkapelle und das Oratorium.

Köln, Groß St. Martin/Nordrhein-Westfalen/Deutschland

Die Gründungszeit der Benediktinerabtei Groß St. Martin in Köln liegt im Dunkel, aber es scheinen zuerst iroschottische Mönche das Kloster bewohnt zu haben, bevor es 881 von den Normannen zerstört wurde. Nach dem Wiederaufbau suchten immer wieder verheerende Brände das Kloster heim, aber in der Zeit zwischen 1185 und 1220 wurde die mächtige Abteikirche errichtet, die man dem heiligen Martin weihte. Diese dreischiffige Dreikonchenanlage mit ihrem 84 Meter hohen Vierungsturm ist eine der fast ein Dutzend romanischen Kirchen in Köln, die nach den Zerstörungen des Zweiten Weltkrieges in vorbildlicher Weise wieder aufgebaut oder restauriert wurden. »Monasterium rhinense« hat man die Abtei auch genannt, denn sie liegt am Rheinufer, ihr weithin sichtbarer Turm ist längst zu einem Wahrzeichen der Stadt selbst geworden. Die Abtei hatte vielfach mit Widrigkeiten zu kämpfen, vor allem war eine langanhaltende Armutsperiode die Folge von mehreren Bränden im Kloster. Tatkräftige Äbte schafften es jedoch dennoch, das Kloster in der Renaissancezeit mit einer reichhaltigen Bibliothek auszustatten. Durch den Anschluss an die Bursfelder Reform gewann das Kloster weitreichende Verbindungen zu anderen Abteien. 1802 hob Napoleon Groß St. Martin wie alle anderen linksrheinischen Klöster auf, die Klosterkirche wurde Pfarrkirche und die Klostergebäude wurden in den folgenden Jahrzehnten abgetragen.

Köln, St. Pantaleon/Nordrhein-Westfalen/Deutschland

Die vom heiligen Bruno, dem Erzbischof von Köln, 964 gegründete Benediktinerabtei lag zuerst außerhalb der ummauerten Stadt Köln im Süden und wurde später in das Stadtbild einbezogen. Die 980 geweihte Abteikirche präsentiert sich nach mehreren Umbauten noch heute als ottonische dreischiffige Basilika, die mit ihrer zweitürmigen mächtigen Westfassade wie eine feste Burg wirkt. In dieser Abtei liegen nicht nur die heiligen Pantaleon, Maurinus, Albinus und Bruno begraben, sondern auch die Mutter des Kaisers Otto I. und die deutsche Kaiserin Theophanu fanden hier ihre letzte Ruhestätte. Theophanu, die byzantinische Prinzessin, die als Gemahlin von Kaiser Otto II. eine Reihe griechischer Künstler und Handwerker aus Konstantinopel mitgebracht hatte, sorgte dafür, dass diese ihre Landsleute sich in der Nähe des Klosters St. Pantaleon in Köln ansiedeln konnten. Es ist zu vermuten, dass diese kenntnisreichen Byzantiner den entscheidenden Impuls für die Entwicklung der berühmten Goldschmiedewerkstatt im Kloster St. Pantaleon gegeben haben. Die Abteikirche erhielt in der Zeit zwischen 1618 und 1623 ein spätgotisches

Gewölbe und eine Hauptapsis. Im südlichen Querschiff triumphierte ohnehin ein sehr beachtliches gotisches Rippengewölbe. Als zu Beginn des 19. Jahrhunderts auch das Kloster St. Pantaleon aufgehoben wurde, erklärte man die Abteikirche zum Gotteshaus der umliegenden Pfarrei. Soweit der Zweite Weltkrieg von den Klostergebäuden noch Teile übrig ließ, wurden auch diese zusammen mit der Kirche in den Nachkriegsjahren sorgsam restauriert.

Köln-Deutz, St. Heribert/Nordrhein-Westfalen/Deutschland

Die ehemalige Benediktinerabtei St. Heribert im heutigen Stadtteil Köln-Deutz wurde im Jahr 1002 von dem später heiliggesprochenen Erzbischof Heribert am Ufer des Rhein gegründet. Das Gelände gehörte zu einem ehemaligen römischen Kastell namens Divitia, woraus die Bezeichnung »Deutz« entstand. In diesem Kloster stand lange Zeit der berühmte Heribertschrein, der die Gebeine des Klostergründers birgt und als eines der größten Meisterwerke der kölnischen Goldschmiede- und Emaillekunst gerühmt wird. Das Kloster hatte viele Schicksalsschläge zu ertragen und gilt als eines der am meisten durch Kriegswirren heimgesuchten Klöster in Deutschland. Allein der Streit zwischen der Stadt Köln und dem Erzbistum hatte zweimal die Zerstörung von St. Heriberts Gründung zur Folge (1376 und 1393). In diesen Streit griff sogar der Papst ein und sprach den Kirchenbann über das »heilige Köln« aus, der verhängt blieb, bis die Stadt Wiedergutmachung leistete. Dann brandschatzten die truchsessischen Truppen das Kloster, es folgten die Holländer, im Dreißigjährigen Krieg die Schweden, dann die Franzosen, die Brandenburger und sogar noch die Engländer in späteren Kriegen. 1803 wurde die Abtei aufgehoben. Die Kirche wurde Pfarrkirche von Deutz und die Abteigebäude kamen in den Besitz von Nassau-Usingen, dann gingen sie in das Eigentum des Großherzogtums Berg über und schließlich wurden sie von Preußen vereinnahmt. Erst nach dem Ersten Weltkrieg wurden sie wieder kirchlichen Zwecken zugeführt. Der berühmte Theologe Rupert von Deutz, ein Benediktinermönch aus Lüttich, war von 1121 bis 1129 Abt in Deutz.

Königsaal/Tschechien

Die ehemalige Zisterzienserabtei Königsaal (Aula regia, Zbraslav) südlich von Prag an der Moldau, war einst die reichste und mächtigste Abtei Böhmens. Gegründet 1292 von König Wenzel II., war sie Begräbnisstätte der letzten Přemysliden und einiger Luxemburger. Von den Hussiten 1420 und von den Schweden 1639 zerstört, wurde das Kloster 1785 aufgehoben. Die Kirche aus der Mitte des 17. Jahrhunderts ist noch im Renaissancestil erbaut und enthält ein berühmtes Marienbild aus dem 18. Jahrhundert. In diesem Kloster schuf Peter von Zittau, selbst Abt von Königsaal, im 14. Jahrhundert mit den Annales Aulae regiae, eine wichtige Geschichtsquelle.

Fountain's Abbey, GB

Königsfelden/Schweiz

Das im schweizerischen Aargau gelegene ehemalige franziskanisch-klarissische Doppelkloster Königsfelden ist eine Stiftung der Königinwitwe Elisabeth, Gattin König Albrechts I. Elf Angehörige des Hauses Habsburg liegen hier begraben. Das 1528 im Zuge der Reformation aufgelöste Kloster wurde im 19. Jahrhundert größtenteils abgerissen. Die spätmittelalterliche Klosterkirche blieb erhalten und hat Königsfelden (in der Gemeinde Windisch) weltberühmt gemacht. In der Kirche befinden sich nämlich elf hochgotische Chorfenster aus den Jahren 1325–30, die einen Zyklus zum Leben Jesu bilden und zu den kühnsten Leistungen des 14. Jahrhunderts in Europa gehören. Die franziskanische Glaubenswelt kommt in diesen Glasmalereien inhaltlich und formal in einer Einheitlichkeit zum Ausdruck, die an anderer Stelle nicht zu finden ist.

Königslutter/Niedersachsen/Deutschland

In der sanften Hügellandschaft des Elm in Niedersachsen gründete in der ersten Hälfte des 11. Jahrhunderts Graf Bernhard von Haldensleben ein Kanonissenstift, das 1135 dann Kaiser Lothar mit Kaiserin Richenza in eine Benediktinerabtei umwandelte. Persönlich legte er mit seiner Gemahlin den Grundstein zu der berühmten Pfeilerbasilika St. Peter und Paul, die bis zur Einführung der Reformation (1542) als Abteikirche diente. In dieser Kirche wurden dann der Kaiser und die Kaiserin auch beigesetzt, gleichfalls sein Schwiegersohn, Heinrich der Stolze, der Vater Heinrichs des Löwen. Von den ehemaligen Abteianlagen blieben nur Teile des sehr schönen Kreuzgangs erhalten. Die Kirche dagegen dient als protestantisches Gotteshaus und wurde 1887–94 sachkundig erneuert. Sie gilt als Markstein der hochmittelalterlichen romanischen Architektur in Niedersachsen.

Königsmünster/Nordrhein-Westfalen/Deutschland

Die Benediktinerabtei Königsmünster im sauerländischen Meschede in Nordrhein-Westfalen besteht erst seit 1928 und wurde von den Missionsbenediktinern von St. Ottilien gegründet. Inzwischen ist die Abtei als wichtiges Schulkloster bekannt geworden, denn die Mönche betreiben nicht nur ein Gymnasium sondern bilden auch in acht Handwerksbetrieben Lehrlinge in verschiedenen Berufen aus. Die »Oase«, ein Haus der Begegnung, bietet allen Besuchern die Möglichkeit zur geistigen Einkehr und Besinnung. Kulturell sind die Mönche vor allem durch Ausstellungen, Konzerte und durch die Pflege des gregorianischen Chorgesangs tätig.

Kolbatz/Polen

Die ehemalige Zisterzienserabtei Kolbatz wurde rechts der Oder in Ostpommern am Madü-See bei Stargard 1175 gegründet und ihrerseits zum Mutterkloster für Oliva bei Danzig (1186) und Himmelstädt bei Landsberg an der Warthe (1300). Bekannt wurde Kolbatz im Mittelalter aber vor allem dadurch, dass von der Ostsee bis nach Kolbatz ein künstlich angelegter Schifffahrtskanal führte, der durch die Plöne und den Dammer See lief und das Kloster mit Herings- und Salzfrachten versorgte, da auf ihm eigene Klosterschiffe unter herzoglichem Schutz verkehrten.

Konstantinopel, Chora-Kloster/Türkei

Wie durch ein Wunder blieben in dem von fünf Kuppeln gekrönten Chora-Kloster in Konstantinopel die meisten aller Mosaik-Zyklen und Fresken erhalten, die nach denen im Markusdom zu Venedig und im Dom zu Monreale in Sizilien die größten sind und damit zu den bedeutendsten byzantinischen Kunstdenkmälern überhaupt zählen. Kurz vor der Eroberung der Hauptstadt am Bosporus durch die Türken hatten die Byzantiner die als wundertätig geltende Ikone der Maria Hodegetria in das Chora-Kloster überführt. Man versprach sich davon den Schutz der Stadtmauern. Die siegreichen Türken zerhackten nach der Einnahme der Stadt das Gnadenbild, und Ali Pascha, der Großwesir von Sultan Beyazit II., machte dann aus dem Kloster die Kariye-Moschee, wie sie auch heute noch offiziell heißt. Das ursprünglich als Kreuzkuppelkirche konzipierte Gotteshaus wurde bereits mit den Klostergebäuden im 8. Jahrhundert errichtet und durch ein Erdbeben 1090 schwer beschädigt. Zwischen 1118–41 wurde das Kloster dann in alter Pracht wiedererrichtet. In der Lateinerzeit litt auch das Chora-Kloster unter Plünderungen. Die weltberühmten Mosaiken und Malereien wurden jedoch erst im frühen 14. Jahrhundert geschaffen, nachdem die Klosterkirche völlig renoviert worden war. Man erneuerte 1860 die Kuppeln der als Moschee genutzten Kirche und legte ab 1947 die Wandmalereien frei, nachdem schon die Mosaiken grundlegend gereinigt worden waren. Der Marmorboden und die Inkrustationen des aufgehenden Mauerwerks haben sich vorzüglich erhalten, die Mosaiken in den Wölbungsinnenseiten des Naos sind verschwunden. Das Bildprogramm im Kuppelraum, im inneren Narthex, an den parallelen Wandflächen, in der Vorhalle zum Paraklesion, in den Durchgangswänden, den Pfeilern und in den kleineren Kuppeln ist jedoch trotz einiger Zerstörungen von einer so verschwenderischen Fülle, dass jede Besichtigung nur Teilaspekte näher erfassen kann. Das Leben Jesu und das Leben Marias werden in herrlichen Bildfolgen ausgebreitet und viele Szenen aus dem Alten Testament zeugen von der hohen Kunst der byzantinischen Meister.

Konstantinopel, Christos Pantokrator/Türkei

Das ehemals große Kloster des Christos Pantokrator in Konstantinopel wurde im 12. Jahrhundert gegründet und nach der Eroberung der Stadt durch die Türken 1453 in die Mollah Zeyrek Moschee umgewandelt. Das Hauptgebäude des Klosters integrierte drei Kirchen unter seiner Dachlandschaft: die Pantokratorkirche, die Grabkirche St. Michael und die Kirche der Theotokos Eleousa. Vorgelagert waren drei Vorhallen, die zur majestätischen Wirkung dieses Ensembles beitrugen. Das Kloster lag im östlichen Teil der Stadt, etwa 600 Meter vom Goldenen Horn entfernt. Das Pantokratorkloster zählte zu den fünf großen Klöstern Konstantinopels.

Konstantinopel, Lips-Kloster/Türkei

In der oströmischen Hauptstadt stiftete der 917 im Kampf gegen die Bulgaren gefallene Flottenadmiral Konstantinos Lips eine Marienkirche, mit der dann zwischen 1282 und 1304 eine Johannes dem Täufer geweihte Kirche verbunden wurde. Durch die Kombination beider Kirchen entstand gleichzeitig ein Kloster, das dem Andenken von Konstantin Lips gewidmet wurde. Der beachtliche Gebäudekomplex wurde zur Grablege zahlreicher byzantinischer Kaiser und ihrer Gemahlinnen. Nach der Eroberung Konstantinopels durch die Türken 1453 machte der sehr wohlhabende Fener Isa (gestorben 1496) das Kloster zu einer Moschee, die bis heute Fenari Isa Camii heißt.

Konstantinopel, Maria Kyriotissa-Kloster/Türkei

Bereits im 6. Jahrhundert wurde in der Hauptstadt des Oströmischen Reiches auf den Fundamenten eines spätrömischen Bades das große Maria Kyriotissa-Kloster errichtet, das nach der Eroberung Konstantinopels in eine Moschee umgewandelt wurde, deren Name Kalenderhane Camii lautet und die unter der Anschrift 16 Mart. Schitleri Cad. zu finden ist. Auf verschiedenen Vorgängerbauten errichtete man im 12. Jahrhundert eine Kreuzkuppelkirche mit einem mächtigen Zentralraum, damals direkt am östlichen Ende des Valens-Aquädukts gelegen. Während der Zeit der Lateinerherrschaft im 13. Jahrhundert war das Kloster im Besitz der Franziskanermönche von Venedig, die einen Freskenzyklus über das Leben des heiligen Franziskus in der Kirche anbringen ließen. Die türkischen Eroberer übergaben das Kloster dem islamischen Bettelorden der Kalender-Derwische (Kalender = Eigenbrötler), die Kirche und das Kloster wurden damit zur Kalenderhane Camii.

Konstantinopel, Pammakaristos-Kloster/Türkei

Das Pammakaristos-Kloster in Konstantinopel war einst eines der großen Klöster der oströmischen Hauptstadt, stets gefördert durch die Kaiser, mehrfach Zufluchtsort und Alterssitz von Kaiserwitwen und Begräbnisort von Kaiser Johannes V. Palaiologos (gestorben 1376). Nach der Einnahme der Stadt durch die Türken zuerst verwaist, wurde das Kloster 1591 unter Murat III. in die »Siegesmoschee« verwandelt und heißt daher bis heute Fethiye-Camii. Murat III. feierte mit ihrer Umwandlung seine militärischen Erfolge gegen Georgien und Aserbeidschan.

Konstantinopel, Pantepoptes-Kloster/Türkei

Das ehemalige byzantinische Kloster Pantepoptes in Konstantinopel mit seiner Kirche des »Erlösers, der alles überschaut« wurde um 1181 durch Anna Dalassena gegründet, die als Mutter von Kaiser Alexios I. Komnenos große Vollmachten hatte. In dieser ihrer Gründung verbrachte sie auch ihren Lebensabend. Während der Lateinerherrschaft ging das Kloster in den Besitz der Benediktinerabtei von San Giorgio Maggiore in Venedig über. 1261, nach der Rückeroberung der alten Hauptstadt, kehrten die Mönche unter Michael VIII. Palaiologus wieder zurück. Als die Türken 1453 die Stadt eingenommen hatten, wurde aus dem Kloster die Armenküche (Imaret) der Mehmet-Fatih-Stiftung und heißt daher bis zum heutigen Tage Eski Imaret Camii.

Konstantinopel, Pantokratorkloster/Türkei

Das ehemalige Pantokrator-Kloster in Konstantinopel gehörte einst zu den monumentalsten Bauten der oströmischen Hauptstadt und präsentiert sich seit der türkischen Eroberung der Stadt unter Mohammed II. 1453 als Moschee unter dem

Namen Zeyrek Camii. Für diese Umwandlung war Zeyrek Mehmet Effendi verantwortlich, ein bedeutender Würdenträger im Gefolge des Eroberers. In christlicher Zeit bestand das Kloster hauptsächlich aus der Pantokratorkirche, zahlreichen Mönchswohnungen, einem Krankenhaus, einem Altenheim, einer Verwahranstalt für Geisteskranke und einer Ärzteschule. Seit der Umwandlung sind die meisten dieser Bauten verschwunden, selbst die Rückansicht der einstigen Klosterkirche und heutigen Moschee wirkt wenig einladend. Das oberhalb des Atatürk Bulvari am Rand des vierten Stadthügels gelegene Ensemble ist genaugenommen eine Kombination von drei Kirchen, die im 12. Jahrhundert gegründet und dann zu einem Kloster zusammengefasst wurden. Der Name der größten der drei Kirchen gab dann dem Ganzen den Namen. In der Stiftungsurkunde des Klosters durch Kaiser Johannes im Jahr 1137 wird der gesamte Komplex als »Heroon« bezeichnet – es diente den beiden Dynastien der Komnenen und der Palaiologen als Grabkapelle, selbst Bertha von Sulzbach wurde hier beigesetzt, sie war die nach Konstantinopel verheiratete Gemahlin Manuels I., die Schwägerin des deutschen Kaisers Konrad III.

Konstantinopel, Peribleptos-Kloster/Türkei

Kaiser Romanos II. und Kaiserin Zoe von Ostrom gründeten 1031 in ihrer Hauptstadt Konstantinopel das Peribleptos-Kloster. Beide fanden in der Gruft des Klosters auch ihre letzte Ruhestätte und auch Kaiser Nikephoros III. Botaneiates (1078–81) wurde dort begraben. Das Peribleptos-Kloster wies eine große Hauptkirche, eine Bibliothek, zahlreiche Mönchswohnungen, ein mosaikverziertes Refektorium und ausgedehnte Wirtschaftsgebäude auf. Dieses, dem heiligen Georg geweihte Kloster, wurde nach der Eroberung durch die Türken zweckentfremdet und im 17. Jahrhundert der armenischen Christengemeinde zugeteilt, woher ihr zweiter Name »Ermeni Kilisesi« stammt. Das im Kern mit seinen Gebäuden bis ins 18. Jahrhundert noch vorhandene Kloster wurde durch zwei Brände (1782 und 1872) völlig zerstört. Heute nimmt ein Neubau in der Marmara Cad. den Platz ein, an dem das nur noch aus früheren Pilgerberichten bekannte Kloster einst stand. Unter »Sulu Manastir« kennen dieses Kloster die in Istanbul lebenden Orthodoxen.

Konstantinopel, Studion/Türkei

So leuchtend wie Monte Cassino für das abendländische Mönchtum wurde das Kloster Studion (Studios, Studiu) in Konstantinopel für das Mönchtum der gesamten byzantinisch-orthodoxen Welt. Gegründet 463 von dem Konsul Studios im Westen der Stadt am Bosporus, gingen von diesem Kloster die »Constitutiones Studitanae« aus, d. h. die als Ergänzung zu den Basilius-Regeln verfassten Bestimmungen des Theodoros von Studion (759–826), die einen Siegeszug in der gesamten orthodoxen Welt antraten. Diese Konstitutionen wurden für die Mönche auf dem Berge Athos ebenso bindend wie für die noch heute bestehenden Mönchsgemeinschaften auf dem Balkan, Russlands, der Ukraine, ja selbst der orthodoxen Klöster Kanadas. Aus Studion gingen berühmte Gelehrte hervor. Im Bilderstreit standen die Mönche auf Seiten der Bilderverehrer und nahmen deshalb Verfolgung und Vertreibung auf sich. 1204 wurde das dem heiligen Johannes dem Täufer geweihte Kloster von den Kreuzfahrern beim Kampf um die Stadt zerstört, danach jedoch wieder aufgebaut. Nach der Eroberung Konstantinopels 1453 durch die Türken ließ der Stallmeister (= Imrahor) Ilyas Bey das Kloster in eine Moschee umwandeln, daher der heutige Name Imrahor Camii. Man findet den Platz daher auch an der Imrahor Ilyas Bey Cad. Ein Brand (1782) und ein Erdbeben (1894) schädigten die Moschee so sehr, dass von den ursprünglichen Bauten des Studion-Klosters nur noch die östliche Halle des Atriumhofes erhalten ist und vom Mittelschiff der einst großen Basilika nur noch Reste des prunkvollen Marmorfußbodens.

Konstantinopel, Theotokos Pammakaristos/Türkei

Die heutige Fethye Moschee in Istanbul war einst die berühmte Hauptkirche des Klosters der Theotokos Pammakaristos in der damaligen oströmischen Hauptstadt und war – wie der Name sagt – der Allerseligsten Gottesgebärerin geweiht. Diese Kirche präsentiert sich auch heute noch als Moschee als sehr komplexer Bau. Von Michael IX. Palaiologos wurde im Jahre 1315 eine Grabkapelle angebaut, eine Kreuzkuppelanlage mit einem herrlichen Mosaik innen am obersten Kuppelabschluss, das erfreulicherweise erhalten blieb. Das Kloster gehörte zu den Großklöstern Konstantinopels. Seine Haubenkuppeln wirken auch heute noch imposant.

Koprzywnica/Polen

Das von König Kasimir dem Gerechten im 12. Jahrhundert gegründete Zisterzienserkloster Koprzywnica liegt 17 Kilometer südwestlich der Stadt Sandomierz an der Weichsel, in das vom König burgundische Zisterzienser berufen worden waren. In den Jahren 1218–38 errichteten italienische Mönche aus einer Bauhütte des Ordens die spätgotische Klosterkirche als Pfeilerbasilika mit einem Kreuzrippengewölbe. In der Barockzeit stattete man die Kirche neu aus, wobei Bartholomäus Strobel 1645 das frühbarocke Hochaltarbild »Mariä Himmelfahrt« schuf. Von den Klostergebäuden ist nur noch der Ostflügel mit dem schönen spätromanischen Kapitelsaal erhalten.

Kostanjevica/Slowenien

Das im Gebiet des Saveflusses gelegene ehemalige Zisterzienserkloster wurde 1234 gegründet und stellte für das Gebiet nahe der Mündung der Krka in die Save lange

Jahrhunderte das wichtigste Kulturzentrum dar. 1785 wurde es von Österreich aufgehoben. Mit dem Kloster wuchs die gleichnamige kleine Stadt heran, die sogar das Recht erhielt, eigene Münzen zu prägen. Die Klostergebäude mit ihrem herrlichen dreistöckigen barocken Arkadenhof beherbergen heute eine Galerie. Die Klosterkirche ist dreischiffig und mit ihrem Querhaus und dem Chor aus dem 13. Jahrhundert mehrfach umgebaut und im Innern barockisiert worden. Im kirchlichen Bereich war das Kloster bis zu seiner Auflösung unter dem Namen Sancta Maria in Fontis bekannt.

Koubri/Burkina Faso

30 Kilometer südöstlich der Hauptstadt Ougadougou besteht in Burkina Faso die Abtei St. Benoît de Koubri, in der seit 1985 ein afrikanischer Abt regiert. Die modernen, an das Klima bestens angepassten Konventsgebäude lassen es zu, dass sehr viele Gäste aus der Umgebung und aus der Hauptstadt zu Einkehrtagen in die Abtei kommen können. Die Landwirtschaft von Koubri (Milchwirtschaft und Plantagen) gilt als eine der besten im Lande. Die Benediktinerabtei betreibt auch verschiedene Werkstätten und bemüht sich um vollständige Autonomie.

Krakau, Augustinerkloster/Polen

Krakau, die alte polnische Königsstadt, ist bis heute eine der wichtigsten Klosterstädte Europas. Diese Tatsache wird auch dadurch unterstrichen, dass die Augustiner ihr Kloster mit dem Ehrentitel »Kloster der Chorherren des Lateran« benennen dürfen. Im Jahre 1340 stiftete Kazimierz III. Wielki in der Stadt die Fronleichnamskirche, die eine der größten gotischen Besiliken Polens darstellt und übergab sie als Pfarrkirche der Stadt. Als diese damals noch im Ausbau befindliche Kirche 1405 endgültig fertiggestellt war, wurde sie zur Betreuung den Augustinern übergeben, die daneben ihr Kloster errichteten und in diesem mehrflügeligen Konvent zwischen dem 15. und 19. Jahrhundert eine kostbare Bibliothek und ein reichhaltiges Archiv aufbauten.

Krakau, Dominikanerkloster/Polen

Im Jahre 1221 kamen aus Bologna die Predigermönche nach Polen und errichteten in der damaligen polnischen Hauptstadt Krakau eines der größten Dominikanerklöster nördlich der Alpen. Dieses weitläufige, mit drei Höfen ausgestattete Kloster entfaltete in der betriebsamen Stadt und ihrer Umgebung alsbald ein reges religiöses und wissenschaftliches Leben, das ihm beträchtlichen Ruhm einbrachte. Die Legende berichtet, dass die Gründung des Klosters auf die Fürbitte des polnischen Regionalheiligen St. Jacek erfolgt sei. Der heilige Jacek ruht in der zum Kloster gehörenden Dreifaltigkeitskirche in einem von vier Engeln getragenen Sarkophag.

Diese Kirche mit ihrem fünfjochigen Hauptschiff, ihren Kapellen und kostbaren Grabplatten stellt eine dreischiffige Basilika dar, die mit ihren wertvollen Kunstschätzen eine der bedeutendsten Schatzkammern Krakaus genannt werden kann. Dazu zählt auch die Bibliothek des Klosters mit ihren Zimelien, Gemälden und Plastiken, die in den großen Trakten rings um die Innenhöfe verwahrt sind. Unzählige Epitaphien aus dem 16.–18. Jahrhundert finden sich an den Seiten des größten der drei Kreuzgänge, in denen die Dominikaner auch bei schlechtem Wetter wandeln konnten.

Krakau, Franziskanerkloster/Polen

Ähnlich wie das nahegelegene Dominikanerkloster birgt auch das Franziskanerkloster in Krakau reiche Schätze. Die seit 1237 in der Stadt ansässigen Franziskaner lagen in frommem Wettstreit mit den Predigermönchen und bauten ab 1255 eine frühgotische Backsteinkirche auf kreuzförmigem Grundriss und errichteten in ihrem Kloster einen Kreuzgang spätgotischer Art zwischen 1423 und 1455. Bis heute blieben erfreulicherweise sowohl die reichen Kunstschätze als auch die Bibliothek erhalten, die sich in der ehemaligen italienischen Kapelle mit Stuckaturen aus dem 17. Jahrhundert befindet.

Krakau, Prämonstratenserinnenklöster/Polen

Wo fast alle wichtigen Orden vertreten sind, dürfen auch die Prämonstratenser nicht fehlen, so gibt es in Krakau gleich zwei Klöster der Prämonstratenserinnen, die nach dem Gründer des Ordens auch Klöster der Norbertanerinnen genannt werden. Das ältere der beiden Ordenshäuser, eine imposante Anlage an der Weichsel, wurde schon 1162 gestiftet und als Wehrkloster ausgebaut. Die romanische Kirche dieses Klosters aus dem 13. Jahrhundert wurde 1596–1626 umgestaltet. Die um 1600 ebenfalls erneuerten Konventsgebäude blieben erhalten und sind nach wie vor bewohnt. Das zweite, erst in der Barockzeit erbaute Kloster dieses Ordens stammt aus den Jahren 1636–43. Die Nonnen beider Klöster wirkten meist im Stillen und überließen alle öffentlichen Tätigkeiten stets den Männerklöstern.

Krakau, Zisterzienserabtei/Polen

In der ehemals polnischen Hauptstadt Krakau ragt unter den vielen Klöstern der Stadt die Zisterzienserabtei aus der Zeit der Gotik hervor, die 1225 gegründet wurde und deren Kirche Märiä Himmelfahrt und St. Wenzel 1266 geweiht werden konnte. Das in seinen Ausmaßen beachtliche Kloster liegt im heutigen Stadtteil Nowa Huta im Bereich des ehemaligen Dorfes Mogila. Die dreischiffige Basilika ist mit Wandfresken ausgestattet, die in der Zeit der Renaissance der Zisterziensermönch Stanislaw Samostrzelnik von 1537–58 geschaffen hat. Das gesamte Kloster blieb mit allen baulichen Einzelheiten bis heute erhalten. Besonders sehenswert sind der große Kreuzgang, der Kapitelsaal und das Abtspalais, die alle aus verschiedenen Bauphasen stammen.

Kraljeva Sutjeska/Bosnien

Die in Bosnien nordwestlich von Sarajewo gelegene Franziskanerabtei liegt in der Gemarkung von Kraljeva Sutjeska, das früher einmal Sitz der bosnischen Herrscher war. Die bereits 1374 erstmals erwähnte Ordensniederlassung bewacht in ihrer wertvollen Bibliothek und in ihrem Archiv kostbare Wiegendrucke und Dokumente und in ihrem Kirchenschatz silbernes Altargerät und seltene liturgische Gewänder. Da sich die Abtei in türkischer Zeit nur bedingt entfalten konnte, blühte sie naturgemäß erst zur Zeit der österreichischen Besetzung Bosniens wieder voll auf, so dass die heutigen Gebäude auch meist aus dieser Periode stammen.

Kremsmünster/Österreich

Das auf einer Terrasse 50 Meter über dem Kremstal südlich von Linz im Oberösterreichischen gelegene Benediktinerstift Kremsmünster ist eines der ältesten, größten und kulturgeschichtlich wichtigsten Klöster Österreichs. Bayernherzog Tassilo hat es 777 als Vorposten gegen die Awaren und Slawen gegründet. Das noch heute bestehende Kloster stellt ein durch die Jahrhunderte gewachsenes Baudenkmal dar. Mit der barockisierten Basilika (ehemals romanisch-frühgotisch) präsentiert sich das Stift heute mit sechs Höfen und 23 800 qm umbautem Raum. Dazu kommen ausgedehnte Gartenanlagen. Wie aus einem Guss grüßt weithin der von den Barockbaumeistern Carlone und Prandtauer geschaffene Gesamtkomplex. Das Herzstück der Klosteranlage ist der Prälatenhof, um den sich die wichtigsten Baulichkeiten gruppieren: die Kirche, der Gäste- und Abteitrakt, die 65 Meter lange Bibliothek, der von Altamonte geschaffene Kaisersaal – alle Räume opulent ausgestattet. Die Bibliothek weist reiche Schätze an Handschriften und Inkunabeln auf und die Schatzkammer zeigt als kostbarstes Kleinod den um 765 geschaffenen Tassilokelch. Die Wissenschaft hatte stets eine sichere und blühende Heimstätte in Kremsmünster, neben den geistlichen Wissenschaften wurden auch die Naturwissenschaften gepflegt. Die erste Hochhaus-Sternwarte Europas (erbaut 1748–58) steht im Garten des Klosters. Das Kloster führt seit 1549 ein öffentliches Gymnasium und seit 1804 ein Schüler-Internat. In der Jugendarbeit ist es ebenso engagiert wie in der Pfarrseelsorge.

Kreta, Agia Triada/Griechenland

Das an der Spitze der Halbinsel Akrotiri gelegene griechisch-orthodoxe Kloster Agia Triada, 16 Kilometer von Chaniá entfernt, wurde 1606 gegründet und von einem venezianischen Kaufmann, dem Adeligen Jeremias Zangarola, gestiftet. Die Kreter nannten das Kloster aus Dankbarkeit daher auch Moni Tsangarólou. Die kreuzförmige Kirche hat einen venezianischen Kampanile und besitzt moderne Fresken. Das in der Nähe liegende große Ausgrabungsfeld, das bedeutende minoische Tempel und Palastanlagen zutage förderte, wurde nach dem Kloster ebenfalls Agia Triada benannt.

Kreta, Arkadi/Griechenland

Das Nationalheiligtum Kretas ist das Kloster Arkadi, das 23 Kilometer südöstlich von Rethymnon liegt. Man erbaute dieses Kloster 1567 auf einem 300 Meter hohen Felsplateau. Die Kirche hat eine elegante Fassade mit feingearbeiteten Reliefornamenten von besonderer Pracht im Stil der venezianischen Renaissance. Während der Aufstände gegen die Türken im Jahre 1866 hatten sich fast 1000 Menschen (Bauern aus der Umgebung mit ihren Frauen und Kindern) im Kloster verschanzt. Als bei der zweitägigen türkischen Belagerung die Kreter keinen Ausweg mehr sahen, beschlossen sie, sich selbst in die Luft zu sprengen. Und so befahl der Abt selbst, die Lunte an dem im Kloster liegenden Pulverfass zu entzünden. Mit der gesamten Schar der Belagerten kamen auch 1800 Türken ums Leben. Dies geschah am 8. November 1866– seither ist dieser Tag Nationalfeiertag für ganz Kreta. Trotz der Beschädigungen bei der damaligen Katastrophe ist das Kloster mit seinen kostbaren Ikonen und Dokumenten nach wie vor sehenswert.

Kreta, Gonia/Griechenland

Im Nordwesten Kretas ragt wie ein langer Zeigefinger die Halbinsel Rodopu ins Meer hinaus, und am Ansatz dieser Halbinsel bei Kolimvari liegt das Kloster Gonia mit seinem mächtigen Klosterbau, das 1618 gegründet wurde. 1645 wurde es schon zerstört, aber 1661 wieder aufgebaut. Die Lage am Meer gewährt einen herrlichen Blick über den Golf von Chania, ist aber von Angreifern leicht zu erreichen. In der Klosterkirche befindet sich eine Sammlung wertvoller Ikonen. Bekannt wurde das Kloster nach dem deutschen Fallschirmjägerangriff 1941 als die 4410 deutschen Gefallenen in der Obhut der Mönche verblieben, bis die Sarkophage im Mai 1971 auf dem deutschen Soldatenfriedhof Maleme ihre letzte Ruhestätte erreichten.

Kreta, Guvernetou/Griechenland

Das griechisch-orthodoxe Kloster Guvernetou liegt wie das Kloster Agia Triada auf der kretischen Halbinsel Akrotiri und ist von diesem nur eine Stunde Fußmarsch entfernt. Guvernetou gehört zu jenen Klöstern auf der Mittelmeerinsel, dessen Mönche sich mit den Aufständischen gegen die brutale türkische Besatzung solidarisierten und mitkämpften. Gegründet wurde das Kloster 1548 und stark befestigt, so dass es in der einsamen Berglandschaft wie eine Burg aussieht. Im Klosterhof und in der Marienkirche finden sich hervorragende Steinmetzarbeiten.

Kreta, Moni Preveli/Griechenland

An der Südküste Westkretas liegt das griechisch-orthodoxe Kloster Moni Preveli, eine venezianische Gründung aus dem Anfang des 17. Jahrhunderts. Das Kloster, das Johannes dem Theologen geweiht ist, besitzt eine Sammlung byzantinischer Kirchenkunst in seiner Schatzkammer und einen geschnitzten Patriarchenthron in seiner Kirche. Das in wildromantischer Berglandschaft gelegene Preveli wirkt wie eine Festung und war eine wichtige Keimzelle des Widerstands gegen die türkische Fremdherrschaft in den Befreiungskriegen.

Kreta, Panagía Moni/Griechenland

Nördlich der Lasithi-Hochebene in Ostkreta liegt in der Nähe von Kera das griechisch-orthodoxe Kloster Panagía Moni, das im 14. Jahrhundert gegründet wurde. In den Jahren 1970–73 wurde das Kloster in der Kunstgeschichte dadurch weltbekannt, weil eine Reihe herrlicher Fresken aus der Entstehungszeit des Klosters im Altarraum der Kirche freigelegt wurden. Der Bilderzyklus kreist vornehmlich um neutestamentliche Themen, vor allem um das Marienleben.

Kreta, Toplou/Griechenland

Das griechisch-orthodoxe Kloster Toplou liegt auf der nordöstlichsten Halbinsel Kretas, die ins Ägäische Meer vorstößt. Abgeschieden auf einer einsamen Hochfläche, abseits von den großen Verkehrsströmen, war dem Kloster vor allem in mittelbyzantinischer Zeit eine lange Blütezeit beschieden. Mit einem riesigen Landbesitz zählte Toplou zu den reichsten Inselklöstern. Der Festungscharakter kommt schon im Namen zum Ausdruck: Top bedeutet türkisch »Kanone«. In der Kirche Panagia Akrotiriani (Maria, die Allheilige vom Vorgebirge) wird eine von Ioannis Kornaros um 1770 geschaffene Ikone gezeigt, ein Meisterwerk kretischer Kirchenkunst.

Kreta, Valsamónero/Griechenland

Dort, wo Kreta am breitesten ist, in der Mitte der großen Insel, liegt das Kloster Valsamónero, das noch in byzantinischer Zeit zwischen 1332 und 1431 als griechisch-orthodoxer Konvent entstanden ist. Von den Klostergebäuden aus damaliger Zeit ist nichts mehr erhalten, aber die Kirche Agios Fanourios ist mit spätbyzantinischen Fresken aus der Zeit um 1400 wohlbehalten durch die stürmischen Kriegszeiten Kretas gekommen und bietet mit seinem Bilderzyklus geradezu eine Freskengalerie, die zu den schönsten Kretas gehört. Früher gehörte auch das Kloster Vrontisi zu Valsamónero; diese aus dem 17. Jahrhundert stammende Anlage ist nur eine Stunde

Fußmarsch von dort entfernt. Vrontisi wartet ebenfalls mit schönen Fresken auf, die allerdings aus späterer Zeit stammen.

Kreuzlingen/Schweiz

Im schweizerischen Bezirkshauptort Kreuzlingen des Kantons Thurgau liegt südöstlich von Konstanz am Bodensee das Augustiner-Chorherrenstift Kreuzlingen, das als »Reichsstift regulierter Chorherren« im Mittelalter ein solches Ansehen genoss, dass Papst Benedikt XII. die Äbte dieses Stifts zu Visitatoren aller Klöster dieses Ordens in den Diözesen Mainz, Köln und Trier bestellte. Das Kloster selbst wurde bereits 1125 gegründet, die ehemalige Klosterkirche St. Ulrich und St. Afra wurde aber erst 1650–53 erbaut und im 18. Jh. reichhaltig ausgestattet. Bekannt ist die Kirche im gesamten Bodenseegebiet durch ihre vielen Krippenfiguren aus einer südostalpenländischen Werkstatt. Die Stiftsgebäude dienen als Lehrerseminar.

Krušedol/Serbien

Das nordwestlich von Belgrad gelegene serbisch-orthodoxe Kloster Krušedol wurde im 16. Jahrhundert errichtet und diente mit seinen Grüften zahlreichen serbischen Fürsten und Patriarchen als Grablege. In der Türkenzeit wurde das Kloster schwer heimgesucht, konnte sich aber immer wieder erheben. Als die Österreicher nach Serbien kamen, sorgte Kaiserin Maria Theresia für eine sorgsame Restaurierung. Mehrfach war das Kloster auch Sitz des serbischen Patriarchen. In jüngster Zeit wurden die alten Fresken an der westlichen Außenwand und an den Kuppelsäulen entdeckt.

Ktuc/Türkei

Das armenische Kloster Ktuc im türkischen Bezirk Van ist auch nach seinem Patron Sankt Johannes (Surb Jovhannes) benannt, trägt aber im allgemeinen den Namen der kleinen Insel Ktuc, auf der es vor dem Westufer des Van-Sees gebaut ist. Die Klostergebäude sind zerstört, aber die Kirche und die große Halle (Schamatun) blieben in gutem Zustand erhalten. Das Kloster unterhielt im 15. Jahrhundert ein sehr aktives Skriptorium. Die wichtigsten Bauten von Ktuc stammen aus dem 18. Jahrhundert, und in den Jahren 1801 und 1829 fanden sogar noch große Restaurierungen statt. Religiöser und politischer Fanatismus machten dann im 20. Jahrhundert eine Weiterführung des Klosters unmöglich.

Kykko/Zypern

1140 Meter hoch im Tróodos-Gebirge liegt im Westen der Mittelmeerinsel das berühmteste Kloster Zyperns, die Männerabtei Kykko. Gegründet um 1000, entwickelte sich in diesem damals sehr abgelegenen Teil des Gebirges ein Wallfahrtszentrum um das erste kleine Kloster, weil dort eine angeblich vom heiligen Lukas gemalte Marienikone verehrt wird, deren Holz dem Evangelisten vom Erzengel Gabriel selbst ausgehändigt worden sein soll. Man schrieb dieser Ikone große Wunderkräfte zu, vor allem bei Trockenheit, so dass in Dürreperioden aus vielen Teilen der Insel, ja selbst aus dem Ausland Regen-Bittprozessionen nach Kykko stattfanden. Das Kloster wurde durch Schenkungen sehr wohlhabend und hatte sogar Besitzungen in Russland. 1812 äscherte ein schwerer Brand das Kloster ein, so dass die heutigen Gebäude aus der Zeit danach stammen. Im Zwanzigsten Jahrhundert wurde das Kloster durch Erzbischof Makarios III. bekannt, der einst in Kykko Novize gewesen war und der 1977 oberhalb des Klosters begraben wurde. Den Mangel an Nachwuchs konnte Kykko in dieser Zeit dadurch ausgleichen, dass nach der türkischen Invasion die Mönche aus Nordzypern in den freien westlichen Teil flohen und auch in Kykko Aufnahme fanden. Nach wie vor ist Kykko einer der großen Anziehungspunkte der Insel, da an fast jedem Sonntagvormittag Massentaufen von Säuglingen stattfinden, die von ihren Eltern zu den Priestermönchen gebracht werden.

L

La Cambre/Belgien

In den Höhenzügen und Tälern des Waldes von Soignes südlich von Brüssel suchten ursprünglich Einsiedler nach stillen Plätzen, um ihre Klausen zu bauen, später errichteten verschiedene Orden in dieser Abgeschiedenheit des Brabanter Waldes nicht weniger als 13 Klöster, die inzwischen fast alle verschwunden sind. Die Zisterzienserinnenabtei La Cambre hat – wenn auch nicht als Kloster, so doch als Baukomplex – die Zeiten überdauert. Gegründet hat das Kloster die Brüsseler Nonne Gisèle 1196 und gab ihm den Namen »Camera Beatae Mariae Virginis« (Kammer unserer seligen Jungfrau Maria). Die Abtei liegt heute auf dem Gebiet des Brüsseler Stadtteils Ixelles in einer Talmulde, überragt von einem Hochhaus der Firma ITT. Die Geschichte dieses Nonnenklosters verlief dramatisch seit dem 16. Jahrhundert. 1587 legten spanische Marodeure Feuer in der Abtei. 1622 vertrieben die Truppen Heinrichs von Nassau die Nonnen. 1625 verwüsteten französische Soldaten das Kloster. 1708 richtete der bayerische Kurfürst hier sein Hauptquartier ein. 1747 besetzten es französische Gendarmen und 1790 gab es wieder Einquartierung in der Revolutionszeit. Gleichzeitig war das 18. Jahrhundert jedoch auch die Zeit der Blüte für das Kloster und seiner baulichen Erneuerung. Die Schwestern unterhielten in der Abtei eine berühmte Lehranstalt und gaben selbst in den umliegenden Dörfern Unterricht. 1796 aber kam die Aufhebung. Das Kloster wurde an einen Wagenbauer verkauft, und als dieser bankrott machte, wurde die Anlage zu einem Armenhaus umgewandelt. 1874 richtete dann der belgische Staat ein kartographisches Institut für seine Armee darin ein und schließlich eine Kunstgewerbeschule. Erst im Zwanzigsten Jahrhundert ging man an die Wiederherstellung der inzwischen recht heruntergekommenen Abtei, stellte sie unter Schutz und machte sie der Öffentlichkeit zugänglich.

Lacey, Saint Martin's Abbey/USA

Die in Lacey im Bundesstaat Washington liegende Benediktinerabtei hat für die Pfarreien und Wohlfahrtsorganisationen der Nordwestpazifik-Region in der Erzdiözese Seattle eine wichtige Funktion, vor allem aber führt sie das St. Martin's College als anerkannte höhere Bildungsstätte mit rund 1000 Studenten. Gegründet wurde das Kloster schon 1895 und 1914 zur Abtei erhoben. Bekannt und vielbesucht sind die jährlichen Konzert- und Vorlesungsreihen der Abtei, an denen Theologen und Musiker von internationalem Rang teilnehmen. Der Konvent von Lacey besteht derzeit aus 37 Mönchen.

La Chaise-Dieu/Frankreich

Im Hochmittelalter zählte die einst mächtige Benediktinerabtei La Chaise-Dieu über 300 Mönche, sie war Mittelpunkt eines über Frankreich und Spanien verzweigten Klosterverbundes und ihr unterstanden zahlreiche Priorate selbst in Italien. Das Kloster wurde 1046 vom heiligen Robert von Aurillac gegründet, seine heute noch erhaltene Kirche stammt jedoch aus dem 14. Jahrhundert. Diese Hallenkirche mit ihrem riesigen dreischiffigen Langhaus bewahrt als große Kostbarkeit einen 26 Meter langen flandrischen Bildteppich auf. Der Name der Abtei ist abgeleitet von Casa Dei (Haus Gottes). Bis heute konnte die Kirche ihren alten Schmuck und ihre gesamte Innenausstattung bewahren.

La Charité-sur-Loire/Frankreich

Die ehemalige französische Benediktinerabtei La Charité-sur-Loire im Departement Nievre hatte einst 200 Mönche und 50 Filialklöster sowie die zweitgrößte Kirche Frankreichs nach Cluny. Gegründet im 11. Jahrhundert konnte sich die Abtei große wirtschaftliche Privilegien und auch politischen Einfluss sichern. Im Hundertjährigen Krieg, in den Religionskriegen und zur Zeit der Französischen Revolution wurde die gewaltige Kirche soweit zerstört, dass sie heute nur noch als Teilruine steht. Die verkürzte Kirche mit dem Querschiff und dem Chor (romanisch-gotisch) hat jedoch immer noch riesige Ausmaße.

La Ferté/Frankreich

Die ehemalige Zisterzienserabtei La Ferté (Firmitas) wurde als erstes Tochterkloster von Citeaux 1113 gegründet, damit gehörte sie wie Clairvaux, Pontigny und Morimond zu den vier Primarabteien des Zisterzienserordens. 1210 begann man mit dem Bau der Klosterkirche. La Ferté wurde im Laufe der Generationen selbst Mutterkloster von elf Tochter- und Enkelklöstern. Im 17. und 18. Jahrhundert wurden die Konventsgebäude neu aufgeführt. In der Französischen Revolution wurde La Ferté aufgehoben und bis auf das Abtshaus völlig abgetragen. Die ansehnliche Bibliothek kam nach Chalon.

Lambach/Österreich

Das Benediktinerstift Lambach am Fluss Traun in Oberösterreich südwestlich von Wels wurde 1040 von den Grafen von Wels-Lambach zuerst für Kanoniker gegründet, aber bald darauf von Benediktinern aus Schwarzach am Main besetzt. Das in der Stille wirkende Kloster baute in romanischer Zeit eine Stiftskirche, die im 15. Jh.

gotisiert und im 17. Jh. barockisiert wurde. Gleichzeitig wurde eine beachtliche Bibliothek, eine Gemäldesammlung, ein Kupferstichkabinett und ein Stiftstheater aufgebaut, das mit einer Aufführung für Marie-Antoinette eröffnet wurde, die auf ihrer Brautfahrt nach Paris in Lambach Station machte. Nachdem Kaiser Joseph II. das Kloster zwischenzeitlich aufgehoben hatte, war ihm im 19. Jahrhundert und nach dem Zweiten Weltkrieg eine erneute Blütezeit geschenkt. Im Hausruckviertel gilt Lambach als Schulzentrum, denn die Abtei führt heute eine Handelsakademie und -schule, eine landwirtschaftliche Fachschule und ein Realgymnasium. In sechs Pfarreien der Umgebung sind die Patres als Seelsorger tätig.

Landevennec/Frankreich

Die älteste Abtei der Bretagne ist Landevennec, nicht weit vom Hafen Brest gelegen. Gegründet bereits 485 vom heiligen Guénolé und 818 dem Benediktinerorden unterstellt, wurde das Kloster 919 von den Normannen verwüstet, dann wieder aufgebaut und in der Folgezeit noch mehrfach schwer heimgesucht. Die Blütezeit von Landevennec lag im 17. Jahrhundert. 1792 jedoch kam die Aufhebung, der die Zerstörung folgte. Die Benediktiner kamen erst im Zwanzigsten Jahrhundert wieder, errichteten 1958 Konventsgebäude und 1965 die Kirche. Die Mönche betreiben einen Buchladen und eine Keramikwerkstätte und laden in ihr Gästehaus das ganze Jahr hindurch Besucher ein, die geistlichen Zuspruch und innere Sammlung an einem Ort der Stille suchen.

La-Pierre-qui-Vire/Frankreich

Die erst 1850 gegründete Benediktinerabtei Sainte-Marie de La-Pierre-qui-Vire liegt in der Gemeinde Saint-Léger-Vauban, 25 Kilometer südöstlich von Avallon am Rande des Morvan in der Diözese Seus-Auxerre. Der Anblick des in den Wäldern fast ganz versteckten, jedoch personalstarken Kloster mit vielen Gebäuden lässt nicht erahnen, welch weltweite Wirkung von dieser Abtei seit Gründung ausgegangen ist. In fast ununterbrochener Folge sind von dieser Mönchsgemeinschaft Missionsstationen, Priorate und Abteien in Frankreich, aber auch in Amerika, Asien und Afrika ins Leben gerufen worden. La-Pierre-qui-Vire ist damit zu einem bedeutenden Mutterhaus aufgestiegen, das einen Kunstverlag, eine Keramikwerkstatt und noch eine große Landwirtschaft in Eigenregie betreibt.

La Sacra di San Michele/Italien

Die ehemalige Benediktinerabtei La Sacra di San Michele, auch genannt Abbazia della Chinsa, ist trotz der 1339 erfolgten Teilzerstörung durch Brand nach wie vor eines der bedeutendsten Kunstdenkmäler Piemonts. Das in der Nähe von Turin um 1000 erbaute Michaels-Heiligtum entwickelte sich zu einer befestigten Pilgerstätte und dann zu einer weithin ausstrahlenden Abtei der Benediktiner, an der bis zum 15. Jahrhundert ständig gebaut wurde. Die dreischiffige Basilika mit großer Krypta entstand bereits zur Zeit der Gründung im 12. Jahrhundert, während den wertvollen Freskenzyklus Secondo del Bosco erst im 15. Jahrhundert malte. Das auf einem bewaldeten Felsen thronende, hoch aufragende Kloster erscheint aus der Ferne wie eine märchenhafte Gralsburg.

Las Condes/Chile

Die chilenische Benediktinerabtei im Ort Las Condes auf einem Ausläufer der Anden in einem Vorortgebiet der Stadt Santiago wurde mitsamt seiner Kirche zu einem Nationaldenkmal erhoben, dies aber nicht wegen des Alters der Anlage, sondern wegen seiner außergewöhnlich schönen modernen Architektur und der besonderen Gestaltung seiner Umgebung mit Grün- und Gartenflächen. Das Kloster wurde erst 1938 von der englischen Abtei Quarr gegründet. Diese Neugründung wurde zehn Jahre später von der Beuroner Kongregation übernommen. 1966 wurde das Kloster zum Priorat erhoben, 1980 dann zur Abtei. In Las Condes betreiben die Mönche zur Sicherung des Lebensunterhalts Land- und Forstwirtschaft, Gartenbau und errichteten verschiedene Werkstätten, darunter auch eine Buchbinderei. In einem eigenen Gästehaus werden ständig Exerzitien abgehalten, zu denen vornehmlich an den Wochenenden viele Gläubige aus der Großstadt kommen.

Las Huelgas/Spanien

Die spanische Zisterzienserinnenabtei Las Huelgas mit der Kirche Santa Maria liegt an der alten Straße nach Santiago bei Burgos und hatte sich daher die vielgerühmte Pilgerherberge »Hospital de Rey« angegliedert. Das »Monasterio de las Huelgas« war ein königliches Kloster, gegründet 1187 durch Alfonso VIII. und seine Gemahlin Eleonore von Aquitanien. Die Stifter bestimmten die Abteikirche zur Grablege früherer kastilischer Herrscher. Einige Äbtissinnen gehörten im weiten Sinne der Königsfamilie an, was zum Reichtum des Klosters entscheidend beitrug. Nicht ohne Grund sind in dem großen Klosterkomplex gleich zwei Kreuzgänge zu finden, ein romanischer und ein gotischer. Die Äbtissinnen hatten die Herrschaft über die umliegenden Orte, sie sprachen Recht, waren Vorsteherinnen des Pilgerheimes und nahmen sogar den Nonnen die Beichte ab. Diese ansonsten geradezu unerhörte Privilegierung trug sicherlich zu der legendären Selbstherrlichkeit der Äbtissinnen von Las Huelgas bei.

La Valsainte/Schweiz

Das Kartäuserkloster La Valsainte in Cerniat im Kanton Fribourg in der Schweiz wurde 1295 gegründet und zweimal durch Brand zerstört. 1778 wurde es aufgehoben, aber alsbald zogen Trappisten und Redemptoristen aus Frankreich ein, die aber bald wieder aufgeben mussten. 1863 kehrten die Kartäuser zurück und bauten das inzwischen verlassene Kloster wieder auf, 1868 schon wurde die der Muttergottes geweihte Klosterkirche errichtet. Die Zellenhäuschen und Gärten entsprechen ganz den klassischen Kartäuser-Vorschriften.

Lazkao/Spanien

Das Monasterio Benedictino de Santa Teresa de Avila befindet sich westlich von Pamplona im Baskenland in Lazkao (Gipuzkao) und wurde 1906 von Mönchen aus der Benediktinerabtei Unserer Lieben Frau von Belloc (im französischen Baskenland) gegründet. Man brauchte kein neues Gebäude zu errichten, denn die kleine Gruppe bezog das leerstehende ehemalige Karmeliterkloster, das 1641 gegründet und 1835 durch das Enteignungsgesetz aufgehoben worden war. Das Priorat Lazkao ist seither dafür bekannt, dass von diesem Kloster eine bedeutende liturgische Erneuerungsbewegung und ein Strom von Schriften in baskischer Sprache ausgeht, wichtig für alle baskischen Pfarreien, die damit versorgt werden. Betreut wird von den Mönchen das Marienheiligtum Unserer Lieben Frau von Estibaliz, das wichtigste Pilgerzentrum der Provinz Alava.

Le Bec (Le Bec-Hellouin)/Frankreich

Die ehrwürdige Benediktinerabtei Le Bec in der Normandie, südwestlich von Rouen, war im Mittelalter weithin bekannt, seit dem 11. Jahrhundert beherbergte sie eine bedeutende Klosterschule, die von Studenten aus ganz Europa besucht wurde. Im Jahre 1073 von dem Ritter Hellouin gegründet, gelangte die Abtei mit ihrem mächtigen Turm bald zu überregionaler Berühmtheit. Im Spätmittelalter kam der Niedergang, in der Revolution die Auflösung. Geplündert im 19. Jahrhundert, ähnelte das Kloster fast einer Ruine. Im Zwanzigsten Jahrhundert entstand die Abtei neu, eine umfangreiche Restaurierung gab ihm seine einstige Schönheit wieder. Kapitelsaal, Kreuzgang und der alte Turm Saint Nicolas (1467) sind wieder die Zierden des Klosters, das erneut benediktinische Mönche bewohnen.

Lébény/Ungarn

Von der 1199 in Westungarn bei Monsonmagyaróvár gegründeten ehemaligen Benediktinerabtei steht bis heute die mächtige romanische Basilika, die dem heiligen Jakobus geweiht ist und mit ihren mächtigen Zwillingstürmen das gleichnamige Straßendorf beherrscht. 1529 wurde die Kirche von den Türken in Brand gesteckt, von den Jesuiten 1638 erneuert, aber 1683 von türkischen Truppen wiederum zerstört. 1772 wurde der Jesuitenorden aufgelöst und damit die Kirche herrenlos. Um den Verfall zu stoppen, wurde sie zur Pfarrkirche erklärt und 1841 durch die Privatinitiative eines wohlhabenden Patrioten und Kunstliebhabers vorbildlich wiederhergestellt. Lébény stellt heute eines der bedeutendsten romanischen Baudenkmäler Ungarns dar, dessen Kreuzrippengewölbe, Bündelpfeiler und außergewöhnlich schöne Portale jeden Besucher in Erstaunen versetzen.

Le Bouveret/Schweiz

Die Benediktinerabtei Saint-Benoît de Port-Valais in Le Bouveret liegt im Wallis, nur wenige Kilometer von der französischen Grenze entfernt oberhalb des Genfer Sees. Gegründet wurde das Kloster 1924 in der Nähe von Sion in der romanischen Schweiz, residierte dann auch zeitweilig im Kanton Fribourg, um 1956 endgültig in den heutigen Ort umzuziehen. Die Mönche haben die Seelsorge von zwei Wallfahrtszentren übernommen und sind sowohl in Langeborgne als auch in Verbourg tätig. In einem eigenen Gästehaus beim Kloster kommen die Teilnehmer von Exerzitien unter, auch Rekonvaleszenten finden in Le Bouveret Ruhe, medizinische Versorgung und geistlichen Zuspruch.

Lechnica/Slowakei

Das ehemalige Kartäuserkloster Lechnica, das sogenannte Rote Kloster (Červený Kláštor) liegt in der Slowakei in einem Teil des Karpatenbogens am Zusammenfluss des Baches Lipnik mit dem Dunajecfluss. Gegründet 1319 und von Kartäusermönchen besiedelt, gewann es im Laufe der Jahrhunderte zahlreiche Gemeinden und Weinberge sowie wichtige Privilegien, die es wirtschaftlich völlig unabhängig machten. Der »Salzweg« von Ungarn nach Polen führte am Kloster vorbei. Von den Hussiten im 15. Jahrhundert belagert und in den Streitigkeiten zwischen Familienclans verwüstet, verließen die Kartäuser das Kloster 1567. Die Grundstücke und die noch stehenden Gebäude wechselten bis 1699 mehrmals den Besitzer, bis dann der Bischof von Nitra die gesamte Anlage mit allem Grund und Boden kaufte und Kamaldulensermönche ansiedelte. Von 1711 bis zur Auflösung durch Kaiser Joseph II. war Lechnica Kamaldulenserkloster. Danach kam Lechnica in Staatsverwaltung und 1820 in den Besitz des griechisch-katholischen Bischofs von Prešov. 1907 brannte das Kloster teilweise aus und wurde im Zweiten Weltkrieg noch zusätzlich beschädigt. In den Jahren 1955–66 wurde im Zuge einer historischen Rückbesinnung das inzwischen völlig verwüstete Kloster insgesamt rekonstruiert und ein Museum eingerichtet. In den Schauräumen wird auch daran erinnert, dass Lechnica einst ein bedeutendes Kulturzentrum war, in dem fleißige Mönche Handschriften illuminierten und in dem Romuald Hadbavný das »Lateinisch-slavonische Wörterbuch« verfasste.

Leffe/Belgien

Die altberühmte belgische Prämonstratenserabtei Leffe (Leffia) bei Dinant in der Diözese Lüttich wurde 1152 vom Kloster Floreffe besiedelt, nachdem Graf Heinrich von Namur ihm das Land geschenkt und die Klostergebäude hatte errichten lassen. Die Päpste Hadrian IV. (1155) und Alexander III. bestätigten in eigenen Urkunden diese Gründung. Nach Jahrhunderten segensreichen Wirkens wurde die Abtei 1794 aufgehoben, aber nach über einem Jahrhundert von den Mönchen aus der französischen Abtei Frigolet-St. Michel (1903) wiederbesiedelt. Papst Pius XI. erhob Leffe 1928 wieder zur Abtei.

Lehnin/Brandenburg/Deutschland

Das Zisterzienserkloster Lehnin bildete einst das Kolonisationszentrum für die zur Gründungszeit (1180) noch slawische Mark Brandenburg. Lehnin war die erste Niederlassung des Zisterzienserordens in dieser Gegend und war bis 1540 das reichste Kloster im Brandenburgischen. Die aus Backsteinen erbaute Pfeilerbasilika ist eines der historisch und baukünstlerisch bedeutendsten Denkmale aus spätromanisch-frühgotischer Zeit im heutigen Land Brandenburg. Das Kloster verlor durch die Reformation seine Bedeutung. Gleichzeitig mit der Kirche wurden die erhalten gebliebenen Teile der Abtei in den Jahren 1872–77 gründlich restauriert.

Leipzig, Thomaskloster/Sachsen/Deutschland

Das Thomaskloster zu Leipzig wurde 1212 durch Markgraf Dietrich II. von Wettin als Augustiner-Chorherrenstift gegründet und gelangte in der Folgezeit durch Schenkungen zu beachtlichem Reichtum. Unter den Leipziger Klöstern nahm es bald eine Vorrangstellung ein. In der Umgebung gehörten mehrere Dörfer zum Thomaskloster, aber auch Gebäude in der Stadt. Heinrich von Morungen, der bekannte Minnesänger, schenkte dem Stift sein ganzes Vermögen und lebte dort bis zu seinem Tode aus den Zuwendungen des klösterlichen Rentenfonds. Die Mönche betrieben ein Malz- und Brauhaus und verliehen Geld gegen Zinsen. 1539 wurde das Kloster säkularisiert. Bereits zehn Jahre nach der Gründung war dem Kloster die Thomaskirche angefügt worden, ein gotisches dreischiffiges Hallenlanghaus, in dem Johann Sebastian Bach begraben liegt. Bach (1685–1750) war seit 1723 Kantor an dieser Kirche. Der berühmte Thomanerchor ging ebenfalls aus der mit der Kirche 1212 gegründeten Thomasschule hervor.

Léon, San Salvador/Spanien

Das Kloster San Salvador in der alten Königsstadt León in Nordspanien ist eng mit der spanischen Reconquista verknüpft. Gegründet wurde es von König Ramiro II. (931–50), als er in seinen Kriegszügen gegen die Mauren zuletzt auch Madrid eroberte. Elvira, die Tochter des Königs, trat als Nonne in dieses Kloster ein und König Ramiro II. wurde hier bestattet. Als Sancho I., ihr Bruder, 966 ermordet wurde, übernahm Elvira als Nonne die Regentschaft über das Land. Die heute erhaltene »Iglesia del Salvador de Palaz de Rey« bewahrt noch Überreste einer mozarabischen Kapelle.

Lérins/Frankreich

Auf einer felsigen Inselgruppe im Mittelmeer südlich von Cap Croisettes an der französischen Küste bei Cannes liegt das Kloster Lérins (Lerinum), das in der Frühzeit bedeutsame Anstöße für die Christianisierung und Kultivierung Galliens geben konnte. Auf der Hauptinsel (St. Honorat) errichtete in den Jahren 400–410 Honoratius von Arles ein Kloster, von dem aus Missionsversuche auf dem Festland unternommen wurden. Der Konvent nahm 660 die Benediktus-Regel an und ging 731 im Sarazenensturm unter. Nach dem Wiederaufbau wurde 975 die Reform von Cluny eingeführt. Wechselnde Schicksale, darunter auch Plünderungen, bestimmten die Geschichte des Klosters bis zu seiner Aufhebung durch königliches Dekret im Jahre 1787. Das Kloster wurde verkauft und privat genutzt, bis der Bischof von Fréjus 1859 das Kloster zurückkaufen und die Errichtung eines Zisterzienserklosters auf St. Honorat an der altehrwürdigen Stelle betreiben konnte. Aufgrund neuer Gesetze mussten 1901 die Mönche Lérins erneut verlassen, das Kloster fiel an den Staat, der ein Lapidarium, eine Sammlung von Steindenkmalen, in den Konventsbauten einrichtete.

Lesnovo/Makedonien

In den abgelegenen Hügellandschaften Mittelmakedoniens, 35 Kilometer südlich von Kratovo, liegt das orthodoxe Kloster Lesnovo, dessen Bauweise völlig rein die byzantinisch geprägte Stilrichtung des 13. und 14. Jahrhunderts widerspiegelt. Zwar bestand an dieser Stelle schon seit dem 11. Jahrhundert ein kleines Kloster, aber erst 1341 ließ der Despot Jovan Oliver eine Kirche mit zwei Kuppeln erbauen, die den beiden Erzengeln Gabriel und Michael geweiht wurde. Der Grundriss ist der eines griechischen Kreuzes. Größte Beachtung verdienen die Fresken dieser Kirche und die prachtvoll geschnitzte Ikonostasis.

Le Thoronet/Frankreich

Die Zisterzienserabtei Le Thoronet in der Provence, eine Schwester der Abteien Sénanques und Silvacane, wurde 1146 von Tourtour an ihren heutigen Ort nordöstlich von Brignoles verlegt. In der Französischen Revolution wurde das Kloster als Staatsbesitz verkauft, aber im 20. Jahrhundert wieder instand gesetzt. Als ein prachtvolles Beispiel der in die Provence übertragenen burgundischen Baukunst gilt der Kapitelsaal mit seinem Spitzbogengewölbe. Die zwischen 1160 und 1680 entstandene Klosterkirche – ein Werk klarer und monumentaler Romantik – bringt seit der umfassenden Restaurierung am Ende des 19. Jahrhunderts die ursprüngliche Zisterzienserbauweise wieder voll zur Geltung.

Leubus/Polen

Die ehemalige Zisterzienserabtei Leubus in Niederschlesien, im einstigen Kreis Wohlau, wurde 1145 vom schlesischen Herzog Boleslav Altus gegründet. Um die Wende des 13. Jahrhunderts entstand die gotische Abteikirche, die als Grablege für den Stifter und andere Herzöge Schlesiens ausersehen war. Im Jahr 1432 stürmten, plünderten und zerstörten die Hussiten den Konvent, 1631 wurde Leubus von den Schweden völlig zerstört. Erst 1684 konnte man an einen Neubau denken. Auf Grund der reichen Ländereien als Finanzgrundlage ließen die Äbte zwischen 1684 und 1752 den größten Klosterbau Deutschlands als geschlossene Anlage entstehen. Die Fassadenlänge wies 225 Meter, die Breite 118 Meter auf. Damit rivalisierte Leubus selbst mit dem Escorial in Spanien (206 mal 161 Meter). Die zisterziensischen Ideale wie Kargheit und Sparsamkeit blieben unberücksichtigt. Die gotische dreischiffige Abteikirche wurde umkleidet und in den Riesenbau integriert. Der Fürstensaal, die Bibliothek, die beiden Refektorien und der Kapitelsaal wurden so prachtvoll gestaltet, dass diese Räume mit den besten Innenräumen des deutschen Schlossbarock wetteifern können. Als Friedrich der Große Schlesien besetzte, erpresste er von dem Kloster 200 000 Taler und verschaffte seiner Forderung mit der Einquartierung eines Husarenregiments Nachdruck. 1810 hob der Preußische Staat das Kloster insgesamt auf, wandelte die Klostergebäude in eine Heil- und Pflegeanstalt um und brachte in den Wirtschaftsgebäuden das niederschlesische Landgestüt unter. Im Zweiten Weltkrieg wurden diese Gebäude und die Kirche – vor allem im Innern – schwer zerstört. Seit der Übernahme durch den polnischen Staat lautet die Bezeichnung für das einst größte Kloster Deutschlands und das schönste in Schlesien nunmehr Lubiaz.

Leyre/Spanien

Die Benediktinerabtei Leyre (Abadia de San Salvador de Leyre) liegt in Yesa im Osten der Provinz Navarra in einer rauen und unwirtlichen Landschaft, völlig einsam in den Pyrenäen. Das Kloster blickt auf eine lange Geschichte zurück, denn es bestand schon vor dem Jahr 848 und spielte im Leben des Königreiches Navarra eine bedeutende Rolle. Als Grablege der Könige wurde es reich mit Gütern ausgestattet, so dass bereits 1057 eine romanische Abteikirche mit Krypta eingeweiht werden konnte. Bis zum 13. Jahrhundert bewohnten Benediktiner den Konvent, dann wurde er von Zisterziensern übernommen, die bis zur Aufhebung aller Klöster in Spanien (1836) in Leyre wirkten. Das Kloster begann zu verfallen, bis 1954 von der Provinzregierung von Navarra die Restaurierung beschlossen wurde. Mönche aus der Abtei Silos konnten das Kloster wiederbesiedeln und 1979 wurde in Leyre der erste Abt gewählt. Wissenschaftspflege und die Betreuung der Gäste sind die Hauptaufgaben der Mönchsgemeinde von Leyre.

Lichtenthal/Baden-Württemberg/Deutschland

Die Zisterzienserinnenabtei Lichtenthal (Lucida Vallis) bei Baden-Baden ist eine der wenigen Abteien, die nie aufgehoben wurden, möglicherweise, weil 1288 Markgraf Rudolf I. von Baden dieses Kloster für die Grablege seiner Familie ausersehen hatte und in der Gruftkapelle dieses Klosters viele Familienangehörige des späteren herzoglichen Hauses begraben liegen. Das Kloster selbst wurde 1245 von der Markgräfin Irmingard gegründet, der heutige Klosterbau stammt jedoch aus den Jahren 1728–31. Die Nonnen betreiben Gartenbau und unterhalten einen Kunstverlag sowie eine Paramentenstickerei.

Liébana/Spanien

Das Kloster Santo Toribio wird meist nach dem Ort Liébana benannt, in dem es liegt, und nach dem es auch in der Kunstgeschichte bekannt geworden ist. Liébana liegt in der Provinz Santander in Altkastilien. Hier nämlich schrieb bereits im 8. Jahrhundert der Mönch Beato seine »Comentarios al Apocalipsis«, die mit jenen Miniaturen geschmückt sind, die als Beginn der spanischen Malerei überhaupt angesehen werden. Der Name des Klosters geht allerdings auf den heiligen Toribio zurück, der im 5. Jahrhundert ein Holzstück vom Kreuze Christi aus Jerusalem mitgebracht haben soll, das danach in diesem Kloster verwahrt wurde. Erhalten ist die Kirche aus dem 13. Jahrhundert, sie ist dreischiffig mit Kreuzgewölben und polygonalen Apsiden.

Liesborn/Nordrhein-Westfalen/Deutschland

Die ehemalige Benediktinerabtei Liesborn in Westfalen wurde 815 zuerst als Frauenkloster gegründet und 1131 von Bischof Egbert von Münster in ein Männerkloster umgewandelt. Die Benediktiner von Liesborn erbauten dann im Laufe der nächsten Jahrhunderte sukzessive die heute noch stehende hochgotische Kirche, den dritten Kirchenbau am gleichen Platz seit der Karolingerzeit. Im 15. Jahrhundert unterhielt Liesborn eine vielgerühmte Malerschule und pflegte Wissenschaft und Kunst. 1807 wurde Liesborn von dem damals in Westfalen herrschenden französischen Regime aufgehoben und die Kunstwerke verschleudert. Bruchstücke des großartigen Flügelaltars vom »Meister von Liesborn« finden sich im Landesmuseum von Nordrhein-Westfalen und in der National Galery in London.

Ligugé (Locogiacum)/Frankreich

Das älteste Benediktinerkloster Galliens war Ausgangspunkt weiterer Klostergründungen und gilt als Zentrum der Christianisierung Galliens. Das in der Nähe von Poitiers gelegene Kloster wurde 361 von Martin von Tours gegründet, 854 von den Normannen zerstört und im Laufe der Jahrhunderte mehrfach geplündert, gebrandschatzt und stets wieder aufgebaut. 1607 wurde Ligugé den Jesuiten von Poitiers übergeben, 1762 verstaatlicht und nach der Französischen Revolution 1790 verkauft. 1853 konnte es die katholische Kirche Frankreichs zurückkaufen und den Benediktinermönchen von Solesmes übergeben. In den Jahren 1880–88 wurden die Mönche erneut vertrieben, konnten aber 1923 endgültig nach Ligugé zurückkehren. Von Ligugé aus gründeten sie das Kloster von Silos in Spanien, den Konvent Sainte-Marie in Paris und die Abtei Saint-Wandrille, die inzwischen über 50 Mönche zählt. In Ligugé wird ein wichtiger Rundbrief herausgegeben, eine Emaille-Werkstatt und ein Gästehaus für Einkehrsuchende betrieben.

Lilienfeld/Österreich

Die Zisterzienserabtei Lilienfeld an der Traisen in Niederösterreich wurde 1202 von Herzog Leopold VI., dem Glorreichen, gegründet und gelangte bald zu Ansehen, Macht und großem Einfluss. Die bereits 1230 eingeweihte Stiftskirche wurde im Übergangsstil gebaut. Aus dieser Zeit haben sich der Kreuzgang, der Kapitelsaal und die herrliche Brunnenkapelle erhalten. Die Stiftsgebäude selbst stammen aus neuerer Zeit. Lilienfeld war im Mittelalter unter der Bezeichnung Campililium oder auch Lilgenveld bekannt. Auf wissenschaftlichem Gebiet taten sich eine Reihe von Äbten und Mönchen vielfach hervor. 1683 wurden bei Lilienfeld 7000 Türken erfolgreich zurückgeschlagen. Bis zur Gegenwart unterhält das Stift ein Gymnasium und betreut über ein Dutzend Pfarreien.

Lima, San Francisco/Peru

Der Orden der Franziskaner begann schon bald nach der Eroberung des Inka-Reiches durch die Spanier mit der Missionierung des Landes und errichtete nach dem schweren Erdbeben 1656 in der peruanischen Hauptstadt Lima das Kloster San Francisco nach dem Plan des portugiesischen Architekten Constantino de Vasconcellos. Der gewaltige Bau konnte erst 1673 endgültig fertiggestellt werden. Allein das reichverzierte Kirchenportal ist ein steinernes Juwel und die drei Kreuzgänge des Klosters sind architektonische Schmuckstücke. Von diesen drei Kreuzgängen stammen zwei aus dem 18. Jahrhundert, sie wurden vorbildlich für viele ähnliche Anlagen in Lateinamerika gebaut, sind beide zweistöckig und zeigen im Obergeschoss einen synkoptischen Rhythmus der Öffnungen, d. h. es wechseln sich in barocker Weise größere und kleinere Bogenöffnungen ab.

Lindisfarne/Großbritannien

An der Ostküste Nordenglands liegt die kleine Insel Lindisfarne, auf der 635 der heilige Aidan ein Kloster gründete, von dem aus er Northumbrien zu missionieren begann. Aidan war Ire, so entstand sein Kloster nach irischem Muster. Noch vor 700 entstand in diesem Inselkloster das berühmte Evangeliar von Lindisfarne, das als die schönste illuminierte Handschrift der northumbrischen Schreibschule gilt und gleich nach dem Book of Kells genannt wird. In der Folgezeit missionierten Mönche von Lindisfarne auch Essex und Mercia, die Insel erhielt daher den Namen Insula Sacra (Holy Island). 793 von den Wikingern und im 9. Jahrhundert von den Dänen zerstört, wurde das Kloster stets wieder aufgebaut und im 11. Jahrhundert von den Benediktinern aus Durham übernommen. Erhalten sind heute nur noch Ruinen der Klosterkirche aus dem 12. Jh. und des befestigten Klosters aus dem 14. Jh. Gegenüber der Ruinenstätte befindet sich Lindisfarne Castle, das 1549 gegen die Angriffe der Schotten errichtet wurde.

Lisle, Saint Procopius Abbey/USA

In Lisle/Illinois besteht seit 1914 die von Benediktinern geführte Saint Procopius Abbey, die schon an anderer Stelle 1885 als Tochterkloster von St. Vincent gegründet worden war, um tschechischen und slowakischen Einwanderern mit geistlichem Rat beizustehen. Von Lisle aus versorgen die Mönche von Saint Procopius fünf Pfarreien, betreiben zwei Schulen und unterhalten die Benet Academy. Gemeinsam mit weltlichen Lehrkräften stellen die Benediktiner auch die Professoren der Benedictine University, die gleichfalls von der Abtei errichtet wurde.

Lissabon, Hieronymitenkloster/Portugal

Im Lissaboner Vorort Belem steht eines der größten portugiesischen Baudenkmäler und künstlerischen Wunderwerke, der Mosteiro dos Jerónimos (Hieronymitenkloster) mit seiner herrlichen Kirche Nossa Senhora, auch genannt Santa Maria de Belem. Sowohl die Kirche als auch das Konventsgebäude sind von gewaltigen Ausmaßen. Die Gründungsurkunde trägt das Datum 1496, der Anlass der Gründung war eine geglückte Mission Vasco da Gamas und der Gründer war König Manuel I. Das Kloster genoss daher von Anfang an die großzügige Förderung des Königshauses, es wurde den Mönchen des Ordens vom heiligen Hieronymus übergeben. In den ehemaligen Konventsgebäuden mit dem zweigeschossigen Kreuzgang, dem Kapitelsaal mit seinen Netzgewölben und dem Refektorium mit seinen Azulejos befinden sich heute nicht nur das Nationalmuseum für Archäologie und Völkerkunde, sondern auch das Marinemuseum und das Planetarium. Die reichhaltigen Sammlungen sind vor allem in den langen Trakten des einstigen Klosters untergebracht. Der großartige Sakralbau der Kirche wurde in einer ersten Phase spätgotisch ausgeführt und in einer späteren im Stil der Hochrenaissance weiterentwickelt. Die bedeutendsten Baumeister Portugals waren mit dem Bau betraut worden. Die Fülle der Skulpturen in dem 92 Meter langen und 25 Meter breiten Längsschiff sowie am Süd- und Westportal ist überwältigend; die Grabdenkmäler für Vasco da Gama und den Dichter Luis Vaz de Camões sind im neumanuelischen Stil gestaltet. Auf Grund der äußerst sorgfältigen Bauweise blieben Konvent und Kirche von dem verheerenden Erdbeben des Jahres 1755 weitgehend verschont.

Ljubostina/Serbien

Als 1389 auf dem Amselfeld das Heer der südslawischen Völker unter Führung des serbischen Fürsten Lazar mitsamt dem serbischen Adel untergegangen und die meisten Krieger gefallen waren, zog sich die Witwe Lazars, die Fürstin Milica, mit einer Reihe anderer Frauen gefallener Edelleute in das Innere Serbiens zurück und gründete zwischen Kraljevo und Kruševac das Kloster Ljubostina, das wegen seiner Tambourkuppel und seiner vielen architektonischen Schönheiten nach wie vor viel besucht wird. Wie alle orthodoxen Klöster dieser Art besaß es einen Freskenzyklus, der jedoch in folgenden Kriegshandlungen größtenteils zerstört wurde.

Llanthony/Großbritannien

Die gewaltigen Ruinen des ehemaligen Augustinerpriorats in Monmouthshire unterhalb der Black Mountains in Wales künden noch heute von der Größe und dem Reichtum dieses Klosters, das einst für seine Gelehrsamkeit weithin bekannt war. Gegründet um 1108, fiel das 24 Kilometer nordöstlich von Crickhowell gelegene Ordenshaus dem Kloststurm Heinrichs VIII. im 16. Jahrhundert zum Opfer. Erhalten sind bis heute eine Passage mit Kreuzrippengewölbe, Teile des Fenstermaßwerks, Kapitelle und eine Reihe von Mauerresten. Llanthony galt einst als die abgeschiedenste Abtei in ganz Großbritannien, gerühmt wegen ihrer vorzüglichen Bibliothek.

Lobbes/Belgien

Die 1794 von der französischen Revolutionsarmee zerstörte Benediktinerabtei Lobbes bei Thuin im Hennegau war einst eine der bedeutendsten Abteien des heutigen Belgien. Lobbes (Laubias, Laubacum, Lobia, Laubach) wurde bereits in der Mitte des 7. Jahrhunderts vom heiligen Wendelin gegründet und vielfach von den Landesherren und selbst den Kaisern des Reiches gefördert. Das hohe Ansehen, das Lobbes stets genoss, ist auf die große Zahl der Gelehrten zurückzuführen, die aus diesem hervorgingen, und auf das Skriptorium, das in Lobbes bestand. Im 9. und 10. Jahrhundert suchten sowohl die Normannen als auch die Ungarn das Kloster heim, aber es erhob sich immer wieder sehr rasch. Das Kloster ist in der Französischen Revolution völlig vernichtet worden, jedoch die Kirche erhalten geblieben, sie ist dem heiligen Ursmar geweiht, der 713 in der Abtei starb und in der Krypta der Kirche auch begraben ist.

Loccum/Niedersachsen/Deutschland

Die ehemalige Zisterzienserabtei Loccum (Lucca, Latha, Lathen), zwischen Steinhuder Meer und Weser im einstigen Herrschaftsgebiet Calenberg in Niedersachsen gelegen, wurde 1163 von Graf Wulbrand von Hallermund gegründet und mit Mönchen aus Volkeroda bei Mühlhausen besiedelt. Die dreischiffige Pfeilerbasilika aus den Jahren 1240–80 mit ihrem Querschiff und ihrem Dachreiter ist, wie die Konventsgebäude, bis zum heutigen Tag vollkommen erhalten. Die 70 Meter lange Kirche hat sich aus alter Zeit auch noch manches Detail aus spätgotischer Zeit bewahren können. In der Reformationszeit wurde das Kloster zwar protestantisch, aber im juristischen Sinne nie aufgehoben, weshalb der ranghöchste Geistliche der Hannoverschen Landeskirche bis heute auch den Titel »Abt von Loccum« führt. 1770 wurde ein Predigerseminar in den Konventsgebäuden eingerichtet, nach dem Zweiten Weltkrieg zusätzlich eine vielbesuchte evangelische Begegnungsstätte. Diese Kontinuität mit lückenlosen Übergängen hat dazu geführt, dass in Loccum nicht nur die Mönchswohnungen, sondern auch der Kreuzgang, das Pförtnerhaus, das Abtshaus, das Pilgerhaus, das Krankenhaus, das Kornhaus und die Walkmühle erhalten geblieben sind.

London, Westminster Abbey/Großbritannien

Der Name allein verrät bereits, dass die weltbekannte Krönungs- und Grabeskirche der englischen Könige in London einst eine Abtei war. König Edward der Bekenner wurde 1066 in der Vorgängerkirche beigesetzt. Zum Nationalheiligtum wurde diese erste Kirche jedoch erst durch seine Heiligsprechung im Jahre 1161. Unter König Heinrich III. begann man mit dem Bau des heutigen Gotteshauses (1245), das praktisch bis zur Gegenwart seinen einheitlichen Stil bewahrt hat, obwohl in allen Jahrhunderten Anbauten, Umbauten und Grablegungen stattgefunden haben. Neben gekrönte Häuptern ruhen viele Größen des Reiches in dieser Kirche. Die ehemalige Abtei der Benediktiner, die dem heiligen Petrus geweiht ist, überstand trotz Auflösung des Klosters 1559 mit all ihren Bauten ebenfalls unbeschadet alle Veränderungen, diente bis 1865 als Staatsarchiv und danach als Chapter House der anglikanischen Kirche.

Longchamp/Frankreich

Die ehemalige königliche Klarissenabtei Longchamp (Longus Campus) im Westen von Paris wurde von König Ludwig dem Heiligen von Frankreich und seiner

Schwester, der seligen Elisabeth 1256 gegründet und mit vielen Privilegien und Exemtionen ausgestattet. In den Religionskriegen mehrfach geplündert, begann im 17. Jahrhundert der Abstieg, der durch die Misswirtschaft noch forciert wurde. Die Abtei wurde 1792 aufgehoben und kam in private Hände.

Longpont/Frankreich

Im Departement Aisne liegt die gewaltige Ruine der ehemaligen Zisterzienserabtei Longpont (Longus Pons), die 1135 als Tochterkloster von Clairvaux gegründet wurde. Longpont war eines der vornehmsten der 353 Tochterklöster, deren Gründung von Clairvaux erfolgte. Ausersehen zur Grablege der Adelsfamilie d'Estampes, blieb das Kloster bis zu seiner Aufhebung in der Französischen Revolution eine bedeutende Heimstätte der Wissenschaft, aus der so bedeutende Gelehrte wie Petrus Cantor (gestorben 1197) und Johannes de Montmirail (gestorben 1217) hervorgingen. Bekannt war Longpont aber vor allem auch durch seine gewaltige dreischiffige Basilika, deren wunderbare Westfassade noch heute den Blickfang des Ruinenareals darstellt, in das die monumentale Kirche nach der Aufhebung zerfiel. Erhalten blieben vom Kloster selbst nur das Torhaus, die Küche und der Speise- und Schlafsaal der Laienbrüder.

Loo/Belgien

Die Abtei der Augustiner-Chorherren von Loo, in Westflandern zwischen Ypern und Furnes gelegen, wurde um 1100 gegründet, blühte im 12. und auch noch im 13. Jh., wurde aber im Hundertjährigen Krieg zwischen Frankreich und England schwer zerstört und im Jahre 1566 von Ikonoklasten verwüstet. Im 17. Jh. gelangte die Abtei zu neuer Blüte, und Papst Gregor XV. verlieh dem Abt sogar die bischöfliche Würde. 1797 kam in der Französischen Revolution das Ende, das Kloster wurde aufgehoben und die Mönche vertrieben. In der bis heute erhaltenen Kirche Saint-Pierre ist ein interessantes Chorgestühl aus dem Jahre 1624 zu besichtigen, das der als Schnitzer berühmte Meister Urban Taillebert schuf.

Lorch/Baden-Württemberg/Deutschland

Die ehemalige Benediktinerabtei Lorch (Laureacum) bei Schwäbisch-Gmünd in Württemberg wurde 1102 von Herzog Friedrich von Schwaben und seiner Gemahlin Agnes gegründet und 1108 von Mönchen aus Hirsau besiedelt. Im Bauernkrieg wurde das Kloster fast völlig zerstört (1531) und geriet dann in dem großen Konfessionsstreit zwischen die Fronten, bis es von den Württembergern endgültig eingezogen und später zum Sitz eines königlichen Kameralamtes gemacht wurde. Die dreischiffige Pfeilerbasilika mit breitem Querschiff enthält die Grabdenkmäler der Stifter und anderer Mitglieder der Staufer.

St. Petersburg, Smolny-Kloster, Russland

Lorsch/Hessen/Deutschland

Lorsch ist ein an der Nibelungenstraße gelegenes, 764 von Chrodegang von Metz gegründetes Kloster, das zuerst den Benediktinern, dann den Zisterziensern und schließlich bis zu seiner Aufhebung im Jahre 1563 den Prämonstratensern gehörte. Von Karl dem Großen gefördert, erhielt es Immunität und Schutz vor allem in den Jahrhunderten seiner Blütezeit (8.–10. Jahrhundert). Die Klosteranlage war bis zu den vernichtenden Bränden im Jahre 1556 und 1621 ein mächtiger und repräsentativer Komplex, von dem heute nur noch die Torhalle erhalten ist. Diese sogenannte Lorscher Halle mit zwei Geschossen bildete den Auftakt eines Triumphweges, der quer durch den Klosterbezirk zum Heiligtum mit den Reliquien führte. Lorsch war der Begräbnisplatz von Ludwig dem Deutschen und anderer Mitglieder des karolingischen Herrscherhauses. Die Torhalle ist ein typisches Bauwerk der Karolingerzeit, wurde in den Jahren 1954–56 sehr gewissenhaft restauriert und hat einen entscheidenden Anteil daran, dass das Kloster Lorsch in die UNESCO-Liste des Weltkulturerbes aufgenommen wurde.

Los Toldos/Argentinien

Das Monasterio Benedictino Santa Maria in Los Toldos ist eine Gründung der Abtei Einsiedeln in der Schweiz aus dem Jahre 1948, die 1968 zum Priorat und 1980 zur Abtei erhoben wurde. Die Pfarrei El Tejar wird von Los Toldos betreut und viele Gäste kommen zu Bibelkursen in das Ordenshaus, das in kontinuierlichem Aufstieg begriffen ist.

Loyola/Spanien

Der Monumentalbau des Jesuitenkollegs zu Loyola im Baskenland wird landläufig vielfach als Stammkloster der Jesuiten bezeichnet, ist in Wirklichkeit jedoch der Stammsitz der Familie Loyola. Hier wurde 1491 der heilige Ignatius von Loyola geboren, der Gründer des Jesuitenordens. Königin Marianne von Österreich, die Witwe Philipps II., kaufte den Besitz von der Familie Loyola und schenkte ihn den Jesuiten, so dass nicht nur der berühmte Barockarchitekt Carlo Fontana aus Italien den gewaltigen Komplex des Kollegs 1689 vollenden, sondern auch ein Jahrhundert vorher die imponierende Kirche mit ihrer 56 Meter hohen Kuppel und den wertvollen Altären und Kapellen errichtet werden konnte.

Lubumbashi/Zaire

1919 kamen belgische Mönche aus Brügge in den damals französischen Kongo und gründeten zahlreiche Missionsstationen und Schulen. Über 40 Prozent der Bevölkerung des Landes sind heute Katholiken. Die Großstadt Lubumbashi ist Sitz eines Erzbischofs. 1964 konnte in Kiswishi, 15 Kilometer von Lubumbashi entfernt, das Benediktiner-Priorat Notre Dame-Des-Sources eröffnet werden – das erste Kloster dieses Ordens in der Demokratischen Republik Kongo (heute Zaire). Es wird von einem afrikanischen Prior geleitet.

Lüne/Niedersachsen/Deutschland

Lüne ist ein zwei Kilometer zwischen der Ilmenau und der alten Artlenberger Landstraße gelegenes Benediktinerinnenkloster in Lüneburg. Eine erste Gründung erfolgte schon um 1172, ein bedeutender Ausbau dann in den Jahren 1374–1412. Die Nonnen des Klosters Lüne betrieben hauptsächlich Weißstickerei, Teppichweberei und textile Künste für kirchliche Zwecke. Mit der Reformation im Herzogtum Braunschweig-Lüneburg wurde das Kloster Damenstift für unverheiratete Angehörige des niedersächsischen Landadels und wird heute als eines der wichtigsten »Heideklöster« vom Niedersächsischen Klosterfonds betreut. Alljährlich im August werden aus dem reichhaltigen Klosterschatz im Lüner Nonnenchor die textilen Kleinodien des Konvents gezeigt. Seite 1995 besteht im ehemaligen Kloster ein Textilmuseum.

Luján/Argentinien

Die Benediktinerabtei Luján, zwischen Buenos Aires und den Pampas in Argentinien, ist von spanischen Mönchen der Abtei Santo Domingo de Silos 1914 gegründet worden, war aber bis 1987 in der Hauptstadt ansässig. Bereits in Buenos Aires hatten sich die Benediktiner hauptsächlich der kirchlichen Kultur, der Seelsorge und der Liturgie gewidmet sowie der Veröffentlichung von Hand- und Messbüchern. Diese Tätigkeiten setzen sie auch seit dem Umzug recht erfolgreich in Luján fort, pflegen philosophische und theologische Studien und geben die Zeitschrift »Coloquio« heraus.

Luxeuil/Frankreich

Die ehemalige Benediktinerabtei Luxeuil liegt in der Franche-Comté westlich von Mülhausen im Departement Haute-Saône in der Gemarkung des heutigen Städtchens Luxeuil-les-Bains, das durch sein heilkräftiges Wasser bekannt ist. Gegründet 610 vom heiligen Columban, lebten die Mönche mehr als zwei Jahrhunderte nach den strengen Regeln dieses irischen Missionars. 732 zerstörten die über Spanien vorgedrungenen Sarazenen das Kloster, das aber von Karl dem Großen wiederhergestellt wurde. Von dieser Zeit an beachteten die Mönche die Regel des heiligen Benedikt. Als Kloster des von ihm gegründeten, überragenden Ordens entfaltete auch Luxeuil eine rege wissenschaftliche Tätigkeit. Aus dem Konvent gingen zahlreiche Bischöfe hervor. Das Kloster konnte großen Landbesitz erwerben und seine Äbte herrschten bis 1594 sogar als unabhängige Landesherrn über die ihm angeschlossenen Gebiete. In der Französischen Revolution wurde Luxeuil 1790 aufgehoben, aber die Abtei konnte in ihrer Bausubstanz erhalten und im 19. Jh. in ein erzbischöfliches Kolleg umgewandelt werden. Die dreischiffige Basilika aus dem 13. Jh. bewahrt ein Chorgestühl aus der Renaissance und eine grandiose Orgel aus dem Jahr 1617.

M

Mafra/Portugal

Das nach seinen Ausmaßen größte portugiesische Bauwerk und zugleich das würdige Gegenstück zum spanischen Escorial ist der Palácio Nacional de Mafra, der ehemalige königliche Klosterpalast, den 1714 König João V. nach der Geburt seines Thronerben errichten ließ. Dieser von 50 000 Arbeitern in mehreren Jahrzehnten aufgeführte und kostbar ausgestattete Klosterpalast liegt auf einer Hochebene, 20 Kilometer östlich der Atlantikküste, in dem kleinen Städtchen Mafra nordwestlich von Lissabon. Die Baumeister waren der aus Süddeutschland stammende und in Italien ausgebildete Johann Friedrich Ludwig und sein Sohn Peter. Die für die damalige Zeit unvorstellbaren Kosten deckte der König durch Gold aus seiner Kolonie Brasilien ab. Die nahezu quadratische Fläche des Riesenbauwerks von vier Hektar umfasst Kloster, Kirche und einen Königspalast mit insgesamt 900 Zimmern und neun Innenhöfen. Das luxuriöse Franziskaner-Kloster war für 30 Mönche konzipiert, der Palast jedoch für die Königsfamilie mit allen Bediensteten. Die Kirche mit ihren beiden 68 Meter hohen Glockentürmen und der 70 Meter hohen relativ schlanken Kuppel ist eine Schatzkammer besonderer Art, denn sie enthält eine Reihe von Heiligenfiguren aus Carrara-Marmor, eine reichverzierte Orgel und drei miteinander verbundene Kapellen, die dem 63 Meter langen Innenraum angegliedert sind. In späterer Zeit kam die Königsfamilie nur noch zur Jagd nach Mafra, so dass 300 Mönche in dem Riesenbau mühelos Platz fanden. Die Räume des Königs und der Königin sind mit der erlesenen Bibliothek jedoch nach wie vor zu besichtigen, ebenso die Apotheke, das Hospital und die Küche. Die Räume des Klosters sind heute allerdings größtenteils von Verwaltung, Militär und einem kulturhistorischen Museum belegt.

Makaravank/Armenien

Das armenische Kloster Makaravank, einst mächtig und von erlesener Bauweise, ist heute trotz Restaurierungen 1940 und 1970 nach wie vor stark ruinös. Das Kloster liegt auf einer Hochebene am bewaldeten Hang des Berges Paytatap im Distrikt Ijevan, drei Kilometer südwestlich des Dorfes Ačajur. Die wichtigsten der Gebäude wurden unter Abt Yovhannes errichtet: die Muttergotteskirche 1198, die Hauptkirche 1205, auch die anderen Bauten stammen aus den ersten Jahrzehnten des 13. Jahrhunderts. Bei der Hauptkirche handelt es sich um einen ummantelten

Kreuzkuppelbau mit abgetrenntem Chor, während sich die kleinere Muttergotteskirche als ein Trikonchos auf einem quadratischen Sockel präsentiert.

Makarioskloster/Ägypten

Im Natron-Tal (Wadi-Natrun) westlich von Kairo in der ägyptischen Wüste liegt das Makarios-Kloster (Dair Anbā Maqāt), das von Makarios dem Großen (gestorben 390) gegründet wurde und noch heute besteht. Dieses Wüstenkloster war seit dem 5. Jahrhundert mehrfach Sitz des koptischen Patriarchen und ein Zentrum koptischer Gelehrsamkeit.

Makkiyad, Saint Joseph's Monastery/Indien

Das Benediktinerpriorat Saint Joseph in Makkiyad im indischen Bundesstaat Kerala verdankt seine Entstehung einer Notlage. Als 1962 acht Silvestrinermönche von der Regierung in Sri Lanka aus politischen Gründen aus dem Inselstaat ausgewiesen wurden, fanden die Gottesmänner im Bergland von Kerala ein neues Zuhause. In diesem Priorat halten die Mönche Seminare ab, helfen in der Seelsorge aus, unterrichten in einer Klosterschule und bilden junge Menschen in verschiedenen Handwerkstätten aus. Die Hauptaufgabe des Priorats ist jedoch die priesterliche Ausbildung junger Mönche selbst.

Malaybalay, Monastery of the Transfiguration/Philippinen

Die auf Mindanao, der großen südlichen Insel der Philippinen, liegende Benediktinerabtei in Malaybalay trägt den Namen Monastery of the Transfiguration (Verklärungskloster). Das Kloster wurde 1982 von Mönchen aus Manila gegründet und bald zur Abtei erhoben. Es gilt inzwischen bereits als ein geistliches Zentrum der südlichen Philippinen und engagiert sich in den sozialen, wirtschaftlichen und kulturellen Belangen seiner näheren und weiteren Umgebung. Neuartig ist die 1996 eingeweihte Klosterkirche in Form eines Zeltes, genau genommen einer ägyptischen Pyramide.

Mallersdorf/Bayern/Deutschland

Burgartig und behäbig zugleich erhebt sich die einstige Benediktinerabtei Mallersdorf (Madeldorf) über dem Tal der kleinen Laber in Niederbayern. Zwei gedrungene Türme mit niedrigen Zeltdächern überragen die mächtige Klosteranlage mit dreistöckigen Trakten. Gegründet wurde die Abtei durch die Grafen Heinrich und Ernst von Kirchdorf und durchlief dann mehrere Bauphasen in romanischer und gotischer Zeit, bis sie ab 1741 ihre endgültige barocke Gestalt erhielt. 1768 schuf der begnadete Ignaz Günther den monumentalen Hochaltar. Wissenschaft und Kunst blühten zu verschiedenen Zeiten in Mallersdorf unter gelehrten Äbten. 1803 wurde die Abtei von Bayern aufgehoben, seit 1869 konnte jedoch die Kongregation der armen Franziskanerinnen von Pirmasens das Kloster beziehen und 1913 vollständig erwerben. Die Nonnen sind vor allem in der Krankenpflege und im Erziehungswesen tätig.

Mama-Dawiti/Georgien

Auf dem Berg Tazminda, unterhalb der Bergstation der Drahtseilbahn, befindet sich in Tiflis das Kloster Mama-Dawiti, das hauptsächlich wegen seines Friedhofs bekannt ist. Auf diesem hoch über der georgischen Hauptstadt gelegenen Gottesacker ließen sich die georgischen Dichter Barataschwili, Tschawdschawadse und Zereteli zur letzten Ruhe betten. Bald folgten andere, auch russische Schriftsteller wie der Dramatiker A. Gribojedow und seine Gattin Nina Tschawatschawadse. Aus diesem Grunde wird heute das Kloster Mama-Dawiti auch schon als Pantheon Georgiens bezeichnet.

Manasija/Serbien

Das auch unter dem Namen Resava bekannte orthodoxe Kloster Manasija in Serbien östlich der Morawa wurde 1407–18 erbaut und mit gewaltigen Mauern umgeben, so dass Manasija mit seinen Brustwehren und elf zinnenbekrönten Türmen noch heute einer Festung gleicht – nach der Niederlage der Serben auf dem Amselfeld gegen die Türken wollte man sich schützen. Das Kloster war nach der Schlacht auf dem Amselfeld die wichtigste Zufluchtstätte für Gelehrte und Künstler, die den Konvent zu einem einzigartigen Zentrum der Kultur im Morawa-Gebiet ausbauten. Trotz wehrhafter Verteidigung fiel jedoch das Kloster dennoch schon 1439 in türkische Hand. Die Kirchenpolitik der Sultane von Istanbul ließ es indessen zu, dass das Kloster weiterbestehen konnte. Die Kirche ist eine Dreikonchenanlage mit einer zentralen Tambourkuppel über der Vierung und enthält Fresken, die zu den schönsten Serbiens gehören. Der aristokratische Prunk der reichen Festgewänder jener Zeit kommt bei der Darstellung der Edelleute, Hofdamen und Krieger besonders gut zur Geltung.

Manila, Our Lady of Montserrat/Philippinen

Die Benediktinerabtei Our Lady of Montserrat in Manila auf den Philippinen trägt ihren Namen aus Dankbarkeit gegenüber den Mönchen aus der berühmten Abtei Montserrat bei Barcelona in Spanien, denn diese haben 1895 das Kloster und auch das berühmte San Beda College gegründet. 1904 wurde die Ordensniederlassung ein Priorat und 1924 eine Abtei. Der Stil der großen und festlichen Klosterkirche erinnert an spanische Kolonialbauten dieser Art, gewissermaßen eine Erinnerung an die lange spanische Herrschaft auf den Philippinen. Der Schwerpunkt der Arbeit der

Abtei selbst liegt im Unterricht am San Beda College, an dem rund 6000 Studenten eingeschrieben sind. Die Mönche betreiben jedoch auch eine vielseitige Landwirtschaft und betreuen verschiedene Schwesterngemeinschaften als Spirituale.

Marchiennes/Frankreich

Die ehemalige Benediktinerabtei Marchiennes im Departement du Nord. Diözese Arras, wurde 613 in merowingischer Zeit von Herzog Adalbald gegründet, dessen Witwe Riktrude sich 641 in dieses Kloster zurückzog. Bis 1024 bestand Marchiennes als Doppelkloster. Im 14. Jahrhundert entstanden in der Abtei die Annales Marchianes, eine Weltchronik von Christi Geburt bis zum Jahr 1306. Die Calvinisten zerstörten 1566 das Kloster, das sich nie mehr richtig erholen konnte. In der Französischen Revolution wurde es aufgehoben.

Maredsous/Belgien

Die 1872 gegründete Benediktinerabtei Maredsous in der Provinz Namur in Belgien wurde von Beuroner Mönchen aus Deutschland gegründet und stellt sich als großer und imposanter Klosterkomplex mit einer mächtigen zweitürmigen Abteikirche dar. Das bereits sechs Jahre nach seiner Gründung zur Abtei erhobene Kloster konnte selbst wiederum vier weitere Klöster gründen und schon 1881 eine eigene Klosterschule eröffnen. In einem eigenen Verlag erscheinen wichtige Publikationen wie etwa eine neue französische vollständige Bibelübersetzung. In einem Besucherzentrum mit Gastbetrieb werden alle Einzelgäste und Besuchergruppen empfangen, bewirtet und mit weiterführenden Informationen versorgt. In Belgien lautet der offizielle Name des Klosters »Abbaye Saint Benoit de Maredsous«, angeschlossen ist der Konvent der Congregatio Annuntiationis.

Margam Abbey/Großbritannien

Im walisischen West Glamorgan/Großbritannien liegt zwischen Bridgend und Swansea das Ruinenfeld der alten Zisterzienserabtei Margam Abbey, die auf den Grundmauern eines Keltenklosters 1147 erbaut wurde. Teilweise erhalten ist seit dem Klostersturm im 16. Jahrhundert das 80 Meter lange Hauptschiff in spätnormannischem Stil, das als Pfarrkirche dient. Wichtig für die Erforschung der frühchristlich-keltischen Grabkultur ist die Sammlung keltischer Kreuze und Steindenkmäler, die im eigens dafür eingerichteten Klostermuseum gezeigt werden.

Maria Laach/Rheinland-Pfalz/Deutschland

Die Benediktinerabtei Maria Laach bei Andernach am Laacher See in Rheinland-Pfalz wurde 1093 vom lothringischen Pfalzgrafen Heinrich II. und seiner Gemahlin Adelheid von Orlamünde gegründet. Bald nach dieser Gründung begann auch schon der Bau der großen, dreischiffigen und kreuzförmigen Pfeilerbasilika mit ihren sechs Türmen, ihren Apsiden, zwei Querhäusern, einem Chor, einer Hallenkrypta und dem berühmten Atrium, dem vielbesuchten »Paradies« der Abtei mit seinen erlesenen Steinmetzarbeiten. Maria Laach wirkt wie eine burgähnliche Anlage und stellt eines der reinsten Bauwerke der Romanik dar. Die aus gelblichen Tuffquadern, grauer Basaltlava und Kalkstein erbaute Kirche ist ohne wesentliche Veränderungen erhalten geblieben, auch nach der Säkularisation. Nach der Aufhebung 1802 blieb Maria Laach lange Privatbesitz, bis 1862 die Jesuiten in den Abteigebäuden ihr Collegium maximum errichten konnten. Bereits 1873 wurden auch sie wieder vertrieben, aber Beuroner Benediktiner besiedelten Maria Laach dann 1892 erneut, so dass seit dieser Zeit das Kloster wieder als personalstarker Konvent existiert. Neben einer führenden Rolle in der liturgischen Bewegung sind die Mönche im Verlagswesen tätig und betreiben einen großen Gutshof. Eine reich ausgestattete Bibliothek von 200 000 Bänden erleichtert das monastische Studienprogramm. Die vielen Besuchergruppen der Abtei finden in einem Hotel oder aber im Gastflügel des Klosters Unterkunft.

Maria Medingen/Bayern/Deutschland

Das ehemalige Dominikanerinnen- und heutige Franziskanerinnenkloster Maria Medingen am Südrand der Schwäbischen Alb in Schwaben wurde 1241 von Graf Hartmann IV. von Dillingen gegründet und wurde im 14. Jahrhundert durch die dort lebende Mystikerin Margarete Ebner weithin bekannt. 1505 wurde das Kloster durch den reformierten Herzog Ottheinrich von Pfalz-Neuburg aufgelöst, aber in der Gegenreformation 1616 wieder mit Dominikanerinnen besetzt. 1717 ließ die Priorin Stein von Reckenstein die alte Klosterkirche abbrechen und durch die berühmten Gebrüder Dominikus und Johann Baptist Zimmermann wieder neu im Barockstil aufbauen und ausstatten. So erhielt das Kloster eine der interessantesten Kirchen in dieser Gegend des Bistums Augsburg. Nachdem der Bayerische Staat das Kloster 1802 aufgehoben hatte, dauerte es 40 Jahre, bis wieder Nonnen in die weitläufigen Konventsgebäude einziehen konnten. Seit 1842 unterhalten die Dillinger Franziskanerinnen eine große Mädchenschule in Maria Medingen. Heute ist Maria Medingen das Mutterhaus der 25 Filian umfassenden Provinz Maria Medingen der Dillinger Franziskanerinnen.

Marianhill/Südafrika

Die Trappistenabtei Marianhill, 30 Kilometer westlich von Durban wurde 1882 gegründet und drei Jahre später zur Abtei erhoben. Die ungewöhnlich erfolgreichen Trappisten erbauten 1888 eine große romanische Kirche und einen schönen Kreuzgang, errichteten Schulen und Werkstätten sowie zahlreiche Missionsstationen in

Natal. Den Trappisten stehen Missionsschwestern zur Seite, die vom Gründer der Abtei, Prior Franz Pfanner, ins Leben gerufen wurden.

Mariastein/Schweiz

Die Benediktinerabtei Mariastein südwestlich von Basel ist untrennbar mit dem seit langem bestehenden Wallfahrtsort Mariastein verbunden. 1648 entstand bei diesem Gnadenort eine Abtei, die trotz vieler Schwierigkeiten bis 1875 bestand und die Pilgerbetreuung übernommen hatte. Die nunmehr in der Schweiz erlassenen Gesetze vertrieben die Mönche nach Frankreich, 1901 von dort nach Bregenz in Österreich – und von Bregenz aus 1941 als Asylanten dann wieder zurück nach Mariastein. Diese Odyssee fand ihr endgültiges und glückliches Ende in der staatsrechtlichen Wiederherstellung der Abtei 1970/71. Die Mönche betrachten wieder die Betreuung der Wallfahrtsstätte als ihre Hauptaufgabe, führen ein Gästehaus, sind in der Pfarrseelsorge tätig und leiten die religiöse Erwachsenenbildung für ein weites Einzugsgebiet.

Mariastern/Österreich

Die Zisterzienserabtei Mariastern in Gwiggen, Gemeinde Hohenweiler, nördlich von Bregenz in Vorarlberg (Österreich) entstand 1848 als Zufluchtsort für vertriebene Ordensschwestern aus der Schweiz. Als während der antikirchlichen Periode im Lande der Eidgenossen die Stifte Kalchrain, Feldbach und Tänikon aufgehoben wurden, flüchteten die Nonnen nach Österreich und fanden in dem seit dem 9. Jahrhundert bestehenden Schlösschen Gwiggen eine neue Bleibe, die sie Mariastern nannten. Die regierende Priorin von Mariastern nennt sich daher »Äbtissin der vereinigten Klöster Kalchrain, Feldbach und Tänikon«.

Mariawald/Rheinland-Pfalz/Deutschland

Das ehemalige Zisterzienserkloster Mariawald in der Eifel wurde 1487 zur Betreuung des dort entstandenen Marienwallfahrtsortes gegründet, hatte jedoch stets mit Armut und Schwierigkeiten zu kämpfen. Im Dreißigjährigen Krieg plünderten nacheinander kaiserliche, französische und schwedische Truppen das Kloster, später auch noch die Soldaten Ludwigs XIV. In der Französischen Revolution wurde Mariawald bereits im April 1795 aufgehoben und der Besitz mit dem gesamten Inventar öffentlich versteigert. 1861 gelang es dann, aus den Ruinen von Mariawald mit unendlicher Mühe eine Trappistenabtei hervorgehen zu lassen. Im Kulturkampf 1875 wiederum aufgehoben, konnte die junge Abtei dann 1887 wiedererrichtet werden. Da die Trappisten auch als Zisterzienser der strengen Observanz gelten, sind die Zisterzienser genau 400 Jahre nach der Gründung in eines ihrer eigenen Klöster zurückgekehrt.

Marienberg/Italien

Blendendweiß heben sich die mächtigen Gebäude der Benediktinerabtei Marienberg von den dunkelgrün bewaldeten Berghängen im oberen Vinschgau ab. Die Abtei liegt zehn Kilometer von Mals entfernt in Südtirol, hart an der Grenze zur Schweiz. Um 1150 errichtet, wurde das Kloster von Benediktinern aus Ottobeuren in Schwaben besiedelt und konnte sich trotz zweier großer Brände in den Jahren 1418 und 1656 wieder erholen. Seit 1724 betreut das Stift sogar ein berühmtes Gymnasium in Meran. 1807 wurde das Kloster vom Bayerischen Staat aufgehoben, aber 1816 von Franz II. von Österreich wiederhergestellt. Im 19. Jahrhundert wirkten in Marienberg mehrere gelehrte Mönche als Historiker und Orientalisten.

Marienburg/Polen

Die Marienburg in Westpreußen östlich von Danzig, der ehemalige Sitz des Hochmeisters des Deutschordens, wird das bedeutendste weltliche Baudenkmal der Gotik im alten Deutschland genannt, zugleich ist die Marienburg aber Jahrhunderte lang auch ein Kloster gewesen, denn die Deutschordensritter lebten wie Mönche unter den Regeln der Ehelosigkeit, des Gehorsams und der Armut. Der gewaltige Komplex wurde von Anfang an als Wehrschloss konzipiert (Hochschloss, Mittelschloss und Vorburg), war von Umwallungen und Ringmauern umgeben und schloss im Innern große Wohn- und Wirtschaftsgebäude ein, aber auch Festsäle wie den Großen Remter und auch die Marienkirche mit dem herrlichen Hochaltar. Gegründet wurde die Marienburg ursprünglich als einfache Festung am rechten Flussarm der Weichsel zur Sicherung der Nogatstraße. Als dann 1306–09 der Sitz des mächtigen Ordens in die Marienburg verlegt wurde, begann der große Aufbau und auch die Ausdehnung des Ordens selbst, der dann zu unauflöslichen Konflikten mit Polen, Litauen, Schweden und mit der Stadt Danzig führte. 1410 unterlag zwar das Heer des Ordens in der Schlacht bei Tannenberg den vereinten feindlichen Truppen, die Marienburg aber hielt der Belagerung stand. 1447 allerdings nahm Polen die Burg ein, 1772 ging sie in den Besitz Preußens über. Der Verfall des einst so stolzen Klosterschlosses begann, denn die Preußen richteten in ihr eine Kaserne, mehrere Manufakturen, Speicher und Magazine ein. In der Zeit zwischen 1817–42 begann die Restaurierung und 1902 erfolgte die völlige Wiederherstellung der Marienburg zu einem nationalen Denkmal. Nach der Übernahme durch Polen sorgten kundige Restauratoren für die Sicherung der Gesamtanlage.

Marienfeld/Nordrhein-Westfalen/Deutschland

Die ehemalige Zisterzienserabtei Marienfeld (Campus Sancta Mariae) in Westfalen wurde 1185 von Widukind von Rheda und seiner Mutter Littrudis gegründet und entwickelte sich zu einem kulturell sehr bedeutsamen Kloster, das durch reiche

Schenkungen wirtschaftlich stets abgesichert war. Im 13. Jahrhundert entstand eine einschiffige Kreuzbasilika mit plattgeschlossenem Chor, die weitgehend erhalten blieb. Die im 18. Jahrhundert errichteten Abteigebäude kamen bei der Aufhebung 1803 in Privatbesitz, auch die Kunstschätze des Klosters wurden verschleudert und sind inzwischen über die Museen der ganzen Welt zerstreut.

Marienmünster/Nordrhein-Westfalen/Deutschland

Im Städtedreieck Detmold-Höxter-Paderborn, auf dem halben Weg zwischen Bad Meinberg und Höxter, liegt abseits der großen Straßen die ehemalige Benediktinerabtei Marienmünster. 1128 von den Grafen von Schwalenberg gegründet, wurde die Abtei von diesem Grafengeschlecht bedeutend gefördert, das nordöstlich des Klosters ihren Stammsitz, die Oldenburg, hatte. Der erstklassige romanische Bau des Münsters wurde im letzten Viertel des 17. Jahrhunderts barockisiert. Bemerkenswert ist das schmiedeeiserne Chorgitter in der sehr gut erhaltenen Kirche sowie die Orgel. Dieses Werk des Lippstädter Orgelbaumeisters Johann Patroklus Möller zählt zu den bedeutendsten Leistungen deutscher Orgelbaukunst.

Marienrode/Nordrhein-Westfalen/Deutschland

Die ehemalige Zisterzienserabtei Marienrode im Kreis Bentheim in Westfalen ist das Kloster mit den meisten Namen und vielfachen Ordenswechseln. Das Kloster hieß in den verschiedenen Jahrhunderten Novale Sanctae Mariae, Marienrode, Sancta Maria in Rode, Backenrode, Betzingerode, Wietmarschen und Wytmersch. Gegründet wurde es 1154 von Ritter Hugo von Büren als Benediktiner-Doppelkloster. Während die Benediktiner-Nonnen blieben, wechselte das Männerkloster zu den Augustiner-Chorherren, danach kamen die Zisterzienser. Seit 1481 (bis 1811) war es weltliches Damenstift, dann wurde es durch Napoleon aufgehoben. Die Blütezeit von Marienrode lag im 13. Jahrhundert. Die Kirche dient heute als katholische Pfarrkirche, das Kloster ist umgebaut und in Privatbesitz.

Marienstatt/Rheinland-Pfalz/Deutschland

Die Zisterzienserabtei Marienstatt im Westerwald an der Nister bei Hachenburg in Rheinland-Pfalz wurde 1212 vom Burggrafen Eberhard von Aremberg und dessen Gemahlin Adelheid von Molsberg gegründet. Bereits nach dem Tode des Stifterehepaares aber fochten Verwandte und Erben die Schenkung an und langwierige Besitzstreitigkeiten waren die Folge, die den Bestand der jungen Gründung gefährdeten. Die Bauzeit der großen spätgotischen Kirche zog sich aus diesem Grund fast ein ganzes Jahrhundert hin, sie konnte erst 1324 eingeweiht werden. In der spätgotischen Zeit entstand in Marienstatt eine große Marienwallfahrt um ein Gnadenbild des Klosters, in dessen Kirche der berühmte Ursula-Altar zu finden ist – einer der ältesten Flügelaltäre Deutschlands. Im Dreißigjährigen Krieg lag schwedische Besatzung im Kloster, in den Franzosenkriegen des 18. Jh. diente der Konvent als Feldlazarett für verwundete kaiserliche Soldaten. Ein Neuanfang war vielversprechend verlaufen, das Kloster erholte sich rasch, aber 1803 kam die Auflösung. Das Inventar wurde verschleudert, die Bibliothek kam nach Wiesbaden, die Kirche wurde Pfarrkirche und der Grundbesitz fiel an die Fürsten von Nassau-Weilburg. Die praktisch herrenlosen Klostergebäude wurden 1864 vom Bischof von Limburg erworben, so dass 1888 wieder eine Zisterzienserabtei eröffnet werden konnte, die von Mönchen aus der Abtei Wettingen-Mehrerau besiedelt wurde.

Marienstern/Sachsen/Deutschland

Die in der Oberlausitz gelegene Zisterzienserinnenabtei Marienstern (Stella sanctae Mariae) wurde 1248 von Bischof Bernhard von Meißen und den Grafen von Kamenz gegründet und befindet sich in der heutigen Gemeinde Panschwitz-Kukau, acht Kilometer südöstlich von Kamenz. Im 13. und 14. Jahrhundert wurden sowohl das Kloster als auch die dreischiffige Hallenkirche gebaut, deren Innenausstattung teilweise von Prager Künstlern stammt. 1720–32 barock umgestaltet und 1965–68 grundlegend restauriert, präsentiert sich die Abteikirche als ein regelrechtes Schmuckstück. Der Konventsbau mit Kreuzgang, der Kapitelsaal und die Bibliothek konnten nach den Verwüstungen durch die Hussiten 1429 und die Schweden 1635 immer wieder erneuert werden. Im 19. Jahrhundert leiteten die Nonnen eine neue Blütezeit ein, sie gründeten eine Mädchenschule mit Internat und bauten die Klosterbibliothek systematisch aus, in der sich nach wie vor wertvolle Handschriften befinden.

Marienstuhl/Sachsen-Anhalt/Deutschland

Das ehemalige Zisterzienserinnenkloster Marienstuhl wurde in Egeln beim heutigen Staßfurt in Sachsen-Anhalt 1259 gegründet und bestand bis 1809. In der Zeit zwischen 1732–34 ließen die Nonnen eine Klosterkirche errichten, die nach wie vor erhalten ist und als katholische Pfarrkirche dient. Dieser barocke Saalbau verfügt über eine überaus reichhaltige Innenausstattung mit einem Altar, der die gesamte Chorbreite einnimmt und 1737 geschaffen wurde. Die ehemaligen Konventsgebäude sind von einer 1697 errichteten Mauer umgeben.

Mariental/Niedersachsen/Deutschland

Zisterzienser aus Altenberg nahe Köln waren es, die dem Rufe nach Osten folgten und das Kloster Mariental bei Helmstedt im Lappwald 1138 besiedelten, das der Pfalzgraf von Sachsen und Sommerseburg, Friedrich II., für sie gegründet hatte. Die Stiftung war nicht uneigennützig geschehen, denn der Graf wusste die Leistungen der frommen Mönche dieses Ordens im Roden von Wäldern zu schätzen. Das

Kloster Vallis S. Mariae war auch Jahrhunderte lang ein Hort des Fleißes, der Frömmigkeit und der Wissenschaften. Nach der Reformation kam Mariental an das Herzogtum Braunschweig. Der Stadthof des Klosters in Helmstedt nahm die 1574 gegründete welfische Universität auf. Das Kloster Mariental selbst verfiel immer mehr, 1840 brach man den Kreuzgang ab. Trotz des Verfalls blieben aber die romanische Kirche, der Kapitelsaal und das Gutshaus erhalten, so dass in den achtziger Jahren des Zwanzigsten Jahrhunderts die erstaunlich große Klosteranlage in ihrer Abgeschiedenheit wiederhergestellt und durch den »Braunschweigischen Kloster- und Studienfonds« der Öffentlichkeit zugänglich gemacht werden konnte.

Marienthal/Sachsen/Deutschland

Die große Barockanlage des Zisterzienserinnenklosters Marienthal beherrscht das Neißetal bei Ostritz im Kreis Görlitz seit dem 18. Jahrhundert mit ihrem prächtigen Mittelbau und den beiden überkuppelten Flügelbauten. Das Kloster selbst war 1234 von Kunigunde, der Königin von Böhmen, gegründet worden und entwickelte sich rasch zu einem geistigen Mittelpunkt der damals noch böhmischen Lausitz. Hussitenstürme, Brand- und Hochwasserkatastrophen hatten im Laufe der Jahrhunderte dem Kloster so übel mitgespielt, dass man sich 1743 zu einem großen barocken Neubau entschloss. Anstelle der mittelalterlichen Anlage entstand nun in mehreren Bauphasen die heutige schlossähnliche Abtei mit ihren zwei Ehrenhöfen. Die kostbare, zweistöckige Saalbibliothek ist ebenfalls ein barockes Schmuckstück und birgt wertvolle Handschriften. Die Abtei besteht heute noch und ist mit Zisterzienserinnen besetzt. Diese konnten eine gründliche Renovierung ihres Kloster durchsetzen, die in den Jahren 1968–72 unternommen wurde.

Marienwerder/Polen

Die von den Rittern des Deutschen Ordens um 1230 errichtete Klosterburg Marienwerder liegt auf einer Flussinsel der Weichsel in der Gemarkung der Stadt Kwidzyn südlich von Danzig. Im Laufe der Jahrhunderte wurde die Anlage mehrfach um- und ausgebaut und stellt eine vierflügelige Anlage dar, die heute ein Regionalmuseum beherbergt. An den ehemaligen Burgkomplex schließt sich die dazugehörige Marienkirche an, die heute Pfarrkirche ist und einen Großteil ihrer mittelalterlichen und barocken Ausstattung erhalten konnte. Das bedeutendste Kunstwerk ist der Reliquienschrein der heiligen Dorothea von Montau (1347–94).

Markov Monastir/Makedonien

Das orthodoxe Kloster Markov Monastir in Makedonien erhebt sich 17 Kilometer südlich der Hauptstadt Skopje im Markóva-Tal und wurde 1372 von König Marko Kraljevič gegründet. Die Fresken der Klosterkirche gehören unterschiedlichen Malschulen an, sie stammen von mehreren Künstlern aus dem 14. Jahrhundert. Die ausdrucksstarke und volkstümliche »Mönchsmalerei« hebt sich darin klar gegen die »Hofmalerei« mit ihren exakten Formen und ihrer subtilen Farbpalette ab. Von den Klostergebäuden ist nur das Refektorium erhalten, dessen Wände ebenfalls mit Wandmalereien geschmückt sind.

Marmašen/Armenien

Das einst blühende armenische Kloster Marmašen konnte durch Sicherungsmaßnahmen 1954–57 in seiner Bausubstanz im Wesentlichen gesichert werden, wenn auch noch Teile der imposanten Anlage nach wie vor in Trümmern liegen. Der Gesamtkomplex besteht aus vier Kirchen, einem großen Hallenbau (Schamatun) und einem Mausoleum. Das Kloster liegt am linken Ufer des Axurean in der Provinz Ayrarat, zwei Kilometer südwestlich des Dorfes Vahramaberd. Die meisten Bauten stammen aus der Zeit zwischen 988 und 1029 und wurden unter dem Fürsten Vahram Pahlawuni errichtet. Der mächtige Bau der Hauptkirche Katholiké ist mit dem zylindrischen Tambour dieses Kreuzkuppelbaus weithin sichtbar und kündet noch heute von dem erstaunlichen Leistungsstand der armenischen Bauleute des 11. Jahrhunderts.

Marmion Abbey/USA

Die in Aurora/Illinois (USA) gelegene Benediktinerabtei trägt den Namen des Abtes Marmion aus Belgien aus dem Kloster Maredsous, der im frühen 20. Jahrhundert ein bekannter geistlicher Schriftsteller war. So nimmt es nicht wunder, das Marmion Abbey sich hauptsächlich der Erziehung junger Männer widmet und die schon 1933 gegründete Fox Valley Catholic High School für Knaben erweitert und zu der vielbesuchten Marmion Academy ausgebaut hat. Damals war das Kloster ein Priorat, 1947 erhob Papst Pius XII. den Konvent zur Abtei.

Marmoutier (Maius Monasterium)/Frankreich

Das bei Tours in Frankreich liegende, früher als Maius Monasterium bezeichnete Marmoutier war einst ein wichtiges Kloster aus der frühchristlichen Missionsepoche Galliens, gegründet 371–375 von Martin von Tours und später im Besitz der Benediktiner. Martin selbst lebte mit 80 Mönchen in diesem Konvent. 855 wurde Marmoutier von den Normannen geplündert und über 100 Mönche dabei erschlagen. Erst 987 konnte es von Cluny aus wieder besiedelt werden. Marmoutier war eine der wenigen Abteien, die dem Papst direkt unterstanden und keiner Diözese zugehörten (= Abbatia nullius). 1637 wurde es jedoch den benediktinischen Maurinern wieder angegliedert und verblieb in dieser Abhängigkeit bis zur Säkularisation und anschließenden Zerstörung zur Zeit der Französischen Revolution.

Marmoutier (Maursmünster)/Frankreich

Die nordwestlich von Straßburg und südlich von Zabern gelegene ehemalige Benediktinerabtei ist das älteste Kloster des Elsass, das bereits 590 vom heiligen Leobardus gegründet wurde und zuerst nach der Regel des heiligen Columban lebte. Abt Maurus, ein Schüler des heiligen Pirmin, führte dann 727 die Benediktus-Regel ein. Man hat bald danach das Kloster nach ihm benannt. In lateinischen Urkunden nennt sich das Kloster Maurimonasterium. Die fränkischen Könige bedachten die Abtei mit überreichem Landbesitz, so dass daraus die Mark Maursmünster gebildet werden konnte, die über 80 Dörfer umfasste. Eine mächtige romanische Kirche wurde gebaut, in die dann später im Schiff und im Chor die Gotik zum Zuge kam, während die Fassade einen recht strengen romanischen Stil zeigt. Bis zum Dreißigjährigen Krieg blühte das Kloster, dann begann der Niedergang. Kaum hatte wieder eine vielversprechende Erholung eingesetzt, da kam bereits 1790 die Auflösung in der Französischen Revolution. Die Klostergebäude wurden verkauft, das Inventar verschleudert und die Abteikirche wurde Pfarrkirche.

Mar Saba/Israel

Das griechisch-orthodoxe Kloster Magna Laura S. Sabbae wurde vom heiligen Sabbas (439–532) um das Jahr 483 am Abhang des Kidrontales im Westjordanland an den Flanken eines Vorgebirges gegründet. Wie ein Bollwerk liegt es zwölf Kilometer östlich von Bethlehem in diesem einst vielumkämpften Gebiet. Berühmte Theologen lebten in ihm als Mönche, so etwa der Kirchenlehrer Johannes Damascenus (675–749). Bereits 614 war es von den Arabern zerstört worden, wurde aber wieder aufgebaut und stand in der Kreuzfahrerzeit in voller Blüte. Von den Mameluken verwüstet, lebte es wieder auf und wurde in der Zeit zwischen 1800 und 1850 mit starken Befestigungen gegen die Beduinen versehen. Als ein Erdbeben es 1834 zerstörte, wurde es mit Unterstützung des russischen Zaren völlig neu aufgebaut. Das Kloster verfügt über wertvolle Ikonen, die kostbaren Handschriften von Mar Saba werden allerdings aus Sicherheitsgründen im griechischen Patriarchat zu Jerusalem aufbewahrt.

Maubeuge/Frankreich

Die ehemalige Benediktinerinnenabtei Unserer Lieben Frauen in Maubeuge (Malbodium, Melbodium) in der gleichnamigen französischen Stadt, im Departement Nord, wurde 661 von der heiligen Adelgundis gestiftet und konnte sich über 1100 Jahre unangefochten bis zur Aufhebung in der Französischen Revolution behaupten. Die gesamte Anlage kam danach in private Hände.

Mar Saba, Israel

Mauerbach/Österreich

Die Kartause Mauerbach im Wienerwald/Niederösterreich wurde 1314 von Friedrich dem Schönen gegründet, der mit seiner Gemahlin Isabelle von Aragon in der kreuzgewölbten Krypta des Klosters begraben liegt. Das Kartäuserkloster wurde zweimal (1529 und 1683) von den Türken zerstört und jedes Mal schöner als zuvor wieder aufgebaut oder renoviert. Das barocke, von Georg Fasel (1616–31) erbaute Kloster mit seinen drei Flügeln und der Bibliothek, mit dem Kaisertrakt und zwei Höfen wurde bestens erneuert. Die ehemalige Klosterkirche, eine Saalkirche auf gotischem Grundriss, Mönchschor und Laienraum ist gleichfalls erhalten. Nach der Aufhebung der Kartause 1782 wurde ein Altersheim in den Konventsgebäuden eingerichtet.

Maulbronn/Baden-Württemberg/Deutschland

Die ehemalige Zisterzienserabtei Maulbronn ist die einzige kleine »Klosterstadt« in ganz Europa, die trotz Aufhebung des Klosters in der Reformationszeit fast bis in alle Einzelheiten vollständig erhalten geblieben ist. Das Kloster wurde von Mönchen aus Neuburg im Elsass 1147 besiedelt und war längere Zeit Rodungskloster und liegt in einem recht abgelegenen Waldgebiet im Salzbachtal östlich von Bretten im Neckarkreis in Nordwürttemberg. In den rund 400 Jahren ungestörter Entwicklung von der Gründung 1147 bis zur Reformationszeit entstand eine völlig autarke Klosteranlage, die in der Tat einer Stadt ähnelt – mit Wehrgang, Türmen, Mauern, mit einer Mühle, Wirtschaftsgebäuden, Handwerksbetrieben, einer beachtlich großen Wohnanlage für Priestermönche und Laienbrüder und nicht zuletzt mit einer langgestreckten niedrigen Pfeilerbasilika, die nach Zisterzienserart nicht von einem Turm, sondern nur von einem spitzen Dachreiter gekrönt wird. Die Kirche wurde 1178 geweiht und weist sowohl romanische als auch gotische Elemente auf. Der Besucher kann den quadratischen Kreuzgang ebenso bewundern wie das zweischiffige Herrenrefektorium, die schöne Brunnenkapelle, das prachtvolle gotische Maßwerkfenster, das überreich geschnitzte Chorgestühl und die verschiedenen noch erhaltenen Malereien und Skulpturen. Im Jahre 1537 floh der gesamte Konvent vor dem heranrückenden, inzwischen protestantischen Herzog Ulrich von Württemberg ins Elsass, kam 1548 zurück, um 1557 weichen zu müssen. Bis 1629 vorübergehend protestantisch, blieb Maulbronn unzerstört. Die Zisterzienser kehrten dann nur noch einmal bis 1648 in ihre Abtei zurück, dann fiel das Kloster endgültig an die Protestanten, die in Maulbronn ein evangelisches Vorbereitungsseminar für das Theologiestudium einrichteten. Für kurze Zeit waren auch die beiden bedeutenden Dichter und Schriftsteller Friedrich Hölderlin und Hermann Hesse Schüler in dieser vorbildlich geführten Anstalt.

Maylis/Frankreich

Die Benediktinerabtei Notre Dame de Maylis besteht erst seit 1938 bei dem kleinen gleichnamigen Marienheiligtum in der Region von Chalosse in Aquitanien. Das Kloster wurde 1998 Abtei und hat sich zu einem Zentrum geistlichen Lebens in der Diözese von Aire und Dax entwickelt. Die Pflege der Liturgie und die Betreuung der Pilger ist das Hauptanliegen der Mönche.

Mehrerau/Österreich

Die ehemalige Benediktinerabtei Mehrerau (Augia major) und jetzige Zisterzienserabtei liegt zwei Kilometer westlich von Bregenz in Vorarlberg. Gegründet wurde sie von Graf Ulrich von Bregenz 1097 als Hauskloster dieses Grafengeschlechts. Die Abtei erlangte zwar nur regionale Bedeutung, war aber für das religiöse Leben des Bregenzer Gebiets prägend. Nach der Aufhebung 1806 wurde die Kirche sogar abgebrochen und die Bibliothek verschleudert. 1854 kauften die aus Wettingen in der Schweiz vertriebenen Zisterzienser den Rest der Gebäude und errichteten dort eine eigene Abtei, bauten 1855–59 wieder eine neue Kirche und entfalteten ein reges wissenschaftliches Leben. Man gründete ein Gymnasium und eine Theologische

Hauslehranstalt und baute eine neue Bibliothek mit 40 000 Bänden auf. Der Vorsteher des Klosters führt den Titel »Abt von Wettingen und Prior in der Mehrerau«.

Melk/Österreich

Den Höhepunkt unter all den bedeutenden Stiften Österreichs erreicht die Klosterbaukunst unzweifelhaft in Melk, der Benediktinerabtei auf einem 57 Meter hohen Granitfelsen über der Donau, genau an der Stelle, an der die weinreiche Wachau beginnt. Eine imposantere Position nimmt kein anderes Kloster ein. Weithin sind die beiden Türme mit ihren Barockhelmen und die Zentralkuppel zu sehen, in strahlendem Ockergelb leuchtet der 325 Meter lange Klosterbau über dem Fluss. Ursprünglich war Melk eine Grenzfeste der Ungarn, die nach der Schlacht auf dem Lechfeld 955 von den Babenbergern erobert und als Bauplatz für ein Chorherrenstift ausersehen wurde. 1089 übernahm der Benediktinerorden den Konvent und baute Melk zu einem bedeutenden Zentrum der theologischen Wissenschaften, aber auch der Geschichtsschreibung aus. Das Kloster überstand mehrere Brände und wurde in der heutigen Form in der Zeit zwischen 1700–39 in hochbarocker Pracht erbaut. Die Stiftskirche Peter und Paul gilt mit ihrem 64 Meter hohen Kuppelraum und den Deckenfresken von Johann Michael Rottmayr, mit ihrer genialen Farbabstimmung und den raffinierten Lichteffekten als der schönste barocke Sakralraum nördlich der Alpen. Den klösterlichen Gesamtkomplex schuf der begnadete Architekt Jakob Prandtauer, sein Werk wurde nach Abschluss der Bauarbeiten als »Escorial der Benediktiner« bezeichnet. Die großzügige Ausstattung des Konvents mit Prälatenhof, Prälatenkapelle, den Kaiserzimmern, der Bildergalerie, der Prunkstiege und dem zweischaligen Brunnen im Hof, gipfelt jedoch in der Bibliothek mit ihren in Braun-Gold gehaltenen Regalen in zwei Geschossen. Das Kloster verwahrt 70 000 Bände und 2000 Handschriften. Die Schatzkammer des Klosters besitzt ferner eine Reihe von Zimelien, die als Ornamenta Ecclesiae einmalig sind. Im seit 1707 bestehenden Stiftsgymnasium werden heute etwa 750 Schülerinnen und Schüler unterrichtet, von denen ein Teil im 1811 gegründeten Internat der Abtei wohnt. In 23 Pfarreien sind die Patres als Seelsorger tätig. Im Stift selbst wechseln sich Ausstellungen mit Vorträgen und Konzerten ab und führen so die große kulturelle Tradition des Stifts fort.

Mellifont Abbey/Irland

In der irischen Grafschaft Louth, elf Kilometer nordwestlich von Drogheda liegt in einer malerischen Landschaft an den Ufern des Mattock das erste und bedeutendste Zisterzienserkloster Irlands, Mellifont Abbey. 1142 durch Mönche aus Citeaux gegründet, entwickelte sich das Ordenshaus zum Mutterkloster für 38 Tochterklöster in ganz Irland. Die großen Ruinen der kreuzförmigen Klosterkirche aus dem Jahr

1157, des Kreuzgangs aus der Zeit um 1200 und des Kapitelsaals aus dem 14. Jahrhundert sind auch heute noch sehr beeindruckend und eine stille, aber stetige Anklage gegen das Wüten der englischen Soldaten in der Zeit Heinrichs VIII.

Melrose Abbey/Großbritannien

Die im Süden Schottlands im Tal des Tweed im heutigen Roxburgshire gelegene ehemalige Zisterzienserabtei Melrose Abbey war das erste Kloster dieses Ordens in Schottland und stellt heute eine der größten Klosterruinen Großbritanniens dar. Gegründet 1136 von David I. und besiedelt von Mönchen aus Rievaulx Abbey in Yorkshire, konnte sich die Abtei durch ihre günstige Lage nahe der Fernstraße Edinburgh-London gut entwickeln. Trotz mehrmaliger Plünderungen und Zerstörungen durch englische Truppen, gelang es den tatkräftigen Äbten dieser Abtei, immer wieder die Klostergebäude und die Kirche neu aufzubauen. In der Zeit der Spätgotik entstand eine gewaltige Anlage mit einer überbauten Fläche von mehr als einem Hektar, allein die Kirche war knapp 100 Meter lang. Die Zerstörungswut Heinrichs VIII. machte jedoch auch vor Melrose Abbey nicht halt. Im Jahre 1545 begann der Klostersturm, auch die gewaltigen Steinsmassen des riesigen Klosters konnten ihm nicht trotzen. Was von der Abtei erhalten blieb, wurde noch bis 1810 kirchlich genutzt – als Pfarrkirche für die Gläubigen der Umgebung. Heute ist in dem Ruinengelände ein Museum eingerichtet, das die Geschichte der Abtei erläutert.

Memleben/Thüringen/Deutschland

Die ehemalige Benediktiner-Reichsabtei in Thüringen an der Unstrut war zuerst Kaiserpfalz und Lieblingsaufenthalt der beiden sächsischen Kaiser Heinrich I. und Otto I., die beide in Memleben verstarben. Das 975 dann gegründete Kloster wurde reich ausgestattet und gehörte von Anfang an zu den bedeutenden Abteien des Heiligen Römischen Reiches. Als die Klosterzucht zu wünschen übrig ließ, unterstellte man das Kloster als Propstei der Abtei Hersfeld. 1525 plünderten es die Bauern und 1545 hob Moritz von Sachsen das Kloster auf und überwies alle ihre Besitztümer an die neugegründete Fürstenschule Pforta. Von Kloster und Kirche haben sich wenigstens Mauerreste und die dreischiffige Krypta erhalten, da sich dank der denkmalspflegerischen Initiativen von Karl Friedrich Schinkel der schon nach einem Blitzschlag im Jahre 1722 begonnene Abbruch des Klosters noch stoppen ließ.

Meteora-Klöster/Griechenland

Die zerklüfteten und schwer zugänglichen Felsen, die am Anfang der thessalischen Ebene im Nordwesten nördlich der Stadt Kalabáka bis zu 300 Meter aufragen, waren früher Zufluchtsort der im Umkreis Wohnenden bei Gefahr, dann beliebte Schlupfwinkel für Eremiten und schließlich von Mönchsgemeinschaften – und heute sind sie zusätzlich magische Anziehungspunkte für Touristen. Bereits um 950 sind die ersten Einsiedler in den Meteora-Felsen nachweisbar. Das erste Felskloster gründete der Mönch Athanasios zwischen 1356 und 1372, das heute als Megalon Meteoron bekannt ist. Auf einer 534 Meter hohen Felsplattform erhebt sich das Kloster Moni Meteoron in einer geradezu erdentrückten Lage, das heute jedoch ein interessantes Klostermuseum besitzt. Moni Varlaam auf dem Nachbarfelsen wartet sogar mit einem befestigten Garten auf, während die Klöster Russanu und Agios Nikolaos wieder schwerer zugänglich sind. Zu den größeren und meist auch von Touristen besuchten Klöstern gehören auch Agia Triada (Dreifaltigkeitskloster) und Agios Stefanos, wogegen die übrigen heute unbewohnt sind oder bereits Ruinen darstellen. Die Meteora-Klöster gehören in jedem Fall neben den Athos-Klöstern zu den interessantesten Klosterlandschaften Griechenlands, sind jedoch im Gegensatz zum Athos auch für Frauen zugänglich.

Meteora-Kloster Agias Triados/Griechenland

Äußerst malerisch und reizvoll erhebt sich in Nordgriechenland in dem Ensemble der Meteora das Kloster Agias Triados (Dreifaltigkeitskloster). Der Mönch Domestios soll im 15. Jahrhundert als Einsiedler auf dem Felsen gelebt haben, er gilt daher als Stifter. Das in luftiger Höhe erbaute Kloster errichtete seine Hauptkirche im südwestlichen Teil des Felsens 1476 und weihte sie der Heiligen Dreifaltigkeit. Die Brüder Antonios und Nikolaos versahen 1741 diese Kirche mit Fresken. Am Eingang zum Kloster wurde eine Rundkapelle in den Fels gehauen, Johannes dem Täufer geweiht und 1682 von dem Mönch Nikodemos ausgemalt. Vor dem Hintergrund der jenseits des Tales liegenden hohen Gebirgskette bietet Agias Triados einen einzigartigen Anblick.

Meterora-Kloster Agios Stephanos/Griechenland

Das am leichtesten zu erreichende der an sich schwer zugänglichen Felsenklöster der Meteora in Nordgriechenland ist das Kloster Agios Stephanos, das sich im südlichsten Teil dieser Klosterlandschaft befindet. Eine acht Meter breite Brücke führt heute an dem gegenüberliegenden Hang zu dem Felsen, auf dem das Kloster steht. Agios Stephanos gilt als das älteste Kloster auf den Meteora, weil schon um 1192 auf diesem Felsen der Asket Jeremias lebte. Als dann Mönche ein geräumiges Kloster auf dem breiten Felsen bauten, verlieh der byzantinische Kaiser Andronikos der Jüngere (1328–41) dem Konvent den Titel »Königliches Kloster«. Die Mönche hatten den Herrscher während eines Feldzugs in Thessalien gastlich aufgenommen. Das Kloster besitzt zwei Kirchen, eine kleine einschiffige Basilika aus dem 14. Jahrhundert und eine große Kirche von 1798, die eine prachtvolle Bilderwand (Ikonostasis) von 1814 aufweist. Im ehemaligen Refektorium ist heute ein Museum eingerichtet. Das stets von Mönchen bewohnte Kloster wurde 1961 durch königliches Dekret in ein Frauenkloster umgewandelt.

Meteora-Kloster Megalo Meteoron/Griechenland

Das berühmteste Meteorakloster in dem Felsengewirr im Nordwestwinkel der thessalischen Ebene ist das Megalo Meteoron, auch Kloster Metamorphosis Christou (Verklärung Christi) genannt. Das auf dem höchsten und geräumigsten Felsen in einer Höhe von 534 Metern stehende Kloster wurde im 14. Jahrhundert vom heiligen Athanasios gegründet, der Bau der Hauptkirche erfolgte allerdings erst unter späteren Äbten in verschiedenen Phasen, die sich bis 1542 erstreckten. Diese prächtige Kirche besitzt eine zwölfeckige Kuppel, hervorragende Fresken und eine schöne vergoldete Bilderwand (Ikonostasis). Das alte Refektorium mit einer Länge von 35 Metern und einer Breite von 12 Metern dient heute als Museum, in dem die Schätze des Klosters ausgestellt sind: Ikonen, Messgeräte, Goldstickereien, Siegel und holzgeschnitzte Kreuze. Vielbewundert ist auch die Altane mit einem Aufzug, der Jahrhunderte lang in Betrieb war.

Meteora-Kloster Nikolaos Anapavsas/Griechenland

Das griechisch-orthodoxe Kloster Nikolaos Anapavsas ist eines der Meteora-Klöster in Nordgriechenland, das von seiner stillen Lage in den zerklüfteten Felsen seinen Namen erhalten hat, denn der heilige Nikolaus, dem es geweiht ist, wurde deshalb der Ruhespender (Anapavsas) genannt. Gegründet wurde das auf einem kleinen Felsen liegende Kloster im 14. Jahrhundert vom heiligen Dionysios dem Barmherzigen und vom Exarchen von Stagoi Nikanor. Diese beiden Stifter sind im Südteil der Vorhalle auch abgebildet. Die Nikolaoskirche des Klosters wurde im 16. Jahrhundert vom Hauptvertreter der Kretischen Schule, Theophanes, vollständig ausgemalt. Der von ihm geschaffene Bilderzyklus gipfelt in der großen Komposition des Jüngsten Gerichts im Narthex, einer Darstellung von hohem künstlerischem Wert.

Meteora-Kloster Roussanou/Griechenland

Das wie ein Adlerhorst auf einem Vorsprung einer steilen Felswand stehende Kloster Roussanou in Nordgriechenland ist eines der Meteoraklöster, die von kleinen Mönchsgemeinden in der steinernen Welt von über tausend Felsnadeln im Nordwestwinkel Thessaliens erbaut wurden. Als Stifter von Roussanou werden die Brüder Maximos und Joasaph aus Jannina genannt, als Gründungsjahr gilt 1545. Die Hauptkirche des Klosters, das Katholikon, ist der Verklärung Christi gewidmet. Die kleinere Kirche, die der heiligen Barbara geweiht ist, diente früher als Aufbewahrungsort von Reliquien. In den letzten beiden Jahrzehnten des Zwanzigsten Jahrhunderts hat das staatliche Amt für Archäologie in Griechenland eine umfassende Restaurierung des von der Zeit arg mitgenommenen Klosters durchgeführt.

Meteora-Kloster Warlaam/Griechenland

Im Reigen der Meteora-Klöster in Thessalien liegt auf einer Höhe von 370 Metern das Felsenkloster Warlaam, das seinen Namen von dem Eremitenheiligen Warlaam erhalten hat, der sich um die Mitte des 14. Jahrhunderts auf dem geräumigen Felsen niederließ. Die eigentlichen Gründer und Erbauer des Klosters waren jedoch die Brüder Theophanes und Nektarios aus der Patrizierfamilie der Apsaras, die ihren Palast in Jannina verließen und sich auf dem Felsen ansiedelten. Die großartige Kirche von Warlaam wurde von ihnen 1542 errichtet und gilt als Meisterwerk byzantinischer Architektur. Der Hauptraum und der Chorraum wurden 1548 von Frankos Katelanos, einem bedeutenden Maler der Kretischen Schule, ausgemalt. Das Museum des Klosters hütet reichhaltige Schätze, darunter ein eigenhändig geschriebenes Evangeliar des Kaisers Konstantin Porphyrogennetos von Byzanz.

Metten/Bayern/Deutschland

Die im Landkreis Deggendorf in Niederbayern gelegene Benediktinerabtei wurde 766 von Mönchen aus der Reichenau gegründet und genoss die besondere Gunst Karls des Großen, der ihm die Immunität verlieh. Als wichtiges Rodungskloster war es an der Kolonisation der Ostmark wesentlich beteiligt. Die Kaiser Otto II. (973–985) und Heinrich III. (1039–56) waren bedeutende Gönner des Klosters. Im Dreißigjährigen Krieg wurde es geplündert, danach begann der große Aufstieg Mettens mit dem barocken Bau von Stiftskirche und Kloster. Die berühmte Bibliothek des Konvents wurde nunmehr unter dem kunstsinnigen Abt Roman Märkl (1706–29) großartig ausgeschmückt, ein Festsaal wurde erbaut und der gesamte Komplex in festlichem Barock neu gestaltet. Die Bauarbeiten zogen sich über ein halbes Jahrhundert bis 1759 hin. 1803 wurde das Kloster aufgehoben, aber schon 1830 kehrten die Mönche wieder zurück. Seit 1847 unterhalten die Benediktiner ein Gymnasium mit Internat in Metten. Ein Mettener Mönch war es auch, der 1846 mit St. Vincent das erste Benediktinerkloster in den USA eröffnete. Heute unterhält Metten ein humanistisches Gymnasium und mehrere Werkstätten. In den Pfarreien Metten und Michaelsbusch sind ebenfalls Mönche der Abtei tätig.

Michaelbeuern/Österreich

Die 35 Kilometer nördlich von Salzburg liegende Benediktinerabtei Michaelbeuern wurde noch vor 977 gegründet und entwickelte sich in aller Stille zu einem kleinen Kulturzentrum im österreichischen Flachgau. Die romanische Stiftskirche wurde 1072 geweiht und später gotisiert, dann barockisiert. Die Altarbilder (1691–92) stammen von dem im Kloster erzogenen Johann Michael Rottmayr. Die Klostergebäude haben äußerlich ihr mittelalterliches Aussehen bewahrt, im Innern sind Abtssaal, Bibliothek und das Klostermuseum sehenswert. Im 17. und 18. Jahrhundert stellte Michaelbeuern eine Reihe von Professoren für die damals bestehende kirchliche Universität in Salzburg. Im »Dritten Reich« war das Kloster geschlossen und die Mönche waren vertrieben. Gegenwärtig führen die Mönche eine Hauptschule, ein Internat, ein Exerzitienhaus und ein Bildungszentrum. Fünf Pfarreien werden von der Abtei unmittelbar versorgt und betreut.

Michelfeld/Bayern/Deutschland

Die ehemalige Benediktinerabtei Michelfeld bei Auerbach in der Oberpfalz/Bayern teilt mit vielen deutschen Abteien jene schicksalhafte Entwicklung, die durch Blütezeiten, jähe Katastrophen, Wiederaufstieg und Säkularisierung gekennzeichnet ist. Gegründet 1119 durch den heiligen Bischof Otto von Bamberg und den Grafen Berengar von Sulzbach, konnte sich die Abtei in den ersten drei Jahrhunderten nach ihrer Gründung friedlich und kontinuierlich entwickeln, wurde aber dann im pfälzisch-böhmischen Krieg 1410 fast ganz zerstört, 1429 von den Hussiten niedergebrannt und schließlich 1556 vom Pfalzgrafen Ottheinrich aufgehoben. Die Bilderstürmer hinterließen dabei einen leeren Konvent. Nach dem Dreißigjährigen Krieg wurde 1661 das Kloster von Benediktinern aus Oberaltaich erneut aufgebaut. 1692–1700 entstand unter Mitwirkung von Wolfgang Dientzenhofer und den Brüdern Asam die Kirche mit dem Konvent neu. 1802 wieder aufgehoben von Max von Bayern, wurde die Kirche zur Pfarrkirche erklärt und das Kloster in eine Taubstummenanstalt umgewandelt.

Middelburg/Niederlande

In Middelburg, der Hauptstadt der holländischen Provinz Zeeland wurde im Jahr 1123 ein Kloster gegründet, das nach fünf Jahren in den Besitz der »Weißen Kanoniker« überging, so dass sich die gleichnamige Abtei Middelburg der Prämonstratenser etablieren konnte. In den kommenden Jahrhunderten floss dem Kloster großer Reichtum zu, so dass ihre Äbte bei der Regierung von Zeeland und der Insel Walcheren mitbestimmten. Die um 1300 errichtete Chorkirche im Osten wurde später durch eine Nieuwe Kerk im Westen erweitert und ein 85 Meter hoher Turm, der achteckige »Lange Jan« angefügt. 1559 empfing der Abt von Middelburg sogar die Bischofswürde. Das Ende aber kam schon 15 Jahre danach während der Kriegshandlungen gegen die Spanier. 1574 nahm Wilhelm von Oranien Middelburg ein und hob die Abtei kurzerhand auf. Während vom Kloster heute nur noch der Nordostflügel erhalten ist, kamen die beiden Kirchen selbst verhältnismäßig gut durch die Stürme der Zeiten.

Mihai Vodă/Rumänien

Das am Spirei-Hügel in Bukarest stehende Mihai Vodă-Kloster ist eine jener Klostergründungen, die auf ein Gelübde vor einer Schlacht zurückgehen. So soll 1595 der walachische Woiwode Mihail Viteazul die Gründung eines Klosters gelobt haben, wenn er die Schlacht gegen die übermächtigen Truppen des türkischen Pascha Sinan siegreich bestehen könne. 25 Kilometer südlich von Bukarest erlitten die Türken eine vernichtende Niederlage – und so wurde das Kloster gebaut. Mihai Viteazul wurde als Volksheld in einem Epos verherrlicht, und das von ihm gegründete Kloster wurde gleichsam als nationales Denkmal angesehen.

Mileševo/Serbien

Das zu den großen orthodoxen Klöstern Serbiens gehörende Monasterium Mileševo wurde in der Mitte des 13. Jahrhunderts von König Vladislav gegründet und dieser bestimmte es gleichzeitig als Grablege für den heiligen Sava, der sein Onkel und zugleich der erste Erzbischof der nunmehr selbstständigen serbisch-orthodoxen Kirche war. Mileševo entwickelte sich zu einem Zentrum der Gelehrsamkeit und später auch der Buchdruckerei. Die Türken verwüsteten das Kloster mehrfach, aber es wurde stets wieder restauriert. Die Kirche Christi Himmelfahrt weist Fresken auf, die zu den schönsten des ganzen Balkan zählen. Die Mileševo-Künstler hinterließen der Nachwelt auch den Brauch, die Gründer eines Klosters mit seinen Familienmitgliedern in die Freskendekoration mit einzubeziehen. Im Altarraum und im Narthex haben die Fresken blauen und goldenen Grund, so dass sich eine Imitation der kaiserlich-byzantinischen Goldmosaiken ergibt.

Millstatt/Österreich

Die am See gleichen Namens in Kärnten gelegene ehemalige Benediktinerabtei Millstatt wurde 1070 vom Pfalzgrafen Aribo von Bayern gegründet und galt wegen seiner vielen Besitzungen als eines der reichsten Klöster in Kärnten. Berühmt wurde Millstatt durch seine erlesene Buchmalerei und seine Schreibschule allgemein, in der die »Millstätter Genesis« entstand. Das Kloster errichtete als Abteikirche eine hochromanische dreischiffige Pfeilerbasilika, in deren Sternrippengewölbe 149 Wappenschlusssteine eingearbeitet wurden. Die Kirche besitzt kein Querhaus, weist aber mehrere meisterhaft gearbeitete Grabdenkmäler und Kapellen auf. Der Kreuzgang gilt in Österreich als Denkmal der Hochromanik. Im Jahr 1469 wurde das Kloster den Georgsrittern (wegen der Türkengefahr) übergeben, 1602 dann den Jesuiten. 1773 wurde das Stift aufgehoben und kam in Staatsbesitz. Die Kirche dient seither als Pfarrkirche. Darin sind noch heute beachtliche Fresken über das Weltgericht, aber auch das Millstätter Fastentuch von 1593, eines der größten Leinwandbilder im Alpenraum, zu bewundern.

Milton Abbey/Großbritannien

Milton Abbey in der englischen Grafschaft Dorset ist einer jener Sonderfälle, in dem ein Kunstliebhaber die Ruinen einer aufgelösten Abtei aufkaufte und ein luxuriöses Landschloss daraus gestalten ließ. Die ursprünglich 938 von Athelstan gegründete Benediktinerabtei wurde von Heinrich VIII. aufgelöst und dem Verfall preisgegeben, aber 1752 kaufte der schwerreiche Lord Milton die ruinöse Abtei und ließ sich durch drei namhafte Architekten daraus ein opulentes Schloss errichten. Die relativ gut erhaltene Abtswohnung ließ er in den nach wie vor klösterlich wirkenden Baukörper integrieren. Die erst im 15. Jahrhundert errichtete Kirche kaufte Milton ebenfalls, sie wurde von ihm bestens renoviert, wirkt mit ihrem 30 Meter hohen Zentralturm durchaus imposant und birgt das marmorne Grabmal für Lord und Lady Milton, das Agostino Carlini nach einem Entwurf von Robert Adam 1776 geschaffen hat.

Mission, Westminster Abbey/Kanada

Als drittes Kloster der Benediktinermönche in Kanada gründeten im Jahr 1939 Mönche aus der Abtei Mount Angel in Oregon ein Kloster in British Columbia in der Stadt New Westminster. 1953 wurde diese Ordensniederlassung zur Abtei erhoben, siedelte aber ein Jahr später nach Mission auf einen Hügel über dem Fraser River um und behielt den Namen Westminster bei. Die herrlich gelegene Benediktinerabtei hat eine hochmoderne Kirche mit hohen Glasfenstern errichtet, so dass der gesamte Innenraum dieses Gotteshauses lichtdurchflutet ist. Die Mönche betreiben eine Landwirtschaft (80 Hektar) und sind in der Erziehungsarbeit tätig.

Mljet/Kroatien

Die ehemalige Benediktinerabtei Mljet liegt auf der gleichnamigen Adriainsel äußerst malerisch wie eine Festung inmitten des kleinen Sees Veliko jezero selbst wiederum als Inselkloster. Der kroatische Fürst Desa schenkte dieses Inselchen apulischen Benediktinern, die darauf das Kloster errichteten. Der Bau war maßgebend, stellte man doch fest, dass der im orthodoxen Serbien vorherrschende sogenannte Raska-Stil von der süditalienisch-apulischen Romanik des Klosters Mljet beeinflusst wurde. In der Renaissance und im Barock wurden Kirche und Kloster erweitert und in der Innenausstattung entsprechend umgestaltet.

Modena/Italien

Das Benediktinerkloster der Stadt Modena (Badia di San Pietro) blickt auf eine wechselvolle Geschichte zurück. Im 10. Jahrhundert gegründet und mit vielen bischöflichen Schenkungen ausgestattet, kam das Kloster bald zu großem Ansehen und Reichtum, so dass mehrere Äbte den Konvent sowohl im 16. als auch im

18. Jahrhundert zu einer großen kulturellen Blüte führen konnten. Im Jahre 1518 wurde auch die prächtige Renaissance-Basilika eingeweiht, die heute nach der Kathedrale der Stadt das berühmteste Gotteshaus von Modena darstellt. Dreimal aufgehoben (1798, 1866 und 1928) und dreimal wiedereröffnet, bewiesen die Benediktiner einen bewundernswerten Durchhaltewillen. Heute nehmen sie von ihrem Konvent aus vielerlei pastorale Aufgaben wahr.

Moissac/Frankreich

Die ehemalige Benediktinerabtei Moissac liegt in dem gleichnamigen Städtchen in der Gascogne im Departement Tarnet-Garonne, wäre jedoch längst vergessen, wenn nicht die erhaltene Abteikirche und der anliegende Kreuzgang den Ruhm seiner großartigen romanischen Skulpturenfülle weit über die Landesgrenzen hinausgetragen hätte. Moissac wurde bereits im 7. Jahrhundert mit tatkräftiger Förderung der fränkischen Könige Chlodwig II. und Pippin gegründet, schloss sich später der cluniazensischen Bewegung an und hatte selbst vier Tochterabteien und zahlreiche Priorate. Reichhaltig war vor allem die Bibliothek von Moissac. 1619 wurde die Abtei in ein Kollegiatsstift umgewandelt und in der Französischen Revolution aufgehoben. Von den einstigen Klostergebäuden steht nur noch der Palast der Äbte, in dem heute ein Museum eingerichtet ist. Erfreulicherweise blieben aber die Klosterkirche und der große Kreuzgang erhalten, in dem allein fast 100 Säulen mit herrlichen Kapitellen zu finden sind. In dem kunstvoll gestalteten monumentalen Portal der Kirche und in dem um 1100 geweihten Kreuzgang findet sich – von anonymen Meistern gestaltet – geradezu eine Bibel aus Stein, ein Höhepunkt romanischer Kunst in Frankreich.

Moldovita/Rumänien

Das rumänische Kloster Moldovita in der malerischen Bukowina im Gebiet Moldau geht auf eine durch Erdrutsch zerstörte Klosteranlage aus dem 15. Jahrhundert zurück und wurde daher 1532 neuerbaut. In dieser Form hat sich das Kloster bis heute erhalten. Umgeben von einer fünf Meter hohen und über einen Meter dicken Mauer präsentiert sich das Kloster mit seinem monumentalen Kirchenbau in Nordostrumänien als das westlichste aller Moldauklöster. Sehenswert ist das sehr reichhaltige Bildprogramm an den Innen- und Außenwänden der Klosterkirche. Moldovita hat in seinen Fresken die figurenreichsten Szenen aller Klöster dieser Art aufzuweisen und es besitzt die schönste Ikonostasis von allen.

Molesme/Frankreich

Die ehemalige Benediktinerabtei Molesme (Molismus) im französischen Departement Côte d'Or in der Diözese Langres wurde 1075 vom heiligen Norbert gegründet. Von dieser Abtei zog Norbert dann mit 20 Mönchen aus, um Citeaux zu gründen. Molesme gilt daher als »Wurzel« des Zisterzienserordens, Citeaux dagegen als »Mutter« aller Zisterzienserklöster. Molesme blieb Benediktinerabtei und gelangte im Spätmittelalter zu hoher Blüte, so dass bald eine große Anzahl von Männer- und Frauenklöstern sich der Aufsicht von Molesme unterwarfen. In der Barockzeit schloss sich die Abtei jedoch selbst dann der Mauriner-Kongregation an und bestand bis zur Französischen Revolution.

Mondaye/Frankreich

Die heute wieder besiedelte Prämonstratenserabtei Mondaye südlich von Bayeux stammt zwar ursprünglich aus dem 13. Jahrhundert, ist jedoch mitsamt ihrer Kirche eine Neuschöpfung des 18. Jahrhunderts. Pater Eustache Restout, selbst Architekt und Maler, der als Mönch in dieses Kloster eingetreten war, schaffte es in der Zeit zwischen 1706 und 1738 den gesamten Konvent zu planen, mit Hilfskräften aufzubauen und persönlich auszumalen. Die Abteikirche gestaltete er bewusst in romanisch-gotischem Stil. Bei der Aufhebung der Klöster in der Französischen Revolution kaufte die Gemeinde Juaye die Kirche als Pfarrkirche und in die leerstehenden Klostergebäude zogen zuerst verschiedene Kongregationen ein, bis dann schließlich die Prämonstratenser wiederkamen.

Mondsee/Österreich

Die ehemalige Benediktinerabtei Mondsee am Nordufer des gleichnamigen Sees in Oberösterreich ist eine Gründung (748) des bayerischen Herzogs Odilo II. Bereits 788 wurde Mondsee Reichsabtei. Die von Monte Cassino besiedelte Ordensniederlassung erbaute ihre erste größere Kirche im Jahre 1104, aber die heute noch stehende ehemalige Stiftskirche stammt aus den Jahren 1470–85, die später im Innenraum eine ausgezeichnete Barockausstattung erhielt. Die Zweiturmfassade der dreischiffigen Staffelkirche ist ebenfalls barock. 1791 wurde die Abtei aufgehoben und dem Bischof von Linz übergeben. Bald danach (1810) aber schenkte Napoleon die Klosteranlage der fürstlichen Familie Wrede als Schloss. Die Stiftskirche wurde zur Pfarrkirche erklärt.

Moni Jerusalim /Griechenland

Das im Umkreis des Dorfes Dávlia in Böotien liegende Kloster Moni Jerusalim hat seinen Namen durch die früheren guten Beziehungen seiner Äbte zu den griechischen Patriarchen von Jerusalem bekommen. Das auf einer Anhöhe gelegene Kloster ist zwar künstlerisch ohne Belang, galt jedoch einst als nationales Bollwerk im Freiheitskampf gegen die Türken, denn hier fanden die Kämpfer immer wieder Zuflucht und konnten sich wieder sammeln.

Monreale/Italien

Die von 1174 bis 1867 bestehende Benediktinerabtei Monreale schenkte Sizilien mit dem dazugehörigen Dom das bedeutendste Denkmal normannischer Baukunst auf der Insel und mit dem Kreuzgang ein architektonisches Schmuckstück mit seinen 216 mosaikgeschmückten Doppelsäulen, wie es sonst nirgends zu finden ist. Monreale liegt südwestlich von Palermo. Die Mönche besetzten stets die Sitze des Metropolitan-Kapitels, denn mit dem Dom war gleichzeitig der Erzbischofssitz von Monreale verbunden. Atemberaubend ist der Mosaikschmuck dieses gewaltigen Gotteshauses, der sich auf 6340 Quadratmetern ausbreitet, ebenso staunenswert sind die beiden romanischen Bronzetüren von Bonanno Pisano und Barisano da Trani. Im Dom liegen die Gräber des Normannenkönigs Wilhelm I. und auch des Stifters Wilhelm II. Nach einem Brand 1811 konnten die Schäden bald beseitigt werden. 1867 wurde das Kloster im Zuge der antikirchlichen Bewegung bei der Angliederung Siziliens an das neu entstandene Italien aufgehoben.

Monte Cassino/Italien

Die Geschichte des Mutterklosters der Benediktiner ist von Glanzzeiten, Katastrophen und erneutem Wiederaufbau durchsetzt. Die Benediktinerabtei liegt 519 Meter über dem Ort Cassino in der Provinz Frosinone zwischen Rom und Neapel. Auf diesem Höhenzug gründete 529 der heilige Benedikt das erste Kloster seines später weltumspannenden Ordens und schrieb dafür die nach ihm benannte Regel. Bereits 581 zerstörten die Langobarden den hoffnungsvollen Konvent, 883 landeten die Araber an der Küste des Tyrrhenischen Meeres und machten den Konvent erneut dem Erdboden gleich. Nach dem Wiederaufbau war Monte Cassino vor allem im 11. Jahrhundert eine Glanzepoche beschieden, eine herrliche Basilika konnte innerhalb der Klosteranlagen 1071 eingeweiht werden. 1349 legte ein Erdbeben große Teile der Abtei in Trümmer. Der Überlebenswille der Mönche siegte und in der Folgezeit entstanden in neuer Pracht Kapitelsaal, Refektorium, Küche, Schlafsaal, Mönchszellen, Skriptorium, Bibliothek, Archiv, Krankenstation und Wirtschaftsgebäude. In der Barockzeit (1727) konnte eine dreischiffige Basilika eingeweiht werden. Im Zuge der italienischen Einigungskriege wurde 1866 die Abtei gänzlich aufgehoben, ihr Landbesitz von Franzosen, Neapolitanern und Piemontesen geraubt und das Kloster schließlich zum Nationaldenkmal erklärt, in dem die Mönche nur noch als Kustoden geduldet wurden. 1929 wurde Monte Cassino dann wieder dem Benediktinerorden als Eigentum übergeben. Nach der Landung der Alliierten im Zweiten Weltkrieg in Italien entbrannte bald der erbitterte Kampf um den das Umland weithin beherrschenden Hügel. Am 15. Februar 1944 wurde bei einem alliierten Bombenangriff Monte Cassino völlig zerstört. Ein großer Teil des Archivs (80 000 Urkunden) und die Bibliothek (70 000 Bände) konnten vorher in

Sicherheit gebracht werden. 1950–54 entstand das Kloster in alter Pracht neu, wobei die barocke Form maßstabgerecht beibehalten wurde.

Monte Fano, Saint Sylvester's Monastery/Sri Lanka

Das in Monte Fano, Ampitiya (Region Kandy) auf Sri Lanka gelegene Benediktinerkloster ist dem heiligen Sylvester geweiht und gehört auch der Silvestrinerkongregation an. 1874 errichtet und bald danach Abtei, hat das Kloster vielfältige Aktivitäten entfaltet, es betreut Pfarreien, leitet Schulen und veranstaltet Volksmissionen. Im Jahr 2004 zählte die Abtei 40 Mönche.

Monte Oliveto Maggiore/Italien

Die auf dem Mons Oliveti bei Siena gelegene italienische Benediktinerabtei ist das Mutterkloster des Olivetaner-Ordens, der seit dem 14. Jahrhundert in ganz Europa 150 Klöster gründete, sich 1960 aber den Benediktinern anschloss. Das Kloster wurde 1313 in einem einsam gelegenen Berggebiet der Toskana nordwestlich von Montepulciano gegründet und der unfruchtbare Karstboden rund um den Monte Oliveto von den Mönchen in eine ertragreiche Oase verwandelt. Heute beschäftigen sich die Mönche hauptsächlich mit dem Restaurieren kostbarer Bücher und Handschriften. Die Kirche mit dem sehr sehenswerten Kreuzgang enthält einen Freskenzyklus über das Leben des heiligen Benedikt: ein beobachtungswertes Werk der italienischen Renaissance-Malerei. Das intarsierte Chorgestühl stammt von Fra Giovanni da Verona.

Montevergine/Italien

Die Abbazia Santa Maria di Montevergine ist die Benediktinerabtei, die das berühmteste Marienheiligtum Kampaniens betreut. Die Wallfahrtsstätte (Kirche, Kloster und Museum) liegt auf einem Gebirgsmassiv in 1270 Metern Höhe wie ein Wächter über der Stadt Avellino. Gegründet wurde der Konvent schon 1114 von dem heiligen Wilhelm von Vercelli, und die Mönche dieses Klosters betreuten damals wie heute das Santuario di Montevergine. Die alte Kirche ist zwar noch erhalten, aber um den Anforderungen der Gegenwart gerecht zu werden, baute 1952–61 der römische Architekt Florestano di Fausto eine neue dreischiffige Basilika in neoromanischem Stil. Die Mönche betreuen neben den vielen Pilgern im Sommer auch die Angehörigen von neun Pfarreien in der Umgebung.

Mont-Saint-Michel/Frankreich

Die dem Erzengel Michael geweihte ehemalige Benediktinerabtei Mont-Saint-Michel auf isoliertem Granitfels in einer Meeresbucht an der bretonischen Grenze zur Normandie gelegen, gilt als eines der hundert Wunderwerke des Abendlandes, als Traum aus Stein und Festung des Glaubens. Auf dem 78 Meter hohen Klosterberg hatten sich früh schon Eremiten in Höhlen niedergelassen, bauten Kapellen und eine erste Kirche. 1060 aber gründete der normannische Herzog Richard I. eine Benediktinerabtei, die in der Folgezeit sich zu einer bedeutenden europäischen Wallfahrtsstätte entwickelte. Die Mönche machten das lange Jahrhunderte nur bei Ebbe erreichbare Kloster aber auch zu einer Stätte der Wissenschaft und Kunst. Ständig wurde die Abtei weiter ausgebaut, so dass aus den einstigen Zellen der Einsiedler die untersten Räume der ersten Kirche wurden und aus dieser wiederum die Krypta für die große, noch heute bestehende Wallfahrtskirche mit dem kostbaren Chorraum. Eine große Fülle von Stilrichtungen ist auf dem Mont-Saint-Michel zu studieren. Die Abtei wurde im Hundertjährigen Krieg zu einer starken französischen Festung gegen England ausgebaut. Noch im 15. Jahrhundert wurde beispielsweise der eingestürzte Chor neu errichtet. Das eigentliche Wunder des Klosterberges ist die dreigeschossige »Merveille«, das Abteigebäude mit Kreuzgang (1228 vollendet), Refektorium, zweischiffigem Empfangsraum und vierschiffigem Rittersaal, alles übereinandergebaut und ineinander geschachtelt. 1790 wurde die Abtei aufgehoben, zu einem Gefängnis gemacht und erst 1863 wieder als nationales Kulturerbe wahrgenommen. Erst nach langen Restaurierungsarbeiten wurde die Abtei zu einem inzwischen vielbesuchten Museum ausgebaut.

Montserrat/Spanien

Wie eine Gralsburg ragt die Benediktinerabtei Montserrat zwischen den Felsen des katalanischen Bergmassivs gleichen Namens in 720 Meter Höhe auf. Der Gebirgsstock befand sich nach der islamischen Eroberung Spaniens bis 875 in den Händen der Mauren, dann siedelten sich dort Einsiedler an und aus einer solchen Eremitage entwickelte sich das Kloster. Bald entstand auch eine Wallfahrtsstätte, da in der Apsiskapelle der Klosterkirche die Schwarze Madonna thront, eine romanische Schnitzfigur aus dem 12. Jahrhundert, die als »La Morena de la Serra« im Laufe der Jahrhunderte Millionen von Pilgern anzog und zu der auch viele gekrönte Häupter aus vielen Teilen Europas kamen und damit nicht nur den Unterhalt des Klosters sicherten, sondern ihm auch die Mittel an die Hand gaben, eine große Bibliothek von 250.000 Büchern und ein weitverzweigtes Archiv aufzubauen. In der Pinakothek befinden sich erlesene Werke der spanischen Kunst, so von El Greco und Zurbarán. Montserrat inspirierte Richard Wagner zu seinem »Parsifal«, aber die Musikpflege hat in dem Kloster ohnehin eine außergewöhnliche Pflegestätte gefunden. Aus Kindern des Klosterinternats bildete sich der Knabenchor, die Escolania, aus der wiederum international bekannte katalanische Musiker hervorgingen. Er setzt die Tradition der klösterlichen Musikschule fort, die seit dem 13. Jahrhundert besteht. Die Abadia de Santa Maria de Montserrat bringt in ihrem klostereigenen Verlag mit dem Namen PAMSA nicht nur verschiedene Zeitschriften, sondern auch Bücher über vielerlei Wissensgebiete heraus und bietet auch Literatur für Kinder und Jugendliche an.

Morača/Montenegro

Das orthodoxe Kloster Morača in Montenegro wurde in der Geschichte des Balkan dadurch bekannt, dass im 17. Jahrhundert hinter seinen Mauern die Fürsten aus Montenegro, Serbien und der Herzegowina wiederholt über einen allgemeinen Aufstand aller Christen dieser Länder gegen die türkischen Gewaltherrscher berieten. Erbaut wurde das Kloster 1252 am Ende der Morača-Schlucht von Herzog Stephan, dem Enkel des serbischen Herrschers Stephan Nemanja, im Raska-Stil aus gelbem Tuffstein. Zu Beginn des 16. Jahrhunderts plünderten und zerstörten die Türken das Kloster, das aber in der Folgezeit wieder aufgebaut und zu einem wichtigen Zentrum von ganz Mittel-Montenegro gemacht wurde. Die Klosterkirche Mariä Himmelfahrt ist eine kuppelgekrönte Basilika mit Marmorplastiken, Fresken und einer prächtigen Ikonostasis.

Morimond/Frankreich

1115 erhielt der dritte Abt von Citeaux, Stephan Harding, von begüterten Landedelleuten ein großes ödes Gelände, an der Grenze zu Lothringen gelegen, zum Geschenk und baute darauf die Abtei Morimond. Aus den abgelegenen Waldgebieten machten die fleißigen Zisterzienser bald eine blühende Landschaft, so dass Morimond als Vorbild für eine Niederlassung der »weißen Mönche« in ganz Europa bekannt wurde. Auf dieser Grundlage wurde die Abtei dann Mutterkloster von 212 Ordenshäusern, die über weite Teile des Abendlandes verstreut waren. In der Blütezeit von Morimond war auch der spätere Geschichtsschreiber, Otto von Freising, der Enkel Kaiser Heinrichs IV., Mönch in Morimond, er wurde 1137 Bischof von Freising. Während der Religionskriege wurde Morimond zweimal zerstört (1572 und 1636). Die damals ebenfalls schwer in Mitleidenschaft gezogene Kirche verfiel schließlich im 19. Jahrhundert. Die Dichterbrüder Goncourt schrieben 1857 in ihr Tagebuch, dass man mit den Steinen aus den Ruinen von Morimond ein kleines Versailles errichten könnte.

Morristown (Newark), Saint Mary's Abbey/USA

Bevor die Benediktinerabtei Saint Mary's nach Morristown in New Jersey verlegt wurde, bestand sie von 1857–1956 in Newark im gleichen Bundesstaat. Gegenwärtig führt die Abtei zwei eigene Pfarreien, leitet ein Exerzitienhaus und stellt die Lehrkräfte für die Sekundarschule Delbarton, die von etwa 500 Jungen besucht wird.

Moskau, Andrejewski-Kloster/Russland

Das in Moskau von dem Bojaren A. Ordyn-Naschtschokin in der zweiten Hälfte des 17. Jahrhunderts gegründete Andreas-Kloster ist eines der wenigen Klöster in Russland, die die Sowjetzeit unbeschadet überstanden haben. Ein Kunstwerk besonderen Rangs enthält die Klosterkirche mit einem Fries aus großen Kacheln. Dieser wurde vom Meister S. Polubes gestaltet und gilt als einzigartig. Mitte des 19. Jahrhunderts errichtete man den Glockenturm, der als typisches Bauwerk seiner Epoche gilt.

Moskau, Andronikow-Kloster/Russland

Das 1359 ursprünglich als Wehrkloster im Südosten des mittelalterlichen Moskau gegründete Andronikow-Kloster gehörte zu jenem Ring befestigter Klöster, die den Schutz der Stadt gewährleisten sollten. Der Name des Klosters geht auf den ersten Abt (Andronikos) zurück, einen Jünger des berühmten Sergios von Radonesh, dem Gründer des Sergios-Dreifaltigkeitsklosters. 1420–47 wurde eine große Kathedrale errichtet, an deren Innenausstattung der Ikonenmaler Andrej Rubljow mitwirkte. Rubljow verbrachte die letzten Jahre seines Lebens in diesem Kloster, aber von seinen Fresken sind nur noch fragmentarische Reste erhalten. Die im 19. Jahrhundert baulich veränderte Kathedrale wurde in jüngster Zeit restauriert und erstrahlt in altem Glanz. In den ehemaligen Klostergebäuden ist seit 1960 das Rubljow-Museum untergebracht, das altrussische Kunst zeigt und rund 2000 Werke präsentiert.

Moskau, Bogojawlenskij-Kloster/Russland

Das in Moskau an der Kuibyschew-Durchgangsstraße gelegene Bogojawlenskij-Mushkoj-Monastir (Mönchskloster zu Christi Erscheinung) ist ein Repräsentant des Moskauer Barock und ist seit seiner Gründung im 13. Jahrhundert im Gegensatz zu vielen anderen Klöstern ähnlicher Art vollkommen erhalten. Gründer war Fürst Daniil Alexandrowitsch, im Laufe der Jahrhunderte aber sind eine Reihe vornehmer Fürsten im unteren Teil der dazugehörigen Kathedrale auch begraben worden, so auch der Familien Dolgoruki, Jussupow und Golizyn. Die Kathedrale wurde 1693–96 errichtet. Aus dieser Zeit sind Wandbemalungen, Mosaiken und Stuckdekor in der Kirche erhalten. Von den Schweizer Bildhauern P. Gemmi, K. Ferrara, D. Rusko und G. Quadro wurden 1704 für diese Kirche Plastiken angefertigt, von denen einige noch heute zu sehen sind.

Moskau, Donskoi-Kloster/Russland

Das im Süden der Stadt Moskau 1591 durch Zar Fjodor Joannowitsch gegründete ehemalige Wehrkloster Donskoi Monastir war bis zu seiner Aufhebung in der Revolution eines der größten und bekanntesten russisch-orthodoxen Klöster der Hauptstadt. Innerhalb seiner quadratischen Mauern erheben sich allein sieben Kirchen, die größte von ihnen, die vieleckige »Große Kathedrale« steht in der Mitte der gewaltigen Anlage. Der Ausbau des Klosters zog sich über ein ganzes Jahrhundert hin. Die 1711 errichtete Ziegelmauer wurde mit zwölf Türmen ausgestattet. Der schwere Glockenturm ziert das Haupttor, und auf das Nordtor wurde die Tichwin-Kirche gesetzt. In der 1684–93 erbauten »Neuen Kathedrale« befindet sich eine holzgeschnitzte Ikonostasis im Stile des Moskauer Barock. Die »Große Kathedrale« beherbergt seit 1964 das Schtschussew-Architektur-Museum. Auf dem Friedhof des Klosters liegen viele Adelige und berühmte Persönlichkeiten des 18. Jahrhunderts begraben.

Moskau, Kloster zu Mariä Erscheinung/Russland

Im Jahre 1631 gründete Michail Romanow in Moskau das Kloster zu Mariä Erscheinung, indem er den Alten Regentenhof, den Bojarensitz der Romanows, dafür zur Verfügung stellte. Mönchszellen wurden eingebaut, Verwaltungstrakte geschaffen und von den Architekten F. Grigorjew und G. Anissow 1681 die fünfkuppelige Kathedrale zu Mariä Erscheinung angebaut. Dieses größte Bauwerk des gesamten Klosterkomplexes mit dem Glockenturm ist ein beeindruckendes Gotteshaus, das in der Sowjetzeit wegen seiner ausgezeichneten Akustik als Konzertsaal diente. In den Klostergebäuden war ein Amt für Denkmalschutz untergebracht.

Moskau, Krutizi-Kloster/Russland

Nach der Eroberung der meisten russischen Fürstentümer durch die Mongolen gelang es dem Großfürsten Alexander Jaroslawitsch mit diplomatischem Geschick, mit dem Mongolenkhan Berke einen Friedensvertrag zu schließen, der es ihm erlaubte, in der Hauptstadt der Goldenen Horde, Sarai, eine christliche Kirche für die vielen Tausenden von Gefangenen zu eröffnen, die aus den russischen Gebieten dorthin gebracht worden waren. Auf diese Weise wurde der Bischofssitz Saraisk gegründet. Dies konnte nur geschehen, weil die Mongolen damals noch nicht den Islam angenommen hatten und sich auf religiösem Gebiet tolerant zeigten. Damit hatten die Russen gleichzeitig einen wichtigen Beobachtungsposten in Feindesland gewonnen. Ein reger Reiseverkehr zwischen Saraisk und Moskau setzte ein. Am steilen Ufer der Moskwa unweit des Kreml wurde nun das Kloster Krutizi (Steinufer-Kloster) gegründet, das dem Bischof von Saraisk zur Verfügung stand, wenn er oder seine Popen nach Moskau kamen. Krutizi wurde schnell zu einem Ort des Erfahrungsaustausches zwischen dem Zarenhof und den »Beobachtern« in Saraisk. Als schließlich die Macht der Mongolen gebrochen werden konnte, verlegte der Bischof von Saraisk sinnvollerweise seinen Sitz von den Ufern der Wolga nach Moskau und ließ sich mit all seinen Untergebenen im Krutizi-Kloster nieder. 1589 erhielten die Bischöfe von Krutizi den Rang des Metropoliten und stiegen damit in die höchsten kirchlichen Ämter auf. Im 17. Jahrhundert umgab eine 400 Meter lange Mauer das Kloster, Tore und Türme waren schwer befestigt. Eine zweigeschossige Kirche war gebaut worden. Während der napoleonischen Besetzung Moskaus 1812 erlitt diese Kirche zwar schwere Schäden, wurde jedoch nicht zerstört, nur die Malereien wurden durch einen Brand vernichtet. Südwestlich davon war der Metropolitenpalast erbaut worden, den man durch eine lange überdachte Galerie mit der Kirche verband. Die Brüstung dieser Galerie wurde mit einem Streifen aus bunten Kacheln verziert und das dazugehörige Paradetor vor dem Palast wurde mit über tausend fünffarbigen Kacheln ausgestattet. Diese Ornamentik wird als Höhepunkt farbiger dekorativer Keramik in Russland angesehen. 1744 wurde das theologische Seminar in dem Kloster untergebracht, 1788 wurde es gänzlich auf Befehl der Zarin Katharina der Großen geschlossen und seine Gebäude dem Militär zur Verfügung gestellt. Erhalten bis zur Gegenwart sind von dem einst politisch so wichtigen Krutizi-Kloster die Mariä-Entschlafens-Kathedrale, der überdachte Übergang, das nördliche Klostertor und der Metropolitenpalast.

Moskau, Nowodewitschij-Monastir/Russland

Das Nowodewitschij-Monastir (Neues Jungfrauenkloster) in Moskau ist nicht nur eines der interessantesten Klöster Russlands, sondern auch seiner Kunstschätze und historischen Bedeutung wegen eines der bedeutendsten Klöster der gesamten orthodoxen Welt. Den merkwürdigen Namen soll es bekommen haben, weil sich in früheren Zeiten an diesem Platz die Mädchen zu Tanz und Spiel getroffen haben sollen. Großfürst Wassili III. gründete das Kloster 1524 zur Erinnerung an die Befreiung von Smolensk (1514) und machte das Bauwerk gleichzeitig zu einer Festung im südlichen Verteidigungsgürtel Moskaus. Auf Grund großzügiger Dotierungen stieg das Kloster zu einem der reichsten und ehrwürdigsten Nonnenklöster Russlands auf. Im 17. Jahrhundert umgab man die gesamte Anlage mit einer Ziegelsteinmauer, in die man zwölf Türme und zwei Torkirchen einfügte. Der weitläufige Mauerring gestattete den Bau von fünf Kirchen im Innern, sie entstanden im Laufe des 16. und 17. Jahrhunderts. Hauptkirche ist die Kathedrale der Gottesmutter von Smolensk, die 1525 nach dem Vorbild der Mariä-Entschlafens-Kathedrale im Moskauer Kreml errichtet wurde. Die mit Fresken geschmückten Innenwände, die große holzgeschnitzte Bilderwand (Ikonostasis) und die kostbaren Ikonen machen dieses Gotteshaus zu einem Kunsterlebnis. Bemerkenswert ist auch die etwas später gebaute Amwrossijewskaja-Kirche, an die sich die Gemächer der Zarin Irina anschließen. Dort wohnten zeit- und teilweise als Verbannte mehrere hochgestellte Damen, darunter auch Zarenwitwen und Sofia, die Schwester von Peter I. Das einstige Refektorium der Nonnen ist mit der Mariä-Entschlafenskirche verbunden und die beiden Kirchen über den zwei großen Einfahrtstoren sind die Christi-Verklärungskirche und die Mariä-Schutzkirche. Das Wahrzeichen des Neuen Jungfrauenklosters ist der 1690 errichtete hohe Glockenturm. Das Kloster atmet insgesamt den Geist des Moskauer Barock, ist vollkommen erhalten und vorzüglich renoviert. Der erstaunlich gute Erhaltungszustand ist auch darauf zurückzuführen, dass in der Zarenzeit und in der Sowjetzeit gleichermaßen auf dem Friedhof dieses Klosters berühmte Künstler, Gelehrte, Schriftsteller und kommunistische Staatsfunktionäre und Parteigrößen beerdigt worden sind. Das Kloster selbst wurde nach 1918 zu einem Museum für angewandte Kunst und zu einem Ausstellungsort für historische Waffen umgewandelt.

Moskau, Nowospasski-Monastir/Russland

Das heute im Bereich von Groß-Moskau liegende orthodoxe Kloster liegt auf dem Krutiza-Berg, der früher außerhalb der Stadt gelegen war und sie vor Überfällen aus südlicher und südöstlicher Richtung schützen sollte. Das Kloster musste daher als Festung konzipiert werden. Die noch im 17. Jahrhundert mit fünf Türmen errichteten Backsteinmauern legen vom Verteidigungscharakter des Konvents noch heute beredtes Zeugnis ab. Innerhalb des ausgedehnten Mauerrings wurden neben dem Kloster drei Kirchen errichtet, die alle im Jahre 1986 sorgfältig restauriert wurden. Die fünfkuppelige Christi-Verklärungs-Kathedrale aus dem Jahre 1651 birgt auch die Begräbnisstätte der alten Romanow-Bojaren. Die Nikolaus-Kirche (1652) ist inzwischen mehrfach umgebaut worden, und die »Kirche zu Maria-Erscheinung« dient seit 1795 als Ruhestätte der einst mächtigen Familie der Scheremetews. Die Mönchszellen sind erhalten, ebenso das Gebäude des Patriarchen Filaret, der in den Zwanziger Jahren des 17. Jahrhunderts Klostervorsteher war. Über das gesamte Ensemble ragt majestätisch der fünfgeschossige Torglockenturm, das Meisterwerk des Architekten N. Sherebzow.

Moskau, Roshdestwenskij Monastir/Russland

Im Jahre 1386 gründete die Mutter des Fürsten Wladimir von Serpuchow (eines Helden in der großen Schlacht gegen die Mongolen) in Moskau das Kloster zu Mariä Geburt (Roshdestwenskij), ein Nonnenkloster, das heute noch in der Nähe der Metrostation Zwetnoj Boulevard erhalten ist. 1505 wurde die »Hauptkathedrale zu Mariä Geburt« errichtet, eine viersäulige Kreuzkuppelkirche mit einer massiven Kuppel. Innerhalb der einstigen Klostermauern baute man 1677 noch die Kirche Johannes Chrysostomos neben der Kathedrale und 1835 kam der schlanke Glockenturm dazu. In dem gut erhaltenen Klosterensemble wurde ein Museum für altrussische Kunst eingerichtet.

Moskau, Saikonostasskij-Monastir/Russland

Das in Moskau bis heute erhaltene Saikonostasskij-Kloster aus dem 17. Jahrhundert war in der Barockzeit in ganz Europa bekannt, weil in diesem Kloster die erste Hochschule Russlands eröffnet wurde, die seit 1682 als Griechisch-Lateinische Akademie Studenten aufnahm. Bereits 1661 war eine würdige Klosterkirche gebaut worden, die zugleich als Studienkirche diente. Zu den prominentesten Schülern der Akademie gehörten die Gelehrte M. Lomonossow, der Architekt W. Baskenow und der Mathematiker L. Magnitzkij. Im 18. Jahrhundert wurde die Kathedrale zweimal umgebaut.

Moskau, Simons-Kloster/Russland

In Absprache mit Großfürst Dmitri Iwanowitsch gründete Fjodor, der Neffe von Sergios von Radonesh, sechs Kilometer südlich des Moskauer Kreml an der Flussbiegung der Moskwa im Jahr 1379 ein Kloster, das später Simons-Kloster genannt wurde, weil der Stifter des Bodens für das neue Kloster, der reiche Kaufmann Chowrja, im Alter in das neu gegründete Kloster unter dem Mönchsnamen Simon eintrat. Das Kloster war von Beginn an als Festungskloster gedacht, aber die mächtigen, teilweise heute noch erhaltenen Steinmauern stammen erst aus dem Jahre 1642, als die eine Generation vorher erfolgte polnisch-litauische Invasion den Gedanken der Verteidigung in ganz Russland nach der Mongolenzeit neu entfacht hatte. Eine acht Meter hohe und sechshundert Meter lange Mauer umgab das Kloster. Fünf mächtige »uneinnehmbare« Türme, Ausfalltore und eine Zinnenreihe mit vielen Schießscharten und Pechnasen bildeten den von den Zaren erwünschten und verstärkten Verteidigungsring. Damit das Kloster seine militärische Schutzfunktion erfüllen konnte, wurde es großzügig dotiert, ihm gehörten 1744 insgesamt 9240 Hektar Land und 12 386 Leibeigene. Von den vielen Klosterbauten sind nur die Zellen der Mönche und das Refektorium, vom Verteidigungsring nur noch Teile der Mauer und drei Türme und von den herrlichen Kirchen, vor allem der Christi-Verklärungskirche, nur einige Steine übriggeblieben. Alle Chroniken, Reiseberichte und Stiche bezeugen jedoch, dass das Simons-Kloster einst ein großes und stolzes architektonisches Ensemble gebildet hat.

Moskau, Sretenski-Monastir/Russland

Zu den einstigen Festungsklöstern, die Moskau im Norden schützen sollten, gehörte einst das Sretenski-Monastir, ein Marienkloster, das 1395 gegründet worden war. Das Kloster wurde von höchster Stelle massiv unterstützt und wies im 17. Jahrhundert zahlreiche Bauten auf. Als einziges Bauwerk des gesamten Komplexes bleib jedoch die 1679 errichtete Kathedrale bis heute. Die sorgfältig restaurierte Kirche weist sehenswerte Fresken aus dem Jahre 1707 auf.

Moskau, Swjato-Danilow-Monastir/Russland

Seit 1983 ist das Kloster des heiligen Daniel in Moskau die offizielle Residenz des Patriarchen und des Heiligen Synod von Russland, denn in diesem Jahr gab die damalige sowjetische Regierung das gesamte Klosterensemble der russischen Kirche zurück, nachdem 1917 das Kloster beschlagnahmt und völlig zweckentfremdet worden war. Bereits im Jahre 1282 hatte Fürst Daniil Alexandrowitsch dieses Kloster gegründet, der noch vor seinem Tod als Mönch in dieses Kloster eintrat und auch dort begraben wurde. Später spielte das Daniel-Kloster bei der Verteidigung Moskaus, besonders bei den Überfällen der Krimtataren, eine bedeutende Rolle. 1606 erlitten die aufständischen Bauern vor den Toren des Klosters eine bittere Niederlage gegen die Truppen des Zaren. Auf dem Gelände des Daniel-Klosters stehen drei Kirchen, die inzwischen sorgsam restauriert worden sind. Die wichtigste ist die Heilige Dreifaltigkeitskirche, dann folgt die »Kirche der Heiligen Väter des Hochheiligen Konzils« und schließlich die Torkirche beim Nordtor. Der Glockenturm erstrahlt ebenfalls in neuem Glanz. Nicht ohne Grund fanden im Daniel-Kloster die offiziellen Feierlichkeiten anlässlich des 1000jährigen Jubiläums der Christianisierung Russlands statt. Seit dem Niedergang der Sowjetmacht werden vom Patriarchen Russlands in diesem Kloster die Anstrengungen koordiniert, die zu einer Neubelebung des religiösen Lebens im ganzen Land führen sollen.

Moskau/Wyssoko-Petrowski-Kloster/Russland

Im Norden des Moskauer Kreml wurde 1330 im Dorf Wyssokoje ein Kloster gegründet, das den Aposteln Petrus und Paulus geweiht wurde. Dieses später »Hohes Peter-Kloster« genannte Bauwerk war als Festungskloster angelegt, das die Stadt Moskau im Norden schützen sollte. Da aus naheliegenden Gründen diesem Kloster stets großzügige Förderung zuteil wurde, entwickelte es sich zu einer gewaltigen Anlage, die im Laufe der Jahrhunderte fünf Kirchen in sich schließen konnte. 1515 errichtete der italienische Baumeister Alevisio di Carcano die Kirche des Metropoliten Peter, deren achteckiger Turm mit Helmkuppel auf dem achtblattförmigen Fundament der Kirche ruht und in dieser Gestalt Vorbild mehrerer Kirchen in Russland wurde. Gegen Ende des 17. Jahrhunderts wurde das ansehnliche Bauwerk mit Mitteln der Bojaren Naryschkin erneuert und die Refektoriumskirche des Sergios von Radonesh (1694) erbaut. Diese würfelförmige fünfkuppelige Kirche ist durch einen offenen Säulengang mit den Mönchszellen verbunden. Im gleichen Jahr wurde die sogenannte Torkirche als Glockenturm errichtet, ein schönes Beispiel für einen mehrgeschossigen Glockenturm mit Kuppel. Aus der Mitte des 18. Jahrhunderts stammen die kleine Tolgkirche und die Torkirche des Pachomi, deren Sockel zugleich das Durchfahrtstor des Klosters bildet. In kommunistischer Zeit wurden in den Klostergebäuden ein Literaturmuseum und ein Institut zum Schutz von Kulturdenkmälern eingerichtet.

Mount Angel Abbey/USA

Die ungefähr 50 Kilometer südlich von Portland in Oregon liegende Mount Angel Abbey wurde von der Abtei Engelberg in der Schweiz 1882 als Tochterkloster gegründet und 1904 zur Abtei erhoben. Das Kloster auf einer Bergkuppe im Willamette Valley wurde zweimal total durch Brand zerstört (1892 und 1926), so dass die heutigen Baulichkeiten alle aus neuerer Zeit stammen. Der finnische Architekt Alvar Aalto entwarf 1970 den Plan für die berühmte Bibliothek der Abtei. Die Mönche betreuen ein College und eine theologische Hochschule, das Mount Angel Seminary. Ein umfassendes Exerzitienprogramm rundet die vielfältigen Lehrtätigkeiten der Mönche ab. Das Kloster gehört zur benediktinischen Congregatio Helveto-Americana.

Mount Michael Abbey/USA

Die in Elkhorn, einem Vorort von Omaha in Nebraska gelegene Mount Abbey gehört der benediktinischen Congregatio Helveto-Americana an und wurde 1953 gegründet. 1964 zur Abtei erhoben, sind die Mönche seither hauptsächlich als Lehrkräfte in der von ihnen gegründeten »Benedictine High School« tätig, die Schüler auf das Universitätsstudium vorbereitet. Die Abtei weist eine architektonische Besonderheit auf: Die Mönche sitzen sich beim Chorgebet in einer Rundkirche gegenüber, die von außen wie das berühmte Baptisterium in Florenz wirkt.

Mount Saint Benedict/Trinidad und Tobago

Die Benediktinerabtei Mount Saint Benedict ist das älteste Kloster der Karibik, es wurde 1912 von Mönchen aus dem Kloster in Bahia/Brasilien gegründet. Obwohl der offizielle Name des Klosters lautet »Abbey of Our Lady of Exile«, kennt man die herrlich auf grünen Hügeln gelegene Abtei in dem seit 1962 unabhängigen Inselstaat nur unter der Bezeichnung »Mount«. Das Kloster gehört seit 1927 der Kongregation der Verkündigung an und ist seit 1947 Abtei. Die Mönche unterhalten eine Berufsschule, sind in der Seelsorge tätig und halten Exerzitien ab. Seit 1996 leitet ein in Trinidad selbst geborener Abt die klösterliche Gemeinschaft.

Moyenmoutier/Frankreich

Die ehemalige französische Benediktinerabtei Moyenmoutier im Departement Vosges wurde 671 vom heiligen Hidulf gegründet und dann 896 vom lothringischen König Zwentibold in ein weltliches Kollegiatsstift umgewandelt. 932 jedoch übernahmen die Benediktiner von Cluny das Stift und machten es wieder zur Abtei, die dann in den folgenden Jahrhunderten zu großer Blüte gelangte. 1790 wurde die Abtei im Zuge der Französischen Revolution aufgehoben.

München, Sankt Bonifaz/Bayern/Deutschland

Die mitten in der Großstadt München liegende Benediktinerabtei Sankt Bonifaz wurde von König Ludwig I. 1835 ins Leben gerufen, er legte persönlich den Grundstein für das Kloster und die dreischiffige Basilika. Die Abtei übernahm drei Aufgaben: Großstadtseelsorge, Jugenderziehung und Wissenschaftspflege. Im Zweiten Weltkrieg wurde die Kirche vollständig und das Kloster teilweise zerstört. Im Jahre 1949 begann der Wiederaufbau; in veränderter Form wurde neben der nun verkürzten Basilika ein modernes Pfarr- und Bildungszentrum gebaut. Kloster Andechs auf dem »Heiligen Berg« am Ammersee ist als Priorat der Abtei Sankt Bonifaz angeschlossen.

München, St. Michael/Bayern/Deutschland

Der größte Renaissance-Sakralbau nördlich der Alpen, St. Michael, die einstige Kirche des Jesuitenkollegs in München, wurde zwar im Zweiten Weltkrieg durch Bomben schwer beschädigt, konnte jedoch völlig wiederhergestellt werden. Als die Jesuiten von Herzog Wilhelm V. 1559 nach München gerufen wurden, begann im Jahr 1583–97 der gemeinsame Aufbau eines Jesuitenkollegs und einer Kirche, die dem Erzengel Michael geweiht wurde. Das Kollegium war ein gewaltiger Bau von enormem Ausmaß mit Schulräumen, Sälen, Wohnungen für die Patres, Höfen, Gärten, Wirtschaftsräumen, einem Refektorium, einer Bibliothek und Gästezimmern, so dass dieses gewaltige Bauwerk mit fünf Innenhöfen sogar mit dem Escorial in Spanien verglichen wurde. In den Stürmen des Krieges 1939–45 gingen auch die Reste des gewaltigen Kollegs verloren, die nicht vorher schon von den innerstädtischen Umbaumaßnahmen betroffen worden waren. Die Kirche allerdings ist erhalten, diente bis zur Aufhebung des Jesuitenordens 1773 als Kollegiatskirche und danach als Hofkirche der Wittelsbacher. In der Fürstengruft unter dem Chor sind 30 Angehörige dieses Adelsgeschlechts begraben, darunter König Ludwig II. Die 78 Meter lange und 31 Meter breite Kirche mit einem prächtigen Hochaltar und zehn weiteren Altären besticht vor allem durch ihr Tonnengewölbe mit seinen 20 Metern Spannweite. Der große, weite Raum hat ein italienisches Vorbild, es ist die römische Kirche Il Gesù, und so wirkt dieser Sakralbau in der Tat wie ein lichtes italienisches Gotteshaus.

Münchenlohra/Thüringen/Deutschland

Im nördlichen Thüringen wurde im 12. Jahrhundert im Schutze der einstigen Burg Lohra die Zisterzienserinnenabtei Münchenlohra gegründet, deren romanische Pfeilerbasilika mit ihrer hoch aufragenden Doppelturmfront sich gut erhalten hat.

1882–83 stellte man den im Laufe der Jahrhunderte etwas veränderten Sakralbau in seiner ursprünglichen Form wieder her, ähnlich verfuhr man abschließend 1953–55. Münchenlohra mit seiner Klosterkirche ist heute ein Ortsteil von Großlohra.

Münnerstadt/Bayern/Deutschland

Das 1279 gegründete und heute wieder bestehende Augustinereremitenkloster Münnerstadt in Unterfranken entwickelte sich im Spätmittelalter kontinuierlich, wurde in Maßen wohlhabend und daher im Bauernkrieg 1525 völlig ausgeplündert. Fürst Julius Echter machte es zu einem Jesuitenkolleg, aber 1652 kehrten die Augustiner zurück. 1752 erbaute Michael Schmidt aus Königshofen die barocke Klosterkirche, ein Kleinod des mainfränkischen Rokoko im Rhönvorland. Die Abteigebäude wurden ebenfalls in barockem Stil umgestaltet. Die Mönche versehen bis heute die Stadtpfarrei und geben Unterricht am Gymnasium. 1906 erfolgte ein Neubau des ebenfalls von den Augustinern geleiteten Studienseminars.

Muenster, Saint Peter's Abbey/Kanada

Die in Münster in der kanadischen Provinz Saskatchewan liegende Benediktinerabtei »Saint Peter's Abbey« ist ursprünglich eine Gründung des Jahres 1892 und lag damals in einer malariaverseuchten Gegend des USA-Bundesstaates Illinois. Die Klostergemeinschaft schloss sich daher einer Siedlergruppe an und ging nach Kanada, wo 1911 die Erhebung des Pionierklosters zur Abtei erfolgte. Seither sind die Mönche in 19 Pfarreien der Diözese Sakatoon tätig und betreuen das St. Peter's College seit 1919.

Münster im Gregoriental/Frankreich

Die ehemalige Benediktinerabtei Münster im Gregoriental im Oberelsass wurde 634 durch Mönche aus Rom gegründet und nach ihrem Patron, dem Papst Gregor I., Gregorienmünster genannt. Die Blüte des Klosters währte fünfhundert Jahre, bis zum Ende des 12. Jahrhunderts gingen eine Reihe von Straßburger Bischöfen aus diesem Kloster hervor, der weltliche Besitz der Abtei umfasste das ganze hintere Münstertal und in der Ebene gehörten zahlreiche Dörfer dazu. In der Reformationszeit schloss sich das Kloster der französischen Kongregation von St. Vannes und St. Hidulf an und blieb daher unangetastet, aber in der Französischen Revolutionszeit wurde dann auch dieses so wohlhabende Kloster aufgehoben.

Münsterschwarzach/Bayern/Deutschland

Im Frankenland bei Volkach, dort wo die Schwarzach in den Main fließt, gründete der fränkische Graf Megingaud im Jahre 816 ein Kloster, das im Laufe der Jahrhunderte zu einer stattlichen Benediktiner-Abtei heranwuchs. Eine romanische Basilika wurde 1074 eingeweiht. Das Kloster erlebte Brände und Raubüberfälle, religiösen Niedergang, wirtschaftlichen Ruin und fast die völlige Zerstörung im Bauernkrieg 1525. Aber selbst aus den Stürmen des Dreißigjährigen Krieges ging Münsterschwarzach zwar geschwächt, jedoch aufbauwillig hervor. Unter Abt Benedikt Weidenbusch (1654–72) wurde sogar eine philosophisch-theologische Hochschule gegründet. Gegen Ende des 17. Jahrhunderts reifte im Konvent der Plan zu einem großartigen Neubau im Stil des Barock. Dieser Plan wurde in die Tat umgesetzt und es entstand ein Sakralraum von gewaltiger Größe und Schönheit, der 1743 von Bischof Friedrich Karl von Schönborn eingeweiht wurde. Aber schon 1803 fiel das Kloster der Säkularisation zum Opfer – und nachdem auch noch ein Blitzschlag die Kirche getroffen hatte, wurde sie samt dem Kloster dem Verfall preisgegeben und als Steinbruch benutzt. Erst 1913 kamen wieder Benediktiner nach Münsterschwarzach. Und wieder reifte ein ungewöhnlicher Plan: Die Kirche und das Kloster sollten in alter Größe wiedererstehen. Tatsächlich entstand ein großer moderner Konventsbau mit vielen Werkstätten, einer Druckerei, einem Gymnasium, einem landwirtschaftlichen Betrieb und einer weitausgedehnten Gärtnerei. 1935–38 kam schließlich eine hohe und in ihren Ausmaßen imponierende Abteikirche mit vier Türmen nach den Plänen von Prof. Albert Boßler dazu. Die Benediktiner von Münsterschwarzach widmen sich vor allem der Missionsarbeit in Übersee mit Schwerpunkten in Tanzania und in Südkorea.

Müstair/Schweiz

Das Benediktinerinnenkloster Müstair in Graubünden am südlichen Ausgang des Ofenpasses liegt zwar in einer heute recht abgelegenen Gegend, war aber im Mittelalter von großer Bedeutung, weil es an einem viel frequentierten Alpenübergang lag. Die Nonnen boten Herberge und Fürsorge für die Reisenden. Das Kloster wurde um 780 gegründet, entwickelte sich auf Grund einer im Kloster verwahrten Heilig-Blut-Reliquie auch zu einem Wallfahrtsort und wurde durch Schenkungen wohlhabend. Die Nonnen hatten Grundbesitz bis hinab ins Etschtal. Nach vielen Umbauten des Klosters präsentiert sich Müstair heute nach wie vor als mittelalterliche Klosteranlage mit einer karolingischen Dreiapsidenkirche. In den Jahren 1947–52 wurden bei Restaurierungsarbeiten unter der Tünche Malereien gefunden, die sich als der größte erhaltene Freskenzyklus der Karolingerzeit entpuppten. Höchstwahrscheinlich um 800 entstanden, orientieren sich diese Szenen aus dem Leben Jesu und aus der Davidsgeschichte an spätantiken Vorbildern.

Mulni, Surb Geworg/Armenien

Das armenische Kloster Surb Geworg (Sankt Georg), eine Gründung des 14. Jahrhunderts, liegt in der Provinz Ayrarat auf einer fruchtbaren Hochebene am Rande der Kasal-Schlucht, zwei Kilometer nordöstlich der Stadt Ašarak. Die Bauten des Klosters stammen aus dem 17. Jahrhundert, von ihnen blieben bis heute allerdings nur die Kirche und einige Wirtschaftsräume erhalten. Die imposante Kirche ist ein längsgerichteter Kreuzkuppelbau mit vier Freipfeilern und einem hohen zylindrischen Tambour mit Schirmhaube. Die Portalvorhalle der Kirche – eine rechteckige Galerie mit drei Jochen – wird von einer breitgelagerten Glockenturmrotunde bekrönt und trägt wesentlich zum architektonischen Reiz dieses Gotteshauses bei. Das Kloster liegt in dem Dorf Mulni und wird daher oft auch nach diesem benannt.

Murbach/Frankreich

Die ehemalige Benediktinerabtei Murbach im Oberelsass, 4,5 Kilometer von Guebwiller entfernt im Departement Haut-Rhin, wurde 727 noch in vorkarolingischer Zeit gegründet, 923 von den Ungarn zerstört, wieder aufgebaut und entwickelte sich zu einem wichtigen Zentrum des religiösen und wissenschaftlichen Lebens. Im 17. Jahrhundert wurde Murbach von den Truppen des Herzogs von Weimar verwüstet. Von der Abtei ist seither nur noch der Chor und das Querschiff sowie die beiden Türme mit der romanischen Apsis erhalten. Nach wie vor gehört jedoch dieses architektonische Erbe zu den schönsten romanischen Denkmälern im Elsass.

Muri/Schweiz

Die ehemalige Benediktinerabtei Muri im Aargau/Schweiz wurde 1027 von den Grafen von Habsburg gegründet und mit Mönchen aus Einsiedeln besetzt. 1064 weihte man die Klosterkirche ein. Die ursprünglich romanische dreischiffige Basilika wurde 1695–97 zu einem achteckigen, 25 Meter hohen Kuppelbau umgestaltet. Die überaus reiche Innenausstattung macht die Kirche in Muri zu einer Schatzkammer der Kunst in der Schweiz. Im Zürichkrieg erlitt die Abtei großen Schaden (1443–45), konnte sich aber wieder erholen. 1701 wurde Muri zur Fürstabtei erhoben. In den Franzosenkriegen kam neue Drangsal. Die antikirchliche Bewegung in der Schweiz führte 1841 zur Aufhebung. Die Mönche gingen nach Gries in Südtirol, die Klostergebäude wurden zu einem Pflegeheim umgestaltet. Seit 1971 dient die Loretokapelle im einstigen Kreuzgang als Familiengruft des Hauses Habsburg.

Muri Gries/Italien

Die Benediktinerabtei Muri-Gries weist allein schon in ihrem Namen auf den Ort Muri in der Schweiz und zugleich auf den Ort Gries im italienischen Südtirol hin. In der Tat wurde 1027 von den Grafen von Habsburg im schweizerischen Aargau ein Benediktinerkloster in Muri gegründet, das unangefochten bis 1841 sogar als Fürstabtei bestand. Die antikirchlichen Gesetze der aargauischen Regierung vertrieben jedoch die Mönche, die in Gries bei Bozen eine neue Heimstatt fanden. Seit 1845 besteht daher in dieser weinreichen Gegend das Kloster Muri-Gries. Es besitzt eigene Weinberge und betreibt Landwirtschaft, die Mönche sind außerdem mit vielfältigen Aufgaben in der Seelsorge betraut. Gries war ursprünglich eine Burg und wurde 1407 in ein Augustiner-Chorherrenstift umgewandelt, das bis zu seiner Aufhebung 1807 bestand. Kaiser Ferdinand stellte schließlich die Konventsgebäude den Benediktinern aus Muri zur Verfügung. Die herrliche Barockkirche des Klosters gilt als ein Juwel der Bozener Gegend.

Mvimwa/Tansania

Das 1979 von Hanga aus gegründete Kloster zum Heiligen Geist in Mvimwa in Tansania wurde 1995 zum Priorat erhoben und konnte neben seiner seelsorgerischen Tätigkeit bereits eine Grundschule, eine Berufsschule und ein Gymnasium gründen. Dieses Benediktinerpriorat geht zurück auf die Wirksamkeit der Kongregation der Missionsbenediktiner von St. Ottilien, deren Mutterhaus in der Nähe des Ammersees in Oberbayern steht.

Mystras, Pantanassa-Kloster/Griechenland

In der längst zu Ruinen zerfallenen ehemaligen wichtigen byzantinischen Stadt in Lakonien, dem berühmten Mystras, wurde noch 15 Jahre vor dem Ende des Oströmischen Reiches das Kloster Pantanassa gegründet. Reich ausgestattet mit Fresken, die durch ihre kräftige Farbskala die Kunstfreunde begeistern stellt die Kirche von Pantanassa ein Hauptziel der heutigen Touristen dar. Gründer war der Minister des Despoten Konstantin Dragatsis, der von 1443–48 Lakonien dirigierte. Neben den Klöstern Peribleptos und Brontóchion ist Pantanassa durch seinen Freskenschatz einer der wichtigsten Anziehungspunkte in der einst so berühmten und heute so stillen Stadt mit ihren vielen Ruinen.

Mystras, Peribleptos-Kloster/Griechenland

Das teilweise in den Fels gebaute griechisch-orthodoxe Peribleptos-Kloster ist eines der drei Klöster, deren Ruinen in der einst bedeutenden, heute jedoch verfallenen und unbewohnten byzantinischen Stadt Mystras in Lakonien zu finden sind. Das Kloster stammt aus der Mitte des 14. Jahrhunderts und besitzt die schönsten Fresken von Mystras, die einst von Künstlern der »Kretischen Schule« gemalt worden sind. In der Mittelkuppel befindet sich das Fresko, das den Pantokrator zeigt, gegenüber dem Altar sieht man die zwei Gründer des Klosters, die das Modell der Peribleptos-Kirche in den Händen halten. Das Kloster ist gut zugänglich gemacht und wird wie alle Kirchen und Anlagen der Ruinenstadt auf das Beste betreut.

N

Nájera, Santa Maria la Real/Spanien

In der alten Residenzstadt Nájera in Altkastilien befindet sich das Benediktinerkloster Santa Maria la Real, das Pantheon der Könige von Navarra und Kastilien. Gegründet im Jahre 1032 von König Garcia Sánches III., war es stets auch die Grablege der Herzöge von Nájera. 1422 erbaute man die Kirche des Klosters neu in gotischem Stil mit drei Schiffen mit Sterngewölbe und einem Querschiff mit Kreuzgewölbe. Nicolás und Anchés de Nájera schufen 1495 das Chorgestühl im sabellinischen Stil. Der gotische Kreuzgang aus dem Jahre 1528 gehört zu den schönsten Spaniens. Noch in der Barockzeit wurde die Kirche weiter ausgeschmückt, die einen großen Anziehungspunkt für Gläubige und Kunstfreunde aus der Provinz Logroño und aus ganz Altkastilien darstellt.

Ndanda/Tansania

Die Benediktinerabtei Ndanda in Tansania, bereits 1906 als zentrale Missionsstation im Küstenbereich gegründet, geht zurück auf die Wirksamkeit deutscher Missionare aus St. Ottilien in Oberbayern, die seit 1887 im Apostolischen Vikariat Süd-Sansibar tätig waren. Seit 1986 betreut Ndanda nicht nur 15 Missionspfarreien, sondern unterhält auch eine Pflegeschule, ein Krankenhaus, ein Aussätzigenheim und ein Exerzitienhaus. In verschiedenen Klosterwerkstätten werden über 100 Lehrlinge ständig ausgebildet. Für den klösterlichen Nachwuchs sorgt ein eigenes Noviziat. Dem Konvent Ndanda gehörten im Jahre 2000 über 60 Mönche an.

Nea Moni/Griechenland

Das auf der ostägäischen Insel Chios gelegene griechische Kloster liegt 10 Kilometer landeinwärts westlich von der gleichnamigen Hauptstadt Chios. Das sehenswerte Marien-Kloster besaß im Mittelalter einen weitreichenden Einfluss auf der Insel selbst und war durch seine Reliquien und seine Bibliothek im byzantinischen Kulturkreis weithin bekannt. Von Kaiser Konstantin IX. Monomachus um 1050 gegründet, wurde es durch Künstler aus Konstantinopel reichhaltig mit Fresken und Mosaiken ausgestattet. Die Mosaiken im Innenvorraum und im Hauptraum der Kirche verbildlichen Szenen aus dem Leben Jesu (Taufe, Kreuzigung, Auferstehung) und sind ein bedeutendes Zeugnis mittel- und spätbyzantinischer Kunst. Im Jahre 1822 wurde beim Aufstand der Inselgriechen auf Chios das Kloster von den Türken gebrandschatzt, die Bibliothek zerstört und die Reliquien geraubt. 1881 stürzte bei einem Erdbeben die große Kuppel ein. In der Friedhofskapelle mit dem Beinhaus ruhen die Gebeine von Tausenden beim Massaker von 1822 hingemetzelten Chioten. Seither ist Nea Moni gewissermaßen eine gesamtgriechische Gedenkstätte, die seit dem Ende des Zweiten Weltkrieges sorgfältig restauriert wurde.

Neamt/Rumänien

Das älteste und zugleich südlichste der sogenannten »Moldauklöster« ist das nordwestlich von Tirgu Neamt gelegene Kloster Neamt, das zwar schon bis ins 13. Jahrhundert zurückreicht, dessen heutige Form jedoch eine Gründung von Stefan dem Großen ist, der es nach seinem Sieg über den Polenkönig Albert erbauen ließ. Das von hohen Mauern und Türmen umgebene Kloster hat eine 40 Meter lange Kirche und gilt als Meisterwerk moldauischer Kirchenbaukunst. Die Gewölbekonstruktionen, die gemeißelten Tür- und Fensterrahmen und der keramische Schmuck sowie die Fresken sind höchster Bewunderung wert. Im Kulturleben der Moldau spielte Neamt über Jahrhunderte eine herausragende Rolle, denn in ihm waren Schulen für Bildhauer und Kirchenmaler, für Miniaturisten und Kalligraphen angesiedelt. Später kam eine Buchdruckerei dazu. In den Jahren 1954–60 wurde das Kloster grundlegend renoviert. Die wichtigsten Werke, die einst in Neamt entstanden, liegen heute jedoch in den Bibliotheken von Oxford, Moskau und Bukarest.

Neapel, Kartause San Martino/Italien

In der von Karl von Anjou im 14. Jahrhundert in Neapel gegründeten Kartause San Martino ist seit längerem schon das Nationalmuseum untergebracht. Äußerst sehenswert ist wegen ihrer schönen Ausstattung aber auch die ehemalige Klosterkirche. Hauptattraktion ist architektonisch der große Kreuzgang, der ganz im Geist der Renaissance geschaffen wurde. Ganz aus weißem Marmor sind die 64 toskanischen Säulen geschaffen, die den Arkadenhof bilden, in dessen Mitte der von einer Marmorbalustrade eingefasste Mönchsfriedhof liegt. Die Kartause San Martino bildet mit ihrem Reichtum gewissermaßen das südliche Gegenstück zur Certosa von Pavia im Norden.

Neapel, Santa Chiara/Italien

Das Klarissenkloster Santa Chiara in Neapel an der Piazza Trinitá Maggiore wird von Kunstfreunden aus aller Welt vor allem wegen seines Kreuzganges besucht, der mit einer verschwenderisch vielseitigen Dekoration aus farbig glasierten Majolika-Platten ausgestattet ist. Das Kloster selbst wurde bereits 1310–30 in gotischem Stil erbaut, 1456 durch ein Erdbeben verwüstet, aber 1742–47 unter Domenico Antonio Vaccaro grundlegend neu aufgebaut und barockisiert. Ein mächtiger Kampanile überragt die Kirche und den Konvent. Hinter dem Hochaltar der Klosterkirche finden sich die Gräber der Dynastie der Anjou. Besonders bemerkenswert ist das Grab von Robert I. von Anjou, der 1343 in Santa Chiara beigesetzt wurde.

Nekresi/Georgien

Auf einem dichtbewaldeten Bergrücken über dem Alasani-Tal liegt auf 250 Metern Höhe zwischen Gremi und Kwareli der große Klosterkomplex, der über tausend Jahre lang auch Bischofssitz war. Bereits in der zweiten Hälfte des 4. Jahrhunderts gegründet, spielte Nekresi bei der Christianisierung Ostgeorgiens eine wichtige Rolle. Der Bischofspalast hat sich zwar nur als Ruine erhalten, aber die Hauptkirche des Klosters (eine Basilika des 7. Jahrhunderts) und eine Kuppelkirche des 9. Jahrhunderts stehen noch heute. Die Mönche von Nekresi erlebten den Kampf der persischen Feueranbeter gegen das Christentum in der zweiten Hälfte des 6. Jahrhunderts, in dessen Verlauf Bischof Abibos von Nekresi den Märtyrertod erlitt. Andererseits zeugt der massive Wohnturm noch heute von jenen Gefahren im 16. und 17. Jahrhundert, als die schiitischen Perser mehrfach die ostgeorgischen Täler heimsuchten.

Neresheim/Baden-Württemberg/Deutschland

Die Benediktinerabtei Neresheim im württembergischen Härtsfeld zwischen Ulm und Nördlingen grüßt mit ihrem barocken Turm schon von weitem aus beherrschender Höhe. Gegründet 1095 von Graf Hartmann von Dillingen, konnte die Abtei reichen Landbesitz erwerben und machte sich durch seine wissenschaftliche Tätigkeit weithin bekannt. Eine bedeutende Klosterschule war der Abtei angeschlossen. In den Streit zwischen Kaiser und Papst hineingezogen, wurde der Konvent mehrfach beraubt und gebrandschatzt und im Dreißigjährigen Krieg völlig ausgeplündert. Im 18. Jahrhundert ging es wieder bergauf, es konnte der große barocke Neubau begonnen werden. Noch während der Bauarbeiten 1745–1792 wurde die Abtei reichsunmittelbar. Der stolze Bau der Kirche St. Ulrich und Afra stellt das geniale Alterswerk von Balthasar Neumann dar, das unterschiedslos von allen Kunsthistorikern als eine der schönsten Barockkirchen Europas bezeichnet wird. Über dem einschiffigen Langhaus reihen sich sieben Flachkuppeln und greifen so ineinander, dass sich elliptisch geformte Räume ergeben, die den gesamten Kirchenraum in eine eigentümliche Schwingung zu bringen scheinen. Großartig ist das Deckenfresko der mächtigen Vierungskuppel, die wie die anderen Dekorationsmalereien von dem Tiroler Meister Martin Knoller zwischen 1770 und 1775 geschaffen wurden. Bald nach der Fertigstellung dieses Bauwerks von wahrhaft europäischem Rang kam das Ende. Der Staat Württemberg hob 1803 das Kloster auf, es kam an die Fürsten von Thurn und Taxis, wurde Schloss, dann Erziehungsheim, erst 1919 konnten die Benediktiner wieder einziehen und erneut eine Abtei Ordinis Sancti Benedicti errichten. In den Jahren 1966–1975 wurde die Abteikirche vorbildlich renoviert. Der Konvent von Neresheim übernimmt heute neben der Seelsorge im Umkreis vor allem die Betreuung der zahlreichen Gäste und die Gestaltung von Einkehrtagen.

Nerezi/Makedonien

Das orthodoxe Kloster Nerezi, fünf Kilometer südwestlich der makedonischen Hauptstadt Skopje am Abhang des Berges Vodno, wurde 1164 von Prinz Alexios Komnenos gegründet und stellt mit seiner imposanten Fünfkuppelkirche einen sehr kompakten und ästhetisch äußerst ansprechenden Baukörper dar. Im Innenraum dieser Kirche, die dem heiligen Pantelejmon gewidmet ist, befinden sich grandiose Fresken, die zu den bedeutenden Leistungen der byzantinischen Kunst zählen. Der Stil dieser Fresken ist eindeutig hauptstädtisch, so dass man Meister aus Konstantinopel als ihre Schöpfer vermutet hat. In der Kunstgeschichte wurden diese Wandmalereien sogar als die unmittelbaren Vorbilder von Giotto und Cimabue bezeichnet. Sowohl die Fresken als auch die steinerne Ikonostasis stammen aus dem 12. Jahrhundert.

Neuberg an der Mürz/Österreich

Die ehemalige Zisterzienserabtei Neuberg an der Mürz in Steiermark liegt zwischen Mürzzuschlag und Mariazell, wurde von Herzog Otto dem Fröhlichen 1327 gegründet, von Heiligenkreuz besiedelt und 1786 aufgehoben. Die große Besonderheit dieses Klosters liegt darin, dass seine mächtige Klosterkirche mit ihrem gewaltigen Walmdach aussieht wie eine riesige Scheune mit einem ganz kleinen Dachreiter, im Innern jedoch in einer lichtdurchfluteten dreischiffigen Halle sich größte barocke Pracht entfaltet. Ferner hat sich die gesamte Anlage in ihrem mittelalterlichen Erscheinungsbild praktisch unverändert erhalten. Kreuzgang, Brunnenhaus, Refektorium, Kapitelsaal und zwei Kapellen atmen den Geist aus der Zeit ihrer Entstehung.

Neuburg/Baden-Württemberg/Deutschland

Die Benediktinerabtei Neuburg bei Heidelberg hat in ihrer Geschichte viele Wandlungen erfahren. Um 1130 als Männerkonvent gegründet, 1195 in ein Frauenkloster umgewandelt und 1303 den Zisterziensern übergeben, erhielt Neuburg im Spätmittelalter seine heute noch bestehende schlichte gotische Abteikirche. Zwischen 1672 und 1681 war Neuburg ein evangelisches Stift für adlige Damen und von 1709–73 wurde es von den Heidelberger Jesuiten genützt. Aufgehoben 1804 und teilweise abgerissen, war es bis 1926 in Privatbesitz. Nach der Erwerbung durch die Erzabtei

Beuron wurde Neuburg als Benediktinerabtei neu gegründet und stellt heute eine wichtige Pflegestätte des gregorianischen Choralgesangs dar.

Neustift/Italien

Nahe bei Brixen (Bressanone) in Südtirol liegt in Richtung Brenner am Eisack das altberühmte Augustiner-Chorherrenstift Neustift (Novacella), das 1141 gegründet wurde. Neustift war in vielen Jahrhunderten als Pflegestätte der Kunst, der Wissenschaft und der theologischen Studien bekannt und durch seine kostbare Bibliothek berühmt. Als das Kloster 1807 aufgehoben wurde, verlor es viele seiner Kunstschätze. Bereits 1816 aber gelang die Neuerrichtung und seit 1945 wird sogar die alte Schultradition durch ein klostereigenes Gymnasium weitergeführt. Die helle und farbenfrohe Stiftskirche Unserer Lieben Frauen, 1734–38 barockisiert, wirkt durch ihr kunstvolles Rocaillewerk äußerst heiter und einladend.

Neuwerk/Niedersachsen/Deutschland

Das ehemalige Benediktinerinnenkloster Neuwerk liegt im Bannkreis der alten Reichsstadt Goslar in Niedersachsen und geht auf eine Gründung des Jahres 1186 zurück, als zwölf Nonnen aus dem Kloster Ichtershausen in Thüringen in das Harzvorland kamen und »Maria im Garten« (Maria in Horto) besiedelten. Das Kloster wurde von Volkmar von Wildenstein und seiner Gemahlin Helena gegründet und bald darauf von Kaiser Barbarossa unter besonderen Schutz gestellt. Reiche Schenkungen sicherten dem Kloster ausgedehnten Grundbesitz. 1201 wurde in einer Urkunde der neue Name Novum Opus (Neuwerk) für das Kloster erwähnt, der fortan in Gebrauch blieb. Das Kloster war schon kurz nach der Fertigstellung des 1230 entstandenen Goslarer Evangeliars im Besitz desselben, das mit seiner reichen Miniaturmalerei in byzantinischem Stil und mit seinem erlesenen Einband zu den Spitzenstücken deutscher Buchkunst des Mittelalters zu zählen ist. Um 1300 schon begannen reiche Goslarer Bürgersfamilien ihre unversorgten Töchter ins Neuwerk-Kloster zu schicken – und daraus entwickelte sich letztlich eine Versorgungsanstalt für Frauen aus Adels- und Bürgersfamilien bis in die neueste Zeit. In der Reformationszeit wechselte der Konvent mehrfach die Konfession, bis er dann im 18. Jahrhundert als städtische Stiftung übernommen und weitergeführt wurde. Konventsgebäude und Kirche sind seither erhalten geblieben. Die Kirche von Neuwerk gehört zu den wenigen romanischen Kirchen im Norden Deutschlands, die stilrein im Zustand der Entstehungszeit auf uns gekommen sind. Das Wohngebäude der Konventualinnen allerdings ist ein barocker Fachwerkbau aus dem frühen 18. Jahrhundert.

Neuzelle/Brandenburg/Deutschland

Die ehemalige Zisterzienserabtei Neuzelle (Nova Cella) in der Niederlausitz war ein Tochterkloster von Altzelle und wurde 1268 von Heinrich dem Erlauchten, dem Markgrafen von Meißen, gestiftet. Neuzelle war berühmt wegen der vielen Gelehrten, die aus seinem Konvent hervorgingen, und seiner ansehnlichen Bibliothek. Die Abtei besaß auch ein klostereigenes Gymnasium mit einem Internat und machte sich um die Kultur der gesamten Niederlausitz bis zur Aufhebung 1817 äußerst verdient.

Newark Abbey/USA

Die Benediktinerabtei Newark Abbey liegt inmitten der gleichnamigen Großstadt im Bundesstaat New Jersey und ist eine Gründung (1857) der Abtei St. Vincent in Latrobe. 1884 zur Abtei erhoben, gründete sie selbst zwei weitere Klöster und widmete sich vor allem den deutschsprachigen Einwanderern von Newark, für die sie schon 1868 eine Vorbereitungsschule gegründet hatte. Inzwischen werden in dieser Einrichtung mit bestem Ruf viele Schüler auch mit anderem sprachlichem Hintergrund unterrichtet. Gleichzeitig betreuen die Mönche die abteieigene Pfarrei St. Mary's. Die Abtei gehört zur Congregatio Americano-Casinensis.

New Norica, Holy Trinity Abbey/Australien

Die in New Norica/Westaustralien, gelegene Benediktinerabtei wurde bereits 1846 gegründet und ist heute ein ganzes Klosterdorf mit Fortbildungszentrum, Museum, Kunstgalerie, Motel, Hotel und Geschäften. Nach den vergeblichen Versuchen, Aborigines in der Gegend sesshaft zu machen und nach einer ausgedehnten Seelsorgetätigkeit in verschiedenen Pfarrzentren, haben sich die Mönche neuerdings mit ihren 27 Gebäuden vornehmlich kirchlich-kulturellen Aktivitäten zugewandt. Das Klosterdorf New Norica ist zu einem bekannten Touristenzentrum aufgestiegen und wurde vom National Trust unter Denkmalsschutz gestellt. Die Abteikirche dient jedoch zugleich als Pfarrkirche mit Außenstationen in drei weitläufigen Gebieten.

Newton, Saint Paul's Abbey/USA

Die in Newton, New Jersey, liegende Benediktinerabtei der Kongregation von St. Ottilien wurde 1924 hauptsächlich von deutschen Mönchen gegründet, um amerikanische Mitarbeiter für die Missionen der Kongregation in Afrika zu gewinnen. Das Kloster wuchs sehr rasch und wurde 1947 zur Abtei erhoben. Die Mönche unterhalten ein Exerzitienhaus, betreiben Landwirtschaft und laden afrikanische Mitbrüder zu spirituellen Erneuerungsprogrammen ein. Saint Paul's Abbey dient als Brücke zwischen den Klöstern in den USA und denen von Ost- und Südafrika.

Niederaltaich/Bayern/Deutschland

Die an der Donau unterhalb von Deggendorf in Niederbayern liegende Benediktinerabtei wurde um 740 vom Bayernherzog Odilo gegründet und mit Mönchen aus dem Kloster Reichenau besiedelt. 907 zerstörten die Ungarn das Kloster, das dem heiligen Mauritius geweiht worden war. Nach dem Wiederaufbau entstanden um 1000 die für die Geschichtsschreibung so wichtigen »Annales Altahenses« (Jahrbücher von Altaich). An der zu dieser Zeit beginnenden Rodung des Bayerischen Waldes beteiligte sich das Kloster mit vielen Mönchen und Hilfskräften. Immer wieder brachen Brände aus, die dem Klosterkomplex zusetzten. Die 1306 wiedererrichtete Stiftskirche wurde 1718–22 umgebaut. Die Säkularisation im Jahre 1803 führte zur Aufhebung des Klosters und zum Abriss bedeutender Teile des einst großen Klosterkomplexes. 1918 wurde Niederaltaich von Benediktinern aus Metten wiedererrichtet. Die Doppeltürme der 1953–55 sehr gut restaurierten Abteikirche sind weithin in der Donauniederung sichtbar, sie sind das Wahrzeichen eines modern geführten Klosters, das sich vor allem dem ökumenischen Gedanken verschrieben hat. Die heutige Benediktinerabtei unterhält darüber hinaus ein musisches Gymnasium und ermöglicht Besuchern »Kloster auf Zeit«, ein Angebot, das heute viele Klöster im Programm haben, das aber erstmals von den Mönchen aus Niederaltaich gemacht wurde.

Nikolaus-Ulejma-Kloster/Russland

Nur zwölf Kilometer von Uglitsch entfernt, liegt an der Straße nach Rostow Weliki das im 14. Jahrhundert gegründete Nikolaus-Ulejma-Kloster. 1563 wurde die interessante Mariä-Opfer-Kirche errichtet, die an die altrussischen Palastbauten erinnert, weil mit der Kirche auch die Wohn- und Wirtschaftsräume verbunden wurden. An diese Kirche ist auch das Refektorium und ein achteckiger Zeltdachglockenturm angebaut. Im Jahre 1608 rückte eine polnische Truppeneinheit während der polnisch-litauischen Invasion gegen das befestigte Kloster mit der damals ebenfalls auf dem Gelände stehenden Nikolaus-Kathedrale vor. Frauen und Kinder aus den umliegenden Dörfern flohen in diese Kathedrale. Daraufhin unterminierten die Polen die Kirche und sprengten sie mit allen Insassen in die Luft. Niemand überlebte. Der Klostervorsteher und die letzten Verteidiger kamen ebenfalls bei dieser Katastrophe ums Leben. Erst 1675 wurde wieder eine Klosterkathedrale gebaut, die auch erhalten blieb. Dieser fünfkuppelige gedrungene Sakralbau ist ein Vierpfeilertypus, sein Glockenturm stammt erst aus dem 19. Jahrhundert.

Nikoljac/Montenegro

Das orthodoxe Kloster Nikoljac bei Bijelo Polje in Montenegro, das im 16. Jahrhundert gegründet wurde, ist durch seine wertvolle Klosterbibliothek mit kostbaren

Handschriften bekannt geworden und besitzt in seiner dreischiffigen Basilika eine schöne Ikonostasis mit Ikonen aus dem 16. und 17. Jahrhundert. Die ebenfalls in der Kirche befindlichen Fresken aus dieser Zeit sind bedauerlicherweise in schlechtem Zustand.

Niño Dios/Argentinien

Die Benediktinerabtei Niño Dios in Argentinien liegt drei Kilometer von der Stadt Victoria entfernt und gilt als das erste moderne Kloster des Benediktinerordens in ganz Hispanoamerika. Gegründet wurde das Ordenshaus 1899 von der französischen Abtei Belloc, 1903 wurde es zum Priorat erhoben und 1929 zur Abtei. Niño Dios ist inzwischen ein vielbesuchtes Pilgerzentrum mit einer dreischiffigen Basilika, ein Zentrum der Seelsorge mit Exerzitienhaus und es hat eine pädagogische Hochschule aufgebaut, in der sogar auch Agraringenieure ausgebildet werden. In der Stadt Victoria betreut die Abtei eine Grund- und Hauptschule mit etwa 500 Schülern.

Ninove/Belgien

Nordöstlich von Grammont gründete im belgischen Erzbistum Mecheln die Abtei Parc ein Tochterkloster, das dem heiligen Kornelius Zyprian geweiht wurde und den Namen Ninove (Ninive) erhielt. Das gut dotierte Kloster entwickelte sich zu einer angesehenen Prämonstratenserabtei, die zwar unter der französischen Oberherrschaft im Jahr 1796 aufgehoben wurde, aber wegen ihrer großartigen, 1723 vollendeten Barockkirche (heute Pfarrkirche) als »Norbertinisches Heiligtum« Belgiens gilt. Die Bauzeit zog sich fast ein ganzes Jahrhundert hin (1635–1727), so dass der Übergang vom Hochbarock zum Rokoko in dieser kostbaren Kirche recht deutlich sichtbar ist. Beim glanzvoll komponierten Hochaltar heben sich von den farbigen Aufbauten die weißen Stuckfiguren der Engel und Heiligen prächtig ab.

Nisi/Griechenland

Bei der Stadt Joánnina in Epirus liegt der See Pamvotis und in diesem See die kleine Klosterinsel Nisi, auf der vier Klöster liegen. Aus dem 11. Jahrhundert stammt das Kloster Agios Nikolaós Diliú, gefolgt von Agios Nikolaós Philantropinon aus dem Jahr 1292. Bereits aus der Türkenzeit stammt Agia Eleusis (16. Jh.) und Agios Panteleimon (17. Jh.). In diesem Kloster fand Ali Pascha den Tod, der sich als Statthalter von Epirus gegen den Sultan erhoben hatte.

Noci/Italien

Sieben Kilometer südöstlich von Bari in Unteritalien erheben sich die weißen Gebäude der erst 1930 gegründeten Benediktinerabtei in Noci, die den offiziellen Namen Abbazia Madonna della Scala führt. Nach schwierigen Anfangsjahren, in denen die Mönche meist mit dem Bau des Konvents und der Kirche beschäftigt waren, entstand allmählich ein ansehnlicher Klosterkomplex, der 1954 zur Abtei erhoben wurde. Die Mönche halten Exerzitien ab und geben in einem eigenen Verlag Bücher und die Monatszeitschrift »La Scala« heraus. Zur Lebenssicherung hat die Abtei eine Werkstatt für Buchrestaurierung eingerichtet und sie betreibt außerdem eine intensive Landwirtschaft.

Noirmoutier/Frankreich

Die ehemalige französische Benediktinerabtei Noirmoutier (Nigrum monasterium) auf der gleichnamigen Insel in der Vendée (Diözese Luçon) wurde 674 vom heiligen Philibert, dem ersten Abt von Jumièges, gegründet. Da die Normannen das Kloster angriffen, erhielten die Mönche von Kaiser Karl dem Kahlen 875 die Abtei Tournus als Fluchtort zugewiesen. Nach dem Frieden mit den Normannen kehrten die Mönche nach Noirmoutier zurück, blieben jedoch bis zur Aufhebung in der Französischen Revolution dann von Tournus abhängig.

Nonantola/Italien

Die ehemalige Benediktinerabtei Nonantola in der Emilia-Romagna, zehn Kilometer nordöstlich von Modena, wurde 752 vom heiligen Anselm gegründet. Anselm war Langobardenherzog und in seinen späteren Lebensjahren erster Abt von Nonantola. In dieser Zeit wurden auch die Reliquien des heiligen Papstes Sylvester dorthin überführt. Nachdem die Abtei 899 von den Ungarn zerstört worden war, erfolgte 1117 der Bau der dreischiffigen Backsteinbasilika. Bis zum 15. Jahrhundert blühten die Künste und Wissenschaften in dem Kloster. 1514 wurde es jedoch den Zisterziensern übergeben und nach 1860 fiel der Konvent dem italienischen Klostersturm zum Opfer. In der ehemaligen Klosterkirche sind noch in der Schatzkammer kostbare Reliquiare und im Archiv wertvolle illuminierte Handschriften aus der Zeit der Benediktinerabtei erhalten.

Norvaragavank/Armenien

Das armenische Kloster Norvaragavank wurde 1193 von dem Fürsten Dawit Kiwrikean von Nor Berd gegründet und wuchs in den folgenden beiden Jahrhunderten zu einem beachtlichen Komplex mit zwei Baugruppen heran. Das Kloster liegt in der Provinz Arcax im Distrikt Šamšadin, drei Kilometer südwestlich des Dorfes Varagavan auf einer bewaldeten Hochebene über dem Fluss Haxum. Die ältere Gruppe der Klosterbauten besteht aus einer Kirche, zwei Kapellen und einer großen Halle (Schamatun), die jüngere Gruppe jedoch wird vor allem durch die Muttergotteskirche repräsentiert, die 1224–37 entstand und die gesamte Anlage beherrscht.

Die dazugehörige Vorhalle entstand um 1261. Die Muttergotteskirche, ein ummantelter Kreuzkuppelbau mit abgetrenntem Chorteil ist gut erhalten, die anderen Gebäude sind entweder beschädigt oder liegen in Ruinen.

Notre-Dame de la Maigrauge/Schweiz

Die Zisterzienserinnenabtei Notre-Dame de la Maigrauge in Fribourg/Schweiz wurde noch vor 1255 gegründet und bietet mit ihrer 1284 geweihten Abteikirche ein gutes Beispiel für die Architektur der Zisterzienser. Die Konventsgebäude wurden nach einem verheerenden Brand in der Zeit von 1660–66 neuerbaut.

Novalesa/Italien

Die Benediktinerabtei Novalesa (Abbazia dei SS. Pietro e Andrea in Novalesa) liegt in der Nähe des Gebirgspasses am Fuße des Mont Cenis nordwestlich von Turin, acht Kilometer von der Stadt Susa entfernt. Gegründet wurde die Abtei 726 und war 774 im Langobardenkrieg Stadtquartier Karls des Großen. Im 10. Jahrhundert zerstörten zwar die Sarazenen das Kloster, es wurde aber wieder aufgebaut und erlebte danach eine Blütezeit. Von 1646–1798 waren die Zisterzienser die Hausherren des Klosters, dann wurde es aufgehoben. 1802 zogen Trappisten in Novalesa ein, wurden aber 1866 schon wieder vertrieben. Da sowohl die Klosterkirche Santi Pietro e Andrea als auch die Konventsgebäude erhalten blieben, konnten Benediktiner 1973 erneut in Novalesa Fuß fassen und errichteten die Abtei neu. Die Mönche organisieren Tagungen, geben Schriften heraus und restaurieren Bücher in einer klostereigenen Werkstatt.

Nová Řise/Tschechien

Die Prämonstratenserabtei Nová Řise (Neureisch) in Mähren, Diözese Brünn, wurde 1211 für Prämonstratenserinnen gegründet und gelangte im 14. und 15. Jahrhundert zu großer Blüte. Zweimal von den Hussiten geplündert und 1430 von ihnen zerstört, konnte der Konvent in der Folgezeit jedoch nur mit Mühen überleben, bis 1641 schließlich Prämonstratenser-Chorherren einzogen und das bisherige Nonnen-Priorat in eine Männer-Abtei umgewandelt wurde. Die Chorherren bauten im Stift eine berühmte Gemäldegalerie auf und übernahmen die Seelsorge in fünf Pfarreien. In der zweiten Hälfte des 17. Jahrhunderts erfolgte der Barockumbau der Abteikirche St. Peter und Paul, deren großes Deckenfresko von Johann Lukas Kracher geschaffen wurde.

Nuestra Señora de Irache/Spanien

Die Benediktinerabtei Nuestra Señora de Irache ist eines der ältesten Klöster Navarras und gilt heute als Nationaldenkmal in Spanien. Dem Kloster wurde die Bezeichnung »Real Monasterio« (Königliches Kloster) verliehen, weil es einst das älteste Hospiz für Santiago-Pilger war. Gelegen an der Straße nach Logoroño in der Ortschaft Ayegui bei Estella, strebten ihm einst Jahr für Jahr unzählige Pilger zu, um Unterkunft für die Nacht und Verpflegung für die Weiterreise zu finden. Gegründet wurde das Kloster im 12. Jahrhundert. In seiner einschiffigen Kirche sind mehrere Baustile vereint. Über dem Querschiff erhebt sich eine schöne Kuppel, die auf Trompen ruht, deren Pfeiler mit Jakobsmuscheln verziert sind. Der Kreuzgang aus dem 16. Jahrhundert überrascht mit reichem Skulpturenschmuck.

Nütschau/Schleswig-Holstein/Deutschland

Das Benediktinerpriorat Sankt Ansgar, Kloster Nütschau, Gemeinde Travenbrück, westlich von Lübeck in Schleswig-Holstein gelegen, ist das erste Benediktinerkloster in Norddeutschland seit der Reformation. Das Kloster wurde in der Nachkriegszeit im Jahre 1951 gegründet, als es galt, sehr viele heimatvertriebene Katholiken in Schleswig-Holstein zu betreuen. Man bezog ein 1577 gebautes Gutshaus und baute es in den Jahrzehnten nach der Gründung zu einem respektablen Klosterkomplex aus. 1975 wurde Nütschau ein selbstständiges Priorat und ist nach wie vor in der Seelsorge, der Jugendarbeit und in der katholischen Erwachsenenbildung tätig.

O

Oberaltaich/Bayern/Deutschland

Die ehemalige Benediktinerabtei Oberaltaich (Altaha superior) bei Straubing in der Diözese Regensburg, am Nordufer der Donau, wurde 1104 vom Domvogt Friedrich von Regensburg gegründet, brannte 1245 total ab, wurde 1256 wieder neu aufgebaut und gelangte im Spätmittelalter und in der Barockzeit zu großer Blüte. Künste und Wissenschaften fanden in Oberaltaich eine besonders gute Pflege. Das Kloster wurde 1802 aufgehoben, die Klostergebäude dienen teilweise noch heute als Pfarrhof, die kostbare Bibliothek wurde nach München gebracht und der bayerischen Staatsbibliothek einverleibt. Die Kirche wurde Pfarrkirche, sie gehört mit ihren 30 Altären zu den Prachtbauten der deutschen Spätrenaissance, fertiggestellt 1630. Der mächtige Hochaltar stammt aus dem Jahr 1693, er ist im Barockstil gehalten und erreicht fast die ganze Höhe der Kirche.

Obermarchtal/Baden-Württemberg/Deutschland

An der oberen Donau bei Ehingen (Baden-Württemberg) bestand bereits seit 776 ein Monasterium St. Peter, als es im Jahre 1171 Pfalzgraf Hugo von Tübingen völlig erneuerte und Prämonstratenser in diese Zweitgründung berief. 1440 war Obermarchtal noch eine Propstei, aber bereits 1500 wurde das aufstrebende Kloster Reichsabtei. In der Zeit zwischen 1686–1706 wurde die Abteikirche St. Peter und Paul gebaut, die zu den Kostbarkeiten des süddeutschen Barock zählt. Die besten Baumeister und Künstler des schwäbischen Raumes zur damaligen Zeit wirkten dabei mit: Michael und Christian Thumb, Franz Beer, Josef Schmuzer und J. Heiß, sie schufen eine Wandpfeilerbasilika mit erlesener Ausstattung. Die Klostergebäude wurden ebenfalls mit Großzügigkeit gestaltet und sind gleichfalls mit farbsatten Fresken der beiden italienischen Meister Francesco Pozzi und Jacob Appiani aus dem Jahr 1755 geschmückt. Bei der Aufhebung fiel der großartige Konventsbau an den Fürsten von Thurn und Taxis, die Kirche wurde Pfarrkirche. Während und nach dem Ersten Weltkrieg war Obermarchtal Lazarett, danach übernahmen die Salesianerinnen die Anlage und richteten eine Schwesternschule in den Räumen ein.

Furness Abbey, GB

Oberschönenfeld/Bayern/Deutschland

Das Zisterzienserinnenkloster Oberschönenfeld in der Gemeinde Gessertshausen westlich von Augsburg in Bayerisch-Schwaben wurde 1211 gegründet. Der lateinische Name des Klosters lautete: Campus speciosus superior. Das bis 1803 bestehende Kloster wurde bereits 1836 wiedereröffnet und ist seit 1918 wieder Abtei. Die barocke Klosterkirche und auch die Konventsgebäude sind im Wesentlichen ein Werk von Franz Beer. In der Region haben sich die Schwestern durch ihre Bäckerei, aber auch durch ihre Paramentenstickereien einen Namen gemacht. Die Landwirtschaft wurde mittlerweile aufgegeben, in einem der dafür ehemals genutzten Gebäude befindet sich heute das Schwäbische Volkskundemuseum.

Oberzell/Bayern/Deutschland

Die ehemalige Prämonstratenserabtei Oberzell (Cella superior), auch Herrenzell genannt, wurde 1128 bei Würzburg gegründet und vom heiligen Norbert mit Chorherren aus Prémontré besetzt. 1628 erhielt Abt Leonhard Frank bischöfliche

Würden. Das 1803 säkularisierte Kloster kam in private Hände, wurde zuerst zur Fabrik umgebaut und 1901 von den Schwestern der Kindheit Jesu gekauft und zum Mutterhaus ihrer Ordensgenossenschaft ausgestaltet. Von dieser einstigen Abtei aus wurden 134 Niederlassungen mit über 1000 Schwestern in der Zeit nach dem Zweiten Weltkrieg verwaltet, die in unzähligen Kinderkrippen, Fürsorgeheimen, Pflegestationen und Hospitälern tätig waren, teilweise bis heute. Die Klosterkirche wurde bereits 1902 stilgerecht restauriert.

Oceanside, Prince of Peace Abbey/USA

Die Benediktinerabtei «Prince of Peace" in Kalifornien liegt in Oceanside nahe der Küste mit Blick auf den Pazifik 56 Kilometer nördlich von San Diego. Gegründet als Priorat 1958, zur Abtei erhoben 1983, widmet sich das auf dem Benet Hill gelegene Kloster hauptsächlich dem Studium, der geistlichen Beratung und der Armenfürsorge in Mexiko. Die Abtei gehört zur Congregatio Helveto-Americana.

Ochsenhausen/Baden-Württemberg/Deutschland

Die hoch über der Rottum im Raum Biberach (Baden-Württemberg) liegende ehemalige reichsunmittelbare Benediktinerabtei Ochsenhausen wurde 1099 als abhängiges Priorat von St. Blasien gegründet und besiedelt. 1391 zur Abtei erhoben, entwickelte sich das Kloster zu einer der mächtigsten Ordensniederlassungen in Oberschwaben. Seit Ende des 15. Jahrhunderts war die Abtei bis zur Aufhebung 1803 ein wohlhabendes Reichsstift. Das säkularisierte Kloster wurde dem Fürsten Metternich zugesprochen, fiel aber 1825 an das Königreich Württemberg, das in dem Konvent eine Ackerbauschule und ein Waisenhaus einrichtete. Nach dem Zweiten Weltkrieg baute das Land Baden-Württemberg die einstige Abtei zu einer Bildungsstätte aus. Die bereits 1093 eingeweihte Kirche wurde im Laufe der Jahrhunderte mehrfach umgebaut und der Innenraum später im Barock kostbar ausgestattet. Hervorzuheben sind die umfangreichen Freskomalereien im Hochschiff und die Gabler-Orgel von 1729–34.

Odilienberg/Frankreich

Die ehemalige Augustinerinnenabtei Odilienberg (Sainte-Odile, Hohenburg, Vogesenberg, Altitona) liegt auf einem dichtbewaldeten Berg der Vogesen im Unterelsass und stellte Jahrhunderte lang ein vielbesuchtes Kloster dar, von dessen Heilwasser man sich eine entsprechende Wirkung versprach. Der Legende nach sprudelte die Quelle durch die wunderwirkende heilige Odilie, die im 7. Jahrhundert als Tochter eines elsässischen Herzogs Äbtissin dieses Klosters wurde, nachdem sie ihr väterliches Schloss Hohenburg in einen Konvent verwandelt hatte. Im 12. Jahrhundert stand das Kloster unter den Äbtissinnen Relind und Herad von Landsberg in hoher

Blüte. Als die Abtei 1546 völlig abbrannte, lag der Klosterberg verlassen da, bis 1661 Prämonstratenser aus Etival den Wiederaufbau ermöglichten. In der Französischen Revolution aufgehoben, gelangte das Kloster in den Besitz des Bistums Straßburg. Heute betreiben Kreuzschwestern den heiligen Berg als einen Luftkurort, vor allem aber als Wallfahrtsstätte.

Öhningen/Baden-Württemberg/Deutschland

Das im Kreis Konstanz gelegene ehemalige Augustiner-Chorherrenstift wird 965 erstmals urkundlich erwähnt, es war bis zur Säkularisierung eines der wichtigen Chorherrenstifte im Bodenseegebiet. Von den romanisch-gotischen Bauteilen blieb durch die späteren Umbauten nicht mehr viel erhalten. Von 1700–47 wurden Kirche und Kloster barock ausgestaltet, die flachgedeckte Saalkirche erhielt eine reiche, schwere Stuckdekoration. 1805 aufgehoben, diente das Kloster verschiedenen Zwecken, heute wird es als Pfarrhaus und Schule genutzt. 1973–75 wurde das Kircheninnere sorgsam restauriert.

Ohrid/Makedonien

Die 30 000 Einwohner zählende Stadt Ohrid am gleichnamigen 700 Meter hoch gelegenen See gilt als »Wiege des slawischen Christentums«, denn hier wirkten die beiden Missionare Kliment und Naum gegen Ende des 9. Jahrhunderts und gründeten an der Stelle der heutigen Stadt mehrere Klöster. Das Grab des heiligen Kliment fand man in den Ruinen der von ihm 893 gegründeten Klosterkirche Sv. Pantelejmon, die auf dem Gelände der im 17. Jahrhundert erbauten heutigen Sultan-Mohammed-Moschee liegen. Ohrid war durchaus eine Klosterstadt, aber die vielen Eroberer (Byzantiner, Bulgaren, Serben, Türken) haben diesem wie vielen anderen Klöstern das Ende bereitet. Die Kirchen der aufgehobenen Klöster sind jedoch mehrfach erhalten geblieben. Größe und Bedeutung Ohrids resultieren aus der Tatsache, dass die Stadt unter Zar Samnil (970–1014) Hauptstadt des slawisch-makedonischen Großreiches und Sitz des ersten Patriarchats war. Im Kloster Sveti Pantelejmon war auch der Sitz der ersten slawischen Universität, in der die Professoren und Dozenten von den Mönchskonventen gestellt wurden. Die wichtigsten Kirchen Ohrids, die früher entweder mit Bischofsstühlen oder Abteien verbunden waren, sind die Sophienkathedrale, die Kirche der Muttergottes Peribleptos, die Kirchen der heiligen Jovan Kaneo, Konstantin i. Elena, Nikola Bolnički, Pantelejmon, Dimitrije, Gerakomija, Vrači Mali, Bogorodica Bolnička und Stari Sv. Kliment, um nur die Wichtigsten zu nennen. Jede dieser Kirchen hat ihre baulichen Besonderheiten, manche sind ruinös, wieder andere voll Gemäldeschätzen. Ohne die stille und unentwegte Arbeit der Mönche von Ohrid wäre jedoch eine solche Fülle von kirchlichen Bauten mit sakraler Kunst nie zustande gekommen.

Olinda/Brasilien

Die Benediktinerabtei São Bento in Olinda (Großraum Recife) geht auf ein Kloster zurück, das schon portugiesische Benediktiner im Jahr 1585 gegründet hatten. 1630 von den holländischen Eroberern zerstört, wurde es im Laufe des 18. Jahrhunderts im Barockstil wieder aufgebaut. Aus dieser Zeit stammt noch die sehr ansehnliche Kirche mit ihren herrlichen Schnitzarbeiten. Die von antikirchlichem Geist durchdrungene Gesetzgebung Brasiliens im 19. Jahrhundert verhinderte damals jeglichen Ausbau, so dass erst im 20. Jahrhundert ein Neuanfang gemacht werden konnte. Heute betreuen die Mönche von Olinda vier Pfarreien, leiten eine wichtige Schule und sind für die Marienwallfahrt zuständig, die sich in Olinda entfaltet hat. 1986 wurde ein Tochterkloster in Brasilia und 1993 in Fortaleza gegründet.

Olinghausen/Nordrhein-Westfalen/Deutschland

Das ehrwürdige adelige Prämonstratenser-Chorherrenstift Olinghausen (Ölinghausen) in Westfalen wurde 1179 zuerst als Doppelkloster gegründet und im Laufe der Jahrhunderte von vielen Unglücksfällen heimgesucht. Zwischen 1618 und 1641 war es weltliches Damenstift, dann zogen Prämonstratenserinnen aus Rumbeck in das Kloster ein. Sie blieben bis zur Aufhebung des Klosters im Jahre 1804.

Oliva/Polen

Die ehemalige Zisterzienserabtei Oliva, gegründet 1170, liegt heute im nördlichen Stadtteil von Danzig und ist polnisches Priesterseminar. Die romanisch-frühgotische Basilika wurde wie die gesamte Anlage mehrfach umgebaut und präsentiert sich mit ihren 90 Metern Länge, ihren 19 Seitenaltären und ihrer großen Rokoko-Orgel als ein Schmuckstück des Ostseeraumes. Durch all die Jahrhunderte war die Abtei von schweren Heimsuchungen betroffen. Fehden aller Art setzten ihr zu, die damals noch heidnischen Pruzzen brandschatzten sie 1224 und 1234. Die Polen kamen zweimal im 13. Jahrhundert und plünderten sie, die Hussiten unter Czepka legten 1433 Feuer, 1577 plünderten Räuberbanden das Kloster und daraufhin verarmte es allmählich. Nach dem »Frieden von Oliva«, der im historisch denkwürdigen Friedenssaal 1660 zwischen Schweden, Polen, dem Kaiser und dem Kurfürsten von Brandenburg geschlossen wurde, trat endlich Ruhe ein, so dass Oliva in der Barockzeit sich erholen und ein Wiederaufbauprogramm verwirklichen konnte.

Oliva/Spanien

Am Ufer des Flusses Aragón in der Provinz Navarra steht in dem Städtchen Carcastillo die Zisterzienserabtei Oliva, das Mutterkloster der spanischen Zisterzienser. 1134 durch König Garcia Ramirez gegründet und von den Mönchen aus der Abtei Scala Dei in der Gascogne/Frankreich besiedelt, entwickelte sich das Monasterio de la Oliva zu einem der reichsten Klöster Spaniens und zu einem großen Kulturzentrum. Der Staat stellte es inzwischen unter Denkmalsschutz. Der großartige Klosterbau mit seinem Kapitelsaal, seinem Refektorium und seiner Bibliothek machen es zu einem Kunstwerk. Mit seiner frühgotischen Kirche wird es als eines der schönsten Beispiele zisterziensischer Baukunst in Spanien angesehen. Die dreischiffige Basilika in Form eines lateinischen Kreuzes ist 74 Meter lang; der gotische Kreuzgang entstand im 14. und 15. Jahrhundert.

Olmütz/Tschechien

Bereits im Jahr 1078 befand sich nördlich vom Stadtzentrum der mährischen Bischofstadt Olmütz ein Benediktinerkloster, das 1150 die Prämonstratenser übernahmen. Bis zur Aufhebung 1783 spielte dieses Kloster im geistigen Leben dieser bedeutenden Stadt eine wichtige Rolle. Nach mehrfachen Bränden und Zerstörungen wurde es im hohen und späten Mittelalter immer wieder umgebaut und in der Barockzeit schließlich umfassend neugestaltet. Die Klosterkirche ist ebenso wie der Konvent in der Zeit zwischen 1656 und 1726 von einer Reihe bedeutender Baumeister und Künstler errichtet und ausgestattet worden. Die Kirche ist heute Pfarrkirche und das Kloster dient der Stadt als Krankenhaus.

Oosterhout/Niederlande

Die Benediktinerabtei Oosterhout (Sint Paulus Abdij) in den Niederlanden ist eine Gründung des Jahres 1907, als die Mönche der französischen Abtei Wisques (Pas-de-Calais) ihr Kloster verlassen mussten und nach mehrjährigem Exil in Belgien in Oosterhout (Diözese Breda) eine neue Bleibe fanden. Nun traten in der Zeit vor dem Ersten Weltkrieg viele junge Holländer als Mönche in das Kloster in Oosterhout ein, die nach der Rückkehr der französischen Mönche in ihre Heimat (1920) natürlich in ihrem Konvent blieben und den Weiterbestand des Klosters sicherten. 1928 erhob der Papst das Kloster zur Abtei, die dann selbst wiederum eine Reihe von Neugründungen vornahm (Egmond, Slangenburg, Vaals). Oosterhout pflegt das rein kontemplative Leben. Die Gästebetreuung und die Feier der Liturgie haben dabei vor allen anderen Aktivitäten den Vorrang.

Opatowitz/Tschechien

Die ehemalige Benediktinerabtei Opatowitz bei Königsgrätz in Böhmen, um 1085 gegründet, gehörte einst zu den reichsten Klöstern des Landes. Von der böhmischen Krone und dem Adel reich beschenkt, entstand die Sage vom »Schatz in Opatowitz«, der angeblich dort verborgen sein soll. Im Hochmittelalter war die Abtei ein Hort der Gelehrsamkeit, vor allem die Geschichtsschreibung hatte in Opatowitz eine Heimstätte. 1415 und 1420 plünderten die Hussiten das Kloster aus und 1421 brannten sie es völlig nieder, so dass ein Wiederaufbau nicht mehr in Frage kam.

Orval/Belgien

Die Zisterzienserabtei Orval in Belgisch-Luxemburg wurde ursprünglich von Benediktinern 1070 gegründet, aber 1132 von Zisterziensern aus Clairvaux übernommen. Durch ausgedehnte, dem Konvent geschenkte Ländereien war Orval bald als reiches Kloster bekannt, das einerseits durch sein Skriptorium und seine Wissenschaftspflege und andererseits durch große Wohltätigkeit hervorragte. Der Konvent galt als ein Muster klösterlicher Disziplin. 1707 gründete Orval als Mutterabtei das Kloster Düsselthal bei Düsseldorf. 1793 plünderten französische Truppen Orval und legten Feuer. Die mächtigen Ruinen künden noch heute von der einstigen Größe. 1929 kauften Trappisten (Zisterzienser der strengen Observanz) ein größeres Gelände in der Nähe des Ruinenfeldes und errichteten eine neue Abtei, die 1948 fertiggestellt wurde. Die Gemeinde, die bereits im Mittelalter im Schatten der alten Abtei entstanden war, nennt sich heute Villersdevant-Orval und liegt nahe der französischen Grenze.

Osera, Monasterio de Santa Maria/Spanien

In einer hügeligen Landschaft in der Provinz Orense in Galicien liegt in der Stadt Osera die Zisterzienserabtei Monasterio de Santa Maria, die als der »Escorial von Galicien« bekannt ist. Dieses bedeutende Kloster wurde nach einem Brand 1552 mit soviel Mühe und Aufwand errichtet, dass es mit seiner dreischiffigen Kirche, seiner grandiosen Fassade, seiner erlesenen Sakristei, seinem alten Kapitelsaal und vor allem mit seinen drei Kreuzgängen zu einem der schönsten Klöster Nordwestspaniens gezählt werden kann. Die Bibliothek ist ebenso sehenswert wie die Treppen und die alte Küche des Konvents.

Ossegg (Osek)/Tschechien

Die Zisterzienserabtei Ossegg/Osek in Nordböhmen, neun Kilometer westlich der Stadt Teplice in Tschechien, wurde 1193 von Waldsassen aus gegründet und auch besiedelt. 1421 zerstörten Hussiten das Kloster, aber es wurde 1666 glanzvoll erneuert, entging 1786 der Aufhebung und ist mit Bibliothek, Archiv und barockisierter dreischiffiger Basilika heute eine der wenigen vollständig erhaltenen Klosteranlagen Böhmens. Besonders kostbar sind der frühgotische Kapitelsaal, der Kreuzgang sowie die Brunnenkapelle.

Ossiach/Österreich

Die ehemalige Benediktinerabtei Ossiach am gleichnamigen See in Kärnten wurde um 1000 von einer bayerischen Adelsfamilie gegründet. Bis 1484 bestand am gleichen Ort auch ein Benediktiner-Frauenkloster, das nach dem Türkeneinfall im 16. Jh. jedoch nicht mehr weitergeführt wurde. Kaiser Karl V. stattete dem Kloster 1552 einen Besuch ab. Die in romanischer Zeit gebaute dreischiffige Pfeilerbasilika wurde in der Barockzeit prunkvoll ausgestattet, mit üppigen Stuckarbeiten, kostbaren Altären und einer reichen Kanzel geschmückt. Die größte Kostbarkeit der Stiftskirche ist der spätgotische Flügelaltar, der sich in einer ebenfalls gotischen Kapelle befindet. Nach der Aufhebung 1783 wurde die Stiftskirche zur Pfarrkirche erklärt. Von den Stiftsgebäuden wurden 1816 bedauerlicherweise mehrere Trakte abgebrochen. Von dem zwei- und dreigeschossigen Klosterbau sind nur der Gästetrakt, die Prälatur und die Repräsentationsräume erhalten geblieben. In der k. u. k. Monarchie wurden die Anlagen zum Sitz eines Gestüts für das Militär bestimmt. Heute hat sich um das Stift ein vielbesuchter Kurort entwickelt.

Osterhofen/Bayern/Deutschland

Das Prämonstratenserkloster Osterhofen (Austravia) wurde im 11. Jahrhundert gegründet, war zuerst eine Niederlassung der Benediktiner und wurde 1127 Prämonstratenserabtei. Die Ungarneinfälle im 10. Jahrhundert und die Brandkatastrophe im Jahr 1701 waren die schwersten Schicksalsschläge. In den Jahren 1726–83 wurde von dem genialen Baumeister Johann Michael Fischer und den beiden begnadeten Stuckateuren, den Gebrüdern Asam, eine der herrlichen Rokokokirchen Bayerns geschaffen. In dieser Zeit jedoch ruinierten die Folgewirkungen des Österreichischen Erbfolgekrieges das Kloster in einer Weise, dass es 1783 mit Genehmigung des Papstes aufgehoben werden musste. Die Kirche wurde Pfarrkirche und die Klostergebäude gingen nach einer Zwischenperiode schließlich in den Besitz der Englischen Fräulein über, die in Osterhofen eine Bildungsanstalt für Mädchen eröffneten.

Ostrog/Montenegro

Malerisch schmiegt sich das Kloster Ostrog in den zerklüfteten Felsen, der über die Zeta emporragt. Dieses berühmte Kloster Montenegros birgt in der Oberkirche das Grab des orthodoxen Metropoliten Vasilije. Die Oberkirche in ihrer gegenwärtigen Gestalt stammt aus dem Jahre 1665, die Unterkirche dagegen erst aus dem frühen 19. Jahrhundert. Das Kloster liegt 14 Kilometer südöstlich der Stadt Nikšić in jenem Gebiet, das ursprünglich von Illyrern bewohnt war, dann aber von den Römern, den Ostgoten, den Byzantinern und den Türken erobert wurde. Die friedlich im 7. Jahrhundert eingewanderten Slawen sind jedoch die eigentlichen Bewohner des

Landes – und so kamen die Mönche von Ostrog ausschließlich aus Montenegro und Serbien.

Otterberg/Rheinland-Pfalz/Deutschland

Nördlich von Kaiserslautern steht in der Pfalz eine großartige romanisch-frühgotische Pfeilerbasilika aus den Jahren 1190–1249, die einst zu dem 1561 aufgehobenen Zisterzienserkloster Otterberg gehörte. Erbaut wurde das Kloster 1144, es war eine Gründung der Abtei Eberbach im Rheingau. Während die Klosterbauten weltlichen Zwecken zugeführt wurden und heute nur noch der Kapitelsaal als solcher besteht, dient die Kirche beiden Konfessionen seither als Pfarrkirche. Dieser riesige, 80 Meter lange Bau mit einer dreiseitigen Apsis, herrlichen Fensterrosen und mächtigen Kreuzrippengewölben im Langhaus und in den Querfronten zeugt von der zisterziensischen Baukunst auch in diesem Gebiet.

Ottmarsheim/Frankreich

Die ehemalige Benediktinerinnenabtei Ottmarsheim im Oberelsass, Diözese Basel, wurde 1049 von dem Habsburger Graf Rudolf von Altenburg gegründet und war von 1272–1790 ein adeliges Damenstift. Die Abteikirche, ein zweigeschossiges Oktagon, ist nach dem Muster des Aachener Münsters erbaut, sie dient seit der Aufhebung als Pfarrkirche. Die Abteigebäude werden seit 1847 von der schweizerischen Kongregation der Ewigen Anbetung genutzt.

Ottobeuren/Bayern/Deutschland

Die Benediktinerabtei Ottobeuren, südöstlich von Memmingen im Alpenvorland gelegen, wird wegen seiner großzügigen Klosteranlage und seiner überaus prächtigen Barockkirche der »Schwäbische Escorial« genannt. Bis zur Säkularisation im Jahre 1802 war Ottobeuren ein Reichsstift, d. h. reichsunmittelbar. Der heutige Kneippkurort Ottobeuren entwickelte sich als kleine Siedlung seit dem Mittelalter bis zu dem inzwischen weithin bekannten Bad. Als unter Abt Rupert I. die Hirsauer Reform in Ottobeuren eingeführt wurde, erlebte das Kloster einen enormen Aufschwung. Im 16. Jahrhundert blühten Kunst und Wissenschaft an der Ottobeurer Akademie, die sogar zum Ausgangspunkt der Universität Dillingen an der Donau wurde. Im Dreißigjährigen Krieg richteten die durchziehenden Schweden schwere Schäden an den Abteigebäuden an. Die Abtei erholte sich jedoch wieder wirtschaftlich, so dass ein Jahrhundert später ein ausgedehnter und auch kostspieliger Neubau in Auftrag gegeben werden konnte. Zwischen 1737–66 entstand ein staunenswerter Klosterbau und eine prunkvolle Kirche, die 89 Meter lang ist und deren beide Türme 86 Meter aufragen. Der geniale Architekt Johann Michael Fischer hatte sich zwar an die Vorgaben zweier Vorgänger zu halten, konnte jedoch die mächtig dimensionierte Kathedrale letztlich doch »wie aus einem Guss« vollenden. Zu den innenarchitektonischen Wundern dieser Kirche gehören die Malereien von Johann Jakob und Franz Zeiller, die Skulpturen von Johann Christian und die reichhaltigen Stuckaturen von Johann Michael Feichtmayr. Drei Chororgeln und ein kostbar geschnitztes Chorgestühl tragen ebenfalls zum Ruhme dieser Kirche bei. Bereits 1802 aber kam das jähe Ende. Ottobeuren wurde säkularisiert, konnte dann aber 1834 abermals als Priorat neu eröffnet werden und ist seit 1918 wieder eine Benediktinerabtei. Nach der Säkularisation 1802 blieben die Mönche trotz Schikanen am Ort und hofften auf einen Neuanfang, der 1834 unter König Ludwig I. auch gelang. Seither widmen sich die Mönche der Seelsorge, der Krankenpflege und der Bildungsarbeit.

Ourscamp/Frankreich

Die ehemalige französische Zisterzienserabtei Ourscamp (Ursicampi) im Departement Oise wurde 1129 als Tochterkloster von Clairvaux gegründet. Die Abtei brachte eine Reihe hervorragender Äbte und Kirchenführer hervor und war wegen ihres Reichtums in ganz Frankreich bekannt. Seit 1556 setzte der Staat selbstherrlich Kommendataräbte ein, die nur die hohen Einkünfte des Klosters im Auge hatten. So waren beispielsweise Kardinal Mazarin, der König Kasimir von Polen und verschiedene Prinzen des Hauses Bourbon Äbte von Ourscamp. Dieses Pfründenunwesen ruinierte die Klosterzucht. Bei der Aufhebung der Abtei kamen wichtige Teile der Bibliothek nach Beauvais. Aus gotischer Zeit sind in der Kirchenruine noch der Kreuzgang, Grabdenkmäler und die Krankenabteilung erhalten, alle anderen Gebäude sind abgetragen.

P

Paderborn, Abdinghof/Nordrhein-Westfalen/Deutschland

Die ehemalige Benediktinerabtei Abdinghof in Paderborn wurde 1015 von Bischof Meinwerk gegründet und wurde sehr bald als Pflegestätte von Kunst und Literatur bekannt, auch in der Geschichtsschreibung ging ein wichtiges Annalenwerk aus der Abtei hervor. 1031 wurde die romanische Pfeilerbasilika mit Krypta eingeweiht. 1803 wurde das Kloster aufgelöst. Erhalten ist die Klosterkirche Peter und Paul als evangelische Pfarrkirche.

Padis/Estland

Die Zisterzienserabtei Padis in Estland, südwestlich von Reval und nicht allzu weit von der Ostseeküste gelegen, ist zwar nur als Ruine erhalten, spielte aber für die kulturelle Entwicklung des Landes eine bedeutende Rolle. Gefördert von Dänemarks König Erik Menved, beschützt durch den Bischof von Reval, ausgestattet mit ausgedehntem Landbesitz, waren die Mönche von Padis in der Lage, viele Bildhauer auszubilden und deren Erzeugnisse aus dem berühmten dort gewonnenen Wassalemer Marmor bis nach Deutschland auszuführen. Im Jahr 1448 gelangte das Kloster in den Besitz des Deutschen Ordens, der es zur Festung ausbaute. 1575 fiel es in die Hände der Russen, 1580 in die der Schweden, die es 1622 dem Burggrafen von Riga übergaben. Diese Schenkung war von König Gustav Adolf persönlich veranlasst worden. Das inzwischen von ihnen säkularisierte Kloster blieb 300 Jahre lang im Besitz der Nachkommen des Burggrafen.

Padua/Italien

Die Abbazia di Santa Justina mitten in Padua ist eine altberühmte Benediktinerabtei, die schon 734 bei der Basilika entstand, die über dem Grab der Märtyrerin Justina gebaut worden war. Die heutige gewaltige Kirche stammt jedoch aus dem 16. Jahrhundert und ist in reinem Renaissancestil gehalten. Das Kloster war fast durchgehend von hervorragenden Äbten geleitet worden und erfuhr bis zu seiner Aufhebung in napoleonischer Zeit eine stets aufwärts strebende Entwicklung. Im Jahr 1810 mussten die Mönche das Kloster verlassen, erst 1919 konnten wieder Benediktiner in Santa Justina einziehen. Heute unterhalten die Mönche ein Gästehaus, ein Studentenwohnheim, arbeiten in der Buchbinderei und der Bücher-Reparaturwerkstätte und betreuen die Besucher der Basilika.

Padula, Certosa di San Lorenzo/Italien

In der Hügellandschaft der Lucania am Rande Kalabriens liegt eines der weitläufigsten und einst reichsten Klöster Italiens, die Kartause San Lorenzo in Padula, 20 Kilometer südöstlich von Teggiano. Die Abtei besitzt den größten Kreuzgang der Welt, in dem leicht das Kolosseum von Rom Platz finden könnte, seine Fläche beträgt 12 260 Quadratmeter. Insgesamt hat das Kloster 13 Innenhöfe, 320 Räume und 151 Treppen. Gegründet wurde dieses Kartäuserkloster von Tommaso Sanseverino im Jahre 1306 und in der Folgezeit von Königen und Fürsten so reich beschenkt, dass es in der Barockzeit drei Baronien besaß und seine Ländereien an drei Meere grenzten, im Westen an das Tyrrhenische und im Osten an das Adriatische und Ionische Meer. Der große Ausbau von Kloster und Kirche erfolgte im 17. und 18. Jahrhundert im Stil des Barock. Die Kirche wurde großzügig mit weißen, goldgehöhten Stuckaturen geschmückt, das Kloster erhielt ein Treppenhaus, das als das phantasievollste von ganz Italien gilt. Die Kartause war auf Grund ihrer großen landwirtschaftlichen Güter ein vollkommen autarkes ökonomisches Gebilde mit Viehställen, Pferdekoppeln, Mühlen, einer Molkerei, einer Bäckerei, einem Weinkeller und einer Apotheke. Die Kartäuser betrieben in dem San Lorenzo geweihten Kloster eine Glockengießerei und unterhielten eine Anzahl von Werkstätten. Der glänzende Aufstieg wurde jäh 1806 unterbrochen, als französische Truppen das Kloster besetzten und vollständig ausplünderten. Bis zur endgültigen Aufhebung im Jahre 1866 fristeten die einst so wohlhabenden Kartäuser nur noch ein kümmerliches Dasein in ihrer leergeräumten, einst so luxuriösen Behausung. 1882 wurde dann endgültig die Anlage unter Denkmalsschutz gestellt. Im Ersten Weltkrieg war die Certosa ein Militärgefängnis und ein Gefangenenlager. Nach wie vor ist jedoch das Kloster eines der schönsten Bauwerke in Unteritalien und beherbergt seit langem schon das Archäologische Museum für das westliche Lukanien.

Paisley Abbey/Großbritannien

Die ehemalige Benediktinerabtei Paisley Abbey in Schottland steht mitten in der Industriestadt Paisley im Südwesten von Glasgow. Im 7. Jahrhundert hatte an diesem Platz der keltische Heilige, der Mönch Mirren, eine Kapelle gebaut. Im Jahr 1171 gründete an dieser Stelle Walter Fitz Alan ein Benediktinerkloster und holte sich dafür Mönche aus Wenlock, einer Abtei, die durch die strengen Regeln von Cluny geprägt war. Aus dem zuerst entstandenen Priorat wurde 1219 eine Abtei, die aber 1307 von den Engländern zerstört wurde. 1450 baute man das Kloster wieder auf. In dieser spätgotischen Form sind auch jene Reste erhalten, die nach verschiedenen Zerstörungen und Umbauten noch heute erkennbar sind. Aus denkmalpflegerischen Gründen begann im 19. Jahrhundert eine größere Restaurierung, die sich im 20. Jahrhundert fortsetzte. So schuf beispielsweise der berühmteste schottische

Meister der modernen Glasmalerkunst, Douglas Strachan (1875–1950), das große Ostfenster der Abtei neu. In satten Farben und moderner Malweise werden in diesem herrlichen Werk kirchengeschichtliche Themen verbildlicht. Man hat die Abtei auch »Die Wiege der Stuart-Könige genannt, weil in der Kapelle aus dem Jahr 1499 Prinzessin Marjory, die Tochter von König Robert the Bruce, begraben liegt. Ihr Sohn, König Robert II., war der erste Stuart-König.

Palermo/Italien

Die große Benediktinerabtei San Martino delle Scale, auch genannt Monastero dei Benedettini liegt etwa 10 Kilometer außerhalb von Palermo in einem schönen Tal und geht in ihren Ursprüngen bis ins Jahr 590 zurück. Gegen Ende des 9. Jahrhunderts plünderten und zerstörten die Sarazenen das Kloster. Erst um 1347 entstanden aus den Ruinen die neuen Abteigebäude. Von der Zeit der Renaissance bis zur Aufhebung gegen Ende des 19. Jahrhunderts wurde die Klosterkirche kostbar ausgestaltet und viele Kunstwerke für den Innenraum geschaffen. Die zahlreichen Malereien von Künstlern der Flämischen Schule, die große Orgel und die Schnitzereien im Chor sind äußerst sehenswert. Heute bieten die Mönche ein dichtes Programm von Kursen, Exerzitien und Tagungen an, unterrichten an der Theologischen Fakultät von Palermo und an der klostereigenen Akademie der Schönen Künste und betreuen die örtliche Pfarrei.

Panagía Olympiotissa/Griechenland

Im Südwesten des vielfach gegliederten Olympos-Gebirges bei dem Städtchen Elássona in Thessalien liegt auf dem sogenannten Akropolis-Hügel das griechisch-orthodoxe Kloster Panagía Olympiotissa (Muttergottes vom Olymp), das von Kaiser Andronikos II. (1282–1328) gestiftet wurde. Die Klosterkirche stellt einen Kreuzkuppelbau mit hohem Tambour und flacher Kuppelhaube dar. Die Fresken der Kirche stammen aus der Paläologenzeit und die Ikonostasis aus dem 19. Jahrhundert. Die Muttergottes-Ikone des Klosters aus dem Jahre 1296 wird als wundertätig verehrt.

Pannonhalma/Ungarn

21 Kilometer südöstlich von Györ erhebt sich auf einem 282 Meter hohen Hügel die mächtige Benediktiner-Erzabtei Pannonhalma (Hügel Pannoniens). Die Erhebung gilt als heiliger Berg Ungarns und das Kloster als Nationalheiligtum und größtes Wallfahrtszentrum des Landes. Der zweite Name der Abtei ist Martinsberg, weil der heilige Martin von Tours in unmittelbarer Nähe des Klosters geboren sein soll. Gegründet wurde Pannonhalma 996 durch den Arpadenfürsten Géza und von seinem später heiliggesprochenen Sohn, Stephan I., mit großen Schenkungen bedacht. Die

zur Festung ausgebaute Abtei konnte auch beim Tartarensturm 1241 erfolgreich verteidigt werden und erwies sich als einzige Bastion als uneinnehmbar. Das Kloster wurde im Laufe der Türkenstürme im 16. Jahrhundert dann wiederum befestigt, aber dreimal von ihnen eingenommen und schließlich wurde aus der Klosterkirche eine Moschee gemacht. Erst im Jahre 1638 konnten die Benediktiner zurückkehren. Nun begann der Neuaufbau der Klostergemeinschaft und eine sorgsame Renovierung der Kirche und der Konventsgebäude. Die Erzäbte erhielten Magnatenrang, eine reichhaltige Bibliothek mit 350 000 Bänden und wertvollen Handschriften gilt seither als Herz- und Glanzstück der Abtei. 1786 hob Kaiser Joseph II. das Kloster auf, aber Kaiser Franz I. stellte sie bereits 1802 wieder her – unter der Bedingung, öffentliche Lehranstalten in Pannonhalma einzurichten. Die beiden Weltkriege des 20. Jahrhunderts und die kommunistische Zeit hat die Erzabtei trotz drückender Auflagen überstanden. Mit einem Personalbestand von 130 Mönchen ist Pannonhalma heute das größte Benediktinerkloster Osteuropas.

Paray-le-Monial/Frankreich

Die am Ufer der Bourbince gelegene ehemalige Benediktinerabtei Paray-le-Monial ist die Zierde des gleichnamigen Städtchens im Departement Saône-et-Loire in Burgund. Die herrliche romanische Basilika im Stile des Mutterklosters wurde früh schon als Klein-Cluny bezeichnet. Gegründet wurde das Kloster 977 und 999 als Priorat der Abtei Cluny unterstellt. Die Kirche Notre-Dame im Stil der burgundischen Frühromanik stellt eine breite und ziemlich hohe (22 Meter) dreischiffige Basilika dar, mit kurzem Langhaus, einem Querschiff, einer Doppelturmfassade und einem 56 Meter hohen mächtigen Vierungsturm. Die Kirche blieb vollkommen erhalten, die Klostergebäude fielen der Verstaatlichung zum Opfer. Da sich jedoch schon 1644 in der Stadt ein Salesianerinnenkloster etablierte und von da aus von der 1690 gestorbenen heiligen Marguerite-Marie Alacoque der Herz-Jesu-Kult begründet wurde, entwickelte sich Paray-le-Monial zu einem Wallfahrtszentrum. Die Klosterkirche trägt daher seit 1875 den Namen Herz-Jesu-Basilika.

Parc, Abbaye du/Belgien

Die von Gottfried dem Bärtigen, Herzog von Brabant, 1129 gestiftete Prämonstratenserabtei in Héverlé, zwei Kilometer südlich von Löwen, wurde als Tochterkloster von St. Martin in Laon gegründet. Durch reiche Dotationen konnte es sich zu einer bedeutenden Ordensniederlassung entwickeln und gelangte bald zu hoher kultureller Blüte. Das gilt auch für die Geschichtsschreibung, denn in Parc entstanden vom 12. bis zum 15. Jahrhundert die bedeutenden Annales Parchenses. 1789 wurde die Abtei zwar durch Joseph II. aufgehoben, aber bereits 1802 wiedereröffnet und bildet mit seiner barocken Kirche ein herrliches Architekturensemble aus dem 16. und 17.

Jahrhundert. Der Name der Abtei geht auf ein großes Jagdgebiet zurück, das ursprünglich wie ein Waldpark das Kloster umgab. Berühmt ist die Bibliothek, die im 17. Jahrhundert errichtet und von J. C. Hansche mit Hochreliefs geschmückt wurden. Vollständig wie hier haben sie sich in keinem anderen Bibliotheksraum der Welt erhalten.

Paris, Saint-Denis/Frankreich

Man hat die Benediktinerabtei St. Denis, sieben Kilometer nördlich von der Pariser Stadtmitte entfernt, das erste Kloster und das Mausoleum Frankreichs genannt, denn in seiner Kirche wurden 25 Könige, zehn Königinnen und 64 Prinzen und Prinzessinnen bestattet; das letzte königliche Begräbnis fand für Ludwig XV. im Jahr 1774 statt. Da die feierlichen Begräbnisse ein Staatsakt waren und der gesamte Hof, alle Diplomaten und der Adel Frankreichs daran teilnahmen, wurde dieses Kloster nicht nur königlich gefördert, sondern galt geradezu als königliches Kloster. Gegründet im Jahre 623 von König Dagobert über der Grabstätte des heiligen Dionysius von Paris, entwickelte sich früh schon St. Denis zu einem Kulturzentrum besonderer Art, aus dem berühmte Theologen, Philosophen und Geschichtsschreiber, Staatsmänner und Künstler hervorgingen, vor allem Fulrad, Hilduin und Suger. Die Normannen plünderten das Kloster zweimal (857 und 865) und später im Jahre 1567 auch die Hugenotten. Die 108 Meter lange Kathedrale mit ihrem Vorschiff zwischen den beiden Türmen wurde wie das Kloster selbst zwischen 1700 und 1786 grundlegend umgebaut oder auch neu gestaltet, so dass ein wahrhaft königliches Ensemble entstand, das der Hauptarchitekt des Königs, Robert de Cotte, einem Königsschloss ähnlich aufführte, in dem neben festlichen Sälen auch das Gefängnis nicht fehlen durfte. In der Französischen Revolution stürmten die Aufständischen die Abtei und zerstörten in einem barbarischen Akt alle Gräber. Die völlig ausgeplünderten Gebäude ließ Napoleon 1809 in eine Mädchenerziehungsanstalt für die Waisen der Ehrenlegion umwandeln. Die von Alexander Lenoir während der Revolution geretteten Grabdenkmäler wurden 1816 auf Anordnung Ludwigs XVIII. wieder in die Basilika gebracht. Die ehemaligen Abteigebäude dienen heute als Museum für Kunst und Geschichte.

Paris, Sainte-Marie/Frankreich

Die Benediktinerabtei Sainte-Marie in der Rue de la Source in Paris wurde im Jahr 1900 als Studienkloster für alle Mönche gegründet, die sich zu wissenschaftlichen Arbeiten und Forschungen kürzer oder länger in der französischen Hauptstadt aufzuhalten hatten. Die antikirchlichen Gesetze von 1901 unterbrachen dieses Vorhaben jedoch bis 1919, dann kehrten die Mönche zurück und das Kloster wurde 1925 Abtei. Heute ist es ein Hort der Wissenschaft mit einer Bibliothek von 120 000 Bänden und hält ihr Gästehaus allen benediktinischen Gelehrten und Studenten aus aller Welt offen. Der aus einem Dutzend Mönchen bestehende Konvent widmet sich selbst ausschließlich der wissenschaftlichen Arbeit.

Parma/Italien

Die Abbazia di San Giovanni Evangelista mit ihrer mächtigen Basilika ist seit alters die zentrale Benediktinerabtei der Stadt Parma. Um 980 von Sigifredo II., dem Bischof von Parma, gegründet, verlief die Entwicklung des Klosters bis zum Ende des 15. Jahrhunderts völlig ruhig und ohne große Ereignisse, dann jedoch setzte eine Zeit größten Aufbruchs ein, die zu einer prachtvollen Erneuerung der Kirche und des Klosters in reinen Renaissanceformen führte (1498–1520). Berühmte Künstler wurden berufen, die an der Ausgestaltung des Gotteshauses und der Konventsgebäude mitwirkten: Corregio, Parmigianino, Anselmi, Francia Mazzoli-Bedoli und andere. Im 19. Jahrhundert wurde das Kloster dreimal aufgelöst (1800, 1849, 1866) und dreimal wiedererrichtet. Gegenwärtig betreut die Abtei ein Studentenwohnheim der Universität Parma, gibt eine Zeitschrift heraus, betreibt eine Landwirtschaft und betreut Gäste, die zu innerer Einkehr ins Kloster kommen. Äußerst sehenswert ist die Abteikirche mit ihren hohen Arkadenbögen, die das Mittelschiff von den Seitenschiffen trennen.

Passau, Niedernburg/Bayern/Deutschland

Die ehemalige Benediktinerinnenabtei Niedernburg in Passau wurde von den bayerischen Herzögen Otilo und Tassilo 738 gegründet, reich dotiert und später unter Karl dem Großen zur kaiserlichen fränkischen Reichsabtei erhoben. Der Nordwald bei Passau war gänzlich im Besitz der Abtei. Mehrere Angehörige der kaiserlichen Familie waren Äbtissinnen von Niedernburg, wie z. B. Gisela, die Schwester Heinrichs II. Nach der Aufhebung 1807 dauerte es nur knapp eine Generation, bis wieder das klösterliche Leben in der alten Abtei aufgenommen werden konnte. Seit 1836 ist Niedernburg Eigentum der Englischen Fräulein und Mutterhaus der Ostbayerischen Provinz dieser Ordensgenossenschaft, deren Mitglieder in verschiedensten Schulzweigen unterrichten.

Patirion/Spanien

Das in der Provinz Cosenza in Kalabrien gelegene ehemalige Basilianerkloster wurde im 12. Jh. gegründet, war seit dem 15. Jh. bereits im Niedergang und wurde 1806 aufgelöst. Weltberühmt wurde dieses Kloster, weil in ihm der aus dem 6. Jh. stammende Codex Purpureus Rossanensis aufgefunden wurde. Diese mit silbernen Buchstaben auf Purpurpergament geschriebene Prachthandschrift wird heute im Diözesanmuseum des nahe gelegenen Städtchens Rossano aufbewahrt. Die erhalten gebliebene Klosterkirche von Patirion ist dreischiffig, hat drei Apsiden im byzantinischen Stil, im Innenraum schöne Kapitelle und einen sehenswerten Mosaikfußboden.

Patmos/Griechenland

Die gewaltige 900jährige Klosterburg Agios Joannis auf Patmos, der nördlichsten der griechischen Dodekanes-Inseln, liegt auf einem 130 Meter hohen Hügel im Süden und hat die Form eines vieleckigen Kastells. Dieses griechisch-orthodoxe Kloster ist dem Evangelisten Johannes geweiht, der auf dieser Insel als Verbannter der Römer die Geheime Offenbarung (Apokalypse) seinem Schüler Prochoros diktiert haben soll. Seit dem vierten Jahrhundert, nachdem das Christentum römische Staatsreligion geworden war, wird daher Johannes als Schutzpatron der Insel verehrt. Gegründet wurde das große Kloster 1088 von dem Mönch Christodulos, der von Kaiser Alexios I. Komnenos die Insel zur Erbauung eines Klosters zugesprochen erhielt. Die unteren Mauern der aus braunem Vulkangestein erbauten Klosterfestung stammen noch aus dem 11. Jahrhundert, sie wurden im 15. und 16. Jahrhundert noch erheblich verstärkt. Das Kloster, das in seinen Glanzzeiten bis zu 300 Mönche zählte, wuchs zu einem der bedeutendsten geistigen und wirtschaftlichen Zentren des östlichen Mittelmeerraumes heran. Seine reiche Schatzkammer und die besonders kostbare Bibliothek haben bis heute alle Wirren der Zeit überstanden. Die Kaiser in Konstantinopel hatten dem Kloster volle Steuerfreiheit gewährt, vor allem aber das Recht, eine eigene kleine Flotte zu unterhalten. Das Gotteshaus des Klosters ist eine Viersäulen-Kreuzkuppelkirche mit kostbaren Ikonen und einer reichverzierten Ikonostasis. Neben diesem Großkloster bestehen auf der Insel noch drei weitere kleinere Konvente, einmal das Offenbarungskloster aus dem 17. Jahrhundert und zum zweiten die Nonnenklöster Zoodochos Pigi und das erst 1936 erbaute Evangelismu am Hang des Inselberges Profitis Ilias. Von den Athos-Klöstern abgesehen, gilt in der griechisch-orthodoxen Welt das große Patmos-Kloster vor allem als die bedeutendste Schatztruhe der byzantinischen Kunst.

Paulinzella/Thüringen/Deutschland

Die ehemalige Benediktinerabtei Paulinzella in Thüringen, Kreis Rudolstadt, legt selbst noch als Ruine Zeugnis ab von der hohen romanischen Baukunst, die einst die prächtige Säulenbasilika bei diesem Kloster auszeichnete. Gegründet zwischen 1102 und 1105, wurde der Konvent Hirsau unterstellt und von den neuen Raumvorstellungen dieses Reformklosters stark beeinflusst. Nach der Reformation wurde das Kloster verlassen, es zerfiel und wurde bis in das 18. Jh. als Steinbruch benutzt. In der Zeit der Romantik entdeckte man die Schönheit der Ruine dieses mächtigen

Klosters und sicherte die Reste des Langhauses und der Vorhalle. In den Jahren 1964–68 wurde der Bau durch neue denkmalspflegerische Sanierungsmaßnahmen vor weiterem Zerfall geschützt.

Pauluskloster/Ägypten

Das koptische Pauluskloster (Deir Man Bolos) liegt in einem hufeisenförmigen Talkessel am Ende des Wadi Deir in Oberägypten. Das inmitten der Gebirgswildnis gelegene Kloster hat nur eine Gesamtfläche von eineinhalb Hektar und wird von einer 455 Meter langen Umfassungsmauer geschützt. Drei Quellen sorgen für Wasser und Fruchtgärten für die Ernährung. Das Kloster soll im 4. Jahrhundert etwa an der Stelle gegründet worden sein, wo sich der heilige Paulus aus Theben rund 60 Jahre seines Lebens aufgehalten haben soll. Der heilige Einsiedler wurde in der Krypta der ältesten der drei Kirchen des Klosters beigesetzt. Ziemlich in der Mitte des Klosters erhebt sich der einstige Befestigungsturm, von dem aus man einen guten Blick bei klarer Sicht bis zur Halbinsel Sinai hat.

Pavia, Certosa di Pavia/Italien

Das schönste Kloster der Kartäuser liegt sieben Kilometer nördlich der alten Langobardenhauptstadt Pavia in der Tiefebene des Ticino, vollständig erhalten in all ihrer Pracht. Die durch die Ordensregel vorgeschriebene Einfachheit der Kartäuser steht in eklatantem Widerspruch zum glanzvollen Bau ihres Klosters und ihrer Kirche mit ihrer monumentalen Fassade. Dieser Gegensatz erklärt sich aus der Tatsache, dass im Jahre 1396 diesen Bau Giovanni Galeazzo Visconti als Sühnestiftung für ein Verbrechen begründet hatte und die Visconti-Herzöge die gesamte Anlage als Mausoleum für ihre Familie vorgesehen hatten. Was die Visconti begannen, führten die Sforza kontinuierlich weiter und förderten das Kloster auf diese Weise in jedem Jahrhundert durch außerordentliche Zuwendungen. Ein prächtiger Komplex entstand mit zwei Kreuzgängen, vielen Zellenhäuschen, einem Vorhof, einer Pilgerherberge mit Apotheke, einer dreischiffigen, 77 Meter langen Kirche, die in gotischer Zeit begonnen, im Zeitalter der Renaissance aber erst vollendet wurde. Die reiche Fassade aus weißem Marmor im Stil der oberitalienischen Frührenaissance, gilt vielen Kunsthistorikern als unübertrefflicher Gipfel der Fassadengestaltung.

Peć, Patriarchenkloster/Kosovo

Der Sitz des serbisch-orthodoxen Erzbischofs (Patriarchen) ist seit dem 13. Jahrhundert Peć im Kosovo am Ausgang der Rugovo-Schlucht im Angesicht des 2700 Meter hohen Prokletije-Gebirges. Ursprünglich war der Sitz dieses höchsten serbischen Kirchenfürsten Žiča an der ungarischen Grenze gewesen, bis er aus Sicherheitsgründen dann in den Talgrund bei Peć verlegt wurde. Die nahe Stadt Peć garantierte eine schnelle Verbindung zur Außenwelt, so dass die klösterliche Anlage in relativer Abgeschiedenheit ihr Eigenleben aufrecht erhalten konnte. Selbst als das serbische Patriarchat 1766 von den Türken dem Patriarchen von Konstantinopel (Istanbul) unterstellt und dann 1920 nach Belgrad verlegt wurde, blieb Peć der eigentliche religiöse Mittelpunkt Serbiens. In der ersten Hälfte des 13. Jahrhunderts entstand in dem dicht bewaldeten Tal die Apostelkirche, genau daneben baute man 1316 die Demetriuskirche und als Drilling gewissermaßen folgte die Kirche der Muttergottes Hodegetria. Damit lagen drei unterschiedliche Kirchen Wand an Wand unmittelbar nebeneinander, so dass sie mit einer gemeinsamen Vorhalle ausgestattet werden konnten. Diese einmalige Baustruktur in der Kirchengeschichte erhielt dann den übergreifenden Namen »Patriarchenkloster«. Die einschiffige Apostelkirche wirkt von außen schlicht und lässt in ihren Fresken noch die starke Bindung an die byzantinische Tradition erkennen, während in der Demetriuskirche die dargestellten Personen schon mit individuellen Zügen ausgestattet sind. An die Muttergotteskirche ist um 1330 auch noch die Kapelle des heiligen Nikolaus angebaut worden. Alles in allem stellt der gesamte Gebäudekomplex ein bedeutendes Erbe der serbischen Architektur aus dem Mittelalter dar, bereichert auch noch durch den wie durch ein Wunder geretteten Klosterschatz, der kostbare Handschriften, Ikonen und Steinskulpturen umfasst.

Pecos, Our Lady of Guadelupe/USA

Das Kloster »Our Lady of Guadelupe« wurde 1955 gegründet und liegt in Pecos, New Mexiko. Von Beginn an fanden Meditation und Liturgie in dem Kloster eine allseits anerkannte Heimstätte. Familien-Exerzitien und Ehevorbereitungsseminare gehören zu den Hauptaufgaben ihrer Mönche. Die von Pecos ausgehenden Neugründungen in Arizona, Kalifornien und Hawaii sind von gleichem Geiste beseelt. 1973 wurde das Kloster Abtei, trat der Olivetaner Kongregation bei und pflegt die Tradition der Doppelklöster. Eine rege Verlagstätigkeit ist ein weiteres Kennzeichen von »Pecos Benedictine Monastery«, wie die Abtei auch genannt wird.

Pelplin/Polen

Die ehemalige Zisterzienserabtei Pelplin (Polplinum, Papelin, Mons S. Mariae, Neu-Doberan) in Westpreußen, östlich von Stargard, war zuerst unter dem Namen Neu-Doberan landläufig bekannt, weil es 1258 auf Gütern der Abtei Doberan entstanden war und 1276 von Herzog Mestwin auf sein Gut Pelplin verlegt wurde. Die Klosterkirche und der herrliche Kreuzgang stammen aus dem Spätmittelalter. Das Mittelschiff wird von einem Sterngewölbe, das Querhaus von einem Netzgewölbe überspannt. Die Ausstattung ist überwiegend barock, vor allem der wuchtige Hochaltar. Das Stift wurde 1823 aufgehoben, Pelpin wurde jedoch Sitz des Bischofs von Kulm (Chelmno), so dass die Abteikirche zur Kathedrale erhoben wurde. Die Kirche und die Abteigebäude haben den Zweiten Weltkrieg überstanden.

Peramiho/Tansania

Eine der größten Abteien auf dem Boden des afrikanischen Kontinents ist die Benediktinerabtei Peramiho in Tansania, die im höher gelegenen Inland im Südwesten des Landes zu finden ist. Gegründet 1898 noch im damaligen Deutsch-Ostafrika von den Missionsbenediktinern von St. Ottilien in Oberbayern, wurde das 1927 zur Abtei erhobene Peramiho eine der wichtigsten Ausbildungsstätten für kirchliches Personal in der neugeschaffenen Erzdiözese Songea. Peramiho ist gleichzeitig Pfarrei mit 28 000 Gläubigen und unterhält eine große Berufsschule und eine Krankenpflegeschule, das Kloster betreibt eine Druckerei, versorgt eine ausgedehnte Farm und hat ein Krankenhaus mit über 300 Betten und zwei Lepra-Siedlungen eingerichtet.

Pereslawl Salesski, Bergkloster/Russland

Auf einem Steilhang im Süden der Stadt Pereslawe Salesski in der Nähe des Pleschtschejewo-Sees liegt das berühmte Bergkloster, dessen genauer Name jedoch lautet: »Kloster zu Mariä Entschlafen auf dem Berg«, gegründet in der ersten Hälfte des 14. Jahrhunderts unter dem Großfürsten Wladimir. Da in der orthodoxen Kirche das in Westeuropa nicht bekannte Fest »Mariä Entschlafen« gefeiert wird, tragen in Russland eine Reihe von Klöstern diesen Namen. 1382 wurde das Kloster zusammen mit der Stadt von den Horden des Tatarenkhans Tochtamysch geplündert, aber es wurde bald wieder von der Gattin des Moskauer Großfürsten Dmitri Donskoi erneuert. Die Großzügigkeit von Fürsten und Zaren bewirkte einen glanzvollen Aufstieg des Klosters, das im Spätmittelalter viele Dörfer, Ländereien, Wälder, Mühlen und Salzsiedereien besaß. Über das Schicksal von Klöstern entschieden seit alters jedoch vielfach Instanzen, die nicht von den Mönchen abhängig, sondern höheren Orts angesiedelt waren. Im Jahr 1744 entschied der Zar mit dem Patriarchen, ein selbstständiges Bistum Pereslawl Salesski zu bilden und diesem ein umfangreiches Territorium zuzuweisen, das aus dem Moskauer Großbistum herausgelöst wurde. Das Bergkloster wurde zur Residenz des neuen Erzbischofs bestimmt. Der Abt wurde Bischof und das Kloster wurde Domkloster. Man errichtete daher eine große prächtige Kathedrale und wollte das ganze Kloster zu einem festlichen Bischofssitz ausbauen, da entschied Katharina die Große, das Bistum 1788 aufzulösen und wieder nach Moskau zurückzuverlegen. Die wunderschöne Bergklosterkirche wurde nun Stadtkirche, da auch das Kloster aufgelöst worden war. In die Gebäude zog dann erst wieder 1881 das Geistliche Seminar ein. 1919 eröffnete die Sowjetmacht im ehemaligen Bergkloster eines der ersten Museen des revolutionären Russland, in das auch konfiszierte Sammlungen aus Landsitzen und geschlossenen Klöstern und Kirchen verbracht wurden. Auf diese Weise wuchs das Museum im Bergkloster zu einem der reichhaltigsten Museen der einstigen Sowjetunion. Ein architektonisches Kunstwerk ist allerdings schon allein die von vielen Kuppeln bekrönte Mariä-Entschlafens-Kathedrale mit ihren großartigen Malereien, Stuckarbeiten und Plastiken. Blickfang des Klosterensembles ist der Glockenturm, dazu kommen die Kirche Allerheiligen, eine Kapelle, die Tore und Türme der Klostereinfriedung und die Nikolaus-Torkirche, die sich – wie so oft in Russland – auf dem Tor selbst befindet.

Pereslawl Salesski, Niketas-Kloster/Russland

Der byzantinische Märtyrer Niketas gab dem mauerumgürteten Wehrkloster auf den Nordhängen der Stadt Pereslawl Salesski seinen Namen. Dieses ursprünglich kleine Kloster wurde 1528 unter Zar Iwan dem Schrecklichen in die Reihe der befestigten Stützpunkte an der strategisch wichtigen Straße von Moskau nach Archangelsk miteinbezogen und in den Jahren 1561–64 zu einem Festungskloster mit starken Mauern, sechs Türmen, Brüstungen, Zinnen, Pechnasen und Schießscharten ausgebaut. Die reichen Dotierungen (Ländereien und Leibeigene) ermöglichten dem Kloster den Bau der riesigen Niketas-Kathedrale, eines Kreuzkuppelbaus mit fünf Kuppeln, deren mittlere einen Durchmesser von sechs Metern aufweist. Im 17. Jahrhundert konnte das Kloster 15 Tage lang polnischen Belagerern erfolgreich standhalten, jedoch zu einem hohen Preis: Fast alle Verteidiger fanden dabei den Tod. Zwei weitere Kirchen innerhalb des Klostergebäudes tragen zum Ruf des Klosters als kunsthistorischem Anziehungspunkt bei: die ebenfalls fünfkuppelige Mariä-Verkündigungskirche mit dem Refektorium und die Nikolaus-Kirche. Ein wuchtiger viergeschossiger Glockenturm erhebt sich seit 1818 über dem Einfahrtstor.

Pereslawl Salesski, Theodoros-Kloster /Russland

Auf einem Hang rechts an der von Moskau kommenden Einfahrtsstraße erhebt sich in der Stadt Pereslawl-Salesski das erstmals im 15. Jahrhundert erwähnte Theodoros-Kloster. Hauptbau ist innerhalb des Klostergeländes die Theodoros-Kathedrale, die 1557 auf Anweisung von Zar Iwan dem Schrecklichen anlässlich der Geburt seines Sohnes Fjodor errichtet wurde. Auf einem massigen Unterbau sitzen fünf asymmetrische Kuppeln, die zu dem malerischen Anblick dieses Klosters beitragen. Nach dem Fall der Sowjetmacht wurden auch die anderen Bauten des gesamten Ensembles wie die Kathedrale selbst gründlich renoviert. Hierbei handelt es sich um die 1710 errichtete Mariä-Opferkirche, dann um die Spitalkirche der Gottesmutter von Kasan aus dem Jahr 1713 und um eine ältere Kapelle. Alle Klosterbauten waren zur Sowjetzeit in ein Forschungsinstitut umgewandelt worden.

Pernegg/Österreich

Das ehemalige Prämonstratenserstift Pernegg bei Hötzelsdorf in Niederösterreich wurde 1153 von der Gräfin von Pernegg als Nonnenkloster gegründet und stand stets unter der Leitung des Stiftes Geras. 1562 starben wegen der Pest die Chorfrauen aus. Erst 1584 konnte der Konvent als Prämonstratenser-Chorherrenstift wieder eröffnet werden. Zwei Jahre später schon wurde die Stiftskirche St. Andreas neu gebaut, die spätere Erweiterungen in eine seltene, sehr gelungene Stilmischung aus Spätgotik, Renaissance und Barock verwandelten, so dass diese Kirche als eine der schönsten im Waldviertel gelten kann. 1783 wurde das Stift aufgehoben, gelangte später aber wieder in den Besitz von Geras. Lange Zeit war es Internat, dann beschlagnahmte 1939 der Arbeitsdienst die Gebäude, später wurde es Caritas-Ferienheim. Die Kirche dient seit der Säkularisation als Pfarrkirche.

Perugia/Italien

Die Badia di San Pietro in Perugia ist heute nur noch ein Priorat der Benediktiner, war jedoch einst eine der reichsten Abteien Italiens. Gegründet 969 von Pietro Vincioli von Montelagello, wurde das Kloster in der Folgezeit von Päpsten und Kaisern mit großen Ländereien beschenkt, die von den Mönchen in hervorragender Weise kultiviert und bewirtschaftet wurden. In der Glanzzeit des Klosters im Spätmittelalter verfügte die Abtei über 2000 Hektar Land, und 124 Kirchen waren in einem weitverstreuten Gebiet von ihr abhängig. Zwischen 1400 und 1550 verpflichtete die Abtei die besten Künstler der Zeit: Raffael, Perugino, Vasari, Bonfigli, Alfani, Caravaggio, Sassoferrato und Reni, Vasillacchi und Guercino, deren Kunstwerke unter Napoleon zumeist geraubt und nach Frankreich gebracht wurden. In der zweiten Hälfte des 19. Jahrhunderts hob der italienische Staat das Kloster auf und konfiszierte den gesamten Grundbesitz. Die Mönche in ihrem klein gewordenen Konvent sind heute mehr oder weniger nur noch die Kustoden der verbliebenen Bibliothek, des Archivs und der kostbaren Kirche mit ihrer herrlichen Kassettendecke.

Peterlingen (Payerne)/Schweiz

Die ehemalige Benediktinerabtei Peterlingen (Payerne, Paterniacum) liegt im Schweizer Jura, Kanton Waadt (Vaud) und birgt mit seiner ehem. Abteikirche Notre Dame eines der schönsten Beispiele cluniazensischer Architektur in Europa. Gegründet 962 von Königin Bertha, der Gemahlin des burgundischen Königs Rudolf II., gelangte das Kloster bald darauf an die Abtei Cluny und wurde 1033 dem Reich einverleibt. Nach verschiedenen Herrschaftswechseln gelangte der Konvent an das

Haus Savoyen und später an Bern. 1536 wurde das Kloster aufgehoben und weltlichen Zwecken zugeführt. Die großartige Abteikirche wurde im 11. Jahrhundert errichtet und bot nach ihrer Fertigstellung einen so imposanten Anblick, dass sich 1033 Kaiser Konrad II. in dieser dreischiffigen Pfeilerbasilika krönen ließ. Die im Innern aus gelben und grauen Quadern errichtete Basilika gilt als die bedeutendste romanische Kirche der Schweiz.

Petersberg/Sachsen-Anhalt/Deutschland

Landschaftsbeherrschend erhebt sich auf einem Höhenzug des Saalkreises nördlich von Halle das ehemalige Augustiner-Chorherrenstift Petersberg. Gegründet 1124, erhielt das Stift bald eine romanische Basilika als Klosterkirche, die allerdings zweimal einem verheerenden Brand zum Opfer fiel. Da in der Basilika jedoch die wettinischen Herrscher bestattet worden waren, errichteten denkmalspflegerisch begeisterte Förderer die Kirche in den Jahren 1853–57 wieder in ihrer romanischen Gestalt. Zwischen 1950 und 1970 erfolgten umfangreiche Restaurierungen. Die in der Zeit der Renaissance (1567) geschaffene Wettiner Grabanlage ist bis heute erhalten.

Petschory-Kloster/Russland

Das russisch-orthodoxe Petschory-Kloster liegt in einem Tal zwischen zwei steil emporragenden Bergen versteckt am Fluss Kamenez fünfzig Kilometer westlich von Pskow und wird auch als Höhlenkloster bezeichnet, weil die dazugehörige Mariä-Entschlafens-Kathedrale ganz in den Fels geschlagen wurde. Ferner liegt auf dem Klostergelände eine Höhle, in der ungefähr 11 000 Mönche und Wohltäter des Klosters bestattet sind. Die Höhle trägt den Namen »Die von Gott geschaffene«, weil in ihr aus bisher noch nicht geklärten Gründen kein Leichnam verwest. In der Höhle herrscht eine konstante Temperatur von plus fünf Grad Celsius. Verwesungsgeruch ist in keiner Weise zu bemerken. Das Kloster wurde 1473 gegründet, bald darauf von Truppen aus Livland zerstört, aber 1520 wiederhergestellt. Danach wurde das Kloster mit starken Mauern umgeben. Das in ganz Nordrussland gut bekannte Kloster erhielt viel Land zur Bewirtschaftung. Im Laufe der Jahrhunderte entstanden zehn Kirchen. Neben der Mariä-Entschlafenskirche sind besonders zu nennen die Verkündigungskirche, die Mariä-Reinigungskirche und die Kirchen der Heiligen Nikolai und Lazarus sowie die Kirche des Erzengels Michael. Die Beziehungen zum Höhlenkloster in Kiew waren sehr eng und das Kloster zählte stets viele Mönche. Die Sowjetzeit brachte für die Mönche Unterdrückung und Verfolgung, die Gebäude blieben erhalten und konnten nach dem Fall der kommunistischen Herrschaft wieder erneuert werden. Im Jahre 2004 lebten wieder 73 Mönche und 31 Novizen im Petschory-Kloster.

Pfäfers/Schweiz

Eines der ältesten und bedeutendsten Klöster der Schweiz ist die im Kanton Sankt Gallen gelegene ehemalige Benediktinerabtei Pfäfers, die schon um 730 gegründet wurde. Das klösterliche Ensemble blieb zwar baulich vollkommen erhalten, aber seit der Aufhebung ist in den Klostertrakten eine Heil- und Pflegeanstalt untergebracht. Die zierliche ehemalige Klosterkirche – inzwischen vorzüglich renoviert – gilt in der Kunstgeschichte als ein Werk der »verspäteten Renaissance«, obwohl sie als barocke Wandpfeilerkirche mit Emporen nach dem Vorarlberger Schema errichtet wurde. Die Kirche ist hauptsächlich ein Werk italienischer Künstler. Die Emporen auf Doppelarkaden und die Stuckaturen stammen von Giovanni Bettini und Antonio Giorgioli, der Südflügel und der Westtrakt von Giovanni Serro und Giulio Barbieri. Die Pläne für den Bau entwarf allerdings Hans Georg Kuen und den Hochaltar schuf 1701 Franz Bislin.

Pforta/Schulpforta/Thüringen/Deutschland

Die ehemalige Zisterzienserabtei Pforta am rechten Saaleufer südwestlich von Naumburg in Thüringen wurde zwischen 1137–40 von Walkenried aus besiedelt und gehörte auf Grund umfangreicher Schenkungen zu einer der wohlhabendsten Abteien in Thüringen. Noch heute kann die ursprünglich romanische Gestalt der ersten Klosterkirche ohne Mühe von der edlen hohen gotischen Bauform abgelesen werden, die Mitte des 13. Jahrhunderts durch Umbauten entstand. Die großartige Westfassade mit ihrem großen, fünfteiligen Maßwerkfenster beeindruckt durch ihre Höhe und reichhaltige Gliederung. Im Zuge der Reformationszeit wurde Pforta 1540 aufgehoben. 1543 richtete in dem vornehmen Konventsbau Herzog Moritz von Sachsen eine »Fürstenschule« ein, genauer gesagt ein humanistisches Gymnasium, das als Schule von hohem Rang bald Schulpforta genannt wurde. Zu den berühmten Schülern von Schulpforta zählen neben vielen anderen Friedrich Gottlieb Klopstock, Johann Gottlieb Fichte, Leopold von Ranke und Friedrich Nietzsche.

Piedra/Spanien

In einem malerischen Park an dem Flüsschen Piedra liegt bei dem Städtchen Nuévalos, 27 Kilometer südlich von Calatayud in der Provinz Zaragoza/Aragonien die alte Zisterzienserabtei Monasterio de Piedra. Gegründet von König Alfons II. von Aragonien, wurde das Kloster in der damals unwirtlichen Landschaft von Mönchen aus Poblet besiedelt und mit einer Mauer mit Türmen und einem Bergfried umgeben. Die dreischiffige Basilika mit fünf Apsiden wurde in der kirchenfeindlichen Epoche Spaniens im Jahre 1835 geplündert und in Brand gesteckt. Bald danach wurde es wieder aufgebaut und ist seither mit seinem gotischen Kreuzgang mit

Kreuzrippengewölbe ein Schmuckstück der ganzen Gegend. Im Konvent befindet sich heute ein vielbesuchtes Hotel.

Pielenhofen/Bayern/Deutschland

Das ehemalige Zisterzienserinnenkloster Pielenhofen im romantischen Naabtal in der Oberpfalz/Bayern wurde 1237 von den Herren von Hohenfels und von Ehrenfels gegründet und durch reiche Güterschenkung auf eine sichere wirtschaftliche Grundlage gestellt. Der Konvent war allerdings dem Abt des Klosters Kaisheim unterstellt. Zwischen 1692 und den ersten Jahren des 18. Jahrhunderts wurden Kloster und Kirche neugebaut. Den Plan für die Klosterkirche lieferte der Graubündener Franz Beer. Nach der Auflösung 1803 wurde die säkularisierte Kirche als Pfarrkirche weitergeführt und der Konvent diente als Sammelkloster für die Karmeliterinnen aus den aufgehobenen Klöstern ihres Ordens. Seit 1838 sind die Klostergebäude im Besitz der Salesianerinnen, die ein Mädcheninstitut unterhalten.

Pirituba, São João Gualberto/Brasilien

Die Benediktinerabtei São João Gualberto in Pirituba, einem Vorortgebiet von São Paulo in Brasilien, wurde 1964 von der Kongregation von Vallombrosa gegründet. Die Hauptaufgaben des Klosters liegen in der Betreuung mehrerer Pfarreien und in der Erziehungsarbeit. In einem Kindergarten werden täglich 150 Kinder begrüßt und dem 1967 gegründeten Studienkolleg gehören etwa 900 Schüler an. 1978 wurde für die Heranbildung des Nachwuchses das Kloster »Nossa Senhora de Montenero« in Jundiai, ebenfalls in der Provinz São João Paulo, gegründet.

Piva/Montenegro

Das im Nordwesten Montenegros, hoch oben im Bergland, nahe der Quelle des Flusses Piva gelegene, orthodoxe Kloster Piva wurde 1573–86 errichtet und erlebte seine Blütezeit im 17. und 18. Jahrhundert. In den Türkenkriegen wiederholt schwer beschädigt und stets wieder aufgebaut, konnte es seine Schätze (Handschriften, Ikonen, Sakralgegenstände) bis heute bewahren. Die Himmelfahrtskirche, eine dreischiffige Basilika mit einem mächtigen Querschiff, besitzt Fresken aus dem frühen 16. Jahrhundert. Als ein Staudamm am Piva-Fluss gebaut wurde, verlegte man im Jahre 1970–75 den gesamten Klosterkomplex an eine andere Stelle und baute ihn hoch oben über dem ursprünglichen Platz wieder auf.

Plankstetten/Bayern/Deutschland

Auf einer Terrasse im Salzachtal nördlich von Beilngries in der Oberpfalz erhebt sich unmittelbar am Ufer des Flusses die Benediktinerabtei Plankstetten. Zwei mächtige Türme verweisen in ihrer Wucht und Herbheit noch heute auf das

12. Jahrhundert, in dem die Gründung durch den Grafen von Grögling-Dollnstein-Hirschberg erfolgte. Der Bruder des Grafen, Bischof von Eichstätt, weihte 1138 die Klosterkirche, in die man nur durch zwei tiefer gelegene Vorhallen gelangen kann. Wie in so vielen Kirchen dieser Art lernt der Besucher von der Romanik über die Gotik bis zum Rokoko alle Stilrichtungen deutscher Baukunst sakraler Art kennen. Im Dreißigjährigen Krieg zerschlugen die Schweden alle Altäre und plünderten das Gotteshaus gründlich aus. Die nachfolgenden 155 Jahre bis zur Säkularisation 1803 waren dem Wiederaufbau und der Konsolidierung gewidmet. Die Aufhebung des Klosters als Folge der napoleonischen Eroberungen veranlasste die Gemeinde Plankstetten, ihre eigene, etwas schlichte Pfarrkirche abzubrechen und die Klosterkirche als solche zu benutzen. In die Klostergebäude verlegte man den Pfarrhof und die Schule und richtete in der Ökonomie des Konvents eine Brauerei ein. Erst im Jahre 1903 konnten Benediktiner aus Scheyern ein Priorat in Plankstetten eröffnen und seit 1917 ist es wieder eine Abtei. Zwischen 1806 und 1903 war durch die Maßnahmen der Säkularisation das Kloster aufgehoben, dann wurde es neu errichtet und seither sind die Mönche der Benediktinerabtei Plankstetten in der Seelsorge von fünf Pfarreien, in der Bildungsarbeit und in einem landwirtschaftlichen Betrieb sowie in handwerklichen Lehrwerkstätten tätig.

Pleterje/Slowenien

Das 30 Kilometer südwestlich der Stadt Brežice in Slowenien gelegene Kartäuserkloster galt zur Zeit des kommunistischen Jugoslawien als das größte und auch bewohnte katholische Kloster des gesamten Landes. Gegründet 1407 durch den Grafen Hermann II. von Cilli, kam es von 1595–1773 in den Besitz der Jesuiten und gelangte dann durch Kauf wieder an die Kartäuser. Im Jahre 1904 wurde der gesamte Klosterkomplex von dem französischen Architekten Pachet grundlegend erneuert. Die 1420 erbaute Klosterkirche der Heiligen Dreifaltigkeit vermittelt durch ihre Raumproportionen und ihr Kreuzrippengewölbe im Schiff den Eindruck größtmöglicher Harmonie.

Pluscarden/Großbritannien

Das Benediktiner-Priorat Pluscarden in Schottland in der Diözese Aberdeen wurde bereits 1230 gegründet, fiel dem Klostersturm des 16. Jh. zum Opfer und wurde 1948 wiedergegründet. Damit ist Pluscarden eines der wenigen Klöster Großbritanniens, denen in neuerer Zeit die Wiedererrichtung gelang.

Poblet/Spanien

Die zwischen Tarragona und Lérida in Katalonien gelegene Zisterzienserabtei ist eine mächtige Klosterfestung aus alter Zeit, die sich bis heute fast unverändert erhalten hat. Ursprünglich sicherten drei Mauerringe den Konvent. Die dritte Mauer aus dem 14. Jahrhundert, mit 13 Türmen bestückt und mit einem Umfang von 608 Metern, ist teilweise heute noch vorhanden. Die romanische Anlage wurde später gotisch erweitert, aus der Renaissance stammt der Hochaltar der Kirche (ganz aus Alabaster), aus der Barockzeit die Fassade der im Innern vollständig romanischen dreischiffigen Basilika. Im Pantheon der Könige ruhen in Alabastergräbern die katalonischen Könige Alfonso I., Jaume I. und Peter III. Der riesige Schlafsaal der Mönche (87 mal 10 Meter) lässt die Zahl der Mönche im Mittelalter ungefähr ahnen. Ein Museum im Kloster zeigt die bis heute erhaltenen Schätze dieses einst reich dotierten Konvents.

Pochaiv-Lawra/Ukraine

Das orthodoxe Großkloster Pochaiv-Lawra in der westukrainischen Region Podillya, nahe der Stadt Ternopil, wurde im 13. Jahrhundert von Mönchen gegründet, die auf der Flucht vor den Mongolen an diesen Ort gekommen waren. In der grünen Hügellandschaft um Pochaiv bauten sie ein Kloster, das in der Barockzeit wohlhabend war, so dass sie in der Lage waren, ihre Kathedrale Mariä Himmelfahrt zu einem überwältigenden Bauwerk mit zwei Türmen und einer Zentralkuppel auszugestalten. Diese Kirche bietet 6000 Menschen Platz und überrascht mit ihrem großen Bilderreichtum. Seit dem Zerfall der Sowjetunion haben die Mönche wieder voll von ihrem Kloster Besitz ergriffen.

Pöllau/Österreich

Das Augustiner-Chorherrenstift Pöllau bei Hartberg in der Steiermark liegt mitten in dem gleichnamigen Marktflecken und wurde erst 1504 von Christoph, Graf von St. Jörgen und Pösing gestiftet. Die Besonderheit von Pöllau ist die ehemalige Stiftskirche St. Veit, erbaut zwischen 1701 und 1712 von J. Carlone und mit prächtigen Fresken von Matth. von Görz ausgestattet. Beide Männer, der Architekt und der Meister der Stuckaturen, waren von römischen Bauideen und Bildkonzeptionen so erfüllt, dass die Kirche in vielen Elementen – wenn auch nicht in der Größe und Ausdehnung – an den Petersdom in Rom erinnert. Die prunkvollen Altarbilder wurden von Martin Altamonte, J. C. Hackhofer und Josef Mölk geschaffen. Die Stiftskirche wurde nach der Aufhebung 1785 Pfarrkirche. Die Stiftsgebäude gingen zuerst in den Besitz der Grafen von Lamberg über und sind heute Gemeindeeigentum.

Polling/Bayern/Deutschland

Das durch Heinrich II. gegründete Augustiner-Chorherrenstift bei Weilheim in Oberbayern war im Mittelalter Sitz einer berühmten Klosterschule, aus der bis in die Barockzeit zahlreiche Gelehrte hervorgingen. Die Chorherren konnten sich bei ihren Studien auf eine reichhaltige, große Klosterbibliothek stützen. Die bis heute erhaltene Hallenkirche stammt aus den Jahren 1416–20. Zwei Jahrhunderte später wurde sie erweitert und mit einem gewaltigen Renaissanceturm versehen. Von den Klostergebäuden hat der Bibliothekssaal im Prälatenflügel aus den Jahren 1775–78 die Vernichtungswelle der Säkularisation von 1803 überstanden.

Pomposa/Italien

Die Benediktinerabtei Pomposa im südlichen Mündungsgebiet des Po ist Komponisten und Musikwissenschaftlern in aller Welt gut bekannt, denn hier entwickelte im 11. Jahrhundert Guido von Arezzo die mehrlinige Notenschrift. Pomposa wurde im 7. Jahrhundert gegründet, von den Erzbischöfen von Ravenna, aber auch von Päpsten und Kaisern protegiert und wuchs zu einem bedeutenden Zentrum der Wissenschaft und Kunst heran. Im 9. Jahrhundert war schon eine dreischiffige Säulenbasilika gebaut worden, im Jahr 1063 kam der 48 Meter hohe Kampanile mit neun Geschossen hinzu, im 12. Jahrhundert ein Kreuzgang und ein schöner Kapitelsaal. Im 14. Jahrhundert wurde das Refektorium mit prachtvollen Wandmalereien verziert. Als die Wasser des Po an der Mündung im 15. Jahrhundert versumpften, musste die gesamte Abtei wegen der ständigen Malariagefahr aufgegeben werden. Napoleon hat das Kloster säkularisiert, gegen Ende des 19. Jahrhunderts wurde es jedoch wieder pfleglich restauriert und im 20. Jahrhundert der Öffentlichkeit zugänglich gemacht.

Ponta Grossa/Brasilien

Die brasilianische Benediktinerabtei Ponta Grossa trägt den offiziellen Namen »Mosteiro da Ressureicão« (Kloster der Auferstehung) und wurde 1981 gegründet. 1997 zur Abtei erhoben, widmen sich die 30 in ihr lebenden Mönche dem Gebet, dem Studium und der Arbeit. Im Vordergrund steht der gregorianische Choral, die vielseitige Tätigkeit in Kunstwerkstätten und die Übersetzung monastischer Literatur. In Ponta Grossa besteht mit diesem Benediktinerkonvent eine der wenigen Mönchsabteien Brasiliens, die nach dem 17. Jahrhundert neu gegründet wurden.

Pontida/Italien

Die 15 Kilometer nordwestlich von Bergamo entfernt in der Lombardei liegende Benediktinerabtei wurde in der 2. Hälfte des 11. Jahrhunderts gegründet, 1373 von den Truppen der Visconti fast vollständig verwüstet und im 15. Jahrhundert wiederhergestellt. Die San Giacomo geweihte Kirche ist eine dreischiffige Basilika mit einer Barockausstattung im Innern. Das aus dem Jahre 1485 stammende Klostergebäude hat zwei Kreuzgänge. Die 1798 aufgehobene, aber unzerstörte Abtei ist seit 1910 wieder mit Mönchen besetzt.

Pontigny/Frankreich

Die einst mächtige nahe Auxerre im Departement Yonne gelegene Zisterzienserabtei Pontigny wurde 1114 von Mönchen aus Citeaux gegründet, die das unwegsame Sumpfgelände des Serain trockenlegten, die Wälder rodeten und eine ausgedehnte Klosteranlage mit einer dreischiffigen Kirche errichteten. Das Gotteshaus ist 108 Meter lang, 21 Meter hoch und besitzt – ganz entgegen der Zisterzienserart – einen Chorumgang mit Kapellen. Das Querschiff hat ebenfalls beträchtliche Ausmaße. Die Abtei wurde 1792 aufgehoben und die Konventsgebäude in den Revolutionswirren völlig zerstört.

Porthmouth Abbey/USA

An der Küste der Naragansett Bay wurde in ländlicher Umgebung von Porthmouth im Bundesstaat Rhode Island 1918 ein Kloster gegründet, das den Namen »St. Gregor der Große« führte. Das Kloster gab in den dreißiger Jahren zwei hervorragende Zeitschriften heraus und gründete eine Internatsschule für über 250 Jungen. 1949 wurde die benediktinische Ordensniederlassung ein Konventualpriorat und 1969 eine Abtei. Inzwischen bürgerte sich die Bezeichnung Porthmouth Abbey als offizieller Name ein.

Port-Royal/Frankreich

Das Zisterzienserinnenkloster Port-Royal (Portus Regius) wurde 1204 durch Mathilde von Garland gegründet und mit reichen Gütern ausgestattet. Die Entwicklung dieses Klosters verlief völlig ruhig und unauffällig, bis sich im 17. Jahrhundert durch den Eintritt einer Gruppe adeliger Damen die Lage schlagartig änderte. Durch ihre geistlichen Leiter zusätzlich ermuntert, führten diese asketisch gesinnten Nonnen den schroffen Jansenismus in Port-Royal ein, d. h. sie verurteilten ähnlich wie ihr Vorbild Kornelius Jansenius viele Entwicklungen der Kirche und polemisierten gegen die Jesuiten, die sich in ihren Augen allzu sehr mit weltlichen Mächten verbündet hätten. Nach langem innerkirchlichem Streit, in dem sich auch berühmte Doktoren der Sorbonne zugunsten der Nonnen zu Worte meldeten, wurde 1707 der kirchliche Bann über sie ausgesprochen, das Kloster aufgehoben, die Nonnen zur Unterwerfung gezwungen und auf andere Klöster verteilt. Die Gebäude wurden auf Befehl des Königs niedergerissen. Ein Museum, das an der Stelle des einstigen Klosters erbaut wurde, erinnert an die streitbaren Nonnen von Port-Royal.

Postel/Belgien

Die belgische Prämonstratenserabtei Postel in der Erzdiözese Mecheln wurde 1173 zuerst als Chorfrauenkloster gegründet und von Floreffe aus besiedelt, aber einhundert Jahre später in ein Männerkloster umgewandelt. Im Dreißigjährigen Krieg wüteten die Schweden in Postel, 1797 wurde das Kloster aufgehoben. Die Wiederbesiedlung mit Prämonstratensern gelang 1847, so dass die Abtei 1873 in etwa ihrer ehemaligen Größe erstehen konnte. Heute ist die reichhaltige Bibliothek dieses Klosters mit Recht berühmt, denn sie verfügt über eine große Zahl von Inkunabeln und Postinkunabeln.

Potschajewski-Kloster/Ukraine

Im Zentrum der West-Ukraine liegt das im 13. Jh. gegründete Potschajewski-Kloster, das bis zum Zusammenbruch des Sowjet-Systems das drittgrößte der 20 in der Sowjetunion damals noch bestehenden orthodoxen Klöster war. Das Kloster, das in der Vergangenheit ein hohes Ansehen genoss und viel für die Christianisierung und Kultivierung der West-Ukraine geleistet hat, gilt mit allen seinen Teilen als eines der vornehmsten Baudenkmäler der Ukraine. Von seinen Kirchen und Kapellen auf dem großen Gelände der Klosteranlage ragt vor allem die Mariä-Himmelfahrts-Kathedrale hervor, die Hauptkirche des Klosters. Aus politischen Gründen von den Kommunisten geduldet und in den siebziger Jahren aus optischen Gründen sogar mit staatlichen Mitteln renoviert, sorgt sich heute der Archimandrit der Ukraine um die Wiederbelebung des Klosters. Die vielen Wandmalereien, Stuckverzierungen und Vergoldungen im Innern der Kathedrale und an den Außenwänden sichern dem Kloster einen hohen Rang in der ukrainischen Kirchenkunst.

Prag, Agneskloster/Tschechien

Das nahe am Moldauufer gelegene Agneskloster der Klarissinnen gehört zu den eindrucksvollsten Baudenkmälern der tschechischen Hauptstadt. Das Kloster besteht zwar schon seit der Aufhebung 1782 nicht mehr, aber der weitausgedehnte, zwei Kirchen und zwei Konvente umfassende Komplex wurde zwischen 1970 und 1980 grundlegend renoviert und nimmt in seinen Räumlichkeiten Kunstausstellungen auf. Gegründet wurde das Kloster von der später heiliggesprochenen Agnes, der Schwester von König Wenzel I. Agnes wurde in diesem Kloster selbst auch Äbtissin. Dem Nonnenkloster wurde später ein Minoritenkloster angegliedert und zu der Franziskuskirche trat dann auch noch eine Salvatorkirche. Der große Kreuzgang kam 1330 hinzu. Nach den Hussitenkriegen wurde das Kloster zwar nochmals erneuert, erlangte jedoch nicht wieder seine einstige Bedeutung. Von der Ausdehnung her war das Agneskloster einst das flächengrößte Monasterium Prags.

Praglia/Italien

Die Benediktinerabtei Praglia (Pratalia) am Nordrand der Euganeischen Hügel südwestlich von Padua in Venetien gelegen, ist vor allem durch ihre Renaissance-Architektur bekannt. Gegründet 1080, wurde die Abtei von Kaiser Friedrich II. mit

Ländereien reich beschenkt und entwickelte sich zu einem achtenswerten Kulturzentrum für die Region. In der Zeit von 1460–1520 wurden die bisherigen Gebäude abgerissen und das Kloster im Stil der Renaissance völlig umgestaltet. Die weitläufige Anlage umfasst drei Kreuzgänge mit den Mönchstrakten und die Klosterkirche Santa Maria dell' Assunta, die nach den Plänen des Renaissance-Baumeisters Tullio Lombardi errichtet wurde. Der Kampanile stammt noch vom Vorgängerbau, ist durch Lisenen und Rundbogen gegliedert und mit zweibogigen Schallarkaden ausgestattet. 1810 wurde das Kloster unter Napoleon säkularisiert, fiel aber 1904 wieder an die Benediktiner zurück. Die Mönche von Praglia unterhalten heute eine weithin bekannte Werkstatt für Buchrestaurierung, in der vor allem kostbare Handschriften und Inkunabeln gesäubert und wiederhergestellt werden. Eine Gemäldesammlung ist ein weiterer Anziehungspunkt der sehr aktiven und geistig regsamen Abtei.

Prémontré/Frankreich

Die ehemalige Prämonstratenserabtei Prémontré in Frankreich ist das Stammkloster des Ordens und hat diesem auch den Namen gegeben. Gegründet inmitten von Wäldern im heutigen Departement Aisne vom heiligen Norbert im Jahr 1122, stieg Prémontré zu einer der wichtigsten Abteien in Europa auf und entsandte im Laufe der Jahrhunderte zahllose Mönche in viele Tochterklöster, deren Gründung unmittelbar von ihm ausgingen. Berühmte Äbte trugen den Namen des Klosters ebenfalls in die Welt. 1635 ließ sich Kardinal Richelieu sogar zum Kommendatarabt von Prémontré ernennen – aus Gründen des Prestiges und der hohen Einkünfte der Abtei. 1790 hob man den Konvent auf. Die einst vielbesuchte Stiftskirche und der Kapitelsaal wurden zerstört, die verbliebenen Klostergebäude wurden in eine Anstalt für geistig Behinderte umgewandelt.

Prinknash Abbey/Großbritannien

Die englische Benediktinerabtei Prinknash Abbey bei Gloucester hat eine interessante Vorgeschichte. Im Jahre 1906 versuchten einige anglikanische Priester die mönchischen Traditionen in England wieder aufleben zu lassen und gründeten auf der Insel Caldey in Wales ein Kloster. Da ihnen die anglikanische Amtskirche zu viele Widerstände entgegensetzte, traten die Mönche 1913 zum Katholizismus über und fügten ihr Kloster in die benediktinische Tradition ein. 1928 zog der Konvent geschlossen nach Prinknash um und wurde 1929 zum Priorat und 1937 zur Abtei erhoben. In der Zeit zwischen 1969–72 erbauten die Mönche in Prinknash eine neue, architektonisch hochmoderne Abtei, in der sie neben der Betreuung der Gäste und der Bildungsarbeit vor allem im Orgelbau und in verschiedenen Werkstätten tätig sind.

Prüfening/Bayern/Deutschland

Die ehemalige Benediktinerabtei Prüfening (Priefling, Bruveninga) südwestlich von Regensburg in der Oberpfalz (Bayern) wurde 1109 vom Bamberger Bischof Otto, dem Heiligen, gegründet. Die Äbte wurden mit der bischöflichen Würde ausgestattet. In der romanischen Basilika des Klosters wurden 1897 Wandmalereien aus der Zeit von 1120–60 entdeckt, die gewissermaßen eine für Laien gedachte Bilderbibel darstellen. In Prüfering wurden in allen Jahrhunderten Wissenschaften und Kunst intensiv gepflegt, vor allem in der Barockzeit nahm die Geschichtsschreibung einen breiten Raum ein. Die forschenden Patres konnten sich auf eine reichhaltige Klosterbibliothek stützen. Nach der Aufhebung 1803 fielen die Klostergebäude an den Fürsten von Thurn und Taxis, die Abteikirche wurde Pfarrkirche.

Prüm/Rheinland-Pfalz/Deutschland

Das weithin sichtbare Wahrzeichen der Stadt Prüm in Rheinland-Pfalz sind die beiden Türme der ehemaligen Benediktinerabtei Prüm, die schon in der Karolingerzeit gegründet und später stets von den Königen gefördert wurde. Mehrere Mitglieder der Kaiserfamilie wurden von den Mönchen zu Prüm erzogen, Kaiser Lothar I. starb sogar 855 in Prüm. 882 und 892 wurde die Abtei von den Normannen geplündert, konnte sich jedoch rasch wieder erholen, so dass in den Glanzzeiten von Prüm dort mehr als 300 Mönche lebten. 1731 wurde Prüm gefürstet und der Abt gebot bis zur Aufhebung durch Napoleon über ein eigenes Fürstentum. In dieser Zeit galt Prüm als eines der reichsten Klöster des alten Reiches. Die Klosterkirche St. Salvator wurde Pfarrkirche nach der Aufhebung, die Klostergebäude wurden 1912 etwas erweitert und restauriert und dienen seither als Schule und Amtsräume.

Psalmenkloster/Armenien

Das armenische Psalmenkloster (Salmosavank) befindet sich am Rande der Kasal-Schlucht in Salmosavan in der Provinz Ayrarat, Distrikt Aštarak. Die Gesamtanlage besteht aus vier Kultbauten und den Ruinen der Klostergebäude. Fürst Vače und seine Gemahlin Mamaxatun gaben 1215 den Befehl zum Bau der Sionskirche, bald darauf wurde der geräumige Schamatun (Großhalle) errichtet, der Sohn der Gründer, Kurd, gab dann die Bibliothek 1255 in Auftrag und etwas später wurde die einschiffige Kapelle errichtet. Das Kloster spielte in allen Jahrhunderten eine wichtige kulturelle Rolle in der Provinz Ayrarat. Die letzte größere Restaurierung wurde 1890 durchgeführt, wobei das Westportal erneuert wurde. Wie bei vielen armenischen Klöstern sind die Wohnungen der Mönche auch im Psalmenkloster völlig zerstört, die massiven Kultbauten jedoch noch leidlich gut erhalten.

Putna/Rumänien

Das heute noch bestehende griechisch-orthodoxe Kloster Putna ist das älteste und größte aller Klöster, die im ehemaligen Fürstentum Moldau (heute Nordost-Rumänien) je erbaut worden sind. Gegründet 1466 von Stefan dem Großen inmitten waldreicher Höhenzüge am linken Ufer des Flusses Putna, wurde es schon bei seiner Gründung mit reichen Ländereien bedacht und war daher auch stets das reichste aller »Moldauklöster«. Durch starke Mauern und Türme geschützt, war es von vornherein als Wehrkloster konzipiert, hatte aber dennoch in der Folgezeit Plünderungen und Brandschatzungen durch Türken und Tataren zu erdulden. Stets von neuem wieder aufgebaut, blieb es bis heute das geistliche und kulturelle Zentrum der nördlichen Moldaugebiete. Ein Skriptorium, eine Malerschule und eine Werkstatt für Textilkunst schufen eine Reihe kostbarer Handschriften, Ikonen und Paramente, die noch heute im Klostermuseum zu besichtigen sind. Ausersehen als Grablege der Moldaufürsten, birgt das Kloster die Sarkophage von Stefan dem Großen, seiner drei Frauen und seiner Kinder. Die Kirche, ein hoher, schmaler und von mächtigen Dächern gekrönter Bau, wurde richtungsweisend für alle anderen, später gebauten Moldauklöster.

Q

Quarr Abbey/Großbritannien

In Quarr auf der Isle of Wright stand von 1132–1536 eine Zisterzienserabtei, die beim Klostersturm Heinrichs VIII. unterging. 1907 erwarben Benediktiner aus Solesmes in Frankreich das Ruinengrundstück und erbauten ein Kloster mit einer großen Kirche. Die französischen Mönche waren wegen der antikirchlichen Gesetze in ihrer Heimat nach England geflohen, kehrten aber, als die Vorzeichen günstig waren, 1922 in der Mehrzahl nach Solesmes zurück. Eine kleine Mönchsgemeinschaft blieb in Quarr, das 1937 zu einer selbstständigen Abtei aufstieg. Der Konvent besteht nunmehr hauptsächlich aus englischen Mönchen und widmet sich vornehmlich der Seelsorge und der Erziehungsarbeit.

Quimperlé/Frankreich

Die ehemalige Benediktinerabtei Quimperlé in der Bretagne, Diözese Quimper, wurde um 1029 gegründet und bestand bis zur Französischen Revolution. Als die Maurinermönche die Abtei 1665 übernahmen, bauten sie die inzwischen zu klein gewordenen Konventsgebäude neu auf. In der französischen Geschichtsschreibung ist das in der Abtei entstandene Chronicon Kemperlegiense von Bedeutung. 1665 wurde die Abtei von den Maurinern reformiert, der letzte Abt dankte 1790 ab.

Quinn Abbey/Irland

Quinn Abbey im Raum Clare in Westirland beeindruckt durch die monumentale Ruine, die noch heute von der Größe dieses ehemaligen Franziskanerklosters kündet. Ursprünglich bauten die Normannen an diesem Platz in der Shannon-Region eine Festung. Innerhalb der Mauern dieser Burg, die die Iren 1286 zerstört hatten, gründete dann 1433 Sioda Cam Macnamara ein Franziskanerkloster. Es war für seine schöne Bauweise bekannt und sein Turm mit dem eleganten Ostfenster ist noch heute innerhalb der Klosterruine zu bewundern.

Quito, San Francisco/Ecuador

Auf den Ruinen der alten Inkastadt Atahualpa bauten die Spanier 1534 die neue Stadt Quito auf und begannen in ihr bereits ein Jahr später mit dem Bau des bis heute prächtigsten Klosters Südamerikas. Man hat dieses Franziskanerkloster San Francisco den »Eskorial der Anden« genannt, denn der gewaltige Komplex hat acht

Kreuzgänge und einen Garten mit rauschenden Wasserspielen. Der größte Kreuzgang ist zweistöckig und weist 208 toskanische Säulen auf. Die Klosterkirche de los Dolores wurde nach Vorbildern aus Rom gestaltet, wie sie zur Zeit der Gegenreformation errichtet worden waren. An dem 1585 fertiggestellten Riesenwerk arbeiteten viele bekehrte Einheimische mit, darunter auch der getaufte Inkahäuptling Jorge de la Cruz mit seinem Sohn Tamayo, die sich beide als geniale Fachkräfte erwiesen.

R

Raigern/Tschechien

Herzog Bretislaus von Böhmen schenkte im Jahr 1045 die Burg Raigern, den gleichnamigen Markt und sechs Dörfer dem Stift Brevnov, damit die Mönche in diesem Gebiet südwestlich von Brünn ein neues Kloster errichten konnten. So entstand ein neuer Konvent, der zuerst dem Mutterkloster unterstand und schließlich bald selbst eine beachtliche Benediktinerabtei wurde. Der Name lautet heute Rajhrad und gemahnt dadurch an das hochmittelalterliche Schloss. Die Namen wechselten in der Geschichte, man sprach von Raihradense und von Großraigern. Die alte Klosterkirche wurde mitsamt dem Konvent 1241 von den Mongolen, 1253 von den Kumanen, 1449 von den Hussiten und 1645 von den Schweden zerstört. In der Zeit des Hochbarock entstand ein glanzvoller Neubau und eine neue Blüte begann. Um 1900 zählte das Kloster noch 21 Priestermönche. Die Auflösung des Klosters erfolgte erst im Zwanzigsten Jahrhundert unter kommunistischer Herrschaft. Aktuell besteht jedoch wieder ein kleines Priorat.

Raitenhaslach/Bayern/Deutschland

Die älteste Zisterzienserabtei in Oberbayern ist Raitenhaslach an der Salzach oberhalb von Burghausen in Bayern. Nach vergeblichen Gründungsversuchen an ungünstigeren Orten verlegte man 1146 das Kloster an diesen Ort, der damals in den Salzachauen lag. Reich mit Land und Privilegien beschenkt, wuchs das Kloster schnell heran, so dass bald eine dreischiffige romanische Basilika errichtet werden konnte. 1262 ganz und 1493 zur Hälfte abgebrannt, bewiesen die Mönche stets ihre Zähigkeit und ihren Fleiß in schnellem Wiederaufbau. 1688–1700 wandelte man die Basilika in eine Wandpfeilerkirche mit vielen Altären um und 1737–43 gab man dem Ganzen ein überschäumendes, festliches Rokoko-Gewand. Die Fresken und Malereien schufen die Brüder Zick aus Kempten, vier Altarbilder lieferte der österreichische Barockmaler Johann Michael Rottmayr. Diese drei Künstler vor allem machten dieses Gotteshaus zu einer der am reichsten ausgestatteten Barockkirchen in Bayern. Von der strengen Schlichtheit der früheren Zisterzienser-Architektur ist in Raitenhaslach nichts mehr zu spüren. Die massige, fast abweisende Fassade der Kirche, die man in dieses Schema allenfalls noch stellen könnte, lässt nichts von der Pracht im Innern erahnen. Nach der Säkularisation 1803 wurde die Kirche zur Pfarrkirche erklärt und dadurch erhalten. Die Klostergebäude wurden teilweise abgetragen, in die verbliebenen Trakte zog eine gutsherrschaftliche Brauerei ein.

Ramsgate/Großbritannien

Die in Ramsgate in der englischen Grafschaft Kent gelegene Saint Augustine's Abbey wurde 1856 gegründet, woselbst die Benediktiner den berühmten Architekten Augustus Welby Pugin beauftragten, ihnen eine schöne Kirche zu bauen. Der Sohn dieses Architekten entwarf später auch die Pläne für ein Kloster. 1896 wurde dieses zur Abtei erhoben. Die erste Benediktinerabtei Englands seit der Reformation war damit entstanden. Bis 1995 bestand in Ramsgate das Kolleg St. Augustin, dann machten wirtschaftliche Schwierigkeiten die Weiterführung unmöglich. Die gegenwärtigen Aufgaben der Mönche liegen im organisatorischen Bereich, sie betreuen vier Häuser der Kongregation von Subiaco auf englischem Boden und eine Gründung in Ghana.

Randol/Frankreich

Die Benediktinerabtei Notre Dame de Randol in Saint Amant Tallande in der Auvergne liegt auf einer Höhe von 600 Metern in einer abgeschiedenen Gegend am Ausgang einer Schlucht des kleinen Flusses Monne. Gegründet wurde das Kloster 1971 in modernem Stil. Die Mönche haben sich in ihrer Einsamkeit ganz der Wissenschaft verschrieben, sie empfangen Klostergäste und sichern ihren Lebensunterhalt durch Viehzucht. Den Namen hat das Kloster von dem alten Dorf Randol erhalten, in dem die Besucher nunmehr untergebracht werden und in dem der Bauernhof der Abtei liegt.

Ranshofen/Österreich

In Oberösterreich, zwei Kilometer von Braunau entfernt, liegt flussaufwärts auf einer Uferterrasse des Inn das ehemalige Augustiner-Chorherrenstift Ranshofen (Rantersdorf), das auf eine lange Geschichte zurückblickt. Bereits 788 bestand an dieser Stelle ein herzoglicher Hof der bayerischen Agilolfinger, der nach der Übernahme durch die Franken zur karolingischen Pfalz umgestaltet wurde. 1125 wurde in den fürstlichen Räumen ein Augustiner-Chorherrenstift eingerichtet. Die 1135 erbaute Stiftskirche durchlief zwei wichtige Umbauperioden, eine in der Zeit der Renaissance (1508–15) und die zweite in der Zeit des Barock (1697–99). Mit virtuosem Stuck- und Schnitzwerk veränderten die Barockmeister das Innere der Kirche sehr nachhaltig. Als Napoleon das Kloster 1810 aufhob, brach man Teile der Stiftsgebäude ab, die Stiftskirche blieb als Pfarrkirche erhalten.

Vallombrosa, Italien

Rathausen/Schweiz

Das ehemalige Zisterzienserinnenkloster Rathausen (Reitholz) im Schweizer Kanton Luzern war ursprünglich ein Beginenhof, der 1251 durch Bischof Eberhard II. von Konstanz in eine Zisterzienserinnenabtei umgewandelt wurde. 1259 wurden Kirche und Kloster feierlich von ihm eingeweiht. Die Abtei wurde 1848 aufgehoben und das Vermögen vom Staat eingezogen. Die vertriebenen Nonnen kamen nach einer Odyssee über Schwyz und Nancy erst 1902 nach Thyrnau bei Passau, wo sie eine endgültige Bleibe fanden. Die Klostergebäude in Rathausen waren einige Zeit Sitz eines Lehrerseminars und dienten später unter der Leitung von Ingenbohler Schwestern als Kinderheim.

Rauden/Polen

Die ehemalige Zisterzienserabtei Rauden in Oberschlesien wurde 1255 gegründet und entwickelte sich zu einem wichtigen Zentrum sowohl der Eisenindustrie als auch der Glasherstellung. In späterer Zeit, als die industrielle Fertigung von Eisen-

und Glaswaren längst in private Hände übergegangen war, machten sich die Mönche sehr um das Schul- und Erziehungswesen der Gegend verdient. Rauden wurde 1810 aufgehoben und nicht mehr wiedererrichtet.

Reading Abbey/Großbritannien

Die ehemalige Benediktinerabtei Reading in Berkshire/England war einst die drittgrößte Abtei des Königreiches. Nur noch kümmerliche Reste erinnern an dieses einst reiche und berühmte Ordenshaus, das der Zerstörungswut Heinrichs VIII. zum Opfer fiel. Eine Frauenabtei bestand schon im 9. Jahrhundert an dieser Stelle, wurde aber von den Dänen 871 und 1006 niedergerissen, so dass im Jahr 1121 König Heinrich I. eine Benediktinerabtei auf dem Gelände errichtete und das Kloster reich dotierte. Der König fand auch in seiner Gründung 1135 seine letzte Ruhestätte. In Anwesenheit von Heinrich II. weihte Thomas Becket die Abteikirche. Reading war in der Folgezeit mehrfach Tagungsort von Synoden und Reichstagen, eine Reihe von Erzbischöfen und Äbten ging aus diesem Kloster hervor, so auch Hugo II. (1180–99), der sogar Abt von Cluny in Burgund wurde. Der letzte Abt, Hugo Faringdon, wurde auf Befehl Heinrichs VIII. vor seinem eigenen Kloster aufgehängt und die gesamte Abtei völlig zerstört.

Rebdorf/Bayern/Deutschland

Die Bibliothek des ehemaligen Augustiner-Chorherrenstifts Rebdorf bei Eichstätt in Bayern gehörte in der Barockzeit zu den wertvollsten in Europa, wurde jedoch im Jahr 1800 von dem französischen General Joba geplündert, der den größten Teil der Bücher wegführte. Der verbliebene Rest kam bei der Säkularisation 1802 dann in die Bayerische Staatsbibliothek nach München. Rebdorf war auch im Binden und Kopieren von Büchern führend. Gegründet wurde das Stift 1156, ermöglicht durch eine Schenkung von Kaiser Friedrich Barbarossa. Bald danach entwickelte sich das Kloster zu einem Zentrum der Wissenschaft. Der Bau der Klosterkirche war auch gleich nach der Gründung begonnen worden, es entstand eine dreischiffige Basilika mit sechs Jochen. Im 13. Jahrhundert kamen die beiden mächtigen Türme hinzu. In der Barockzeit wurde ein monumentaler Konventsbau mit einer Länge von 183 Metern errichtet, nur der Kreuzgang und ein Saal blieben aus gotischer Zeit erhalten. Dieser monumentale Bau von Gabrieli wurde nach der Aufhebung zu einem polizeilichen Arbeitshaus gemacht, bis er 1958 in den Besitz der Herz-Jesu-Missionare kam, die ein Schulinternat in den an sich großzügigen Räumen einrichteten.

Redon/Frankreich

Die ehemalige Benediktinerabtei Redon in der Bretagne wurde um 825 vom heiligen Convoion gegründet und war 848 Versammlungsort der bretonischen Bischöfe.

Papst Gregor VII. erhob 1075 Redon zum exemten Kloster, das damit keiner bischöflichen oder landesherrlichen Gewalt mehr unterstand. 1618 kam das Kloster in den Besitz der Jesuiten und zehn Jahre später zogen wieder Benediktiner in Redon ein. Das Kloster gehörte bis zur Aufhebung 1790 der Mauriner-Kongregation an.

Regensburg, Sankt Emmeram/Bayern/Deutschland

Die ehemalige Benediktiner-Fürstabtei St. Emmeram in Regensburg ist nach dem westfränkischen Wanderbischof Emmeram benannt, der Bischof von Regensburg wurde und 652 einem Mordanschlag zum Opfer fiel. Über seinem Grab erhob sich bereits 790 eine Basilika, daneben ein nach dem inzwischen heiliggesprochenen Emmeram benanntes Benediktinerkloster, das bereits 1295 gefürstet wurde. Das Kloster entwickelte sich zu einem bedeutenden Zentrum der Buchmalerei, aus dem auch der goldgeschmückte Kodex Karls des Kahlen hervorging. In der romanischen und später barockisierten Basilika liegen die letzten Karolinger begraben. Diese Kirche wurde von den Brüdern Asam zu einem Paradebeispiel der Rokokopracht ausgestaltet, wobei der eine als Stuckateur, der andere als Maler wirkte. 1775–79 kam nach italienischem Vorbild der freistehende Glockenturm dazu. In der Zeit der Säkularisation wurde das Kloster von Bayern aufgehoben. Das Archiv und die Bibliothek kamen nach München, die Klostergebäude wurden 1812 an die Fürsten von Thurn und Taxis verkauft, die es zu ihrer Residenz umbauten.

Regensburg, Schottenkloster/Bayern/Deutschland

Das ehemalige Schottenkloster St. Jakob in Regensburg ist für die Kirchengeschichte des deutschsprachigen Raumes von großer Bedeutung geworden. Seit dem 7. Jahrhundert durchzogen zahlreiche irische Missionare als Wandermönche den Kontinent und gründeten rund 60 Einsiedeleien und Klöster. 1075 kam auch Marianus mit seinen Gefährten auf das Festland und ließ sich mit ihnen in Regensburg nieder. Der Papst unterstellte dem dort entstandenen Kloster St. Jakob nun alle von »Schotten« bewohnten Klöster. Die aus Irland kommenden Mönche wurden Schotten genannt, weil zwischen Irland und Schottland ein recht inniger Zusammenhang bestand. Damit war in der Stadt Regensburg neben dem Kloster von St. Emmeram ein zweites Benediktinerkloster entstanden. Das Gründungsjahr von St. Jakob wird auf das Jahr 1090 angesetzt, es bestand bis 1862. Papst Pius IX. hob das Kloster auf, weil kein Nachwuchs aus Schottland mehr zu erwarten war. Bis zu diesem Zeitpunkt konnte man stets auf Zuzug von dort hoffen, hatten doch 1515 die Mönche der Abtei Dunfermling in Schottland schon einmal sogar das Kloster in Regensburg restauriert. Die Klostergebäude wurden nunmehr zu einem Priesterseminar umgestaltet und die Kirche auch dafür verwendet. Die Kirche St. Jakob ist durch seine außergewöhnlichen Steinmetzarbeiten bekannt geworden. Die dreischiffige Säulenbasilika hat sich mit ihrer herben aber großen romanischen Ausdruckskraft fast unverändert bis in die Gegenwart stilrein erhalten.

Reichenau/Baden-Württemberg/Deutschland

Die Benediktinerabtei auf der gleichnamigen Insel im Bodensee besteht zwar schon seit 1757 nicht mehr, aber ihr weltweiter Ruhm strahlt nach wie vor in unvermindertem Glanz, denn hier entstanden im Hochmittelalter die kostbarsten Werke der Buchmalerei, die heute als Zimelien in den Bibliotheken und Domschatzkammern Europas und in den Kunstarchiven der Neuen Welt gehütet werden. Die Insel Reichenau, fünf Kilometer lang und zwei Kilometer breit, liegt unweit der Stadt Konstanz im Zeller- oder Untersee, der den südwestlichen Ausläufer des Schwäbischen Meeres bildet. Die Insel war einst vollständig im Besitz der Benediktiner. Bereits zu karolingischer Zeit 728 von dem westgotischen Wanderbischof Pirmin gegründet, wurde die Abtei unter dem Namen »Augia Dives« (Reiche Aue) bald weithin bekannt und genoss den besonderen Schutz Karls des Großen. Die Klosterschule von Reichenau galt als Pflegestätte der Wissenschaften, der Musik und der Buchmalerei gleichermaßen, das Kloster wurde zur Fürstabtei erhoben und die drei noch heute erhaltenen romanischen Kirchen lassen die einstige Bedeutung des ehemaligen Monasteriums nach wie vor ahnen. Die langgestreckte Insel gliedert sich in die Bereiche Oberzell, Mittelzell und Unterzell, wo zu Glanzzeiten etwa 100 Mönche wohnten. Das imposante Münster St. Maria und St. Markus in Mittelzell präsentiert sich als dreischiffige Pfeilerbasilika, ähnlich angelegt ist die Stiftskirche St. Georg in Oberzell und die Stiftskirche St. Peter und Paul in Unterzell. Als im 16. Jahrhundert die Bedeutung der Abtei schwand, wurde sie dem Hochstift Konstanz angegliedert und 1757 schließlich von Fürstbischof Franz Konrad von Konstanz ganz aufgehoben. Von den Klostergebäuden blieb im Gegensatz zu den drei Kirchen nichts erhalten.

Reichenbach/Bayern/Deutschland

In äußerst malerischer Lage erheben sich Kirche und Konventsgebäude der ehemaligen Benediktinerabtei Reichenbach auf einer erhöhten Zunge über dem linken Ufer des Flusses Regen in der Oberpfalz/Bayern. Gegründet 1118 von dem mächtigen Markgrafen Diepold II. und mit Mönchen aus Kastl besiedelt, wurde das Kloster zügig aufgebaut und die Kirche bereits 1135 eingeweiht. Reichenbach entwickelte sich kontinuierlich, besiedelte selbst im Jahre 1330 Ettal und richtete schon 1350 eine vielbesuchte Klosterschule ein. 1556 hob die inzwischen reformierte pfälzische Regierung die Abtei auf. Im Zuge der Rekatholisierung kamen 1623 die Jesuiten nach Reichenbach, 1669 wieder die Benediktiner. Bald galt die Abtei wieder als Förderin der Wissenschaften, in der vor allem Mathematik und Astronomie gepflegt wurden. 1742 begann man mit der Ausstattung der Kirche in prachtvollem Barock. 1801 kam aber dann schon das Ende. Die Klostergebäude wurden seit der Säkularisation anderweitig genutzt und sind seit 1891 Heil- und Pflegeanstalt der Barmherzigen Brüder. Die wegen ihrer herrlichen Fresken gerühmte Kirche wurde schon 1898 vortrefflich restauriert.

Reichenstein/Nordrhein-Westfalen/Deutschland

Die ehemalige Prämonstratenserinnenabtei Reichenstein (Reichstein) im Hohen Venn bei Montjoie wurde 1252 als Tochterkloster von Heinsberg gegründet. In der kargen Landschaft des Rheinischen Schiefergebirges, von dem das Hohe Venn einen Teil darstellt, konnte sich das Kloster im Spätmittelalter wirtschaftlich nicht mehr als selbstständige Abtei halten, geriet als Priorat in Abhängigkeit von Steinfeld und wurde in ein Chorherrenkloster umgewandelt. Von 1714 bis zur Aufhebung im Zuge der allgemeinen Säkularisierung gegen Ende des 18. Jahrhunderts war Reichenstein eine selbstständige Propstei. Seither beherbergt es einen privaten land- und forstwirtschaftlichen Betrieb.

Reichersberg/Österreich

Das oberösterreichische Augustiner-Chorherrenstift Reichersberg erhebt sich auf einer Hochterrasse über dem Inn und blickt mit seiner barocken Stiftskirche St. Michael weit hinüber ins niederbayerische Land. Gegründet wurde das Stift von Wernher Graf von Reichersberg 1084, der Chorherren aus Sachsen berief, die in den folgenden Jahren eine rege ökonomische, wissenschaftliche und seelsorgerische Tätigkeit entfalteten. In den folgenden Jahrhunderten betreuten die Augustiner von Reichersberg aus vor allem eine Reihe von Pfarreien in der Seelsorge. Über die Bauernkriege und den Dreißigjährigen Krieg kam das Stift glimpflich hinweg, aber 1624 brannten das Kloster und die Kirche vollständig ab. Die nächsten 150 Jahre galten dem Neuaufbau. Ein herrliches barockes Stift und eine lichtdurchflutete einschiffige Kirche entstanden. Der Konventsbau ist um zwei Höfe gelagert und weist einen Festsaal im Südflügel, den sogenannten Bayerischen Saal im Nordflügel, ein reizvolles Prälatenoratorium, eine erlesene Bibliothek und ein geräumiges Refektorium auf. Bis 1779 gehörte Reichersberg zu Bayern, wurde in den Franzosenkriegen Lazarett, entging der Aufhebung, hielt sich nach Abschaffung der Zehentherrschaft wirtschaftlich durch Seelsorge über Wasser, musste im Zweiten Weltkrieg eine Fliegerschule aufnehmen und erlebte nach 1945 einen glänzenden Neuanfang. Seit dieser Zeit ist Reichersberg ein Zentrum der Erwachsenenbildung und der Musik, so dass Pädagogik und Kunst die Hauptinhalte der Tätigkeiten der Augustiner heute bilden.

Reifenstein/Thüringen/Deutschland

Das ehemalige Zisterzienserkloster Reifenstein im Eichsfeld wurde 1162 gegründet und mit Mönchen aus dem Kloster Volkeroda in Thüringen besetzt. Reifenstein erlangte nur regionale Bedeutung und war im Bauernkrieg und im Dreißigjährigen Krieg dem Untergang nahe, hielt sich jedoch bis zur Aufhebung 1803 als selbstständige Abtei.

Reims, Saint-Remi/Frankreich

Über der Grabstätte des heiligen Remigius, des großen Bischofs von Reims im 6. Jahrhundert, wurde früh schon ein Kloster gegründet, das später als Benediktinerabtei Saint-Remi in der Stadt Reims eine bedeutende Rolle spielte. Die einstigen Klostergebäude aus dem 12. und 13. Jahrhundert, die sich an die Kirche anschließen und im 17. und 18. Jahrhundert erneuert wurden, sind heute zu einem historischen Museum ausgebaut. Die mächtige ehemalige Abteikirche aus dem 11. und 12. Jahrhundert ist ebenfalls erhalten und konnte nach starken Beschädigungen im Ersten Weltkrieg wieder sachkundig restauriert werden. Das mit 122 Metern Länge außergewöhnlich beeindruckende Kirchenschiff wird durch 96 Lichtquellen erhellt, die die Lebensjahre des heiligen Remigius symbolisieren. Die Apsis erhebt sich in drei Etagen über dem Hauptaltar mit vielen Chorkapellen – ein Meisterwerk mittelalterlicher Baukunst aus gotischer Zeit.

Rein/Österreich

Die in einem westlichen Seitental der Mur in der Steiermark gelegene Zisterzienserabtei Rein ist nur 13 Kilometer von Graz entfernt und stellt das älteste Kloster dieses Ordens in Österreich dar. 1129 von Markgraf Leopold I. von Steier gegründet, entwickelte sich Rein zu einem bedeutenden Zentrum der »weißen Mönche« in diesem Gebiet, tatkräftig gefördert von den Salzburger Erzbischöfen. Nach der Zerstörung durch die Türken wurde es zu Beginn des 16. Jahrhunderts stark befestigt. Die große Zeit von Rein kam dann in der Barockzeit, in der das Stift und die Kirche in der Zeit von 1720–42 seine jetzige, äußerst einladende Form erhielt. Die Bibliothek von Rein mit rund 80 000 Bänden gilt als eine der kostbarsten in der Steiermark.

Reinhardsbrunn/Thüringen/Deutschland

Die ehemalige Benediktinerabtei Reinhardsbrunn am Nordfuß des Thüringer Waldes wurde 1085 bei Friedrichsroda von Ludwig dem Bärtigen als Hauskloster und Begräbnisstätte des Thüringer Landgrafenhauses gegründet. Umfangreiche Stiftungen sicherten der Abtei eine wirtschaftlich starke Stellung und machten sie zu einem kulturellen Zentrum in ihrem Gebiet. 1525 zerstörten im Bauernkrieg die Anhänger von Thomas Münzer das Kloster vollständig. Das Kloster wurde in ein kurfürstliches Amt umgewandelt und 1828 zu einem Schloss der Gothaer Herzöge ausgebaut.

Reinhausen/Niedersachsen/Deutschland

Die ehemalige Benediktinerabtei Reinhausen südöstlich von Göttingen wurde 1085 von den gräflichen Brüdern von Reinhausen gegründet, war bis 1112 Chorherrenstift und wurde dann in ein Benediktinerkloster umgewandelt. Da die Grundausstattung des Klosters sehr bescheiden war, hatte es stets unter Schuldenlasten zu leiden und wurde erst kurz vor der Aufhebung in der Reformationszeit Abtei. Das 1553 aufgelöste Kloster ist nicht mehr vorhanden, im Gegensatz zu der 1290 erbauten Kirche, die wohlerhalten ist.

Remiremont/Frankreich

Die Benediktinerabtei Remiremont, auf dem linken Ufer der Mosel in den Vogesen/Frankreich gelegen, ist seit 1792 aufgehoben, aber es steht noch das Palais der Äbtissinnen und die Kirche Notre Dame aus dem 14. Jahrhundert, die eine dreischiffige unterirdische Krypta besitzt. Das Kloster stellt eines der ältesten Heiligtümer der Vogesen dar, denn Remiremont wurde 620 durch den heiligen Romarich gegründet, der auch dem Kloster und der gleichnamigen Stadt den Namen gegeben hat. Zuerst war Remiremont (Rimelsburg, Rumelsberg) ein Kloster, das nach der Regel des heiligen Columban lebte, dann wurde es als Doppelkloster in eine Benediktinerabtei umgewandelt. Im Laufe der Jahrhunderte entfaltete sich in diesem Konvent ein reges schriftstellerisches Leben. Gegen Ende des Mittelalters wurde das Kloster zu einem Kanonissenstift erklärt, das dann im Zuge der Französischen Revolution zwangsweise erlosch.

Rennes, Saint-Melaine/Frankreich

Die französische Stadt Rennes erkor zu ihrem Schutzpatron den heiligen Melanius, der im 6. Jahrhundert Bischof dieser Stadt gewesen war. Die Benediktiner, die in romanischer Zeit eine Abtei in Rennes gründeten, benannten das Kloster nach diesem Heiligen und weihten ihre Abteikirche der Jungfrau Maria (Notre Dame). Im Haupt- und Querschiff dieser Kirche sind noch Reste des romanischen Gotteshauses zu sehen, die wichtigsten Teile jedoch stammen aus dem 14. und 17. Jahrhundert, desgleichen der Kreuzgang, der sich an die Kirche anschließt und erhalten blieb.

Retorta/Spanien

Die ehemalige Benediktinerabtei Retorta in der Erzdiözese Valencia gehörte einst zu den wichtigsten Klöstern Spaniens. Gegründet von der Gräfin Major de Assures und von den spanischen Königen und Adelsgeschlechtern reich ausgestattet, gelangte das Kloster zu großer Blüte, so dass es an der Spitze der Prämonstratenserklöster von ganz Spanien stand. Retorta hatte auch das alleinige Visitationsrecht über neun andere Klöster. Die religionsfeindlichen Gesetze Spaniens im 19. Jahrhundert löschten zwar das Kloster völlig aus, jedoch nicht die Erinnerung an diese altberühmte Abtei.

Retters/Hessen/Deutschland

Das ehemalige Prämonstratenserinnenkloster Retters im Gebiet des einstigen Hessen-Nassau, Erzbistum Mainz, wurde 1140 von Graf Gerard von Nüringen gegründet und in der Folgezeit reich mit Gütern beschenkt. Die rasch anwachsende Zahl von Chorfrauen musste aus Platzgründen 1293 bereits auf 50 beschränkt werden. Im Zuge der Reformation wurde das Kloster aufgehoben und kam in private Hände.

Rheinau/Schweiz

Auf einer Insel in einer Rheinschleife südwestlich von Schaffhausen liegt bei dem gleichnamigen Städtchen die ehemalige Benediktinerabtei Rheinau, deren Kirche St. Maria zu den Prunkstücken des Hochbarock in der Schweiz zählt. Die bereits in karolingischer Zeit gegründete Klosteranlage war in den folgenden Jahrhunderten Kern- und Ausgangspunkt der städtischen Siedlung Rheinau und teilte mit ihr die leidvollen Schicksale während der Religionskriege des 16. und 17. Jahrhunderts. In den Jahren 1704–11 schuf Franz Bauer die barocke Stiftskirche als sein Meisterwerk, ein Jahrzehnt später fügte Thadäus Sichelbein den prunkvollen Hochaltar dazu und der Wessobrunner Franz Schmuzer schuf die Stuckaturen. Beachtenswert sind auch das Chorgestühl und das Chorgitter sowie die Deckenfresken, die der italienische Maler Antonio Giorgioli 1708–10 geschaffen hat. Mit der Sakristei, der Bibliothek, einem Theatersaal und einer großen Kapelle stellt die Abtei mit ihren einstigen Konventflügeln einen recht großräumigen Komplex dar. Dieser wird schon seit mehreren Generationen als Heil- und Pflegeanstalt genutzt.

Ribeirão Preto/Brasilien

Die brasilianische Benediktinerabtei in Ribeirão Preto ist eine italienische Gründung und führt nach ihrem Ursprung in der Provinz Siena daher auch den Namen »Abadia de Nossa Senhora do Monte Oliveto«. Die Gründung in Brasilien erfolgte 1919 und bis 1970 wurden auch ausschließlich italienische Äbte gewählt. Seit dieser

Zeit regieren brasilianische Äbte in Ribeirão Preto. Die Hauptaufgabe der Mönche ist die pastorale Betreuung von drei Pfarreien, verschiedener Frauengemeinschaften, einer Polizeiabteilung und die Hilfe für gestrandete Jugendliche.

Richmond, Mary Mother of the Church/USA

Die Benediktinerabtei Mary Mother of the Church liegt in Richmond/Virginia, auf einem schönen Grundstück mit Blick auf den James River. Das nach dem Ersten Weltkrieg gegründete Kloster besitzt und betreibt im Zentrum von Richmond die Benedictine High School, führt die an die Schule angrenzende Pfarrei und ist in der Krankenhausseelsorge tätig. Ein Exerzitienzentrum lädt zu Einkehrtagen und Seminaren ein. Die Abtei, die bis 1989 ein Priorat der Abtei Belmont (in North Carolina) war, überrascht mit hochmodernen Baulichkeiten, die jedoch eine würdevoll friedliche Atmosphäre verbreiten.

Riddagshausen/Niedersachsen/Deutschland

Die ehemalige Zisterzienserabtei Riddagshausen wurde 1145 durch den Wendengrafen Ludolf im Osten von Braunschweig gegründet. Seit 1934 ist die noch erhaltene Klosterkirche in Braunschweig eingemeindet. Das Kloster wurde von Heinrich dem Löwen mit weitläufigem Grundbesitz ausgestattet und gelangte auf Grund von Rodungsarbeiten und Bodenverbesserung bald zu großem Wohlstand. Die Mönche von »Mariae Cella«, wie sie ihr Kloster auch nannten, waren für ihre intensive Wissenschaftspflege gleichermaßen bekannt. Zwischen 1220–75 entstand eine dreischiffige Basilika mit Querschiff, aber ohne Turm, wie es die Zisterzienserregel vorschreibt. Noch heute ist der Betrachter von der schlichten, aber kraftvollen Schönheit dieser ehemaligen Abteikirche begeistert. Die Abtei selbst wurde 1542 in den Reformationswirren verwüstet, 1568 in ein protestantisches Stift umgewandelt und war von 1690–1809 evangelisches Predigerseminar. Danach wurden die Konventsgebäude abgetragen.

Rieval/Frankreich

Das ehemalige und einst berühmte Kloster Rieval (Regia Vallis) in der Erzdiözese Toul war ein 1124 gegründetes Tochterkloster von Prémontré und kam bereits unter seinem ersten Abt Herbert, einem Schüler des heiligen Norbert, zu hoher Blüte. Der vierte Abt Gualter begründete Prämonstratenserklöster in Ungarn und wurde später selbst Abt in Prémontré. Das Kloster ging in der Französischen Revolution wie viele Klöster Frankreichs völlig unter.

Rievaulx Abbey/Großbritannien

Eine der bemerkenswertesten klösterlichen Ruinen von ganz England sind die gewaltigen Reste der ehemaligen Zisterzienserabtei Rievaulx Abbey in North Yorkshire. Gegründet 1131 von Lord Helmsley und besiedelt von Clairvaux in Burgund, wuchs die Abtei zu einem der größten Klöster des Königreiches heran und zählte in seinen Glanzzeiten 140 Priester-Mönche und über 500 Laienbrüder, die auf den ausgedehnten Ländereien des Ordenshauses und in den verschiedenen Werkstätten tätig waren. Von der im 12. und 13. Jahrhundert erbauten großen Klosterkirche im normannisch-romanischen und frühgotischen Stil sind das Langhaus, der Chor und das Querschiff innerhalb der monumentalen Ruine am klarsten erkennbar. Die Gesamtanlage fiel dem Klostersturm Heinrichs VIII. im 16. Jahrhundert zum Opfer.

Rila-Kloster/Bulgarien

Für ein ganzes Jahrtausend lang war das Rila-Kloster der eigentliche Hort des Bulgarentums und in der Zeit der Türkenherrschaft der Mittelpunkt der nationalen Widerstandsbewegungen. 122 Kilometer südlich von Sofia inmitten gewaltiger Waldgebiete gelegen, gleicht es von außen einer Festung, denn es hatte sich in vielen Generationen gegen türkische Überfälle zu wehren und ist daher von starken Mauern umgeben. Im 10. Jahrhundert von dem Mönch Ivan Rilski gegründet, bot dieses Kloster, in tiefen Kiefernwäldern lange Zeit Schutz, bis es dann doch mehrere Male zerstört und eingeäschert wurde. Chreliu, ein lokaler Feudalherr, baute es 1335 wieder auf. In Friedenszeiten wurde die Kirche des Klosters kostbar ausgeschmückt. 1833 brannte das Rila-Kloster vollständig ab und wurde nach 1860 allmählich wieder aufgebaut. In der zweiten Hälfte des 19. Jahrhunderts haben die besten Meister Bulgariens (Maler und Holzschnitzer) mitgeholfen, Rila zu einem Kulturdenkmal erster Ordnung zu machen. Seit 1962 Museum, können die Besucher heute neben vielen Handschriften, Büchern und Urkunden auch viele sakrale Gegenstände, liturgische Geräte und Ikonen bewundern.

Ringelheim/Niedersachsen/Deutschland

Die ehemalige Benediktinerabtei Ringelheim bei Goslar wurde der Legende nach von Kaiser Otto I. um 900 schon gegründet, ist aber erst 1150 als Benediktinerabtei eindeutig nachweisbar. 1472 trat Ringelheim der Bursfelder Reform bei. Um 1570 ging das Kloster in protestantischen Besitz über, wurde aber 1648 beim Friedensschluss von Münster und Osnabrück wieder den Katholiken zurückgegeben und bestand dann bis zur Säkularisation 1803.

Rio de Janeiro, São Bento/Brasilien

Die Benediktinerabtei São Bento in Rio de Janeiro besteht als Kloster schon seit 1590, war lange Zeit ein wichtiges geistliches Zentrum der Stadt und besitzt mit seiner Barockkirche ein künstlerisches Erbgut von unschätzbarem Wert, denn dieses kostbar ausgestattete, über und über vergoldete Gotteshaus weist in seinem Innern Schnitzereien auf, die auf brasilianischem Boden einzigartig sind. Im Zwanzigsten Jahrhundert reformierte die Beuroner Kongregation aus Deutschland das Kloster grundlegend. Heute besteht in der Obhut des Konvents die Theologische Hochschule der Brasilianischen Benediktinerkongregation, eine Sozialstation, das Kolleg São Bento mit 1200 Schülern, eine Bibliothek mit ca. 140 000 Bänden, ein Verlag und das große Exerzitienhaus »Emmaus«.

Ripoll/Spanien

Die spanische ehemalige Benediktinerabtei Santa Maria in Ripoll (Monasterium Rivipullense) galt zur Zeit ihrer Hochblüte im Hoch- und Spätmittelalter als ein Hort der Wissenschaften in Katalonien und war Sitz einer weltberühmten Schreiberschule, die sowohl die Provinz Gerona als auch das Bistum Vich, in dem es lag, weithin bekannt machte. Ein erstes, schon im 6. Jahrhundert zu westgotischer Zeit bestehendes Kloster wurde von den Arabern zerstört und von Graf Wiffredo (dem Haarigen) von Barcelona 880 neubegründet und mit reichen Privilegien ausgestattet. Im Jahr 1149 waren dann auch der Neubau der Kirche und die Erweiterung der Abtei abgeschlossen. Die Schäden des Erdbebens von 1428 konnten wieder behoben werden. Im Bürgerkrieg des Jahres 1835 stürmten aufrührerische Horden das Kloster, ermordeten die Mönche und zündeten die prächtige Abtei an. Erst im 20. Jahrhundert wurde das Kloster mit seinem sehenswerten Kreuzgang restauriert. Das aus den Jahren 1132–49 erhaltene riesige Portal mit seinen vielen Figuren ist eine hervorragende Leistung katalanischer Bildhauerkunst.

Ripon/Großbritannien

Die ehemalige englische Benediktinerabtei Ripon nordwestlich von York hat sowohl der heutigen Stadt als auch dem Bischofssitz der Anglikaner den Namen gegeben. Gegründet wurde das Kloster für iro-schottische Mönche im Jahre 650 von Herzog Alchfrith von Deira, Das Kloster wurde ein Jahrzehnt später dem heiligen Wilfrid übergeben, der eine Benediktinerabtei in den neuen Gebäuden einrichtete, in der dann auch die heiligen Willibrord und Cuthbert wirkten. Erzbischof Oswald übergab die Abtei um 972 weltlichen Kanonikern. Später wurde Ripon anglikanischer Bischofssitz.

Roche Abbey/Großbritannien

Die heute nur noch als Ruine erhaltene ehemalige Zisterzienserabtei Roche Abbey in der Grafschaft North Yorkshire wurde 1147 als Tochter von Newminster in Northumberland gegründet. Um 1180 begann man mit dem Bau der frühgotischen Kirche mit Bündelpfeilern, Blendtriforien und gerippten Gewölben. Die Gründungspatrone der Kirche waren Richard de Buili und Richard Fiz Turgis, die jedoch wenig Geld zur Verfügung stellten, so dass die Abtei bei den Juden von York sich 1300 Pfund leihen mussten. Unter dem fünften Abt konnten dann die Baumaßnahmen der Kirche endlich abgeschlossen werden. 1538 wurde die Abtei aufgehoben. Die noch heute eindrucksvollen Ruinen werden von dem Fonds für englische Denkmalspflege (English Heritage) vor weiterem Zerfall geschützt.

Römerkloster/Ägypten

Das koptische Römerkloster (Dair-al-Baramus) liegt im Natron-Tal (Wadi Natrun) nordwestlich von Kairo und führt seinen Namen auf die beiden römischen Heiligen Maximus und Domitius zurück. Gegründet wurde es bereits vor dem Jahr 400 und stellt bis zur Gegenwart eine wesentliche Größe in der koptischen Kirche dar. Entwickelt hat es sich ursprünglich aus einer seit dem dritten Jahrhundert bestehenden Eremitenkolonie. Das Römerkloster gilt als ältestes Kloster im Natron-Tal. Dem unbeugsamen Willen der Mönche ist es zu verdanken, dass 1898 der Abt dieses Klosters sogar den Wiederaufbau des seit dem 14. Jahrhundert verfallenen Samuelklosters im Wadi Natrun betreiben konnte.

Roermond/Niederlande

Im Jahre 1218 gründete an der Mündung der Roer in die Maas im holländischen Limburg Graf Gerhard V. von Geldern ein Zisterzienserinnenkloster, dem er bald danach das Frauenmünster angliederte. Diese »Onze Lieve-Vrouwe-Munsterkerk« ist erhalten geblieben, während 1797 französische Truppen das Kloster selbst völlig zerstörten. Trotz vieler Bauphasen und Restaurierungen präsentiert sich die »Liebfrauenkirche« als das bedeutendste und schönste Beispiel des rheinischen Übergangsstils als große dreischiffige Basilika, kreuzförmig, rippengewölbt mit zwei Westtürmen und einem Vierungsturm mit Dreiecksgiebel.

Roggenburg/Bayern/Deutschland

Die ehemalige Prämonstratenserabtei Roggenburg in Bayerisch-Schwaben bei Weißenhorn wurde von dem hochfreien Geschlecht derer von Biebereck im Jahre 1126 gegründet und konnte im Mittelalter ein Herrschaftsgebiet von rund 50 Quadratkilometern mit einigen Dörfern und Weilern ihr eigen nennen. Roggenburg gründete selbst drei Tochterklöster, eines zu Chur und eines zu Churwalden in der

Schweiz und als drittes Adelsberg bei Göppingen im Jahre 1178. Die ursprüngliche Propstei wurde 1444 zur Abtei erhoben und erreichte 1544 die Reichsunmittelbarkeit. Im Bauernkrieg wurde Roggenburg geplündert. Die große Zeit Roggenburgs kam zwei Generationen vor der Säkularisation. 1732 wurden die Klostergebäude neu errichtet und 1752–58 die Klosterkirche neu gebaut. Dieses Gotteshaus ist eine der bedeutendsten Kirchen des Rokoko in Schwaben. Ein heiterer, lichter Raum empfängt den Besucher, an vorzüglichen Altären entlang wandert der Blick zum mächtigen Hochaltar und von dort zurück zum schwungvollen Orgelprospekt. Die Kirche ist heute Pfarrkirche. Die Klostergebäude wurden seit 1885 zeitweise von Franziskanerinnen bewohnt. Seit den achtziger Jahren des Zwanzigsten Jahrhunderts sind jedoch wieder Prämonstratenser in Roggenburg und erfüllen die alte Abtei mit neuem monastischem Leben.

Rohr/Bayern/Deutschland

Die gegenwärtige Benediktinerabtei Rohr bei Abensberg an der Laaber in Niederbayern war bis 1803 ein Augustiner-Chorherrenstift, das 1133 von Adalbert von Rohr gegründet worden war. In der Stille dieser abgeschiedenen Landschaft konnte sich das Stift im Laufe der Jahrhunderte zu einem Hort von Kunst und Wissenschaft entwickeln. Aufgehoben 1803, kamen die Konventsgebäude zuerst in private Hände, konnten jedoch 1946 von den aus Braunau in Böhmen vertriebenen deutschen Benediktinern wieder endgültig in Besitz genommen werden. Die Besonderheit von Rohr ist die außergewöhnliche Barockkirche, die zwischen 1717 und 1719 von Egid Quirin Asam wie aus einem Guss gestaltet worden ist. Asam war nicht nur der Bauherr der Kirche, er schuf auch die gesamte Innenausstattung einschließlich des Hochaltars, der die Himmelfahrt Mariens – mit lebensgroßen Stuckfiguren gestaltet – den Betrachter geradezu wie auf einem Bühnenbild miterleben lässt.

Rolduc/Niederlande

In der Stadt Kerkrade im holländischen Limburg, nahe an der deutschen Grenze, liegt die ehemalige Augustinerabtei Rolduc, gegründet 1104 von Albertus von Antoing aus Tournai in Frankreich. Die Abteigebäude beherbergen heute ein Knabenseminar des Bistums Roermond und ein Bergwerksmuseum. Die Konventsgebäude stammen jedoch alle erst aus dem 18.–20. Jahrhundert. Die Abteikirche dagegen ist eine romanische kreuzförmige Basilika aus dem 12. Jahrhundert, die als Besonderheit eine kleeblattförmige Krypta besitzt, deren Säulenkapitelle mit vielen Figuren geschmückt sind. Über der kleeblattförmigen Krypta gestaltete der traditionsbewusste Architekt Cuypers aus Roermond im 19. Jahrhundert auch einen kleeblattförmigen Chor, der in der Zeit der Gotik schon einmal bestanden hatte und in der Renaissance abgebrochen worden war.

Rom, Sant' Anselmo/Italien

Die Residenz des Abtprimas des Benediktinerordens ist die Abbazia Primaziale Sant' Anselmo in Rom, die an der Piazza Cavalieri di Malta zu finden ist. Gleichzeitig ist dieses große Kloster ein Kolleg, das vom Papst das Recht verliehen bekam, den Doktorgrad in Philosophie, Theologie und kanonischem Recht zu verleihen. Das Kolleg wurde schon 1687 von Innozenz XI. zu San Callisto in Rom gegründet und dann von Leo XIII. 1887 neu errichtet. An diesem Kolleg können sich nicht nur Ordensleute, sondern auch Studenten des Weltklerus einschreiben. 1961 wurde in Sant' Anselmo noch zusätzlich das Päpstliche Liturgische Institut ins Leben gerufen, das auf liturgische Leitungsaufgaben im gesamtkirchlichen Raum vorbereiten soll.

Rom, San Paolo/Italien

Die Benediktinerabtei San Paolo fuori le mura wurde im 10. Jahrhundert bei der drittwichtigsten Basilika Roms errichtet, die schon im fünften Jahrhundert über dem vermuteten Grab des Apostels Paulus vor den Mauern der Stadt erbaut worden war. Die Abtei war zu allen Zeiten das Ziel vieler Pilger und Kunstliebhaber, denn die gewaltige Kirche zählt zu den herrlichsten Bauwerken der Spätantike. Das Kloster selbst war stets ein Hort der Gelehrsamkeit. Im Jahre 1823 vernichtete ein Brand die Kirche fast vollständig, sie wurde auf Betreiben von Papst Leo XII., danach von Gregor XVI., wieder im frühchristlichen Stil aufgebaut. Das Kloster gibt die Zeitschrift »Benedictina« heraus und betreut 13 000 Gläubige in der zur Abtei gehörenden Pfarrei.

Roma/Schweden

Das 17 Kilometer südöstlich von Visby auf der schwedischen Insel Gotland gelegene Zisterzienserkloster Roma wurde 1164 auf dem altehrwürdigen Platz gegründet, an dem vor der Christianisierung stets das Gutnal-Thing zusammengetreten war. Das Kloster verfügte über beträchtlichen Besitz auf Gotland und im Baltikum. Nach der Reformation wurde es zu königlichem Besitz erklärt und als Steinbruch für den Bau des in der Nähe gelegenen neuen Königshofes benutzt. Die Reste des Klosters und der Kirche sind mit ihren wohlproportionierten Säulen nach wie vor sehenswert. Die Anlage steht wie alle Ruinen Visbys bereits seit 1805 unter Denkmalsschutz.

Rommersdorf/Rheinland-Pfalz/Deutschland

Die ehemalige Prämonstratenserabtei Rommersdorf bei Neuwied im Erzbistum Trier wurde 1114 von Reginbold von Rommersdorf gegründet und von Mönchen aus Floreffe besiedelt. Im Dreißigjährigen Krieg schwer heimgesucht, konnte sich das Kloster unter tatkräftigen Äbten bis zur Aufhebung in der Zeit der Säkularisation wieder erheben. Zwischen 1660 und 1720 wurde die Abtei sogar größtenteils neu gebaut.

Rosa Coeli/Tschechien

Das älteste Prämonstratenserkloster Mährens ist heute nur noch eine romantische Ruine. Diese liegt 18 Kilometer südwestlich von Brünn entfernt in der Gemeinde Dolní Kounice. Gegründet wurde das Kloster im Jahr 1183 von Vilém von Pulin und der Jungfrau Maria geweiht, daher auch der Name Rosa Coeli (Rose des Himmels). In den Hussitenkriegen wurde das Kloster so sehr mitgenommen, dass es aufgelöst wurde und bis heute nur noch als Ruine zu besichtigen ist.

Rosenveld/Niedersachsen/Deutschland

Die ehemalige Benediktinerabtei Rosenveld (Rosenfeld, auch Harsefeld) bei Stade, im einstigen Bistum Bremen, wurde um 1010 als Kanonikerstift gegründet, aber kurz nach 1102 von Benediktinern besetzt. Die Abtei schloss sich der Reform von Cluny an, überdauerte die Reformation, wurde aber während des Dreißigjährigen Krieges aufgehoben und erlosch völlig. In Rosenveld entstanden die für die Geschichtsschreibung wichtigen Annales Rosenveldenses, die über die Zeit von 1057–1130 berichten.

Rostow Weliki, Abraham-Kloster/Russland

Am östlichen Stadtrand von Rostow Weliki (Groß-Rostow) in der Nähe des Nero-Sees liegt eines der ältesten Klöster Russlands, es ist das »Abraham-Kloster zu Christi Erscheinen«, wie der genaue Name lautet. Archimandrit Abraham errichtete an der Stelle eines slawischen Tempels um die Wende vom 11. zum 12. Jahrhundert dieses Kloster und machte es zu einem Ausgangspunkt für die Verbreitung des Christentums. Iwan der Schreckliche förderte dann das Kloster im 16. Jahrhundert sehr entscheidend nach seinem Sieg über den Khan von Kasan und ließ auf seinem Gelände die Kathedrale zu Christi Erscheinen bauen. Diese Fünfkuppelkirche wurde 1553/54 von Andrej Maly als Vierpfeilerbau mit drei Apsiden errichtet und dann im 18. Jahrhundert mit Leimfarben im Barockstil ausgemalt. Zwei weitere Kirchen aus dem 17. Jahrhundert, ein eingeschossiges Refektorium und das Haus des Abtes sind außerdem als interessante Bauten innerhalb des klösterlichen Bezirks zu finden. Das gesamte Ensemble blieb erfreulicherweise mitsamt dem Glockenturm und einem klassizistischen Portikus als museale Anlage erhalten.

Rostow Weliki, Erlöser-Jakob-Kloster/Russland

Von den drei Klöstern in Rostow Weliki (Groß-Rostow) ist das Erlöser-Jakob-Kloster am Ufer des Nero-Sees des architektonisch jüngste. Der etwas merkwürdige

Name verweist auf die Erlöserkirche und auf die Jakob-Kirche auf dem Klostergelände, aber zwei weitere Kirchen kommen noch dazu, die im Namen zwar nicht genannt, aber sehr bedeutend sind. Gegründet wurde das Kloster am Ende des 14. Jahrhunderts, war zuerst ein Holzbau, der erst im 17. Jahrhundert durch Steinbauten ersetzt und im 18. Jahrhundert dann durch Schenkungen des Zarenhofes und anderer Adelsfamilien großartig ausgebaut wurde. Die erste Steinkirche wurde 1686 errichtet, eine hohe fünfkupplige Vierpfeileranlage mit drei Apsiden die den Namen »Kirche zur Empfängnis der Heiligen Anna« trägt. Brillante Meister der Monumentalmalerei statteten 1689–90 diese Kirche mit Fresken aus, die vornehmlich die Gleichnisse Jesu und die Geschichte Abrahams illustrieren. Die Jakob-Kirche aus dem Jahr 1725 wird von einer Kuppel gekrönt und wurde im Innenraum von Timofei Medwedew mit Leimfarben in Grisaille-Technik ausgemalt. Die bereits aus dem Ende des 18. Jahrhunderts stammende hohe fünfkupplige »Erlöserkirche auf dem Sand« ist dreigeschossig und beeindruckt durch ihre Proportionen und ihren Detailreichtum. Der eigentliche Magnet des Erlöser-Jakob-Klosters ist jedoch die Demetrios-Kirche, die mit den Mitteln des Grafen N. Scheremetew 1794 errichtet wurde und zu einem beeindruckenden Werk des russischen Klassizismus ausgestaltet wurde. Das Bauwerk stellt einen großen Würfel mit einer massiven zylinderförmigen Trommel dar, auf der eine breite Kuppel mit hoher eleganter Rotunde sich majestätisch erhebt. Die Nord- und die Südfassade sind jeweils als großer Portikus gestaltet, was dem Ganzen ein geradezu antikes Aussehen gibt und die dekorativen Ausdrucksmittel des Klassizismus optimal zur Geltung bringt. Das Innere ist sehr hell und geräumig, die Malerei akademisch und die Kassetten der Kuppel schmücken Rosetten.

Rostow Weliki, Kloster zur Geburt der Gottesmutter/Russland

Im türmereichen Rostow Weliki (Groß Rostow) am Nero-See wurde im Zentrum der Stadt bereits im 14. Jahrhundert das Kloster zur Geburt der Gottesmutter gegründet. Von den Klostergebäuden selbst hat sich bis zur Gegenwart nur die gleichnamige Kirche aus der zweiten Hälfte des 17. Jahrhunderts erhalten, ein großes, einstöckiges Gotteshaus auf einem soliden Sockelbau mit einer Kuppel. Im Jahr 1715 wurde der Innenraum mit beachtlichen Fresken verziert, die den Lobpreis Marias zum Thema haben. In der Sowjetzeit brachte man das städtische Archiv in dieser Kirche unter.

Rot an der Rot/Baden-Württemberg/Deutschland

Die ehemalige Prämonstratenserabtei Rot an der Rot (Mönchsrot) in Württemberg bei Leutkirch ist das älteste Kloster dieses Ordens in Schwaben und wurde 1152 gegründet. Die Mönche kamen damals aus dem Mutterkloster Prémontré in Burgund. Noch im gleichen Jahrhundert gründete Rot an der Rot die Tochterklöster Marchtal, Steingaden, Weissenau und Wilten. Aufgestiegen zur Reichsabtei, bildete das Kloster ein wichtiges geistliches Zentrum in Oberschwaben. 1633 von den Schweden ausgeplündert, erholte es sich in der Barockzeit und gab nach einem Brand 1681 den heute noch erhaltenen Neubau von Kloster und Kirche in Auftrag. Ein herrliches Kloster im Barockstil entstand in den Jahren 1773–83. Nach der Aufhebung 1803 kam das Kloster in den Besitz des Grafen Ludwig von Wartenberg. Heute dient die einstige Abtei als eine Bildungsstätte des Landes Baden-Württemberg.

Rotes Kloster/Slowakei

Nahe an der polnischen Grenze in der Ostslowakei liegt 38 Kilometer nördlich von Poprad das ehemalige Rote Kloster, eine Kartause, die 1319 gegründet worden ist. Damals war das Gebiet wie die ganze Slowakei (bis 1918) ungarisch, und so war auch das Leben der Klöster nach Budapest ausgerichtet. Das ist der Grund, weshalb sich die kostbare Bibliothek der Klosters heute in der Universitätsbibliothek zu Budapest befindet. Die Kartäuser konnten ihr abgelegenes Kloster zwischen den bewaldeten Bergen an der Dunajec im 18. Jahrhundert nicht mehr halten, so dass 1711 die Kamaldulenser, ein Zweig des Benediktinerordens, in den Konvent einzogen. Nachdem jedoch 1782 das Kloster der Aufhebung zum Opfer gefallen war, blieben bald nur noch Ruinen von der einstigen Anlage übrig. 1952 wurden Restaurierungsarbeiten begonnen und so konnten bis zum Ende des Zwanzigsten Jahrhunderts in den teilweise neuaufgebauten Konventstrakten ein Museum und eine Apotheke eingerichtet werden.

Rott am Inn/Bayern/Deutschland

Der festliche Rokokoraum der Klosterkirche der ehemaligen Benediktinerabtei Rott am Inn im Kreis Rosenheim in Oberbayern ist ein Pilgerziel für alle Kunstfreunde. Dieser Innenraum wurde von dem Münchener Hofbaumeister Johann Michael Fischer geschaffen, der mit Genehmigung des Abtes die besten Künstler seiner Zeit zur Ausstattung der dreischiffigen Basilika verpflichten konnte. So stammen etwa die wichtigsten Deckenfresken von dem Augsburger Matthäus Günther und der figürliche Schmuck von Franz Xaver Feichtmayr und Ignaz Günther. Gestiftet wurde das Kloster 1086 von dem bayerischen Pfalzgrafen Kuno, der es reich mit Gütern ausstattete. Die damals erbaute romanische Kirche wurde den beiden Heiligen Marinus und Anianus geweiht. Die beiden Türme aus dieser Zeit wurden in den späteren barocken Neubau übernommen. Das Kloster unterhielt seit 1442 eine vielbesuchte Schule und gründete die beiden Propsteien Kötzing und Pillersee. Der spektakuläre Neubau (1718–63) erfuhr seine Krönung durch eine kreisförmige

Kuppel mit einem Durchmesser von 15 Metern. Das Kuppeldach, ein Hauptwerk von Matthäus Günther, ist in seiner Figurenfülle und Leuchtkraft kaum zu überbieten. Nach der Säkularisation wurde 1803 ein Teil der Klostergebäude niedergerissen. Die berühmte Klosterkirche wurde zur Pfarrkirche erklärt und auf diese Weise gerettet.

Rottenbuch/Bayern/Deutschland

Das ehemalige Augustiner-Chorherrenstift Rottenbuch am Peißenberg an der Ammer in Oberbayern wurde 1073 von Herzog Welf I. von Bayern gestiftet und stand zur Zeit des Investiturstreits stets auf der Seite des Papstes. Als das Stift 1803 aufgehoben wurde, konnte nur die große vielgerühmte Rokoko-Basilika gerettet werden, während die Klosteranlagen vollkommen abgerissen wurden. Die kreuzförmige, dreischiffige Kirche mit ihrem freistehenden Turm war in der Mitte des 18. Jahrhunderts mit meisterhaften Dekorationen von Joseph Schmuzer und Franz Xaver Schmuzer sowie mit Fresken von Matthäus Günther zu einem Juwel des Rokoko ausgestaltet worden. Sie ist das kostbare Vermächtnis dieses einstigen Klosters, das bis zur Säkularisation 1803 allen Widrigkeiten getrotzt und auch die Plünderungen im Dreißigjährigen Krieg tapfer überstanden hatte.

Rottenmünster/Baden-Württemberg/Deutschland

Die ehemalige Zisterzienserinnenabtei Rottenmünster, oberhalb Rottweil in Württemberg, wurde 1222 gegründet, stieg zum Reichsstift auf und kam zu bedeutendem Grundbesitz, weshalb zwischen Stadt und Kloster fortwährend Zwistigkeiten bestanden. 1643 brannten die Franzosen das Kloster nieder. Der bald danach begonnene Neubau wurde 1669 fertiggestellt. 1802 wurde das Kloster aufgehoben. 1896 kam es in den Besitz der Barmherzigen Schwestern von Marchtal und wurde in eine Heil- und Pflegeanstalt umgewandelt.

Rougemont/Schweiz

Das ehemalige Priorat der Benediktiner Rougemont (Rubeus mons, Rotberg, Rötschmund) im oberen Saanetal, Bistum Lausanne, wurde 1080 durch Graf Wilhelm I. von Greierz gegründet und besaß im 15. Jahrhundert eine der ältesten Druckereien der Schweiz. 1555 fiel das Priorat an das mächtig gewordene Bern, das ein Jahr danach die Reformation einführte, das Stift aufhob und alle seine Güter einzog.

Royaumont/Frankreich

Die 21 Kilometer nördlich von Paris im Departement Val-d'Oise gelegene ehemalige Zisterzienserabtei Royaumont (Regalis Mons) wurde 1228 von König Ludwig dem Heiligen gegründet, stieg in der Folgezeit zu einer großen und bedeutenden

Abtei auf und brachte es zu einer großen, dreischiffigen Kathedrale und einem sehenswerten Kreuzgang. In der Revolutionszeit wurde das Kloster 1790 aufgehoben und mitsamt dem vornehmen Gotteshaus zerstört. Seit dem Ende des 20. Jahrhunderts bemüht sich die Fondation Royaumont um das Ruinengelände und hat einige Gebäude sanieren und als Kulturzentrum einrichten können.

Rüti/Schweiz

Die ehemalige Prämonstratenserabtei Rüti (monasterium Rutinense, Ruoti) oberhalb Rapperswil, im Kanon Zürich, wurde 1206 durch die Freiherrn von Regensberg und Grüningen gegründet und von Mönchen aus Churwalden besiedelt. Rüti wurde Mutterkloster von Himmelpforten bei Rheinfelden. Da Zürich seit 1401 das Burgrecht über Rüti ausübte, wurde das Kloster 1535 vom Züricher Rat säkularisiert und schied aus dem Kreis der eidgenössischen Klöster aus.

Rumbeck/Nordrhein-Westfalen/Deutschland

Das ehemalige Prämonstratenserinnenkloster Rumbeck im westfälischen Kreis Arnsberg, Diözese Paderborn, bestand von 1193–1804 und entfaltete in diesem früher zum Bistum Köln gehörenden Raum eine recht segensreiche Tätigkeit, so dass Rumbeck 1641 auch das alte Prämonstratenser-Frauenkloster Olinghausen erneuern konnte. Rumbeck selbst wurde nach der Säkularisation nicht mehr wiedererrichtet.

Rupertsberg/Rheinland-Pfalz/Deutschland

Die Zisterzienserinnenabtei Rupertsberg zu Bingen (Bingerbrück) wurde 1147 von der heiligen Hildegard von Bingen gegründet. Als die Schweden 1632 Rupertsberg in Flammen aufgehen ließen, konnten sich die Nonnen in das ebenfalls von Hildegard als Filialkloster gegründete Eibingen in Sicherheit bringen. Nach dem Dreißigjährigen Krieg wurde das Mutterkloster Rupertsberg wiederhergestellt. Die Aufhebung wurde während der französischen Zwischenregierung in Mainz (1798–1814) vollzogen.

S

Saar/Tschechien

Die in Südmähren an der Sazau gelegene ehemalige Zisterzienserabtei Saar wurde 1252 gegründet und liegt heute in der Gemarkung der Industriestadt Žďár nad Sázavou. In den Hussitenkriegen zerstört, gelang ihr Wiederaufbau in der Zeit der Spätgotik und nochmals in der Barockzeit nach einem Großbrand. Die Marienkirche des Klosters ist das Werk des Architekten Johann Santini-Aichel (1687–1723), der es verstand, den gotischen Stil der Kirche so zu barockisieren, dass eine ungewöhnliche Synthese entstand, die zu einer geradezu beglückenden Harmonie geführt hat. So tragen beispielsweise barocke Pfeiler das gotische Rippengewölbe der dreischiffigen Basilika mit Querschiff. Die Kirche ist ein Juwel Südmährens. In den Klostergebäuden ist das tschechische Buchmuseum untergebracht.

Säben/Italien

Auf einem markanten Felsen über Klausen in Südtirol thronte bereits seit dem 4. Jahrhundert eine christliche Kirche, die im 6. Jahrhundert zu einem Bischofssitz erhoben wurde. Als diese bischöfliche Residenz um 1000 nach Brixen verlegt wurde, blieb der Palast bis zu einem großen Brand 1535 Sommersitz der Bischöfe. Danach verfiel die verwaiste Anlage. Die Ruine wurde jedoch 1685 zu einem Benediktinerinnenkloster ausgebaut und im Zuge dessen die heutige Klosterkirche von Giovanni Battista Delai 1691–1707 im lombardischen Barockstil errichtet. In napoleonischer Zeit hob man das Kloster auf (1808), konnte es aber 1816 wieder errichten.

Sagorsk, Lawra der Heiligen Dreifaltigkeit und des heiligen Sergius/Russland

Das in der zentralrussischen Stadt Sagorsk gelegene Sergios-Dreifaltigkeitskloster war in der Geschichte der gesamten christlichen Welt zweifellos das reichste und mächtigste Kloster, denn es verfügte gegen Ende des 16. Jahrhunderts über riesige Ländereien mit etwa 3000 tributpflichtigen Dörfern mit über 100 000 Einwohnern. Konnte man die Anlagen als komplette Klosterstadt bezeichnen, so bildete letztlich der gesamte klösterliche Besitz fast einen regelrechten »Staat« im Staate Russlands, denn das Kloster brauchte keinen Zoll zu entrichten, trieb Handel mit dem Ausland mit einer eigenen Flotte, vergab Darlehen und unterhielt zahlreiche

Werkstätten in den unterschiedlichsten Bereichen. Die Mauer, die den Kernbereich des Klosters umgab, war allein zwölf Kilometer lang, ihre Höhe betrug meist acht Meter, stellenweise sogar zwölf Meter. Diese Befestigungen hängen damit zusammen, dass das Kloster vom 15. Jahrhundert an zur Verteidigung des Fürstentums Moskau bestimmt war. Es nahm unter den Wehrklöstern des Reiches sogar den ersten Platz ein. Die ungemein reichen Dotierungen und die ständige Förderung durch die Zaren hängen mit dieser Schutzfunktion auf das Engste zusammen. Sagorsk liegt 70 Kilometer nordöstlich von Moskau, war und ist Mittelpunkt des russisch-orthodoxen Lebens, war bis 1983 und zu dessen Umzug nach Moskau ins Kloster des heiligen Daniel der Sitz des Patriarchen von Russland. Gegründet wurde das Kloster in den 40er Jahren des 14. Jahrhunderts vom Mönch Sergios von Radonesh, der aus einer Einsiedelei ein Kloster machte und 1357 vom Moskauer Metropoliten zum Abt erhoben wurde. Die große Stunde des Klosters schlug 1380, als Sergios dem Großfürsten von Moskau, Dmitri Donskoi, vor der historischen Schlacht gegen die Mongolen den Segen erteilte. Damit war der Endkampf Russlands gegen die Mongolen eröffnet und mit dem Sieg Dmitris der Aufstieg des Klosters gesichert. 1408 brannten zwar die inzwischen zum Islam bekehrten Mongolen das Kloster nieder, aber es wurde schnell wieder aufgebaut – nicht mehr als Holz, sondern aus festen Steinen. Die von Sagorsk ausschwärmenden Mönche gründeten in der Folgezeit 20 weitere Wehrklöster und festigten dadurch die Bande zwischen Moskau und dem Dreifaltigkeitskloster erheblich. 1608 begann die Belagerung des Klosters durch polnisch-litauische Invasionstruppen. Die Mönche hielten 16 Monate lang stand, bis sie von einem russischen Ersatzheer befreit wurden. Von 2125 Verteidigern fielen 1900, das Kloster galt nun als Beispiel von Mut und Standhaftigkeit, da die meisten anderen Städte kapituliert hatten. Der Reichtum des Klosters nahm in den Jahren des Wiederaufbaus nach der Invasion weiter zu, bis 1744 durch die Säkularisierung der Klosterländereien auch die Gründung von Sergios alle Besitztümer verlor. Geblieben aber war das große Ansehen, die Bauten und viele damit verbundene Kunstschätze. Die Stadt Sagorsk war mit dem Kloster gewachsen und ging inzwischen eigene Wege. 1814 wurde die Moskauer Geistliche Akademie ins Kloster verlegt, im dortigen Zarenpalast untergebracht und hat seitdem in dem langgestreckten Gebäude ihren Sitz. Nach der Oktoberrevolution von 1917 wurden die Mönche vertrieben oder deportiert, das Kloster verstaatlicht und zum baukünstlerischen Museumsreservat erklärt. Im Zuge der Entspannung zwischen Staat und Kirche kehrten Mönche ins Kloster zurück, und nach dem Fall der Sowjetunion setzte der große Neubeginn ein. Auf dem Gelände des Klosters sind zwei Kathedralen und 6 Kirchen vereint. Bei den Kathedralen handelt es sich um die 1422/23 erbaute Troizkij-Kathedrale und um die 1585 errichtete Uspenskij-Kathedrale mit Fresken und einer wundervollen

Ikonostasis. Innerhalb der Klostermauern stehen die Sossim- und Ssawatij-Kirche, die Michejewskaja-Kirche und die neuere Smolensker-Kirche von 1745–48. Dazu kommen noch die Nadwratnaja-Kirche, die Nadkladesnaja-Kirche, verschiedene Kapellen, der Zarenpalast, die Metropolitengemächer, der Marstall, der große Glockenturm, die Mönchswohnungen und die 11 Türme der gewaltigen Mauer, von denen besonders die Ecktürme mit Kanonen und Hakenbüchsen ausgerüstet waren. Das in unmittelbarer Nachbarschaft gelegene Pjatnizkij-na-Podole-Kloster aus dem 16./17. Jahrhundert stand stets in enger Verbindung zum Dreifaltigkeitskloster selbst.

Sahagun/Spanien

Das Monasterio de San Benito in dem kleinen Städtchen Sahagun in der spanischen Provinz Leon war einst die mächtigste Benediktinerabtei im Königreich Leon. Gegründet im 9. Jahrhundert und dreimal von den Mauren zerstört, schloss es sich nach dem Wiederaufbau der cluniazensischen Reform an. Von Napoleon aufgehoben, wurde es während der innerspanischen Wirren Ende des 19. Jahrhunderts zerstört. In den erhaltenen Teilen des ehemaligen Ostflügels sind die Grabmäler von Alfons VI. von Leon und Kastilien und von Königin Isabella erhalten.

Saint Albans/Großbritannien

Die einstige Benediktinerabtei St. Albans in Hertfordshire war einst die bedeutendste Abtei Englands, denn sie wurde 739 von König Offa von Mercien auf dem Gelände gegründet, auf dem einst die römische Hauptstadt der ganzen Insel, das berühmte Verulamium, gestanden hatte. Viel wichtiger noch war es, dass an dieser Stelle ein römischer Soldat, der heilige Alban, im Jahr 303 den Märtyrertod erlitt, zusammen mit dem heiligen Amphibalus, der ihn bekehrt hatte. Die Abtei wurde von den englischen Königen stets gefördert, auch die normannischen Herrscher schenkten ihr ständig ihre Gunst. St. Albans wurde zu einer großen Wallfahrtsstätte, an der die Pilger Zuflucht bei dem ersten Märtyrer Britanniens suchten. Bei der Auflösung des Klosters unter Heinrich VIII. kamen die Abteianlagen in private Hände und sind inzwischen verschwunden. Die Kirche jedoch blieb mit all ihren Schätzen erhalten, weil man sie zur Pfarrkirche erklärt hatte. Diese ehrwürdige dreischiffige Kathedrale (inzwischen ist St. Albans Bischofssitz) hat außerordentliche Dimensionen. Mit dem Chor ist die Kirche 168 Meter lang, das Querhaus hat eine Breite von 66 Metern und der Turm ist 43 Meter hoch. Der Stil ist rein normannisch, denn die ersten Bauten des gewaltigen Gotteshauses wurden auf kreuzförmigem Grundriss in den Jahren 1077–88 ausgeführt. Bis zum 15. Jahrhundert wurden stets Erweiterungen und Verschönerungen vorgenommen, die aber nie den klaren Gesamteindruck aufhoben, ihn vielmehr noch positiv verstärkten.

Saint Anselm Abbey/USA

Die in Manchester, New Hampshire, gelegene Benediktinerabtei St. Anselm, seit 1927 unter eigenen Äbten, ist durch ihr St. Anselm College in der wissenschaftlichen Welt gut bekannt, denn das Kloster besitzt die Geisel-Bibliothek mit über 200 000 Bänden und ist Ausbildungsstätte von ungefähr 2000 Studenten, die im College Geistes- und Naturwissenschaften studieren. Das Abteigelände hat mehr als 40 Gebäude, in deren Mittelpunkt die Rundkirche in hochmodernem Stil mit ihren vielen Buntglasfenstern steht. Die Abtei ist auch verantwortlich für die Pfarrei St. Raphael in Manchester und ist darüber hinaus für das Priorat St. Stephan in Portola Valley in Kalifornien zuständig.

Saint-Bavon (St. Bavo)/Belgien

Die ehemalige Benediktinerabtei St. Bavon liegt in Gent, der Hauptstadt Ostflanderns und beherbergt heute in den erhaltenen Gebäuden (Refektorium, Kapitelsaal und spätgotischer Kreuzgang) das Gesteinsmuseum der Stadt. Gegründet um 630 vom heiligen Amandus, stieg die Abtei rasch zu überregionaler Geltung auf. Einhart (Eginhard), der Sekretär Karls des Großen, wurde 811 Abt dieses Klosters. Später von den Normannen geplündert, konnte es sich rasch wieder erholen, da es große Aktivitäten bei der Urbarmachung unkultivierten Landes entfaltete und flandrische Grafen schützend ihre Hand über St. Bavon hielten. Karl V. verfügte aber aus militärischen Gründen einen Teilabriss, um an dieser Stelle die Zitadelle »Chateau des Espagnols« zu errichten. 1581 zerstörten dann die Calvinisten auch die Abteikirche. Spätere Versuche zur Wiederherstellung der Abtei im alten Glanz führten zu keinem Erfolg. Die verbliebenen Überreste sind jedoch so interessant, dass man allein an ihnen die Entwicklung der Baustile in Flandern vom 12. bis zum 15. Jh. sehr gut studieren kann.

Saint Bede Abbey/USA

Die nach dem heiligen Beda genannte Benediktinerabtei liegt seit 1889 in der Gemeinde Peru in Illinois, war ursprünglich ein abhängiges Priorat und wurde 1910 selbstständig. Die Saint Bede Abbey bewirtschaftet einen der größten klösterlichen landwirtschaftlichen Betriebe mit einer Fläche von über vier Quadratkilometern und kann sich durch Feldbau, Gemüsegärten, Obstplantagen und Bienenzucht den Unterhalt selbst sichern. In der Diözese Peoria ist die Abtei für fünf Pfarreien verantwortlich und sie unterhält eine Sekundarschule mit 300 Schülern. Eine Druckerei wird ebenfalls von den Mönchen betrieben.

Saint Benedict, Saint Joseph Abbey/USA

Die Benediktinerabtei Saint Joseph liegt in der Gemeinde Saint Benedict im Bundesstaat Louisiana und wurde als Tochterkloster von St. Meinrad (Indiana) 1890 gegründet. Zuerst lag das Kloster in einer ungesunden Gegend, so dass 1902 die Mönche ihren Standort wechselten und 40 Meilen nördlich von New Orleans die heutige Lage erkundeten. Das an dieser Stelle erbaute Kloster wurde 1903 zur Abtei erhoben. Die Holzbauten der Anlage wurden jedoch 1907 durch Feuer zerstört, so dass der Bau eines modernen Klosters und einer festlichen Kirche geplant und durchgeführt wurde. Es entstand eine hohe Basilika mit inzwischen berühmten Wandgemälden. Die Mönche sind in der Betreuung von Pfarreien, in der Jugendarbeit und in der Studentenseelsorge tätig. 1959 gelang der Abtei die Gründung eines Klosters in Guatemala.

Saint Benedict's Monastery/Australien

Das in Arcadia, ungefähr 40 Kilometer nordöstlich von Sydney in New South Wales/Australien liegende Saint Benedict's Monastery wurde von Silvestriner-Mönchen 1961 gegründet. Das kleine Kloster ist ein Konventualpriorat der Silvestrinerkongregation, betreut zwei Pfarreien und bietet Exerzitien an.

Saint Benedict's Monastery/USA

Das von einem Großprior geleitete Kloster der aus Italien stammenden Silvestriner-Mönche mit dem Namen Saint Benedict's Abbey liegt einsam in einer bewaldeten Gegend wenige Kilometer vom Zentrum der Stadt Oxford im Bundesstaat Michigan. Gegründet 1928 zur Seelsorge für die italienischen Einwanderer am Stadtrand von Detroit, siedelte das Kloster 1960 nach Oxford um und widmet sich vornehmlich der Ausbildung junger Mönche, hilft dem Diösesanklerus in der Seelsorge und betreibt mit Erfolg eine Buchdruckerei.

Saint-Benoît-du-Lac/Kanada

Die große, mit vielen Mönchen besetzte Benediktinerabtei in Saint-Benoît-du-Lac im Süden von Quebec in Kanada ist eine Gründung der normannischen Abtei Saint-Wandrille und gehört der Kongregation von Solesmes an. Das Kloster wurde 1912 gegründet, 1939 zum Priorat erhoben und konnte 1952 seinen ersten Abt wählen. Das mit seiner 1994 eingeweihten Kirche in einer leicht bewaldeten Hügellandschaft liegende Kloster widmet sich hauptsächlich der Liturgie und der Musikpflege, vor allem dem gregorianischen Choral. Eine ausgedehnte Landwirtschaft sichert den Unterhalt der Klostergemeinschaft.

Saint Bernard's Abbey/USA

In Cullman, Alabama, liegt die 1891 zur Abtei erhobene Klosteranlage Saint Bernard's, die mit ihren Mönchen fünf Pfarreien betreut, eine Vorbereitungsschule unterhält und in einem Exerzitienhaus vielen Besuchern geistige Wegweisung vermittelt. Die Abtei liegt im nördlichen Teil des Bundesstaates in einem 35 Hektar großen Gelände außerhalb der Stadt und gehört inzwischen zu den beliebtesten Besuchszielen von Alabama, weil in ihrer »Ave–Maria-Grotte« Miniaturbauwerke von Heiligtümern aus aller Welt aufgebaut wurden, die dem Fleiß eines Mitbruders zu verdanken sind. Die Abtei gehört der Benediktinerkongregation Americano-Casinensis an.

Saint Bernhard/Belgien

Die Zisterzienserabtei Saint Bernhard an der Schelde südlich von Antwerpen wurde 1237 gegründet und bestand an dieser Stelle bis zur Aufhebung 1797. Die 1833 noch lebenden Mönche dieses Klosters konnten dann ihr gemeinsames Leben in einem ehemaligen Dominikanerkloster fortsetzen und von da aus die alte Zisterzienserabtei Val-Dieu in der Diözese Lüttich wieder errichten. Seither bilden unter dem gemeinsamen Namen St. Bernhard/Val-Dieu die beiden Abteien die belgische Ordensprovinz der Zisterzienser.

Saint Claude/Frankreich

Die altberühmte Benediktinerabtei im Bistum Lyon, Saint Claude, wurde bereits um 450 von den beiden heiligen Romanus und Lupicinus gegründet. Man nannte dieses Kloster damals nach dem dritten Abt Eugendus »St. Oyande-Joux«, aber seit dem 12. Jahrhundert dann nach dem heiligen Claudius »St. Claude«. Die altberühmte Abtei besaß reiche Ländereien aus frühmittelalterlichen Tagen und musste diese Besitzrechte in langwierigen Prozessen gegen Bischof und König gleichermaßen verteidigen. 1742 wurde der Abt zum Suffragan-Bischof erhoben, 1802 jedoch verfiel das Kloster der Aufhebung.

Sainte-Foy/Frankreich

Die Reliquien der heiligen Fides (= Foy) gaben nicht nur der Benediktinerabtei in Conques ihren Namen, sondern machten die Abteikirche auch zu einem bedeutenden französischen Wallfahrtszentrum. Gegründet wurde die Abtei schon zur Zeit Karls des Großen, die Reliquien der Heiligen kamen 883 nach Conques im Departement Aveyron. 1537 wurde die Abtei säkularisiert, aber die Kirche ist bis heute erhalten geblieben und besitzt ein berühmtes Tympanon mit der Darstellung des Jüngsten Gerichts, eine außerordentliche Bildhauerarbeit und 180 Figuren sowie eine der reichhaltigsten Schatzkammern mittelalterlicher Kunst.

Saintes/Frankreich

Die in der Stadt Saintes gelegene Abbaye aux Dames stellt im Departement Charente-Maritime eines der bekanntesten Klöster der Saintonge dar. Gegründet im 11. Jahrhundert vom Grafen von Anjou als »Abbaye Notre-Dames de Saintes«, stand das Kloster vor allem den Töchtern adeliger Familien aus ganz Frankreich offen. Die Könige von Frankreich und England wetteiferten sogar in der Förderung dieser Abtei. Im Hundertjährigen Krieg zerstört und 1648 ein Raub der Flammen, wurde das Kloster immer wieder aufgebaut. Nach der Französischen Revolution wurde es in eine Kaserne umgewandelt, aber 1942 an die Kirche zurückgegeben. Seither dient es wieder religiösen Zwecken. Die aus dem 12. Jahrhundert noch erhaltene Abteikirche besticht im Innern durch ihre prachtvolle Aufgliederung und durch das Hauptportal, das reich mit Skulpturen versehen ist.

Saint-Germain-des-Prés/Frankreich

Die ehemals königliche Abtei St.-Germain-des-Prés (Sanctus Germanus a pratis) wurde um 560 vom heiligen Germanus in dem heutigen gleichnamigen Stadtteil von Paris gegründet und nach dem Gründer benannt. Die Benediktinerabtei war bis zur Zeit Dagoberts I. die Grabstätte der Merowinger und genoss daher königliche Förderung. Zu Beginn der Neuzeit schloss sich das Kloster der Reform von Cluny an und wurde 1586 von Kardinal de Bourbon neu gebaut. St.-Germain-des-Prés war eine regelrechte Klosterstadt, auch Sitz des Generalabts der Mauriner. Die Klostergebäude wurden nach der Aufhebung 1792 weltlichen Zwecken zugeführt, die altromanische Kirche blieb relativ gut erhalten.

Saint-Gilles/Frankreich

Die wegen ihrer Steinmetzarbeiten berühmte ehemalige Benediktinerabtei im französischen Departement Gard liegt in dem gleichnamigen Städtchen am Rande der Camargue und leitet ihren Namen von dem legendären Wundertäter St. Gilles ab, der als Einsiedler im 8. Jahrhundert aus Griechenland nach Südfrankreich gekommen sein soll. Das Grab des Heiligen zog bald Pilger an, und die an diesem Ort gebaute Kirche entwickelte sich alsbald zu einem berühmten Wallfahrtsort. Eine Benediktinerabtei wurde gegründet, die sich 1066 der cluniazensischen Reform anschloss. An der zwischen 1180 und 1240 entstandenen Abteikirche arbeiteten zahlreiche Bildhauer, die vor allem die drei Portale verschwenderisch mit Reliefs und Figuren verzierten, die alle von großer Ausdruckskraft sind. Die Kirche wurde in den Religionskriegen verwüstet, im 17. Jahrhundert wieder erneuert, ist aber nicht mehr in allen Teilen erhalten. Die Portale mit ihren »Wundern aus Stein« haben erfreulicherweise überlebt. Bereits 1538 wurde Saint-Gilles in ein Kollegiatsstift umgewandelt und gehörte später zum Erzbistum Aix.

Saint Gregory's Abbey/USA

Seit 1929 besteht in Shawnee im Bundesstaat Oklahoma die Benediktinerabtei St. Gregor, die auf einige Pioniermönche zurückgeht, die 1875 im Gebiet der Pottawatomi-Indianer die Sacred Heart Mission gründeten, in jenem Territorium, das bald darauf zum Staat Oklahoma wurde. 1896 wurde die Niederlassung zur Sacred Heart-Abtei erhoben. Die Mönche gründeten Schulen und Kirchen in der näheren und weiteren Umgebung – und ihre eigene Abtei wuchs ständig, bis ein Feuer 1901 die Klostergebäude zerstörte. Daraufhin baute man zuerst an einem günstigen Ort in Shawnee eine Schule, zog dann jedoch mit der gesamten Klostergemeinschaft auch dorthin um und änderte 1929 den Namen in Saint Gregory's Abbey. Seither betreibt die Abtei die St. Gregory's University, versorgt vier Pfarreien und bietet Exerzitien an. Vielbesucht ist auch die Kunstsammlung, die im klostereigenen Museum präsentiert wird.

Saint-Guilhem-le-Desert/Frankreich

In einem sehr abgelegenen Talgrund in den Bergen nordwestlich von Montpellier im französischen Departement Hérault liegt die ehemalige Benediktinerabtei Saint-Guilhem-le-Desert, gestiftet vom heiligen Wilhelm zu Beginn des 9. Jahrhunderts. Wilhelm war der Vertraute und Mitkämpfer Karls des Großen beim Feldzug gegen die Mauren in der Spanischen Mark und wurde wegen seiner Tapferkeit vom Kaiser zum Herzog von Toulouse und Aquitanien ernannt. Wolfram von Eschenbach widmete ihm das Heldenepos Willehalm. Wilhelm entsagte jedoch 806 dem weltlichen Leben, wurde Benediktinermönch und trat in das von ihm in der Einsamkeit gegründete Kloster ein, daher der Name der Abtei. Im 11. und 12. Jahrhundert zog das Kloster viele junge Männer an, die als Mönche eintraten, denn nach der Heiligsprechung des Gründers begann eine regelrechte Wallfahrt zu seinem Kloster. Noch heute künden die festungsartigen Konventsbauten – wenn auch als Ruinen – von der einstigen Größe.

Saint-Hubert/Belgien

Im Herzen der Ardennen, im belgischen Wallonien, liegt das dem heiligen Hubert geweihte Benediktinerkloster, dessen Reliquien bereits seit 743 in der Abtei verwahrt werden. Dieser Schutzpatron der Jäger war einst Bischof von Lüttich und Maastricht und gilt als Missionar der Ardennen. Das Grab des Heiligen zog Pilger aus ganz Europa an und so wurde Saint-Hubert bald ein vielbesuchter Wallfahrtsort. Die Gründung des Klosters inmitten weiter Wälder geht bis ins Jahr 687 zurück. Die romanischen Bauten an gleicher Stelle wurden 1526 von einem Brand total vernichtet, so dass in spätgotischer Zeit eine große, fünfschiffige Basilika errichtet wurde, die man im Jahre 1690 mit zwei mächtigen Türmen schmückte, die eine prachtvolle barocke Fassade überragen. Das stilvoll würdige Kircheninnere präsentiert sich in einem rosa- und beigefarbenen Sandstein, das dem Ganzen einen warmen harmonischen Farbton verleiht. Der Bildersturm von 1560 und der Hugenotteneinfall von 1568 verschonten erfreulicherweise das Chorgestühl und das reich geschnitzte Holzportal. Die Französische Revolution brachte das Ende der Abtei, die 1797 an gutsituierte Bürger der Umgebung verkauft wurde, nachdem die Mönche vertrieben worden waren. Der glanzvolle Palast der Äbte links vor der Basilika blieb erfreulicherweise erhalten.

Saint Leo Abbey/USA

Die Bezeichnung Saint Leo in Florida trägt der Ort selbst, in dem die Saint Leo Abbey liegt und in dem viele Studenten inzwischen das Saint Leo College besuchen, das sich inzwischen zu einer selbstständigen Katholischen Universität entwickelt hat. Die Benediktinerabtei geht zurück auf die Gründung eines Klosters aus dem Jahr 1889, als einige Mönche aus der Belmont Abbey die Betreuung deutschsprachiger Einwanderer im mittleren Florida übernahmen. Die Mönche betreuen jedoch heute nicht nur die Studenten des College sondern kümmern sich auch um anonyme Alkoholiker, AIDS-Kranke und um einsame Hinterbliebene. Zur Sicherung des Unterhalts trägt die Zitrusplantage der Abtei wesentlich bei.

Saint Louis Abbey/USA

Die Abtei St. Louis liegt westlich der Stadt St. Louis im Bundesstaat Missouri und wurde 1955 als abhängiges Priorat von der Abtei Ampleforth in England gegründet. Das Kloster gehört daher auch zur Englischen Benediktinerkongregation. 1989 zur Abtei erhoben, bauten die Mönche das von ihnen gegründete Gymnasium weiter aus, erweiterten ihr Kloster und errichteten eine schneeweiße, vielbestaunte Rundkirche, die in ungewöhnlichen architektonischen Formen erbaut ist.

Saint-Maixent/Frankreich

Die dem heiligen Maxentius geweihte ehemalige Benediktinerabtei Saint-Maixent liegt in der freundlichen Kleinstadt Saint-Maixent-l'Ecole im französischen Departement Deux-Sèvres. Gegründet in frühromanischer Zeit, wurde die Abtei in den Religionskriegen von den Calvinisten zerstört und 1670–82 von François Leduc nicht mehr im ehemaligen romanischen, sondern im gotischen Stil wieder aufgebaut. Das Hauptschiff der dreischiffigen Basilika mit seinem Sterngewölbe wirkt leicht und zugleich majestätisch. Die reiche Ausstattung (Lettner, Chorgestühl und Gemälde) stammt ebenfalls aus dem 17. Jahrhundert. Von den Abteigebäuden blieb nichts erhalten.

Rheinau, Schweiz

Saint-Martin-du-Canigou/Frankreich

In 1094 Metern Höhe des Canigou-Gebirgszuges erhebt sich das unbestritten schönste Kloster des Roussillon: die Benediktinerabtei Saint-Martin-du-Canigou. Um 1100 vom Grafen von Cerdagne gegründet, wurden dem Konvent zwei mächtige Kirchen hinzugefügt, eine untere Kirche, von massiven Pfeilern aufgegliedert, und eine obere Kirche mit einem mächtigen Tonnengewölbe. Die untere Kirche wurde bald als Krypta der oberen benutzt, und so blieb es bis heute. Im Jahre 1428 erschütterte ein starkes Erdbeben das Kloster, das im Laufe der nächsten Jahrhunderte in lang anhaltenden Bauphasen wiederhergestellt wurde. Wahrzeichen der Abtei ist der streng und festgebaute Glockenturm im Norden des Chors. Der Rundblick vom hochgelegenen Kloster aus gilt als einmaliges Erlebnis einer Pyrenäenreise.

Saint Maurice/Schweiz

Die Benediktinerabtei St. Maurice im schweizerischen Kanton Wallis nimmt für sich in Anspruch, an genau der Stelle zu stehen, an der um 300 der heilige Mauritius das Martyrium erlitt. Trifft dies zu, so ist St. Maurice die älteste christliche Stätte in der Schweiz. 830 wurde es weltliches Chorherrenstift, 940 wurde es von den Sarazenen verwüstet, bald danach nahm es nach dem Neuaufbau die Benediktusregel an. Die heutigen Konventsgebäude und die dreischiffige Klosterkirche haben viele Umbauten und Erweiterungen erfahren, von der karolingischen Zeit bis zur Moderne sind verschiedene Stilrichtungen vertreten. St. Maurice hat durch die Jahrhunderte seinen Kirchenschatz stetig mehren können, er gilt im Hinblick auf mittelalterliche Goldschmiedekunst als einer der reichsten Europas.

Saint Meinrad Archabbey/USA

Die im gleichnamigen Saint Meinrad, Indiana, beheimatete Erzabtei Saint Meinrad ist eine Gründung (1854) der Abtei Einsiedeln in der Schweiz, die deutschsprachige Einwanderer in Indiana geistlich betreuen sollte. Bereits 1857 nahmen Schweizer Mönche in diesem Bundesstaat auch eine Lehrtätigkeit auf, so dass die Kinder dieser Siedler eine solide Ausbildung in weiterführenden Schulen erlangen konnten. Inzwischen wuchs das Kloster mächtig an, wurde zur Abtei, dann zur Erzabtei erhoben und spielt seit langem schon in katholischen Kreisen der Vereinigten Staaten von Amerika eine eminent wichtige Rolle. Die Mönche von Saint Meinrad bieten pastorale Hilfe in zehn Diözesen der USA an, in Seminarprogrammen bilden sie Fachkräfte für Laienämter in der Kirche aus, in einer theologischen Hochschule unterrichten sie Studenten nicht nur in den klassischen Fächern sondern auch in Wirtschaftswissenschaften und bieten Aufbauseminare an. Die Erzabtei besitzt einen großen Verlag mit einer eigenen leistungsstarken Druckerei, deren Publikationen in alle Welt gehen. In seiner über 150 Jahre alten Geschichte hat Saint Meinrad Archabbey fünf Klöster in anderen Bundesstaaten gegründet, die alle inzwischen zu selbstständigen Abteien erhoben. Auf Grund ihrer schweizerischen Wurzeln in der Gründungszeit gehört die Erzabtei der Congregatio Helveto-Americana an.

Saint-Michel de-Cuxa/Frankreich

Seit dem Jahr 1000 war die Abtei Saint-Michel de-Cuxa das bedeutendste religiöse und künstlerische Zentrum des Roussillon. Weithin sichtbar erhebt sich heute noch der massive Zinnenturm über die Gebäude der Abtei, die nur drei Kilometer von der Stadt Prades entfernt ist. In der Revolution aufgehoben und als Steinbruch benutzt, kauften Amerikaner große Teile der Abtei auf und verfrachteten sie nach New York, wo hoch über dem Hudson ein Kloster (The Cloisters) aufgebaut wurde, das als »mittelalterliche Schatzkammer« des Metropolitan-Museums gilt und der Abtei im Roussillon stark ähnelt. Noch aber weist die Abtei in den Pyrenäen vorromanische und romanische Elemente auf, sie ist ferner von westgotischen Stiltraditionen und von islamischer Baukunst beeinflusst. In neuester Zeit haben Mönche aus dem

Kloster Montserrat das gesamte Kloster mit der Kirche wieder rekonstruiert und besiedelt.

Saint-Michel-de-Frigolet/Frankreich

Die im 10. Jahrhundert gegründete, in einem Tal der Montagnette gelegene ehemalige Prämonstratenserabtei Saint-Michel-de-Frigolet (Departement Bouches de Rhône) war im Mittelalter ein vielbesuchtes Pilgerzentrum. Die Mönche wurden durch die kirchenfeindlichen Klostergesetze von 1903 vertrieben und fanden in Belgien ein neues Zuhause. Die reich verzierte Abteikirche blieb als Pfarrkirche erhalten.

Saint-Ouen/Frankreich

Die Konventsgebäude der ehemaligen Benediktinerabtei Saint-Ouen in Rouen sind heute das Rathaus in dieser einstigen Hauptstadt der Normandie. Die Abteikirche aus gotischer Zeit gilt als Musterbeispiel dieser Stilepoche, vor allem wegen des wunderbaren Tympanons des Portals und wegen der aus dem 14. Jahrhundert erhaltenen Glasfenster mit Szenen aus dem Leben der Heiligen. Weiterhin besitzt die Kirche Saint-Ouen eine der berühmtesten Orgeln Frankreichs, deren Gehäuse aus dem Jahre 1630 stammt.

Saint Remacle/Belgien

Das Benediktinerpriorat Saint Remacle liegt in den belgischen Ardennen zwischen den Städten Stablo und Malmedy und ist dem heiligen Remaclus geweiht. Gegründet wurde es in der Gemeinde Wavreumont im Jahre 1950 und 1966 zum Konventualpriorat erhoben. Die Mönchsgemeinschaft pflegt bewusst einen sehr schlichten Lebensstil und sichert ihren Lebensunterhalt durch die Arbeit in einer klostereigenen Fabrik für Farben und Holzschutzmittel. Die Mönche sehen ihre Hauptaufgabe in der Spitalfürsorge und unterhalten ein Wiedereingliederungszentrum für Alkoholiker. In Peru hat das Priorat zwei kleine Klöster gegründet, eines in Lima und das andere am Titicacasee, das mit seiner Lage von 3850 Metern über dem Meeresspiegel das höchstgelegene Kloster des Benediktinerordens darstellt.

Saint-Savin-sur-Gartempe/Frankreich

Die am Ufer der Gartempe und an der Grenze von Berry und Poitou gelegene Benediktinerabtei im französischen Departement Vienne wurde nach einer legendären Überlieferung von Karl dem Großen selbst gegründet. Sicher ist jedoch, dass die dazugehörige Klosterkirche im 11. Jahrhundert mit einem langen Schiff und Querschiff erbaut wurde. In der Kunstgeschichte ist Saint-Savin-sur-Gartempe allgemein bekannt, denn in dieser Abteikirche findet sich ein einzigartiger Freskenzyklus aus dem 12. Jahrhundert, der um die Apokalypse, um Geschichten aus dem Pentateuch und um das Leben des heiligen Savin, eines Märtyrers aus der Zeit der Christenverfolgungen kreist. Die klaren Farben, der schwungvolle Strich und die Expressivität dieser Bilder sind in Frankreich einmalig.

Saint Vincent/USA

Die Erzabtei St. Vincent in Latrobe, Pennsylvania, ist das erste Kloster der Benediktiner auf dem Boden der USA, gegründet 1846 von Mönchen aus Metten in Bayern. Ursprünglich beabsichtigte diese Klostergründung die Betreuung der deutschsprachigen katholischen Einwanderer, dehnte sich aber bald auf viele andere Einwanderergruppen aus europäischen Ländern aus. Sehr bald erweiterte sich das Tätigkeitsfeld der Mönche in einer nie vorhergesehenen Weise: St. Vincent gründete die Katholische Universität in Peking, ein Priorat in Taiwan und ein Kloster in Brasilien. 1929 rief St. Vincent außerdem die amerikanisch-cassinesische Kongregation ins Leben. Die Mönche von St. Vincent betreuen in ihrer Umgebung in Pennsylvania dreißig Pfarreien und unterhalten das große St. Vincent College mit über 1300 Studenten. Die Erzabtei in Latrobe hat sich inzwischen zu einer kleinen Klosterstadt entwickelt, deren Herzstück die mächtige dreischiffige Basilika in romanischem Stil darstellt.

Saint-Wandrille/Frankreich

Die seit 1931 wieder bewohnte altehrwürdige Benediktinerabtei Saint-Wandrille verdankt ihre Gründung dem heiligen Wandregisilus, der um 600 ein Beamter des Königs Dagobert im Frankenreich war. Die Abtei liegt in einem Tal des Departements Seine-Maritime und blickt auf eine wechselhafte Geschichte zurück. Im 9. Jahrhundert von den Normannen verwüstet, wurde sie nach dem Wiederaufbau eine wohlhabende und angesehene Abtei, die später von den Benediktinern von Saint-Maur übernommen wurde. Die Abteikirche aus dem 13. Jh. verfiel jedoch nach der Französischen Revolution, so dass neben den immer noch beeindruckenden Ruinen ein neues Abteigebäude errichtet wurde. Der aus dem 14. Jahrhundert stammende Kreuzgang blieb erhalten. In der Französischen Revolution wurde das Kloster aufgehoben und teilweise vernichtet, erst 1894 kehrten wieder Benediktiner in die Ruinen zurück, aber schon 1901 mussten sie bis 1931 ins Exil nach Belgien gehen. Seither ist der Konvent wieder beträchtlich gewachsen und so zählt die Abbaye Saint-Wandrille de Fontenelle wieder etwa 50 Mönche.

Salamanca, San Esteban/Spanien

Eines der größten Dominikanerklöster Spaniens ist San Esteban in Salamanca, das von 1524–99 erbaut wurde und eine wahre Schatzkammer der Klosterkunst genannt werden kann. Nach Plänen von Juan de Alava 1524 begonnen, wurde der Bau erst nach über 100 Jahren (1627) fertiggestellt. In dieser Zeit arbeiteten allein 28 Bildhauer an dem verschwenderisch ausgestatteten Portal, das ein Bilderreigen von Ornamenten, Medaillons und Statuen genannt werden kann. Der große zweistöckige Kreuzgang ist noch gotisch, obwohl zur Zeit seiner Erbauung die Renaissance schon längst in Spanien Einzug gehalten hatte. Der monumentale Hochaltar von José de Churriguerra ist 30 Meter hoch und wurde erst 1693 eingebaut, er ist von rankenumwundenen Säulen umgeben, die nach spanischer Sitte vergoldet sind. Auch das großartige Chorgestühl von Alfonso Balbas aus den Jahren 1651–58 zeugt von der hohen Kunst der spanischen Schnitzmeister dieser kunstfreudigen Epoche. Die Sakristei und der Kapitelsaal sind Festräume von erlesener Würde und Eleganz. Die ungewöhnliche Größe der Sakristeien in Spanien in dieser Zeit erklärt sich aus dem Bestreben, den kostbaren liturgischen Gewändern und Geräten einen entsprechend gesicherten und angemessenen Aufbewahrungsort zu schaffen.

Salem/Baden-Württemberg/Deutschland

Das ehemalige Zisterzienser-Reichsstift Salem an der Salemer Ache nördlich von Überlingen in Baden-Württemberg wurde 1138 von Guntram von Adelsreute gegründet und bald mit vielen kaiserlichen päpstlichen Privilegien ausgestattet. Bekannt wurde das Kloster auch unter den Namen Salmansweiler, Salemium und Alemanni-Villa. 1348 wurde die Abtei Reichsstift und der Abt von Salem nahm den ersten Platz auf der schwäbischen Prälatenbank ein. Zwischen 1297–1414 wurde die gotische Kirche erbaut, die als dreischiffige Gewölbebasilika mit 26 Altären, einem herrlichen Sakramentshäuschen und einem später eingebauten Chorgestühl aus der Renaissancezeit stets als Abteikirche diente. Wissenschaft und Kunst fanden in Salem eine stetige Pflege, eine eigene Druckerei und eine theologische Lehranstalt sowie eine Lateinschule hatten die Mönche ebenfalls eingerichtet. Als in Frankreich Citeaux, das Mutterkloster der Zisterzienser 1790 aufgehoben wurde, bestimmte der Orden Salem als Sitz des Ordensgenerals. Nicht lange danach (1804) hob jedoch die badische Regierung auch Salem selbst auf. Die Bibliothek kam nach Heidelberg, das Archiv nach Karlsruhe und das Physikalische Kabinett nach Freiburg. Die Klostergebäude wurden dem Fideikommiss der markgräflichen Linie des Hauses Baden übertragen. Die Schultradition des hochberühmten Klosters wurde schon seit längerem gewissermaßen durch ein modern geführtes Gymnasium mit Internat zu neuem Leben erweckt.

Salvador, São Bento da Bahia/Brasilien

Die Benediktiner-Erzabtei São Bento da Bahia in Salvador, der Hauptstadt des Bundesstaates Bahia, gilt als das erste Benediktinerkloster auf dem Boden von ganz

Amerika. 1582 gegründet durch das damalige Generalkapitel der Portugiesischen Kongregation, galt das nach dem heiligen Benedikt benannte Kloster mit seiner gewaltigen dreischiffigen Basilika in bestem Renaissancestil stets als eines der vornehmsten Ordenshäuser Brasiliens. Die vielseitigen Aufgaben der Erzabtei umfassen Seelsorge, Erziehung (Gymnasium), Kulturarbeit (Museum, Bibliothek, Buchbinderei, Verlag) und geistliche Unterweisung (Exerzitienhaus). Seit 1998 ist das Kloster Erzabtei.

Salvador, São Francisco/Brasilien

Das Franziskanerkloster São Francisco in Salvador im brasilianischen Bundesstaat Bahia wurde in der Zeit zwischen 1686 und 1750 von den besten Handwerkern des Landes errichtet und von begeisternden Künstlern überreich ausgeschmückt. Die dreischiffige Kirche dieses vollständig erhaltenen Klosters ist über und über mit vergoldetem Holzwerk ausgekleidet, so dass der gesamte Kirchenraum wie eine innenvergoldete Schatztruhe wirkt. Der Kreuzgang dagegen ist an den Wänden mit herrlichen Azulejos geschmückt, jenen blauweiß glasierten Fayencefliesen, die von den Mauren im 14. Jahrhundert eingeführt und von den Spaniern und Portugiesen übernommen wurden. Das weitläufige Kloster mit den Zellen der Mönche wies neben der Kirche mit Sakristei und dem Kreuzgang auch eine erlesene Bibliothek, einen geräumigen Kapitelsaal, Krankenzimmer, Küche, Vorrats- und Wirtschaftsräume sowie Räume für Unterricht und Erholung auf.

Salzburg, Nonnberg/Österreich

Das Benediktinerinnenstift Nonnberg in Salzburg ist die älteste aller heute noch bestehenden Frauenklöster im deutschen Sprachraum. Um 700 gründete es der heilige Rupert und setzte als erste Äbtissin seine Nichte Ehrentrudis ein. Die bayerischen Herzöge und Kaiser Heinrich II. mit seiner Gemahlin Kunigunde förderten das Stift großzügig und ermöglichten den Neubau von Kloster und Kirche, die 1009 geweiht wurde. Nach einem Brand des Jahres 1423 wurde das Gotteshaus genau über dem Grundriss des Vorgängerbaus erneuert. Das Kloster, auf einer vorgeschobenen Felsterrasse am Südabhang des Salzburger Festungsberges thronend, hat die dort bestehende Raumknappheit so glänzend gelöst, dass dennoch eine breit angelegte Basilika errichtet werden konnte. Die Schatzkammer des Stiftes bewahrt eine Reihe von Kostbarkeiten aus mehreren Jahrhunderten. Das auch als Mons Monialium bekannte Kloster widmete sich in allen Jahrhunderten bis zur Gegenwart vornehmlich der Mädchenbildung.

Salzburg, St. Peter/Österreich

Die Benediktiner-Erzabtei St. Peter am Mönchsberg in Salzburg ist das einzige Männerkloster im deutschen Sprachraum, das seit seiner Gründung vor dem Jahr 700 bis zur Gegenwart in ununterbrochener Folge bestanden hat, auch die kurze Unterbrechung durch die Nationalsozialisten zwischen 1942–45 hat die Tradition nicht beeinträchtigen können. Die Gründung erfolgte durch den heiligen Rupert, die bayerischen Herzöge haben das Kloster am Beginn reich dotiert und in den nachfolgenden Zeiten stets gefördert. Von 700–987 waren die Äbte von St. Peter in Personalunion auch die Erzbischöfe der großen Diözese Salzburg. Als die beiden Institutionen getrennt wurden und eine eigene bischöfliche Residenz gegründet wurde, konnten die Benediktiner den alten Bischofssitz als Abtei St. Peter übernehmen. Das Kloster entwickelte sich fortan zu einem weithin ausstrahlenden Zentrum der Wissenschaften, vor allem der Buchmalerei, von dem viele illuminierte Handschriften ausgingen oder auch noch in der klostereigenen Bibliothek vorhanden sind. An der Gründung der Salzburger Universität haben die Mönche von St. Peter wesentlichen Anteil und waren ihr von 1623–1810 eng verbunden. 1926 wurde auf Betreiben des damaligen Abtes von St. Peter das Kolleg St. Benedikt gegründet, eine Zentralstudienanstalt für alle Benediktiner deutscher Sprache. Die berühmte Stiftskirche St. Peter, in der Grundstruktur ein klarer hochromanischer Bau mit Barock- und Rokoko-Ausstattung hat im Laufe der Jahrhunderte viele Umbauten und Veränderungen erfahren, aber im Kern ihr ursprüngliches Erscheinungsbild bewahren können. 1998 besuchte Papst Johannes Paul II. die Erzabtei, der auch die Leitung des österreichischen liturgischen Instituts übertragen ist.

Samos/Spanien

Das im spanischen Galicien gelegene Benediktinerpriorat Samos blickt auf glanzvolle Zeiten zurück, denn es war einst eines der mächtigsten Klöster der iberischen Halbinsel. Gegründet im 7. Jahrhundert, zerstört von den Mauren und um 759 vom König von Asturien wiedererrichtet, wurde das Kloster reich mit Land beschenkt, so dass ihm ein großartiger Aufstieg gelang. 1195 hatte die Abtei 50 Mönche, ihm unterstanden 25 Priorate und 105 Kirchen. Der Abt hatte die weltliche und kirchliche Gerichtsbarkeit über 200 Städte und 500 Dörfer. In der Zeit der Renaissance stellte das Kloster sechs Bischöfe und drei Generaläbte. Die Aufhebungsdekrete vom Jahre 1835 führten zur Schließung des Klosters bis 1880, dann wurde Samos von Benediktinern wiederbesiedelt. Erfreulicherweise blieben alle Gebäude erhalten, die beiden Kreuzgänge aus dem 16. und 18. Jahrhundert und die monumentale Kirche im neoklassischen Stil. Die Mönche betreiben heute neben den eigentlichen monastischen Tätigkeiten eine Werkstatt zur Restaurierung von Kunstwerken und bewirtschaften eine große Farm.

Sanahin/Armenien

Eines der größten und vor allem im Mittelalter wichtigsten Klöster Armeniens ist das Kloster Sanahin. Es steht im Norden des Landes im Distrikt Tumanyan der Provinz Gogarene, auf einer hochgelegenen Talmulde liegt es der Stadt Alaverdi gegenüber, von der es jedoch durch die gewaltige Debed-Schlucht getrennt ist. Gründerin des Klosters ist die Königin Xosrovanusch, die Gemahlin Ašots III. Bagratuni. Nach dieser Gründung im zweiten Viertel des 10. Jahrhunderts kamen im Laufe der folgenden drei Jahrhunderte immer wieder neue Bauten hinzu, so dass nach der 961–72 errichteten Erlöserkirche noch zwei weitere Kirchen, ein Glockenturm, eine Galerie, eine Vorhalle und zwei Schamatune (Großhallen) sowie eine Bibliothek folgten. In dem dichtbebauten und sehr harmonischen Klosterkomplex entstanden Schulen, zeitweilig auch die »Akademie des Grigor Magistros«, vor allem aber das berühmte Skriptorium, aus dem zahlreiche Handschriften hervorgingen. Bis zum 12. Jahrhundert gehörte Sanahin zum Herrschaftsbereich der Kiwrikean, dann wurde es Eigentum und Grablege der Zakiriden. In mehreren Jahrhunderten erfolgten Restaurierungen, zuletzt 1953–60, so dass Sanahin heute als eines der am besten erhaltenen Klöster Armeniens präsentieren kann.

San Benedetto Po, Abbazia di Polirone/Italien

Die südöstlich von Mantua gelegene ehemalige Benediktinerabtei Abbazia di Polirone in San Benedetto Po an der Straße nach Modena war einst eines der bedeutendsten Klöster Norditaliens. Eine Landschenkung des Grafen Tebaldo di Canossa ermöglichte 1007 die Gründung und die Markgrafen von Mantua förderten in der Folgezeit die Abtei kontinuierlich. Ein großartiger Neubau wurde 1445 anstelle der ersten Kirche begonnen, den dann 1544 Giulio Romano im Außenbau verkleidete. Reiche Schenkungen führten auch im Innenbereich zu einer kostbaren Ausstattung. Allein die Sakristei erreicht die Größe eines gewöhnlichen Kirchenraums. Die Kreuzgänge standen den Mönchen einst zur Verfügung. Das gesamte Ensemble blieb erfreulicherweise erhalten.

San Cugat del Valles/Spanien

Das nordwestlich von Barcelona gelegene Kloster San Cugat del Valles erhielt seinen Namen nach einem frühchristlichen Märtyrer, der aus Nordafrika stammte, Cucufas hieß und in dieser Gegend als Blutzeuge für den christlichen Glauben von den Gläubigen seit dem 4. Jahrhundert schon verehrt wurde. Das Kloster selbst wurde von Karl dem Großen 785 gegründet, die Mauren schleiften es 852, aber es wurde bald danach wieder aufgebaut. Unter Almansor, dem »rasenden Mauren«, wurde es 985 erneut niedergebrannt und dann in der Zeit der Reconquista als Benediktinerabtei wiedererrichtet. Die Kirche stammt aus der Zeit des Übergangs vom Katalanisch-Romanischen zum Gotischen. Romanisch sind vor allem der Kreuzgang, die drei Apsiden und der untere Teil des Glockenturms. Die Fabelfiguren an den Kapitellen des Kreuzgangs bestechen durch ihren überquellenden Phantasiereichtum und ihre Ornamentik. Die Kirche ist dreischiffig, das schöne und sehr große Rosettenfenster stammt aus dem 13. Jahrhundert. Im Kapitelsaal des Klosters wird ein Meisterwerk der katalanischen Gotik gezeigt, ein Altaraufsatz mit Malereien aus der Zeit um 1375.

Sandklöster/Ägypten

In Mittelägypten nahe der Provinzhauptstadt Sohag bestanden bis zur islamischen Eroberung im Jahre 640 n. Chr. am Rande der Wüste die sogenannten Sandklöster, von denen es zahlreiche gab und die alle bis auf zwei vom »Sturm des Islam« hinweggefegt wurden. In die Sandklöster zogen sich viele asketisch gesinnte Mönche zurück, die vor dem »Trubel der Welt« flohen und sich absolute Genügsamkeit auferlegten. Geblieben sind nur noch das Weiße und das Rote Kloster. Das Weiße Kloster, erbaut aus hellen Kalksteinblöcken von koptischen Mönchen im 5. Jahrhundert, ist heute unter dem Namen Deir-el-Abjad bekannt. Das Rote Kloster erhielt seinen Namen von den roten Ziegelsteinen, aus denen es erbaut wurde. Man kennt in dieser Region Ägyptens das Rote Kloster unter der Bezeichnung Deir-el-Ahmar.

San Jerónimo de Yuste/Spanien

Am südwestlichen Nordrand des Kastilischen Scheidegebirges in der Provinz Cáceres liegt das 1408 gegründete Hieronymitenkloster San Jerónimo de Yuste, das in der Gemarkung des Städtchens San Yuste angelegt wurde. Dieses Kloster wurde der letzte Ruhesitz und der Sterbeort für Karl V., dem mächtigsten Mann seines Zeitalters. Der Kaiser lebte hier vom 3. Februar 1557 bis zu seinem Tode am 21. September 1558. Obwohl der Kaiser gelegentlich an den Mahlzeiten der Mönche teilnahm, wohnte er in einem eigenen Gebäude, das einem Schloss ähnelt. Von hier aus schrieb er seine Abdankung als spanischer König zugunsten seines Sohnes Philipp II., nachdem er schon 1556 als Kaiser zugunsten seines Bruders Ferdinand abgedankt hatte. Nach dem Tode des großen Habsburgers ruhten seine sterblichen Überreste 16 Jahre lang in diesem Kloster, bis Philipp II. 1574 deren Übertragung in das Mausoleum des Escorial veranlasste. Die 1508 errichtete Kirche, die Krypta und die beiden Kreuzgänge des Klosters sind wie das ansprechende Refektorium unversehrt erhalten geblieben.

San José/Venezuela

Die Benediktinerabtei San José in Venezuela liegt nahe dem Dorf Güigüe in der Provinz Carabobo bei der Stadt Valencia und stellt architektonisch eine der modernsten klösterlichen Anlagen dar. Das Kloster wurde von den Missionsbenediktinern aus St. Ottilien in Deutschland schon 1923 gegründet, lag jedoch zuerst in San José del Avila (Caracas), wurde 1947 zum Priorat und im gleichen Jahr auch zur Abtei erhoben. 1985 jedoch entschloss man sich zum Umzug in die Provinz Carabobo und baute dort ein vollkommen neues Kloster, in dem funktionsgerecht sowohl der Konvent die nötige Stille als auch die angeschlossene Schule sowie die sozialen Einrichtungen ihren entsprechenden Platz finden konnten. Alle Baumaßnahmen waren 1990 abgeschlossen und in einer hochmodernen Kirche erklang nun gregorianischer Gesang.

San Juan de la Peña/Spanien

Die Benediktinerabtei San Juan de la Peña in Aragonien, Provinz Huesca, ist zutiefst mit der gesamtspanischen Geschichte verbunden, da sich von ihr aus die Reconquista, die Rückeroberung des Landes von den Mauren, formierte und weil in ihr die Könige von Aragonien und Navarra begraben liegen. Das Kloster ist seit 855 als zuerst kleiner Konvent bezeugt, wuchs dann jedoch mit einer Unter- und einer Oberkirche, einem Kreuzgang und entsprechenden Mönchszellen zu einem wichtigen Konvent heran. Das geradezu als Festung konzipierte Kloster wurde in einem Waldgebiet in den Fels gehauen und befindet sich unter einer überhängenden Felswand. In dem relativ beengten Monasterium fanden jedoch immerhin noch 27 Sarkophage aus dem 11.–14. Jahrhundert Platz. Als die Anlage im 18. Jh. von Bränden heimgesucht wurde, zogen die Mönche in ein neues Gebäude um, das viel Platz an anderer Stelle bot. Dieses neue Kloster verwüsteten französische Truppen 1809 bis auf die Fassade und die beiden Türme. Im alten Kloster blieb der Kapitelsaal unversehrt. An den Säulenkapitellen des Kreuzgangs sind prachtvolle Bibelszenen aus Stein zu bewundern.

San Juan de las Abadesas/Spanien

Die Augustinerabtei San Juan de las Abadesas in der Provinz Gerona in Katalonien wurde zuerst 889 als Benediktinerkloster gegründet, ging aber im 11. Jahrhundert in den Besitz der Augustiner-Chorherren über. Die 1050 geweihte Basilika hat einen Grundriss in Form eines griechischen Kreuzes und besitzt drei Apsiden. Das Kloster verfügt über drei Kreuzgänge, einen romanischen, einen gotischen und einen weiteren kleinen, der allein dem Abt vorbehalten war und hinter dem noch erhaltenen Abtshaus liegt. Das Kloster wurde im Bürgerkrieg schwer beschädigt. Im 20. Jahrhunder wurde nur die Kirche wieder aufgebaut.

Sankt Bernhard/Schweiz

Das Augustiner-Chorherrenstift Sankt Bernhard am Großen St. Bernhard besteht seit 1191 und wurde hauptsächlich durch die im Kloster gehaltenen Bernhardiner Hunde bekannt, die bei der Suche nach Lawinenopfern eingesetzt werden. Das Kloster wurde eigens dafür gegründet, Italienreisenden und Rom-Pilgern beim Überqueren des wichtigen Alpenpasses zu helfen.

Sankt Blasien/Baden-Württemberg/Deutschland

Die ehemalige reichsunmittelbare Benediktinerabtei St. Blasien im Albtal des Südschwarzwaldes zählte einst zu den bedeutendsten Klöstern Südwestdeutschlands und ist benannt nach dem heiligen Märtyrer St. Blasius, dessen Reliquien von Einsiedlermönchen in diese damals abgeschiedene Waldeinsamkeit gebracht worden waren. Als Benediktinerkonvent wurde St. Blasien 958 gegründet und bestand bis zur Aufhebung 1805 als begüterte Abtei, die zugleich das kulturelle Zentrum des südlichen Schwarzwaldes darstellte. Im Laufe der Jahrhunderte entstand der gleichnamige Ort rings um den Konvent, der dann Stadtrechte bekam und zu einem heilklimatischen Kurort ausgebaut wurde. Unter enormen Kosten wurde 1728–42 eine großzügige Barockanlage errichtet, die schon 1768 einem verheerenden Brand zum Opfer fiel – mitsamt der kostbaren Bibliothek. Bereits vier Jahre später wurde unter gewaltigem finanziellem Aufwand ein pompöser Neubau im barock-klassizistischen Stil begonnen, der dem französischen Architekten Pierre d'Ixnard übertragen wurde. Der mächtige Zentralbau ahmte an der Schauseite das antike Pantheon in Rom nach und die darüber gesetzte Kuppel keine geringere als die Kuppel des Petersdomes. Die 1805 auch in Baden gnadenlos durchgeführte Säkularisation enteignete das Kloster zugunsten des Großherzogtums. Die Mönche wanderten geschlossen aus und fanden im Benediktinerstift St. Paul im Lavanttal in Kärnten eine neue Bleibe. In die Klostergebäude von St. Blasien aber zog eine Gewehrfabrik und später eine Spinnerei ein. 1874 kam die neue, noch größere Katastrophe: der stolze Bau brannte erneut vollständig ab. Geradezu ein Wunder ist es zu nennen, dass danach ein stilgerechter Neuaufbau gelang. Glanzvoll erstrahlt wieder die erhabene Kuppel inmitten des Albtals. Seit 1946 bildet der ehemalige Klosterbau ein gut frequentiertes Jesuiten-Gymnasium.

Sankt Florian/Österreich

Die reichen Abteigebäude und die mächtige Klosterkirche Mariä Himmelfahrt des oberösterreichischen Augustiner-Chorherrenstifts St. Florian, 14 Kilometer südlich von Linz, sind auf mehrfache Weise in der Geschichte der Kunst zu Ruhm und Ansehen gelangt. Das Kloster, das bereits im 8. Jahrhundert in bescheidenem Maßstab über dem Grab des heiligen Florian errichtet worden war, ging 1071 in den Besitz der Augustiner-Chorherren über, die es in der Folgezeit zu einem wohlhabenden Konvent ausbauten. Im Mittelalter war die Schreib- und Malschule des Stifts bereits weltberühmt, in der Renaissance schuf Albrecht Altdorfer den großartigen Sebastiansaltar für das Stift, die drei großen Baumeister Carlo Antonio Carlone, Jakob Prandtauer und J. Gotthard Hayberger schufen in der Barockzeit eine der prächtigsten klösterlichen Anlagen und der Komponist Anton Bruckner wirkte von 1845–55 als Stiftsorganist in St. Florian. Überregionale Bedeutung hat auch die eigene theologische Lehranstalt und die Musikpflege des Stifts, vor allem durch Orgelkonzerte und durch die Florianer Sängerknaben. Von der kostbaren Ausstattung der Stiftskirche sind in erster Linie der prunkvolle Hochaltar, das reichgeschnitzte Chorgestühl, die große Orgel und die beiden Sakristeien zu nennen. Im Stift können die Kaisergemächer, der Marmorsaal, die reichhaltige Bibliothek, die Stiftssammlungen und das grandiose Treppenhaus bewundert werden. Der Westflügel mit Hauptportal und Stiegenhaus misst bis zur Kirche allein 204 Meter. Seit der Barockzeit sind dem Stift außerdem ein Sommerrefektorium, ein Gartenpavillon und ein Meierhof angegliedert.

Sankt Gallen/Schweiz

Die ehemalige Benediktinerabtei St. Gallen wurde namengebend für die Stadt, die sich im Laufe der Jahrhunderte um das Kloster entwickelte, und damit auch für den Kanton St. Gallen. Der irische Wandermönch Gallus hatte 612 im Steinachtal eine Zelle erbaut, aus der ein Kloster hervorging, das 747 die Benediktusregel annahm und allmählich zu einem bedeutenden Zentrum christlicher Kultur, Kunst und Wissenschaft heranwuchs. Bereits 1206 stieg St. Gallen zur Fürstabtei auf. Da sowohl der Gründer als auch der Erneuerer zur Ehre der Altäre gelangten, nannte man die Stiftskirche nach den beiden Heiligen (St. Gallus und Otmar). Nach vielen Umbauten und Erweiterungen erhielten in der Barockzeit sowohl die Kirche als auch die Stiftsgebäude ihre heutige Gestalt. Die dominierende Ostfassade der Stiftskirche mit ihren beiden Türmen wurde 1755–61 errichtet, an der prächtigen Innenausstattung arbeiteten über ein Dutzend namhafte Maler, Stuckateure, Bildhauer, Tischler und Schnitzer mit. Die Stiftsgebäude – ein vielfältiger, mittelalterlicher Komplex – beherbergen den berühmten zweigeschossigen Bibliothekssaal mit umlaufender Galerie, ein Werk des Vorarlbergers Peter Thumb, der schon für den Bau der Kirche verantwortlich zeichnete. Der Bücherbestand von 100 000 Bänden umfasst auch 2000 kostbare Handschriften, darunter den 910 vollendeten Goldenen Psalter, dessen Text mit Goldtinte geschrieben wurde. Die Äbte von St. Gallen waren schon 1210 zu Reichsfürsten erhoben worden und 1212 wurde das Stift unmittelbar dem Heiligen Stuhl unterstellt. Durch Ankauf der Herrschaft Toggenburg konnte St. Gallen das von den Äbten regierte Gebiet beträchtlich erweitern. Das Ende der

Selbstständigkeit für das Stift kam 1798, als die Franzosen in die Schweiz einmarschierten. Das Kloster wurde aufgelöst, der gesamte Besitz kam in eidgenössische, städtische oder private Hände.

Sankt Georgen/Schweiz

Im Jahr 994 wurde die auf dem Hohentwiel bei Singen im Hegau liegende Benediktinerabtei St. Georgen nach Stein am Rhein verlegt. Die Vogteirechte über dieses Kloster übten zuerst die Zähringer, dann die Freiherrn von Klingen aus. Im 11. Jahrhundert errichtete man die dreischiffige romanische Säulenbasilika, die dann im 14. und 15. Jahrhundert in gotischem Stil umgebaut wurde. Kurz vor der Reformation erlebte St. Georgen seine Hochblüte, als Abt David von Winkelsheim den Festsaal im Stil der Frührenaissance mit den berühmten Grisaillen von Ambrosius Holbein und Thomas Schmid ausschmücken ließ. Die Abtswohnung selbst ist ebenfalls reich bemalt. 1525 wurde in Stein am Rhein die Reformation eingeführt und auch das Kloster säkularisiert. In den Jahren 1596–99 erhielt die nunmehr reformierte Kirche den noch heute stehenden spätgotischen Turm. Die Klostergebäude sind unversehrt erhalten und beherbergen ein vorzügliches Heimatmuseum.

Sankt Georgenberg-Fiecht/Österreich

Die in Schwarz in Tirol liegende österreichische Benediktinerabtei Sankt Georgenberg im Weiler Fiecht besteht als Kloster seit 900 und wurde 1138 vom Bischof von Brixen zur Abtei erhoben. Im Laufe der Jahrhunderte entwickelte sich die Abteikirche zu einem Wallfahrtszentrum, das viermal durch Brand zerstört, jedoch immer wieder aufgebaut wurde. Die alte Klosterkirche mit dem Gnadenbild im wilden Stallental wird nach wie vor von Pilgern besucht, das Kloster jedoch wurde 1706 in Fiecht neu aufgebaut. 1807–1816 war es kurzfristig aufgehoben, ähnlich wie 1941–1945, dann war es französische Garnison bis zum Abzug der Besatzungstruppen. Heute betreut die Abtei wieder die Wallfahrtsstätte, ein Pilgerhaus, ein Heimatmuseum und ein Bildungszentrum. Für die Bibliothek und das reichhaltige Archiv ist 1961 ein Neubau am Westflügel der Abtei geschaffen worden.

Sankt Lambrecht/Österreich

Die österreichische Benediktinerabtei Sankt Lambrecht liegt inmitten hoher Waldberge in einem Seitental westlich von Neumarkt im Bundesland Steiermark auf einer Höhe von 1072 Metern. 1076 von Graf Markward von Eppenstein gegründet, wuchs die Abtei im Laufe der Jahrhunderte zu einem großen klösterlichen Zentrum mit mehreren Bauwerken heran, von denen die Stiftskirche und die kleine Peterkirche wertvolle Kunstwerke enthalten. Die mächtigen Konventsgebäude sind ein Werk des Baumeisters Domenico Sciassia. Zweimal war das Kloster schon verwaist, einmal zur Zeit des Kaisers Joseph II. und das andere Mal in der Zeit des »Dritten Reiches«. Jedes Mal gelang der Neuanfang. Heute führt die Abtei sieben Pfarreien, ihre Hauptaufgabe jedoch ist die Betreuung der Pilgermassen, die jedes Jahr zum österreichischen Nationalheiligtum Mariazell strömen – seit dem Ende des Kommunismus auch viele Gläubige aus Ungarn und den slawischen Ländern.

Sankt Ottilien/Bayern/Deutschland

Mit Münsterschwarzach wetteifert Sankt Ottilien um den Ruf, das personalstärkste Kloster der Bundesrepublik Deutschland zu sein; beide Klöster zählen in ihrem Konvent knapp 200 Mönche. Die Erzabtei Sankt Ottilien in Oberbayern, nicht weit vom Ammersee, etwa 40 Kilometer westlich von München, ist seit langem ein ganzes Klosterdorf. 1884 ausdrücklich als Missionskloster gegründet, wurde es bald Priorat und Abtei und im Jahr 1914 Erzabtei. Diese Auszeichnung war völlig gerechtfertigt, denn gemäß ihrem selbstgestellten Auftrag gründete das Kloster schon vor dem Ersten Weltkrieg Missionsstationen, Klöster, ja sogar Abteien in Ost- und Südafrika. Die Unterbrechung der Missionstätigkeit nach dem Kriege wurde wettgemacht durch Gründungen in Südamerika und Korea, und auch nach Afrika kehrten die Mönche von St. Ottilien bald zurück. Das Kloster in Oberbayern wurde das Mutterhaus der inzwischen sehr großen Kongregation der Missionsbenediktiner von St. Ottilien, zu der gegenwärtig 17 Klöster gehören. Die Erzabtei unterhält ein Gymnasium, ein Exerzitienhaus, den EOS-Buchverlag, eine Ökonomie und Lehrwerkstätten.

Sankt Paul im Lavanttal/Österreich

Die Benediktinerabtei St. Paul im Lavanttal liegt 18 Kilometer südlich von Wolfsberg in Kärnten/Österreich. Gegründet 1091 von Graf Engelbert I. von Sponheim und mit Mönchen aus Hirsau besiedelt, wurde es von Päpsten und Kaisern privilegiert, so dass seine Äbte bald über weite Ländereien gebieten konnten. Im späten 12. und frühen 13. Jahrhundert wurde die große dreischiffige Stiftskirche errichtet, eine Pfeilerbasilika mit Doppelturmfassade, die im Innern reichhaltig ausgestattet ist. In der Zeit der Türkeninvasion (14./15. Jh.) hatte das Kloster viel zu erdulden, erst die Barockzeit brachte eine neue Blüte. Das Kloster wurde 1782 aufgehoben, aber 1808 wiedererrichtet. Nunmehr zogen die aus Deutschland geflüchteten Benediktiner aus der aufgehobenen Abtei St. Blasien im Schwarzwald ein und führten die alte Tradition fast nahtlos fort, indem sie auch die Lehranstalten wieder begründeten. Ein reichhaltiges Museum überrascht mit kostbaren Gemälden, Geräten und Prachthandschriften. Die Abtei gilt als »Schatzkammer Kärntens«, denn ihre Bibliothek ist die wertvollste Österreichs nach der Nationalbibliothek in Wien – und ihre großartige Gemäldesammlung und ihr Graphik-Kabinett wetteifern mit den besten

Museen. Die Patres sind heute auch in der Seelsorge von vier inkorporierten Pfarreien tätig.

Sankt Peter im Schwarzwald/Baden-Württemberg/Deutschland

Das allemannische Fürstengeschlecht der Zähringer im Breisgau, die zuerst Grafen und dann Herzöge mit einem bis in den Schweizer Thurgau reichenden Grundbesitz waren, erkoren am Ende des 12. Jahrhunderts die Benediktinerabtei St. Peter, die sie auf einer Schwarzwaldhöhe am Fuße des Kandels 1095 gegründet hatten, als ihre Grablege. Das Kloster wurde bald berühmt und vor allem durch seine Bibliothek weithin bekannt. Kirche und Kloster hatten im Laufe der Jahrhunderte vier Brände, Einquartierungen feindlicher Truppen und Plünderungen zu überstehen, wurde jedoch immer wieder neu errichtet. In der Säkularisation wurde das Kloster aufgehoben und die Mönche vertrieben. Die kostbaren Bücherschätze kamen nach Karlsruhe. In den Räumen der Abtei errichtete 1842 der Erzbischof von Freiburg ein Priesterseminar für seine Erzdiözese. Die Kirche wurde 1962–66 gründlich renoviert.

Sankt Petersburg, Alexander-Newski-Kloster/Russland

Im Jahre 1240 schlug Großfürst Alexander an der Newa die aus dem Baltikum eingedrungenen Invasionsarmeen. Für diesen Sieg wurde er von der russischen Kirche heilig gesprochen und mit dem Beinamen Newski ausgezeichnet. 1710 ließ Peter der Große zum Gedenken an diesen Sieg das Alexander-Newski-Kloster errichten, das zu den bedeutendsten historischen Baudenkmälern in St. Petersburg zählt. Das weitläufige Gelände bietet bis heute Platz für drei riesige Friedhöfe, die sich um das gewaltige Klosterviereck gruppieren. Hauptbau des Gesamtensembles ist die Dreifaltigkeitskathedrale, ein im Stil des russischen Klassizismus errichteter Sakralbau mit einer majestätischen Kuppel, gerühmt als Gotteshaus von seltener Schönheit. Im Zweiten Weltkrieg wurde die Kathedrale schwer beschädigt, ist aber 1957–60 wieder so sorgfältig restauriert worden, dass die Festgottesdienste der russisch-orthodoxen Kirche vor allem in dieser Kirche abgehalten werden. Rechts und links von dieser großartigen Kathedrale liegen die Heilig-Geist-Kirche und die Theodorkirche, während die Mariä-Verkündigungs-Kirche in der Nähe der Torkirche und damit des Haupteingangs liegt. Diesen fünf Kirchen auf dem Klostergelände sind das Metropolitenhaus, der Seminartrakt und der Hostientrakt zugeordnet, die zusammen dieses edle, schlossähnliche Großkloster bilden. Auf den drei angrenzenden, aber zum Kloster gehörenden Friedhöfen sind viele der russischen Geistesgrößen, Schriftsteller und Musiker begraben. So ruhen hier neben vielen anderen beispielsweise Fjodor Michailowitsch Dostojewski, Modest Mussorgski und Peter Iljitsch Tschaikowski.

Sankt Petersburg, Smolny-Kloster/Russland

Der Bau des berühmten Smolny-Klosters in St. Petersburg dauerte von 1748 bis 1835; er war persönlich von Zarin Elisabeth I. in Auftrag gegeben worden, da sie in dem Konvent einmal ihren Lebensabend verbringen wollte. Die Zarin starb jedoch schon 1746, das Kloster wurde nie von Nonnen bezogen, sondern auf Weisung von Katharina II. als Internat für adelige Mädchen genutzt. Nach dem Sturz des Zarenreiches dienten die außergewöhnlich schön gestalteten Trakte zuerst als »Hauptquartier der Revolution«, später dann behördlichen und musealen Zwecken. Diese langgestreckten, reichhaltig gegliederten und elegant ornamentierten Konventsgebäude gruppieren sich um die in der Mitte stehende prunkvolle Kirche Mariä Auferstehung, die sich auf quadratischem Grundriss erhebt. Gekrönt wird diese Perle des russischen Barock von einer beherrschenden Hauptkuppel und vier zierlichen Zwiebelkuppeln. Der Plan für die Gesamtanlage stammt von dem in St. Petersburg wirkenden Italiener Bartolomeo Francesco Rastrelli, der auch den ersten Bauabschnitt überwachte. Wassilij Stassow beendete dann den Bau in den Jahren 1832–35.

Sankt Pölten/Österreich

In St. Pölten in Niederösterreich steht das der Stadt den Namen gebende ehemalige Augustiner-Chorherrenstift St. Pölten, im 8. Jahrhundert an diesem Platz als Benediktinerkloster gegründet, 955 von den Ungarn zerstört, dann 976 zu einem Stift für Säkular-Kanoniker gemacht und 1081 den Augustiner-Chorherren übergeben. Pölten ist eine abgeschliffene Eindeutschung des Namens Hippolyt, denn die Stiftskirche wurde dem heiligen Hippolytus geweiht. Die Stiftsherren bauten ihrem Namenspatron eine romanische Säulenbasilika mit einer mächtigen Westfront, prunkvoll barockisiert von Jakob Prandtauer und Bartolomeo Altomonte. Im Jahre 1785 wurde St. Pölten Bischofssitz für das westliche Niederösterreich, die Stiftskirche wurde zum heutigen Dom Mariä Himmelfahrt. Die Augustiner-Chorherren mussten nunmehr dem Domkapitel weichen, das von Wiener-Neustadt nach St. Pölten übersiedelte. Auf diese Weise jedoch blieben Kirche und Konvent vollständig erhalten, die gesamte Anlage war nunmehr zum »Bischofshof«, zur bischöflichen Residenz, geworden.

Sankt Salvator/Bayern/Deutschland

Die ehemalige Prämonstratenserprobstei St. Salvator bei Ortenburg in der Diözese Passau ging im 13. Jahrhundert aus einer Einsiedelei hervor. 1309 wurde in diesem Kloster dann die Prämonstratenserregel eingeführt. Das Kloster stand bis zu seiner Aufhebung 1803 in voller Blüte. 1633 hatte zwar ein vernichtender Brand die gesamte Anlage in Schutt und Asche gelegt, aber man entschloss sich rasch zu einem barocken Neubau. Die Klosterbauten aus dieser Zeit dienen seit der Säkularisation weltlichen Zwecken, die Kirche mit ihrem großen Hochaltar und meisterlichen Fresken aus dem späten Barock wird seither als Pfarrkirche genutzt.

Sankt Trudpert/Baden-Württemberg/Deutschland

Die ehemalige Benediktinerabtei St. Trudpert im Obermünstertal/Hochschwarzwald geht zurück auf eine Zelle, die der heilige Trudpert, ein irischer Mönch, um das Jahr 604 am Fuße des 1414 Meter hohen Belchen gegründet hatte. Diese Zelle wurde im Jahre 902 zu einem Kloster ausgebaut und genoss in der Folgezeit den Schutz der Staufer und der Habsburger. Die ursprünglich romanische Abtei mit Kirche und spätgotischem Chor wurde im Bauernkrieg geplündert, im Dreißigjährigen Krieg zerstört und in der Barockzeit neu und prächtig wieder aufgebaut. 1806 säkularisiert, wurden Teile des Klosters abgebrochen und dann zwischen den beiden Weltkriegen im Zwanzigsten Jahrhundert wieder durch Anbauten ergänzt. Die Kirche wird heute als Pfarrkirche genutzt und die Abteigebäude dienen als Provinzialmutterhaus der St.-Josephs-Schwestern.

Sankt Urban/Schweiz

Das einst größte Zisterzienserkloster der Schweiz, St. Urban (Monasterium Beatae Mariae de Sancto Urbano), liegt an der nordwestlichen Luzerner Kantonsecke im Mittelpunkt des schweizerischen Mittellandes bei Thundwil in einem von Wäldern umgebenen Tal. Das 1194 gegründete Kloster erlebte im 13. Jh. seine erste Blüte und wurde dann für seine weite Umgebung der geistliche, kulturelle und wirtschaftliche Mittelpunkt. Eine Besonderheit des Klosters war die Herstellung und der Export von verzierten Backsteinen. Im 18. Jahrhundert ging man an einen barocken Neubau und errichtete 1711–15 auch eine prächtige Klosterkirche in diesem Stil. Das ebenfalls barocke Chorgestühl weist reiches Schnitzwerk auf. Die mächtigen Klostertrakte, 1733 vollendet, wirken in ihrer Gesamtheit wie eine fürstliche Residenz. Bekannt war bis zur Aufhebung des Klosters auch die Schule in diesem Konvent, in die viele Knaben angesehener Familien geschickt wurden. Schließlich wurde St. Urban noch Gründungsort des ersten Lehrerseminars der Schweiz. Die Abtei wird heute als psychiatrische Klinik genutzt und die Klosterkirche als Pfarrkirche.

Sankt Zeno/Bayern/Deutschland

Das ehemalige Augustiner-Chorherrenstift bei Bad Reichenhall wurde 1123 gegründet und spielte Jahrhunderte lang im Salzburger Raum eine bedeutende Rolle. Im Spätmittelalter erneuerten die Pröpste die ursprünglich romanische Kirche, in der noch ein Reliefbildnis von Kaiser Barbarossa enthalten ist. 1803 wurde dann das Stift von Bayern säkularisiert, das jedoch 1853 die Englischen Fräulein beziehen konnten, die in den Stiftsräumen ein Erziehungsinstitut eröffneten. Die spätgotische Kirche dient seither als Pfarrkirche.

San Lazarro degli Armeni/Italien

Die Insel San Lazarro zwischen Venedig und dem Lido war einst der Aufenthaltsort der Aussätzigen. Als um 1700 nach dem Aussterben der Krankheit die Insel unbewohnt war, erwarb sie der Orden der Mechitaristen und begründete dort das Kloster »San Lazarro degli Armeni«. Der Gründer dieses Ordens, der Armenier Mechitar, hatte in der Türkei die Unterdrückung seines Volkes erlebt, trat zum Katholizismus über und ließ sich zum Priester weihen. Auf Lazarro richtete er mit armenischen Flüchtlingen das von ihm errichtete Kloster als Begegnungsort für armenische Exilanten ein, baute ein Museum und eine erlesene Bibliothek auf und machte dieses katholische Kloster zu einer Heimstätte für armenische Kunst und Kultur. Die im Kloster lebenden Mönche sind armenisch gewandet und tragen einen Bart.

San Miguel de Escalada/Spanien

In der Umgebung von Gradefes in der Provinz León in Spanien steht das ehemalige Benediktinerkloster San Miguel de Escalada, das als eines der schönsten mozarabischen Bauwerke Spaniens gilt. Das Kloster bestand schon zu westgotischer Zeit und fiel dann nach 711 unter die Herrschaft der Araber. Nach der Rückeroberung von León übergab Alfons III. das Kloster an geflohene Mönche aus Cordoba zum Wiederaufbau, da der Konvent während der Kriegszeiten dem Verfall ausgesetzt war. Die dreischiffige Kirche mit Hufeisengrundriss und einem Portikus mit zwölf Arkaden am südlichen Seitenschiff wurde 913 eingeweiht. Der mächtige Turm an der Südseite kam im 13. Jahrhundert hinzu, er gleicht einem Festungsbauwerk und war ursprünglich sicherlich auch zu diesem Zweck konzipiert worden.

San Millán de la Cogolla/Spanien

Dieses spanische Dorf in Altkastilien liegt südwestlich der Stadt Logroño am Fuße der Sierra Demanda und beherbergt die beiden Klöster Suso und Yuso, die zusammenfassend unter diesem Dorfnamen meist zitiert werden. Das Dorf selbst hat seinen Namen von dem heiligen Millán erhalten, der als asketischer Einsiedler in diesem damals sehr abgelegenen Tal lebte und dort 574 starb. Über der Grabstätte des Heiligen wurde bereits in westgotischer Zeit das Kloster Suso gebaut, das im Mittelalter zu einem bedeutenden Wallfahrtsort in Spanien aufstieg, denn es verbreitete sich die Legende, der Heilige sei den christlichen Kämpfern auf einem Schimmel erschienen und habe ihnen im Kampf gegen die Mauren geholfen. Das Kloster ist ganz an den Felsen angebaut und die in ihm befindlichen, von den Mönchen geschaffenen Höhlen dienen als Kapellen. Die Kirche des Suso-Klosters wurde im Jahre 984 geweiht, war aber bald dem Andrang der Pilger nicht mehr gewachsen, so dass man in seiner Nähe das Kloster Yuso erbaute und 1053 die Gebeine des Heiligen aus seiner bisherigen Grabstätte im Suso-Kloster in den neuen Konvent überführte. Die von Augustinermönchen besiedelte Abtei Yuso wurde ursprünglich romanisch gebaut, jedoch im 16. und 18. Jahrhundert im Herrerastil neu errichtet. Die großzügig gestaltete Anlage genoss die besondere Förderung der Könige von Navarra und wurde später »Escorial der Rioja« genannt, da das Kloster mit seinem Königssaal, seinen beiden Kreuzgängen, seiner erlesenen Sakristei, seiner kostbaren Bibliothek und dem Archiv mit 400 Pergamenturkunden eine Reihe von Sehenswürdigkeiten besitzt, die es zu einer Schatzkammer Altkastiliens machen. Im Kloster Suso sind drei Königinnen von Navarra bestattet.

San Pietro in Valle/Italien

Die Benediktinerabtei San Pietro in Valle, 6,5 Kilometer von Ferentillo/Umbrien entfernt, liegt an einem waldigen Abhang des Berges Solenne und ist der einzig erhalten gebliebene Bau des einstigen Herzogtums Spoleto. Gegründet im 8. Jahrhundert im Auftrag von Herzog Faroaldo II., enthält das Kloster noch Zeugnisse aus der Antike (römische Sarkophage) und aus der Völkerwanderungszeit (Altardecke) sowie Skulpturen aus dem 11. und 12. Jahrhundert. Die malerisch gelegene Abtei gilt als einzigartiges Dokument frühmittelalterlicher und romanischer Kunst.

San Salvatore/Italien

Die südlich von Pienza in der Toskana gelegene italienische Zisterzienserabtei galt einst als die reichste Abtei der Toskana, hat jedoch in ihrer Geschichte mannigfache Wandlungen erlebt. Gegründet 743 als Benediktinerkloster und mit ausgedehnten Ländereien ausgestattet, kam sie später in den Besitz des Ordens der Kamaldulenser und wurde 1228 von den Zisterziensern übernommen. Der sprichwörtliche Fleiß der grauen Mönche mehrte den Wohlstand der Abtei, deren romanische Kirche im 16. Jahrhundert umgestaltet wurde. Das schön intarisierte Chorgestühl aus dem 15. Jahrhundert blieb erhalten. Leopold I. hob 1782 das Kloster auf, das jedoch weiterhin kirchlich genutzt wurde. 1939 kehrten die Zisterzienser zurück, der einstige Reichtum des Konvents war jedoch längst in staatliche Kassen geflossen.

Santa Maria a Fontis/Slowenien

In einer märchenhaften Landschaft unter dem Uskoken-Gebirge (Gorjanci) in Slowenien gründete im Jahre 1234 das Kärntner Geschlecht derer von Spanheim ein Zisterzienserkloster. Die Gründung geschah aus politischem Anlass, denn das wehrhaft gebaute Kloster sollte das Städtchen Landstraß (heute: Kostanjevica) sichern, das unweit der kroatischen Grenze auf einer Insel im Fluss Gurk (Krka) liegt. Die Zisterzienser trugen viel zur Kultivierung der Gegend bei und blieben unbehelligt bis zur Aufhebung des Klosters 1785 unter Kaiser Josef II. Im Zweiten Weltkrieg wurde das Kloster stark zerstört, in den siebziger Jahren jedoch wieder restauriert.

Santa Maria de Huerta/Spanien

Zu den schönsten Klöstern Spaniens gehört die in der Provinz Soria in Altkastilien gelegene Zisterzienserabtei Santa Maria de Huerta, die 1162 durch Alfonso VII. gegründet wurde. Das Kloster wurde mit einer Mauer umgeben – und hinter dieser Mauer entstand eines der größten Kunstwerke der Zisterzienser-Bauweise: die dreischiffige Basilika mit Presbyterium, Chorgestühl, Totenkapelle und das Kloster mit einem Refektorium aus dem Jahre 1215 und einem reich geschmückten gotischen Kreuzgang. Die Besonderheit dieses Klosters ist das Refektorium, ein großer Saal mit sechsteiligem Gewölbe, weithin sichtbarer Rosette, sechs Fenstern und einem Lesepult, zu dem eine schöne Treppe hochführt. In dem weitgespannten Klostergelände mit seinen Gärten und Feldern sind auch alle Wirtschaftsgebäude bis heute vorhanden – eine absolute Seltenheit.

Santa Maria di Follina/Italien

Die ehemalige Zisterzienserabtei Santa Maria die Follina liegt an einem Piave-Nebenfluss südwestlich von Belluno in Venetien. Gegründet wurde die Abtei 1146 und im 13. Jahrhundert eine dreischiffige Basilika und ein herrlicher Kreuzgang errichtet. Auf Grund der politischen Einflussnahme Frankreichs auf die Entwicklung in Norditalien hielten die venetianischen Behörden es geboten, die Abtei 1448 aufzulösen, da man in den mit Citeaux eng verbundenen Zisterziensern einen verlängerten Arm Frankreichs sah. 1573 konnten zwar die Kamaldulenser die Abtei beziehen, aber auch ihnen bereitete die Republica Veneta 1769 das gleiche Schicksal. Nach verschiedenen Zwischenlösungen konnten dann 1915 die Serviten die Betreuung der in ihrem romanischen Gewand unversehrt erhaltenen Abtei übernehmen.

Santa Maria in Sylvia/Italien

Unweit des Tagliamento in Friaul/Italien lag einst die mächtige Benediktinerabtei Santa Maria in Sylvia, deren Besitzungen sich damals bis nach Istrien erstreckten. Gegründet wurde das Kloster bereits in den Jahren 730–35 an der Stelle einer römischen Siedlung. Im 10. und 11. Jahrhundert umgab man das Kloster mit einem festen Mauerring mit sieben Türmen, von denen der Torturm sich bis heute erhalten hat. Die in romanischer Zeit errichtete dreischiffige Basilika hat einen offenen Dachstuhl, einen dreischiffigen Chor und war ursprünglich im Innern vollkommen ausgemalt. Reste dieser von Künstlern aus Padua geschaffenen Fresken sind noch vorhanden. Die Bedeutung der einst sehr wohlhabenden Abtei geht auch aus den erhaltenen Anbauten hervor, einer Loggia, einem Vestibül und einem dreigeteilten Atrium.

Santas Creus/Spanien

Das nördlich von Tarragona im katalanisch-aragonesischen Gebiet liegende Kloster Santas Creus ist eines der Königsklöster der Könige von Katalonien und Aragon gewesen und bestand daher aus dem Konvent mit Kirche und dem zwischen 1349 und 1402 erbauten Königspalast. Das Zisterzienserkloster selbst wurde 1169 von der in der Languedoc gelegenen französischen Abtei Orand Selve gegründet. Das 1951 unter Denkmalsschutz gestellte Kloster weist Baustile aller Epochen bis zum Barock auf, war es doch ein von den christlichen Herrschern des Landes stets gefördertes religiös-politisches Zentrum, in dem die Könige selbst sich immer wieder zu Ruhe und Gebet zurückzogen. Die Abteikirche hat einen Grundriss in der Form eines lateinischen Kreuzes und wurde 1225 in reinem Zisterzienserstil fertiggestellt. Die zahlreichen schönen Grabmäler, der Schlafsaal mit seiner Holzdecke, der Kreuzgang mit seinem neunteiligen Kreuzrippengewölbe, machen das Kloster zu einem ehrwürdigen Denkmal der Zisterzienserkunst in Spanien. Der Palacio Real dagegen hat einen Hof, der als Meisterwerk der damaligen Zivilarchitektur angesehen werden kann. Santas Creus ist jedoch auch ein Beispiel für den bestimmenden Einfluss, den die Herrscher Spaniens zu allen Zeiten auf die Klöster ausgeübt haben.

Santiago de Compostela/Spanien

In der nur 35 Kilometer vom Atlantik entfernten Stadt Santiago de Compostela im spanischen Galicien dominiert seit alters die gewaltige Kathedrale, denn sie ist das Ziel der unzähligen Pilger, die seit über 1000 Jahren in dieses größte Wallfahrtszentrum der katholischen Christenheit nach Jerusalem und Rom strömen, um die Reliquien des Apostels Jakobus des Älteren zu verehren. Daneben aber gibt es in Santiago de Compostela bis zum heutigen Tage neun Klöster, von denen das gegenüber der Nordfassade der Kathedrale gelegene Kloster San Martin Pinario eindeutig hervorragt. Dieses Kloster mit einer Grundfläche von zwei Hektar ist bereits 912 errichtet worden und wurde bis ins 19. Jahrhundert hinein immer wieder erneuert und weiter ausgebaut, so dass es neben der Kathedrale der Bischofsstadt als wahre Schatzkammer betrachtet werden kann. An der Innenausstattung dieses Gotteshauses waren die besten Baumeister des galizischen Barock beteiligt.

Santiponce, San Isidoro del Campo/Spanien

Das Kloster der Hieronymiten San Isidoro del Campo in Santiponce, Provinz Sevilla/Andalusien war ursprünglich eine Benediktinerabtei, die von Guzmán dem

Guten 1298 gegründet worden war. 1431 ging das Kloster an die Hieronymiten über. Obwohl das Kloster 1836 aufgehoben wurde, blieben die beiden Kirchen aus gotischer Zeit erhalten. Die eine Kirche enthält einen farbigen Schnitzaltar aus dem Jahr 1613, die andere bedeutende Grabmäler. Von dem Konvent sind noch zwei Innenhöfe mit Fresken und Azulejo-Verkleidungen zu besichtigen.

Santo Domingo de Silos/Spanien

Das spanische Benediktinerkloster Santo Domingo de Silos ist nicht nur eine der berühmtesten Abteien in Spanien, sondern stellt durch ihre architektonischen Besonderheiten und ihren Skulpturenschmuck auch eine bedeutende Stätte der Kunst dar. Bereits in westgotischer Zeit existierte in Silos ein dem heiligen Sebastian geweihtes Kloster, das von den Arabern zerstört wurde. Nach der Rückeroberung des Gebiets durch den Grafen von Kastilien wurde das Kloster wieder aufgebaut. Als nun der heilige Mönch Domingo (1041–73) in das Kloster eintrat und dort zum Abt gewählt wurde, begann ein großer Aufschwung. Das Kloster von Silos wurde bald nach seinem Namen benannt. Um die Mitte des 12. Jahrhunderts entstand ein wundervolles Konventsgebäude, dessen zweistöckiger Kreuzgang allein schon architektonisch eine Seltenheit darstellt, aber darüber hinaus auch noch herrliche Kapitelle aufweist, die in den zwei übereinander liegenden Wandelgängen Tier- und Pflanzenornamente aus Stein aufweisen, in einem Stil, der orientalische Einflüsse erkennen lässt. In dem Kloster blühte literarisches Leben, ein Chronicon Silense entstand, kostbare Dokumente aus mittelalterlicher Zeit liegen heute noch im Klosterarchiv und 40 000 Bände erlesener Bücher schmücken die Bibliothek. In der kirchenfeindlichen Zeit um 1835 wurde das Kloster aufgehoben, aber 1880 mit Mönchen aus Solesmes in Frankreich wiedererrichtet. Nach der Vertreibung der Mönche aus dem Kloster 1835 durch den Enteignungsakt war für fast zwei Generationen der Konvent dem Verfall preisgegeben, bis 1880 Mönche der Abtei St. Martin von Ligugé aus Frankreich nach Silos kamen. Heute ist alles wieder vorbildlich instand gesetzt. Die Mönche widmen sich dem Studium und führen die Gäste des Klosters in die Geschichte des Ordens ein. Dazu bietet die Klosterapotheke aus dem 18. Jahrhundert und ein mittelalterliches Museum reichhaltiges Anschauungsmaterial.

São Paulo, São Bento/Brasilien

Die Benediktinerabtei São Bento besteht seit 1653 in São Paulo und befindet sich heute im Zentrum dieser größten aller brasilianischen Städte. Der heutige große Komplex (Kloster und Kirche) wurde von dem in Westfalen geborenen Abt Dom Miguel Kruse (1864–1929) errichtet, der im Jahre 1908 auch die Freie Fakultät für Philosophie in seiner Abtei gründete. Das Gymnasium São Bento, die beachtliche

Bibliothek und die Pflege der feierlichen Liturgie machen das Kloster neben der geistlichen Betreuung vieler Gläubigen zu einem spirituellen Zentrum in São Paulo. Die hohe, mit einer kostbaren Kassettendecke und einer mächtigen Orgel ausgestattete Abteikirche gilt als Hort der stillen Sammlung in der hektischen Zehnmillionenstadt.

São Paulo, São Geraldo/Brasilien

Die Abadia de São Geraldo in der brasilianischen Zehnmillionenstadt São Paulo verdankt ihre Gründung der tausendjährigen Benediktinerabtei Pannonhalma in Ungarn, die in der Zeit nach dem Ersten Weltkrieg gebeten wurde, für die vielen ungarischen Einwanderer in Brasilien die geistliche Betreuung zu übernehmen. So kam es zur Gründung einer Missionsstation in São Paulo und nach dem Zweiten Weltkrieg 1953 zur Gründung des Priorats São Geraldo. Erneute Flüchtlingsströme aus Ungarn nach dem gescheiterten Aufstand gegen das kommunistische Regime erzwangen weitere Anstrengungen. 1989 wurde das Kloster zur Abtei erhoben und hat inzwischen eine Reihe von Aktivitäten entfaltet, die sowohl die Seelsorge in den Elendsvierteln der Großstadt als auch die geistliche Betreuung der großen ungarischen Kolonie und die Familienfürsorge in verschiedenen Pfarreien umfassen.

Sardinien, Sorres/Italien

Die Benediktinerabtei Sorres südöstlich von Sassari in Sardinien führt den offiziellen Namen Monastero Benedettino San Pietro di Sorres und ist eine junge Gründung, die im Jahre 1955 durch Mönche der Abtei San Giovanni Evangelista in Parma erfolgte. Nach schwierigen Anfangsjahren, die vor allem mit Aufbauarbeiten ausgefüllt waren, wurde das Kloster 1974 zur Abtei erhoben. Gegenwärtig geben die Mönche eine Zeitschrift heraus, restaurieren Bücher, fertigen kunsthandwerkliche Gegenstände und betreiben Landwirtschaft. Dem benediktinischen Ora et labora entsprechend, nimmt aber auch die Liturgie einen wichtigen Platz im Tageslauf der Mönche ein.

Sauve-Majeur/Frankreich

Die französische Benediktinerabtei Sauve-Majeur bei Bordeaux im Departement Gironde wurde 1079 vom heiligen Gerhard gegründet und war im Mittelalter ein berühmtes Kloster. Der Reichtum der Abtei beruhte auf dem Fleiß der Mönche, die den ausgedehnten Wald, der das Kloster umgab, in mühevoller Arbeit rodeten. Die Abteikirche aus dem 11. und 12. Jahrhundert musste wie die Abtei selbst in der Französischen Revolution aufgegeben werden. Die malerischen Ruinen legen aber noch heute Zeugnis ab von der genialen Bau- und Steinmetzkunst in der Zeit der Romanik.

Schäftlarn/Bayern/Deutschland

Die Benediktinerabtei Schäftlarn an der Isar südlich von München musste mehrfach in der Geschichte den Besitzer und damit auch den Orden wechseln. 762 gegründet, war Schäftlarn zuerst und zwar bis zur Zerstörung durch die Ungarn ein Benediktinerkloster. Im 11. Jahrhundert wurde es als Stift für Säkular-Kanoniker wiedererrichtet, wurde aber dann den Chorherren vom heiligen Norbert übertragen und war somit von 1140 bis zur Säkularisation 1802 Prämonstratenserkloster. Die in der Barockzeit neuerbaute Stiftskirche wurde nach den Plänen von François Cuvilliés gestaltet und von Johann Baptist Zimmermann mit Fresken geschmückt. Die Altäre und die Kanzel stammen von Johann Baptist Straub. Die Kirche stellt insgesamt eine Spitzenleistung des bayerischen Barock dar. Das zwischen 1702 und 1707 erbaute Kloster ist streng gegliedert und wurde von Giovanni Antontio Viscardi errichtet. Bei der Säkularisation 1803 kamen kostbare Handschriften aus der Klosterbibliothek des aufgehobenen Prämonstratenserstiftes in die Bayerische Staatsbibliothek. Die Konventsgebäude kamen in private Hände und wechselten mehrmals den Besitzer. 1865 erwarb dann König Ludwig I. die Klosterbauten und gründete ein Benediktiner-Priorat, das 1910 zur Abtei erhoben wurde. Seit dieser Zeit unterhalten die Mönche von Schäftlarn ein humanistisches Gymnasium und führten ihr Kloster damit zu neuer Blüte.

Schaffhausen, Kloster Allerheiligen/Schweiz

In der Nähe des Rheinfalls von Schaffhausen stiftete 1049 Graf Eberhard von Nellenburg das Benediktinerkloster Allerheiligen (Monasterium omnium sanctorum), das bald das Regiment über die gleichzeitig wachsende Stadt Schaffhausen am Rheinübergang übernahm. 1218 erreichten sowohl das Kloster als auch die Stadt die Reichsfreiheit. Die um 1100 gebaute Klosterkirche, eine dreischiffige romanische Säulenbasilika erhielt ein Jahrhundert später einen fünfgeschossigen Glockenturm. Heute dient dieses Gotteshaus als Reformierte Münsterkirche. In den Jahrhunderten vor der Reformation mehrten die gelehrten Mönche von Allerheiligen den Ruf ihres Klosters durch eine vorzügliche Bibliothek, von der heute noch in Schaffhausen 43 Pergamenthandschriften erhalten sind. Nach dem großen Klosterbrand von 1353 wurde die Abtei wieder instand gesetzt, in der Reformationszeit jedoch aufgehoben. Der gesamte Klosterkomplex blieb wie die Kirche vollständig erhalten und stellt mit dem Kreuzgang ein vielbeachtetes Museum dar, in dem neben einer Gemäldesammlung das reichhaltige historische Erbe der Stadt und der dortigen Rheingegend gezeigt wird.

Scheyern/Bayern/Deutschland

Die Benediktinerabtei Scheyern (Schyra) war die einstige Stammburg der Wittelsbacher, die 1075 den Benediktinern für den Ausbau zu einem Kloster überlassen wurde. In der stets kleinen Abtei blühten im Mittelalter dennoch Geschichtsschreibung und Buchmalerei. 1206–25 entstand unter Abt Konrad von Luppurg das »Chronicon Schyrense«. Zwischen 1803 und 1838 war das Kloster aufgehoben, dann wurde es als Priorat wiedererrichtet und 1842 zur Abtei erhoben. Die ältesten wittelsbachischen Herzöge Bayerns liegen in der Chorkapelle zu Scheyern begraben. Die 1838 durch den Bayernkönig Ludwig I. wiedererrichtete Benediktinerabtei zum Kreuz in Scheyern wurde bereits 1843 zur Abtei erhoben und unterhält ein Gymnasium, eine Berufsschule und ein Byzantinisches Institut. In der Pfarrseelsorge am Ort und in der Umgebung haben die Mönche außerdem ein vielseitiges Aufgabenfeld.

Schlägl/Österreich

Das heute nach wie vor blühende Prämonstratenserstift Schlägl liegt im nördlichen Mühlviertel, im obersten Tal der Großen Mühl in Oberösterreich. Gegründet zu Beginn des 13. Jahrhunderts als Rodungskloster von Kalhoch von Falkenstein, entwickelte sich das Kloster zu einem bedeutenden Zentrum für Kultur und Wirtschaftsentwicklung in dieser Region. Von den Hussiten berannt und von aufständischen Bauern geplündert, war es längere Zeit schwerer Drangsal ausgesetzt. Die im 13. Jahrhundert erbaute Kirche wurde 1626–30 barockisiert. Die dreischiffige Basilika konnte mit Hilfe einheimischer Künstler und Handwerker so gestaltet werden, dass der Raumeindruck eines romanisch-gotischen Baus erhalten blieb. Die Glanzzeit Schlägls war das 19. Jahrhundert. Es entstanden damals eine Bildergalerie, in der an die 500 Gemälde ausgestellt sind, ein Porträtsaal und eine kostbare Bibliothek mit 70 000 Bänden sowie über 260 Handschriften und Inkunablen.

Schlehdorf/Bayern/Deutschland

Das sehr reizvoll auf einer Anhöhe über dem Kochelsee in Oberbayern liegende Barockkloster mit seinen beiden Zwiebeltürmen wurde zuerst 770 als Benediktinerabtei gegründet, von den Ungarn 907 zerstört und 1140 von Bischof Otto von Freising in ein Augustiner-Chorherrenstift umgewandelt. In der Barockzeit entstand 1718–80 ein neuer Bau des Klosters und seiner Kirche, die St. Tertulin geweiht ist. Der Wandpfeilerbau von I. Mayr und Johann Michael Fischer zeigt bereits Übergänge zum Klassizismus. 1805 wurde das Kloster aufgehoben, der Konvent weitgehend verbaut und die Kirche zur Pfarrkirche erklärt. Seit 1892 ist Schlehdorf ein Kloster der Dominikanerinnen.

Schlierbach/Österreich

Das Zisterzienserstift Schlierbach im Kremstal, 50 Kilometer südlich von Linz in Oberösterreich, wurde 1355 zuerst als Zisterzienserinnenkloster gegründet. 1556 aufgelöst, wurde es 1620 als Mönchskloster neu errichtet. Der damalige Abt beauftragte die Baumeister-Familie Carlone mit dem Bau der Stiftskirche Mariä Himmelfahrt und Heiliger Jakobus der Ältere, die zwischen 1660 und 1679 errichtet wurde. Besonders erwähnenswert sind die graziösen Stuckarbeiten in dieser Kirche, der Hochaltar, die Kanzel und die Orgel, aber auch die Krypta. In den barocken Stiftsgebäuden sind die Bibliothek und der Große Festsaal äußerst sehenswert.

Schliersee/Bayern/Deutschland

Die am Ufer des Schliersees in Oberbayern von Bischof Arbeo aus Freising eingeweihte Benediktinerabtei Schliersee (Lacus Sylurnus) wurde 1141 von Bischof Otto von Freising in ein Augustiner-Chorherrenstift umgewandelt und 1322 zu einem weltlichen Kollegiatsstift erklärt. Die romanische Stiftskirche wurde 1712–14 neu erbaut und als barocke Wandpfeilerkirche würdig ausgestattet. Die Stuckaturen und Fresken stammen von dem ebenso genialen wie unermüdlichen Johann Baptist Zimmermann, der Hochaltar und die Kanzel von B. Zwink.

Schönau/Baden-Württemberg/Deutschland

Das ehemalige Zisterzienser-Kloster Schönau liegt im Steinachtal und gehört heute zum baden-württembergischen Rhein-Neckar-Kreis. 1142 stiftete der Bischof von Worms das Kloster und sorgte für dessen Besiedelung durch Mönche aus dem Kloster Eberbach im Rheingau. Neben einer schlichten Klosterkirche im Geiste des Zisterzienserordens wurden seit dem 12. Jahrhundert immer wieder zweckmäßige, gleichzeitig aber architektonisch bemerkenswerte Bauten aufgeführt, so ein zweischiffiger Speisesaal für die Mönche im Jahre 1230. Die Reformation im Rhein-Neckar-Gebiet brachte 1560 die Aufhebung des Klosters. Fünf Jahre später wurde es mit wallonischen Glaubensflüchtlingen besetzt. Das teilweise in späterer Zeit abgebrochene Kloster wurde in den Jahren 1888 und 1958 renoviert. Das Herrenrefektorium der Mönche dient heute als evangelische Kirche.

Schöntal/Baden-Württemberg/Deutschland

Die ehemalige Zisterzienserabtei Schöntal (Speciosa Vallis) an der Jagst, südwestlich von Bad Mergentheim in Baden-Württemberg, wurde 1157 von dem Ritter Wolfram von Bebenburg gegründet. Besiedelt mit Mönchen aus Maulbronn, konnten die Zisterzienser das Kloster im Laufe der Jahrhunderte zu einer ansehnlichen Größe und zu gewissem Reichtum bringen. Verheerende Plünderungen in den Bauernkriegen und im Dreißigjährigen Krieg überstand es mit Mühe. Eine neue Blütezeit begann im 18. Jahrhundert. Leonhard Dientzenhofer wurde beauftragt, sowohl eine neue Kirche als auch eine Abtei im Barockstil zu planen und auszuführen. Es entstand eine hohe, dreischiffige Hallenkirche mit zwei mächtigen Türmen und einer schön gestalteten Fassade. Prunkstücke des Klosterbaus sind das Treppenhaus, der Festsaal und der sogenannte Ordenssaal. Die gesamte Anlage blieb nach der Säkularisation 1803 erhalten, weil in der Abtei bereits 1810 ein protestantisches Seminar eingerichtet wurde. Die gelungenen Restaurierungen nach dem Zweiten Weltkrieg machten Schöntal zu einem Juwel im Tal der Jagst.

Schussenried/Baden-Württemberg/Deutschland

Die ehemalige Prämonstratenserabtei Schussenried im württembergischen Oberschwaben wurde 1183 gegründet. Das Familienwappen der Gründer, ein aufgestellter Löwe mit Kronen auf silbernem Grund, wurde zum Klosterwappen. Von dem im Mittelalter für die Gegend zwischen Biberach und Weingarten segensreich wirkenden Kloster ist baulich nichts aus romanischer und gotischer Zeit erhalten geblieben. Schussenried präsentiert sich in blühendem Barock und Rokoko, so wie es in den Jahren 1710–61 neu entstanden ist. Die Konventtrakte beherbergen seit längerem das Psychiatrische Landeskrankenhaus, aus dem allerdings der berühmte Bibliothekssaal ausgespart ist. Dieser feierliche Saal, entstanden nach den Plänen von Dominikus Zimmermann, gehört zu den schönsten Bibliothekssälen im deutschen Kulturraum überhaupt. Den breiten, geräumigen Saal umschließen von Säulen getragene Emporen, vor den Säulen stehen Apostelfiguren. Vorzügliche Stuckarbeiten und eine reiche Freskenmalerei machen diesen Saal zu einem »Himmelreich der Wissenschaft«. Die Darstellungen des riesigen Deckengemäldes kreisen um den Gedanken der »göttlichen Weisheit«. Bei der Auflösung des Klosters in der Säkularisation wurden die Bestände der Bibliothek nach 1803 in alle Winde zerstreut. Die vollkommen erhaltene Klosterkirche ist heute die katholische Pfarrkirche des Bades Schussenried, sie wurde 1975–79 restauriert und bietet mit dem großen Langhausfresko und dem Chorgestühl beachtliche Sehenswürdigkeiten.

Schuttern/Baden-Württemberg/Deutschland

Die ehemalige Benediktiner-Reichsabtei Schuttern liegt im Ortenaukreis in der Großregion Südlicher Oberrhein in Baden-Württemberg. Von den umfangreichen Klostergebäuden steht nur noch ein kleiner Teil, die Klosterkirche ist heute die katholische Pfarrkirche der Gemeinde Friesenheim. Gegründet wurde das Kloster bereits im Jahre 603 und erfuhr in der Folgezeit Schenkungen durch die Zähringer und im 11. Jahrhundert durch Kaiser Heinrich II., der ihm das Recht der freien Abtswahl verlieh. Verschiedene Brände, Plünderungen, Hungersnöte und die Pest setzten dem Kloster zu verschiedenen Zeiten so sehr zu, dass es 1603 aufgelöst wurde. Die Traditionen von Schuttern wirkten aber doch so stark nach, dass es 1722 zu einer Neugründung und zum Wiederaufbau kam. 1803 kam dann mit der Säkularisation das endgültige Ende. Die von Peter Thumb barock umgestaltete Kirche wurde 1853 durch Brand so sehr geschädigt, dass sie restauriert werden musste. Die Maßnahmen in den Jahren 1856 und 1975–80 haben die Kirche stark verändert.

Schwarzach/Baden-Württemberg/Deutschland

Die um 750 gegründete ehemalige Benediktinerabtei Schwarzach liegt heute einsam in der Rheinebene, früher an der alten Römerstraße in der Nähe der alten Rheinfähre, nur eine Tagesreise vom linksrheinischen Straßburg entfernt. Das Kloster gehört nunmehr zur Gemeinde Rheinmünster im Kreis Rastatt (Baden-Württemberg). Man weiß, dass der heilige Pirmin zwischen 724 und 753 die Benediktusregel in Schwarzach einführte und das Kloster im 10. Jahrhundert reich begütert war. Die Basilika mit flachgedecktem Mittelschiff, Querschiff, Vierungsturm und fünf Apsiden hat bis heute ihre ursprüngliche romanische Form behalten, in der Barockzeit wurde lediglich der Hochaltar neugeschaffen. Das Gotteshaus, das 1964–69 gründlich renoviert wurde, ist heute Pfarrkirche. Im Jahre 1803 wurde das Kloster säkularisiert und seine Hauptgebäude um 1840 abgebrochen.

Schweikelberg/Bayern/Deutschland

Die zwischen Regensburg und Linz in Niederbayern gelegene Benediktinerabtei Schweiklberg ist eine junge Gründung; sie entstand erst 1904 und gehört der Kongregation der Missionsbenediktiner von Sankt Ottilien an. In nur 25 Jahren errichteten die Mönche einen beträchtlichen Klosterkomplex mit Gymnasium, Bildungshaus und Werkstätten. Die Klostergebäude, im Jugendstil gebaut, schließen sich an die Abteikirche mit ihren beiden Türmen an, die mit ihren Barockhauben weit über das Land bis zur nahen Donau schauen. Von 1941–45 war das Kloster von den Nationalsozialisten aufgehoben, es blühte nach dem Zweiten Weltkrieg jedoch schnell auf und konnte auch wieder Missionare zur Glaubensverkündigung nach Asien, Afrika und Lateinamerika entsenden.

Seckau/Österreich

Die Benediktinerabtei Seckau, elf Kilometer westlich von Knittelfeld in der Obersteiermark/Österreich, war lange Jahrhunderte ein Augustiner-Chorherrenstift. 1140 von Graf Adalram von Waldeck auf dem abgelegenen Hochland gegründet, erfolgte 1150–64 der Bau der Stiftskirche, die in ihrer Grundstruktur noch heute erhalten ist, wenn auch nach einem Brand zuerst ein Kreuzgewölbe und dann ein spätgotisches Sterngewölbe eingezogen wurde. Der Innenraum wirkt schlicht, aber monumental, dazu tragen vor allem die schweren Würfelkapitelle auf den kräftigen

Säulen bei. Die Stiftsgebäude mit ihrer gewaltigen Frühbarockfassade des Pietro Francesco Carlone warten mit einem festlich stuckierten Kaisersaal, einem weiträumigen Huldigungssaal und einem ausgedehnten Arkadenhof auf. Für das 1218 gegründete Fürstbistum Seckau wurde das Kloster zum Domstift erhoben, der Bischof der Diözese von Seckau wurde jedoch stets durch den Salzburger Erzbischof ernannt. Das Stift wurde 1782 aufgehoben, aber 1883 konnten es die Beuroner Benediktiner erwerben und eine neue Abtei eröffnen. Die Abtei führt heute ein klostereigenes Gymnasium, in dem eine Reihe von Patres als Lehrkräfte tätig sind.

Sedlez/Tschechien

Die einst schönste und auch reichste Zisterzienserabtei in Böhmen war bis zu ihrer Aufhebung 1783 Sedlez bei Kuttenberg (Kutna Hora). Silbervorkommen trug zum Wohlstand des Klosters wesentlich bei. 1143 von Waldsassen aus gegründet und besiedelt, konnte der Abt eine fünfschiffige gotische Kirche mit zwei Querschiffen und einem Chor mit einem Kapellenkranz in Auftrag geben. Diese mächtige Basilika entstand zwischen 1280 und 1320. Als die Hussiten das Kloster 1421 in Brand steckten, brach eine Leidenszeit für die Mönche an, die ihren Konvent im Jahre 1601 schließlich völlig aufgaben. Ab dem Jahre 1700 aber wurde Sedlez wieder aufgebaut, die gotische Grundstruktur wurde beibehalten, ansonsten wurde barockisiert. Die sehr hohe Kirche wirkt festlich und feierlich und ist ein Schmuckstück im Westen Tschechiens.

Seedorf/Schweiz

Die Benediktinerinnenabtei Seedorf im Kanton Uri wurde 1197 als Niederlassung des ritterlichen Lazaritenordens gestiftet und kam 1559 in den Besitz der Benediktinerinnen. Das von Einsiedeln abhängige Kloster entstand in der heutigen Form am Ende des 17. Jahrhunderts und ist durch ihre Kirche mit ihren üppigen und plastisch hervortretenden Stuckaturen bekannt geworden. Sie verleihen dem lichten Innenraum ein monumentales Gepräge und verraten italienischen Einfluss.

Seeon/Bayern/Deutschland

Auf einer Insel des gleichnamigen Sees in Oberbayern gründete Pfalzgraf Aribo um 904 eine Benediktinerabtei, die von Mönchen aus St. Emmeram in Regensburg besiedelt wurde. Papst und Kaiser bedachten das Kloster mit Schenkungen und Privilegien, das in der Folgezeit zu einem Kulturzentrum erster Ordnung heranwuchs, eine Mal- und Buchschreiberschule unterhielt und als Hort der cluniazensischen Reform in Bayern galt. Die ursprüngliche Säulenbasilika aus dem 11. Jahrhundert wurde im 15. Jahrhundert mit einem gotischen Netzgewölbe versehen und im 17.

Jahrhundert in eine dreischiffige Pfeilerbasilika verwandelt. Das romanische, achteckige Turmpaar wurde mit Zwiebelhauben versehen. In der Barockzeit war Seeon eines der reichsten Klöster Bayerns und ein Hort der Wissenschaften und Künste, in dem auch Haydn und Mozart als Gäste weilten. Die Säkularisation beendete jäh alle klösterlichen Tätigkeiten 1803. Die Klosterkirche blieb als Pfarrkirche unversehrt erhalten, aus gotischer Zeit stammt noch der Kreuzgang, der viele Grabmäler enthält und der dreischiffige Kapitelsaal mit einem Netzgewölbe.

Seitenstetten/Österreich

Die Benediktinerabtei Seitenstetten, östlich von Steyr in Niederösterreich, wurde 1112 gegründet und mit reichem Erbbesitz ausgestattet. Nachdem die ersten Klosterbauten durch einen Brand 1250 vernichtet worden waren, erbaute man bis etwa 1300 die heutige frühgotische Stiftskirche, die zwischen 1687–1717 ihre heutige hochbarocke Einrichtung erhielt. Im Jahre 1719 begann Josef Munggenast mit dem Bau der barocken Stiftsgebäude, die um 1747 von J. Gotthard Hayberger vollendet wurden. Im Marmorsaal schuf Paul Troger die großen Deckenfresken, das Stiegenhaus schmückte Bartolomeo Altomonte mit einem Fresko, das den Triumph des Ordensvaters Benedikt zeigt, und das Sommerrefektorium wurde mit 19 Bildern des Kremser Schmidt in einen Bildersaal verwandelt. Das Mineralienkabinett, die Gemäldegalerie und die gut bestückte Bibliothek verweisen auf die weitverzweigte wissenschaftliche Tätigkeit der Mönche, aus deren Stiftsgymnasium eine Reihe bedeutender Persönlichkeiten hervorging. Die Aufgabengebiete der Abtei erstrecken sich gegenwärtig auf die Seelsorge in 14 Pfarreien, auf den Unterricht im stiftseigenen Gymnasium, auf die Leitung eines Bildungszentrums und auf die Wallfahrtsseelsorge auf dem Sonntagberg. Die umfangreiche Gemäldegalerie und der historische Hofgarten ziehen zusätzlich viele Besucher an.

Selby/Großbritannien

Die Benediktinerabtei Selby in North Yorkshire existiert seit dem Klostersturm Heinrichs VIII. zwar nicht mehr, aber die 1909 in originalgetreuer Form wieder aufgebaute Abteikirche stellt seither eine der beeindruckendsten Klosterkirchen des einstigen England dar. Das Kloster selbst wurde von Wilhelm dem Eroberer (1066–87) zur Befriedung des Nordens gegründet. Unter Benedikt von Auxerre begann dann der Kirchenbau 1097, aber der Chor wurde erst um 1340 vollendet. Besonders sehenswert sind die beiden romanisch-normannischen Portale und das rund 100 Meter lange Kirchenschiff im Early-English-Stil sowie das reich gearbeitete Ostfenster im Chor.

Sénanque/Frankreich

Die Zisterzienserabtei Senanque im Departement Vaucluse in der Provence westlich von Gordes ist eine der wenigen Abteien, die nach der Aufhebung in der Französischen Revolution wieder mit Mönchen besetzt werden konnten. Der Name des Klosters leitet sich von »sana aqua« ab (gesundes Wasser). 1147 gegründet, war Senanque im Spätmittelalter ein wichtiges regionales Kultur- und Wirtschaftszentrum. 1544 wurde die Abtei von den Waldensern geplündert und in Brand gesteckt. Nach dem Wiederaufbau konnte das klösterliche Leben bis 1790 erneut aufgenommen werden. Nach der Aufhebung war die Abtei verlassen und dem Verfall preisgegeben, bis 1854 der Priester Marie Bernard Barnouin die Anlage erwarb, selbst in den Orden eintrat und das heute wieder blühende Zisterzienserkloster eröffnete.

Seregno/Italien

Die Abbazia San Benedetto in Seregno (Raum Mailand) mit ihrer feierlichen dreischiffigen Kathedrale und Krypta wurde 1884 durch Mönche von Monte Oliveto gegründet und war bis 1970 vor allem ein Kloster, das sich um die Berufsausbildung von Waisenknaben kümmerte. Gleichzeitig war die Abtei Sitz eines Wohnheims für studierende Ordensleute. Die inzwischen kleiner gewordene Mönchsgemeinschaft widmet sich heute vornehmlich dem gregorianischen Gesang und hält Studienkurse in Bibelwissenschaft ab.

Sewan-Kloster/Armenien

Am Nordwestufer des Sewan-Sees in Armenien erheben sich auf einer 2000 Meter hoch gelegenen Halbinsel zwei Kirchen, die einst zum Sewan-Kloster gehörten, dessen andere Bauten alle verschwunden sind. Gegründet wurde das Kloster 874 von Miriam, der Tochter des ersten Bagratidenkönigs, als der Platz der Gründung noch eine Insel war. Infolge einer künstlichen Wasserabsenkung (um 18 Meter) wurde daraus inzwischen eine Halbinsel, so dass beide Kirchen heute zu Fuß erreichbar sind. Beide Kirchen besitzen die Struktur eines Trikonchos, die kleinere Apostelkirche ähnelt auch sehr der etwas größeren Muttergotteskirche, die in jüngster Zeit restauriert und deren Dächer erneuert wurden. Die beiden Kirchen auf dem windigen Felsplateau, zu dem 200 Stufen hochführen, werden in vielen Reiseführern und Bildbänden geradezu als Wahrzeichen Armeniens abgebildet.

Sherborne Abbey/Großbritannien

Die ehemalige Benediktinerabtei Sherborne Abbey in der gleichnamigen kleinen Stadt in Dorset/England hat als eine der wenigen Abteien im Königreich mit ihrer herrlichen Kirche den Klostersturm des 16. Jahrhunderts überlebt, weil dieses klösterliche Gotteshaus damals auch als Pfarrkirche diente. Schon 705 gab es hier einen

Bischofssitz, der aber 1075 nach Salisbury verlegt wurde. Es lag daher nahe, die bischöfliche Kathedrale in größerem Umfang nach dem Weggang des Bischofs zu nutzen – und so wurde 909 ein Benediktinerkloster in Sherborne gegründet, die Kathedrale wurde Abteikirche und die ehedem berühmte bischöfliche Schule lebte wieder als Klosterschule auf. In normannischer Zeit errichtete man die Kirche neu (1122) und spannte um 1450 über das Schiff und den Chor jenes berühmte Fächergewölbe, das nur noch von dem der King's College Chapel in Cambridge übertroffen wird. Das Chorgestühl mit seinen prächtig geschnitzten Misericordien, die zahlreichen Grabmäler und Gedenktafeln machen die Sherborne Abbey Church zu einer Wallfahrtskirche für Kunstfreunde.

Siegburg/Nordrhein-Westfalen/Deutschland

Die Benediktinerabtei Siegburg wurde um die Mitte des 11. Jahrhunderts von Erzbischof Anno II. von Köln gegründet. Die Abtei liegt auf dem Siegberg am Ausgang des Siegtales in die Rheinebene und musste von Anfang an wie eine Festung ausgebaut werden, da in den Streitigkeiten zwischen der Stadt Köln, den Grafen und späteren Herzögen von Berg und dem Erzbischof der Platz lange umkämpft war. Das Kloster wurde dem Erzengel Michael geweiht und hieß daher landläufig auch »das Kloster auf dem Michelsberg«. Da der Klostergründer 1185 heiliggesprochen wurde, ließ die Abtei bei Nikolaus von Verdun den berühmten Annoschrein anfertigen, eines der größten Werke des deutschen Kunsthandwerks. In diesem Schrein wurden die Gebeine des Heiligen in der Klosterkirche beigesetzt. Um diese Zeit zählte die Abtei bereits 120 Mönche. Im Bürgerkrieg zwischen Philipp von Schwaben und Otto von Braunschweig um den deutschen Königsthron wurde die Abtei schwer mitgenommen. Im Dreißigjährigen Krieg war sie vier Jahre lang von den Schweden besetzt, 1688 hausten im Konvent französische Truppen und zwei Brände (1762 und 1772) zerstörten große Teile des Klosters. Die bereits 1649–67 auf den Fundamenten eines Vorgängerbaus errichtete Kirche wurde wiederhergestellt und auch nach den Schäden des Zweiten Weltkriegs in veränderter Form restauriert. Bei der Aufhebung des Klosters 1803 kamen die Bibliothek und das wertvolle Archiv nach Düsseldorf, die Klostergebäude wurden Gefängnis. Im Jahr 1914 gelang die Wiedererrichtung als Benediktinerabtei, sie diente aber schon im gleichen Jahr (und dies bis 1926) militärischen Zwecken, zuerst als deutsches Militärlazarett, dann als französische »Caserne de la Marne«. Seither ertönt wieder das Gotteslob aus dem Munde der Benediktiner. Die Benediktinerabtei konnte nach ihrer Aufhebung 1803 erst im Jahre 1914 wiedereröffnet werden und wurde von Holland aus neu besiedelt. Von 1941–45 waren die Mönche von den Nationalsozialisten vertrieben, und im Jahre 1944 wurde die Abtei durch ein Bombardement völlig zerstört. Der Wiederaufbau erfolgte sofort nach dem Zweiten Weltkrieg, die Abtei entstand neu in ihrer alten Größe, wenn auch ohne die einstigen Kirchenschätze. Die Benediktinerabtei Sankt Michael, wie ihr offizieller Name lautet, liegt wieder beherrschend über der Stadt Siegburg auf dem Michaelsberg und erfüllt viele Aufgaben in der Seelsorge und der Bildungsarbeit. Der Lebensunterhalt der Mönche wird durch eine klostereigene Likörherstellung mit Vertrieb, durch ein Hotel und eine Buchhandlung gesichert.

Simeonskloster/Syrien

Das an der nordwestlichen Grenze Syriens zur Türkei gelegene ehemalige Simeonskloster ist die gewaltigste frühchristliche Klosterruine in diesem Land und geht auf den Asketen Simeon Stylites den Älteren (390–459) zurück. Simeon, Sohn begüterter christlicher Landleute in Kilikien auferlegte sich strengste Bußwerke und trachtete sich durch schärfste Kasteiungen Gott würdig zu erweisen. Die letzten 30 Jahre seines Lebens soll er auf einer hohen Säule verbracht haben. Bald strömten ihm große Menschenmassen zu, die er als Bußprediger in seinen Bann schlug. Nach seinem Tode entstand um die Säule eine prächtige Kathedrale in Kreuzesform mit vier Hallen und ein Kloster mit zahlreichen Mönchszellen. In den Zeiten der Islamisierung Syriens wurde das Kloster zerstört, aber die gewaltigen Ruinen wurden im 19. Jahrhundert entdeckt und geben Zeugnis davon, dass einstens das Simeonskloster ein Meisterwerk der byzantinischen Baukunst war.

Singeverga/Portugal

Die große Benediktinerabtei Singeverga (Mosteiro de S. Bento de Singeverga) in der Diözese Porto wurde 1892 gegründet, als die Familie Gouvela Azevedo dem Benediktinermönch Dom João einen Bauernhof schenkte. Dies war der erste Versuch einer Wiederbelebung des Ordens in diesem Land, denn 1834 hatte die liberale Regierung Portugals alle Orden verboten und damit auch alle 23 Benediktinerklöster mit einem Schlag ausgelöscht. Papst Leo XIII. schaltete sich selbst ein und ernannte Dom João zum Abt. Dieser erste Schritt machte in der Folgezeit weitere Gründungen möglich, vor allem auch in Angola, das damals noch zu Portugal gehörte. Die Glanzzeiten des Aufbaus und der Ausweitung von Singeverga lagen in der Zeit zwischen 1940 und 1960. Der ehemalige Bauernhof hatte inzwischen einem imposanten Klosterneubau Platz gemacht. Heute ist die Abtei nach wie vor in der Auslandsmission, in der Seelsorge und in der Landwirtschaft tätig und hat eine breite Veröffentlichungstätigkeit entfaltet.

Sion/Großbritannien

An der Stelle, an der heute Syon House, der Palast des Duke of Northumberland steht, befand sich einst eine der bedeutendsten Abteien Englands mit einer der reichhaltigsten Bibliotheken des Inselreiches. Dieser Gründung des Birgittenordens an den Ufern der Themse in Middlesex im Jahre 1431 waren nur eine Lebens- und Blütezeit von etwas über hundert Jahren beschieden, denn schon 1539 fiel das Kloster der »Suppression« Heinrichs VIII. zum Opfer. Der Vorsteher des Klosters wurde hingerichtet, da er den vom König geforderten Suprematseid nicht leistete. Aus dem Doppelkloster flohen alle Mönche und Nonnen und sie konnten dabei nur geringe Teile ihres kostbaren Bücherschatzes mitnehmen. Viele Nonnen verließen England und fanden Zuflucht in Flandern und in Portugal. Die Abtei, die einst wegen ihrer kulturellen Ausstrahlung eine Zierde Englands war, überlebte im Exil durch die Jahrhunderte und konnte in jüngster Zeit wieder in South Brent, Devon, neu errichtet werden.

Skokloster/Schweden

Im 12. Jahrhundert wurde auf einer großen Halbinsel im schwedischen Mälarsee ein Gut mit dem Namen Sko von Knut Länge aus dem alten uppländischen Geschlecht der Folkunger betrieben. Knut Länge wurde 1229 König von Schweden und übergab Sko den Zisterzienserinnen, die es zu einem mächtigen Nonnenkloster ausbauten. In seiner Glanzzeit besaß der nun Skokloster benannte Konvent fast dreihundert Höfe und mehrere Häuser in Stockholm. 1527 wurde das Kloster im Zuge der Reformation von Gustav Wasa eingezogen und dem estländischen Adeligen Herrmann Wrangel übergeben, der sich für Schweden im Kriege verdient gemacht hatte. Auf dem Klostergelände errichtete dann Wrangels Sohn, der Feldmarschall und Reichsrat Carl Gustav Wrangel, das heutige Schloss, das nunmehr den Namen Skokloster trägt. Vom Kloster selbst ist nur noch die dreischiffige Backsteinbasilika erhalten, an deren Chor sich die Familie Wrangel eine prächtige Grabkapelle anlegen ließ.

Skopelos/Griechenland

Skopelos, eine der wichtigsten Inseln der Nördlichen Sporaden, besitzt am Rand des gleichnamigen Hauptortes der Insel eine regelrechte Klosterlandschaft, die von recht unterschiedlichen Klöstern gebildet wird, die jedoch alle aus dem 16. und 17. Jahrhundert stammen. Die Reihe wird angeführt von dem Metamórphosis-Kloster mit seinen wertvollen Urkunden, dann folgt das in seiner Nähe liegende Varvára-Kloster, das der heiligen Barbara geweiht ist. Eine sehr schöne Muttergottes-Ikone besitzt das Kloster Panagia Livadiótissa, dann beschließen die Reihe der Klöster Pródromos und Agii Taxiarches, das Kloster der heiligen Erzengel. Neben den ebenfalls in dieser Umgebung bestehenden Kirchen auf Skopelos sind die Klöster dieser Insel die beredtesten Zeugen für die tiefe Frömmigkeit der Bewohner dieser griechischen Inselkette.

Slangenburg/Niederlande

Die Benediktinerabtei Slangenburg in den Niederlanden liegt zwischen Doetinchem und Varsseveld in Geldern ungefähr 40 Kilometer von Arnheim entfernt. Der offizielle Name lautet Sint-Willibrords-Abdij in Slangenburg-Doetinchem. Slangenburg selbst war ein Schloss, in das 1945 eine Gruppe von Mönchen aus Oosterhout einziehen konnte. Der Umbau zu einem Konvent und der anschließende Klosterneubau kostete viel Arbeit und Zeit, an den Gebäuden wurde von 1952 bis 2002 gearbeitet. 1959 wurde Slangenburg zur Abtei erhoben. Die Mönche unterhalten das Gästehaus, das Kasteel Slangenburg, betreiben Landwirtschaft, arbeiten in einer Schneiderei und einer Holzbildhauerei und haben sich auf die Mikrophotographie spezialisiert, indem sie seltene Bücher und Dokumente auf Mikrofiche erfassen.

Somogyvár/Ungarn

Vor der Zerstörung durch die Türken im 16. Jahrhundert war die Benediktinerabtei Somogyvár mit seiner 60 Meter langen und 24 Meter breiten Basilika eines der großen Klöster Ungarns. Gegründet wurde das Kloster von König Ladislaus I., der Mönche aus der südfranzösischen Abtei Saint Gilles in die Hügellandschaft des Heidentals kommen ließ, wo sie 24 Kilometer südlich von Balatonföldvár ihr Kloster errichteten. Nach der Eroberung der durchaus vorher stark befestigten Abtei durch türkische Truppen wurden Kirche und Konvent fast vollständig zerstört. Von dem einst stolzen Kloster sind nur einige Mauern und einige Säulen des Kreuzgangs übriggeblieben.

Solesmes/Frankreich

Die Benediktinerabtei Solesmes im Departement Sarthe in Frankreich liegt in dem gleichnamigen Dorf an der Sarthe und wurde 1010 von Geoffroy de Sablé gegründet. Nach der Zerstörung im 100jährigen Krieg bauten die Mönche ihr Kloster neu auf und schlossen sich der Mauriner-Kongregation an. Eine Generation nach der Aufhebung 1791 kaufte der Priester Prosper-Louis-Pascal Guéranger das Gelände zurück und eröffnete 1833 das Kloster neu, das bald darauf wieder zur Abtei erhoben wurde. Die kirchenfeindliche Politik Frankreichs in dieser Zeit führte zur Vertreibung der Mönche und zu ihrem Exil auf der Insel Wight, sie kehrten erst wieder 1922 nach Solesmes zurück. Seither trug das Kloster viel zur Wiedergeburt des Gregorianischen Chorals bei. Die Abteikirche, die aus dem 11. Jahrhundert stammt und im 15. und 19. Jahrhundert umgestaltet wurde, birgt eine herrliche Skulpturengruppe, bekannt als die Heiligen von Solesmes. 1998 gründete Solesmes bereits ein Kloster in Litauen und reihte sich damit in den Kranz der benediktinischen Gründerklöster des Zwanzigsten Jahrhunderts ein.

Monte Cassino, Italien

Solowjezki-Kloster/Russland

Das auf einer Insel im Solowjezki-Archipel am Weißen Meer von den beiden heiligen Mönchen German und Savvatij zwischen 1429 und 1436 gegründete orthodoxe Kloster wurde von der damaligen Groß-Novgorod-Republik mit Ländereien beschenkt und später auch durch den Großfürsten und späteren Zaren von Moskau begünstigt. Das nur 160 Kilometer südlich des Polarkreises liegende Kloster besaß im 16. Jahrhundert große Fischereiplätze am Weißen Meer, unterhielt Salzgruben und betrieb im gesamten russischen Reich einen ausgedehnten Salzhandel. Unter der tatkräftigen Leitung mehrerer Äbte baute das Kloster sogar eine eigene Flotte im Weißen Meer und auf den nördlichen Flüssen auf. Das Kloster selbst wuchs zu einer kleinen Mönchsstadt heran, die bald an die 1000 Menschen zählte. Im Jahre 1667 setzte sich das Kloster sogar längere Zeit erfolgreich gegen eine zaristische Streitmacht zur Wehr, die eine Glaubensreform bei den Mönchen dieses Kloster erzwingen wollte. Das Kloster wurde jedoch belagert und beschossen, musste kapitulieren und stand fortan unter besonderer Aufsicht durch die staatlichen Behörden. 1718 wurde ein Gefängnis für verurteilte Verbrecher im Kloster eingerichtet und nach der Übernahme der Macht durch die Kommunisten 1923 weitete die Kommunistische Partei der Sowjet-Union die gesamte Anlage zu einem GULAG, einem Arbeitslager, aus. Erst unter Gorbatschow wurde wieder religiöses Leben im Kloster möglich. Das in seiner Bausubstanz völlig intakte Kloster wurde nach dem Fall der UdSSR wieder seiner eigentlichen Bestimmung zurückgegeben.

Sopoćani/Serbien

Das Kloster Sopoćani bei Novi Pazar in Serbien wurde um 1260 von dem fünften serbischen König Uroš I. gegründet und zu seinem Mausoleum bestimmt. Bereits um 1265 wurde die romanische einschiffige Kuppelkirche eingeweiht, die mit großartigen Fresken geschmückt ist. Diese Fresken sind es vor allem, die 1983 die UNESCO bewogen haben, Sopoćani in die Liste des »Kulturerbes der Welt« aufzunehmen. Die Kirche wurde im türkisch-österreichischen Krieg 1689 schwer beschädigt, war längere Zeit ohne Dach und Kuppel, wurde aber 1926 und auch nach dem Zweiten Weltkrieg so gut restauriert, dass die meisten der hervorragenden Fresken aus dem Jahre 1265 gerettet werden konnten. Sopoćani besitzt einen hohen quadratischen Glockenturm, dessen Glocken in dem einst stillen Waldtal die Mönche Jahrhunderte lang zum Gebet riefen. Sopoćani ist mit dem Grabmal von König Uroš I. (1243–76) gewissermaßen auch ein serbisches Nationaldenkmal. Überdies, war die Mutter dieses Herrschers eine Enkelin des venezianischen Dogen Enrico Dandolo, und seine Frau Helene eine Prinzessin aus dem Hause Anjou.

Speinshart/Bayern/Deutschland

Das Prämonstratenserstift Speinshart in dem gleichnamigen Ort in der Oberpfalz zwischen den Städten Weiden und Bayreuth gelegen, teilte das Schicksal mancher Klöster in Deutschland, die mehrfach ihren Besitzer wechseln mussten. 1145 als Chorherrenstift gegründet, war die Abtei ein weithin ausstrahlendes kulturelles Zentrum für die damals recht abgelegene Gegend. Im Rahmen der Reformation wurde das Stift säkularisiert, aber nach Rückkehr der Prämonstratenser in der Gegenreformation 1661 neu gegründet und 1691 wieder zur Abtei erhoben. Nach den Plänen des genialen Architekten Wolfgang Dientzenhofer entstand zwischen 1692 und 1699 eine Klosterkirche, die man den »überschäumenden Triumph des Barock« genannt hat und ein »Fortissimo quellender Stuckformen«. Auch die vierflügeligen Klosterbauten fallen durch ihren farbigen Fassadenputz auf. In Speinshart waren die beiden einfallsreichen italienischen Künstler Luchese tätig. Das Brüderpaar schuf praktisch den gesamten Reichtum der Innenausstattung. C. D. Luchese wartete mit immer neuen Eingebungen an Figuren als Stuckateur auf, während B. Luchese die Kirche mit triumphalen Fresken schmückte. Einheimische Schnitzmeister schufen dagegen die Wangen des Chorgestühls, die auf Grund ihres plastischen Schmucks den Schöpfungen der italienischen Brüder in nichts nachstehen.

1803 wurde das Kloster aufgehoben, jedoch 1923 als Prämonstratenserabtei wiedererrichtet.

Sponheim/Rheinland-Pfalz/Deutschland

Die westlich von Bad Kreuznach in der Pfalz gelegene ehemalige Benediktinerabtei Sponheim wurde 1101 von den Grafen von Sponheim gegründet und noch im 12. Jahrhundert mit einer prachtvollen Kirche ausgestattet, die einen kreuzförmigen romanischen Quaderbau mit drei Apsiden darstellt. In ganz Deutschland berühmt wurde die Abtei durch den Humanisten Johannes Trithemius (1462–1516), der 1483 bereits mit 21 Jahren Abt von Sponheim wurde und die Bibliothek des Klosters zu einer der bedeutendsten Sammlungen im Reiche machte. Um 1734 kam das Kloster dann an die Abtei Jacobsberg bei Mainz und wurde in der Säkularisation aufgehoben. Die erhaltene Klosterkirche besticht nach wie vor durch ihre originelle Farbgebung im Innenraum und ihre schöne romanische Bauskulptur.

Stablo (Stavelot)/Belgien

Stablo ist eine ehemalige Benediktinerabtei an der Ambleve am Südrand des Hohen Venn im Wallonischen Belgien. Bereits um 650 hatte der heilige Remigius in Stablo und Malmedy zwei Klöster gegründet, aus denen sich dann die spätere Fürstabtei Stavelot-Malmedy entwickelte. Die Ernennung der Äbte erfolgte im 10. Jahrhundert unmittelbar durch den Kaiser, später im Einvernehmen mit den Fürstbischöfen von Lüttich. Unter der Führung bedeutender Äbte erlangte Stablo ein hohes geistiges und künstlerisches Niveau und gleichzeitig überregionale Bedeutung. Die Äbte Poppon (gestorben 1048) und Wibald (1098–1158) ragen besonders hervor. Aus dem Kloster stammen Meisterwerke der Goldschmiedekunst, vor allem Reliquienschreine. Das angesehene Skriptorium gestaltete Evangeliare und andere illuminierte Werke. Bis zur Aufhebung in der Französischen Revolution zählte Stablo 70 Äbte. 1794 konnte der letzte Abt jedoch mit den kostbaren Klosterschätzen noch über den Rhein flüchten, so dass – inzwischen in aller Welt verstreut – Kleinodien der Buchmalerei und Emaillekunst aus der Abtei erhalten blieben. Von der alten Abteikirche ist nur der Turm aus dem 11. Jahrhundert erhalten. Soweit noch vorhanden, werden die Abteigebäude heute als Museum und Rathaus genutzt.

Staffarda/Italien

Die Zisterzienserabtei Staffarda in Piemont bildet heute einen Teil der Gemeinde Revello nordwestlich der Stadt Saluzzo. Der Klosterkomplex stellt heute die am vollständigsten erhaltene Klosteranlage aus der Zeit des Übergangs von der Romanik zur Gotik in Italien dar. Gegründet 1135 von Manfredo I. del Vasto, Markgraf von Saluzzo, besiedelt von Mönchen aus dem ligurischen Tiglieto, wurde Staffarda sowohl durch Papst Cölestin II. als auch durch Kaiser Barbarossa gefördert. Um 1300 konnten die Bauarbeiten an dem vielgliedrigen Baukörper der Klosterkirche abgeschlossen werden, an die ein wundervoller Kreuzgang anschließt. 1690 wurde Staffarda von französischen Truppen geplündert. Nachdem im 18. Jahrhundert der barocke Neuaufbau gut gelungen war, zerstörten napoleonische Einheiten das Kloster. 1814 erschütterte auch noch ein Erdbeben die Kirche und den stark beschädigten Konvent. 1920 sorgte dann eine gründliche Restaurierung für die Wiederherstellung der Gesamtanlage.

Stainz/Österreich

Das ehemalige Augustiner-Chorherrenstift Stainz, südwestlich von Graz (Steiermark), wurde 1229 gegründet und 1785 aufgehoben. Die Stiftsgebäude gelangten in den Besitz des Erzherzogs Johann, die Stiftskirche wurde Dekanatskirche. Die beiden markanten Westtürme dieser Kirche entstammen noch der frühgotischen Zeit. 1680 wurde das Gotteshaus zu einer barocken Wandpfeilerkirche umgestaltet, die reich mit Stuckwerk und Fresken, mit Seitenkapellen und einem zweigeschossigen Hochaltar ausgestattet ist und der heiligen Katharina geweiht wurde.

Stams/Österreich

Das Zisterzienserstift Stams im Oberinntal in Tirol grüßt mit seinen beiden behäbigen Türmen mit den Zwiebelhauben schon von weitem und entzückt durch seine barocke Behäbigkeit. Gegründet wurde es 1273 von Graf Meinhard II. von Görz-Tirol zum Gedenken an Konradin, den letzten Staufer. Die Tiroler Landesfürsten erwählten Stams zu ihrer Grablege, selbst die Kaiser förderten das Stift und ließen die Reichskleinodien von 1362 bis 1423 sogar in Stams verwahren. Als dann im Bauernkrieg das Kloster geplündert wurde und es 1593 auch noch abbrannte, ging man 1601–15 an einen prächtigen Neubau, den man dann zwischen 1729 und 1732 in barockem Stil nochmals umgestaltete und erweiterte. Die Klosterkirche Mariä Himmelfahrt erstaunt jeden Besucher durch ihren mächtigen Hochaltar, der als Stammbaum die Entwicklung der Menschheit von Adam und Eva bis Christus zeigt. Sehenswert sind im Kloster aber auch die Fürstengruft, das Treppenhaus und die großartigen schmiedeeisernen Gitter. Stams wurde 1807 aufgehoben und in der Folge schwer geschädigt, aber schon 1816 wiedererrichtet.

Steenbrugge/Belgien

Die Benediktinerabtei Steenbrugge im belgischen Assebroek/Brugge wurde von Mönchen aus Dendermonde 1879 gegründet und war das Geschenk eines wohlhabenden Weltpriesters an den Benediktinerorden. Der offizielle Name der Niederlassung lautet »Sint-Pietersabdij Steenbrugge«, zum Gedenken an die in der Französischen Revolution in Oudenburg zerstörte St. Peter's Abtei. Steenbrugge ist ein klassisches Studienkloster, denn in dieser Abtei erarbeiten und publizieren die Mönche eine vollständige Sammlung der Schriften der Kirchenväter, die in der Reihe »Corpus Christianorum« erscheinen. Seit 1955 dient die Abteikirche auch als Pfarrkirche des kleinen Dorfes Steenbrugge.

Steinfeld/Nordrhein-Westfalen/Deutschland

Die ehemalige Prämonstratenserabtei Steinfeld in der Eifel/Nordrhein-Westfalen wurde zuerst um 920–50 von dem Grafen Siegebodo gegründet, der dorthin die Reliquien der heiligen Felicius, Potentin und Simplicius bringen ließ. 1121 wurde das Kloster jedoch durch den Kölner Erzbischof mit Augustiner Chorherren besetzt, die dann aus freien Stücken alsbald die Regeln des Prämonstratenserordens übernahmen. Steinfeld blühte rasch auf und konnte in Holland, Irland, Böhmen und Polen eine Reihe von Tochterklöstern gründen. Die 1142 erbaute Stiftskirche ist eine romanische Pfeilerbasilika, die als Pfarrkirche bis heute fast unverändert erhalten ist. Das in der Französischen Revolution aufgehobene Kloster kam in private Hände, war viele Jahrzehnte Erziehungsanstalt und ist seit längerem ein Internat der Salesianer. Von den einst weitläufigen und prächtigen Gebäudekomplexen der einstigen Abtei sind allerdings nur noch Reste erhalten.

Steingaden/Bayern/Deutschland

Die einstige Prämonstratenserabtei Steingaden südlich von Schongau im Pfaffenwinkel bestand von 1147 bis 1803 als bedeutendes Zentrum für die Seelsorge eines weit ausgedehnten Gebiets, wurde jedoch in der Neuzeit vor allem bekannt durch die inzwischen weltberühmte Wieskirche, die nur wenige Kilometer südöstlich der Abtei als Wallfahrtsstätte entstand und für die die Abtei zuständig war. Steingaden selbst wurde vom bayerischen Herzog Welf VI. bei seinem Aufbruch zum Kreuzzug gestiftet und reich ausgestattet. 1176 erstand die dreischiffige Pfeilerbasilika mit ihrer strengen Doppelturmfront, die in ihrem Äußeren zu wesentlichen Teilen bis heute erhalten blieb. In der Barockzeit jedoch wurde das Innere der Kirche mit den Fresken von Joh. Georg Bergmüller und den Stuckarbeiten des vielseitigen Franz Xaver Schmuzer ausgestattet. In der nahen Johanniskapelle liegt der Schöpfer der Wies, der geniale Dominikus Zimmermann, begraben.

Stötterlingenburg/Sachsen-Anhalt/Deutschland

Bischof Branthagus von Halberstadt gründete im Jahr 992 auf dem ausgedehnten Guts- und Burggelände zu Stötterlingenburg eine Benediktinerinnenabtei, deren Kirche 995 eingeweiht und zu deren Schutzpatron der heilige Stephanus bestimmt wurde. 1249 erreichten die Nonnen, dass ihr Ordenshaus unter päpstlichen Schutz gestellt wurde. 1525 plünderten aufständische Bauern das Kloster und verwüsteten die Kirche. Der Konvent wurde 1557 aufgehoben und zerfiel in der Folgezeit. Die in der heutigen Gemeinde Lüttgenrode gelegene ehemalige Klosterkirche diente bis 1981 als Pfarrkirche, dann stürzte das Dach ein. Von der Ruine blieb allein der massige Turm mit seinen beiden Helmspitzen erhalten.

Strahov/Tschechien

Das berühmteste und auch älteste Prämonstratenserkloster Böhmens ist die von Fürst Vladislav II. in Prag 1140 gestiftete Abtei, die von Mönchen aus dem Kloster Steinfeld in der Eifel besiedelt wurde. Die mächtigen Konventsbauten mit der Klosterkirche Mariä Himmelfahrt erheben sich über dem Talkessel zwischen der Prager Burg und dem Laurenziberg. Die rasch aufgeblühte Abtei stellte Jahrhunderte hindurch die Bischöfe von Prag und Olmütz und wurde zu einem Sammelbecken der gelehrten Welt. Schwere Schicksalsschläge trafen die Abtei durch einen verheerenden Brand 1258, durch den Hussitensturm, durch Verwüstungen im Dreißigjährigen Krieg und durch schwere Schäden im Siegenjährigen Krieg. Strahov wurde ausersehen, die Gebeine des heiligen Norbert aufzunehmen, die 1627 aus Magdeburg überführt wurden. Ferner findet sich in der Abteikirche das Grab des kaiserlichen Generals zu Pappenheim. Nach vielen Umbauten und provisorischen Ausbesserungen erhielt im 18. Jahrhundert Strahov ein völlig neues barockes Gewand und eine verschwenderische Ausstattung. Bereits am Ende des 17. Jahrhunderts begannen die Bauarbeiten, die sich unter Mitwirkung namhafter Künstler bis 1794 hinzogen. Der bedeutendste Innenraum, der in der Abtei in dieser Zeit gestaltet wurde, ist die Bibliothek. Es galt, einem Bestand von 125 000 Bänden, darunter 1030 Inkunabeln, eine würdige Heimstatt zu bereiten. In zwei gewaltigen Sälen setzten sich die beiden Künstler J. Pailardi und Franz Anton Maulpertsch ein bleibendes Denkmal. Pailardi schuf den zwei Geschosse übergreifenden Hauptsaal und Maupertsch malte das riesige Deckengemälde im sogenannten Theologischen Saal. Die Kommunisten beschlagnahmten nach 1948 die gesamte Anlage und nannten sie seit 1953 Museum für nationales Schrifttum, in das sie auch reiche Bibliotheksbestände aus den von ihnen aufgelösten böhmischen Klöstern einsortierten. Nach dem Ende der kommunistischen Herrschaft wurde Strahov wieder dem Prämonstratenserorden zurückgegeben.

Studenica/Serbien

Eines der bedeutendsten serbisch-orthodoxen Klöster ist Studenica, zwischen Novi Pazar und Kraljevo in Südserbien gelegen. Vom Großfürsten Stephan Nemanja (1151–95) gegründet, wurde Studenica im Verlauf der nächsten Jahrhunderte zu einer richtigen Klosterstadt ausgebaut, in deren Mauern sich zeitweise bis zu 13

Kirchen befanden. In der ehemals befestigten, kreisrunden Anlage blieben neben dem heute noch bestehenden Kloster drei Hauptkirchen erhalten: die Muttergotteskirche, die Nikolauskirche und die Königskirche. Die Muttergotteskirche ist die Grabkirche von Stephan Nemanja, ihr Stil erinnert an die Bauten der süditalienischen-apulischen Romanik. Die monumentalen Fresken dieser Kirche und ihre Schatzkammern sind sehenswert. Die Wandmalereien der Königskirche und ihre Ikonostasis sind ebenfalls von hoher Qualität. Die Fresken spiegeln den Stil der byzantinischen Paläologen-Renaissance wider. Die Tatsache jedoch, dass auch der erste König Serbiens, Stefan II. Provenčani, in Studenica begraben liegt, macht dieses Kloster zu einer nationalen Weihestätte für Serbien.

Stuhlweißenburg/Ungarn

Die ehemalige Zisterzienserabtei Stuhlweißenburg (Székesfehérvár) ist eines jener Klöster, die nach der Befreiung Ungarns vom Türkenjoch erst im 18. Jahrhundert gegründet wurde. Zuerst bauten die Jesuiten den Konvent, dann übernahmen ihn die Pauliner und 1813 schließlich die Zisterzienser. In der Abteikirche sind die Steinmetzarbeiten und die Schnitzereien bemerkenswert, gleichfalls die Eichenholzarbeiten in der Sakristei. In den einstigen Klostergebäuden befindet sich heute ein historisch-volkskundliches Museum. Für Westungarn stellte das Kloster in der Großstadt Székesfehérvár im 19. Jahrhundert ein bedeutendes geistliches Zentrum dar.

Suben/Österreich

Das ehemalige Augustiner-Chorherrenstift Suben in Oberösterreich wurde um 1040 von Gräfin Tuta Regina gegründet und dem heiligen Lambert geweiht. Ursprünglich war das Kloster für gemeinsam lebende Weltpriester gedacht, wurde aber dann 1135 in einen Augustinerkonvent umgewandelt. Die Pröpste wurden bis ins 15. Jahrhundert vom Salzburger Domkapitel ernannt. Das Stift wurde bereits 1785 von Kaiser Joseph II. aufgehoben und in eine Strafanstalt umgewandelt. Die Klosterkirche ist ein glanzvoller Barockbau aus der Zeit von 1766 bis 1770 mit prächtiger Innenausstattung. Die großartige Kanzel, der Hochaltar und der Orgelprospekt stammen von Jacob Deutschmann.

Subiaco/Italien

Die östlich von Rom in den Bergen von Latium gelegene Benediktinerabtei (Monastero di S. Benedetto) geht auf eine Höhle zurück, in der der heilige Benedikt drei Jahre lang als Einsiedler lebte. Die malerisch in den Fels gehauene Höhle wurde im 13. und 14. Jahrhundert zu einem beachtlich großen Felsenkloster ausgebaut, das sich im Laufe der Zeit durch seine kostbare Ausstattung zu einer »Pinakothek der italienischen Freskomalerei« entwickelt hat. Trotz mehrfacher Belagerung und Plünderung durch die Sarazenen konnte sich das Kloster behaupten und wurde immer wieder unter den besonderen Schutz der Päpste gestellt. Seit 1915 ist Subiaco eine Abbatia nullius, d. h. sie ist keiner Diözese zugehörig. Gleichzeitig existiert in Subiaco das Monastero di S. Scolastica, das Benedikt für seine Schwester Scholastika gründete. Papst Leo VII. schenkte diesem Nonnenkloster das Kastell von Subiaco, so dass mit den umliegenden Ländereien ein großartiges Kloster mit Bibliothek und Archiv entstehen konnte. Das Kloster verfügt über drei Kreuzgänge, einen großartigen romanischen Glockenturm und bedeutende Fresken. In diesem kleinen Klosterstaat errichteten 1464 die Deutschen Arnold Pannartz und Conrad Schweynheim die erste Druckerei Italiens.

Subiaco/Südafrika

Die Benediktinerabtei Saint Benedict in Südafrika hat zwar die Postanschrift Pietersburg, liegt jedoch in Subiaco am Fuß einer Bergkette ungefähr 40 Kilometer von der Stadt entfernt. Gegründet 1939 von flämischen Missionaren, die schon 1906 nach Nordtransvaal gekommen waren, bauten diese Mönche der Sublacenser Kongregation konsequent Missionsstationen auf, die allerdings durch die beiden Weltkriege fühlbare Unterbrechungen in ihrer Arbeit erfuhren. Als 1947 wieder die vollen Entfaltungsmöglichkeiten gegeben waren, begann die Abtei Saint Benedict mit dem Aufbau einer afrikanischen Mönchsgemeinschaft, die sich harmonisch in die Gebräuche der sie umgebenden Kultur einfügt.

Subiaco Abbey/USA

Die Wurzeln der Benediktinerabtei Subiaco in der gleichnamigen Gemeinde Subiaco im Bundesstaat Arkansas gehen zurück bis zur Abtei Maria Einsiedeln in der Schweiz und auf die Erzabtei St. Meinrad in Indiana, denn aus diesen beiden Klöstern kamen die Mönche, die 1878 die geistliche Betreuung der deutschen Immigranten im westlichen Arkansas übernahmen. Aus der Niederlassung dieser Pioniermönche erwuchs die Abtei Subiaco, die heute einen beachtlichen Klosterkomplex mit Schule, Handwerksbetrieben, Exerzitienhaus und Landwirtschaft darstellt. Die Zugehörigkeit zur Congregatio Helveto-Americana weist noch heute auf die einstige enge Verbindung zur Schweiz hin.

Sucevita/Rumänien

Sucevita ist jenes der berühmten Moldauklöster der rumänischen Bukowina, das als letztes mit Fresken innen und auch an den Außenwänden der Klosterkirche vollständig bedeckt wurde. Das Kloster liegt am nördlichsten von allen dieser »Bilderklöster«, nicht allzu weit von der ukrainischen Grenze entfernt. Die Gründung erfolgte durch die Fürsten Movila 1582–84, die Fresken wurden 1601 ausgemalt. Bestens geschützt von einer fast quadratischen Mauer von 100 x 104 Metern Länge, konnte das Kloster seine Bilderschätze an seinen Kirchenmauern unversehrt bis in die Gegenwart retten. Am eindrucksvollsten ist die Darstellung der sogenannten »Tugendleiter«, deren dreißig Stufen jeder Mensch erklimmen muss, um ins Paradies zu kommen. Jede Stufe symbolisiert eine Versuchung. Widersteht ihr der Mensch nicht, so ziehen ihn Teufel von der Leiter hinab in die Hölle. Das Kloster selbst liegt malerisch eingebettet in ein Tal, umgeben von bewaldeten Hügeln.

Sulejow/Polen

Die Zisterzienserabtei Sulejow liegt im mittelpolnischen Gebiet zwischen Weichsel und Warthe und gehörte einst zu den wehrhaften Bauten, die König Kasimir der Gerechte errichten ließ. Die Gründung von Sulejow am rechten Ufer der Pilica erfolgte 1176. Mit Mauern, Tortürmen und Bastionen aus dem 15. und 16. Jahrhundert ist der Konvent mit der Klosterkirche noch heute umschlossen. Nach Art der Zisterzienser ist nur ein kleiner Turm auf die dreischiffige Basilika gesetzt, die mit einem Querhaus und einem gerade geschlossenen Chor errichtet wurde. Im Innern weist dieses romanische Gotteshaus eine sehr bedeutende Barockeinrichtung auf.

Sumela/Türkei

Das bereits 385 unter Theodosius I. gegründete frühbyzantinische Marienkloster in Sumela im Pontischen Gebirge in der Region von Trapezunt konnte sich durch die Jahrhunderte unter größten Mühen bis 1923 halten, dann wurde es aufgegeben, geplündert und durch Brand endgültig vernichtet. Für das östliche Mönchtum galt es als eines der großen Zentren, es war in ganz Kleinasien berühmt. Das Kloster klammert sich gleichsam an die Spalten eines senkrechten Abhangs – ein schwindelerregender Blick, denn nur so bot sich ein gewisser Schutz vor vielfach wiederkehrenden Überfällen der Moslems. Sicher war das Kloster nur, wenn der Arm der Oströmer bis in diese wilden Gegenden der östlichsten Schwarzmeergebiete reichte. So nimmt es nicht wunder, dass die Glanzzeit des »Meryemana Monastiri« (so der byzantinische Name) in die Zeit des Reiches von Trapezunt, speziell in dessen letzte Wohlstandsperiode fällt (1330–1412). Damals war die schützende Hand der weltlichen Macht am nächsten. Schicksalsschläge hatte das Kloster in seiner über eineinhalbtausendjährigen Geschichte genug erlebt. 640 und 1366 brannte es völlig ab und musste jedes Mal neu aufgebaut werden. Religiöse Intoleranz führte aber schließlich doch zu seinem unrühmlichen Ende.

Surb Bardulimeos/Türkei

Das armenische Kloster Surb Bardulimeos (Sankt Bartholomäus) liegt auf einer Höhe von 2000 Metern etwa in der Mitte zwischen dem türkischen Van-See und dem persischen Urmia-See in der türkischen Provinz Waspurakan. Die Legende bezeichnet das Kloster als frühen Begräbnisort des Apostels Bartholomäus, der als der erste »Erleuchter des Landes Armenien« gilt. Bezeugt ist der Konvent jedoch nicht vor 1398, hatte seine Blütezeit im 13. und 14. Jahrhundert, erhielt jedoch erst in späterer Zeit seine endgültige Form und wurde bei dem Erdbeben von 1966 schwer beschädigt. Die Sicherung und Sanierung der aus zwei Bauwerken bestehenden Anlage erweist sich als schwierig.

Surb Grigor/Türkei

Das armenische Kloster Surb Grigor (Sankt Gregor) in der türkischen Provinz Erzincan ist heute nur noch eine traurige Ruine. Wie das Kloster Awagavank liegt es am Karadag (armenisch: Berg Sepuh), jedoch in 2600 Metern Höhe unterhalb des Bergkammes. Der Überlieferung nach wurde Gregor der Erleuchtete hier bestattet. Als der Eremit Gatnik die sterblichen Überreste des Heiligen hier fand, errichtete er ihm an dieser Stelle ein Grabdenkmal und aus diesem hat das spätere Kloster seinen Beginn hergeleitet. Bereits im 10. Jahrhundert ist eine Mönchsgemeinschaft bezeugt und seit dieser Zeit existierte in Surb Grigor ein aktives Skriptorium bis ins 16. Jahrhundert. Vom 17. bis zum Ende des 19. Jahrhunderts war sogar eine neue Blüte zu verzeichnen. Dann aber begann die Zeit der Leiden und Verfolgungen, die dem Konvent dermaßen zusetzten, dass zu Beginn des 20. Jahrhunderts das Kloster aufgegeben werden musste.

Surb Stepannos/Armenien

Das armenische Kloster Surb Stepannos (Sankt Stephanos) mit dem zweiten Namen Aljok Vank, liegt in der Provinz Ayrarat auf einer terrassenförmigen Anhöhe an der Westseite der Gelam-Berge und beherrscht das Keluajor-Tal. Das Kloster soll im 4. Jahrhundert vom heiligen Stephanos den Namen erhalten haben, unter dem man aber nicht Stephanos in Jerusalem, sondern den Märtyrer Stephanos von Armenien zu verstehen hat, der ein Gefährte der heiligen Hripsime war. Bald nach dem Tode des vielverehrten Blutzeugen soll dann der heilige Gregor ein Kloster für junge Mädchen an der Stelle des Martyriums errichtet haben. Bezeugt ist, dass im 13. Jahrhundert die Fürsten Iwane Zakaride und Grigor Xalbakean als Grundherrn des Gebietes das Kloster reichlich mit Ländereien ausgestattet und es großzügig gefördert haben. Im Jahre 1603 wurde das Kloster von den Persern, im 18. Jahrhundert von den Lesgiern geplündert und in den Verfolgungsjahren 1905–06 durch die Türken völlig zerstört. Die Hauptkirche Sankt Stephanos, die große Vorhalle und die Peter-und-Paul-Kirche waren die Hauptgebäude, sie stammten alle aus dem 13. Jahrhundert.

Surb Tadé/Iran

Das armenische Kloster Surb Tadé (Sankt Thaddäus) in der iranischen Provinz West-Aserbeidschan liegt etwa 20 Kilometer südlich der Stadt Maku auf einem Hügel inmitten einer Hochebene in einem Berggebiet. Es wurde nach der legendären Überlieferung an der Stelle gegründet, an der einst der Apostel Thaddäus im 1. Jahrhundert n. Chr. sein Martyrium erlitten haben soll. Das Kloster ist seit dem 5. Jahrhundert bezeugt und besaß im Mittelalter ein bedeutendes Skriptorium. Die Klostergebäude wurden im Laufe der Jahrhunderte mehrmals restauriert, zuletzt in den Jahren 1970–1980. Zwei aneinander grenzende Kirchen, eine Vorhalle und zahlreiche Nutzbauten bilden den Gesamtkomplex. Das mächtige Kloster mit seinen beiden Kuppelhauben bietet einen imposanten Anblick und weist im Innern Bildwerke auf, in Sonderheit Reliefs, die stilistisch der persischen Kunst verpflichtet sind.

Surb Yakob/Türkei

Das armenische Kloster Surb Yakob (Sankt Jakobus) in der türkischen Provinz Waspurakan wurde im 19. Jahrhundert zuerst Ziel entsetzlicher Plünderungen, dann Schauplatz fürchterlicher Massaker und schließlich 1969 vollständig abgerissen. Benannt war es nach dem heiligen Jakob von Nisibis, von dem eine Fingerreliquie in den Mauern des Klosters bewahrt wurde. Das Kloster lag 2100 Meter hoch an der Nordwand des Kuskunkiran-Passes nicht weit vom Südufer des Van-Sees in dem Vorgebirge von Kaputkol und ist daher auch als Kloster von Kaputkol bekannt gewesen.

Susdal, Aleksandrowski-Kloster/Russland

Das Aleksandrowski-Kloster in Susdal, auch genannt Große Lawra, soll von Alexander Newskij 1240 gegründet worden sein. Große Lawra bedeutet »Kloster ersten Ranges«, es sollte jenen Witwen und Waisen Zuflucht bieten, die nach der Zerstörung von Susdal 1238 durch die Mongolen den Ernährer verloren hatten. Die heute vorfindlichen Gebäude stammen alle aus späterer Zeit, so die Himmelfahrtskirche (Wosnessenija) mit ihrem Glockenturm aus dem Jahr 1695 und das im Südteil des Klostergebäudes stehende Heilige Tor aus dem 18. Jahrhundert. Die Himmelfahrtskirche, ein massiver fünfkuppeliger Würfel mit einer stark vorgeschobenen Apsis ist ein großartiger Bau, der mit Mitteln von Zarin Natalia Kirillowna, der Mutter Peters des Großen, errichtet wurde.

Susdal, Basileios-Kloster/Russland

Am Ostrand der Stadt Susdal liegt auf dem hügeligen Kamenka-Ufer das im 13. Jahrhundert gegründete Basileios-Kloster, das Basileios dem Großen, dem berühmten Theologen und Bischof von Caesarea geweiht ist. Das von einer Mauer mit rechteckigen Türmen beschützte Kloster steht heute wie die ganze Stadt Susdal selbst unter Denkmalsschutz. Auf dem Klostergelände befinden sich zwei Kirchen, die Basileios-Kathedrale und die Refektoriumskirche. Bei der Kathedrale handelt es sich um einen würfelförmigen Zentralbau mit Walmdach, errichtet 1662–69, der von einer achteckigen Lichttrommel mit Kuppel gekrönt wird. Südlich davon erhebt sich die »Refektoriumskirche zu Mariä Reinigung«, ein doppelgeschossiger einkuppeliger Bau mit einem Giebeldach, der Glockenturm befindet sich unmittelbar daneben.

Susdal, Erlöser-Euthymios-Kloster/Russland

Eines der interessantesten und wertvollsten Klöster Russlands ist das Erlöser-Euthymios-Kloster in Susdal, an das sich gleichzeitig wichtige geschichtliche Ereignisse knüpfen. Benannt wurde das 1352 als Wehrkloster gegründete Ensemble nach dem ersten Klostervorsteher Euthymios. Auf dem Steilufer der Kamenka am Nordrand der Stadt Susdal stehend, nahm das Kloster bereits von Beginn an eine strategisch äußerst günstige Position ein. Die starken Befestigungen retteten die Anlage vor der Zerstörung, als 1445 unmittelbar vor den Klostermauern in der Schlacht von Susdal das gesamte russische Heer von Ulu Mohammed, dem Khan von Kasan, vernichtet wurde. Fürsten und Bojaren beschenkten das Kloster mit umfangreichen Ländereien samt den dazugehörigen Leibeigenen, so dass dem Kloster die Mittel für ein umfangreiches Bauprogramm bereits zu Beginn des 16. Jahrhunderts zur Verfügung standen. Anfang des 17. Jahrhunderts eroberten die polnisch-litauischen Invasoren das Kloster und plünderten es gründlich aus. Die solide Bauweise des Klosters aber ermöglichte eine schnelle Erholung, so dass 1642 vor der Klosterkathedrale der Heerführer Fürst Dimitri Poscharski in seiner Familiengruft beigesetzt werden konnte. Mit dem Kaufmann Kusma Minin hatte der Fürst 1612 Moskau von den Eroberern befreit. 1776 wandelte die Zarin Katharina die Große das Kloster in ein Staatsgefängnis um und bestimmte den Abt zum Kommandanten. Die Sowjets vertrieben im Zwanzigsten Jahrhundert die Mönche und machten aus dem Kloster eine Jugendstrafanstalt. Erst in neuester Zeit wurde das Erlöser-Euthymios-Kloster in das größte Museum von Susdal umgewandelt. Das bedeutendste Bauwerk des Klosters ist die Christi-Verklärungs-Kirche aus den Jahren 1507–11 mit ihren Wandmalereien, die als Hauptwerke der beiden genialen Maler Guri Nikitin und Sila Sawin gelten und 1689 ausgeführt wurden. Das Glockenhaus der Kathedrale mit ihren 20 Glocken unterschiedlicher Größe ermöglicht es neuerdings, dass die

Kunst des Glockenläutens wieder zu neuem Leben erweckt wird. Die 1669 errichtete Nikolaus-Spitalkirche trägt ihren Namen zurecht, denn in den Spitalzellen des einstöckigen Gebäudes wurden früher erkrankte Mönche und bis vor kurzem noch kranke Häftlinge untergebracht. Die Refektoriumskirche zu Mariä Entschlafen ist eine Zeltdachkirche aus dem Jahr 1525, die als das früheste Baudenkmal dieser Art in Russland gilt. Das Erzbischöfliche Gebäude ist an diese Kirche angebaut. Die Torkirche zu Mariä Verkündigung ist ein hoher einkuppeliger Bau, der ebenso prachtvoll wirkt wie das malerische und freundliche Bauensemble des gesamten Klosters.

Susdal, Kloster zur Gewandniederlegung der Gottesmutter/Russland

Mitten im dichtbebauten Zentrum der Stadt Susdal erhebt sich die baukünstlerische Dominante der Stadt, der 74 Meter hohe Glockenturm des Klosters zur Gewandniederlegung der Gottesmutter. Dieser gelbweiße Glockenturm in klassizistischem Stil wurde 1812 von G. Kusmin anlässlich des Sieges Russlands über Napoleon errichtet. Von seiner 40 Meter hohen Aussichtsplattform bietet sich ein umfassender Blick über die ganze Stadt. Das Kloster selbst wurde 1207 gegründet, seine gleichnamige Kathedrale jedoch stammt aus den 20er Jahren des 16. Jahrhunderts. Unverkennbar sind ihre drei Kuppeln mit den ungewöhnlich hohen Kuppeltrommeln, die wie Minarette wirken. Zu den Meisterwerken der Baukunst in Susdal gehört auch das Heilige Tor mit seinem rechteckigen Unterbau mit den zwei Zeltdächern und den zierlichen Kuppeln.

Susdal, Mariä-Schutz-und-Fürbitte-Kloster/Russland

Das weitläufige Mariä-Schutz-und-Fürbitte-Kloster in der Stadt Susdal hatte einen traurigen Ruf in Russland, es war der Verbannungsort aller verstoßenen Zarinnen und in Ungnade gefallenen Fürstinnen. Das Nonnenkloster liegt am niedrigen Kamenka-Ufer und wurde einer Legende zufolge von Fürst Andrej Konstantinowitsch 1364 begründet. Erst im 16. Jahrhundert aber schickte zum ersten Mal ein Herrscher seine Gattin in dieses Kloster in Verbannung, es war der Großfürst Wassili III., dem seine Gemahlin keinen Thronerben schenken konnte. Dieser Großfürst von Moskau nahm sich daraufhin die junge schöne Polin Helene Glinska zur Frau, die ihm dann Iwan gebar, den man später den Schrecklichen nannte. Die späteren Zaren übernahmen diese Praxis. Iwan der Schreckliche kerkerte seine vierte Gattin Anna im Susdaler Kloster ein. 1610 brachte man die Zarin Maria Petrowna in eine der Klosterzellen, sie war die Gattin des gestürzten Wassili Schuiski. Und so wie diesen Zarinnen erging es einer stattlichen Zahl von Fürstinnen und Würdenträgerinnen aus dem weiten Russland. Nun hatten die verbannten Frauen in dem Kloster allerdings keine Not. Die Herrscher hatten das Mariä-Schutz-und-Fürbitte-Kloster mit reichen Schenkungen bedacht, es besaß gewaltige Ländereien mit etwa 7000

Leibeigenen und führte eine große Wirtschaft. Die 1510–14 erbaute gleichnamige Kathedrale, eine wuchtige Vierpfeilerkirche mit drei Kuppeln, ist ein sehr eindrucksvolles Bauwerk, das gleichzeitig als Mausoleum diente. Der Kathedralschatz verzeichnete kostbare Gerätschaften, Ikonen und Goldstickereien – er ist erhalten und wird im Museum »Goldene Schatzkammer« in Susdal aufbewahrt. Die Torkirche zu Mariä Verkündigung und die Kirche zur Unbefleckten Empfängnis der Heiligen Anna sind die beiden anderen Sakralbauten auf dem Klostergelände. Das ehemalige Gerichtshaus dient heute als Klosterarchiv. Die Mauern und Türme, die das Kloster umgeben, wurden im 17. und 18. Jahrhundert errichtet.

Susdal, Rispoloshenskij-Kloster/Russland

In der altehrwürdigen Stadt Susdal, 35 Kilometer nördlich von Wladimir, wurde im 16. Jahrhundert das Rispoloshenskij-Kloster (Kloster der Priesterweihe) mit der gleichnamigen Kathedrale gebaut. In dem sehr eindrucksvollen Klosterensemble ist diese Kathedrale mit ihrer interessanten Vorhalle der Hauptbau, aber auch die Lazaruskirche von 1667 und die Antipikirche von 1745 sind sehenswert, vor allem letztere mit ihrem schönen Glockenturm. Das 1688 errichtete Heilige Tor dieses Klosters ist ein prächtiges Beispiel für die Vorliebe vieler russischer Architekten für imposante Torbauten, wie sie in zahlreichen Klöstern zu finden sind.

Susdal, Spasso-Jewfimi-Kloster (Spasskij-Kloster)/Russland

In der alten Stadt Susdal am Fluss Kamenka liegt als eines der wichtigsten Klöster dieser Stadt das Spasso-Jewfimi-Kloster mit seinem imposanten, 23 Meter hohen Torturm und seinen zwölf starken Wehrtürmen. Innerhalb der Klosterumfriedung stehen die Mariä-Verkündigungs-Kathedrale, die Kathedrale von der Verklärung Christi und die Mariä-Himmelfahrtskirche, alle drei bedeutende Zeugnisse russischer Kirchenbaukunst. Das Kloster wurde im 14. Jahrhundert gegründet und hat den Einfall der Krimtataren ebenso glimpflich überstanden wie vorher die Belagerung durch das polnisch-litauische Heer. Im 17. Jh. wurden daher die vielbestaunten mächtigen Rundtürme erbaut. Das Kloster gehört zu den besonders gut erhaltenen Baudenkmälern der Stadt.

Susteren/Niederlande

In der Kleinstadt Susteren in der niederländischen Provinz Limburg liegt die mächtige St. Amalbergakirche, die ehemalige Klosterkirche der Benediktinerinnenabtei Susteren. Bereits um 700 gegründet und zuerst mehrere Generationen von Benediktinermönchen bewohnt, wandelte man Susteren im 9. Jahrhundert in ein Frauenkloster um und ließ es später in ein weltliches Damenstift übergehen. Die große einstige Abteikirche mit ihren zwei mächtigen Türmen, eine kreuzförmige

Basilika mit sehr schönen Kapitellen und Grabsteinen der Äbtissinnen und mit einer ansehnlichen Schatzkammer, ist eine jener wenigen Klosterkirchen in den Niederlanden, die ihre romanische Erscheinungsform ziemlich unverändert bewahren konnten.

Sveti Jovan Bigorski/Makedonien

Das orthodoxe Kloster Sveti Jovan Bigorski, das Johannes dem Täufer geweiht ist, liegt beim Dorf Rostuša, etwa 25 Kilometer nördlich der Stadt Debar in der Nähe der albanischen Grenze. Gegründet von Stephan Nemanja um 1020, stammt jedoch die heutige Anlage aus dem 18. und 19. Jahrhundert. Berühmt ist in der Klosterkirche die fast drei Meter hohe und durch Pfeiler in sieben Felder eingeteilte Ikonostasis, die eine geniale Schnitzarbeit zweier Meister aus den Jahren 1830–35 darstellt. Die Klostergebäude mit tief herabgezogenen Dächern enthalten ein besonders beachtenswertes Refektorium.

Sweetheart Abbey/Großbritannien

Die schottische Zisterzienserabtei Sweetheart Abbey hat ihren Namen in Erinnerung an die Gründerin Devorgilla erhalten, die eine so große Liebe mit ihrem verstorbenen Gatten John Baliol von Barnard Castle verband, dass sie sein einbalsamiertes Herz bis zu ihrem Tod bei sich bewahrte und sich dann 1290 mit diesem Herzen vor dem Hochaltar der Abtei begraben ließ. Sweetheart Abbey war die letzte Zisterziensergründung auf den britischen Inseln (1273). Von den ehemaligen Klostergebäuden ist fast alles verschwunden, aber die Kirchenruine ist die am besten erhaltene von allen aufgelösten Klöstern des Königreiches. Zwar pfeift der Wind durch das dachlose Kirchenschiff, aber der Zentralturm steht noch und man ist geneigt anzunehmen, dass eine sorgfältige Restaurierung die Basilika wieder in ihre ursprüngliche Form zurückverwandeln könnte.

Syrerkloster/Ägypten

Das koptische Syrerkloster (Dair-as-Suryan) liegt im Natron-Tal in Nordägypten westlich von Kairo und wurde im 6. Jahrhundert von dem ebenfalls im Wadi Natrun gelegenen Konvent Dair Anba Bisoy gegründet und besiedelt. Im 8. Jahrhundert wurde es von syrischen Mönchen bezogen und dann im Jahre 930 von Abt Moses von Nisibis zu einem Zentrum altchristlicher Literatur gemacht, indem er den Konvent mit einer reichen Sammlung syrischer Handschriften ausstattete. Im 17. Jahrhundert ging das Kloster wieder an die Kopten über, die nach mehrmaliger Plünderung dann das alte »Syrerkloster« mit festen Wohntürmen und starken Festungsmauern ausstatteten. Im Syrerkloster blüht bis heute mönchisches Leben. Das Kloster ist Maria geweiht und führt daher auch den Namen »Muttergotteskloster«.

Szentgotthárd/Ungarn

Die Zisterzienserabtei Szentgotthárd in Westungarn am Raab trägt den Namen des heiligen Gotthard von Hildesheim und wurde von König Béla III. im Jahr 1183 gegründet. Im 13. und 14. Jahrhundert blühte die Abtei und die Mönche bauten eine 44 Meter lange dreischiffige Basilika. Nun lag allerdings die Abtei im Grenzland und wurde in die Auseinandersetzungen zwischen Habsburg, den aufständischen Ungarn und der Türkei hineingezogen und aus strategischen Gründen 1570 von dem kaiserlichen General Tieffenbach gesprengt. Im Jahr 1666 errangen die Kaiserlichen unmittelbar bei Szentgotthárd einen entscheidenden Sieg über die Türken, so dass man an die Wiederbesiedelung des Klosters dachte. In der Mitte des 18. Jahrhunderts entstand dann ein großer Klosterkomplex mit Kirche, Bibliothek, Werkstätten, Refektorium und allen dazugehörigen Gebäuden, fast alles in den Jahren 1740–64 von eigenen Mönchen geschaffen, die sich als äußerst kunstreiche Handwerker erwiesen. Szentgotthárd ist eine Zierde in der westlichsten Ecke Ungarns geblieben.

T

Tabennêsi/Ägypten

Das Kloster Tabennêsi in Ägypten, nahe Theben, war nach neuesten Forschungen das erste christliche Kloster der Welt. Als es gegründet wurde, bestand noch das Imperium Romanum, aber große Teile Ägyptens waren nach dem Toleranzedikt von Kaiser Konstantin bereits christianisiert. Viele Christen zog es damals in die Wüste, um als Asketen zu leben. Vor allem Ägypten war ein Brennpunkt dieser asketischen Bewegung. Dieses ägyptische Anachoretentum hat drei Väter. Sie werden Wüsterväter genannt und wurden allesamt heiliggesprochen:Antonius (gestorben 356), Pachomius (gestorben 346) und Makarius (gestorben 390). Pachomius sammelte in Tabennêsi eine Anzahl von Einsiedlern um sich und überzeugte sie von den Vorzügen eines gemeinschaftlichen Lebens bei gleichzeitiger Beibehaltung der Askese. Für ein solches Gemeinschaftsleben entwarf er eine Regel, die erste Mönchsregel überhaupt. Der heilige Basilius der Große (gestorben 389) hat etwas später auch für die Mönchsgemeinden in Kappadozien weitere Lebensregeln ausgearbeitet. Bei den palästinensischen Mönchen setzte sich das »Typicum S. Sabae« durch, die Klosterregel des heiligen Abtes Sabas (gestorben 532), jene Satzung, die vor allem später für die Ostkirche so wichtig werden sollte.

Tabor/Israel

Der 662 Meter hohe Berg Tabor im Südosten von Nazareth am Rande der Ebene Jesreel gilt seit dem 4. Jahrhundert n. Chr. als Berg der Verklärung Jesu. Auf dem stumpfen Gipfelplateau standen bereits im 6. Jahrhundert drei Kirchen, und im Jahr 1099 wurden von den Kreuzfahrern Benediktinermönche angesiedelt. 1113 löschte ein arabischer Angriff den ganzen Konvent aus. Das von Kreuzfahrern wiedererrichtete und befestigte Benediktinerstift wurde 1263 von Sultan Baibars endgültig zerstört. Griechisch-orthodoxe Mönche begannen 1867 mit dem Bau einer Eliaskirche auf dem Tabor und so folgten die Franziskaner 1873 ihrem Beispiel und errichteten ebenfalls eine Kirche und ein Kloster. Man teilte daraufhin den Gipfel des Berges in West-Ost-Richtung durch eine Mauer und sprach die eine Hälfte den Franziskanern und die andere den Orthodoxen zu. Die 1924 auf dem Tabor aus hellem Kalkstein errichtete Basilika der Verklärung wird ebenfalls von den Franziskanern betreut.

Taizé/Frankreich

Das 1942 von Roger Schutz gegründete Kloster Taizé in der Nähe von Cluny in Burgund ist das ökumenische Kloster der Christenheit in der Neuzeit par excellence. Männer aus verschiedenen Konfessionen und Glaubensrichtungen, vor allem aber aus protestantischen Gebieten Europas, leben hier ehelos in einer Gütergemeinschaft zusammen und ernähren sich vom Erlös ihrer Arbeit. Das Morgen- und Abendgebet bestimmt ihren Tageslauf. Das Ziel dieser neuen klösterlichen Gemeinde ist die Wiedererlangung der Einheit der christlichen Kirche.

Tanasee-Klöster/Äthiopien

Die berühmten Inselklöster des Tanasees, der das magische Auge Äthiopiens genannt wird, sind religiös äußerst bedeutsam und kulturhistorisch besonders wertvoll, denn sie spielten teilweise schon bei der Christianisierung des Landes eine wichtige Rolle. Entsprechend haben sich um sie zahlreiche Legenden entwickelt. Hierher haben die Äthiopier viele Kirchenschätze und illuminierte Manuskripte in Sicherheit gebracht, als in den Zeiten der islamischen Invasion im 16. Jahrhundert ihre Vernichtung drohte. Es gibt große und kleine Klosterinseln im Tanasee, der immerhin eine Fläche von 3680 Quadratkilometern aufweist und 1840 Meter über dem Meeresspiegel liegt. Auf der Insel Tana Cherkos am Ostrand des Sees soll – der Legende nach – Maria auf der Flucht nach Ägypten drei Monate und zehn Tage gerastet haben, und auf der Klosterinsel Daga Istephanos ruhen gar 18 Könige aus der Gondarzeit in den Klöstern, deren Mönche für das Seelenheil dieser Herrscher noch heute beten. Auf der neun Kilometer langen Insel Daga mit ihren vier Kirchen wird eines der ältesten und schönsten Manuskripte Äthiopiens verwahrt, das von der UNESCO in einer Reproduktion der Weltöffentlichkeit zugänglich gemacht wurde. Reich an Wandmalereien ist dagegen die Klosterinsel Narga, sie sind in der Rundkirche zu finden, die während der Regierungszeit der Kaiserin Mentuab (1730–55) erbaut wurde. Nahe am Ufer liegen die anderen Klosterinseln wie Birgida Maryam, Manendaba, Mitraha und Mitsele Fasiladas – sie alle weisen kleinere oder größere Kirchen auf und ihre dazugehörigen Klöster betreuen sie. In den Wandmalereien dieser Kirchen begegnet der Besucher den Bilderzyklen aus dem Alten und Neuen Testament in dem unverwechselbaren äthiopischen Malstil, aber auch Gestalten aus der Kirchengeschichte tauchen auf wie der Drachentöter Georg und die beliebtesten Heiligen des Landes wie Tekla Haymanot oder Gabre Manfas Qiddus, die in Europa völlig unbekannt sind.

Tanat/Armenien

Das armenische Kloster Tanat (Tanahat oder Karavank) liegt am Südhang des Berges Teksar in der Provinz Siunik, sieben Kilometer östlich des Dorfes Vernašen. Im

Jahre 735 wurde hier Stepannos von Siuňik bestattet, der als Bischof den Märtyrertod gefunden hatte. Die Hauptkirche dieses Klosters ist ihm geweiht, sie wurde 1273–79 errichtet, eine zweite Kirche kam etwas später hinzu. Beide Bauten wurden 1980 restauriert.

Tatew/Armenien

Im Südosten Armeniens liegt auf der äußersten Spitze eines Felsvorsprungs über den tiefen Schluchten des Orotan und des Tatew das große Kloster, das den Namen des Flusses trägt. Gegründet im 8. Jahrhundert, zum Bischofssitz erhoben und über ein Jahrtausend geistliches Zentrum der Provinz Siunik, wurde Tatew in den folgenden Jahrhunderten mit beachtlichem Grundbesitz ausgestattet und konnte nicht nur eine bedeutende Hochschule, sondern auch ein leistungsstarkes Skriptorium begründen, das bald als ein bedeutendes Zentrum der Buchmalerei galt. Nach den Beschädigungen durch ein Erdbeben 1138 und den Plünderungen durch die Seldschuken 1170 wurde das Kloster in der zweiten Hälfte des 13. Jahrhunderts wiederhergestellt. Die Kultbauten (drei Kirchen), ein Glockenturm, eine Galerie und Wirtschaftsgebäude bildeten den wichtigsten Teil des hochgelegenen Klosters, das 1931 wiederum durch ein Erdbeben schwer heimgesucht wurde. Die Wiederherstellungsarbeiten zwischen 1970 und 2000 erhielten durch die Unabhängigkeitserklärung Armeniens (1991) einen starken Auftrieb. Der üppig mit bauplastischem Schmuck versehene Glockenturm stürzte bei dem Erdbeben 1931 ein, aber die beiden seltenen Glocken aus den Jahren 1302 und 1304 blieben dem Kloster erhalten. Alle drei Kirchen Tatews stammen aus relativ früher Zeit. Die Kirche Sankt Peter und Paul wurde 895–906 erbaut, die Muttergotteskirche 1087 und die Kirche St. Gregor 1295. Umgeben von hohen Bergen, zählte dieses abgelegene Kloster im 11. Jahrhundert mehrere hundert Mönche und entfaltete in allen Geschichtsperioden eine lebhafte kulturelle Tätigkeit.

Tegernsee/Bayern/Deutschland

Die ehemalige Benediktinerabtei Tegernsee an dem gleichnamigen See in Oberbayern wurde bereits 746 gegründet, während der Ungareinfälle 907–20 zerstört, aber 972 von St. Maximin in Trier wieder aufgebaut und besiedelt. Das Kloster war im Hoch- und Spätmittelalter ein bedeutendes Kulturzentrum im bayerischen Voralpenraum und später ein Zentrum der Melker Reform. Die Abteikirche, ein Barockbau des 17. Jahrhunderts, wurde bei der Aufhebung 1803 durch Erklärung zur Pfarrkirche gerettet, die Klostergebäude kamen in den Besitz der Familie Wittelsbach, die reichhaltige Bibliothek wurde der Bayerischen Staatsbibliothek einverleibt.

Teler/Armenien

Das armenische Kloster Teler liegt über dem tiefen Stromtal des Flusses Teler am Südhang des Berges Aragaz in einer äußerst kargen Landschaft der Provinz Ayrarat. Die Gründung und die Errichtung der Klosterbauten erfolgte zwischen 1213 und 1221, geweiht wurde die gesamte Anlage 1232. Gründerin war die Fürstin Mamaxatun, die zu der ummantelten Kreuzkuppelkirche auch noch einen massiven Schamatun (Großhalle) bauen ließ. In jüngster Zeit wurde das Kloster restauriert.

Tepeyac/Mexiko

Ungefähr 20 Kilometer nordöstlich von Mexiko City erheben sich die schneeweißen Gebäude der Benediktinerabtei Tepeyac, die der Americano-Casinensischen Kongregation angehört und aus zwei Mönchsgemeinschaften zusammengewachsen ist. Zum einen gründeten Mönche der großen Abtei St. John's aus Minnesota (USA) 1946 schon ein Priorat in Tepeyac, das 1971 zur Abtei erhoben wurde. Danach schloss sich eine von der spanischen Abtei Silos gegründete klösterliche Gemeinschaft Tepeyac an. Diese spanischen Mönche waren seit 1902 in Mexiko City tätig gewesen. Diese Verbindung erlaubt es der inzwischen erstarkten Abtei, vor allem im Erziehungswesen tätig zu sein und neben einem Kindergarten auch eine Primar- und Sekundarschule zu betreiben, Exerzitien abzuhalten und in verschiedenen Pfarreien die Seelsorge zu übernehmen.

Tepl/Teplá/Tschechien

In der böhmischen Hügellandschaft am Fluss Tepla, östlich von Marienbad, liegt das Prämonstratenserkloster Tepl, das 1193 vom Kloster Strahov gegründet und besiedelt wurde. In der Gemarkung des Klosters wuchs der Ort Teplá heran, der im Mittelalter eine bedeutende Zollstelle war und 1385 Stadtrecht bekam. Das Kloster selbst entwickelte sich sehr rasch zu einem der mächtigsten Grundbesitzer Böhmens, dem drei Städte und 60 Dörfer zinspflichtig waren. Die Quellen von Marienbad gehörten ebenfalls dem Kloster, so dass der Abt von Tepl den Kurort Marienbad gründen und sich damit eine weitere Einkommensquelle für den Konvent erschließen konnte. Erhalten ist die spätromanische Basilika, die jedoch in der Barockzeit umgebaut und sich als ein dreischiffiger, von Pfeilern getragener Innenraum präsentiert. Das Langhaus und das Querschiff werden jedoch von einem gotischen Rippengewölbe überdacht. Bei der Umgestaltung des Kircheninneren wirkte der unermüdliche Kilian Ignaz Dientzenhofer in der Zeit zwischen 1714 und 1720 an entscheidender Stelle mit. Der beeindruckende zweigeschossige Bibliothekssaal wurde von Josef Schaffer erst 1902–10 errichtet und bietet über 80 000 Bänden Platz. Als kostbarstes Werk gilt der Codex Teplensis, das erste komplett ins Deutsche übersetzte Neue Testament aus dem 14./15. Jahrhundert. Kirche und Kloster haben den Zweiten Weltkrieg in der Zeit der kommunistischen Kirchenpolitik unversehrt überstanden.

Tepotzlan/Mexiko

Bereits zehn Jahre nach der Eroberung Mexikos durch die Spanier kamen die Dominikaner, um im Land der Azteken und Zapoteken, der Tolteken und Maya zu missionieren. Das von ihnen errichtete Dominikanerkloster Tepotzlan wurde noch vor dem Ende des 16. Jahrhunderts fertiggestellt und nach folgendem Schema errichtet: Eine lange Säulenbasilika schließt an einen sehr großen Vorhof an, in dem die indianischen Gläubigen im Freien den im Innern der Kirche veranstalteten Festgottesdienst miterleben konnten, was ihren früheren Freiluftkulten durchaus ähnlich war. Die Ecken des großen Vorhofes wurden zu großen Stationen von Prozessionen ausgestaltet, an denen die gesamte Dorfgemeinschaft teilnahm. Eine große offene, an die Kirchenfassade angebaute Säulenhalle diente ebenfalls dem Zweck, die Andachten unter freiem Himmel mitverfolgen zu können.

Thessaloniki, Vlattadon-Kloster/Griechenland

Von den 20 Klöstern, die zu byzantinischer Zeit in Thessaloniki bestanden, ist nur das Vlattadon-Kloster bis heute erhalten geblieben. Die Gründer waren die Brüder Vlattades in der ersten Hälfte des 14. Jahrhunderts. Zu dem mit einer wertvollen Bibliothek ausgestatteten Kloster gehören die Christi-Verklärungskirche, die Kapelle der heiligen Petrus und Paulus und seit dem 17. Jahrhundert auch die Kirche Agios Nikolaos Orphanos, die an einer anderen Stelle der Stadt zu finden ist.

Thiên An/Vietnam

Das etwa fünf Kilometer von Hue entfernt liegende Benediktinerkloster Thiên An wurde während des Zweiten Weltkrieges 1940 von französischen Mönchen als kleines Kloster gegründet und 1958 ein bereits von einem Vietnamesen geführtes Priorat. Der Name Thiên An bedeutet »Himmlischer Friede«, aber das Kloster hatte schwer unter den grausamen Kriegen im Lande zu leiden. Der Kampf gegen die Japaner, Franzosen, Amerikaner und die Südvietnamesen bis zum Fall von Saigon erschütterte das Kloster in den Grundfesten. Die letzten französischen Mönche wurde 1975 ausgewiesen. Das Kloster jedoch überlebte und wurde sogar 1998 zur Abtei erhoben. Mit den beiden bei Saigon liegenden Klöstern, die Thiên An gründete, bildet die Abtei heute innerhalb der Sublacenser Kongregation die Provinz Vietnam.

Thiên Binh/Vietnam

Das vietnamesische Benediktinerkloster Thiên Binh liegt ungefähr 25 Kilometer von der Stadt Thu Doc entfernt im Süden Vietnams nah bei der Hauptstadt und wurde 1970 vom Kloster Thiên An gegründet. 1987 wurde Thiên Binh zum Konventualpriorat erhoben. Das von den schwierigen Zeiten sich langsam erholende Kloster betreibt zur Sicherung des Lebensunterhalts eine ausgedehnte Landwirtschaft.

Thiên Phuóc/Vietnam

Das von Mönchen aus Thiên An 1972 gegründete Kloster Thiên Phuóc im Einzugsbereich der Sechsmillionenstadt Hó-Chi-Minh (Saigon) hat die schwierigen Jahre mit seinen Mönchen überwunden und bereits ein Exerzitienhaus gebaut. Wenn die zunehmend eingeräumte religiöse Freiheit erhalten bleibt, hofft das 1988 zum Priorat erhobene Kloster, noch mehr Kandidaten aufnehmen zu können.

Tholey/Saarland/Deutschland

Die Benediktinerabtei Sankt Mauritius in Tholey liegt im deutsch-französischen Grenzgebiet der Diözese Trier und wurde 630 in einem römischen Kastell als Kollegiatsstift gegründet und um 750 von Benediktinern übernommen. Das Erzbistum Trier errichtete in Tholey in der Folgezeit ein Archidiakonat, dem 154 Pfarreien angehörten. Die heute noch stehende Klosterkirche wurde zwischen 1160–1203 in frühgotischem Stil erbaut. Trotz vieler Wirrnisse in der umkämpften Grenzzone konnte sich das Kloster bis zur Aufhebung im Gefolge der Französischen Revolution (1794) halten. Die Wiedererrichtung erfolgte 1949 durch Papst Pius XII. Die Mönche kamen aus Trier, und das Kloster schloss sich der Beuroner Kongregation an. Die Mönche versehen die Seelsorge der Pfarrei Tholey und in zwei Altersheimen.

Thorn/Niederlande

Graf Ansfried, der spätere Bischof von Utrecht, stiftete im Jahr 985 eine Benediktinerabtei für Mönche und Nonnen in Thorn, das heute im holländischen Limburg liegt. Das damals schon reichsunmittelbare Doppelkloster gehörte zum Reichsbezirk Westfalen. Als nun der Konvent im 12. Jahrhundert in ein Kanonissenstift umgewandelt wurde, erhielt die Äbtissin von Thorn den Rang einer Reichsfürstin mit Sitz im westfälischen Fürstengremium. Das Stift wurde 1797 aufgehoben. In Teilen der Abtei ist heute ein Museum untergebracht. Die bereits im 12. Jahrhundert entstandene Abteikirche wurde im Laufe der Zeit innerhalb vieler Bauperioden zu einer dreischiffigen Basilika mit Querschiff und einem quadratischen Mittelturm umgestaltet. Den barocken Hochaltar in der ansonsten lichten gotischen Kirche schuf Franz Xaver Bader im Jahr 1769.

Thornton Abbey/Großbritannien

Die 1139 in der Grafschaft Humberside/England erbaute ehemalige Augustiner-Abtei war einst ein äußerst wohlhabendes Kloster und für die Küstenlandschaft südlich von Kingston upon Hull war es auch ein wichtiges Kulturzentrum. Das Kloster besaß das größte Torhaus aller englischen Klöster. Dieses festungsartig ausgebaute Torhaus entstand 1382 und ist bis heute völlig erhalten geblieben. Es wirkt trotz seiner Monumentalität äußerst elegant und ist halb aus Natur- und halb aus Ziegelsteinen erbaut worden. Die Kirche und die anderen Klostergebäude liegen seit der Auflösung im 16. Jahrhundert in Trümmern.

Thyrnau/Passau/Deutschland

Die erst seit 1902 bestehende Zisterzienserinnenabtei Thyrnau kann als die Abtei der verfolgten Nonnen bezeichnet werden. Ursprünglich residierten die frommen Schwestern in Rathausen bei Luzern in der Schweiz und wurden in den antiklerikalen Zeiten von dort vertrieben (1878). Sie wanderten nach Frankreich und kamen in Vézely in der Diözese Nancy unter, wo sie 1902 wiederum vertrieben wurden. Sie fanden Unterschlupf in Thyrnau, dem ehemaligen Jagdschloss der Erzbischöfe, ganz in der Nähe von Passau, bauten das Schloss zur Abtei aus und schlossen sich der Zisterzienser-Kongregation von Mehrerau an.

Tiflis, Lurdschi-Kloster/Georgien

Von den wertvollen Baudenkmälern, die gegen Ende des 12. Jahrhunderts unter der Herrscherin Tamara in Georgien entstanden, ragt das Lurdschi-Kloster in Tiflis hervor, das stets ein Bollwerk des georgischen Christentums war. Bald nach dem Bau dieses Klosters überfielen die Heerscharen des Schah von Choresm die Stadt und um die Wende des 14. zum 15. Jahrhundert besetzten die Truppen Timurs ebenfalls Tiflis. Die Kirche dieses Klosters wurde zwar mehrfach umgebaut, aber ihre alten Grundformen blieben dennoch erhalten. Das Dach und die Kuppel mussten erneuert werden.

Tigoni/Kenia

Seit 1993 besteht in Tigoni, 35 Kilometer westlich von Nairobi in Kenia ein Priorat der Missionsbenediktiner der Kongregation St. Ottilien (Oberbayern). Ursprünglich war das Kloster schon 1979 in Nairobi gegründet worden, erhielt jedoch dann eine Farm in Tigoni, auf deren Gelände das sehr ansehnliche Priorat gebaut werden konnte. Lebensgrundlage der Gemeinschaft ist eine intensive Landwirtschaft.

Haifa, Karmel, Israel

Tihany/Ungarn

Der Stiftungsbrief der auf einem Hügelzug über dem Plattensee thronenden Benediktinerabtei Tihany datiert vom Jahr 1055 und ist von König Andreas I. ausgefertigt. Im Umkreis des Klosters entstanden eine Ansiedlung und eine schützende Burg. Der königliche Stifter wurde bereits fünf Jahre später in der romanischen Krypta des Klosters beigesetzt. Das heutige Erscheinungsbild der mit ihren beiden Zwiebeltürmen weithin sichtbaren Abtei ist das eines festlichen Barockklosters, wie es in der Zeit von 1719 bis 1754 errichtet wurde. Die Kirche weist eine prächtige Inneneinrichtung auf, die an ihrer Südseite angebauten Klostergebäude beherbergen heute ein Museum.

Tintern Abbey/Großbritannien

Im Tal des Wye-Flusses in der Grafschaft Monmouthshire der walisischen Landschaft Gwendt liegen die ausgedehnten Ruinen der einst großen Zisterzienserabtei Tintern Abbey. Die Anlage eines Klosters im Zisterzienser-Stil kann an diesem Ruinenfeld sehr gut studiert werden. Gegründet wurde Tintern Abbey 1131, die Klosterkirche wurde im hochgotischen Stil 1270–1301 erbaut. Man hat bei der Auflösung des Klosters 1536 das bleigedeckte Dach der Kirche abgetragen und eingeschmolzen. Die nunmehr völlig schutzlose Kirche verfiel in der Folgezeit mit dem Kloster. Die noch erhaltenen Ruinen sind jedoch äußerst sehenswert, besonders beeindruckt das 19 Meter hohe Ostfenster mit seinen schönen Verstrebungen. Die Funde und die Dokumente aus dem alten Kloster sind in einem Museum bei dem inzwischen gut erschlossenen Ruinenfeld zusammengetragen.

Tiron/Frankreich

Die ehemalige französische Benediktinerabtei Tiron im Departement Eure-et-Loire, die im 11. Jahrhundert gegründet worden war, wurde Mutterkloster einer Reformkongregation, deren Mitglieder sich zur strengen Einhaltung der Benediktusregel verpflichteten. Der Congregatio Tironensis gehörten vom Jahre 1114 bis 1200 rund 100 Klöster. Mönche aus Tiron wurden vornehmlich auch nach England berufen, gleichzeitig konnten von Tiron aus eine Anzahl von Tochterklöstern selbst gegründet werden. Im 17. Jahrhundert schlossen sich die Tiron-Klöster der Mauriner-Kongregation an, die ihren Mitgliedern ebenfalls eine Reihe von strengen Richtlinien auferlegte. Die Französische Revolution brachte dann das Ende von Tiron und die Auflösung des Klosters.

Tolg-Kloster/Russland

Das ehemalige Tolg-Kloster liegt zehn Kilometer von der Stadt Jaroslawl entfernt flussaufwärts am linken Ufer der Wolga. Gegründet 1314, nahm das Kloster eine stetige Entwicklung, bis es während der polnisch-litauischen Invasion zu Beginn des 17. Jahrhunderts völlig zerstört wurde. Der Neuaufbau begann in der zweiten Hälfte des 17. Jahrhunderts und konnte erst im 18. Jahrhundert abgeschlossen werden. Alle heutigen Gebäude stammen daher aus dieser Zeit. In der Sowjetära ließ man das Kloster verfallen, erst 1988 wurde es zu den Festlichkeiten des 1000jährigen Jubiläums der Christianisierung Russlands der Kirche zurückgegeben. Umfangreiche Restaurierungsarbeiten gaben inzwischen dem Kloster wieder sein ursprüngliches Aussehen. Der Hauptbau auf dem großen Klostergelände ist die Mariä-Opfer-Kathedrale, die 1681–88 errichtet wurde, eine Fünfkuppelkirche mit mächtigem Sockelbau, welche einst als Fürstengruft diente. Die Kathedrale ist sowohl von künstlerischem als auch von historischem Interesse. Einerseits schmücken prachtvolle Fresken den Innenraum der Kirche, andererseits bilden diese mit einer erstaunlichen Genauigkeit geschichtliche Ereignisse und Szenen aus dem Alltagsleben ab, so dass man sie als Enzyklopädie des russischen Lebens ansprechen kann. Auch die Volkskunde profitiert von diesem Bilderreigen, denn es sind Bauten, Städtebilder, Gegenstände aller Art und die Gewänder der damaligen Zeit exakt wiedergegeben. Der mächtige und hohe Glockenturm entspricht der Größe der Kathedrale. Ein weiterer beachtlicher Baukomplex ist das 1672 erbaute Heilige Tor mit der Nikolaus-Torkirche. Das älteste Klostergebäude ist die Kirche zur Kreuzerhöhung, ein schlichtes Gotteshaus, an das sich das Refektorium anschließt. Der jüngste Bau des gesamten Areals ist die Erlöser-Hospiz-Kirche, die aus dem 18. Jahrhundert stammt und mit ihrer Kuppelbekrönung einen äußerst malerischen Anblick bietet.

Tomar/Portugal

Bei der Stadt Tomar in der portugiesischen Provinz Ribatejo erhebt sich auf einem Hügel die ausgedehnteste Klosteranlage des Landes, der »Convento da Ordem de Cristo de Tomar«. Dieser Ort ist engstens mit der Geschichte Portugals selbst, aber auch mit der Kulturgeschichte Europas und dem Zeitalter der Entdeckungen verbunden. Auf dem Hügel von Tomar stand einst die Burg der Templer, von denen bis heute noch die zinnenbewehrte Templerkirche erhalten ist. Nach der schmachvollen Auflösung des Templerordens im Jahr 1312, dessen Vermögen hauptsächlich der französische König konfiszierte, brachte man in Portugal die dortigen Besitztümer der Templer fünf Jahre später in einen neuen Orden ein, der in Tomar seinen Sitz erhielt, königliche Förderung genoss und Christusorden genannt wurde. Viele nach Portugal geflohene Templerritter stellten nunmehr ihre Erfahrung, ihr Können und ihre sprichwörtliche Dynamik in den Dienst der portugiesischen Krone und bereiteten maßgeblich die Entdeckungsreisen der kleinen, aber wagemutigen Nation an die Küsten Westafrikas vor. Mitglieder des Königshauses führten sogar den Titel »Großmeister des Christusordens«. Im letzten Drittel des 14. Jahrhunderts soll daher der Christusorden der reichste in ganz Europa gewesen sein. Man baute nunmehr Tomar zu einem großartigen Ordensschloss und Kloster auf. Später wurden aus den Christusrittern Mönche, die ohne Schwierigkeiten die bestehenden Konventsgebäude nutzen konnten. Es entstand eine Anlage mit vielen Behausungen für die Ritter (spätere Mönchszellen), sechs herrliche Kreuzgänge und eine Christusritterkirche, die sich an die noch erhaltene Templerkirche unmittelbar anschließt. Die Besonderheit in künstlerischer Hinsicht sind die unzähligen Ornamente aus Stein, das zarte Spitzenwerk, das Maß- und Gitterwerk, das steinerne Tau- und Wurzelwerk, die Strebepfeiler, die Girlanden und die verzierten Fassaden und nicht zuletzt auch die Figuren, vieles im manuelischen Stil, jener Sonderform der Frührenaissance, die nach König Manuel (1495–1521) den Namen erhalten hat.

Tongerlo/Belgien

Die belgische Prämonstratenserabtei Tongerlo in der Erzdiözese Mecheln liegt zwei Kilometer nördlich der Stadt Westerlo und kann auf eine relativ kontinuierliche Erfolgsgeschichte zurückblicken. 1133 als Doppelkloster gegründet und von St. Michael in Antwerpen aus besiedelt, erreichte es bereits eine erste Blütezeit im 13. und

14. Jahrhundert. Die größte Glanzzeit Tongerlos brach jedoch im 17. Jahrhundert an. In der Französischen Revolution wurde das Kloster zerstört, aber bereits 1840 wiederhergestellt. Pieter Paul Stoop erbaute zwischen 1851–58 die neogotische Onze Liewe Vrouwekerk. Zu Beginn des Zwanzigsten Jahrhunderts gründete Tongerlo eine Reihe von Missionsstationen im damals belgischen Kongo und errichtete in der Heimatabtei selbst eine theologische Hauslehranstalt, einen Verlag und eine Druckerei. Durch ausgedehnte seelsorgliche Aktivitäten und durch kirchenhistorische Studien weit über Belgien hinaus bekannt, zieht die Abtei durch ihr Kongomuseum und ihr Da-Vinci-Museum nach wie vor viele Besucher an.

Toulouse, Dominikanerkloster/Frankreich

Der eigentliche Ausgangspunkt des Dominikanerordens ist in jenem einstigen Kloster zu sehen, das sich um die Jakobinerkirche in der Stadt Toulause gruppierte. Von den Klostergebäuden sind aus dem 14. Jahrhundert der Kreuzgang, der Kapitelsaal und eine Kapelle erhalten. Die vollständig erhaltene Klosterkirche (Eglise des Jacobins) gilt als Mutterkirche des 1215 gegründeten Dominikanerordens und stammt etwa aus der gleichen Zeit. Die Dominikaner trugen einen Vorgängerbau, der ihnen geschenkt worden war, kurzerhand ab und bauten eine Kirche ganz nach ihren Bedürfnissen. Die Gefolgsleute des heiligen Dominikus verstanden sich als Predigermönche, folglich mussten in ihren Kirchen größere Menschenmengen Platz finden. Die von ihnen geplante und nach ihren Vorgaben schließlich gebaute gewaltige gotische Hallenkirche hat nur zwei Schiffe, die durch sieben hochaufragende Rundpfeiler getrennt werden. Der letzte Pfeiler geht in ein sich palmenartig auffächerndes Sterngewölbe über. Die sehr hohen und lichten Fenster geben dem aus rotem Backstein errichteten Raum etwas Festliches, er endet in einem polygonalen Chor mit fünf weit ausladenden Kapellen. Die Weiträumigkeit dieses Gotteshauses gestattete es den Dominikanern, ihre Predigt an eine sehr große Zahl von Menschen zu richten, die darüber hinaus durch keinen Schmuck und keinen Zierrat in der Kirche abgelenkt wurden. Der feierliche Raum lud entweder zu stiller Andacht oder zum aufmerksamen Hören bei einer Predigt ein.

Toulouse, Saint-Sernin/Frankreich

Die im 11. Jahrhundert in Toulouse gegründete Benediktinerabtei Saint-Sernin wurde über dem Grab des heiligen Saturnin errichtet. Der Sarkophag des Heiligen befindet sich in der Mitte der Apsis der nach ihm benannten Basilika, die das größte romanische Bauwerk Frankreichs darstellt, es wurde in seinen Ausmaßen nur von der heute weitestgehend zerstörten Klosterkathedrale von Cluny übertroffen. Der Bau dieses grandiosen romanischen Gotteshauses wurde 1080 begonnen und entwickelte sich nach seiner Fertigstellung zu einem bedeutenden Pilgerzentrum. Es galt, große Massen von Wallfahrern aufzunehmen, da immer schon zahlreiche Pilger zum Grab des Heiligen nach Toulouse geströmt waren. Die Kirche erreichte schließlich eine Länge von 115 Metern, eine Höhe von 21 Metern und eine Querschiffbreite von 64 Metern. Der vielfach gegliederte Turm wurde Vorbild für zahlreiche Turmbauten in der Languedoc. Das hohe Mittelschiff der Basilika wird von doppelten Seitenschiffen flankiert und den Chor säumt ein eindrucksvoller Kapellenkranz. Das Chorgestühl im Renaissance-Stil von 1670–74 kann ein kunstgeschichtliches Unikat genannt werden, denn die drei Tischler und Holzschnitzer Jourdan, Bureau und Palis gestalteten nicht nur die bekannten Fratzen, Dämonen, Masken und andere Fabelgestalten der christlichen »Unterwelt«, sondern sie bildeten aus der antiken Mythologie mit großer Phantasie auch Tritonen, Sirenen, Delphine und Hermen nach. In dieser Basilika sind auch die einst mächtigen Grafen von Toulouse beigesetzt worden, deren Sarkophage man in der Porte des Comtes findet.

Tournay/Frankreich

Die Benediktinerabtei Tournay am Fuß der Pyrenäen in der Diözese Tarbes und Lourdes wurde 1935 zuerst in Madiran gegründet. Ein Jahr später erfolgte die Erhebung zum Priorat und 1946 zur Abtei. 1952 zog der gesamte Konvent nach Tournay um und eröffnete dort ein Internat. Inzwischen ist diese Heimschule zugunsten eines großen Exerzitienhauses ersetzt worden, da viele Besucher den geistlichen Zuspruch der Mönche suchen. Eine klostereigene Töpferei hilft den Lebensunterhalt der Mönche sichern.

Tournus, Saint-Philibert/Frankreich

In der Stadt Tournus im Departement Saône-et-Loire liegt die 875 gegründete Abtei Saint-Philibert, die beim Vordringen der Ungarn bis nach Frankreich im Jahr 937 schrecklich geplündert wurde. Man hat die Abtei in der Folge wieder aufgebaut und befestigt. Die berühmte romanische Abteikirche entstand im 11. und 12. Jahrhundert. Im Kloster entfaltete sich im Spätmittelalter eine rege wissenschaftliche Tätigkeit. Aber im 15. Jahrhundert wurde das Kloster als Kommende vergeben und dadurch war der Niedergang vorprogrammiert. 1620 wurde es in ein weltliches Kollegiatsstift umgewandelt. Die Revolution überstand die ehemalige Abteikirche als Pfarrkirche, die Abteigebäude wurden privaten Zwecken zugeführt. Die dreischiffige romanische Kirche, die von außen gesehen wehrhaft und abweisend wirkt, ist im Inneren jedoch licht und hell und von einer erstaunlich klaren Wirkung. Dazu trägt auch die große Höhe von 28 Metern bei. Die Kirche besitzt zwei Türme, einen rechteckigen Glockenturm über der Vierung und einen von jenen beiden Doppeltürmen, die zwar geplant waren, von denen aber nur einer zur Ausführung kam.

Trebitsch/Tschechien

Die im Tal des Iglau-Flusses liegende mächtige ehemalige Benediktinerabtei Trebitsch (Třebič) wurde 1109 gegründet und dabei die dort befindliche Burg der Landesfürsten zu einer Abtei umgestaltet. Gründer waren Oldřich Brněnský und Litolt Znojemský, die im Südosten der Böhmisch-Mährischen Höhe an dem alten Handelsweg nach Osten sich durch die Gründung eines Klosters zusätzlichen Auftrieb für die Gegend versprachen. Im gebundenen System der Romanik erbaute man dafür eine Marienkirche mit Hochchor und großer Krypta, in deren Vorhalle ein reichgeziertes Trichterportal zu bestaunen ist. Die dreischiffige Basilika erhielt 1729 ein prächtiges sechsteiliges Gewölbe und einige Jahre später die beiden Barocktürme. Die Kirche wurde 1926 sachkundig restauriert. Das Kloster war schon im 16. Jahrhundert in ein vierflügeliges Renaissance-Schloss umgebaut und im 17. und 18. Jahrhundert barockisiert worden. In neuerer Zeit waren darin ein Archiv und das Westmährische Museum untergebracht.

Trebnitz/Polen

Die im heutigen Polen gelegene ehemalige schlesische Zisterzienserinnenabtei Trebnitz wurde 1203 vom schlesischen Herzog Heinrich I. und seiner Gemahlin, der heiligen Hedwig von Andechs-Meron bzw. von Schlesien, gegründet und reich dotiert. Die in der gleichnamigen Stadt liegende Abtei wurde die hauptsächliche Wirkungsstätte dieser Heiligen, die sich als »Mutter der Armen und Kranken« bereits zu Lebzeiten einen legendären Ruf erwarb. Nach der Säkularisierung der Abtei 1810 kam der Konvent schließlich 1871 in den Besitz der »Borromäerinnen von Trebnitz«, einem Nonnenorden für Krankenpflege. Die bereits im 13. Jahrhundert erbaute dreischiffige romanische Basilika wurde 1741 barock umgestaltet und erfreute sich zu allen Zeiten großen Zuspruchs als Wallfahrtszentrum Schlesiens, da die heilige Hedwig als Schutzpatronin des Landes in einer Kapelle dieser Kirche ihre letzte Ruhestätte gefunden hat.

Tre Fontane/Italien

Die berühmte Abtei Tre Fontane südlich von Rom wurde im 6. Jahrhundert von dem byzantinischen Feldherrn Narses an der Stelle gegründet, an der nach der Überlieferung der heilige Paulus den Tod gefunden hatte. Das Kloster, an drei Quellen gelegen, führte auch den Namen Aquae Salviae und war bis ins hohe Mittelalter stets von griechischen Mönchen bewohnt. Papst Innozenz II. übergab jedoch das Kloster 1140 dem heiligen Bernhard, der den nachmaligen Papst Eugen III. als Abt in Tre Fontane einsetzte. In napoleonischer Zeit (1812) wurde die Abtei kurzfristig aufgehoben. Schon 1826 bezogen Franziskaner die leerstehenden Gebäude. Pius IX. übergab 1868 die Abtei schließlich den Trappisten, die sich um die Kultivierung der

Umgebung sehr verdient machten. Der Papst erhob Tre Fontane zur unmittelbaren Abtei und übertrug ihr gleichzeitig die Seelsorge für acht Pfarreien.

Trier, St. Matthias/Rheinland-Pfalz/Deutschland

Die Benediktinerabtei St. Matthias in Trier kann sich rühmen, die Sarkophage der ersten christlichen Bischöfe auf deutschem Boden in ihrer Krypta zu bergen, vor allem aber die Reliquien des Apostels Matthias zu besitzen, die die heilige Helena nach Rom und dann nach Trier gebracht haben soll. Die genaue Gründungszeit des Klosters ist nicht bekannt, gesichert ist jedoch, dass die Gebeine der heiligen Eucharius und Valerius aus frühchristlicher Zeit bereits längst in dem Kloster zu Trier eine Ruhestätte gefunden hatten, als die Normannen im 9. Jahrhundert die Abtei heimsuchten. Damals trug das Kloster noch den Namen des heiligen Eucharius. Nachweislich sind jedoch seit 977 die Benediktiner die Besitzer des Klosters, die damals eine Schule und ein beachtliches Skriptorium unterhielten. Als dann im Jahre 1127 in der Abtei die Grabstätte des Apostels Matthias aufgefunden wurde, entwickelte sie sich zu einer großen Wallfahrtsstätte, denn die Pilger strömten nun in großen Scharen zu dem einzigen Apostengrab nördlich der Alpen. 1148 wurde bereits die neue Klosterkirche geweiht, eine kreuzförmige romanische Basilika, in die in spätgotischer Zeit dann ein schönes Sterngewölbe eingezogen wurde, nachdem man den Chor ebenfalls gotisch gestaltet hatte. Die heutigen Klostergebäude stammen aus dem 13. Jahrhundert und gehören zu den frühesten gotischen Bauwerken auf deutschem Boden. Die Größe dieses Konvents lässt sich an der Länge des Dormitoriums für die Mönche ablesen, sie beträgt 46,5 Meter. Von Napoleon wurde die Abtei 1802 aufgehoben, kam dann in private Hände, wurde aber 1922 von den Benediktinern der Beuroner Kongregation als Abtei wiedereröffnet. Die Kirche ist gleichzeitig Pfarr- und Klosterkirche. Die Aufhebung in der national-sozialistischen Zeit wurde nach dem Zweiten Weltkrieg bald überwunden, so dass die Mönche wieder in der Seelsorge der Stadt und in der Betreuung der vielen Pilger tätig werden konnten. Die wissenschaftliche und die erzieherische Arbeit kommen hinzu, sind sie doch neben dem Chorgebet stets ein wesentlicher Teil des benediktinischen Alltags in Trier gewesen.

Trier, St. Maximin/Rheinland-Pfalz/Deutschland

Die Benediktinerabtei St. Maximin in Trier galt stets als die bedeutendste Abtei des Trierer Landes und wurde bereits im 7. Jahrhundert gegründet. Seit Karl Martell und Ada, der Schwester Karls des Großen, konnte sich die Abtei sehr gut entwickeln, zumal sie auch bald reichsunmittelbar wurde. 882 von den Normannen völlig zerstört und entvölkert, gelang erst wieder 934 der Neuanfang. Die Abtei wurde dann jedoch als bedeutende Pflegestätte der Kunst und Buchmalerei bekannt und unterhielt die bestbesuchte Klosterschule des Reiches. Der Abt von St. Maximin war zugleich Erzkaplan der Kaiserin. Das Kloster kontrollierte lange Zeit den gesamten Weinhandel des Mosellandes und besaß selbst große Weingüter. 1802 wurde St. Maximin durch das Säkularisationsdekret Napoleons aufgehoben, seither werden die Klostergebäude als Kaserne benutzt. Die um 1240 errichtete Abteikirche wurde 1581–1613 umgebaut, 1674 zerstört und 1680–98 in der heutigen Form neu errichtet, wobei die Gotik im Inneren und der Barock in der Gestaltung der Fassade dominieren.

Trisulti, Certosa di Trisulti/Italien

Das Kartäuserkloster Certosa di Trisulti im östlichen Latium ist zwar schon seit 1847 von Zisterziensermönchen bewohnt, war aber seit dem 13. Jahrhundert eine Kartause und durch den von den Mönchen hergestellten Kräuterlikör gut bekannt. Die Klosterkirche San Bartolomeo, ein im 13. Jahrhundert erbautes Gotteshaus, wurde 1768–74 barockisiert. Neben den Wandmalereien von Filippo Balbi ist vor allem der prächtige Hochaltar erwähnenswert. Das Kloster besitzt zwei Kreuzgänge, ein geräumiges Refektorium und eine wertvolle Bibliothek. Die von Kartäusern und Zisterziensern gleichermaßen gewünschte Stille und Zurückgezogenzeit ist für die Certosa di Trisulti durch ihre Lage (6,5 Kilometer nordöstlich von Collepardo) durchaus gegeben.

Tschenstochau, Jasna Gora/Polen

Auf einer Anhöhe, dem »Klaren Berg« (Jasna Gora) erhebt sich bei Tschenstochau das polnische Nationalheiligtum und der meistbesuchte Wallfahrtsort gleichen Namens, das Kloster der Pauliner-Eremiten, in deren Kirche die »Schwarze Mutter Gottes« verehrt wird. Dieses Marienbild ist eine byzantinische Ikone, von der man lange Zeit glaubte, sie sei vom Evangelisten Lukas persönlich gemalt worden. Das Kloster wurde 1382 von Wladislaw von Oppeln zu Ehren des heiligen Paulus des Eremiten gegründet und zum Schutz gegen die Tataren stark befestigt. Zwischen 1400 und 1403 entstand eine gotische Hallenkirche, die später zu einer prächtigen barocken Basilika umgebaut wurde. 1655 belagerte der schwedische König Karl Gustav mit 100 000 Soldaten 38 Tage lang das zur Festung ausgebaute Kloster, das nur von 150 Soldaten und 70 Mönchen verteidigt wurde. Diese heldenhafte Verteidigung trug wesentlich zum Ruhme der Schwarzen Madonna bei, die seither »Königin der Krone Polens« genannt wird. In den darauffolgenden vier Generationen wurde das Kloster glanzvoll im Stil des Barock ausgebaut, es entstanden zwei Refektorien, ein Rittersaal, die reichhaltige Bibliothek und die Klosterschatzkammer. Mit all diesen Kostbarkeiten repräsentiert Jasna Gora eines der vielseitigsten Kirchenarchive Polens.

Tynemouth Priory/Großbritannien

Die gewaltigen Ruinen des ehemaligen Benediktinerpriorats Tynemouth liegen nordöstlich von Newcastle an der Nordsee am Nordufer des Tyne und künden von jenen alten Zeiten, in denen dieser Platz zur Verteidigung der Küste ausersehen war. Das Kloster wurde über dem Grab des heiligen Oswin im 7. Jahrhundert gegründet und mit reichen Schenkungen bedacht. Mehrmals plünderten es die Dänen und töteten die Mönche, so dass es 1008 aufgegeben werden musste. Mönche aus der Abtei St. Alban's besiedelten jedoch 1090 das Kloster neu, das dann bis zur Aufhebung als Wehrkloster in Meeresnähe diente. Den Klostersturm von 1536 überlebte nur das Kirchenschiff, das dann eine Zeitlang noch als Pfarrkirche diente. Seit langem ist aber auch die Kirche schon zerfallen, nur die imposanten Ruinen erzählen von den einst glanzvollen Zeiten des Klosters.

Tyniec/Polen

Die auf einem felsigen Hügel bei Krakau liegende Benediktinerabtei Tyniec (Opastwo Benediyktynow) wurde 1044 von Kasimir dem Erneuerer gegründet, im 14. Jahrhundert beim Thronfolgekrieg verwüstet und im 15. Jahrhundert in gotischem Stil wieder aufgebaut. In der Barockzeit wurde der Konvent entsprechend erweitert und die Kirche mit Rokokoelementen geschmückt. In den Kriegen 1768–72 gegen die russische Armee wurde Tyniec arg verwüstet und nach dem erfolgreichen Wiederaufbau 1816 durch Österreich aufgehoben. 1821–26 war Tyniec Bischofssitz, 1831 brannte das Kloster infolge eines Blitzschlags nieder. Erst 1939 erstand Tyniec durch die Initiative belgischer Mönche und überstand auch wie durch ein Wunder sowohl die deutsche Okkupation als auch die kommunistische Epoche. 1968 erhielt Tyniec wieder den Rang einer Abtei. Die Mönche betreuen eine Pfarrei, unterhalten ein Gästehaus, leiten Exerzitien, betreiben Landwirtschaft und haben einen Verlag aufgebaut, in dem sie unter anderem auch Ergebnisse ihrer wissenschaftlichen Studien publizieren.

U

Uglitsch, Alexioskloster/Russland

In der an der Wolga gelegenen Stadt Uglitsch befand sich einst das mächtige Alexios-Kloster, benannt nach dem Metropoliten von Moskau, Alexios, auf dessen Anordnung das Kloster 1371 gegründet wurde. Zu Beginn des 16. Jahrhunderts baute man das Kloster zu einem festen Vorposten Moskaus im Fürstentum Uglitsch aus. Während der polnisch-litauischen Invasion zu Beginn des 17. Jahrhunderts war diese Festung ein bevorzugtes Angriffsziel der Angreifer, die das Kloster stürmten und niederbrannten. Alle 500 Verteidiger kamen bei dieser Belagerung ums Leben. Im Gedenken an die Gefallenen errichtete man dann 1628 auf dem Klostergelände die Mariä-Entschlafens-Kirche, der man 1681 die Kirche Johannes des Täufers folgen ließ. Nur diese beiden Kirchen sowie Teile der alten Mauer mit dem Heiligen Tor sind erhalten, da sich von der Klostergemeinschaft nach Wiederherstellung des Klosters keine größere Bautätigkeit mehr entfalten ließ. Die Mariä-Entschlafens-Kirche allerdings trägt wegen ihrer Schönheit den Beinamen »Diwnaja« (Wunderbare Kirche), da ihre drei Zeltdächer eine ungewöhnliche dekorative Wirkung erzielen.

Uglitsch, Auferstehungskloster/Russland

In der Nähe des Kreml von Uglisch, nahe am Wolga-Ufer, liegt das Auferstehungskloster, das 1674–77 auf Weisung des Metropoliten von Rostow entstanden ist. Die asymmetrische Anordnung der Bauwerke auf dem Klostergelände, die durch Treppen, Übergänge und Galerien verbunden sind, lässt das malerische Ensemble wie einen orientalischen Märchenpalast erscheinen. Dazu tragen vor allem die morgenländisch anmutenden fünf Kuppeln der Auferstehungskathedrale bei, deren Hauptkuppel ausladend bauchig und viel höher ist als die anderen. Die einkuppelige Hodegetria-Kirche mit dem angebauten Refektorium ist bautechnisch ebenso interessant wie das Glockenhaus mit vier Geschossen, auf dessen Dach ebenfalls eine zierliche Kuppel sitzt. Unter den Klöstern von Uglitsch ist das Auferstehungskloster bautechnisch in jeder Hinsicht das phantasiereichste.

Uglitsch, Kloster zu Christi Erscheinen/Russland

Von dem Kloster zu Christi Erscheinen in der Stadt Uglitsch an der Wolga blieben bis zur Gegenwart drei Kirchen vollständig erhalten. Blickfang ist die riesige Kathedrale zu Christi Erscheinen, die 1853 im russisch-byzantinischen Stil entstand. Im klassizistischen Stil dagegen wurde 1818 die Theodoros-Kirche erbaut, deren Fassaden Zweisäulenportiken zieren. Die älteste Kirche auf dem Klostergelände ist allerdings die »Kirche der Gottesmutter von Smolensk«, die im Jahr 1700 entstand und auf ihrer Vierung fünf malerische Kuppeln trägt.

Ursberg/Bayern/Deutschland

Die ehemalige reichsunmittelbare Prämonstratenserabtei Ursberg bei Krumbach in Bayerisch-Schwaben wurde 1125 von Graf Werner von Schwabeck gegründet und mit Mönchen aus dem Mutterkloster des Ordens, Prémontré in Frankreich, besiedelt. Viele Brände und auch Plünderungen in späterer Zeit konnten den Aufstieg des Klosters nicht verhindern. Die Ursberger Chronik aus den Jahren 1215–30 ist ein Beweis für die Entwicklung der Abtei zu einem regionalen Kulturzentrum. Die heute noch erhaltene Kirche weist bei aller barocken Ausstattung noch Spuren ihres romanischen Ursprungs auf. Nach den Drangsalen des Dreißigjährigen Krieges erfolgte der Wiederaufbau 1673–77. Der Abt von Ursberg wurde wegen des hohen Ansehens seiner Abtei mit bischöflichen Würden ausgestattet. Nach der Aufhebung durch Bayern gelangten die Klosterbauten nach einer langen Zwischenzeit 1884 in die Verfügungsgewalt der Franziskanerinnen, die in Ursberg eine große Heil- und Pflegeanstalt für Geistesschwache und unheilbar Kranke unterhalten.

Urspring/Baden-Württemberg/Deutschland

Die ehemalige adelige Benediktinerinnenabtei Urspring bei Blaubeuren in Württemberg wurde 1127 von den Grafen von Schelklingen gegründet und mit Nonnen aus Amtenhausen besiedelt. Die Schutzvogtei wechselte aus politischen Gründen zwischen Österreich, Württemberg und Bayern. Im Dreißigjährigen Krieg hatte die Abtei schwer zu leiden. Im 18. Jahrhundert leiteten die Nonnen ein Mädcheninstitut. 1806 wurde das Kloster aufgehoben, ging in Privatbesitz über und wurde schließlich in eine Baumwollspinnerei umgewandelt.

Uznach/Schweiz

Die Benediktinerabtei Sankt Otmarsberg in Uznach in der Schweiz ist eine Gründung des Jahres 1947 durch die Benediktinerkongregation von St. Ottilien in Oberbayern. Das Konventualpriorat St. Otmarsberg wurde 1982 zur Abtei erhoben und 1987 ein moderner Konventsbau mit Abteikirche erstellt. Das auf weiteren Ausbau angelegte Kloster veranstaltet Einkehrtage und Exerzitien und ist in der Seelsorge sehr stark engagiert.

V

Vaals/Niederlande

Die niederländische Benediktinerabtei Sint Benedictusberg (Mont St. Benoît) in Vaals, Post Lemiers, wurde schon 1893 in Merkelbeek gegründet, zog aber erst 1923 in das neugebaute Kloster nach Vaals um. Das sehr kompakt gebaute Kloster wirkt fast wie eine Festung und lässt den in sich gekehrten kontemplativen Zug dieser Abtei etwas erahnen. Die Mönche übernehmen keine Aufgaben außerhalb der Abtei, sind jedoch in ihrem Konvent in der Buchbinderei, Bäckerei und vor allem in der Exerzitienarbeit beschäftigt. Im Vordergrund stehen allerdings die Feier der Liturgie und die Pflege des Gregorianischen Chorals.

Vadstena/Schweden

Das im schwedischen Östergotland herrlich am Ostufer des Vättersees gelegene Birgittenkloster Vadstena ist das bedeutendste Kloster des Königreiches. Im Jahre 1375 gegründet, hat es nach wechselvollen Schicksalen und der 1595 erfolgten Aufhebung durch die Jahrhunderte bis heute seinen alten Glanz bewahren können. Die aus dem Königsgeschlecht der Folkunger stammende heilige Birgitta (1303–73) hatte nach langer Wartezeit und vielen Schwierigkeiten die Anerkennung eines neuen Ordens durchgesetzt, der bald nach ihrem Tod und ihrer Heiligsprechung »Birgittenorden« genannt wurde und sich dann erfolgreich über ganz Europa verbreitete. Birgitta war in Rom gestorben, ihre sterblichen Überreste aber wurden nach Schweden überführt und in der Königspfalz Vadstena beigesetzt. Hier erhob sich nun bald ein großes Doppelkloster mit einer dreischiffigen Hallenkirche, die für den Gottesdienst sowohl der Mönche als auch der Nonnen dienen konnte. Zum Schrein der heiligen Birgitta pilgerten bald viele Gläubige, Vadstena wurde der größte Wallfahrtsort Schwedens und zugleich der spirituelle Mittelpunkt des Reiches. Reiche Schenkungen durch das Königshaus und den Adel machten Vadstena zum größten Grundbesitzer des Landes. Um das Kloster wuchs eine Stadt, in der Handel und Gewerbe blühten, so dass dieser Gemeinde schon im Jahre 1400 die Stadtrechte verliehen wurden. Die politische Bedeutung von Vadstena wurde durch Reichs- und Adelstage unterstrichen, die an diesem Ort abgehalten wurden. Gleichzeitig blühten die geistlichen und weltlichen Wissenschaften im Kloster. Die Reformationszeit brachte dann im Jahre 1595 die Aufhebung des Klosters und die Verstaatlichung seiner Besitztümer. Die großartige Kirche jedoch blieb mit ihrer erlesenen Innenausstattung vollkommen erhalten. Das ehemalige Männerkloster ist heute ein Restaurant, in dem der vornehme Kapitelsaal mit seinem Kreuzgewölbe erhalten blieb. Das ehemalige Nonnenkloster, heute ein Gästeheim, ist das einzige erhaltene profane Großbauwerk aus der schwedischen Ritterzeit und konnte die Festhalle, die Königswohnung und den Kapitelsaal stilecht bewahren. Die Nonnen des Brigittenordens, die 1595 vertrieben worden waren, sich aber in anderen Ländern Europas regenerieren konnten, sind seit 1955 nach Vadstena zurückgekehrt, sie erbauten in der Stadt das katholische St.-Birgitta-Kloster und 1980 eine neue Klosterkirche nach Plänen des einheimischen Architekten Eklund.

Val de Bénédiction/Frankreich

Die an Kunstschätzen reichste Kartause Frankreichs war einst Val de Benediction in Villeneuve-les-Avignon im Departement Vaucluse. Diese 1356 gegründete Kartause wurde durch Schenkungen reich, so dass die Äbte nicht nur zwei schöne Kreuzgänge mit angebauten Zellen errichteten, sondern auch – vor allem in ihrer Kirche – viele Gemälde und Kunstgegenstände versammeln konnten. Die Aufhebung der Klöster in der Französischen Revolution brachte das Ende des Konvents und den Verfall der gesamten Anlage. Nach dem Zweiten Weltkrieg erst ging man an die Wiederherstellung des gesamten Komplexes und restaurierte liebevoll verschiedene Gebäude und den Kreuzgang aus den vergangenen (spätgotischen und barocken) Stilepochen.

Valetta, Großmeisterpalast/Malta

Der mächtigste Sitz eines Ordens in der Geschichte der Mittelmeerwelt war zweifelsohne der Großmeisterpalast in Valetta auf Malta, denn die Malteser Ritter besaßen von 1530–1798 die gesamte Inselgruppe, bildeten einen eigenen Staat, unterhielten eine Flotte und hatten Besitzungen in ganz Europa. In ihrem Gelöbnis verpflichteten sie sich sowohl zum Krankendienst als auch zu ritterlichem Kampf zum Schutz der Gläubigen, zu Ehelosigkeit und absolutem Gehorsam gegenüber dem Großmeister. Diese Verpflichtungen wiesen sie demnach als Mönche aus. Ursprünglich nannten sie sich Johanniter und pflegten Kranke in Jerusalem und Palästina in der Kreuzfahrerzeit. Nach ihrer Vertreibung aus dem Heiligen Land gingen sie nach Rhodos, unterlagen aber auch dort den Osmanen und erhielten von Kaiser Karl V. 1530 die damals spanischen Inseln, die heute den Staat Malta bilden, zu »ewigem« Lehen. Die relativ unbewohnten und unwirtlichen Inseln wurden von den nun Maltesern genannten Rittern stark befestigt, so dass sie 1565 einen großen osmanischen Flottenangriff und eine längere Belagerung abwehren und überstehen konnten. 1566 wurde von dem Großmeister de la Valette der Grundstein zur Hauptstadt gelegt, die heute noch seinen Namen trägt. Im Zentrum der Stadt wurde der Großmeisterpalast errichtet, der bis zur Einnahme Maltas durch eine französische Flotte in napoleonischer Zeit (1798) das eindeutige Machtzentrum dieses Staates war. Bereits im Jahre 1800 aber konnten die Engländer die Inseln erobern und machten aus ihnen 1814 einen wichtigen Flottenstützpunkt und eine Kronkolonie. In den Großmeisterpalast zog ein englischer Gouverneur ein. Im Zweiten Weltkrieg flogen die Achsenmächte einen Luftangriff nach dem anderen gegen Malta, bei denen auch der Großmeisterpalast schwer beschädigt wurde. 1964 wurde Malta ein unabhängiger Staat im British Commonwealth und 1974 Republik. Seit 2004 ist Malta Mitglied der EU. Im Großmeisterpalast nahmen das Parlament und der Präsident der Republik ihren Sitz. Die Malteser Ritter sind 1998 auch wieder nach Malta zurückgekehrt und bezogen einen Teil des einst mächtigen Forts St. Angelo, über dem nun wieder die Fahne der Ordensritter flattert.

Vallbona de las Monjas/Spanien

Das ehemalige Zisterzienserkloster Vallbona de las Monjas südöstlich von Lérida in Katalonien wurde 1176 gegründet, in der heute noch bestehenden Form im schlichten Zisterzienserstil gebaut und mit einer großen Kuppel über der Vierung der einschiffigen Kirche versehen. Das mit einem schönen Kreuzgang ausgestattete Kloster war ummauert und mit drei Eingangstoren versehen. Später kam es in den Besitz der Bernhardinermönche, die heute in der alten Abtei das klösterliche Leben weiterführen.

Valle Crucis Abbey/Großbritannien

Die ehemalige Zisterzienserabtei Valle Crucis Abbey in der Grafschaft Clwyd in Wales liegt 2,5 Kilometer nordwestlich von Llangollen und bildet seit dem Klostersturm Heinrichs VIII. eine der bedeutendsten Klosterruinen in Nordwales. Gegründet 1204 von Fürst Madoc ap Gruffydd Maelot, Prinz von Powys, wurden Kloster und Kirche im 13. Jahrhundert gebaut und im 14. Jahrhundert erweitert. Die heute noch sehenswerte Seite der Westfront im Early-English-Stil mit Fensterrosette, drei Lanzettfenstern und reichverziertem Portal weist auf den einstigen Reichtum der Abtei ebenso hin wie der Kreuzgang und der Kapitelsaal, die noch in Grundzügen – wenn auch ruinös – erhalten sind.

Valle de los Caidos/Spanien

Die Benediktinerabtei de Santa Cruz in Valle de los Caidos (Tal der Gefallenen) wurde 1958 unmittelbar bei dem großen Denkmal zu Ehren der im Spanischen Bürgerkrieg Gefallenen in der Sierra de Guaddarama errichtet. Die in einen Felsen hineingehauene Basilika hat eine gewaltige Länge von 162 Metern und das über dem Felsen errichtete Kreuz eine Höhe von 150 Metern. Den Mönchen der Abtei ist die Betreuung der unzähligen Gäste übertragen, die zu dem Denkmal pilgern, seien es Angehörige der Gefallenen oder Touristen aus aller Welt. Die »Abadia de Santa Cruz« pflegt darüber hinaus intensiv die Kirchenmusik in einem eigenen Zentrum und betreibt eine Druckerei und eine Buchbinderei.

Valloires/Frankreich

Die ehemalige Zisterzienserabtei Valloires im Ponthieu, Picardie, hatte seit ihrer frühen Gründung nie von sich reden gemacht, bis im Jahre 1738 der Abt vom Baufieber ergriffen wurde und sein Kloster mitsamt der Kirche ganz im Stil des Rokoko vollständig neu erbauen ließ. Von 1738 bis 1756 entstanden beide Bauten neu, wobei in der Kirche eines der schönsten schmiedeeisernen Gitter Frankreichs zum Einbau kam. In der Französischen Revolution wurde die Abtei restlos ausgeplündert und die Kirche sollte mit der gesamten Ausstattung 1791 versteigert werden, als in letzter Minute ein Kunstfreund durch sein Gebot das Gotteshaus und die leergefegten Abteigebäude vor dem Abbruch rettete. Die Anlage wurde dann weiterverkauft und kam 1884 in den Besitz der Schwestern vom heiligen Vinzenz, die ein Waisenhaus daraus machten. Da kam 1901 das Gesetz zur Verstaatlichung sämtlicher Kirchengüter und so drohte wieder die Gefahr der Versteigerung und des Abbruchs. Kurz vor der Auktion wurde der klösterliche Komplex unter Denkmalschutz und mit der gesamten Ausstattung einem Hospiz zur Verfügung gestellt, das eine Vorsorgeklinik für tuberkulosegefährdete Kinder in Valloires einrichtete. Das einstige Kloster mit seinem dorischen Kreuzgang präsentiert sich trotz der an sich einfachen Bauweise in einem schlossähnlichen Charakter.

Vallombrosa/Italien

Die östlich von Florenz gelegene Benediktinerabtei Vallombrosa ist das Mutterhaus der Kongregation von Vallombrosa, die noch zwei weitere Klöster, eines bei Livorno und eines in Brasilien umfasst. Um 1039 vom heiligen Johannes Gualbert gegründet, war das Kloster von Anfang an der Einfachheit, der Armut und der Arbeit verpflichtet. Im Laufe der Jahrhunderte wuchs die Abtei, wurde mehrfach erweitert, so dass sich die Mönche in ihrem allmählich ansehnlichen Konvent sowohl der Handarbeit in Werkstätten und großen Gärten, als auch in Studierstuben der Wissenschaft widmen konnten. Im 17. Jahrhundert unterhielt das Kloster eine Schule für Kinder aus dem Florentiner Adel. Im Jahr 1810 hoben napoleonische Truppen das Kloster auf und raubten die Kunstschätze. 1818 kehrten die Mönche zurück, mussten jedoch 1866 wieder ins Exil gehen. Die Konventsgebäude machte der Staat zum Sitz des italienischen Forstinstituts. Der Neuanfang begann 1949, Benediktiner nahmen wieder das klösterliche Leben auf. Die Mönche unterhalten ein Gästehaus, stellen Naturheilmittel her und betreiben intensiv Bienenzucht.

Valsecret/Frankreich

Die ehemalige Prämonstratenserabtei Valsecret (Vallis secreta) in der Diözese Soissons wurde als Kollegiatsstift gegründet, aber 1133 den Prämonstratensern übergeben und von Prémontré aus besiedelt. Das Kloster erlangte nur regionale Bedeutung und ging in der Französischen Revolution unter.

Valvanera/Spanien

Die Abadia de Santa Maria de Valvanera liegt in Nordspanien auf dem halben Wege zwischen Valladolid und Pamplona. Das Kloster ist eine jener Benediktinerabteien, denen hauptsächlich der Schutz eines Marienheiligtums übertragen ist und deren Mönche die Betreuung der vielen Pilger übernommen haben. Bereits im 9. Jahrhundert verehrten dort Einsiedler ein Marienbild, Wallfahrten kamen in Gang und ein Kloster entstand. Die Kirche wurde viermal umgebaut und das Kloster erlebte verschiedene Perioden kultureller Blüte. In der Zeit der kirchenfeindlichen Regierung (1835–83) war das Kloster aufgehoben. Nach einer gründlichen Renovierung von Kloster und Kirche noch vor dem Jahr 2000 können die Mönche sich wieder uneingeschränkt den Pilgern widmen. Sie unterhalten auch ein Gästehaus.

Valyermo, Saint Andrew's Abbey/USA

Die Wurzeln der Saint Andrew's Abbey in Valyermo, Kalifornien, gehen zurück auf die Abtei Sint-Andries im belgischen Brügge. Dieses Kloster sandte 1929 Mönche nach China zur Mission aus, die dort Stationen eröffneten, aber 1955 wie alle anderen ausgewiesen wurden. In der Mojavewüste im südkalifornischen Valyermo fanden sie eine neue Heimat und errichteten dort ihre Abtei, die seither eine rege Tätigkeit in ihren Anlagen und in ihrem Umkreis entfaltet hat. Der Betrieb Valyermo Ceramics sichert den Lebensunterhalt der Mönche, die außerdem ein Exerzitienhaus unterhalten, im Pfarrdienst eingesetzt sind und an kalifornischen Universitäten Unterricht erteilen.

Vanevan/Armenien

Das armenische Kloster Vanevan liegt in der Provinz Siunik auf einer terrassenförmigen Anhöhe am rechten Ufer eines Bergflusses im Südosten des Dorfes Arcevanist. Gegründet wurde das Kloster im 10. Jahrhundert. Eine Inschrift berichtet, dass die Hauptkirche 903 von dem Oberbefehlshaber Šapuh, dem Bruder des armenischen Königs aus der Bagratidendynastie gestiftet wurde. Glaubhaft wird auch berichtet, dass die Aufsicht über die Bauarbeiten Mariam, die Schwester des Königs, übernommen hatte. Man umgab das Kloster zur Sicherheit mit einer Umfassungsmauer. Die Hauptkirche ist eine ummantelte Kreuzkuppelkirche, die zweite Kirche dagegen ein einschiffiger Bau. Der bedauerliche Zustand dieser beiden Bauten, zwischen denen eine große Halle (Schamatun) liegt, lässt aber durchaus noch erkennen, dass Vanevan einst bessere Zeiten gesehen hat.

Varagavank/Türkei

Das einstige armenische Großkloster Varagavank ist auch unter dem türkischen Namen Yedikilise (Sieben Kirchen) bekannt geworden, denn der riesige Komplex umfasste in der Tat einst sieben Kirchen. Neben diesen Kultbauten bestanden die üblichen Klostergebäude. Heute sind von den einst kunstvoll erbauten Gotteshäusern nur noch die Muttergotteskirche und die Apsis der Sophienkirche übriggeblieben. Am Anfang des 20. Jahrhunderts musste auf Grund der religiösen und völkischen Spannungen das Kloster aufgegeben werden. Der Klosterkomplex von Varagavank liegt 2100 Meter hoch an den westlichen Hängen des Varaggebirges, fünf Kilometer südöstlich von Wan in der türkischen Provinz Waspurakan. Historisch belegt ist die Errichtung der Sophienkirche im Jahre 981, und aus Anlass der Thronbesteigung von König Senekerim 1003 wurde die gesamte Anlage vollendet. Senekerim war der König des damals armenischen Königreiches Waspurakan und kann daher als der eigentliche Gründer des Klosters gelten. Varagavank erlebte mehrere große Blüteperioden, die letzte im 19. Jahrhundert. Die aufkommende Zeit der großen Verfolgungen machte dann allem ein Ende, die noch erhaltenen Bauten sind dem Verfall preisgegeben.

Varatec/Rumänien

Südlich des Klosters Agapia liegt im Moldaugebiet im Nordosten Rumäniens das Kloster Varatec. Es ist zwar in den Ausmaßen bescheiden, stellt aber dennoch ein wertvolles Baudenkmal dar. Bereits im 16. Jahrhundert hatte an dieser Stelle eine Einsiedelei bestanden. Das heutige Kloster ist eine Gründung des Jahres 1785. In dem Nonnenkloster befindet sich ein Museum, in dem mittelalterliche Urkunden und wertvolle Kunstgegenstände gezeigt werden. Einige seltene Ikonen sind ebenfalls im Besitz des Klosters.

Velehrad/Tschechien

Das 1205 von Markgraf Vladislav Jindřich gegründete Zisterzienserkloster in Südmähren besteht als Konvent seit der Aufhebung unter Joseph II. zwar nicht mehr und dient längst schon als Pflegeheim, aber die dazugehörige Klosterwallfahrtskirche gilt als der mächtigste Kirchenbau Mährens. Diese Kirche entstand als dreischiffige Basilika mit fünf Apsiden in den Jahren 1218–38, wurde aber nach schweren Schäden in der Hussitenzeit zuerst am Ende des 16. Jahrhunderts erneuert und dann 1684–89 im Barockstil umgebaut. Seit dieser Zeit erheben sich die beiden weithin sichtbaren Türme und die Barockkuppel am nördlichen Rand jenes altslawischen Siedlungsgebietes, in dem der Slawenapostel Method nachweislich im frühen Mittelalter missionierte. Die Kirche ist daher Maria und den beiden Heiligen Cyrill und Method geweiht und hat sich ihretwegen auch zu einer bekannten und beliebten Wallfahrtskirche entwickelt. Velehrad soll der Legende nach sogar der Sitz und Sterbeort des heiligen Method gewesen sein. Die Kirche, die seit 1784 auch als Pfarrkirche dient, ist vornehmlich ein Werk der italienischen Baumeister Giovanni Pietro Tencalla und Paolo Pagani. Eine Reihe deutscher Maler und Bildhauer war an der Innenausstattung beteiligt. Die reichen Stuckaturen schuf dann der bekannte Maestro Baldassare Fontana. Vom Kreuzgang des Klosters aus dem 13. Jahrhundert sind noch spätromanische Kapitelle und gotische Bündelpfeiler erhalten geblieben.

Venedig, San Giorgio Maggiore/Italien

Die im Jahr 982 in Venedig auf einer Insel gegründete ehemalige Benediktinerabtei ist zwar längst aufgehoben, diente lange als Kaserne und heute als Sitz der Fondazione Cini, aber nach wie vor bewundern die Besucher das Refektorium von Palladio, die beiden Kreuzgänge, die Wohnung des Abtes und die Bibliothek von Baldassare Longhena. All diese Bauten stammen aus dem 16. und 17. Jahrhundert. Ein Glanzstück der abendländischen Baukunst ist jedoch die dazugehörige gleichnamige Kirche mit dem weithin sichtbaren, 60 Meter hohen Kampanile. Diese dreischiffige Kirche wurde nach einem Entwurf von Andrea Palladio in den Jahren 1566–1640 erbaut und kann mit ihrem Querhaus und ihrer Tambourkuppel über der Vierung, aber auch mit ihrer säulengeschmückten Fassade nur Bewunderung hervorrufen. San Giorgio Maggiore präsentiert sich als klarer, harmonischer Bau in mächtigen Proportionen von klassischer Schönheit. Da das Kloster des heiligen Georg immerhin das erste Benediktinerkloster in Venedig war, das von 982 bis zur napoleonischen Zeit in der Stadt bestand, zogen 1957 wieder Benediktiner in St. Giorgio Maggiore ein und errichteten in einem Teil ihrer ehemaligen Konventsbauten wieder eine Abtei. Die Betreuung der vielen Besucher, die Seelsorge in einigen Pfarreien, die Buchrestaurierung und die Herstellung von Ikonen und Stichen sind die Hauptbeschäftigungen der kleinen Mönchsgemeinschaft.

Veruela, Monasterio de Nuestra Señora/Spanien

In der Stadt Veruela in der Provinz Zaragoza/Aragonien wurde 1146 von Pedro de Atares eine Zisterzienserabtei gegründet, die den Namen Monasterio de Nuestra Señora erhielt. Man umgab das Kloster mit einer zinnengekrönten Mauer, flankiert von zwei Rundtürmen. Die im 13. Jahrhundert geweihte Kirche ist dreischiffig, hat ein Querschiff und fünf mächtige Apsiskapellen. Kirche, Kreuzgang, Sakristei und die in der Kirche befindlichen Grabstätten stammen alle aus der Zeit zwischen Romanik und Spätgotik. Heute ist das Kloster ein Jesuitenkolleg.

Veßra/Thüringen/Deutschland

1131 wurde in Thüringen nordwestlich von Hildburghausen das Prämonstratenserkloster Veßra gegründet. Bereits drei Jahre später konnte eine romanische Kirche mit zwei mächtigen Türmen eingeweiht werden. Das Nordende des Querschiffs bildete die Grabkapelle der Grafen von Henneberg, die das Kloster nach Kräften förderten. Die Kirche brannte 1939 nieder, mit Ausnahme der Grabkapelle, die nunmehr als Dorfkirche genutzt wird. In den ehemaligen Konventgebäuden wurde ein Museum für Landwirtschaft eingerichtet.

Vézelay/Frankreich

Eine der Herrlichkeiten Burgunds stellt die wieder aufgebaute Kirche der ehemaligen Benediktinerabtei Vézelay im Departement Yonne dar, die im Jahr 864 vom Fürsten Girard de Roussillon gegründet wurde. Die Abtei entwickelte sich nach einigen Generationen zu einem Sammelplatz für Pilger nach Santiago de Compostela und zu einem großen eigenen Wallfahrtszentrum, da man in ihr die Reliquien der heiligen Maria Magdalena verehrte. Die von den Mönchen nach dem Einsturz eines Vorgängerbaus errichtete dreischiffige Basilika Sainte-Madeleine war für die damalige Zeit ein Werk von gewaltigen Dimensionen, denn sie ist 62 Meter lang und 18 Meter hoch. Der anspruchsvolle Bau erstreckte sich über die Zeit von 1140–1215. Im Jahr 1146 rief in Vézelay der heilige Bernhard zum Kreuzzug auf. Die Hauptaufgabe der Mönche von Vézelay war dann für Jahrhunderte die Betreuung der Pilger, bis 1569 die Hugenotten das Kloster verwüsteten. Das endgültige Ende für die Abtei kam in der Französischen Revolution. 1811 traf ein Blitzschlag das bereits ruinöse Bauwerk, so dass es in den nachfolgenden Jahrzehnten zerfiel. 1840–59 jedoch erfolgte unter dem tatkräftigen und kenntnisreichen Architekten Eugène Emmanuel Viollet-le-Duc der Neuaufbau, der so gut gelang, dass seither die Basilika Sainte-Madeleine zu den schönsten Sehenswürdigkeiten Frankreichs zählt, die zudem noch in ihrer breiten Vorhalle eine Fülle von bemerkenswerten Werken der burgundischen Skulpturenkunst aufzuweisen hat.

Viktring/Österreich

Die ehemalige Zisterzienserabtei Viktring (Victoria) in Kärnten wurde 1142 von Graf Bernhard von Kärnten gegründet und 1202 mit einer dreischiffigen spätromanischen Pfeilerbasilika ausgestattet. Die ersten Mönche waren aus Lothringen nach Viktring gekommen. Die Abtei blühte rasch auf. Der Historiker Johannes von Viktring war Abt dieses Klosters und ist in der Geschichtsschreibung daher auch nach der Abtei benannt worden. 1786 wurde Viktring unter Kaiser Joseph II. aufgehoben. Die 1847 um mehrere Joche verkürzte Klosterkirche dient bis heute als Pfarrkirche.

Villers-la-Ville/Belgien

Die mitten in Belgien, 17 Kilometer östlich von Nivelles gelegene ehemalige Zisterzienserabtei wurde während der Französischen Revolution zerstört, 1797 verkauft und diente über ein Jahrhundert als Steinbruch. Die Ruinen der Abtei sind die imposantesten von ganz Belgien, 1892 hat sie der belgische Staat erworben und schützt sie seither als Nationaldenkmal. 1146 hatte Bernhard von Clairvaux das Kloster gegründet und Brabant damit ein Kulturzentrum geschenkt, das mit seinen vielfältigen materiellen und kulturellen Aktivitäten bis zur Zerstörung in Wallonien bestimmend blieb. Die Bauphasen der riesigen Abtei zogen sich vom Ende des 12. Jahrhunderts bis zum 14. Jahrhundert hin. Die majestätische Abteikirche (91 Meter lang) hatte drei Schiffe mit neun Jochen, ein großes Querhaus mit prachtvollen Fenstern und einen halbrunden Chor. Das Abteigebäude mit seinem Refektorium, dem Kapitelsaal und dem weithin bekannten Skriptorium galt als mustergültig im Zisterzienserbereich. Bereits 1568 hatte die Abtei Verwüstungen durch die Geusen und im 17. Jahrhundert durch die Truppen Ludwigs XIV. erdulden müssen, aber das endgültige Aus brachten der Abtei erst die Revolutionäre unter Joseph II. aus Frankreich 1794.

Visoki Dečani/Serbien (Kosovo)

Im Tal der Dečanska Bistrica liegt nur einen Kilometer vom Dorf Dečani entfernt im Kosovo das serbisch-orthodoxe Kloster Visoki Dečani. Gegründet und gefördert von König Stephan Uroš III. (1322–31) und seinem Sohn, König und Zar Stephan Dušan Uroš IV. (1331–55), wurde der gesamte Klosterkomplex im spätromanischen-gotischen Stil erbaut, da der Baumeister nach dalmatinischen Vorlagen arbeitete. Die fünfschiffige Basilika mit der hohen dreischiffigen Vorhalle weist daher zahlreiche westliche Elemente auch im Skulpturenschmuck auf. In dieser Kirche befindet sich der größte Freskenzyklus Serbiens, an dem 15 Jahre gearbeitet worden war, denn Stephan Dušan hatte 1000 Fresken in Auftrag gegeben. Er wollte mit dieser Gabe den Mord an seinem Vater sühnen, das Ergebnis ist geradezu eine Enzyklopädie biblischer Bilder zu nennen. Gleichzeitig enthält die Kirche eine künstlerisch wertvolle Ikonostasis.

Volkenroda/Thürigen/Deutschland

Die ehemalige Zisterzienserabtei Volkenroda in Thüringen wurde 1131 gegründet und mit Mönchen aus Camp besiedelt. Sie war durch ihre strenge klösterliche Disziplin bekannt. Die Bedeutung von Volkenroda liegt jedoch darin, dass die Abtei Mutterkloster von so wichtigen Gründungen wie Waldsassen, Reifenstein, Loccum und Dobrilugk geworden ist. Die Klosterkirche wurde im Bauernkrieg verwüstet, jedoch danach wiederhergestellt, nach der Säkularisierung im Jahre 1540 aber teilweise abgetragen. Die Klostergebäude wurden in ein landwirtschaftliches Anwesen verwandelt.

Vorau/Österreich

Das Augustiner-Chorherrenstift Vorau in der Oststeiermark/Österreich wurde 1163 durch Ottokar III., den Markgrafen von Steyr, gegründet. Nachdem es 1237 niedergebrannt war, errichteten es die Mönche um 1300 wieder neu in größerem Maßstab. Die Nähe zur ungarischen Grenze ließ es geboten erscheinen, das Kloster mit Wall und Graben zu umgeben und mit vier Türmen zu befestigen, denn Ungarn war im 15. Jh. bereits an die Türken gefallen. Im Barock beauftragte man dann Domenico Sciassia mit dem Bau einer einschiffigen Wandpfeilerkirche, in der allerdings große Pracht entfaltet wurde. Die Stiftsgebäude – stilistisch einheitliche Trakte – wurden an die Kirche angebaut. Im Prälaturgebäude wurde ein Bibliothekssaal mit reichem Fresken- und Stuckaturschmuck untergebracht, von dem aus man über eine Doppelwendeltreppe in das Handschriftenzimmer gelangt, denn Vorau besitzt 415 wertvolle Manuskripte.

Vornbach/Bayern/Deutschland

Die bei Passau liegende ehemalige Benediktiner-Abtei Vornbach (auch Formbach), wurde von den Grafen von Vornbach 1040 gegründet und gefördert, so dass die Mönche auf einen breiten Landbesitz nicht nur in ihrer unmittelbaren Umgebung, sondern auch in Österreich zurückgreifen konnten. Aus Vornbach gingen bekannte geistliche Juristen und Geschichtsschreiber hervor. Die ursprünglich romanische Klosterkirche wich in der Zeit des Barock einem Neubau, dessen Innenausstattung durch seine farbenfrohen Fresken und zarten Stuckaturen eine festlich-freudige Stimmung verbreitet. Die trapezförmige Klosteranlage mit ihren beiden Türmen unmittelbar am Ufer des Inn bietet vor allem von der gegenüberliegenden österreichischen Seite einen imposanten Anblick. Die von Bayern 1803 aufgehobene Abtei stellt nach wie vor mit ihren drei Innenhöfen einen beachtlichen Baukomplex dar. Heute ist darin der Pfarrhof und Schulräume untergebracht.

Voronet/Rumänien

Das kleine, aber hochberühmte Kloster Voronet ist eines der Moldauklöster in der malerischen Bukowina in Nordostrumänien. Man hat die Kirche dieses Klosters, das westlich der Stadt Suceava liegt, als die »Sixtinische Kapelle Rumäniens« bezeichnet, dies wegen der Farbenpracht und des Stils der Fresken an den Innen- und Außenwänden der Kirche. Damit gehört Voronet zu mehreren Klöstern im Gebiet der rumänischen Moldau, deren Fresken an den Außenwänden ihrer Kirchen ein gewaltiges biblisches Bildprogramm entfalten. Das Kloster wurde auf Weisung von

Stefan dem Großen, dem Fürsten der Moldau, 1488 errichtet und von Moldauer Malern in meisterhafter Weise ausgemalt. Wie in Frankreich das berühmte Chartres-Blau in der Glasmalerei als Wunderfarbe gilt, so steht in Rumänien das Voronet-Blau bei den Freskenmalern am höchsten im Kurs. Gewaltig ist an der Westwand das Bild vom Jüngsten Gericht mit Christus als Pantokrator, zu dessen Füßen sich der rote Höllenschlund öffnet.

W

Wachok/Polen

Die zwischen Radom und Kielce gelegene Zisterzienserabtei Wachok wurde 1179 von dem Krakauer Bischof Gedka gestiftet und mit Zisterziensermönchen aus Burgund besiedelt. Nach Plänen des Baumeisters Simon entstanden zwischen 1218 und 1238 die Konventsgebäude und bald danach die dreischiffige Basilika Unserer Lieben Frau und St. Florian. In der Barock- und Rokokozeit wurde auch diese Kirche im Innern neu gestaltet. Im Ostflügel des Klosters ist der aus dem 13. Jahrhundert stammende Kapitelsaal mit seinem Kreuzrippengewölbe erhalten. Aus dem 16. Jahrhundert stammen der eindrucksvolle Kreuzgang und der Abtspalast.

Wadgassen/Saarland/Deutschland

Die ehemalige Prämonstratenserabtei Wadgassen (Vadegotia) bei Saarbrücken, 1135 gegründet und von Prémontré besiedelt, wurde bald zum Mittelpunkt einer ganzen Ordensprovinz mit 24 Klöstern, die unter dem Namen »Circaria Vadegotiae« bekannt wurde. Die Chorherren versahen die Seelsorge in der Stadt Saarbrücken und in 20 anderen Pfarreien der Umgebung. Die Abtei wurde 1792 im Zuge der großen Säkularisationswelle aufgehoben.

Waegwan Abbey/Korea

Die über 100 Mönche zählende Waegwan Abbey in Kyongbuk in Korea ist eine Gründung jener Benediktinermönche, die noch aus Nordkorea flüchten konnten, als die Kommunisten die koreanischen Geistlichen zu ermorden begannen. Die deutschen Mönche aus den einst blühenden Abteien Tokwon (Nordkorea) und Yenki (Mandschurei) wurden verhaftet und später nach Deutschland abgeschoben. Die überlebenden koreanischen Mönche sammelten sich danach in Südkorea und errichteten das Kloster Waegwan, das 1964 eine selbstständige Abtei wurde. In der Erzdiözese betreuen die Mönche von Waegwan inzwischen acht Pfarreien, vier Schulen, ein Altenheim, drei Exerzitienhäuser, ein Institut zur Ausbildung von Ordensschwestern, ein Verlagshaus mit Druckerei, mehrere Werkstätten und eine Landwirtschaft.

Walburg/Frankreich

Die ehemalige Benediktinerabtei Walburg bei Hagenau im Elsass wurde um 1105 vom Stauferherzog Friedrich I. von Schwaben und dem Grafen Peter von Lützelburg gegründet. Die sich kontinuierlich entwickelnde Abtei war ziemlich begütert und wurde im Bauernkrieg so stark zerstört, dass kein Wiederaufbau unternommen wurde. Die Besitztümer des Klosters teilte man 1544 zuerst Weissenburg zu, 1687 jedoch dem Straßburger Priesterseminar.

Walderbach/Bayern/Deutschland

Majestätisch thront die ehemalige Zisterzienserabtei Walderbach am rechten Ufer über dem Regen bei Reding in der Oberpfalz in Bayern. Das Kloster wurde vom Burggrafen von Regensburg, Otto von Stefling, zuerst für Augustiner-Chorherren gegründet, aber bald darauf (1143) mit Zisterziensern aus Waldsassen besiedelt. Unmittelbar danach begann der Bau der romanischen Klosterkirche. Nach einer dreihundertjährigen stillen Aufbau- und Erweiterungsphase begannen am Ende des Spätmittelalters die Bedrängnisse für das Kloster. 1428 und 1433 verwüsteten die Hussiten den Konvent, 1560 zog der reformierte Kurfürst von der Pfalz das Kloster ein, das dann 1567 die Bilderstürmer völlig unbewohnbar machten. Erst 1669 konnten aus Aldersbach wieder Zisterzienser an den Neuaufbau gehen. 1691 wurde Walderbach wieder zur Abtei erhoben. Im 18. Jahrhundert entstand ein beachtlich großer Konventsbau, auch die Kirche mit ihren schweren Gewölberippen und -gurten wurde umgestaltet. Vor allem die Altäre, die Kanzel und die Orgel erstrahlen in barockem Stil. Die Kirche wurde bei der Säkularisierung Pfarrkirche, der Konvent ist seither teils Staatsbesitz, teils in Privathand.

Waldsassen/Bayern/Deutschland

Die Zisterzienserinnenabtei St. Johannes Evangelista in Waldsassen liegt im Fichtelgebirge östlich von Marktredwitz in Bayern und blickt auf eine bewegte Geschichte zurück. Gegründet 1131 von Markgraf Diebold von Vohburg, wurde das Kloster bereits 1214 reichsunmittelbar und besaß auf Grund seiner Landeshoheit eigenes Stiftsland. Waldsassen war damals seit seiner Gründung jedoch ein Zisterzienserkloster, das im Laufe der Jahrhunderte Mutterkloster für andere Niederlassungen wurde. In den Hussitenkriegen und im Verlauf des Landshuter Erbfolgekrieges wurde es in Brand gesteckt, auch wüteten 1555 die Bilderstürmer im Kloster, so dass die Protestanten, die es ein Jahr später übernahmen und 1571 säkularisierten, nur noch leere Räume vorfanden. Nach dem Dreißigjährigen Krieg waren schließlich nur noch Ruinen übriggeblieben. 1669 kamen Zisterziensermönche aus Fürstenfeld und wagten sich an einen Neubeginn. Man verpflichtete die besten Meister der damaligen Zeit. Die Brüder Dientzenhofer, Abraham Leutner (Prag) und Jakob Steinfels, Peter Appiani, Karl Stip, Karl Hofreiter und Giovanni Battista Carlone – sie schufen zwischen 1681 und 1701 eine Prachtkirche und einen großartigen Klosterbau, in dem vor allem die 1725 vollendete Bibliothek das Entzücken aller Kunstfreunde hervorruft. In diesem Bücherhimmel sieht man lebensgroße Schnitzfiguren, die alle bestimmte Berufe verkörpern, die mit dem Buch in Verbindung stehen. 1803 wurde das Kloster aufgehoben, aber 1863 von Zisterzienserinnen zurückgekauft. 1925 wurde Waldsassen zur Abtei erhoben und 1969 die Kirche zur päpstlichen Basilika erklärt.

Walkenried/Niedersachsen/Deutschland

Die ehemalige reichsunmittelbare Zisterzienserabtei Walkenried am südlichen Abhang des Harzes gelegen, wurde 1127 gegründet und 1648 säkularisiert. Walkenried entwickelte sich mit gräflicher, herzoglicher und kaiserlicher Förderung zu einem der reichsten Klöster des deutschen Reiches, gestützt auf den Fleiß und die weitreichenden wirtschaftlichen Aktivitäten seiner Mönche. Noch heute künden die Ruinen dieser einst stolzen Abtei von der Pracht der 1290 geweihten Kirche und von der Größe der Anlage. Walkenried hatte eigene Gerichtsbarkeit, Münzhoheit und Zollfreiheit innerhalb des gesamten Reiches. Die Abtei beteiligte sich aktiv an der deutschen Ostkolonisation und war an der Gründung von insgesamt 18 Klöstern beteiligt, darunter Lehnin und Chorin. Das Kloster betrieb eine Reihe eigener Mühlen, Ziegeleien, Glashütten, Brauereien und Brennereien. Regelmäßige Zinseinkünfte kamen von klostereigenen Liegenschaften in Franken, in Brandenburg und in der Uckermark. Eigene Salzgüter bestanden in Lüneburg und ein Viertel der Silberausbeute des Rammelsberges bei Goslar konnten jährlich die Mönche von Walkenried beanspruchen. Umso schmerzlicher traf dann die Aufhebung das Kloster im Jahr des Westfälischen Friedens (1648). Das Kloster wurde mitsamt der prachtvollen Kirche als Steinbruch benutzt. Alle Güter und Ländereien fielen an die Herzöge von Braunschweig, die alles ihrem Erbbesitz eingliederten.

Walsingham Priory/Großbritannien

Das einstige Augustiner-Chorherrenstift Walsingham Abbey in Norfolk/England verdankt seine Entstehung einem Traum der frommen Richeldis de Favarques, die nach ihrem Erwachen berichtete, sie habe in einem Traumbild das Haus der Heiligen Familie zu Nazareth erblickt. Zur Erinnerung an diese nächtliche Vision ließ Richeldis eine Kapelle errichten, die bald als »Shrine of Our Lady« bekannt wurde und eine große Wallfahrtsstätte wurde. Aus ganz England kamen Pilgerscharen nach Walsingham. Augustiner-Chorherren betreuten seit 1153 die Pilger und gründeten ein Kloster in dem kleinen gleichnamigen Städtchen, vor allem aber eine große Klosterkirche, die heute nur noch als Ruine erhalten ist. Allein das Mauerwerk, das einst das große Ostfenster umgab, ist so beeindruckend, dass dieser Teil aus dem 14. Jahrhundert die einstige Bedeutung dieses im Klostersturm des 16. Jh. vernichteten Augustiner-Stifts sehr gut vor Augen führt. Für die 1921 wiederbelebte Wallfahrt wurden an verschiedenen Orten bei Walsingham zwei Kapellen eingerichtet, eine für Anglikaner und die andere für Katholiken.

Waltham Abbey/Großbritannien

Die einst in Essex (England) gelegene Benediktiner-Abtei Waltham Abbey wurde vom letzten angelsächsischen König Harold gegründet, der bald darauf die Schlacht von Hastings gegen Wilhelm von der Normandie verlor und in diesem seinem Kloster anschließend begraben wurde. Von der in normannischer Zeit gebauten Kirche sind nur das Schiff und die Seitenschiffe erhalten geblieben. 1861 unterzog man diese Kirchenbauten einer umsichtigen Restaurierung, bei der auch Sir Edward Burne-Jones mitwirkte, der den Entwurf zu dem dreigliedrigen Ostfenster beisteuerte, das in farbensatter Glasmalerei den Stammbaum Jesse zeigt.

Weihenstephan/Bayern/Deutschland

Im 8. Jahrhundert gründete der heilige Korbinian im heutigen Freising/Bayern ein kleines Kloster, das im 9. Jahrhundert in ein weltliches Kanonikerstift umgewandelt wurde, aber das 1021 die Benediktiner beziehen konnten. In dieser ehemaligen, von Bischof Egilbert geförderten Abtei der Benediktiner wurde nachweislich 1040 die älteste Brauerei der Welt eingerichtet. Von Beginn an jedoch fanden Wissenschaft und Kunst, vor allem die Geschichtsschreibung und die Buchmalerei in Weihenstephan eine besondere Pflegestätte. Als die Abtei 1803 säkularisiert wurde, brach man sieben Jahre später die Kirche total ab. In den Konventsräumen brachte man später die staatliche Akademie für Brauerei und Landwirtschaft unter. Nach dem Zweiten Weltkrieg wandelte man diese Akademie in die Landwirtschaftliche und Brautechnische Fakultät der Technischen Universität München um.

Weingarten/Baden-Württemberg/Deutschland

In der Nachbarschaft von Ravensburg im oberschwäbischen Bodenseegebiet liegt die ehemalige freie Reichsabtei Weingarten, deren Basilika eine der größten barocken Kirchen Deutschlands darstellt. 920 gründete der Welfengraf Heinrich an einem anderen Ort ein Kloster, das dann 1057 nach Weingarten verlegt wurde. Das Kloster wurde auch zur Grablege des Welfengeschlechts bestimmt. Reich begütert, wuchs die Benediktinerabtei zu einem Zentrum der Wissenschaften heran, in deren Skriptorium in der Zeit zwischen 1200 und 1230 das wohl kostbarste Buch der Spätromanik entstand, das Berthold-Sakramentar, das heute in der Pierpont Morgan Library in New York aufbewahrt wird. Die Bibliothek von Weingarten war bis zur Säkularisation 1803 ebenfalls berühmt und fiel nach der Aufhebung des Klosters an das damalige Königreich Württemberg. Die 1182 eingeweihte romanische Basilika fiel mehrfach verheerenden Brände zum Opfer, erstand jedoch nach den alten Plänen immer wieder neu, bis 1715–25 im Jesuitenstil ein barocker Neubau entstand. Diese gewaltige Abteikirche ist das Gemeinschaftswerk von sechs bekannten Baumeistern ihrer Zeit: Thumb, Zuccalli Mossbrugger, Beer, Schreck und Frisoni. Jeder dieser Architekten steht für eine Bauphase oder ein wichtiges Teilstück. Das Zentrum der Abteikirche bildet die gewaltige Kuppel über der Vierung. Im angemessenen Verhältnis dazu stehen die mächtigen Pfeiler. Der Stuck ist das Werk des großen Wessobrunner Meisters Franz Xaver Schmuzer. Die Fresken schuf Cosmas Damian Asam, und den figürlichen Schmuck gestaltete Diego Carlone, der von 1719–23 daran arbeitete. Eine der größten Orgeln Deutschlands mit 6666 Pfeifen und 75 Registern zieht stets die Aufmerksamkeit aller Besucher auf sich. Weingarten ist bis heute einer der größten Wallfahrtsorte Süddeutschlands, denn die Abtei verwahrt seit 1090 eine Heiligblutreliquie, die alljährlich am Freitag nach Christi Himmelfahrt in feierlicher Prozession beim »Blutritt« von etwa 3000 bäuerlichen Reitern begleitet wird. Die für die deutsche Literatur ebenfalls wichtige »Weingartener Liederhandschrift« (um 1300 entstanden) wird heute in der Landesbibliothek in Stuttgart aufbewahrt. Im Jahr 1922 erfolgte der Wiedereinzug der Benediktiner wenigstens in den Nordtrakt der großen Abtei. Die Mönche wurden 1940–45 von den Nationalsozialisten zwar ausgewiesen, kehrten aber nach dem Zweiten Weltkrieg nach Weingarten zurück. Nach einer Gesamtrenovierung des beachtlichen Klosterkomplexes konnte sich die Abtei wieder voll entfalten. Schwerpunkte der Arbeit sind seither die Mitwirkung im Religionspädagogischen Institut und in der Akademie der Diözese Rottenburg, die beide im Klosterbereich angesiedelt sind.

Weissenau/Baden-Württemberg/Deutschland

Nur zwei Kilometer südlich von Ravensburg in Oberschwaben (Baden-Württemberg) liegt die ehemalige reichsunmittelbare Prämonstratenserabtei Weissenau. Der Aufstieg dieses Klosters, das 1145 gegründet wurde, ist schon dadurch nachdrücklich dokumentiert, dass sein Abt Konrad von Madelburg zum Generalabt des Ordens gewählt wurde und von 1220 bis 1232 in Prémontré allen Prämonstratenserklöstern in Europa als höchste Autorität vorstand. Im Bauernkrieg und im Dreißigjährigen Krieg hatte die Abtei zwar schwer zu leiden, blieb aber unzerstört erhalten. In der Barockzeit wurde unter Leitung von Franz Beer neu gebaut. 1717–32 entstand die Klosterkirche St. Peter und Paul im Barockstil mit den reichen Stuckarbeiten von Franz Xaver Schmuzer. Das bemerkenswerte Chorgestühl aus dem Jahr 1635 wurde in die Innenausstattung einbezogen. Sehenswert ist auch die Glocke aus dem Jahr 1753 mit figürlichen Darstellungen. Der Konventsbau wurde nach der Aufhebung 1803 dem Grafen Sternberg-Manderscheid zugesprochen und 1815 württembergisch. Nach einer industriellen Nutzung der Gebäude wurde das ehemalige Kloster schließlich in eine Heil- und Pflegeanstalt umgewandelt.

Weissenburg (Wissembourg)/Frankreich

Die ehemalige Benediktinerabtei Weissenburg im Elsass, die dem heutigen Städtchen Wissembourg den Namen gegeben hat, liegt am Fuß der Nordvogesen im Tal der Lauter und kann auf eine Geschichte von 631–1789 zurückblicken. Gegründet von König Dagobert, wurde das Kloster von den fränkischen Königen stark gefördert, wurde 973 Reichsabtei und entwickelte sich durch seine Klosterschule zu einem kulturellen Mittelpunkt im Elsass. Bis 1524 war das Kloster eine Abtei der Benediktiner, dann verwandelte Papst Clemens VII. das Kloster in ein weltliches Kollegiatsstift, das dann bis zur Aufhebung 1789 bestand. Die Kirche der ehemaligen Abtei, Saint-Pierre et Saint Paul, eine gotische Pfeilerbasilika mit sieben Jochen und mächtigem Vierungsturm, blieb erhalten.

Weissenohe/Bayern/Deutschland

Die ehemalige Benediktinerabtei Weissenohe in Oberfranken wurde 1053 von Pfalzgraf Aribo II. gegründet und war ausschließlich adeligen Mitgliedern vorbehalten. Die Stadt Nürnberg und das Bistum Bamberg stritten sich ständig um die Schutzrechte und damit um die weltliche Oberhoheit über das Kloster. 1504 wurde es nürnbergisch, 1522 pfälzisch und damit protestantisch. 1621 kam es zu Bayern und wurde wieder als katholisches Kloster neu errichtet. 1695 wurde Weissenohe wieder Abtei, 1803 jedoch aufgehoben.

Weißes Kloster/Ägypten

Das am westlichen Rand des Niltales liegende Weiße Kloster bei Atripe in Ägypten, gegründet im 4. Jahrhundert und ausgebaut von dem 333 geborenen Erneuerer des Pachomianischen Mönchstums, Schenute von Atripe, war sicherlich einst das »volkreichste« Kloster der christlichen Geschichte, denn es zählte im 5. Jahrhundert etwa 2200 Mönche und 1800 Nonnen. Obwohl Schenute für das Kloster eine extrem strenge Zucht vorschrieb, hatte er dennoch größten Zulauf. Das Kloster prägte das koptische Mönchtum ganz entscheidend und hielt sich in dieser Größe bis zur Eroberung Ägyptens durch den Islam.

Weltenburg/Bayern/Deutschland

Die Benediktinerabtei Weltenburg liegt unmittelbar am Ufer der Donau an einem Knie des Flusses, der an dieser Stelle durch eine geräumige Schlucht südwestlich von Kelheim in Niederbayern bricht. Die Stelle hätte nicht besser gewählt sein können, als um 760 der bayerische Herzog Tassilo dieses Kloster gründete. Lange Jahrhunderte war es ein geistliches Zentrum dieser von Wäldern und Felsen beherrschten Gegend. In der Barockzeit gaben die Äbte den Auftrag zu einem Neubau sowohl für das Kloster als auch für die Kirche und beauftragten die Brüder Asam mit dem ehrgeizigen Unternehmen. Es entstand ein behäbig wirkendes Konventsgebäude mit den entsprechenden Wirtschaftsräumen und ein geradezu genialer Kirchenbau. Ein großes ovales Kirchenschiff mündet auf einer Seite in einen ebenfalls ovalen Chor, auf der anderen in eine ovale Vorhalle. Das großzügige Mitteloval wird begrenzt von zwei Seitenkapellen und vier Ecknischen, alle in wundervoller barocker Gestaltung. Der spektakuläre Hochaltar wurde oft schon mit einer Theaterbühne verglichen, denn auf ihm sieht man hoch zu Ross St. Georg aus einem gleißenden Hintergrund auf den Betrachter zureiten, im Begriff, den Drachen vor ihm zu töten. Das gesamte architektonische Ensemble wurde 1714–25 durch Cosmas Damian Asam ausgeführt, die Fresken malte Egid Quirin Asam, vor allem das Deckengemälde der Hauptkuppel mit der Himmelsglorie. Wie alle bayerischen Klöster wurde auch Weltenburg 1803 aufgehoben, konnte jedoch 1842 als selbstständiges Priorat wieder errichtet werden und ist seit 1913 eine Abtei der Benediktiner, die seither vier Pfarreien betreuen. Nach dem Zweiten Weltkrieg wurde eine Heimvolkshochschule als Weltenburger Akademie errichtet. Außerdem werdem viele Exerzitien in Weltenburg abgehalten. Jährlich besuchen rund eine halbe Million Touristen das herrlich gelegene Kloster am großen Donauknie, so dass den Mönchen mit den Kirchenführungen eine zusätzliche große Aufgabe erwachsen ist.

Wenlock Priory/Großbritannien

Am Schicksal des ehemaligen Benediktinerklosters Wenlok Priory in dem mittelalterlichen Städtchen Much Wenlock zwischen Birmingham und Shrewsbury kann ein wichtiger Abschnitt der englischen Geschichte mühelos abgelesen werden. Um 680 gründete die heilige Milburga, die Tochter des Königs von Mercia, ein Frauenkloster, das 896 von den Dänen zerstört wurde. Lady Godiva ließ auf den Ruinen dann 1050 ein Priesterseminar errichten, das kurz darauf die Normannen bei ihrem Vorstoß nach Norden schwer beschädigten. Roger de Montgomery, ein normannischer Ritter, der Earl of Shropshire geworden war, eröffnete das wiederhergestellte Kloster 1080 und holte Benediktiner aus dem französischen Kloster La Charité sur Loire. Diesem Mutterkloster auf dem Festland war Wenlock Abbey lange tributpflichtig. Der Klostersturm des 16. Jahrhunderts hinterließ dann nur noch Ruinen. Die Reste des einst stolzen Klosters belegen den Übergang vom normannischen zum frühgotischen Stil sehr anschaulich.

Wessobrunn/Bayern/Deutschland

Der Name der ehemaligen Benediktinerabtei Wessobrunn im Kreis Weilheim-Schongau in Oberbayern hat sowohl in der literarischen als auch in der künstlerischen Welt einen guten Klang. Einerseits stammt aus diesem einstigen Kloster die Handschrift mit dem ältesten deutschen Sprachdenkmal, dem »Wessobrunner Gebet« und andererseits ist Wessobrunn die Heimat der berühmtesten aller Stuckateur-Schulen der Barockzeit, aus der ganze »Familien« von Stuckateuren hervorgingen, von denen die Schmuzer und die Zimmermann nur die bekanntesten sind. Gestiftet wurde das Kloster bereits 753 von Herzog Tassilo III. und mit Mönchen aus Niederaltaich besetzt. 955 wurde das Kloster beim Ungarnsturm zerstört und die Mönche getötet. Nach der Wiedererrichtung im 11. Jahrhundert gelangte das Kloster zu neuer Blüte, so dass im 13. Jahrhundert der Konvent und die Kirche neu aufgebaut werden konnten. Die Abtei gründete eine vielbesuchte Knabenschule und wurde durch seine eigene wissenschaftliche Tätigkeit weithin bekannt. Der barocke Neubau des Klosters wurde Mitte bis Ende des 17. Jahrhunderts unternommen. Bereits 1598–1607 war in Wessobrunn eine Stuckatorenschule eingerichtet worden, so dass mit einheimischen Kräften gearbeitet werden konnte. Sowohl die Kirche als auch die Klostergebäude wurden kostbar ausgestattet. Nach der Aufhebung des Klosters 1810 wurden sowohl die herrliche Kirche als auch die meisten Klostergebäude abgebrochen – eine Kulturbarbarei, die durch nichts entschuldigt werden kann. Weniger als ein Viertel der Gebäude blieb erhalten, darunter der Prälatenbau, der heute Pfarrhof ist, und der Gästetrakt. Die verbliebenen Baulichkeiten kamen später in den Besitz des Freiherrn von Cramer-Klett und wurden schließlich als Kinderkurheim eingerichtet.

Wettenhausen/Bayern/Deutschland

Südöstlich von Günzburg liegt in der lieblichen Landschaft der schwäbisch-bayerischen Hochebene das einstige reichsunmittelbare Augustiner-Chorherrenstift Wettenhausen, das um 1130 von Gertrud von Roggenstein gegründet wurde. Das wohldotierte Stift hatte freie Vogtswahl, ihre Äbte erhielten bischöfliche Würden und erlangten 1566 die Reichsunmittelbarkeit. Im Dreißigjährigen Krieg zerstörten die Schweden das Kloster fast vollständig in den Jahren 1632–35. Bald danach begann ein glänzender Neuaufstieg. Die nun entstandene Klosterkirche und die neuerbauten Konventstrakte bewahren einige Teile aus vorbarocker Zeit, sind jedoch zumeist mit überaus reichen Barockstuckaturen und Rokokoarbeiten versehen worden. Die drei Zwiebelhaubentürme geben der Gesamtanlage ein fast schlossartiges Aussehen. Nach der 1803 erfolgten Säkularisation gelangte der Konvent an die Dominikanerinnen. Der Bildung und Erziehung der Jugend verpflichtet, haben diese ein musikalisches Gymnasium gegründet, das noch heute besteht.

Melrose Abbey, GB

Wettingen/Schweiz

Nordwestlich von Zürich liegt im Aargau die ehemalige Zisterzienserabtei Wettingen, die 1227 von Salem aus als Tochterkloster gegründet wurde. Die ursprünglich frühgotische dreischiffige Basilika mit einem Querschiff und einem rechtwinkligen Chor hat man um 1750 im Stil des Rokoko ausgestattet, dabei aber das Renaissance-Chorgestühl erhalten. Der spätgotische Kreuzgang präsentiert einen farbigen Glasgemäldezyklus aus dem 16. und 17. Jh. mit Wappen- und Standesdarstellungen. Das im Kulturkampf 1841 aufgehobene Kloster diente danach als aargauisches Lehrerseminar und wird seit 1976 als Kantonsschule Wettingen immer noch für die Bildung genutzt.

Weyarn/Bayern/Deutschland

Graf Sigeboth I. von Neuburg und Falkenstein stiftete 1133 das Augustiner-Chorherrenstift Weyarn im heutigen Kreis Miesbach in Oberbayern, deren lateinischer Name »Cella Vinaria« lautete und das in der Gründungszeit landläufig »Wiare« genannt wurde. Von der ursprünglich romanischen Basilika hat in der Barockzeit der Baumeister J. Sciasca aus Roveroto nichts mehr übernommen, der 1687–93 die Stiftskirche St. Peter und Paul völlig neu aufführte. Die Wertschätzung dieser Kirche unter Kunstfreunden beruht jedoch auf der Tatsache, dass der bedeutendste Bildschnitzer jener Zeit, nämlich Hofbildhauer Ignaz Günther beauftragt wurde, eine Reihe von Figurengruppen und zahlreiche reizende Putten für den Schmuck der Altäre zu schaffen. Diese Kunstwerke haben in der zur Pfarrkirche erklärten Klosterkirche die Säkularisation ebenso überlebt wie ein Teil des Klosters, der später als Kinderheim genutzt wurde.

Whitby Abbey/Großbritannien

Von allen Klosterruinen Englands bietet sicherlich jene der ehemaligen Benediktinerabtei Whitby in North Yorkshire den spektakulärsten Anblick, denn die Mauern des einst so stolzen Klosters blicken von einer hohen Klippe weit hinaus in die Nordsee. Das Kloster wurde bereits im 8. Jahrhundert gegründet und erhielt eine romanische Kirche. Von den eindringenden Dänen 867 zerstört, wurde der Konvent nach der normannischen Eroberung wieder aufgebaut. Nach der Auflösung im 16. Jahrhundert unter Heinrich VIII. verfielen Kirche und Kloster, 1763 stürzte das Langhaus ein und im Ersten Weltkrieg zerstörte eine Granate die Westfassade. Die Kirche wurde jedoch zu wesentlichen Teilen 1921 originalgetreu restauriert, wenn auch vom einstigen Innenraum nicht mehr viel erhalten ist. Von den Klostergebäuden steht noch das Abtshaus, das im Stil der Frührenaissance erbaut wurde.

Wiblingen/Baden-Württemberg/Deutschland

In der unmittelbaren Nachbarschaft der alten Königspfalz und späteren Reichsstadt Ulm gründeten auf einem Höhenrücken über der Iller die Grafen von Kirchberg 1093 ein Benediktinerkloster und riefen Mönche aus St. Blasien im Schwarzwald zu seiner Besetzung herbei. Nach Bränden und Zerstörungen im Mittelalter wurde in der Barockzeit dann das gesamte Kloster samt Kirche völlig neu aufgebaut. 1714 begann man mit dem Bau der Abtei (und dem Bibliothekssaal) unter Christian Wiedenmann und vollendete die Arbeiten 1783 mit dem Neubau des Ostflügels (samt Kapitelsaal) und Kirche. Die Galerie der berühmten Bibliothek wird von Säulen getragen, an denen lebensgroße Statuen stehen, die die geistigen Wissenschaften und die Tugenden personifizieren. Die nach den Plänen von Johann Michael Fischer erbaute Kirche ist ein kuppelüberdeckter Zentralraum, der bereits deutlich die Zeichen des einsetzenden Klassizismus trägt. Die großen, noch vom Barock bestimmten Kuppelgemälde schuf Januarius Zick. Das Innere der Kirche ist prächtig gestaltet, jedoch von vornehmer Zurückhaltung geprägt. Bereits zwanzig Jahre nach Vollendung der Kirche wurde das Kloster säkularisiert und diente bis 1945 als Lazarett. 1956–77 wurde die Kirche restauriert, die Konventflügel dienen der Universität Ulm, beherbergen ein Altersheim und sind als Pfarrwohnung eingerichtet.

Wien, Himmelpforte/Österreich

Die Prämonstratenser-Chorfrauen von Kloster Himmelpforte in Wien standen seit der Gründung 1279 unter der Leitung der Abtei Geras. Kardinal Khesl unterstellte jedoch kraft seiner Autorität 1586 das Kloster den Wiener Chorfrauen vom heiligen Augustin – trotz des Protestes des Abtes von Geras. Das Wiener Kloster Himmelpforte ist aus diesem Grunde ein Paradebeispiel eines innerkirchlichen Streits um Besitzverhältnisse und Ordenswechsel eines Konvents. Ende des 18. Jahrhunderts wurde das Kloster von Kaiser Joseph II. aufgehoben.

Wien, Schottenabtei/Österreich

Die Benediktinerabtei »Unserer Lieben Frau zu den Schotten« in Wien besteht seit der Gründung bis heute in ununterbrochener Folge und ist das letzte große Zeugnis der iroschottischen Missionsbewegung des frühen Mittelalters. 1155 hatte Herzog Heinrich II. von Österreich Schottenmönche aus Regensburg nach Wien geholt und ihr Kloster reich dotiert. Bis 1418 zelebrierten tatsächlich keltisch und lateinisch sprechende Mönche die Gottesdienste im Wiener Schottenkloster. Um diese Zeit versiegte der Nachschub von Ordensbrüdern aus Schottland und Irland und deutschsprachige Mönche übernahmen die Abtei, die in der Folgezeit alle Schwierigkeiten überwand und 1648 einen barocken Neubau der Klosterkirche vollendete. Ein Stiftsmuseum, eine reichhaltige Bibliothek und eine Hauslehranstalt wurden aufgebaut. 1807 wurde das Schottengymnasium eröffnet. Gegenwärtig versorgen die Mönche der Abtei verschiedene Pfarreien der Erzdiözese Wien, führen die Schultradition fort und unterhalten ein Gästehaus. Den Ruf eines geistlichen Zentrums hat sich die Schottenabtei bis heute erhalten können.

Wienhausen/Niedersachsen/Deutschland

Die ehemalige Zisterzienserinnenabtei Wienhausen südöstlich von Celle in Niedersachsen wurde von Herzog Heinrich von Braunschweig, dem Sohn von Heinrich dem Löwen, 1221 gegründet. Man legte die Klostergebäude um zwei Binnenhöfe an und baute zwei Kirchen, eine Nonnenkirche und eine Gemeindekirche für die Gläubigen des Dorfes Wienhausen und der näheren Umgebung. Im Nonnenchor des Konvents entstanden an der Decke jene Wandmalereien, die man heute zu den besten Deckenbilderfolgen der gotischen Zeit rechnet, und es entstanden zwischen 1300 und 1500 Bildteppiche, die von den Nonnen mit viel Fantasie gestickt wurden und die seit langem alljährlich für kurze Zeit ausgestellt werden. Wienhausen wurde zwar 1529 protestantisch, aber sogleich in ein evangelisches Damenstift umgewandelt, deren Vorsteherin nach wie vor den Titel Äbtissin trägt. Nichts Wesentliches hat sich seit dem Jahre 1300 in diesem Kloster verändert. Diese Besonderheit wird fast noch übertroffen von den überreichen Schätzen, die dieses Kloster bis zur Gegenwart bewahren konnte. Neben den Teppichen finden sich Glasmalereien, Skulpturen, Hausrat und sogar die Truhen, in denen einst die Nonnen bei ihrem Eintritt ins Kloster ihre Habe mitbrachten.

Wilhering/Österreich

Die acht Kilometer westlich von Linz an der Donau gelegene Zisterzienserabtei Wilhering in Oberösterreich wurde 1146 von den Brüdern Ulrich und Cholo Wilhering gegründet. Durch reiche Stiftungen war die Abtei in der Lage, drei Tochterklöster zu eröffnen: Hohenfurt in Böhmen (1259), Engelzell (1293) und Sausenstein (1336). Als 1733 ein Brand sowohl das Kloster als auch die Kirche einäscherte, ging man sofort an den Neuaufbau. Vor allem die Stiftskirche Mariä Himmelfahrt geriet zu einem Gesamtkunstwerk von hinreißender Schönheit durch ihre einmalige Ausstattung, die als das unnachahmliche Meisterwerk von Bartolomeo Altomonte gelten kann. Die Stuckarbeiten stammen von den vielgerühmten Künstlern Johann Michael Feuchtmayer, Franz Josef Ignaz Holzinger und Joh. Georg Ueblherr. Die Konventsgebäude dagegen wirken gegenüber diesem einmaligen Architektur-Wunder eher bescheiden. Die Bibliotheks- und Archivbestände sind ansehnlich und das Stiftsgymnasium mit Internat ist stets gut besucht.

Wilten/Österreich

Die Prämonstratenserabtei Wilten bei Innsbruck am Berg Isel in Tirol/Österreich wurde an Stelle eines alten weltlichen Kollegiatsstiftes zu Anfang des 12. Jahrhunderts von Bischof Reginbert von Brixen gegründet und bestand als zwar bescheidenes Kloster bis zur Barockzeit, in der dann ein großzügiger Neubau der Kirche und des Konvents in Angriff genommen wurde. 1807 von Bayern aufgehoben, aber 1816 von Kaiser Franz von Österreich wiederhergestellt, war es dann wieder Prämonstratenserstift bis zur Wiederaufhebung durch die Nationalsozialisten 1939–45. Im Krieg erlitt das Kloster schwere Schäden durch Bombenangriffe. Nach der Wiedererrichtung wandten sich die Prämonstratenser hauptsächlich der Bildungsarbeit zu. In eigenen gewerblichen Betrieben werden vor allem Lehrlinge ausgebildet.

Windberg/Bayern/Deutschland

An den Hängen des Bayerischen Waldes entstand im Kreis Straubing-Bogen in Niederbayern nach 1130 die Prämonstratenserabtei Windberg anstelle der Stammburg der Grafen von Bogen. Die sehr schön ausgestattete romanische Klosterkirche wurde als mächtige dreischiffige Basilika um 1220 vollendet, in der bis heute auch ein berühmter romanischer Taufstein mit Reliefskulpturen zu finden ist. In den Höfen der Abtei sind auch zwei bemerkenswerte Brunnen des 16. und 17. Jahrhunderts erhalten. In der Barockzeit stattete man die Klosterkirche St. Maria mit hervorragenden Altären, Fresken und Stuckarbeiten aus. 1803 wurde das Kloster durch das Königreich Bayern aufgehoben, aber 1923 neu besiedelt und als Prämonstratenserkloster wiedererrichtet. Von Windberg aus wurde 1982 das Kloster Roggenburg wiederbesiedelt.

Wisques/Frankreich

Die Benediktinerabtei Wisques im nordwestfranzösischen Artois hat die offizielle Bezeichnung »Abbaye Saint Paul« und wurde 1889 von Mönchen aus Solesmes gegründet. Nach der Vertreibung der Mönche aus Frankreich 1901 fand der Konvent im holländischen Oosterhout Zuflucht und wurde dort 1910 zur Abtei erhoben. Nach dem Ersten Weltkrieg kehrten die Mönche nach Wisques zurück und errichteten nach 1930 den großen Klosterbau. Die wichtigsten Aufgabenfelder der Mönche sind die Betreuung der Gäste, die Veranstaltung von Ausbildungs- und Weiterbildungskursen und kreatives Arbeiten in einer Kunstwerkstatt.

Wjaschizkij-Kloster/Russland

Das in der Umgebung von Nowgorod liegende Wjaschizkij-Kloster wurde im 14. Jahrhundert gegründet und ist mit bedeutenden Bauten aus dem Ende des 17. Jahrhunderts erhalten. Hauptbau ist die Nikolaus-Kirche, ein kubisches Gotteshaus mit fünf Kuppeln, das von einer Galerie umzogen wird, die im Westen zu einem malerischen Portalvorbau ausgebildet wurde. Das Refektorium aus dem Jahr 1698 mit einer großen quadratischen Kirche und der Glockenturm folgen architektonisch Moskauer Vorbildern.

Wladimir, Fürstinnenkloster/Russland

Im Westteil der alten Stadt Wladimir liegt das Fürstinnenkloster, das seinen Namen auf die Fürstin Maria Scharnowna, die Gattin von Wsewolod III. zurückführt. Gegründet Ende des 12. Jahrhunderts, wurde die Bautätigkeit des Klosters durch den mongolischen Überfall bald für lange Zeit unterbrochen, so dass die heutige Mariä-Entschlafens-Kathedrale erst im 16. Jahrhundert auf die alten Fundamente der ersten Kirche gesetzt werden konnte. Dabei handelt es sich um eine große einkuppelige

Vierpfeilerkirche mit zwei Nebenaltären und drei stark ausgebildeten Apsiden. Die unversehrt gebliebenen Fresken stammen aus den Jahren 1647/48 und wurden von Moskauer Malern ausgeführt. Diese Wandgemälde sind gigantisch, aber im hellen und großzügig angelegten Innenraum meisterhaft ausgeführt. Mit einer reichen Farbskala und genialen Kompositionen haben die Meister aus Moskau unter der Leitung von Mark Matwejew die neuen künstlerischen Formen des 17. Jahrhunderts optimal in dieser Kirche verwirklicht.

Wladimir, Kloster zu Mariä Geburt/Russland

Im Südosten der Stadt Wladimir lag einst die Residenz des Oberhauptes der russisch-orthodoxen Kirche im einstmals berühmten Kloster zu Mariä Geburt. Vom Ende des 12. bis zu Anfang des 14. Jahrhunderts amtierten hier die Patriarchen Russlands. Im November 1263 wurde hier Großfürst Alexander Newski begraben. Zuerst umgab ein Erdwall das Kloster, dann eine Steinmauer mit Türmen. Innerhalb der Einfriedung erhoben sich bereits seit Ende des 12. Jahrhunderts die Kathedrale zu Mariä Geburt und ausgedehnte Klosterbauten. Nichts ist von diesen sakralen und weltlichen Bauten mehr zu sehen. Nur das Erzbischöfliche Palais und das Spitalhaus haben den Sturm der Zeiten überstanden.

Würzburg, Himmelpforte/Bayern/Deutschland

Das ehemalige Zisterzienserinnenkloster Himmelpforte war ursprünglich 1231 von Bischof Hermann von Würzburg zu Himmelstadt gegründet worden, man verlegte es jedoch 1251 in die Schottenau bei Würzburg und baute den Nonnen eine schöne gotische Kirche. Nach der Aufhebung des Klosters 1803 zogen nach einer Zwischenzeit von 44 Jahren die Karmeliterinnen in das verwaiste Kloster ein.

X

Xchonk/Türkei

Das ehemalige armenische Kloster Xchonk, auch bekannt unter dem türkischen Namen Beşkilise (Fünf Kirchen) bestand bis zum Beginn des 20. Jahrhunderts, als es in der Zeit der Verfolgungen aufgegeben werden musste. Das Kloster hatte in der Tat fünf Kirchen, die alle aus der Zeit des 10. bis 13. Jahrhunderts stammten. Erhalten ist heute von den fünf einst großartigen Gotteshäusern nur noch die Sergiuskirche, die aber erhebliche Schäden aufweist. Die Lage von Xchonk ist einmalig zu nennen, das Kloster wurde auf drei Felsvorsprüngen in einer steilen Felsschlucht gebaut. Die wildromantische Lage dieser Gottesburg von einst ist sicherlich nur mit wenigen Klöstern in der gesamten Christenheit zu vergleichen. Der Kern dieser armenischen »Gralsburg« bestand einst aus drei Kirchen sowie einigen Nebengebäuden. Abgelegen auf zwei anderen Felsnasen standen zwei weitere Kirchen – ein außergewöhnlicher Anblick. Man findet diese heute fast unheimlichen Klosterruinen im türkischen Bezirk Kars in der Region Širak nahe dem Dorf Tekor.

Xorakert/Armenien

Das armenische Kloster Xorakert in der Provinz Gogarene liegt am bewaldeten Westhang des Berges Lalvar im Distrikt Tumanyan. Gegründet im Jahre 1251 konnte es als kleineres Kloster keine überregionale Bedeutung gewinnen, ist jedoch dadurch bemerkenswert, weil sein Schamatun die Kirche an Breite übertrifft. Die armenischen Schamatune entwickelten sich aus dem byzantinischen Narthex oft zu riesigen Hallen neben einer Kirche, zwischen zwei Gotteshäusern oder auch in freistehender Form und konnten multifunktional genutzt werden. Xorakert bietet dazu das beste Anschauungsbeispiel. 1965 wurde das Kloster durch ein Erdbeben schwer in Mitleidenschaft gezogen, es wurde verlassen und ist dem Verfall preisgegeben, auch das Deckenstützsystem (aus vier sich schneidenden Bogen) des Schamatun ist eingestürzt.

Xoranašat/Armenien

Das armenische Kloster Xoranašat liegt auf einem bewaldeten Hügel oberhalb des Dorfes Činari im Distrikt Šamšadin in der Provinz Arcax. Das seit sowjetischen Zeiten dem Verfall preisgegebene Kloster wurde im 13. Jahrhundert gegründet; der Gelehrte und Historiker Yovhannes Vanakan Vardapet ließ 1211–22 die Kirche errichten. Dieser tatkräftige Organisator und Wissenschaftler gründete auch eine Schule in Xoranašat, die aber nach seinem Tod 1251 nicht lange Bestand hatte. Wie bei vielen Klöstern Armeniens ist die an die Kirche anschließende große Halle (der Schamatun) breiter und mächtiger als die Kirche selbst.

Y

Yovhannavank/Armenien

Das armenische Kloster Yovhannavank (Sankt Johannes) wird auch oft nach dem Dorf Hovannavan genannt, in dem es liegt, und wird daher auch als Hovannavank bezeichnet. Das Kloster liegt am Rande der Kasal-Schlucht im Distrikt Aštarak in der Provinz Ayrarat. Jäh über der Schlucht stehen die beiden Kirchen des Klosters, die Täuferkirche und die Hauptkirche Katholiké. Die Legende verlegt zwar die Gründung des Klosters schon ins 4. Jahrhundert, aber seine Existenz ist erst seit dem 7. Jahrhundert gesichert. Zu den beiden Kirchen, die aus dem 13. Jahrhundert stammen, kam 1250 ein Schamatun (große Halle) dazu. Umgeben war der gesamte Komplex von einer Umfassungsmauer mit Rundtürmen. Im 17. Jahrhundert erlebte Jovhannavank eine zweite große Blütezeit, aber die schweren Erdbeben der Jahre 1679 und 1918 fügten dem Kloster riesige Schäden zu, die auch die Restaurierungen von 1946–48 nicht beseitigen konnten.

Z

Zakynthos/Griechenland

Zakynthos, die südlichste der Ionischen Inseln, gegenüber dem peloponnesischen Festland gelegen, besitzt im Inselinnern drei recht unterschiedliche griechisch-orthodoxe Klöster, die auch in jenen Zeiten in Blüte standen, als die Seerepublik Venedig die Herrin der Ionischen Inseln war. Am Gipfel des Skopus-Berges, zehn Kilometer südöstlich des Inselhauptortes, liegt das Kloster Panagia Skopiotissa mit wertvollen Ikonen aus frühbyzantinischer Zeit. Im Westen der Insel dagegen liegen die Klöster Agios Georgios und Anafonitria, wo einst der heilige Dionysios lebte.

Zevenkerken, Sint-Andries/Belgien

Die Benediktinerabtei Sint-Andries nahe bei Brügge in Belgien wurde in Zevenkerken auf dem Gelände einer alten Abtei errichtet, die in der Französischen Revolution zerstört worden war. Gegründet erst zu Beginn des 20. Jahrhunderts, nahm die Abtei einen relativ schnellen Aufstieg und konnte seither mehrere Klöster in Brasilien wiedererrichten und Neugründungen in China, Polen, Kongo, Indien und in den USA vornehmen. Im »Mutterkloster« Zevenkerken, das dem heiligen Andreas geweiht ist, befindet sich eine Klosterschule, ein Verlag, ein Gästehaus und mehrere Kunstwerkstätten. Der weitverzweigte Klosterkomplex mit seiner mächtigen, dreitürmigen Kirche im romanischen Stil ist ein Paradebeispiel moderner Klosterbaukunst.

Žiča/Serbien

Das serbisch-orthodoxe Kloster Žiča, sechs Kilometer südwestlich der Stadt Kraljewo gelegen, kann als eines der bedeutendsten Klöster der serbischen Geschichte angesprochen werden, denn es war bis zum späten 13. Jahrhundert gleichzeitig der Sitz des höchsten kirchlichen Würdenträgers des Landes, des ersten Erzbischofs der selbstständigen Kirche für alle Serben. König Stephan II. (1196–1228) gründete das Kloster 1208 und setzte seinen jüngeren Bruder Rastko als ersten Erzbischof Serbiens ein. Rastko hatte bis 1196 als Mönch unter dem Namen Sava auf dem Berg Athos gelebt und erwirkte dann als Erzbischof die kirchenorganisatorische Unabhängigkeit vom Patriarchat in Konstantinopel. Später wurde der Erzbischofssitz aus Sicherheitsgründen nach Péc verlegt, denn Žiča lag zu nahe an der ungarischen Grenze. Weiterhin spielte aber Žiča eine wichtige Rolle als Krönungskirche der serbischen Könige. In der Osmanenzeit wurde Žiča mehrfach verwüstet und auch im Zweiten Weltkrieg beschädigt. In den letzten Jahrzehnten vor dem Jahr 2000 wurde das Kloster sorgfältig restauriert. Damit wurden auch die Fresken der um 1220 errichteten Kirche endgültig gerettet. Der einschiffige, 44 Meter lange Kirchenbau ist im Raska-Stil aufgeführt, hat einen hohen Glockenturm, eine Vierungskuppel und zwei weitere Kuppeln, die sich über Bittkapellen auftürmen.

Zirc/Ungarn

Die mächtige ungarische Zisterzienserabtei im Bakony-Gebirge liegt mitten in der heutigen Kleinstadt Zirc, die von diesem Kloster auch ihren Namen bekam. Die Abtei wurde 1182 von Béla dem Dritten gegründet und mit Mönchen aus Clairvaux besiedelt, weshalb sich für das Kloster auch der Name »Nova Claravallis« einbürgerte. 1526 zerstörten die Türken das Kloster, dessen Überreste auch noch durch einen späteren Brand vernichtet wurden. Die Reste der Klostergebäude wurden 1659 dem Kloster Lilienfeld zugesprochen und kamen 1699 an das Kloster Heinrichau in Schlesien. Eine solche Zuordnung war damals im großen Habsburgerreich jederzeit möglich – Ungarn gehörte bereits dazu. Die Mönche von Heinrichau ließen nun in Zirc 1739–53 eine große Barockkirche mit üppiger Innenausstattung entstehen. Deren Doppelturmfassade, die die Ortsmitte des Städtchens prägt, ist bis heute ein Wahrzeichen der Gegend nördlich von Veszprém in Westungarn geblieben. Die Baumeister Martin Witwer und Matthias Kayr regten auch den Bau des großartigen Bibliothekssaales mit ihren Ideen an, der aber erst ein Jahrhundert später (1853–57) in klassizistischer Form zur Ausführung kam. Die Bibliothek mit 60 000 Bänden hat alle Wirren der Zeit überstanden. In der Gegend von Zirc waren in der Zeit nach den Türkenkriegen deutsche Ansiedler in die Gegend gekommen, die Abtei wurde 1810 selbstständig und stand in der nachnapoleonischen Zeit in hoher Blüte, da mit ihr auch noch die Abteien Pilis, Paszio und St. Gotthard vereinigt worden waren. Im Jahre 1912 unterhielt Zirc vier Gymnasien in Westungarn und unterrichtete in ihnen über 1600 Schüler. Die beiden Weltkriege und die kommunistische Ära in Ungarn überstand Zirc unversehrt und richtete in seinen Räumen das vielbesuchte Bakonyer Naturwissenschaftliche Museum ein.

Zwettl/Österreich

Die Zisterzienserabtei Zwettl im niederösterreichischen Waldviertel, an den Ufern des Kamp, wurde 1137 von Hadmar I. aus dem Geschlecht der Kuenringer gegründet und erfreute sich bald reicher Schenkungen, selbst weit entfernte Weinberge fielen dem Kloster zu. Vor allem aber rodeten die fleißigen Mönche die großen Wälder in der Umgebung des Konvents. 1427 kamen die Hussiten und zerstörten das Kloster. In den nachfolgenden Jahrhunderten ging man sorgsam mit der alten Bausubstanz beim Neu- und Umbau der Abtei um, so blieb etwa der herrliche Kreuzgang aus den Jahren 1180–1240 bis heute erhalten. Der Barock setzte jedoch auch in Zwettl ein wuchtiges Zeichen seines prägenden Stils: Die dreischiffige Hallenkirche aus dem Spätmittelalter erhielt eine prachtvolle Westfassade mit einem 90 Meter hohen Turm. Die gutbestückte Bibliothek ist von erlesener Schönheit.

Zwiefalten/Baden-Württemberg/Deutschland

Die ehemalige Benediktinerabtei Zwiefalten wurde am Südrand der Schwäbischen Alb in einem Seitental der oberen Donau 1089 von den Grafen Kuno und Liutold von Achalm gegründet. Gleichzeitig bestand daneben auch ein Nonnenkloster, das im 12. Jahrhundert über 60 Nonnen zählte. Die Klosterschule war mit einer Lehranstalt verbunden, die seit 1550 mit den Rechten einer Universität ausgestattet war. 1739–65 entstand das barocke Münster, das ob seiner stilistischen Reinheit und Geschlossenheit gerühmt wird. Dem Baumeister Johann Michael Fischer aus München standen der vielbeschäftigte Johann Michael Feuchtmayer als Stuckateur und Franz Joseph Spiegler als Freskomaler sowie Joseph Christian (Figuren) zur Seite. 1802 wurde die Abtei aufgehoben und 1812 in eine Heil- und Pflegeanstalt umgewandelt. Die Kirche wurde Pfarrkirche und gilt mit ihrem reichen Rokokoschmuck als schwäbisches Juwel.

Anhang

Glossar

Abbatia nullius Lateinisch: »Abtei keiner (Diözese)«. Von bischöflicher Gewalt freie, keiner Diözese zugehörige Abtei. Eine solche wird nur vom Papst ernannt und auch wieder aufgelöst.
Abtei Selbstständiges Kloster mit eigenem Vermögens- und Verwaltungsrecht.
Altane Balkonartiger Anbau, der durch Pfeiler gestützt wird.
Apsis (Plural: Apsiden) Halbrunder oder vieleckiger Abschluss eines Kirchenraums.
Archidiakonat Wohnung eines hohen Würdenträgers.
Archipresbyterat Wohnung oder Amtssitz eines Dekans.
Archivolten In romanischen und gotischen Portalen rundlaufender, plastisch gestalteter Bogen.
Auditorium Hörsaal, Vorlesungsraum einer Hochschule.
Augustiner-Eremiten Eremitenorden, der nach der Augustinus-Regel lebt, 1256 vom Papst gegründet. Gehört zu den Bettelorden.
Azulejos Wandfliesen mit vor allem blauer Bemalung, besonders in Spanien und Portugal, aber auch in Lateinamerika.
Barmherzige Schwestern Allgemein Bezeichnung für Genossenschaften/Kongregationen von Frauen in der Krankenpflege und Armenfürsorge. Zu diesen gehören die Barmherzigen Schwestern vom heiligen Borromäus (Borromäerinnen, seit 1652), die vom Heiligen Kreuz (Kreuzschwestern, seit 1852) und die vom heiligen Vinzenz von Paul (Vinzentinerinnen, seit 1634).
Basrelief Flachrelief.
Birgitten-Orden Orden vom Allerheiligsten Erlöser, 1346/47 von Birgitta von Schweden gegründet. Die Birgitten befolgen die Augustinus-Regel und Statuten der Gründerin.
Blendtriforium Scheinwandgliederung hinter dem Chor von Kirchen.
Bündelpfeiler Besondere Form des Pfeilers, bei dem der Kern von Dreiviertelpfeilern rundherum umgeben ist.
Chor Meist erhöhter Platz für das gemeinsame Gebet von Klerikern vor dem Hochaltar von Kloster-, Stifts- und Domkirchen.
Chorherren → Kanoniker.
Chorherrenstift → Stift.
Churrigueresker Stil Ursprünglich ein Stil, der von der spanischen Familie der

Churrigueras geprägt wurde, dann Bezeichnung für einen überladenen Stil im Spätbarock in Spanien und Lateinamerika.
Circaria Auch Zirkarie, im Mönchtum Bezeichnung für eine Ordensregion.
Claretiner Genossenschaft für Volks- und Heidenmission, 1849 von Antonio Maria Claret gegründet.
Cölestiner Von Papst Coelestin V. im 13. Jahrhundert gegründeter Reformzweig der Benediktiner mit strengen Regeln, die an Askese und Eremitentum orientiert sind. Auch ein kurzlebiger Zweig der Franziskaner trug diesen Namen.
Damenstift Andere Bezeichnung für ein Frauen- oder Kanonissenstift.
Doppelkloster Ein Kloster mit Männer- und Frauenkonvent des gleichen Ordens, meist räumlich getrennt, aber rechtlich eine Einheit.
Dormitorium Lateinisch: gemeinschaftlicher Schlafraum eines Klosters.
Draperie Künstlerische Gestaltung eines Faltenwurfs bei Kleidern, Stoffen und Vorhängen.
Dreikonchenanlage Sakralbauten byzantinischer Prägung mit Querschiff und Apsiden im Chor und den Querschiffarmen (Kleeblatt-Form).
Early-English-Stil Stil der englischen Frühgotik.
Eigenkloster Kloster, das Eigentum einer bestimmten (juristischen) Person oder Institution ist.
Englische Fräulein, Institutum Beatae Mariae Virginis, 1609/10 von Maria Ward gegründet mit dem Anliegen, für Mädchen und Frauen geeignete Bildung zu gewährleisten.
Epitaph Eigentlich Grabinschrift; Bezeichnung für Steindenkmale, meist in Tafelform.
Eremit Einsiedler.
Exemtion Befreiung eines Klosters von bischöflicher Aufsicht.
Fideikommiss Unveräußerliches und unteilbares Vermögen einer Gemeinschaft.
Filialkloster Klosterniederlassung, ein von einem Mutterhaus abhängiges Kloster.
Fries Schmaler dekorativer Streifen zur Abgrenzung.
Gaden → Obergaden.
Herrerastil Nach Juan de Herrera (ca. 1530–97) benannter, majestätischer Stil.
Herz-Jesu-Missionare Gesellschaft aus dem Jahre 1854. Heute vor allem in der Mission tätig.
Ikonoklasten Bilderstürmer.
Illumination Lateinisch: »Erleuchtung«. Ausschmückung und Bebilderung von Handschriften.
Inkunabeln Frühe Druckerzeugnisse (bis ca. 1500).
Intarsien, intarsiert Einlegearbeiten mit Hölzern verschiedener Farbe.
Jansenismus Auf den flämischen Bischof Cornelius Jansen (1585–1638) zurückge-

hende Bewegung, die für eine äußerst strenge, geradezu rigoristische christliche Moral eintrat.

Kalligraph Schönschreiber.

Kameralamt Als monastischer Begriff: Klosteramteigebäude.

Kanonissin Chorfrau. Eine nach den Kirchengesetzen (Kanones) lebende Jungfrau.

Kapitell Kopfstück einer Säule oder eines Pfeilers.

Kapitelsaal Versammlungssaal der Ordensleute, der seinen Namen von dem Brauch hat, bei den Zusammenkünften ein Kapitel aus der jeweiligen Regel vorzulesen.

Kapuziner Zu den Franziskanern gehörig. Strenge Richtung, die im 16. Jahrhundert entstand. Ihr Name kommt von der Kapuze, die sie tragen und neben dem Bart obligatorisch ist. Forderungen: Armut, Eremitenleben, Handarbeit. Wissenschaftliche Studien sind den Kapuzinern verpönt.

Karmeliten Ein streng kontemplativer (beschaulicher) Orden. Der Name geht zurück auf den Berg Karmel im Heiligen Land. Anfang des 13. Jahrhunderts sammelten sich dort Kreuzfahrer, um ein christliches Leben in Nachahmung des vorchristlichen, da alttestamentlichen Propheten Elija zu führen. Dieser Orden fasste auch in Europa Fuß und wurde später vor allem durch das Wirken von Johannes von Kreuz und Teresia von Avila reformiert. Auf Teresia geht der Reformzweig der unbeschuhten Karmeliten zurück. Eine berühmte Karmelitin war auch Edith Stein.

Kartause Von italienisch »Certosa«, besondere Form des Klosters, wie es die Kartäuser entwickelt haben. Darin sind Kirche und Kapitelsaal als Gemeinschaftsräume vorgesehen, während für die Mönche einzelne Häuschen mit Gärtchen um den Kreuzgang gebaut sind.

Katholikon Hauptkirche eines orthodoxen Klosters.

Kloster Umgrenzter Ort einer Mönchs- oder Nonnengemeinschaft, von lateinisch claustrum (Verschluss), Klausur.

Koinobit Griechisch: der in Gemeinschaft Lebende.

Kollegiatsstift Form autonomer priesterlicher Kollegien.

Kommendatarabt Leiter einer Abtei, die diesem als Kommende übergeben ist. Solche Äbte waren in der Regel Weltgeistliche oder Laien.

Kommende Kirchliche Pfründe, übertragen ohne Amtsverpflichtung.

Komturei Ordenshaus oder Verwaltungsbezirk eines geistlichen Ritterordens.

Kongregation Im doppelten Sinn gebraucht und zwar für den freiwilligen Zusammenschluss von Klöstern der alten Orden unter eine Erzabtei sowie für ordensähnliche Gemeinschaften, sogenannte religiöse Genossenschaften.

Konklave Abgeschlossener Versammlungsraum.

Konvent Von lateinisch »zusammenkommen«. Bezeichnung für eine Klostergemeinschaft, aber auch für die Klostergebäude. Die Mitglieder der Klostergemeinschaft heißen Konventualen bzw. Konventualinnen.

Krypta Von griechisch »verbergen«. Unterirdischer Raum in Kirchen, vielfach als Grablege genutzt.

Lanzettbogen Überhöhter Spitzbogen.

Lettner Trennwand zwischen Chor und Mittelschiff in Kirchen mit gemeinsamen Chorgebet.

Lisenen Leicht vorstehende Wandstreifen ohne Basis und Kapitell.

Mauriner Benediktinische Kongregation, benannt nach dem heiligen Maurus, einem Schüler Benedikts.

Mausoleum Monumentales Grabmal.

Mendikanten Bettelorden.

Menologion Auch Menologium. Monatsbuch oder Monatsikone der orthodoxen Heiligen, deren Feste in den betreffenden Monat fallen.

Metropolit In der Ostkirche Bischof einer Hauptstadt, dann Oberhaupt einer Landeskirche. In der katholischen Kirche entspricht der Titel dem des Erzbischofs.

Miniaturist Maler von Miniaturen, kleinen, aber zumeist detailreichen Gemälden, vor allem als Illuminator von Büchern.

Misericordien Kleine Stützbretter an der Unterseite der Klappsitze eines Chorgestühls.

Monasterium Lateinisch von griechisch monas = allein; Ursprünglich Bezeichnung für den Ort, wo ein Mönch/eine Nonne allein lebt, heute Kloster.

Monastisch Klösterlich, aber auch bezogen auf das Mönchtum allgemein.

Mozarabischer Stil In Spanien (9.–11. Jh.), geprägt von Christen unter Einfluss der Mauren.

Narthex Vorraum byzantinischer Kirchen, später jede abgeschlossene Vorhalle von Kirchen.

Necrologium Totenbuch.

Neumanuelischer Stil Wiederaufnahme eines vorwiegend in Portugal bezeugten Stils aus der Zeit der Spätromanik, der besonders durch maritime Symbole auffällt.

Nikäischer Stil Baustil der Ostkirche, benannt nach Nicäa/Nikaia, dem Ort eines frühchristlichen ökumenischen Konzils.

Normannischer Stil In Großbritannien von 1050 bis 1150 vorherrschender Stil.

Obergaden, auch Lichtgaden, Gaden. Der obere Wandteil des Mittelschiffs einer Kirche, in den Fenster eingebaut sind.

Oktogon Griechisch: »Achteck«. Achteckiger Bau.

Olivetaner Benediktinischer Reformzweig, benannt nach dem Monte Oliveto, wo er Anfang des 14. Jahrhunderts gegründet wurde. Asketisch ausgerichtet.

Oratorium Von lateinisch »orare« »beten«. Gemeinschaftsraum für das Gebet in Klöstern ohne Kirche.

Orgelprospekt Künstlerisch gestaltete und verzierte Schauseite von Orgeln, auch »Orgelgesicht« genannt.
Pädagogium Erziehungsanstalt.
Paläologen Letzte Kaiserdynastie von Byzanz (1259–1453).
Pantokrator Griechisch »Allherrscher«. Christliche, vor allem byzantinische Darstellung des thronenden Christus als Herrscher über das All.
Parament Bekleidung aus kostbarem und künstlerisch gestaltetem Tuch für Altar, Kanzel und liturgische Geräte.
Perpendicular-Stil Baustil der englischen Gotik, bei dem senkrechte Linien dominieren.
Pfründe Unterhalt, Einkommen aus einem Kirchenamt.
polygonal Griechisch: »vieleckig«.
Portikus Halle, Säulenhalle.
Postinkunabeln Frühdrucke aus der ersten Hälfte des 16. Jahrhunderts.
Prälat → Propst
Prälatur Wohnung des Prälaten.
Prior Vorsteher eines Klosters.
Propst Lateinisch: »Vorgesetzter«. Leiter in unterschiedlichen kirchlichen Einrichtungen, z. B. des Domkapitels (»Dompropst«). Monastisch mitunter Bezeichnung für den Leiter eines Klosters, entspricht dort dem Titel »Prälat«.
Propstei Monastisch Kloster mit einem Propst. In der evangelischen Kirche andere Bezeichnung für das Dekanat.
Raska-Stil Charakteristischer Stil aus Raska und Prizren im Kosovo und in Serbien.
Reconquista Wörtlich »Zurückeroberung«. Spanisch-portugiesische Bezeichnung für die Wiedergewinnung der Herrschaft über die iberische Halbinsel durch die inzwischen christlich gewordenen Westgoten durch die Verdrängung der arabischen Mauren.
Redemptoristen Von Alfons von Liguori 1732 als Genossenschaft gegründet. Ziele sind Volksmission, Exerzitien und außerordentliche Seelsorge.
Refektorium Speisesaal in Klöstern.
Reichsabtei Dem König unterstelltes Kloster mit Hoheitsrechten.
Reliquiar Reliquienschrein.
Remontendepot Einrichtung für Militärpferde.
Remter anderes Wort für Refektorium.
Ritterorden Die Entstehung der Ritterorden ist untrennbar mit den Kreuzzügen verbunden und sollte der Betreuung von Pilgern im Heiligen Land, vor allem der Pflege von Kranken, und dem ritterlichen Schutz für diese dienen. Das Element des Ritterlichen gewann aber die Oberhand, so engagierten sich die Ritterorden für die Verteidigung des Heiligen Landes gegen die Ungläubigen, und kämpften auch spä-

ter in der Ostmission gegen diese. Die großen Ritterorden waren die Johanniter, nach ihrer zentralen Wirkungsstätte auch Malteser genannt, die Anfang des 14. Jahrhunderts schmählich aufgelösten Templer und die Deutschherren (Deutschorden). Das Element der Krankenpflege führten später die Hospitaliter und Hospitaliterinnen in verschiedenen Ausprägungen weiter.

Rocaille Muschelähnliche Dekorationsform um 1750, die dem Rokoko den Namen gab.

Sakramentar Frühe Form des Messbuchs.

Schallarkaden Arkaden, vor allem in Glockentürmen, zur Verstärkung des Schalls.

Schamatun Große Halle in armenischen Klöstern.

Serviten Orden der Diener Mariens, zusammengeschlossen aus Bruderschaften in Florenz im 13. Jh.. Die Serviten befolgen unter Ergänzung durch Bestimmungen, die vom Ideal des asketischen Eremitenlebens geprägt sind, die Augustinus-Regel 1304 wurde der Orden durch den Papst bestätigt. Er gehört zu den Bettelorden.

Silvestriner Eine Kongregation des Benediktinerordens, aber als Orden bezeichnet. Die Silvestriner gehen auf Silvestro Guzzolini (gestorben 1267) zurück, der 1231 ein Kloster auf dem Berg Fano bei Fabriano gründete. Wie vielen benediktinischen Reformbewegungen lag den Silvestrinern an der Rückkehr zur Benediktregel in der Urform.

Skriptorium Meist in der Nähe der Bibliothek gelegener Raum für die Schreiber in einem Kloster.

Spiritaner Kongregation vom Heiligen Geist, 1848 gegründet. Die Genossenschaft engagiert sich in Schulen und in der Mission.

Stift Bezeichnung für ein Kloster von Priestern (Augustiner-Chorherren, Prämonstratenser), in Österreich generell für jedes Kloster mit Seelsorgeaufgaben.

Stuckatur Stuckarbeit.

Tambour Unterbau von Kuppeln, rund oder mehreckig.

Tetraevangelion Griechisch wörtlich »Vier-Evangelium«. Handschrift mit allen vier Evangelien.

Tetrakonchen = Vierkonchen → Dreikonchenanlage.

Transitional-Epoche Übergangsepoche in England von der Romanik zur Gotik.

Trapeza Speisesaal in orthodoxen Klöstern.

Trikonchos → Dreikonchenanlage.

Trappisten Zisterzienser strenger Observanz, benannt nach La Trappe, wo Armand-Jean Le Bouthillier de Rancé seine Bestimmungen »Règlements« von 1664 herausgab. Ziel der zisterziensischen Reformbewegung war die Rückkehr zum strengen Leben von Citeaux.

Trompe Kuppelform.

Tympanon Giebel- oder Bogenfeld über einem mittelalterlichen Portal.

Ursulinen Als Gesellschaft von St. Ursula von Angela Merici 1535 in Brescia gegründet. Von Paul V. unter die Augustinus-Regel gestellt und mit Gelübden und strenger Klausur versehen, betätigten und betätigen sich die Schwestern dennoch, wie von ihrer Gründerin intendiert, auf sozialem Gebiet, vor allem in Internaten und Schulen.
Vallombrosaner Eine Kongregation der Benediktiner, von Johannes Gualbertus (gestorben 1073) in Acquabella (Vallombrosa = Schattental) mit dem Hauptanliegen der Kontemplation gegründet.
Vierung Der Raum in Kirchen, der als Schnittmenge von Längs- und Querschiff gebildet wird.
Visitator Person, die eine Visitation (einen prüfenden Besuch) durchführt.
Zimelie Wertgegenstand in kirchlichen Schatzkammern, aber auch wertvolle, da alte Handschrift in einer Bibliothek.

Auswahl-Bibliographie

Adriani, Gertrud, Die Klosterbibliotheken des Spätbarock in Österreich und Süddeutschland, Graz 1935.
Angerer, I./Trümler, G., Klösterreich. Die Stifte und Klöster in Bayern, Österreich und der Schweiz, Wien 1978.
Backmund, N., Monasticum Praemonstrateuse, 3 Bände, Paris 1956.
Bastin, Norbert, Dictionnaire des églises Belgique et Luxembourg, Antwerpen 1950.
Baur-Heinhold, M., Schöne alte Bibliotheken, München 1972.
Bazin, Germain, Paläste des Glaubens, München 1980.
Bedini, B.G., Le Abazie Cisterciensi d'Italia, Rom 1964.
Behrens, Ewald, Kunst in Rußland, Köln 1969.
Berliere, D.M., L'ordre monastique des origines au XIIIe siècle, Maredsous 1923.
Bernhard, Marianne, Stifts- und Klosterbibliotheken, München 1985.
Bernhard, Marianne, Klöster. Hundert Wunderwerke des Abendlandes, München 1994.
Besse, D., Les moines de l'ancienne France, Paris 1906.
Birer, Paul und Marie-Louise, Abbayes, monastères ou couvents de Paris, Paris 1975.
Bock, Ulrich, Georgien und Armenien, Köln 1988.
Bräutigam, Ernst, Benedikt von Nursia und sein Orden, Leipzig 1926.
Brand, Margit, Klosterzeit genießen. Zu Gast in den schönsten Klöstern Süddeutschlands, Österreichs, der Schweiz und Tschechiens, München 2004.
Braunfels, Wolfgang, Abendländische Klosterbaukunst, Köln 1969.
Brooke, Christopher, Die große Zeit der Klöster. 1000–1300, Freiburg 1974.
Brunner, Sebastian, Ein Benediktinerbuch, Würzburg 1880.
Brunner, Sebastian, Ein Cisterzienserbuch, Würzburg 1881.
Brunner, Sebastian, Ein Chorherrenbuch, Wien 1883.
Bütler, C., Le Monachisme bénédictin, Paris 1924.
Colvin, H.M., White Canons in England, Oxford 1951.
Cottineau, L.H., Répertoire topo-bibliographique des Abbayes et Prieurés, 2 Bände, Mâcon 1935–37.
Cousin, D.P., Précis d'histoire bénédictin, Paris 1924.
Cruden, Stewart, Scottish Abbeys, Edinburgh 1960.
Decarreaux, Jean, Die Mönche und die abendländische Zivilisation, Wiesbaden 1964.
Draguet, R., Les Pères du desert, Paris 1925.
Drews, Gerald (Hrsg.), Der große Klosterführer. Deutschland, Österreich, Schweiz, Augsburg 1998.

Eschapasse, M., L'Architecture bénédictine en Europe, Paris 1963.
Festugière, A.J., Les Moines d'Orient, Paris 1961.
Generalschematismus der katholischen Männer- und Frauenklöster Deutschlands, Köln 1953.
Germania Monastica, Ottobeuren 1967.
Gilyard-Beer, R., Abbeys, London 1958.
Göpfert, Dieter, Orden und Klöster im Schwarzwald und am Bodensee, Freiburg 1980.
Gougand, L., Les Chrétientés celtiques, Paris 1911.
Hasenberg, P.J., Das katholische Deutschland in seinen Orden und Klöstern, Köln 1956.
Hawel, Peter, Das Mönchtum im Abendland. Geschichte. Kultur. Lebensform, Freiburg i. Br. 1993.
Helfritz, Hans, Äthiopien. Kunst im Verborgenen, Köln 1972.
Heimbucher, M., Die Orden und Kongregationen der katholischen Kirche, Paderborn 1933–34.
Kauko, Mirjam, Urlaub im Kloster. Zu Gast in den 100 schönsten Klöstern in Deutschland, Österreich und der Schweiz. Besinnung. Ruhe. Inspiration (Merian Guide), München 2004.
Klosterführer. Christliche Stätten der Besinnung im deutschsprachigen Raum, Mainz ^{3}2004.
Knowles, David, The Monastic Order in England, Cambridge 1963.
Knowles, David, Geschichte des christlichen Mönchtums. Benediktiner, Zisterzienser, Kartäuser, München 1969.
Kominiak, P./Côté, P.J./Schäfer, C., Loci ubi Deus quaeritur, Sankt Ottilien 2000.
Lanczkowski, Johanna, Lexikon des Mönchtums und der Orden, Wiesbaden 1997.
Leclercq, H., L'Espagne chrétienne, Paris 1906.
Lefrancois-Pillon, L., Abbayes et Cathédrales, Paris 1956.
Leroy, J., Moines et monastères d'Orient, Paris 1958.
Lorme, L., Österreichische Klöster, Altötting 1929.
Luger, Walter, Stifte in Oberösterreich, Linz 1969.
Melas, Evi (Hrsg.), Alte Kirchen und Klöster Griechenlands, Köln 1972.
Mesnil, Ch. Du, Les Missions, Paris 1948.
Michel, Edouard, Abbayes et monastères de Belgique, Brüssel 1923.
Montalembert, Les Moines d'Orient, 5 Bände, Paris 1863–68.
Montrond, M.D., Dictionnaire des abbayes et monastères ou Histoire des etablissements religieux, Paris o.J.
Müller, Hans, Dome, Kirchen, Klöster, Berlin 1984.
Owsjannikow, J.M., Moskauer Klöster, Dresden 1975.

Poumon, Emile, Abbayes de Belgique, Brüssel 1954.
Röhrig, Floridis, Alte Stifte in Österreich, 2 Bände, Wien, 1966/67.
Rosenberger, Ludwig, Bavaria Sancta, München 1948.
Rosenegger, Josef/Wegner, Josef, Klöster und Stifte zwischen Inn und Salzach, Freilassing 1974.
Rouet de Journel, M.J., Monachisme et monastères russes, Paris 1962.
Schmitz, D.Ph., Histoire de l'Ordre de Saint Benoît, Maredsous 1942–47.
Schütz Bernhard, Klöster. Kulturerbe Europas, München 2004.
Schumacher, Johannes, Deutsche Klöster, Bonn 1928.
Smolitsch, Igor, Russisches Mönchtum, Würzburg 1953.
Spitzing, Günter, Athos, Köln 1990.
Tunkl, Franz Freiherr von, Kurze Geschichte der Klöster, ihrer Beraubung und Zerstörung, Paderborn 1927.
Vale, Edmund, Abbeys, London o.J.
Vatasianu, Virgil, Kunstdenkmäler in Rumänien, Darmstadt 1986.
Wright, G.N., Discovery Abbeys and Priories, Haverfordwest 1987.
Zarnecki, George, The Monastic Achievment, London 1972.

Register

(mit alternativen Klosterbezeichnungen und Ländern mit bis zu 20 Einträgen)

Guatemala → Esquipulas

Holy Trinity Monastery → Butler, Holy Trinity Monastery

Indien → Asirvanam, → Makkiyad, Saint Joseph's Monastery

Iran → Darašamb, → Surb Tadé

Irland → Bective Abbey, → Boyle Abbey, → Clonmacnoise, → Cong-Abbey, → Glendalough, → Glenstal Abbey, → Holy Cross, → Jerpoint Abbey, → Mellifont Abbey, → Quinn Abbey

Israel → Bethlehem, Bir-el-Qutt, → Bethlehem, Deir Dosi, → Bethlehem, Deir Mar Ilyas, → Georgskloster, → Jericho, Sandarion → Jerusalem, Armenisches Kloster, → Jerusalem, Hagia Maria Sion (Dormition Abbey), → Haifa, Karmel, → Mar Saba, → Tabor

Istanbul → Konstantinopel

Kanada → Muenster, Saint Peter's Abbey, → Mission, Westminster Abbey, → Saint-Benoît-du-Lac

Karmel → Haifa, Karmel

Kenia → Tigoni

Kolumbien → Guatapé

Korea → Waegwan Abbey

Kornelimünster → Aachen, Kornelimünster

Kroatien → Dubrovnik, Dominikanerkloster, → Mljet

Krutizi-Kloster → Moskau, Krutizi-Kloster

Libanon → Beirut, St. Antonius

Locogiacum → Ligugé

Luxemburg → Clervaux, → Echternach

Maius Monasterium → Marmoutier

Makedonien → Lesnovo, → Markov Monastir, → Nerezi, → Ohrid, → Sveti Jovan Bigorski

Malta → Valetta, Großmeisterpalast

Mexiko → Alcoman, → Tepeyac, → Tepotzlan

Monasterio de la Cartuja → Granada, Monasterio de la Cartuja

Montenegro → Crnojević-Kloster, → Morača. → Nikoljac, → Ostrog, → Piva

Neustift → Freising, Neustift

Newark → Morristown, Saint Mary's Abbey

Niederlande → Berne, → Egmond, → Floridus Hortus, → Middelburg, → Oosterhout, → Roermond, → Rolduc, → Slangenburg, → Susteren, → Thorn, → Vaals

Niedernburg → Passau, Niedernburg

Nonnberg → Salzburg, Nonnberg

Payerne → Peterlingen

Pedralbes → Barcelona, Pedralbes